KB050270

오피스 초보 직장인을 위한

엑셀+파워포인트+워드+윈도우 11

저자 장경호, 권순만

YoungJin.com Y.
영진닷컴

오피스 초보 직장인을 위한
엑셀+파워포인트+워드+윈도우 11

ISBN 978-89-314-6760-4

독자님의 의견을 받습니다
이 책을 구입한 독자님은 영진닷컴의 가장 중요한 비평가이자 조언가입니다. 저희 책의 장점과 문제점이 무엇인지, 어떤 책이 출판되기를 바라는지, 책을 더욱 알차게 꾸밀 수 있는 아이디어가 있으면 이메일, 또는 우편으로 연락주시기 바랍니다. 의견을 주실 때에는 책 제목 및 독자님의 성함과 연락처(전화번호나 이메일)를 꼭 남겨 주시기 바랍니다. 독자님의 의견에 대해 바로 답변을 드리고, 또 독자님의 의견을 다음 책에 충분히 반영하도록 늘 노력하겠습니다.

파본이나 잘못된 도서는 구입처에서 교환 및 환불해 드립니다.

이메일 support@youngjin.com
주소 (우)08507 서울특별시 금천구 가산디지털1로 128 STX-V타워 4층 401호
등 록 2007. 4. 27. 제16-4189호

STAFF
저자 장경호, 권순만 | **책임** 김태경 | **진행** 성민 | **내지디자인** 강민정 | **표지디자인** 김소연 |
영업 박준용, 임용수, 김도현, 이윤철 | **마케팅** 이승희, 김근주, 조민영, 김도연, 김민지, 김진희, 이현아
제작 황장협 | **인쇄** 예림

오피스 저자의 말

저자는 지금까지 엑셀, 파워포인트 등 오피스 책만 30권을 넘게 집필하고 출간했습니다. 그래서 누구보다 오피스에 대한 이해도가 높고, 어떻게 전달해야 가장 효과적일지 잘 압니다.

하지만, 모든 내용을 탈고하고 저자의 말을 작성하는 지금, 이 순간만큼은 과연 이 책이 독자들에게 도움이 될지 반성하게 되고 부족한 부분은 없는지 고민하게 됩니다. 책을 집필하는 몇 개월의 인내와 고통의 시간만큼이나 이 책을 구입하고 읽게 될 독자들의 시간도 소중하기에 가장 중요하고 좋은 내용만 담고 싶습니다.

저자가 만나본 적지 않은 사람들은 엑셀이나 파워포인트 도서를 구입한 후 끝까지 읽어본 적이 거의 없습니다. 쉽게 흥미를 잃을 수밖에 없는 오피스라는 프로그램 특징과 꼭 필요한 실무 내용이 아닌 너무나 당연한 내용과 이론적인 부분에 치우친 결과가 아닌가 싶습니다.

본 도서를 기획하고 집필하며 내세운 기준은 다음과 같습니다.

1. 불필요한 부분은 과감히 제거하고 최대한 쉽게 따라하고 이해하기 쉽게 설명할 것

2. 모든 내용마다 중요도를 표시하고, 키워드를 표기해 독자들의 시간을 아껴줄 것

3. 실무 적응력을 위해 실무적인 내용과 실전에서 바로 활용 가능한 예제로만 구성할 것

방대한 엑셀이나 파워포인트, 워드 등의 기능을 한 번에 배울 방법은 없습니다. 하지만 본 도서와 함께한다면 원하는 부분이나 실무 기능을 최대한 빠르고 쉽게 해결할 수 있을 겁니다. 조금 더 오피스를 쉽고 간결하게 설명하기 위해 유튜브 채널도 오픈했습니다. 유튜브에서 오피스스쿨(@officeschool)을 검색하고 찾아오기 바랍니다.

끝으로, 남편이 하는 일이라면 언제나 응원해 주는 사랑하는 황선옥 여사와 곧 중학생이 되는 어여쁜 숙녀 소연이와 초등학교 6학년이 되는 귀여운 소희에게도 고마운 마음을 전합니다. 그리고 새로운 가족이 된 댕댕이 폼이♡에게도 인사를 전합니다.

2022년의 끝자락에서

저자 **장경호**

윈도우 11 저자의 말

윈도우 11이 출시된 이후 지속해서 새로운 기능을 업데이트하고 있습니다. 이 책은 윈도우 11을 처음 접하시는 분들이 윈도우 11 이전의 버전에서 경험하지 못한 사용자 인터페이스 환경과 윈도우 11의 핵심적인 기능을 확인하고 이해할 수 있는 내용을 제공에 힘썼습니다.

이 책을 구입한 독자분들께 감사 인사를 드리며, 윈도우 11은 2021년 10월에 출시된 이후에 고정된 형태의 운영체제 소프트웨어가 아니기에 지속적으로 진화하고, 업그레이드되면서 표시된 기능이나 위치, 명칭이 일부 수정될 수 있지만, 이 책을 통해 기본적인 윈도우 11의 환경과 기능을 습득하여 업무, 개인 PC에서 유용하게 활용할 수 있기를 기대합니다.

마지막으로 책 출간과 함께 관심과 도움을 주신 가족, 메타넷티플랫폼 직장동료, MVP(Most Valuable Professional) 매니저, 멘토, 멘티 및 영진닷컴 관계자 외 모든 분에게 고마움과 감사의 인사를 드립니다.

저자 권순만

예제/완성 파일 다운로드 방법

이 책의 학습에 필요한 예제/완성 파일은

영진닷컴 홈페이지(www.youngjin.com)의 **[고객센터]→[부록 CD 다운로드]→[IT도서/교재]**에서 도서명으로 검색한 후 압축 파일을 다운로드하여 사용하면 됩니다.

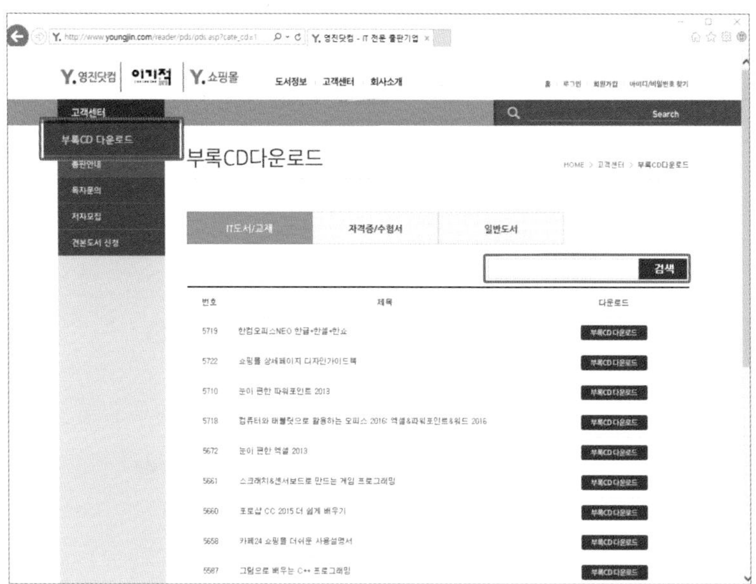

▲ 영진닷컴 홈페이지에서 부록 데이터 검색 모습

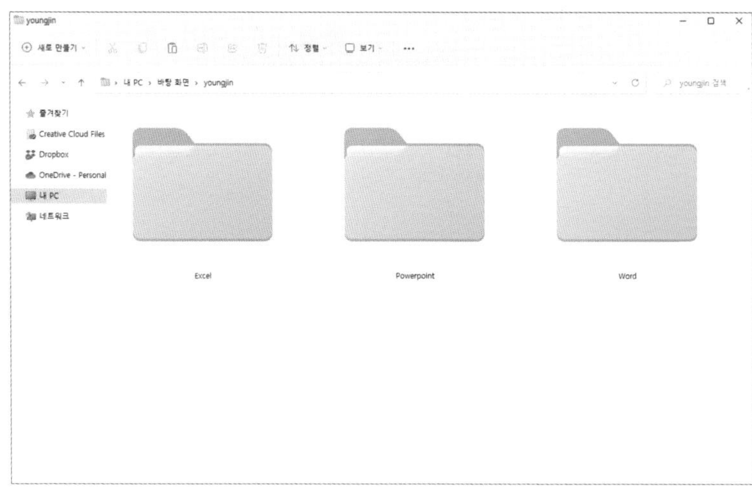

▲ 압축 파일 다운로드 후 압축을 해제한 모습

❶ 소제목

상황별 주제를 엄선하여 바로바로 업무에 써먹을 수 있는 내용을 소개합니다.

❷ 중요도

오피스나 윈도우 11의 기능별 중요도를 시각화하여 알려줍니다.

❸ 사용 가능 버전

사용 가능한 오피스 버전을 안내합니다.

❹ 사용한 기능

해당 카테고리에서 어떠한 기능을 중점적으로 사용하는지 알려줍니다.

❺ 동영상 QR 코드

엑셀과 파워포인트는 유튜브에서 동영상 강좌로 학습할 수 있습니다.

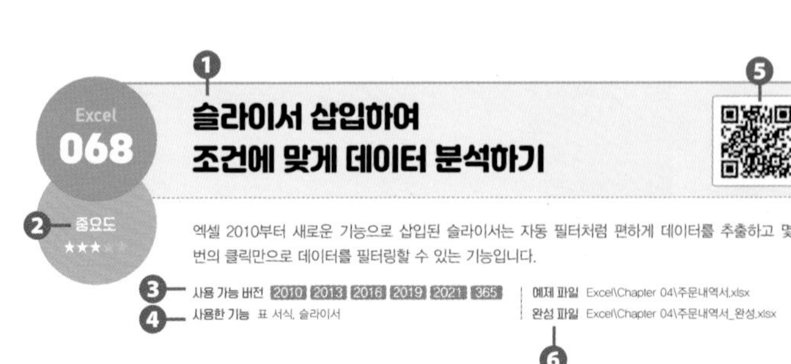

Excel 068

슬라이서 삽입하여 조건에 맞게 데이터 분석하기

중요도 ★★★

엑셀 2010부터 새로운 기능으로 삽입된 슬라이서는 자동 필터처럼 편하게 데이터를 추출하고 몇 번의 클릭만으로 데이터를 필터링할 수 있는 기능입니다.

사용 가능 버전 2010 2013 2016 2019 2021 365 | 예제 파일 Excel\Chapter 04\주문내역서.xlsx

사용한 기능 표 서식, 슬라이서 | 완성 파일 Excel\Chapter 04\주문내역서_완성.xlsx

1. 슬라이서는 데이터베이스를 표로 변환해야 사용이 가능합니다. 예제 파일을 불러온 후 임의의 셀을 선택합니다. [홈] 탭-[스타일] 그룹-[표 서식]을 클릭하고 원하는 표 서식을 선택합니다. [표 만들기] 대화상자가 나타나면 [확인]을 클릭합니다.

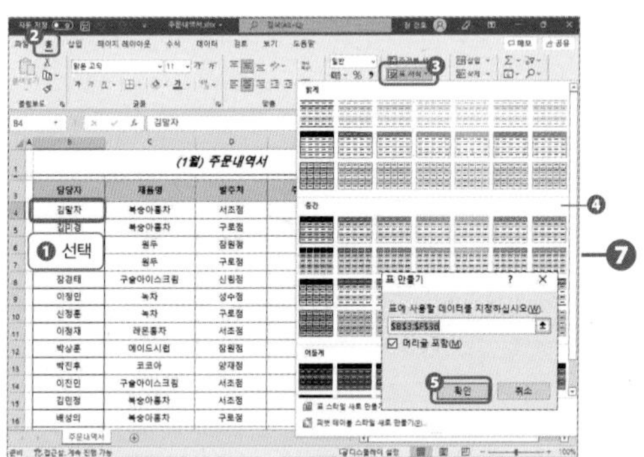

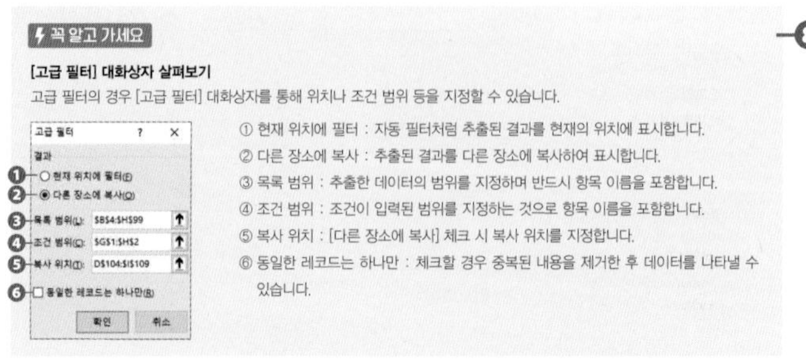

꼭 알고 가세요

[고급 필터] 대화상자 살펴보기

고급 필터의 경우 [고급 필터] 대화상자를 통해 위치나 조건 범위 등을 지정할 수 있습니다.

① 현재 위치에 필터 : 자동 필터처럼 추출된 결과를 현재의 위치에 표시합니다.
② 다른 장소에 복사 : 추출된 결과를 다른 장소에 복사하여 표시합니다.
③ 목록 범위 : 추출한 데이터의 범위를 지정하며 반드시 항목 이름을 포함합니다.
④ 조건 범위 : 조건이 입력된 범위를 지정하는 것으로 항목 이름을 포함합니다.
⑤ 복사 위치 : [다른 장소에 복사] 체크 시 복사 위치를 지정합니다.
⑥ 동일한 레코드는 하나만 : 체크할 경우 중복된 내용을 제거한 후 데이터를 나타낼 수 있습니다.

212 PART 01 엑셀

• PART

엑셀, 파워포인트, 워드, 윈도우 11을 각각의 PART로 구성하여 필요한 내용을 쉽게 찾아볼 수 있도록 만들었습니다.

• CHAPTER

오피스와 윈도우 11의 쓰임새를 몇 개의 CHAPTER로 소개하며, 배울 내용을 리스트로 정리해서 소개합니다.

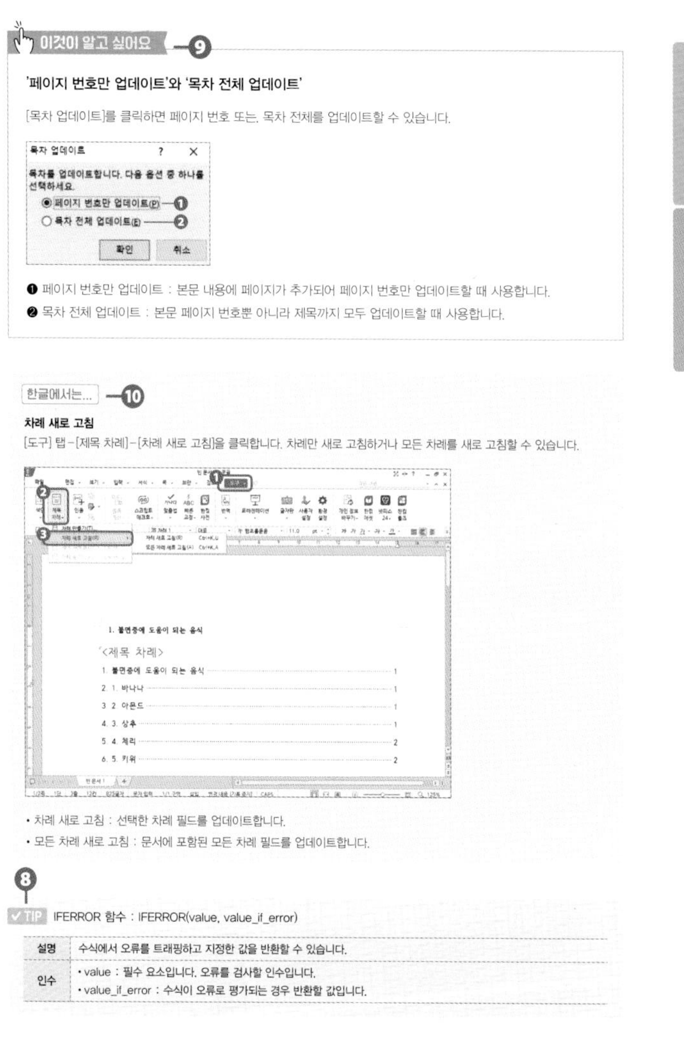

❻ 예제/완성 파일

학습에 필요한 예제/완성 파일의 경로를 알려줍니다.

❼ 따라하기

본문의 내용을 따라하기 방식으로 누구나 쉽게 학습할 수 있도록 알려줍니다.

❽ Tip/꼭 알고 가세요

학습에 유용한 내용을 소개합니다.

❾ 이것이 알고 싶어요

Q&A 형식으로 독자들이 궁금해 하는 내용을 소개합니다.

❿ 한글에서는

워드편에만 수록되어 있는 내용으로, 워드에서 배운 내용을 한글에서는 어떻게 사용할 수 있는지 간단한 팁을 제공합니다.

엑셀/파워포인트 핵심 기능 동영상 강의 안내

본 도서는 오피스(엑셀, 파워포인트) 초보자들의 원활한 학습을 위해 본문의 내용을 저자의 유튜브 채널(오피스스쿨)에서 동영상으로 학습할 수 있도록 구성하였으며, 학습에 유익한 동영상이 업데이트되고 있습니다. 엑셀과 파워포인트의 핵심 기능을 책과 유튜브 동영상으로 공부해 보세요.

유튜브 URL
https://www.youtube.com/@officeschool

◀ 오피스스쿨 유튜브 채널 QR 코드

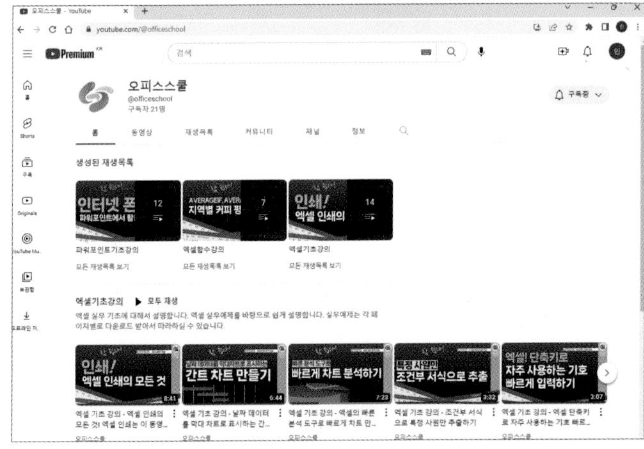

◀ 오피스스쿨 유튜브 채널

본문의 QR 코드를 통해 다음과 같이 동영상 강의를 시청할 수 있습니다.

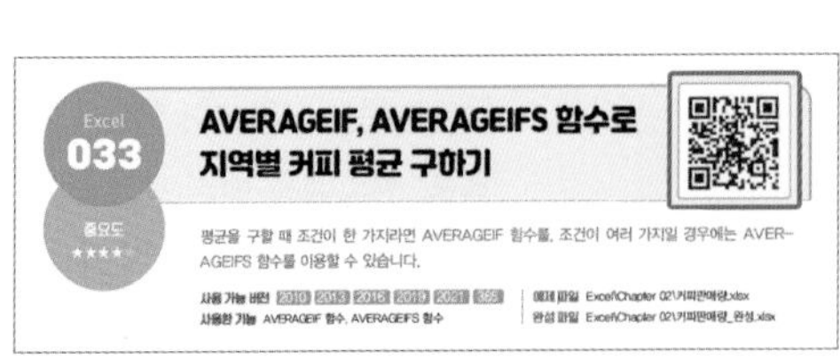

▲ 동영상 URL이 포함된 QR 코드

▲ 유튜브 채널 동영상 재생 모습

이 책의 목차

PART 01 | 엑셀

PART 02 | 파워포인트

PART 03 | 워드

PART 04 | 윈도우 11

오피스 파트별 학습 기능 Index

PART 01
엑셀

PART 02
파워포인트

PART 03
워드

PART 04
윈도우 11

/ 오피스 초보 직장인을 위한 엑셀 /

엑셀

엑셀은 대표적인 스프레드시트(Spread Sheet) 프로그램으로 데이터를 입력하고, 서식을 지정하고 정보를 분석 및 공유하여 보다 나은 의사결정을 내릴 수 있도록 도와주는 강력한 도구입니다. 복잡한 표나 수식, 그리고 강력한 차트 기능과 함께 다양한 데이터 관리 및 분석도 가능합니다. 나아가 각종 문서의 자동화 역시 편리하게 활용하고 관리할 수 있습니다.

Excel

엑셀

워크시트 관리 기술

엑셀은 방대한 양의 데이터를 쉽게 분석할 수 있는 매우 강력한 도구입니다. 방대하지 않더라도 간단한 계산을 비롯해 결과를 빠르게 도출할 수 있는 도구이기도 합니다. 일반적인 계산 작업 이외에도 데이터베이스를 관리하거나 문서 작성, 그래프 작성 등 다양한 업무를 진행할 수 있는 엑셀의 기능 중 이번 챕터에서는 워크시트를 관리하는 기술에 대해서 살펴보겠습니다.

• 학습 내용

사용 기능	중요도	내용
화면 구성	★★★★★	001 엑셀의 시작 화면과 화면 구성 살펴보기
자동 고침 옵션	★★★★★	002 자주 사용하는 기호를 단축키로 빠르게 입력하기
사용자 지정 목록, 정렬	★★★★★	003 가나다라 순이나 직급 순위에 따라 데이터 정렬하기
찾기 및 바꾸기	★★★★★	004 화면에 보이지 않는 유령 문자 한 번에 삭제하기
이동 옵션, 삭제	★★★★★	005 빈 셀이 포함된 행 일괄 삭제하기
열 너비, 행 높이	★★★★★	006 문서의 가독성을 높이는 열 너비, 행 높이 조절하기
자동 채우기	★★★★★	007 채우기 핸들로 데이터 자동 채우기
데이터 도구, 유효성 검사	★★★★★	008 유효성 검사로 데이터를 쉽게 추가하기
유효성 검사, 잘못된 데이터	★★★★★	009 유효성 검사로 잘못 입력된 데이터 체크하기
셀 서식, 사용자 지정 형식	★★★★★	010 숫자 형식으로 작성된 금액을 문자로 변경하기
필터, 사용자 지정 형식	★★★★★	011 와일드카드 문자 별표(*)와 물음표(?) 알아보기
붙여넣기 옵션	★★★★★	012 무궁무진한 기능이 포함된 붙여넣기 옵션 선택하기
열 너비 유지, 선택하여 붙여넣기	★★★★★	013 붙여넣기 옵션을 이용해 열 너비 복사하기
창 정렬	★★★★★	014 한 화면에 여러 가지 엑셀 문서 띄우기
표시 형식, 서식 코드	★★★★★	015 사용자가 직접 지정할 수 있는 서식 코드 알아보기
시트 보호, 암호	★★★★★	016 데이터 변경하지 못하도록 문서 보호하기
통합 문서 보호	★★★★★	017 다른 사용자가 수정하지 못하도록 워크시트 고정하기
셀 서식, 보호	★★★★★	018 중요한 셀의 일부분만 문서 보호하기
빠른 채우기	★★★★★	019 빅데이터에서 연속된 데이터 찾아서 빠르게 채우기

Excel
001

엑셀의 시작 화면과 화면 구성 살펴보기

중요도
★★★★★

Microsoft 365 구독으로도 제공되는 엑셀은 버전에 따라 종류가 다양합니다. 이전 버전으로는 Excel 2016, Excel 2013, Excel 2010, Excel 2007 및 Excel 2003이 있습니다. 가장 최신 버전은 Excel 2021이며, Microsoft 365 구독으로 업데이트된 엑셀을 가장 빠르게 만날 수 있습니다.

시작 화면

엑셀을 실행하면 처음 만나는 화면입니다. [새로 만들기]를 클릭하여 새 워크시트를 열 수 있으며, [열기]를 클릭하여 내 컴퓨터에서 엑셀 문서를 찾아서 열 수도 있습니다.

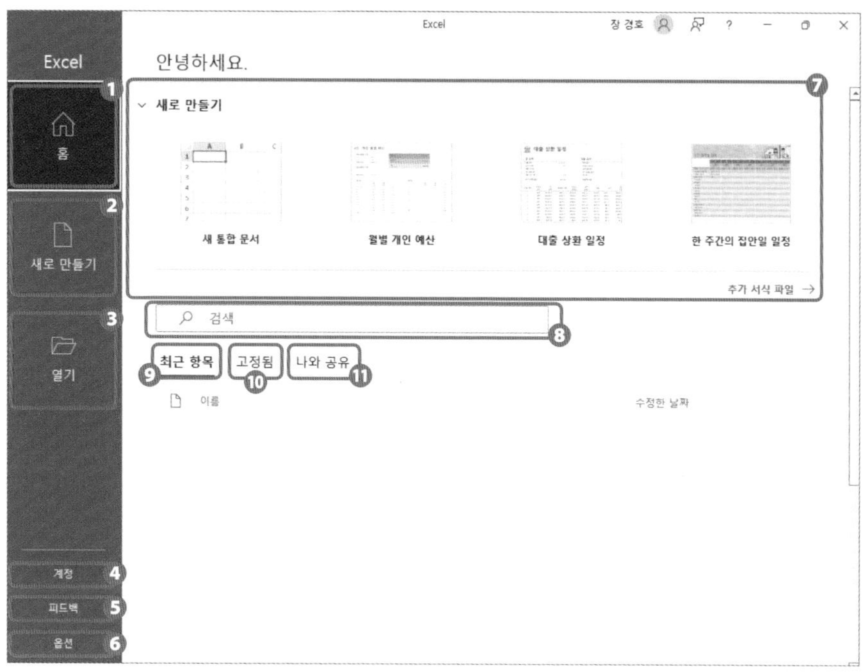

❶ **홈** : 엑셀의 시작 화면을 엽니다. 리본 메뉴로 구성된 엑셀의 작업 화면에서는 시작 화면을 다시 열 수 있는 기능을 담당합니다.

❷ **새로 만들기** : 새 워크시트를 만들거나 다양한 서식 파일을 엽니다.

❸ **열기** : 최근 엑셀에서 실행한 문서를 열거나 내 컴퓨터나 OneDrive에 있는 엑셀 문서를 열 수 있습니다.

❹ **계정** : OneDrive 계정을 연결하거나 오피스 제품 라이선스를 비롯해 오피스 업데이트를 할 수 있습니다.

❺ **피드백** : 엑셀 프로그램을 사용하다가 발생하는 다양한 문제점을 피드백할 수 있습니다.

❻ **옵션** : [Excel 옵션] 대화상자를 열어 다양한 엑셀 설정을 변경할 수 있습니다.

❼ **새로 만들기와 서식 파일** : 새 워크시트를 열거나 서식 파일을 엽니다.

❽ **검색** : 다양한 엑셀 서식을 검색하고 불러올 수 있습니다.

❾ **최근 항목** : 최근에 열어본 파일이 순서대로 표시됩니다.

❿ **고정됨** : 나중에 쉽게 찾을 수 있도록 핀 아이콘으로 고정된 문서가 표시됩니다.

⓫ **나와 공유** : 사용자와 공유된 문서가 표시됩니다.

화면 구성

시작 화면에서 [새로 만들기]를 클릭하거나 서식 파일을 불러왔을 때 실제 엑셀 작업을 진행하는 화면입니다.

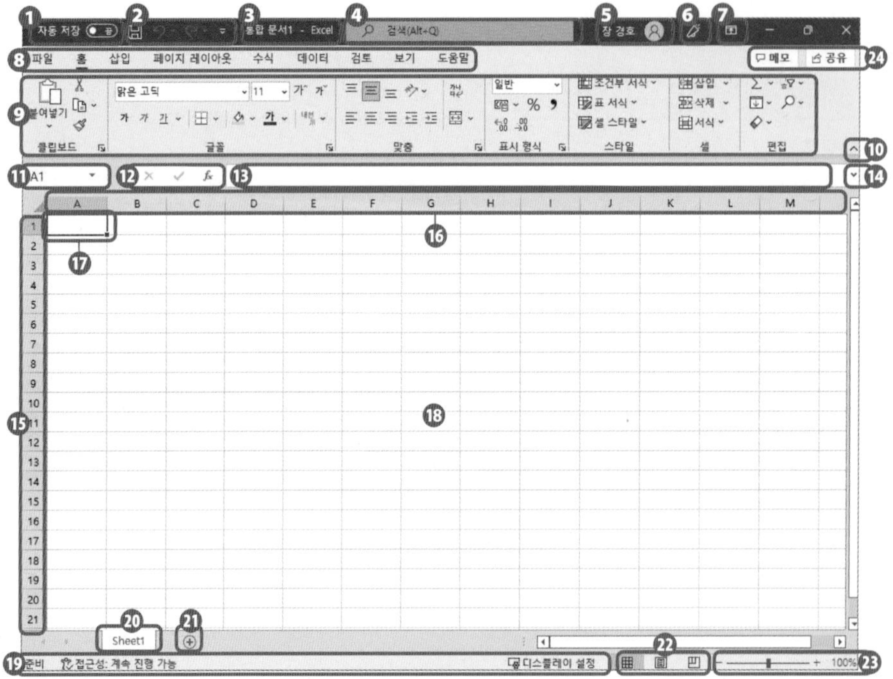

❶ **자동 저장** : 마이크로소프트 365의 경우 엑셀 작업 도중 변경 사항을 자동으로 저장하는 기능입니다. 끄거나 켤 수 있습니다.

❷ **빠른 실행 도구 모음** : 자주 사용하는 기능을 아이콘 형식으로 표시하는 도구 모음으로 원하는 기능을 추가하거나 삭제할 수 있습니다.

❸ **제목 표시줄** : 통합 문서의 파일명이 표시됩니다.

❹ **검색** : 엑셀 기능에 대한 도움말을 검색하거나 엑셀 명령어를 입력하여 빠르게 기능을 실행할 수 있습니다.

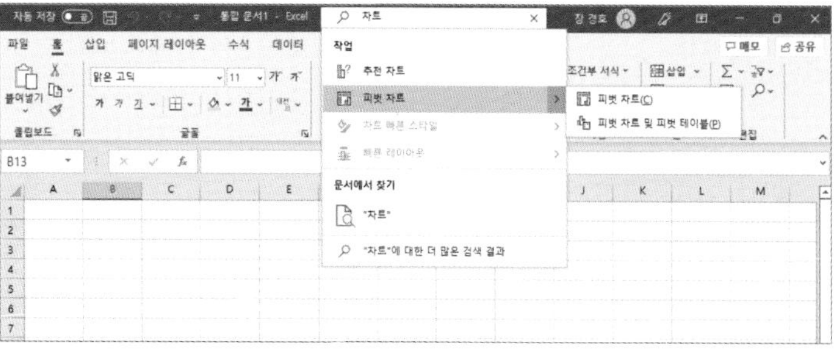

▲ 검색

⑤ **사용자 계정** : 로그인한 사용자의 계정이 표시됩니다.

⑥ **출시 예정 기능** : 마이크로소프트 365의 경우 출시 예정인 기능을 미리 확인할 수 있습니다.

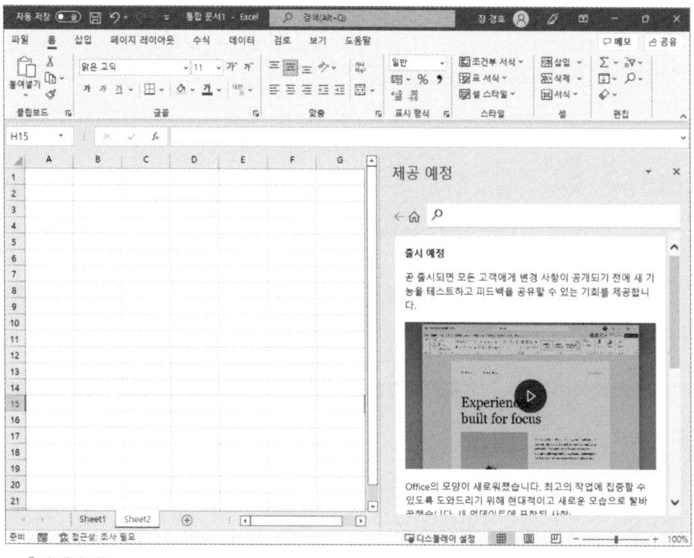

▲ 출시 예정 기능

⑦ **리본 메뉴 표시 옵션** : 리본 메뉴나 탭 메뉴를 표시하거나 숨길 수 있습니다.

⑧ **리본 메뉴의 [탭]** : 다양한 엑셀 기능이 포함된 카테고리입니다. 비슷한 기능이 묶여져 있습니다.

⑨ **리본 메뉴의 [그룹]** : 리본 메뉴에서 [탭]을 선택하면 [그룹]이라는 이름으로 다양한 기능이 표시됩니다. [글꼴] 그룹, [맞춤] 그룹, [표시 형식] 그룹 등 원하는 기능을 손쉽게 찾고 실행할 수 있습니다.

⑩ **리본 메뉴 확대/축소 단추** : 워크시트를 넓게 사용하고 싶거나 리본 메뉴를 표시하지 않도록 설정할 수 있습니다.

⑪ **이름 상자** : 셀이나 범위의 이름이 나타나며, 이름을 지정하지 않으면 선택한 셀 주소가 표시됩니다.

⑫ **함수 삽입** : [함수 마법사] 대화상자를 통해 원하는 함수를 빠르고 편리하게 선택할 수 있습니다.

⑬ **수식 입력줄** : 입력된 데이터나 수식이 표시되며, 직접 수식을 입력할 수 있습니다.

⑭ **수식 입력줄 확장 단추** : 수식 입력줄의 크기를 확장 및 축소할 수 있습니다.

⑮ **행 머리글** : 워크시트의 행을 표시하는 이름표로써 행 머리글은 1, 2, 3 등으로 표시됩니다.

⑯ **열 머리글** : 워크시트의 열을 표시하는 이름표로써 열 머리글은 A, B, C 등으로 표시됩니다.

⑰ **셀** : 행과 열이 교차되는 곳으로 수식과 데이터를 입력할 수 있습니다.

⑱ **워크시트** : 데이터 작업이 이루어지는 공간을 말합니다.

⑲ **상태 표시줄** : 화면 보기 단추와 확대/축소 단추가 있는 상태 표시줄을 통해 합계, 평균 등 간단한 계산을 표시할 수 있으며, 키보드 상태와 페이지 번호 등을 확인할 수 있습니다.

⑳ **시트 탭** : 엑셀 작업이 이루어지는 워크시트의 이름이 표시되며, 추가하거나 삭제할 수 있습니다.

㉑ **새 시트** : [새 시트] 단추를 클릭하여 워크시트를 추가할 수 있습니다.

㉒ **여러 가지 보기 단추** : 문서의 화면 보기 형태를 다양하게 선택할 수 있습니다.

㉓ **화면 확대/축소 단추** : 화면의 배율을 원하는 배율로 조절할 수 있습니다.

㉔ **메모와 공유** : 다른 사용자와 공동 작업을 위해 클라우드(OneDrive)에 저장할 수 있으며, 공유된 문서를 통해 공동 작업을 진행할 수 있습니다.

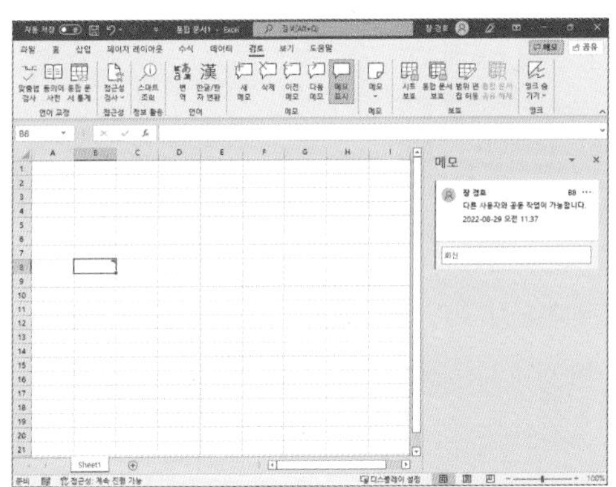

▲ 메모

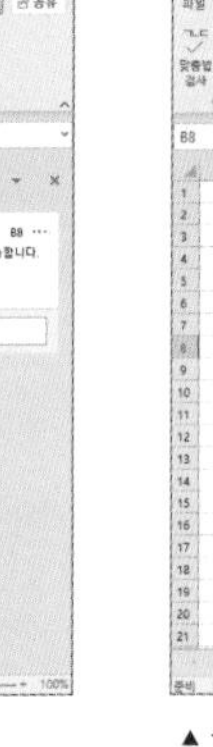

▲ 공유

Excel 002

중요도 ★★★★★

자주 사용하는 기호를 단축키로 빠르게 입력하기

워크시트에 『(tel)』을 입력한 후 [Space Bar] 또는, [Enter]를 누르면 자동으로 '☎' 와 같은 기호로 바뀌어 입력됩니다. 이렇게 자주 사용하는 기호를 단축키로 지정해 놓으면 매번 기호를 불러오는 번거로운 과정을 거치지 않아도 간단하게 단축키로 기호를 입력할 수 있습니다.

사용 가능 버전 2010 2013 2016 2019 2021 365
사용한 기능 자동 고침 옵션

예제 파일 Excel\Chapter 01\계획표.xlsx
완성 파일 Excel\Chapter 01\계획표_완성.xlsx

1. 워크시트에 기호를 입력해 보겠습니다. 예제 파일을 연 다음 [C3] 셀을 선택하고 [삽입] 탭-[기호] 그룹-[기호]-[기호]를 클릭합니다.

2. [기호] 대화상자가 나타나면 [글꼴] 화살표를 클릭한 후 [Wingdings]를 선택합니다. 각종 기호가 나타나면 원하는 기호를 선택하고 [삽입]을 클릭합니다.

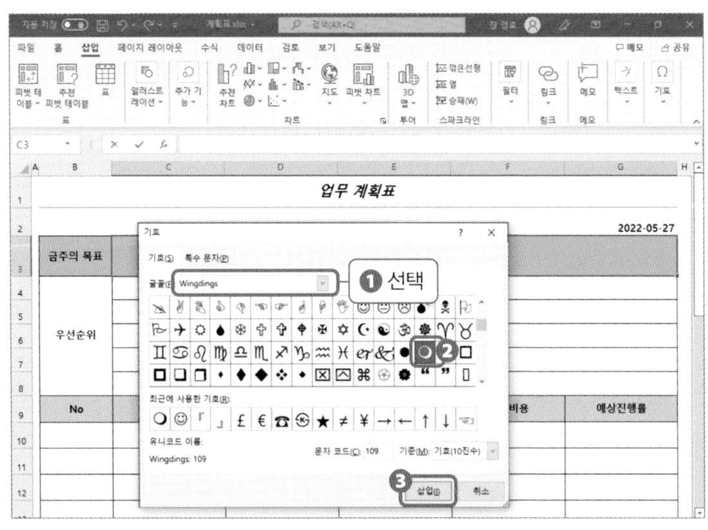

TIP 문자 코드( ) 입력란에 문자 코드를 입력하면 보다 빠르게 원하는 기호 목록을 불러올 수 있습니다. 자주 사용하는 기호 번호를 기억해 놓으세요.

3. [C3] 셀에 기호가 입력됩니다. 엑셀에는 자주 사용하는 기호가 단축키로 미리 완성되어 있습니다. 자주 사용하는 기호를 단축키로 만들어 보겠습니다. [C4] 셀을 선택하고 『(tel)』을 입력한 후 Enter를 누릅니다.

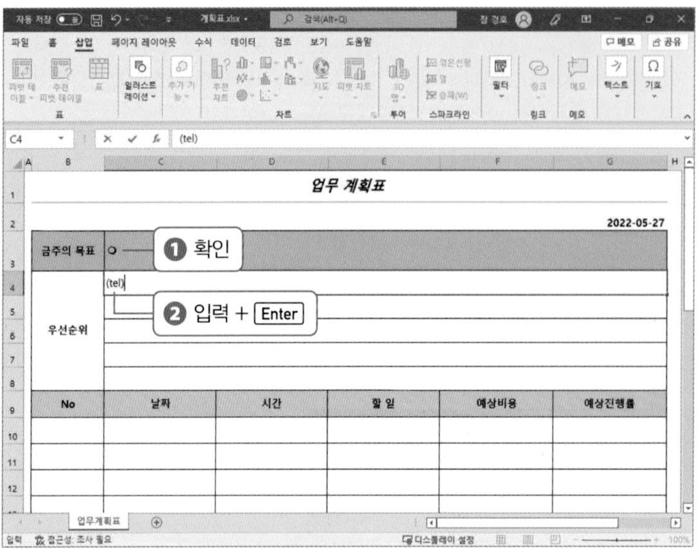

✓ TIP 『(tel)』을 입력한 후 Enter를 누르면 자동으로 전화기 모양의 기호가 입력됩니다. 이는 자주 사용하는 기호가 단축키로 이미 설정되어 있음을 의미합니다.

4. 이제 [자동 고침 옵션]을 통해 사용자가 직접 원하는 기호를 단축키로 지정해 보겠습니다. [파일] 탭 –[옵션]을 클릭합니다.

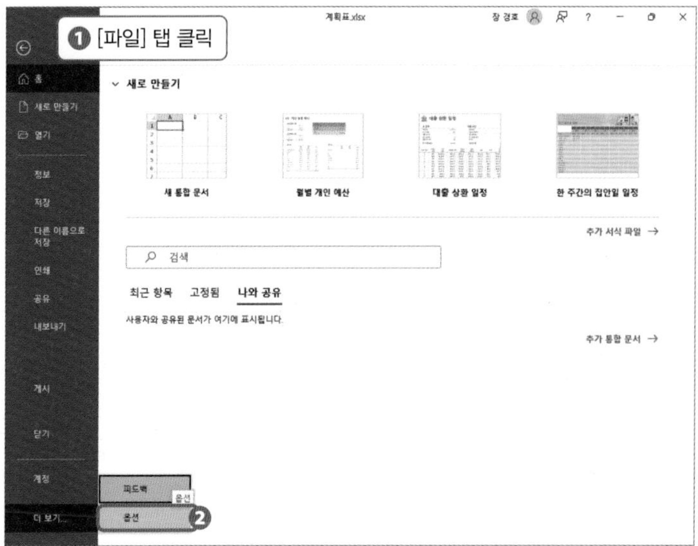

5. [Excel 옵션] 대화상자가 나타나면 [언어 교정]-[자동 고침 옵션]을 클릭합니다. [자동 고침] 대화상자가 나타나면 [자동 고침] 탭의 [입력]에 『(별)』을 입력합니다. [결과]에 『ㅁ』을 입력하고 [한자]를 누릅니다. 각종 기호가 나타나면 '★'을 선택한 후 [추가]를 클릭합니다. [자동 고침] 대화상자에서 [확인]을 클릭한 후 [Excel 옵션] 대화상자에서 다시 [확인]을 클릭합니다.

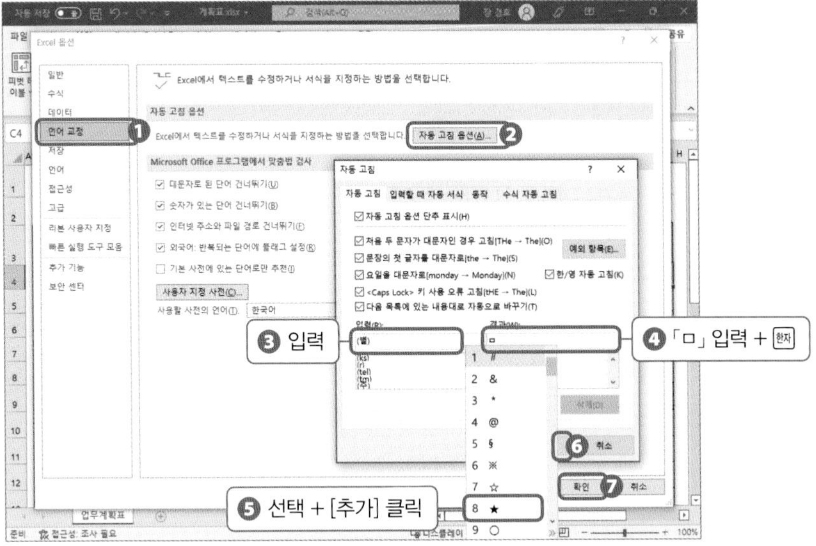

6. [C5] 셀을 선택하고 『(별)』을 입력한 후 [Enter]를 누릅니다. 자동으로 '★'이 입력되는 것을 확인할 수 있습니다.

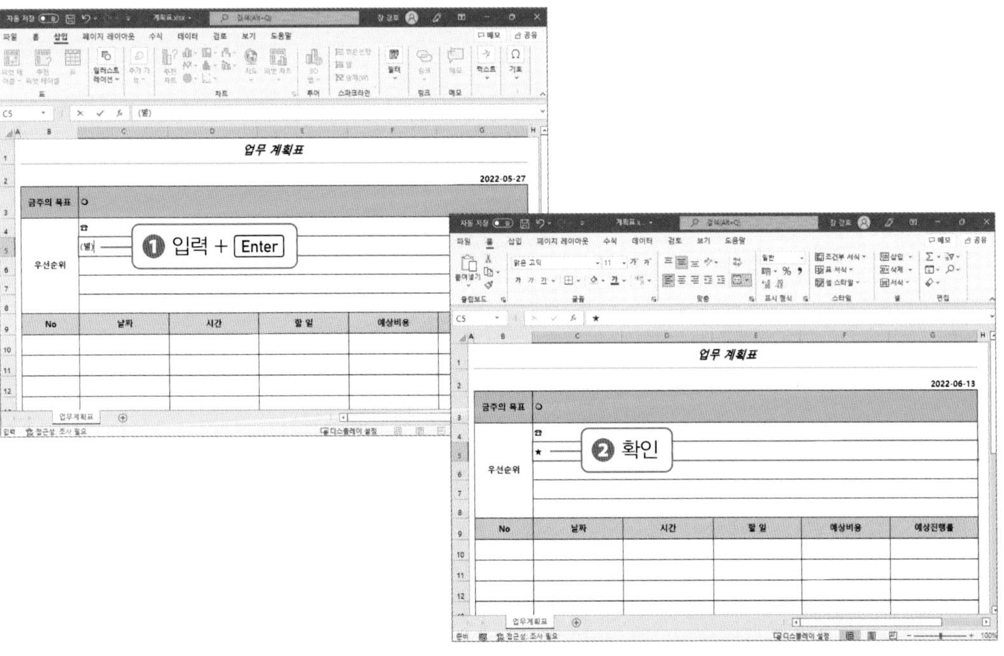

Excel
003

중요도
★★★★★

가나다라 순이나 직급 순위에 따라 데이터 정렬하기

엑셀 데이터를 정렬할 때 보통 오름차순이나 내림차순을 하지만 직급처럼 자주 사용하는 목록 데이터가 존재한다면 어떻게 해야 할까요? 오름차순, 내림차순 상관없이 원하는 순서대로 데이터를 정렬하고 싶을 때는 [사용자 지정 목록 편집]을 통해 간단히 해결할 수 있습니다.

사용 가능 버전 2010 2013 2016 2019 2021 365
사용한 기능 Excel 옵션, 사용자 지정 목록, 정렬

예제 파일 Excel\Chapter 01\직급별실적.xlsx
완성 파일 Excel\Chapter 01\직급별실적_완성.xlsx

1. 예제 파일을 열면 직급이 '과장', '계장', '차장', '주임' 순으로 지정되어 있습니다. 이를 가나다라와 같은 오름차순으로 먼저 정렬해 보겠습니다. [E4] 셀을 선택하고 [데이터] 탭–[정렬 및 필터] 그룹–[오름차순]을 클릭합니다.

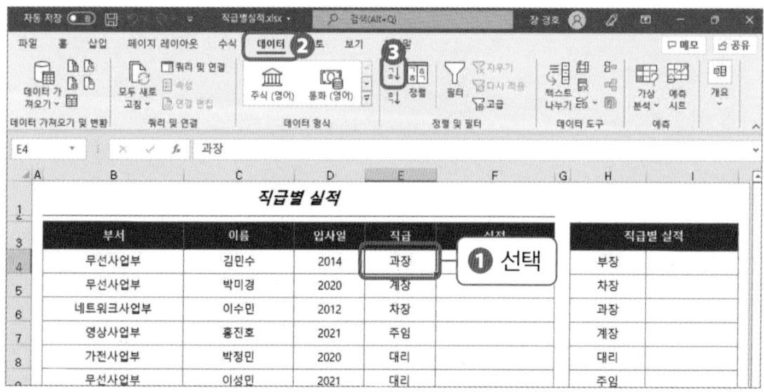

2. 가나다라 순서인 '계장', '과장', '대리', '사원' 순으로 정렬됩니다. 여기서 처리해야 할 정렬은 가나다라 순서가 아닌 직급별 순서로써 즉 '부장', '차장', '과장', '계장' 순서로 정렬해야 합니다. 이럴 경우에는 [사용자 지정 목록 편집]을 통해 간단히 처리할 수 있습니다. 우선, [H4] 셀에서 [H10] 셀을 드래그하여 선택하고 Ctrl+C를 눌러 복사합니다.

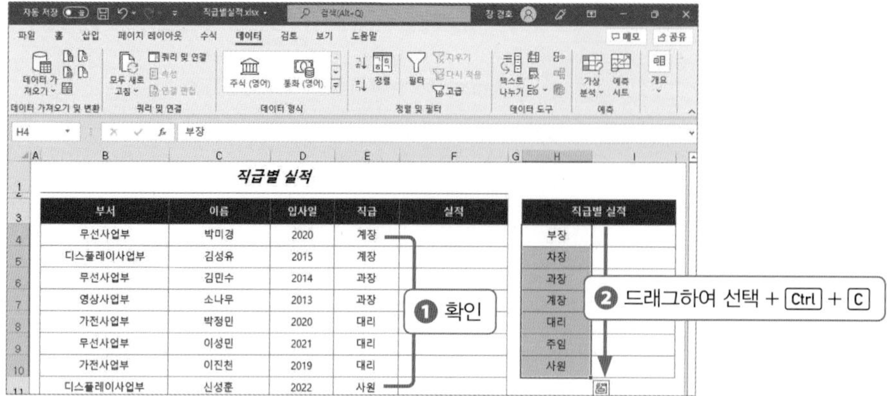

3. [파일] 탭-[옵션]을 클릭합니다. [Excel 옵션] 대화상자가 나타나면 [고급] 탭에서 [일반]-[사용자 지정 목록 편집]을 클릭합니다.

4. [사용자 지정 목록] 대화상자가 나타납니다. 왼쪽 항목에는 엑셀이 이미 만들어 놓은 목록들이 나타나며, [목록 가져올 범위]에 복사한 셀 범위가 표시됩니다. [가져오기]를 클릭합니다.

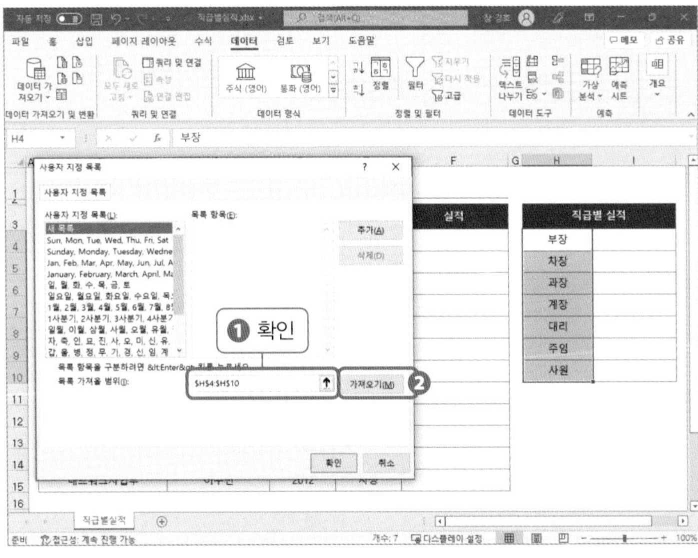

5. [목록 항목]에 '부장', '차장', '과장', '계장' 순서로 사용자 지정 목록이 나타나면 [확인]을 클릭합니다. [Excel 옵션] 대화상자가 다시 나타나면 [확인]을 클릭합니다.

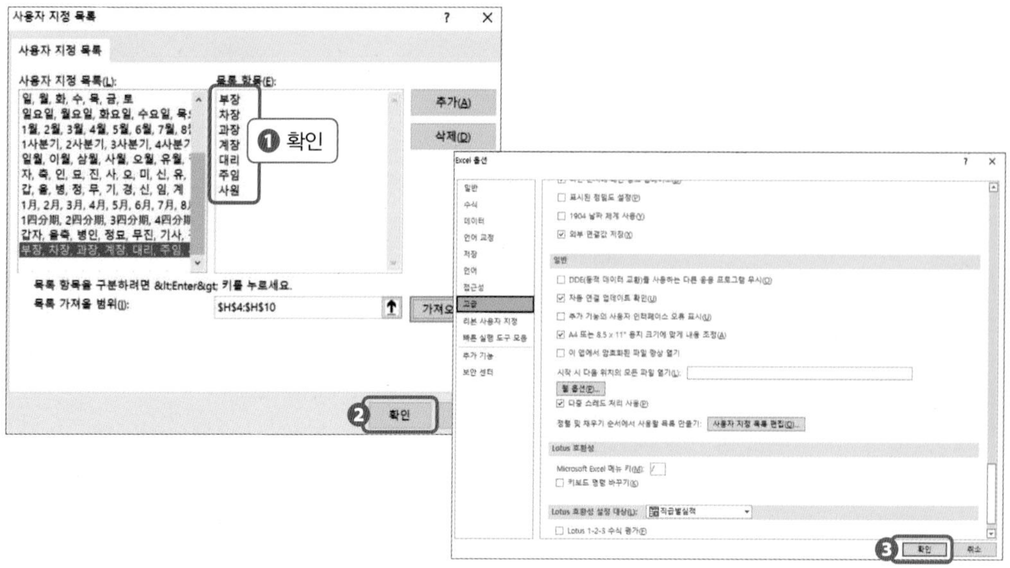

✓ TIP 사용자 지정 목록을 작성할 때 [목록 항목]에 직접 항목을 입력할 수도 있습니다. '부장', '차장', '과장', '계장' 순으로 입력한 후 콤마(,)로 정렬하여 입력하거나 Enter 를 눌러 정렬해도 됩니다.

6. 이제 입력한 순서대로 데이터를 정렬해 보겠습니다. 아무 셀을 선택하고 [데이터] 탭-[정렬 및 필터] 그룹-[정렬]을 클릭합니다. [정렬] 대화상자가 나타나면 [정렬 기준] 화살표를 클릭해 [직급]을 선택합니다. [정렬] 화살표를 클릭해 [사용자 지정 목록]을 선택합니다.

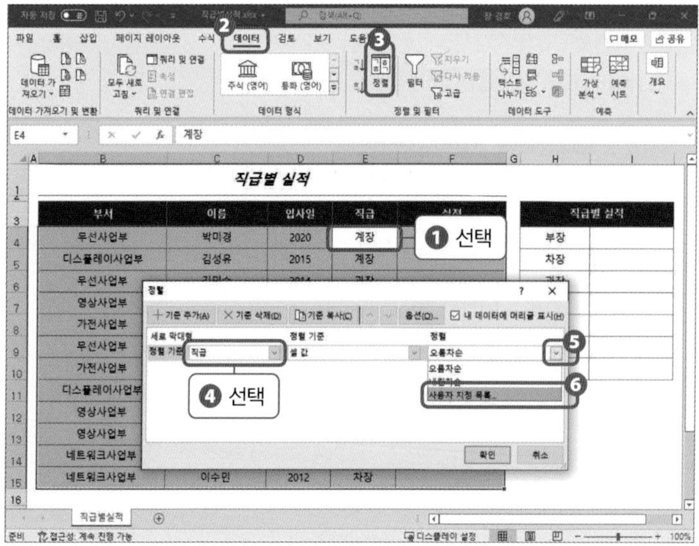

7. [사용자 지정 목록] 대화상자가 나타납니다. 5번 따라하기에서 입력했던 항목을 선택한 후 [확인]을 클릭합니다.

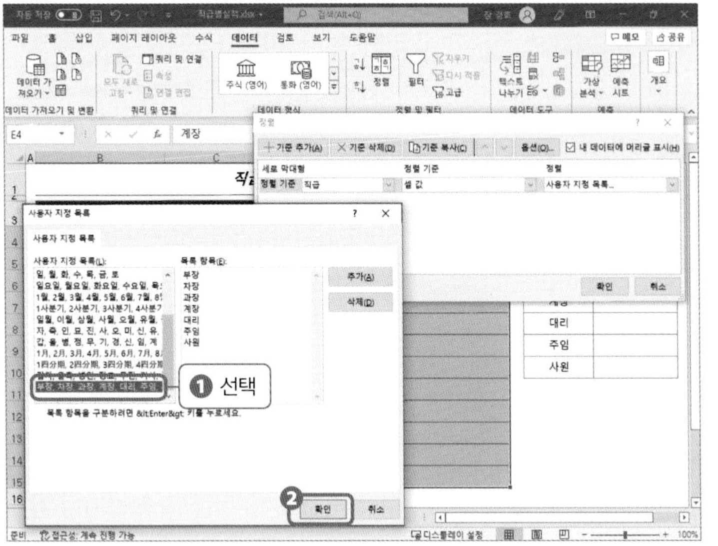

8. [정렬] 대화상자가 다시 나타납니다. [정렬]에 사용자 지정 목록이 입력된 것을 확인한 후 [확인]을 클릭합니다. 가나다 순이 아닌 '직급' 순으로 목록이 정렬됩니다.

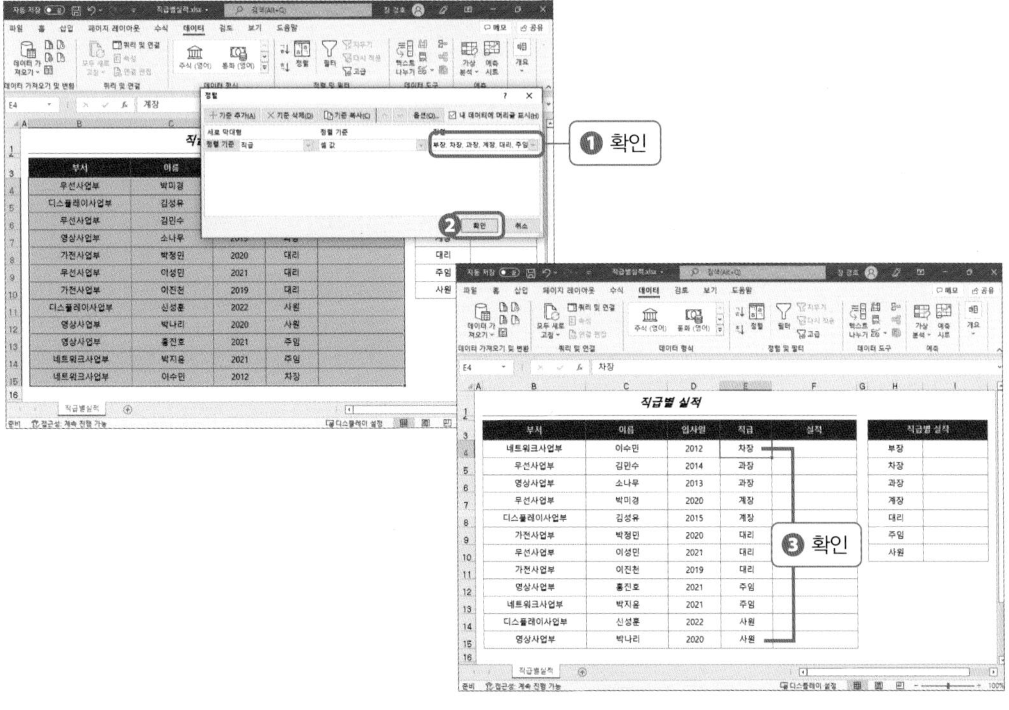

Excel
004

화면에 보이지 않는 유령 문자 한 번에 삭제하기

중요도 ★★★★★

인터넷에서 찾은 데이터(숫자)나 다른 문서의 데이터(숫자)를 워크시트로 불러올 경우 엑셀은 그 내용을 숫자가 아닌 문자로 인식하는 경우가 있습니다. 이런 문자는 수식도 적용되지 않고 그 값도 삭제되지 않습니다. 이럴 때 유용한 방법을 알려드립니다.

사용 가능 버전 2010 2013 2016 2019 2021 365
사용한 기능 찾기 및 바꾸기
예제 파일 Excel\Chapter 01\실태조사.xlsx
완성 파일 Excel\Chapter 01\실태조사_완성.xlsx

1. [E6] 셀에는 SUM 함수가 포함되어 있습니다. 원래는 [E4:E5] 영역의 합계가 산출되어 함수 결과값이 '0'으로 표시됩니다. 이는 화면에 표시된 '330,293'이나 '97,074'라는 숫자를 문자로 인식하고 있기 때문입니다. 이런 결과가 나오는 이유는 인터넷 문서 등에서 자료를 불러올 때 흔히 발생하는 일명 '유령 문자' 때문입니다. 이를 해결해 보겠습니다. [E4] 셀을 두 번 클릭한 후 숫자 앞에 '유령 문자'를 드래그하여 선택한 다음 Ctrl+C를 눌러 복사합니다.

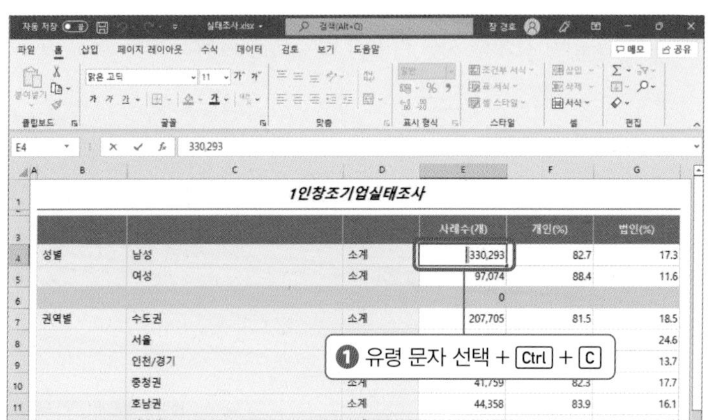

✓ TIP '유령 문자'는 Space Bar와 같은 방식으로 입력된 것이 아닌 인터넷 문서나 다른 문서의 독특한 태그나 구조가 포함되어 있는 경우가 많습니다.

2. 표의 아무 영역이나 선택한 후 Ctrl+A를 누릅니다. 표가 모두 선택됩니다. 표가 모두 선택되면 Ctrl+H를 눌러 [찾기 및 바꾸기] 대화상자를 불러옵니다.

3. [찾을 내용]에 마우스 포인터를 위치시킨 다음 복사한 내용을 Ctrl+V를 눌러 붙여 넣습니다. [바꿀 내용]은 아무 내용을 입력하지 않은 상태에서 [모두 바꾸기]를 클릭합니다. [경고] 창이 나타나면서 항목이 바뀌었다는 메시지가 나타나면 [확인]을 클릭합니다. 다시 [찾기 및 바꾸기] 대화상자에서 [닫기]를 클릭합니다.

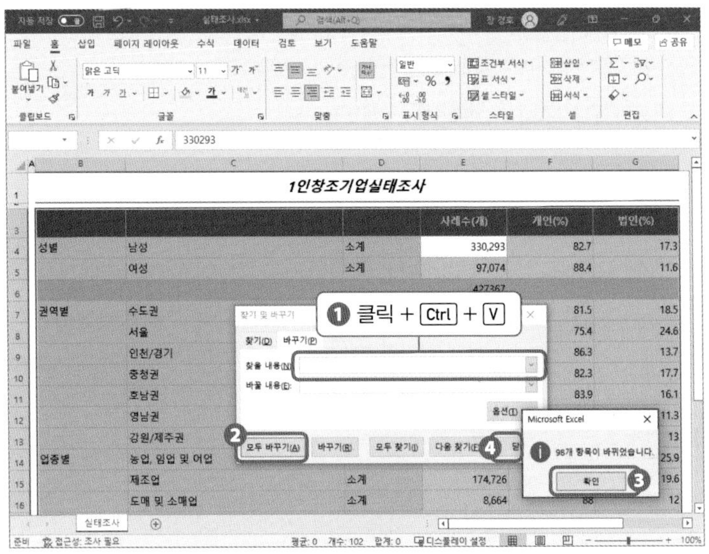

4. 유령 문자가 모두 제거되고 [E6] 셀에 수식이 제대로 표시됩니다.

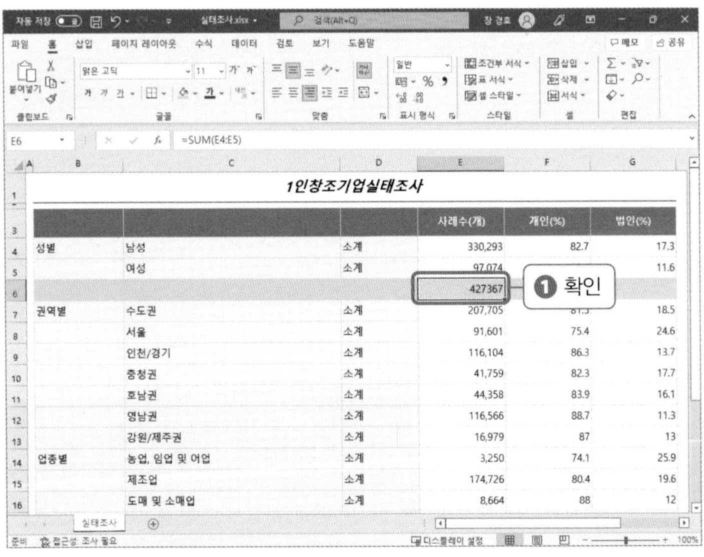

✓ TIP 본 데이터는 통계청(https://kosis.kr) 사이트의 '1인 창조기업 실태조사(중소벤처기업부)' 통계 자료를 복사하여 사용했습니다. 통계청 사이트의 내용을 활용하는 방법은 저자의 블로그(http://blog.naver.com/yuriblue)에서 자세히 다루고 있으니 참고하기 바랍니다.

Excel 005

중요도 ★★★☆☆

빈 셀이 포함된 행 일괄 삭제하기

입력되어야 할 항목이 비어 있다면 해당하는 행을 삭제해야 하는 경우가 발생할 수 있습니다. 한두 개의 셀이라 면 한 번에 찾아 해결할 수 있지만, 비어 있는 행이 많을 경우에는 일일이 찾아서 삭제하는 것은 번거롭습니다. 이럴 때는 [이동 옵션]과 [삭제]를 통해 쉽게 해결할 수 있습니다.

사용 가능 버전 2010 2013 2016 2019 2021 365
사용한 기능 이동 옵션, 삭제

예제 파일 Excel\Chapter 01\전송량.xlsx
완성 파일 Excel\Chapter 01\전송량_완성.xlsx

1. 예제 파일을 열면 6행과 11행, 12행에 전송량 통계치가 표시되지 않았습니다. 이는 결과값에 오류를 발생시킬 수 있기에 하나하나 선택해서 삭제하는 것이 아니라, 엑셀의 기능을 이용해 삭제해 보겠습니다.

전송량 상세통계

시간	전송량(Mbytes)	전송율(Mbytes)	조회수(Hits)	조회율(Hits)
0시 00분	0.1	0.01%	5	0.03%
1시 00분	2.5	0.38%	35	0.22%
2시 00분				
3시 00분	0.7	0.10%	58	0.36%
4시 00분	17.3	2.61%	156	0.96%
5시 00분	9.6	1.45%	199	1.23%
6시 00분	0.1	0.01%	4	0.02%
7시 00분				
8시 00분				
9시 00분	0.1	0.02%	8	0.05%

① 빈 셀 확인

2. 표의 아무 영역이나 클릭한 후 Ctrl+A를 누릅니다. 표가 모두 선택되면 [홈] 탭-[편집] 그룹-[찾기 및 선택]-[이동 옵션]을 클릭합니다. [이동 옵션] 대화상자에서 [빈 셀]을 체크한 후 [확인]을 클릭합니다.

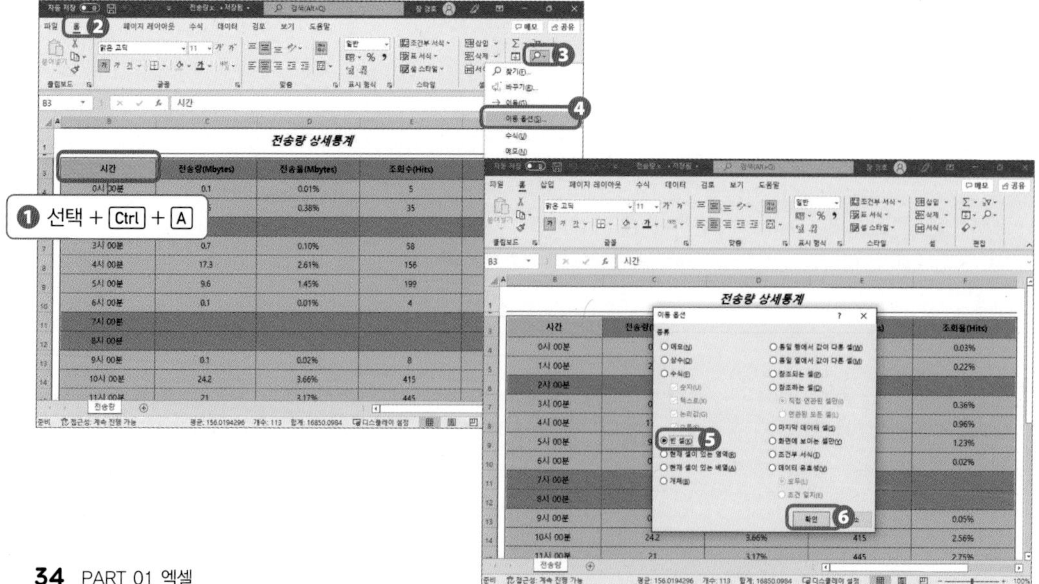

3. 선택한 범위에 위치하는 빈 셀이 모두 선택됩니다. 선택된 셀이 포함된 행을 삭제하기 위해 [홈] 탭 –[셀] 그룹–[삭제]–[시트 행 삭제]를 클릭합니다.

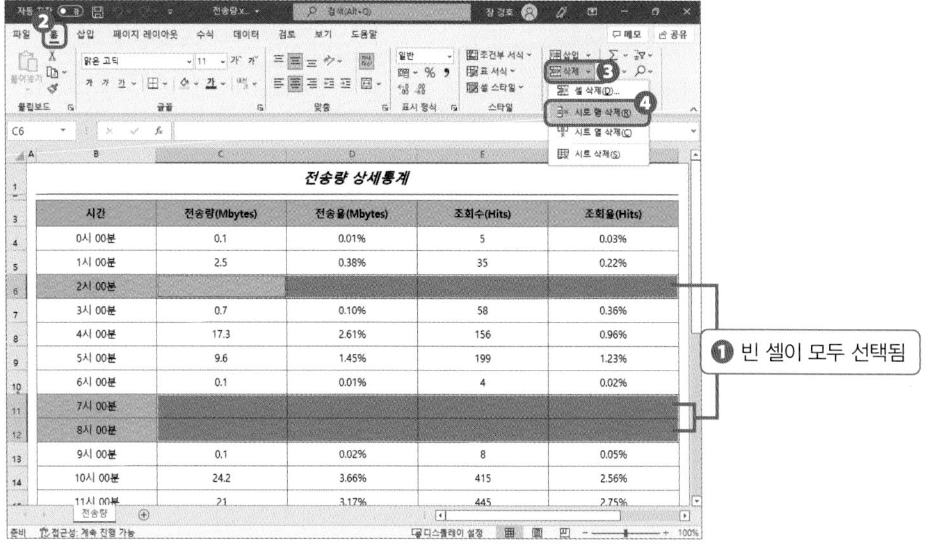

4. 빈 셀을 포함한 6행, 11행, 12행 등이 삭제되면서 빈 공백 없이 표가 정렬됩니다.

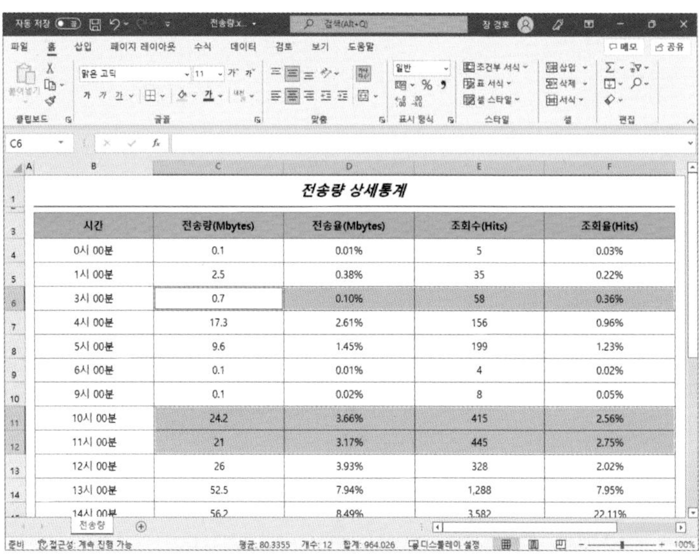

Excel **006**

중요도 ★★★★

문서의 가독성을 높이는 열 너비, 행 높이 조절하기

행 높이나 열 너비 등 셀 간격은 머리글 사이의 경계선(+)을 드래그하거나 [행 높이], [열 너비] 대화상자를 통해 조절할 수 있습니다.

사용 가능 버전 2010 2013 2016 2019 2021 365
사용한 기능 이동 옵션, 삭제

예제 파일 Excel\Chapter 01\세금계산서.xlsx
완성 파일 Excel\Chapter 01\세금계산서_완성.xlsx

1. [B] 열과 [C] 열 머리글 사이의 경계선(+)을 왼쪽으로 드래그하여 간격을 조절합니다.

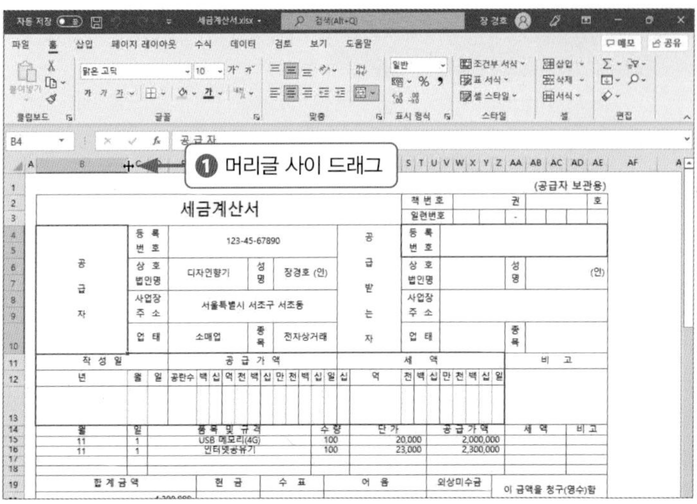

2. 열 머리글 사이를 두 번 클릭하여 간격을 조절할 수 있습니다. [R] 열과 [S] 열 머리글 사이를 두 번 클릭합니다.

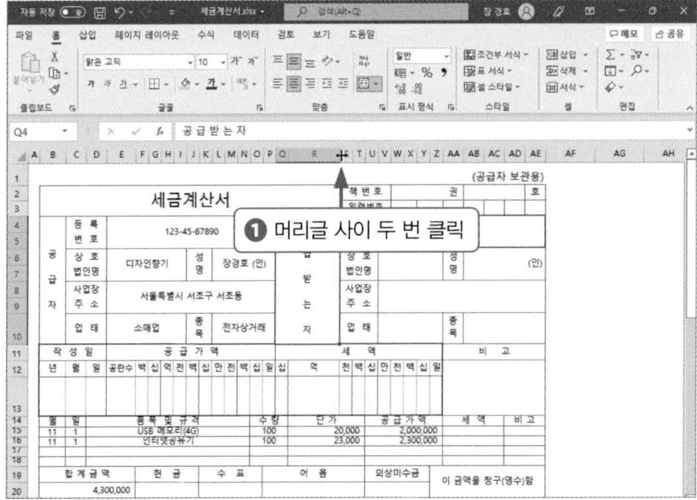

3. 이번에는 [행 높이] 대화상자를 통해 간격을 조절해 보겠습니다. [13] 행 머리글을 마우스 오른쪽 버튼으로 클릭한 후 [행 높이]를 선택합니다.

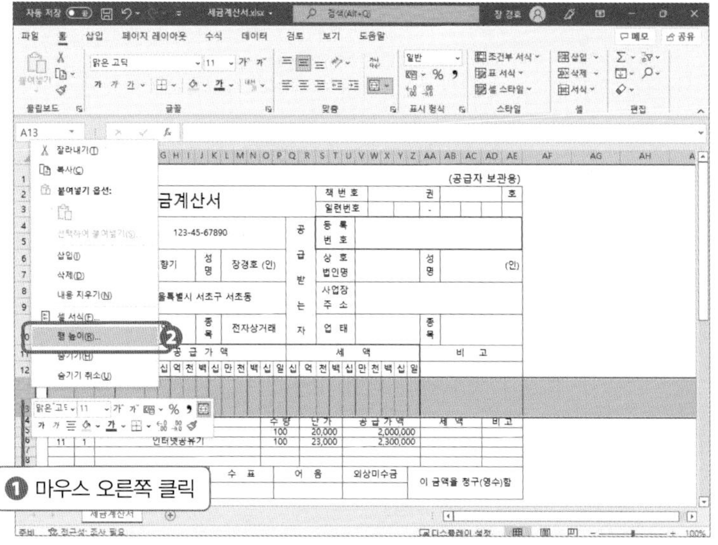

✓ TIP 머리글 사이를 두 번 클릭하여 간격을 조절할 수도 있지만, 열 머리글에서 마우스 오른쪽 버튼으로 클릭한 후 [열 너비]를 선택하여 조절할 수도 있습니다.

4. [행 높이] 대화상자가 나타나면 [행 높이]에 『17.25』를 입력한 후 [확인]을 클릭합니다.

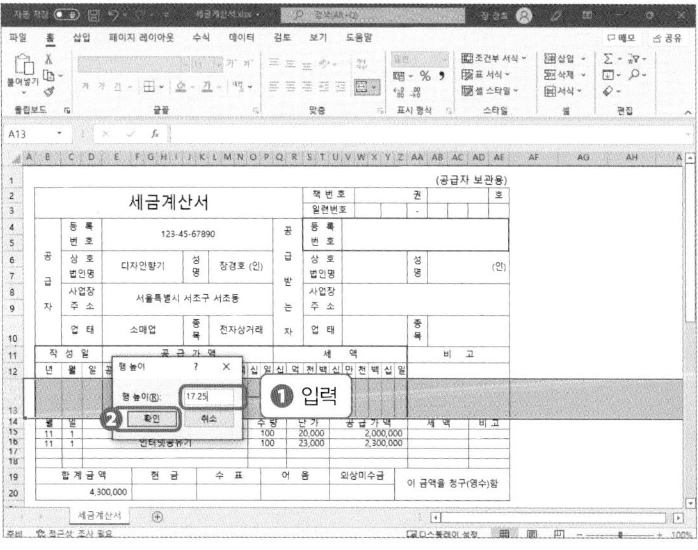

5. 이번에는 여러 개의 행 머리글을 선택해 높이를 한 번에 조절해 보겠습니다. [14] 행 머리글에서 [18] 행 머리글을 Shift 를 누른 상태로 선택하고, 마우스 오른쪽 버튼을 클릭하여 [행 높이]를 선택합니다.

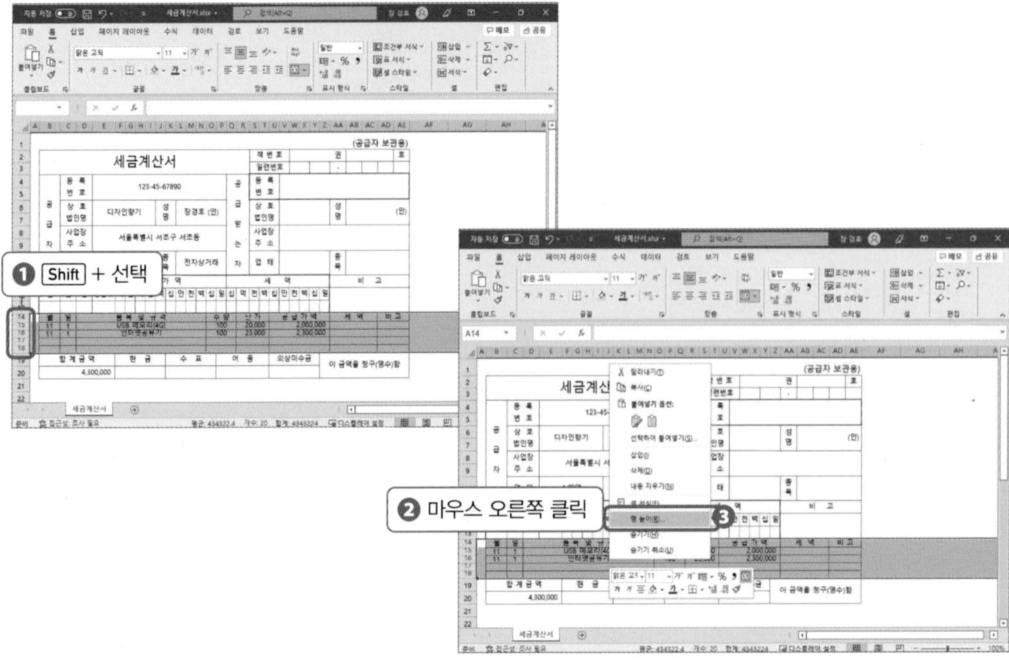

6. [행 높이] 대화상자가 나타나면 [행 높이]에 『16.5』를 입력하고 [확인]을 클릭합니다. 세금계산서 워크시트의 열 너비, 행 높이가 정확하게 수치대로 완성됩니다.

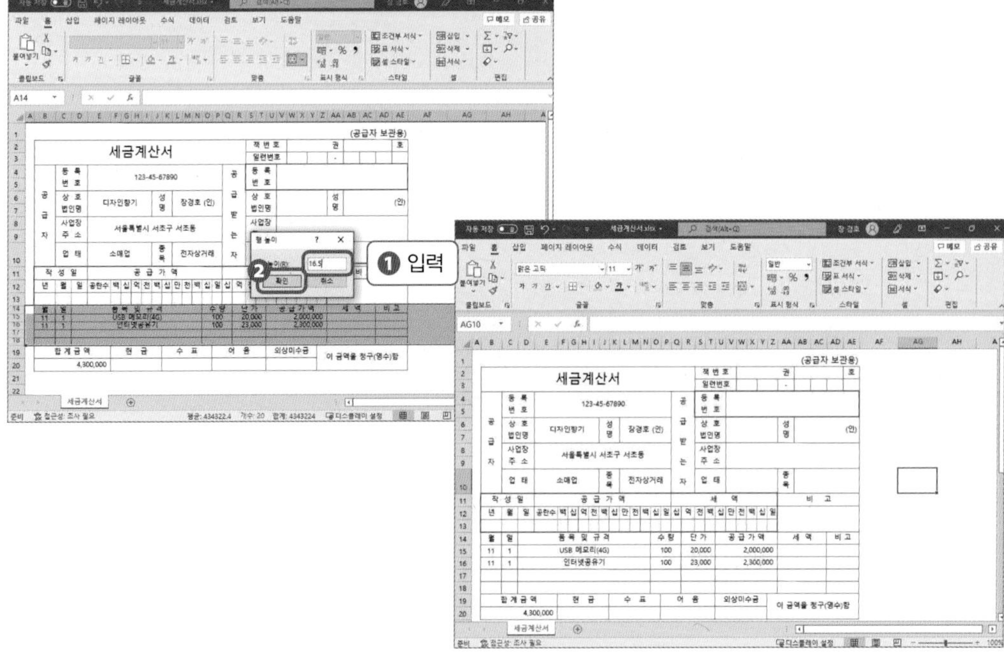

Excel 007

중요도 ★★★★★

채우기 핸들로 데이터 자동 채우기

'1, 2, 3, ..'과 같이 연속적인 데이터는 채우기 핸들을 이용하여 쉽게 입력할 수 있습니다. 또한, [자동 채우기] 옵션을 통해 셀 복사나 연속 데이터 등 채우기 속성을 변경할 수 있습니다.

사용 가능 버전 2010 2013 2016 2019 2021 365
사용한 기능 채우기 핸들, 자동 채우기

예제 파일 Excel\Chapter 01\실적표.xlsx
완성 파일 Excel\Chapter 01\실적표_완성.xlsx

1. [상반기실적] 시트의 [B4] 셀을 선택하고 『1』을 입력한 후 Enter 를 누릅니다. 다시 [B4] 셀을 선택하고 채우기 핸들(+)을 [B19] 셀까지 드래그합니다.

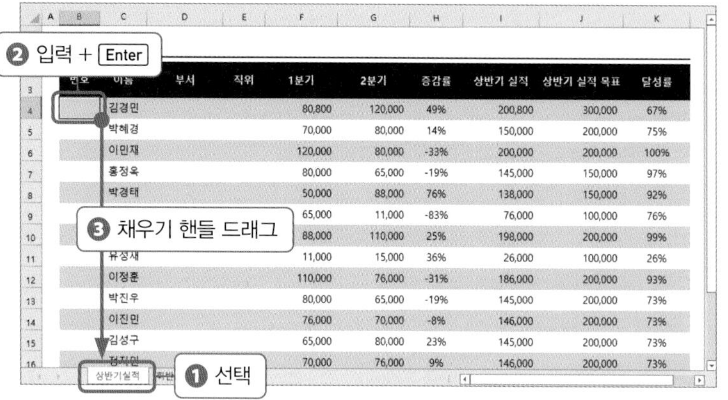

2. '1' 이 복사되어 나타납니다. [자동 채우기 옵션](⊞)을 클릭하고 [연속 데이터 채우기]를 선택합니다. 숫자가 연속해서 증가하여 표시됩니다.

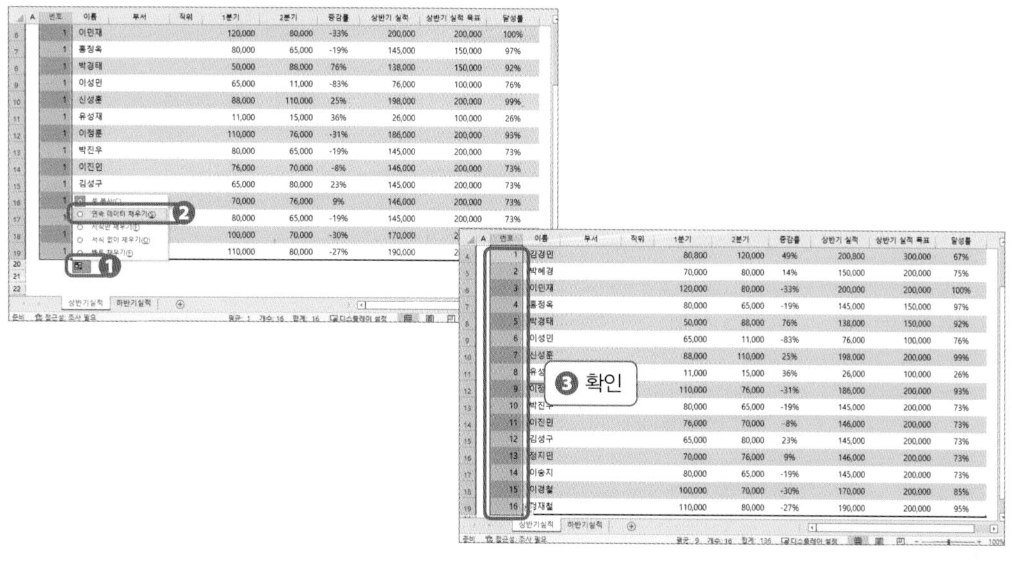

3. [하반기실적] 시트의 [B4] 셀을 선택하고 『1』을 입력한 후 Enter 를 누릅니다. 다시 [B4] 셀을 선택하고 Ctrl 을 누른 상태에서 채우기 핸들(⊞)을 [B19] 셀까지 드래그합니다. 숫자가 자동으로 증가하여 표시됩니다.

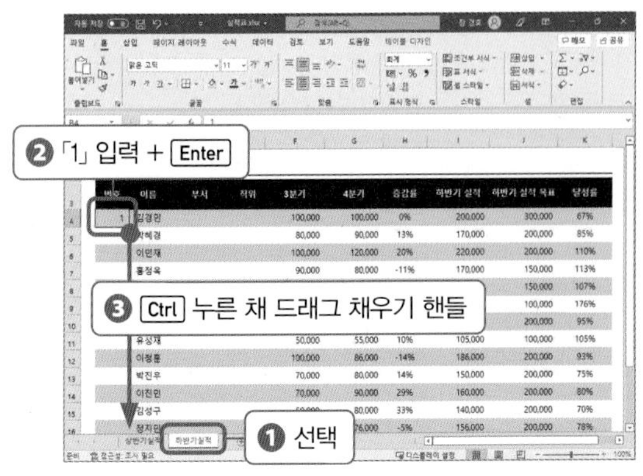

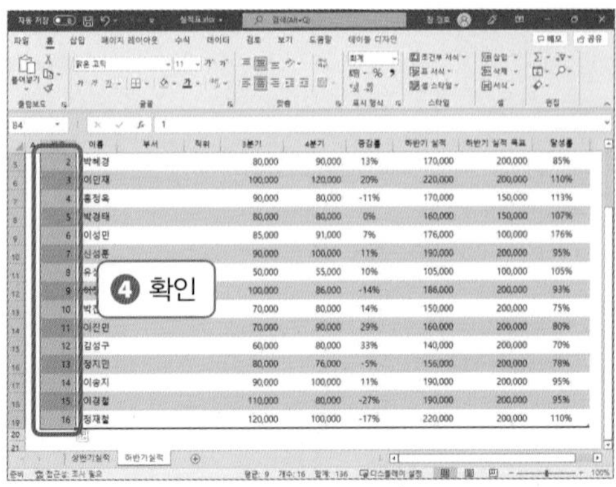

✓TIP Ctrl 을 누른 상태에서 채우기 핸들(⊞)을 드래그하면 [자동 채우기 옵션](⊞)으로 속성을 지정하지 않더라도 연속 데이터가 입력됩니다.

4. 이번에는 문자와 숫자가 같이 있는 데이터를 입력해 보고 자동 채우기를 해보겠습니다. [D4] 셀을 선택하고 『총무1팀』, [D5] 셀을 선택하고 『인사1팀』, [D6] 셀을 선택하고 『기획1팀』을 각각 입력합니다. [D4] 셀에서 [D6] 셀까지를 드래그하여 선택하고 채우기 핸들(⊞)을 [D19] 셀까지 드래그합니다.

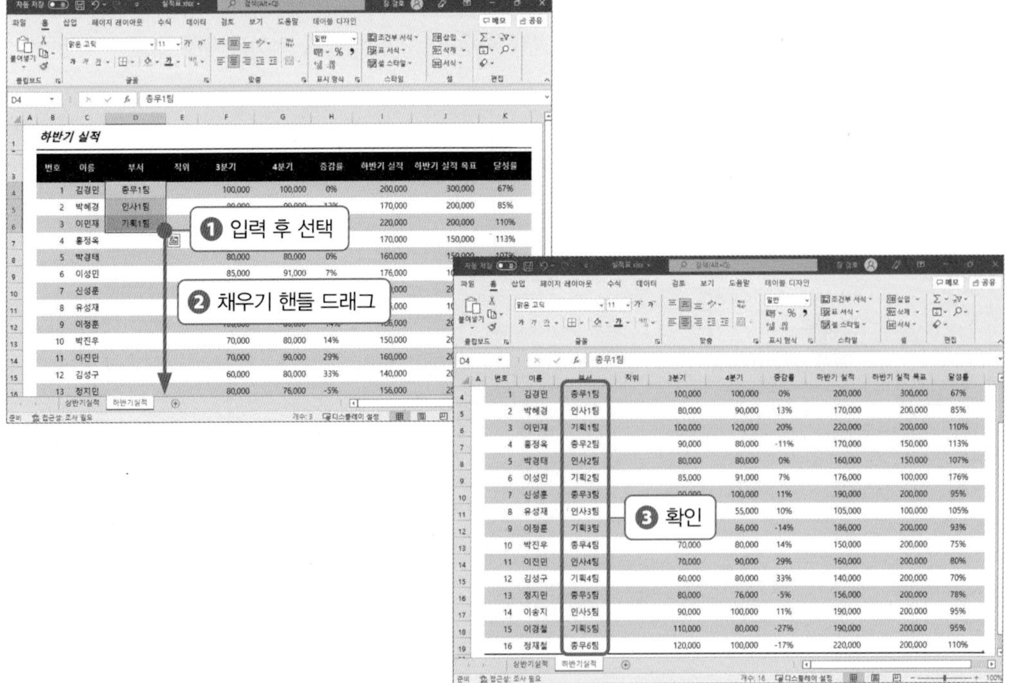

5. 문자와 숫자가 자동으로 반복 및 증가하여 입력됩니다. 다만, 문자는 반복해서 입력되지만 숫자는 자동 증가하여 입력됩니다. 숫자도 반복해서 입력하기 위해 [자동 채우기 옵션](▣)을 클릭한 후 [셀 복사]를 선택합니다.

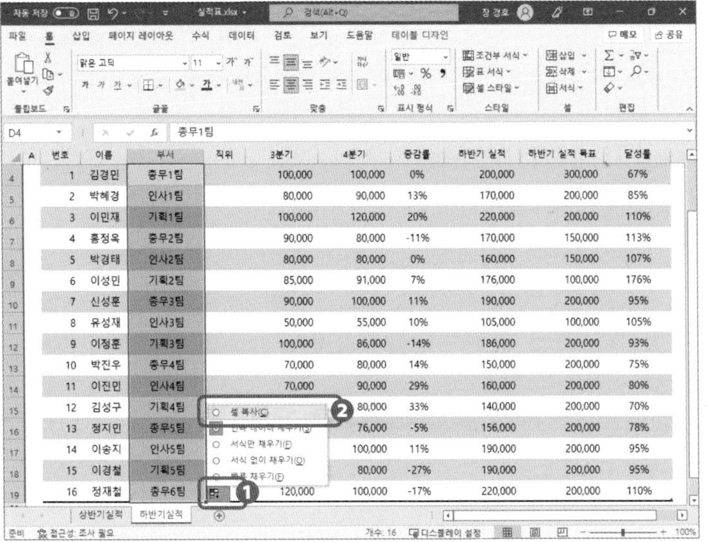

6. 숫자가 증가하지 않고 반복해서 입력됩니다.

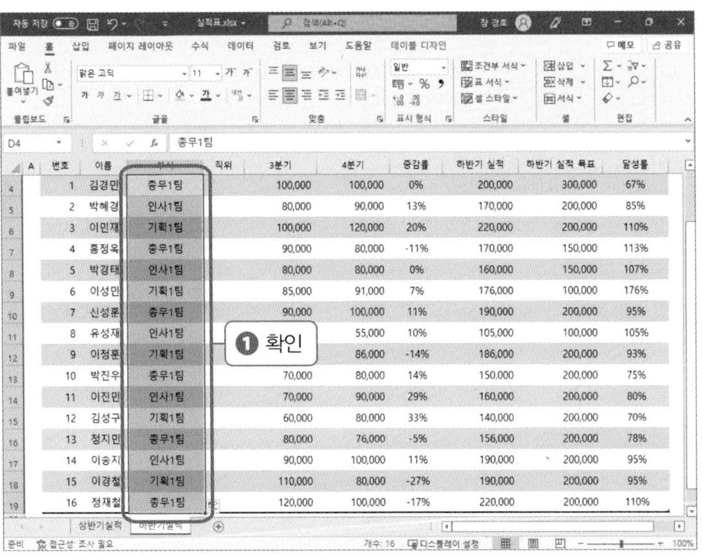

Excel 008

중요도 ★★★★★

유효성 검사로 데이터를 쉽게 추가하기

데이터 유효성 검사를 통해 사용자가 직접 셀에 입력하는 데이터나 값의 유형을 설정할 수 있습니다. 예를 들어, 특정 셀에는 숫자만 입력하고, 특정 셀에는 텍스트 길이를 제한할 수 있습니다. 이번 예제처럼 특정 항목만 입력하게 만들 수도 있습니다.

사용 가능 버전 2010 2013 2016 2019 2021 365

사용한 기능 데이터 도구, 데이터 유효성 검사

예제 파일 Excel\Chapter 01\관리대장.xlsx

완성 파일 Excel\Chapter 01\관리대장_완성.xlsx

1. [G4:G18] 영역을 드래그하여 선택하고 [데이터] 탭–[데이터 도구] 그룹–[데이터 유효성 검사]를 클릭합니다.

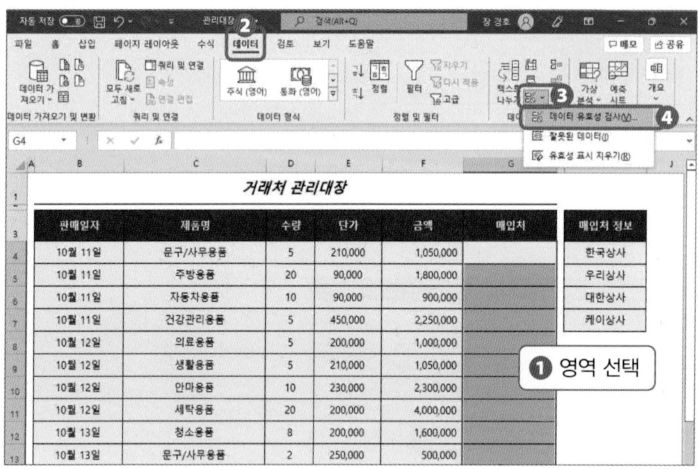

2. [데이터 유효성] 대화상자가 나타나면 [설정] 탭–[제한 대상]의 드롭다운 단추를 클릭한 후 '목록'을 선택합니다.

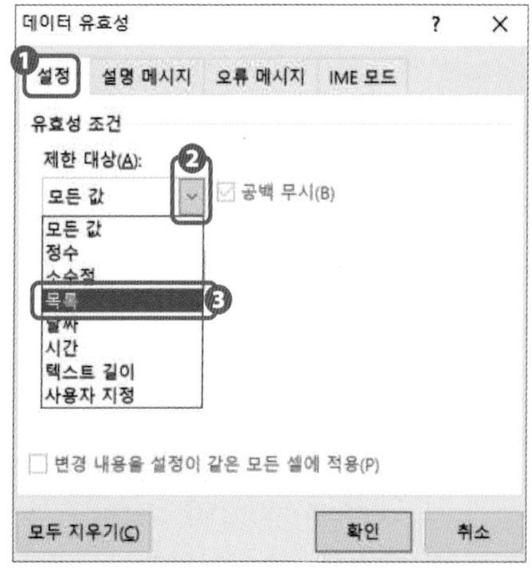

✓ TIP 유효성 검사에는 '정수, 소수점, 목록, 날짜, 시간, 텍스트 길이, 사용자 지정'을 제한 대상으로 지정할 수 있습니다.

3. [원본]을 클릭하고 [I4:I7] 영역을 드래그하여 셀 범위를 지정한 후 [확인]을 클릭합니다.

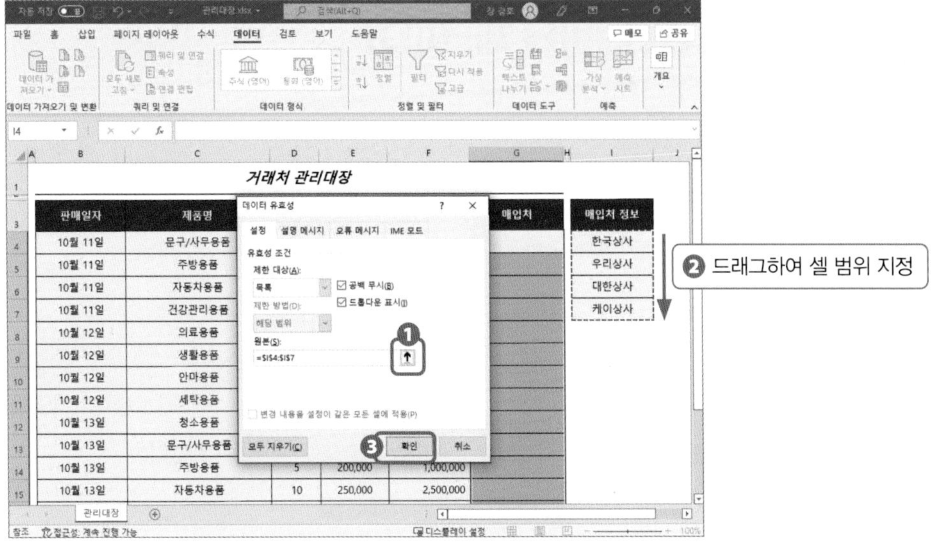

4. [매입처] 필드에 화살표가 표시됩니다. 화살표를 클릭하면 '거래처' 목록이 나타나면, 원하는 거래처를 선택합니다.

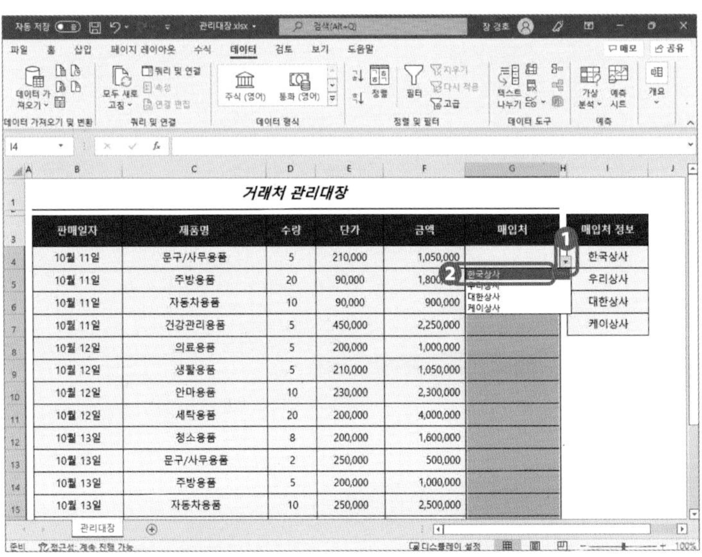

이것이 알고 싶어요

Ⓠ **[데이터 유효성] 대화상자의 탭에는 [설정] 이외에도 [설명 메시지], [오류 메시지] 탭이 있습니다. 그렇다면, 이들의 역할은 무엇일까요?**

Ⓐ 1) 설명 메시지는 입력하는 셀의 오른쪽에 작은 메모를 메시지로 표시할 수 있습니다.

2) 오류 메시지는 통해 지정된 범위에서 벗어난 값이 입력될 경우 오류 메시지를 표시할 수 있습니다.

Excel
009

유효성 검사로 잘못 입력된 데이터 체크하기

중요도 ★★★★

이미 입력한 데이터 중에서 잘못 입력된 데이터를 찾기 위해 유효성 검사를 활용할 수 있습니다. 예를 들어, '가나다상사'라고 입력해야 하는 셀에 '가나다 상사'를 입력하거나, 다른 이름을 입력했을 경우 유효성 검사를 통해 간단히 찾을 수 있습니다.

사용 가능 버전 2010 2013 2016 2019 2021 365
사용한 기능 데이터 도구, 데이터 유효성 검사

예제 파일 Excel\Chapter 01\관리대장_오류.xlsx
완성 파일 Excel\Chapter 01\관리대장_오류_완성.xlsx

1. 거래처명이 잘못 기재되어 있을 경우 이를 한 번에 찾을 수 있는 방법이 있습니다. [G4:G18] 영역을 드래그하여 선택하고, [데이터] 탭–[데이터 도구] 그룹–[데이터 유효성 검사]를 클릭합니다.

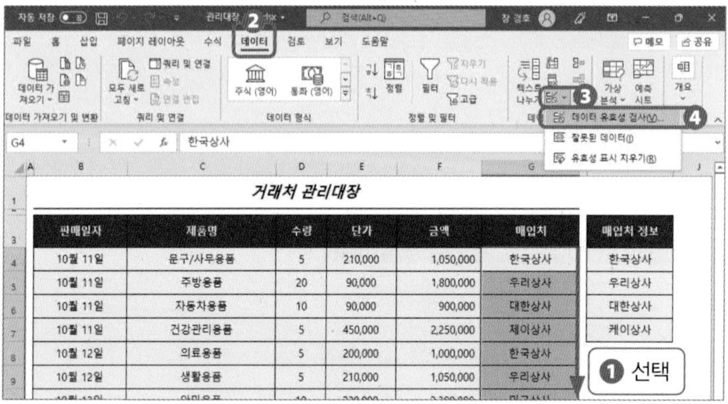

2. [데이터 유효성] 대화상자의 [설정] 탭–[제한 대상]은 '목록'을 선택합니다. [원본]의 입력란을 클릭하고 [I4:I7] 셀을 드래그하여 선택하고 [확인]을 클릭합니다.

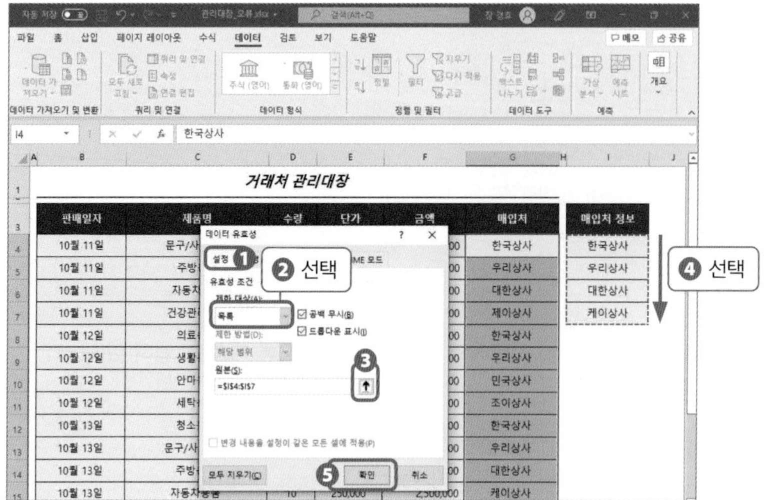

3. 잘못된 데이터를 찾기 위해 [데이터] 탭-[데이터 도구] 그룹-[데이터 유효성 검사]-[잘못된 데이터]를 클릭합니다.

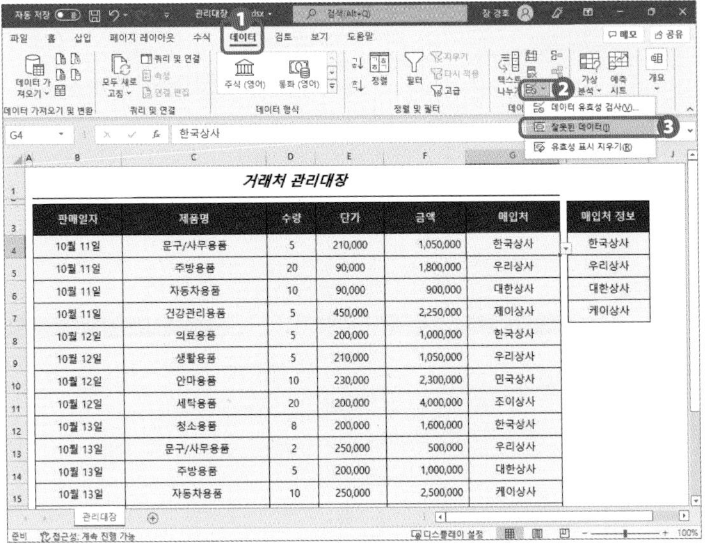

4. 잘못된 데이터를 찾아 빨간색으로 동그라미가 표시됩니다. 이를 통해 잘못 입력한 거래처를 쉽게 확인할 수 있습니다. 잘못 입력한 거래처를 수정하면 빨간 동그라미는 사라집니다.

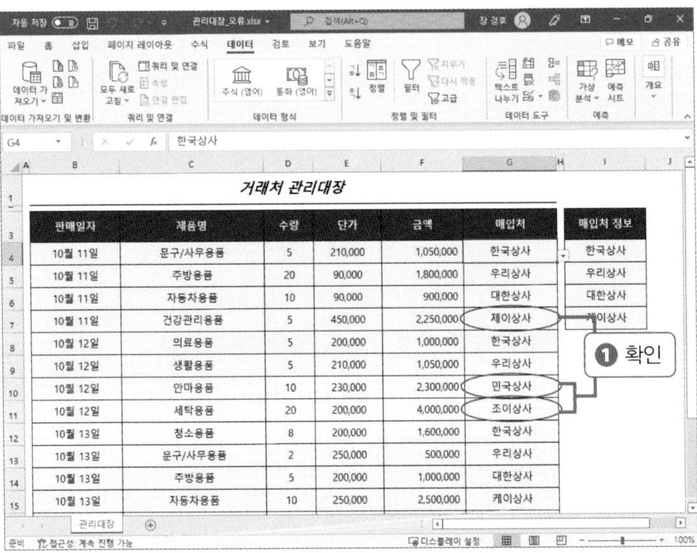

Excel 010

중요도 ★★★★★

숫자 형식으로 작성된 금액을 문자로 변경하기

견적서에는 금액을 숫자가 아닌 한글로 작성해야 하는 경우가 있습니다. 예를 들어, 총 5,000,000원정을 총 오백만원정으로 변경하고 싶을 때 아래 기술된 내용대로 따라하면 됩니다.

사용 가능 버전 2010 2013 2016 2019 2021 365
사용한 기능 셀 서식, 사용자 지정 형식

예제 파일 Excel\Chapter 01\견적서.xlsx
완성 파일 Excel\Chapter 01\견적서_완성.xlsx

1. 금액이 지정된 셀을 선택하고, [홈] 탭-[셀] 그룹-[서식]-[셀 서식]을 클릭합니다.

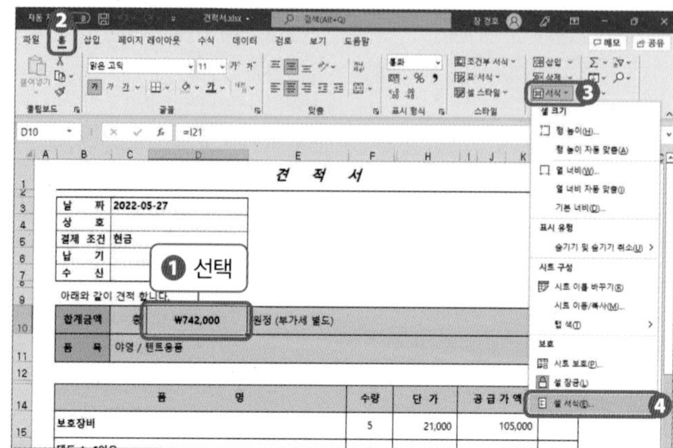

✓ TIP 셀 서식 단축키는 Ctrl+Shift+F입니다. 셀 서식을 변경하고 싶은 셀을 마우스 오른쪽 버튼으로 클릭한 후 [셀 서식]을 선택해도 됩니다.

2. [셀 서식] 대화상자가 나타나면 [표시 형식] 탭-[범주]의 '기타'를 선택하고, [형식]의 '숫자(한글)'을 선택합니다. [확인]을 클릭하면 숫자가 한글로 표시됩니다.

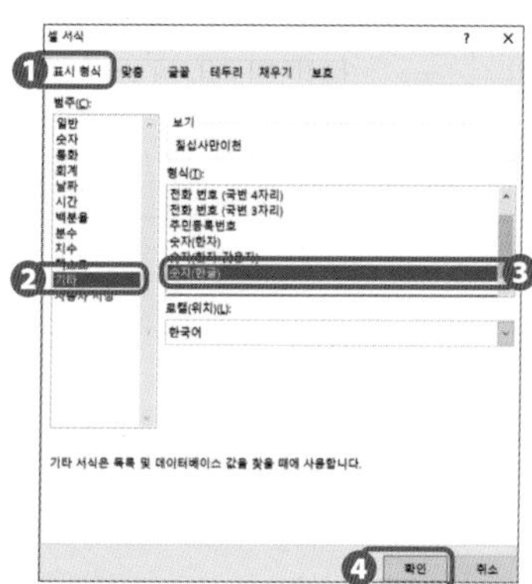

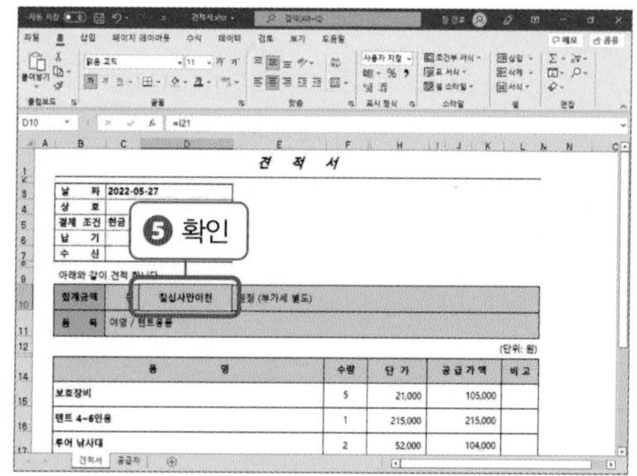

✓ TIP [셀 서식] 대화상자의 [표시 형식] 탭-[범주]의 '사용자 지정'을 선택하고, [형식]에 『[DBNum4]G/표준』을 입력해도 숫자가 한글로 표시됩니다.

Excel 011

중요도 ★★★★★

와일드카드 문자 별표(*)와 물음표(?) 알아보기

와일드카드 문자란 기호 중에서 특정 의미를 지닌 문자라고 보면 됩니다. 주로 검색할 때 사용하는 와일드카드 문자인 별표(*)와 물음표(?)를 이용해 다양한 형식의 데이터를 검색해 보겠습니다.

사용 가능 버전 2010 2013 2016 2019 365
사용한 기능 필터, 셀 서식, 사용자 지정 형식

예제 파일 Excel\Chapter 01\사원연명부.xlsx
완성 파일 Excel\Chapter 01\사원연명부_완성.xlsx

1. 성이 '장'으로 시작하는 사원을 와일드카드 문자로 찾아보겠습니다. 먼저 표에 필터를 적용합니다. 임의의 셀을 선택하고 [데이터] 탭–[정렬 및 필터] 그룹–[필터]를 클릭합니다. 표에 필터가 적용됩니다. 모든 문자를 대체하는 와일드카드 문자 '*'을 통해 검색해 보겠습니다. [D3] 셀의 필터 단추를 클릭하고 [검색]에 『장*』을 입력합니다. 성이 '장'인 모든 사원이 검색됩니다.

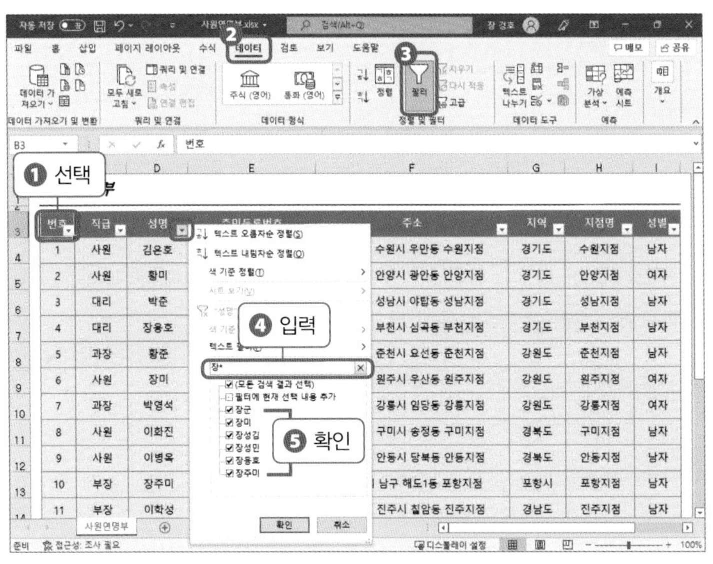

✓TIP *: 모든 문자 대체, 즉 별표 1개는 물음표 여러 개를 대체합니다. 몇 개의 문자인지 정하지 않습니다(예 *장*).
?: 문자 한 자리 대체, 즉 물음표는 1개마다 문자 1개를 대체합니다(예 장??).

✓TIP 필터 기능은 207페이지에서 자세히 다룹니다.

2. 이번에는 문자 한자리를 대체하는 와일드카드 문자 '?'를 통해 사원을 검색해 보겠습니다. 다시 [D3] 셀의 필터 단추를 클릭한 후 [검색]에 『장?』을 입력합니다. 성이 '장'으로 시작하는 이름이 한자리인 사원이 검색됩니다. 이처럼 와일드카드 문자 '*'은 글자 수에 상관없이 모든 문자를 대체하며, '?'는 문자 한 자리를 대체합니다.

3. 만일, 와일드카드 '?'를 두 번 사용하면 어떨까요? 그럼 문자 한자리가 아닌 문자 두 자리를 대체하게 됩니다. 와일드카드 '?'를 세 번 사용하면 문자 세 자리를 대체하게 됩니다. [D3] 셀의 필터 단추를 클릭하고 [검색]에 『장??』을 입력합니다. 성이 '장'이면서 이름이 두 자리인 사원이 검색됩니다.

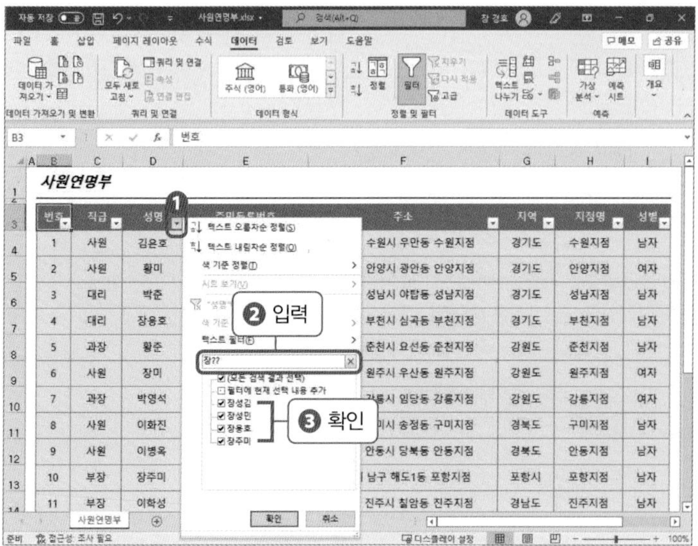

4. 이번에는 또 다른 와일드카드인 '~'을 알아보겠습니다. [E5] 셀에 '****** – 2******'이 입력되어 있습니다. 이런 문자를 검색하려면 어떻게 하면 될까요? 이럴 때 바로 '~'을 사용하면 됩니다. '~'은 와일드카드인 '*', '?'를 와일드카드가 아닌 일반 문자로 인식해 주는 역할을 합니다. 즉, 내가 검색하고 싶은 문자가 '******' 와 같은 문자일 경우 '~'을 함께 사용하면 됩니다. 먼저, [E3] 셀의 필터 단추를 클릭하고 [검색]에 『~****** – 2~******』을 입력합니다.

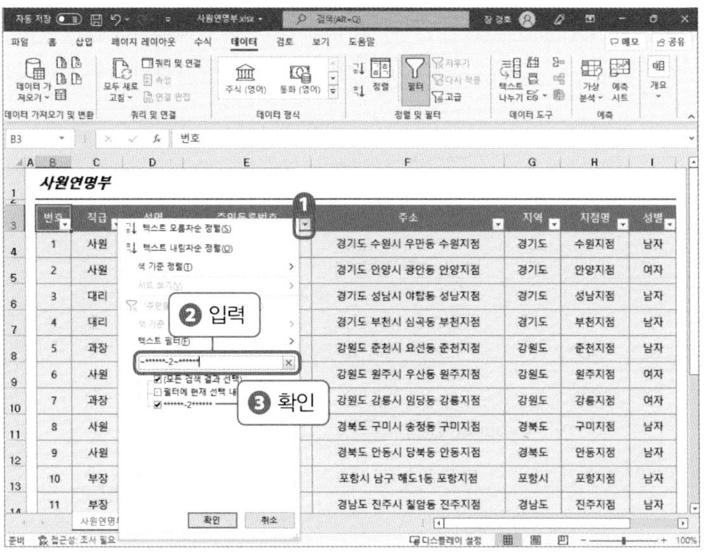

✔ TIP ~ : 와일드카드 문자를 일반 문자로 대체, 즉 별표(*)라는 와일드카드를 와일드카드가 아님 문자로 사용(예 ~*, ~?, ~~)

5. 만일, 와일드카드 문자를 일반 문자로 대체해 주는 '~'을 사용하지 않을 경우 어떻게 검색이 될까요? [E3] 셀의 필터 단추를 클릭한 후 [검색]에 『****** – 2~******』을 입력해 보세요.

Excel 012

중요도 ★★★★★

무궁무진한 기능이 포함된 붙여넣기 옵션 선택하기

엑셀의 붙여넣기에는 다양한 옵션이 존재합니다. 수식만 붙여넣거나 수식 및 숫자 서식만 붙여넣는 등 다양한 옵션을 선택할 수 있습니다.

사용 가능 버전 2010 2013 2016 2019 2021 365
사용한 기능 붙여넣기 옵션
예제 파일 Excel\Chapter 01\수출입통계.xlsx
완성 파일 없음

붙여넣기 옵션

[홈] 탭–[클립보드] 그룹–[붙여넣기] 화살표를 클릭하면 다양한 붙여넣기 옵션을 확인할 수 있습니다. Ctrl+C를 눌러 특정 셀을 복사하고 [홈] 탭–[클립보드] 그룹–[붙여넣기] 화살표를 클릭합니다.

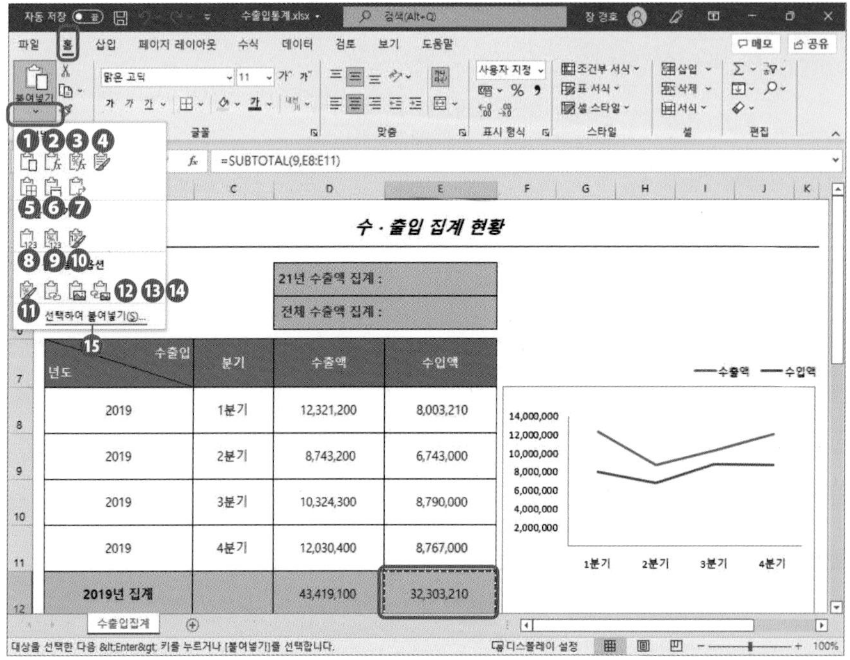

붙여넣기

❶ **붙여넣기** : 데이터 값 및 숫자, 셀 서식 등 모든 내용을 붙여 넣습니다.

❷ **수식** : 복사한 데이터의 수식만 붙여 넣습니다.

❸ **수식 및 숫자 서식** : 복사한 데이터의 수식과 숫자 서식만 붙여 넣습니다.

❹ **원본 서식 유지** : 원본의 서식을 유지한 채 붙여 넣습니다.

❺ **테두리 없음** : 테두리를 제외하고 붙여 넣습니다.

❻ **원본 열 너비 유지** : 열 너비를 그대로 유지한 채 붙여 넣습니다.

❼ **바꾸기** : 행과 열을 서로 바꾸어 붙여 넣습니다.

값 붙여넣기

❽ **값** : 복사한 데이터의 값만 붙여 넣습니다.

❾ **값 및 숫자 서식** : 복사한 데이터의 값과 숫자 서식만 붙여 넣습니다.

❿ **값 및 원본 서식** : 복사한 데이터의 값과 셀 서식만 붙여 넣습니다.

기타 붙여넣기 옵션

⓫ **서식** : 복사한 데이터에 포함된 서식을 모두 붙여 넣습니다.

⓬ **연결하여 붙여넣기** : 원본 데이터가 수정되면, 붙여넣은 데이터도 수정되도록 연결하여 붙여 넣습니다.

⓭ **그림** : 복사한 데이터를 그림으로 붙여 넣습니다.

⓮ **연결된 그림** : 복사한 데이터를 그림으로 붙여넣기 하되, 데이터도 수정되도록 연결하여 붙여 넣습니다.

선택하여 붙여넣기

⓯ **선택하여 붙여넣기** : [선택하여 붙여넣기] 대화상자를 불러와서 다양한 옵션을 설정할 수 있습니다.

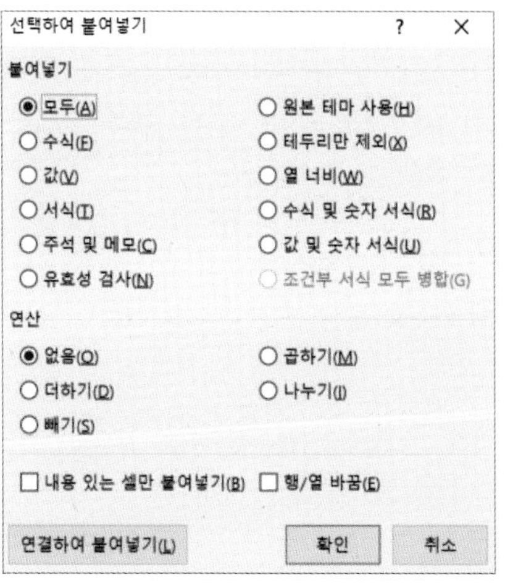

Excel 013

중요도 ★★★★☆

붙여넣기 옵션을 이용해 열 너비 복사하기

앞 섹션에서 붙여넣기 옵션의 다양한 기능에 대해서 살펴보았습니다. 이를 실무에 한 번 적용해 보겠습니다. 셀 영역을 붙여넣기 옵션을 이용해 열 너비를 동일하게 복사하는 기능에 대해서 알아보겠습니다.

사용 가능 버전 2010 2013 2016 2019 2021 365
사용한 기능 붙여넣기 옵션, 원본 열 너비 유지, 선택하여 붙여넣기
예제 파일 Excel\Chapter 01\인구수변화.xlsx
완성 파일 Excel\Chapter 01\인구수변화_완성.xlsx

1. [B3:F10] 영역을 드래그하여 선택하고, Ctrl+C를 눌러 복사한 후, [H3] 셀을 선택하고, Ctrl+V를 눌러 붙여 넣습니다.

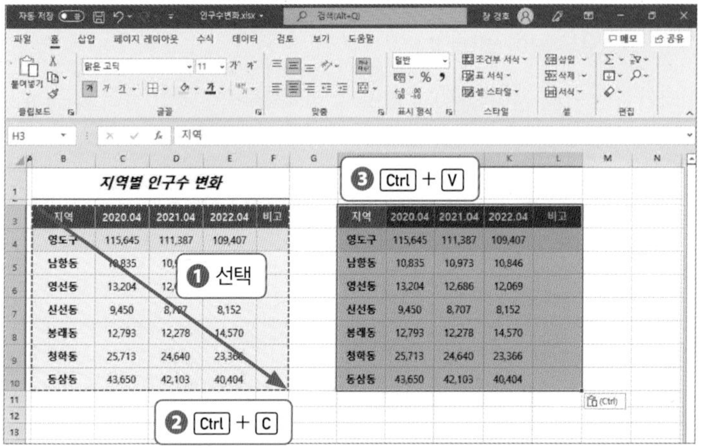

2. 표가 복사되지만 열 너비가 다르게 복사되는 것을 확인할 수 있습니다. 데이터 영역 오른쪽 하단에 있는 [붙여넣기 옵션] 단추를 클릭하고 [붙여넣기]–[원본 열 너비 유지]를 클릭합니다.

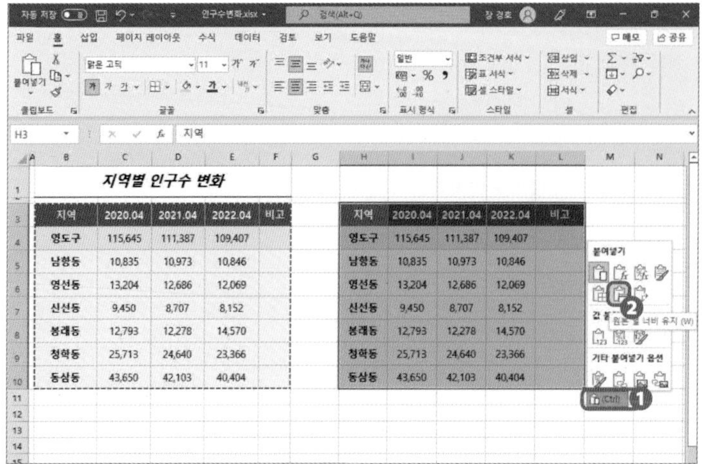

3. 원본 데이터와 열 너비가 동일하게 복사됩니다. 이번에는 '지역' 너비와 동일하게 '비고' 너비를 만들어 보겠습니다. [B3:B10] 영역을 드래그하여 선택하고 Ctrl+C를 눌러 복사합니다. [L3] 셀을 선택하고 마우스 오른쪽 버튼을 클릭한 후 [선택하여 붙여넣기]를 선택합니다.

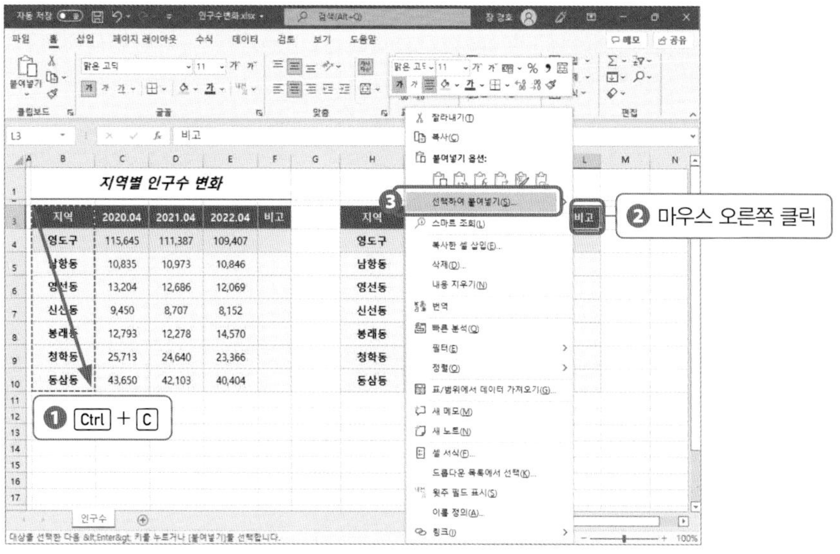

4. [선택하여 붙여넣기] 대화상자가 나타나면 [붙여넣기]–[열 너비]를 체크하고 [확인]을 클릭합니다. '비고' 열 너비가 '지역' 열 너비와 동일하게 변경됩니다.

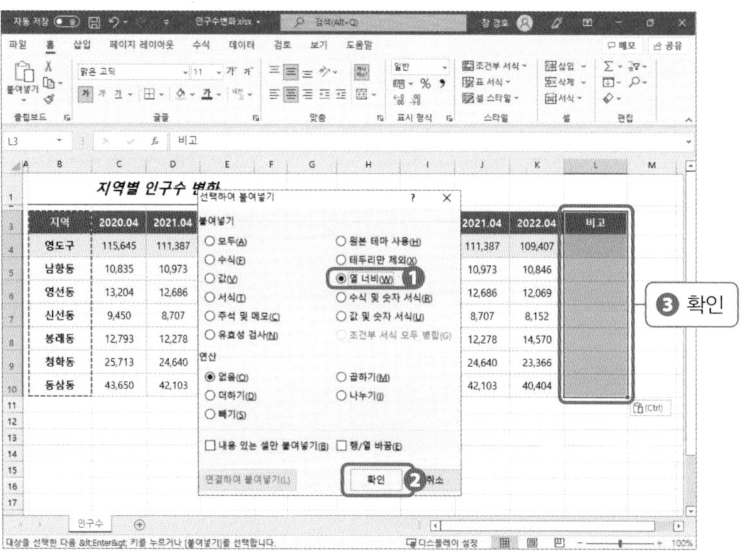

Excel 014

한 화면에 여러 가지 엑셀 문서 띄우기

중요도 ★★★★★

유사한 내용의 통합 문서를 비교해야 할 경우, 창 정렬 기능을 이용하여 여러 문서를 한 화면에 모두 띄워 놓으면 보다 편리하게 작업할 수 있습니다.

사용 가능 버전 2010 2013 2016 2019 2021 365
사용한 기능 모두 정렬, 창 정렬

예제 파일 Excel\Chapter 01\인구수변화_영도구.xlsx, 인구수변화_중구.xlsx, 인구수변화_사하구.xlsx
완성 파일 없음

1. '인구수변화_영도구.xlsx', '인구수변화_중구.xlsx', '인구수변화_사하구.xlsx' 파일을 모두 불러옵니다.

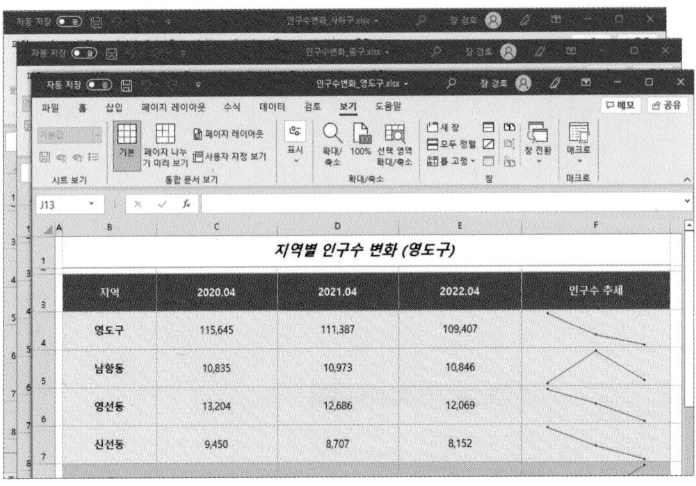

2. 파일을 모두 연 상태에서 한 화면에 파일을 모두 나타내기 위해 3개의 파일 중 하나를 선택하고 [보기] 탭–[창] 그룹–[모두 정렬]을 클릭합니다.

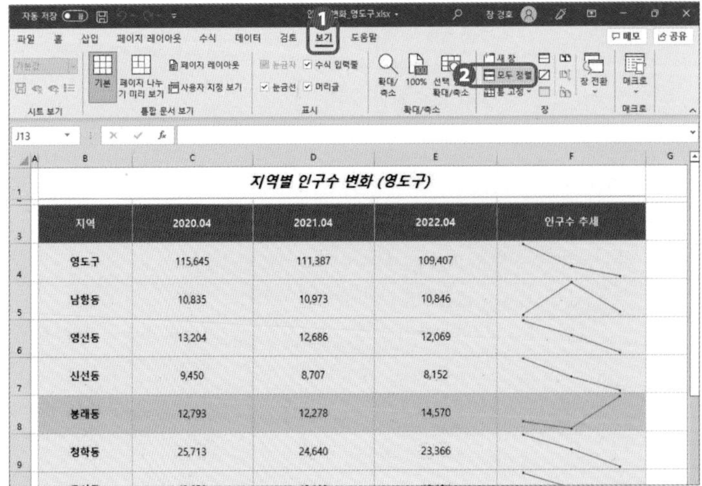

3. [창 정렬] 대화상자가 나타나면 정렬 형태를 선택합니다. 여기서는 [바둑판식]을 체크하고 [확인]을 클릭합니다.

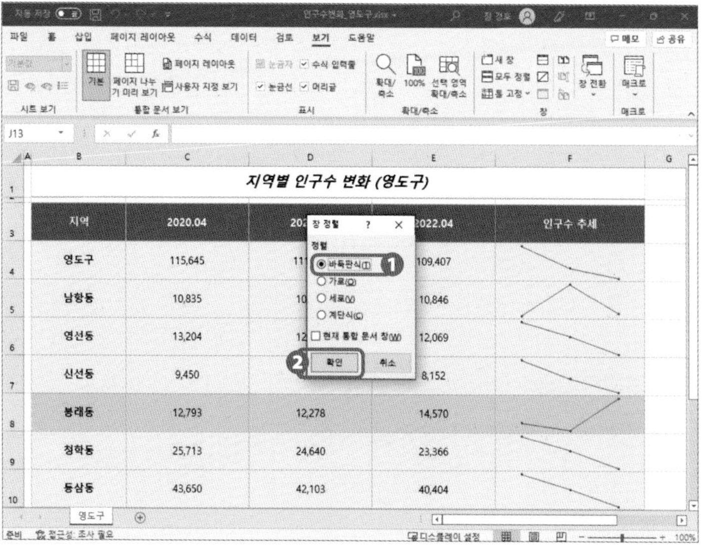

4. '인구수변화_영도구.xlsx', '인구수변화_중구.xlsx', '인구수변화_사하구.xlsx' 파일이 바둑판식으로 정렬되어 나타납니다.

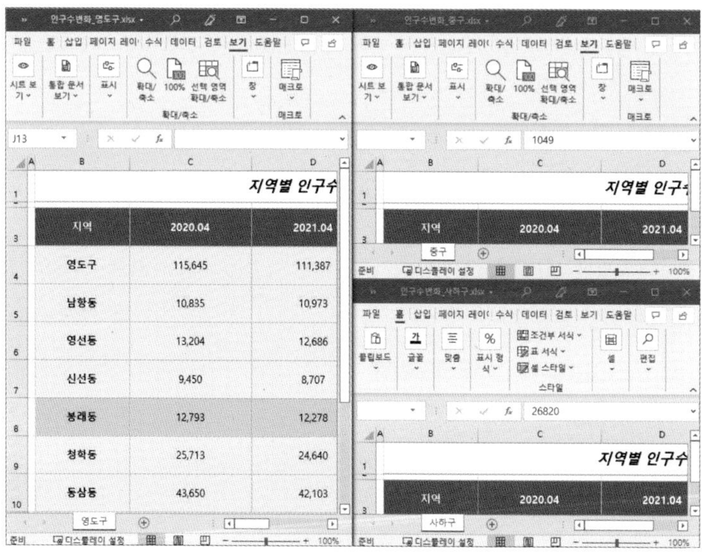

✔ TIP [보기] 탭-[창] 그룹-[창 전환]을 클릭하면 현재 띄워져 있는 엑셀 파일명이 모두 나타납니다. 원하는 파일명을 선택하여 문서 간에 빠르게 이동할 수 있습니다.

Excel
015

중요도
★★★★★

사용자가 직접 지정할 수 있는 서식 코드 알아보기

[셀 서식] 대화상자의 [표시 형식] 탭에 원하는 서식이 없을 경우 서식 코드를 입력하여 직접 서식을 만들 수 있습니다. 기존에 작성되어 있는 서식 코드를 선택하여 코드 일부를 수정할 수도 있습니다.

사용 가능 버전 2010 2013 2016 2019 2021 365
사용한 기능 셀 서식, 표시 형식, 서식 코드

예제 파일 Excel\Chapter 01\서식코드.xlsx
완성 파일 Excel\Chapter 01\서식코드_완성.xlsx

사용자 지정 서식 코드 (1)

[셀 서식] 대화상자의 [표시 형식] 탭–[범주] 목록에서 [사용자 지정]을 선택하고 [형식]에 서식 코드를 입력하면 사용자가 직접 서식 코드를 작성할 수 있습니다. 숫자 서식의 코드는 최대 4개의 섹션으로 이루어지며, 각 섹션은 세미콜론(;)으로 구분됩니다.

셀에 입력된 데이터가 숫자 데이터와 문자 데이터로 구성되어 있다면,

〈양수〉;〈음수〉;〈0〉;〈텍스트〉

형식으로 서식을 지정할 수 있습니다.

예를 들어, 이러한 코드 섹션을 사용하여 다음과 같은 사용자 지정 서식을 만들 수 있습니다.

```
#,###;[빨강]–#,###;–;@"지점"
```

1. [사용자서식1] 시트를 선택합니다. 사용자 서식을 지정할 [C5:C8] 영역을 드래그한 후 [홈] 탭–[표시 형식] 그룹–[옵션] 단추를 클릭합니다. [셀 서식] 대화상자가 나타나면 [표시 형식] 탭–[범주] 목록에서 [사용자 지정]을 선택하고 [형식]에 『#,###;[빨강]–#,###;–;@"지점"』을 입력한 후 [확인]을 클릭합니다.

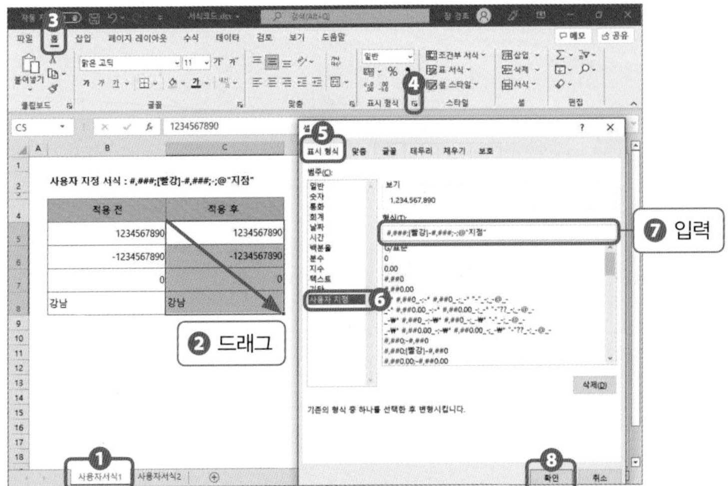

2. 적용 전과 적용 후의 사용자 지정 서식을 비교해 봅니다.

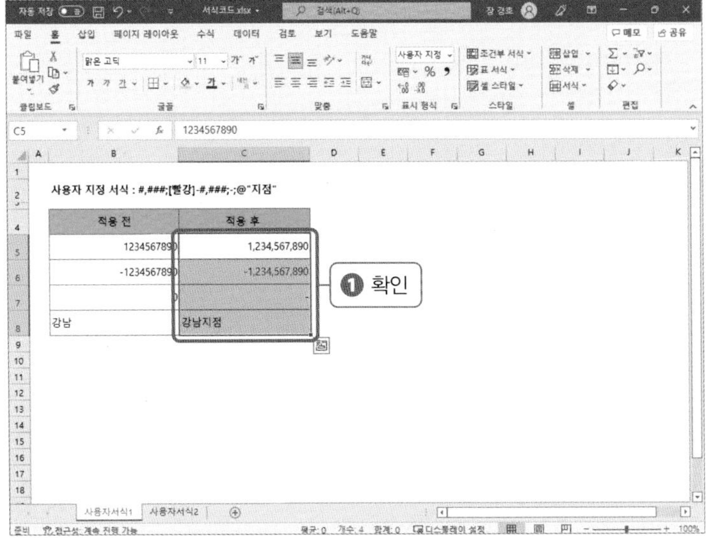

자주 사용하는 서식 코드

위에서 다룬 서식 코드는 다소 복잡해 보일 수 있지만, 이런 형식으로 서식 코드를 응용하여 적용할 수 있습니다. 숫자와 문자 데이터에 적용하는 서식 코드는 다음과 같습니다.

서식 코드	의미	입력	서식 코드	화면 표시
_num :	해당 자리에 숫자 값이 없으면 '0'으로 표시합니다.	8.5	#.00	8.50
#	해당 자리에 숫자 값이 없으면 표시하지 않습니다.	8.545	#.#	8.5
		8.543	#.##	8.54
?	필요없는 자리에 공백을 추가합니다. 주로 소수점이 포함된 숫자를 소수점 기준으로 정렬할 때 사용합니다.	8.555 88.555 888.555	???.???	8.555 88.555 888.555
. (마침표)	소수점 구분 기호를 삽입합니다.	8.555	.	9.
, (쉼표)	천 단위 구분 기호를 삽입합니다.	85555 8555555 85,000,000	#,##0	85,555 8,555,555 85,000,000
%	숫자에 100을 곱한 다음 %를 붙임	0.8	#%	80%

사용자 지정 서식 코드 (2)

서식의 특정 섹션에 색상을 지정할 수도 있습니다. 색상 이름에 대괄호([])를 묶어 해당 섹션에 입력합니다. 참고로, 색상 이름은 섹션 내에서 가장 앞부분에 위치해야 합니다. 이와 같은 서식은 100보다 작거나 같은 수를 빨간색으로 표시하고, 100보다 큰 수는 파란색으로 표시합니다.

```
[빨강][<=100];[파랑][>100]
```

지정할 수 있는 색상은 다음과 같습니다.

1. [사용자서식2] 시트를 선택한 후 [C5:C8] 영역을 드래그하여 선택합니다. [홈] 탭–[표시 형식] 그룹–[옵션] 단추를 클릭합니다. [셀 서식] 대화상자가 나타나면 [표시 형식] 탭–[범주] 목록에서 [사용자 지정]을 선택하고 [형식]에 『[빨강][<=100];[파랑][>100]』을 입력한 후 [확인]을 클릭합니다.

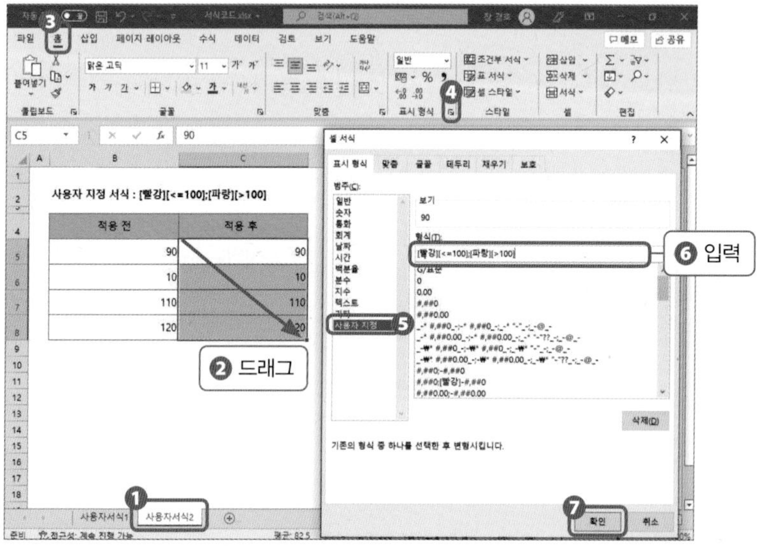

2. 적용 전과 적용 후의 사용자 지정 서식을 비교해 봅니다.

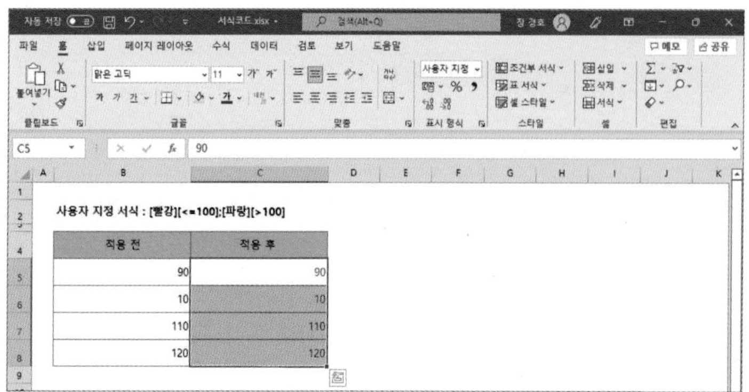

Excel 016

중요도 ★★★★★

데이터 변경하지 못하도록 문서 보호하기

워크시트를 여러 사람에게 공유하게 되면 의도와 다르게 수식이나 내용이 변경되어 혼란을 겪을 수 있습니다. 이럴 때는 워크시트의 수식이나 특정 내용 부분을 수정하지 못하도록 시트를 보호할 수 있습니다.

사용 가능 버전 2010 2013 2016 2019 2021 365
사용한 기능 시트 보호, 암호

예제 파일 Excel\Chapter 01\입주물량.xlsx
완성 파일 Excel\Chapter 01\입주물량_완성.xlsx

1. 보호하려는 워크시트의 탭을 선택하고 [홈] 탭-[셀] 그룹-[서식]-[보호]-[시트 보호]를 클릭합니다. 또는, 보호하려는 워크시트의 탭을 마우스 오른쪽 버튼으로 클릭한 후 [시트 보호]를 선택합니다.

2. [시트 보호] 대화상자가 나타나면 [시트 보호 해제 암호]에 암호를 입력합니다. 여기서는 『1234』를 입력한 후 [확인]을 클릭합니다.

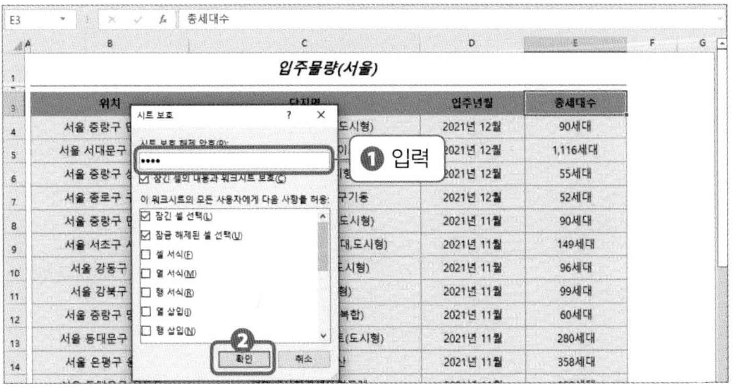

✓ TIP [시트 보호] 대화상자의 [워크시트에서 허용할 내용]에서 체크한 항목은 보호되지 않습니다.

3. [암호 확인] 대화상자가 나타나면 다시 한번 암호를 입력하고 [확인]을 클릭합니다.

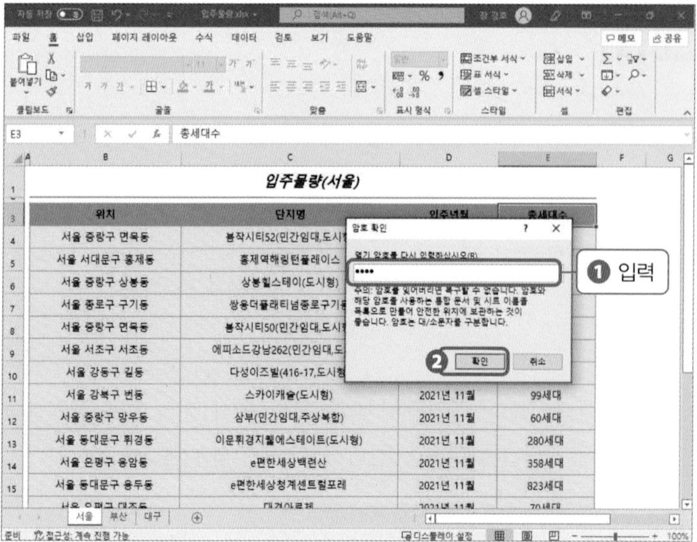

4. 특정 셀을 선택하고 Delete 를 누르면 시트가 보호되어 있다는 경고 창이 나타납니다.

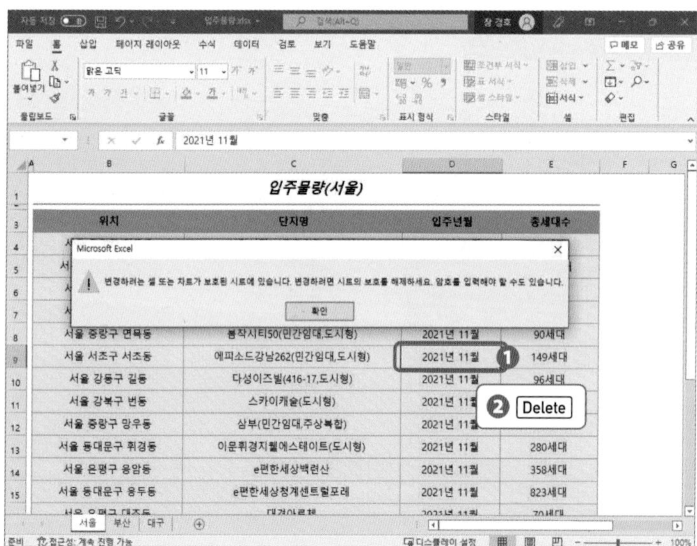

5. 보호된 상태의 워크시트를 해제하는 방법에 대해서 살펴보겠습니다. [홈] 탭-[셀] 그룹-[서식]-[보호]-[시트 보호 해제]를 클릭합니다. 또는, 보호된 시트 탭을 마우스 오른쪽 버튼으로 클릭한 다음 [시트 보호 해제]를 선택합니다.

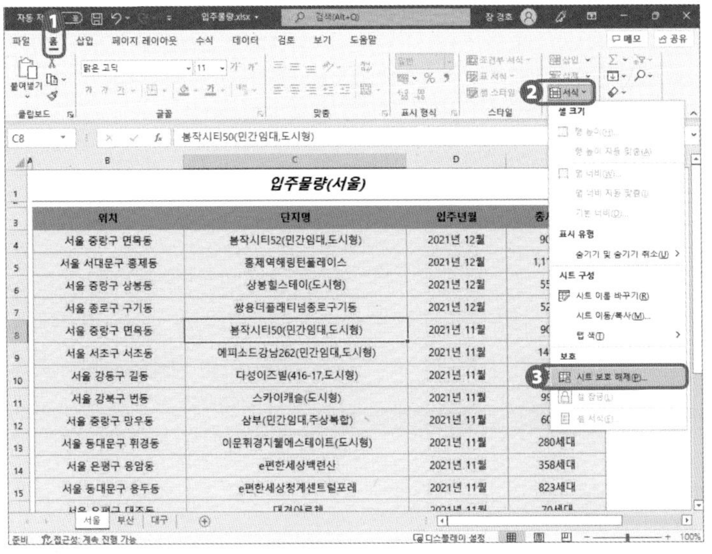

✔ TIP [검토] 탭-[변경 내용] 그룹-[시트 보호 해제]를 클릭해도 시트 보호를 해제할 수 있습니다.

6. [시트 보호 해제] 대화상자가 나타나면 입력했던 암호인 『1234』를 입력하고 [확인]을 클릭합니다.

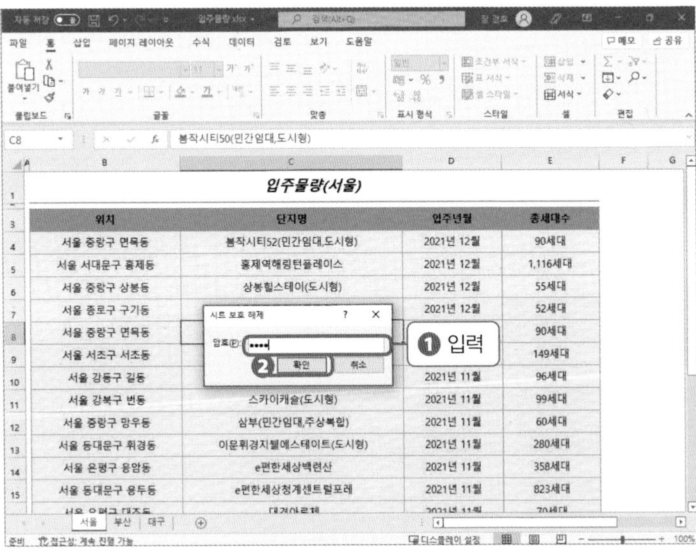

Excel 017

중요도 ★★★☆☆

다른 사용자가 수정하지 못하도록 워크시트 고정하기

엑셀에서는 다른 사용자가 문서의 내용을 수정하지 못하도록 워크시트를 고정할 수 있습니다. 워크시트를 고정하면 새로운 시트의 추가, 삭제 또는 이동, 복사를 비롯하여 이름 바꾸기 등의 기능도 사용할 수 없습니다.

사용 가능 버전 2010 2013 2016 2019 2021 365
사용한 기능 통합 문서 보호, 암호

예제 파일 Excel\Chapter 01\직원명부.xlsx
완성 파일 Excel\Chapter 01\직원명부_완성.xlsx

1. [검토] 탭–[보호] 그룹–[통합 문서 보호]를 클릭합니다. [구조 및 창 보호] 대화상자가 나타나면 [보호할 대상]에서 [구조]를 체크하고 [암호]를 입력합니다. 여기서는 『1234』를 입력합니다. [확인]을 클릭합니다.

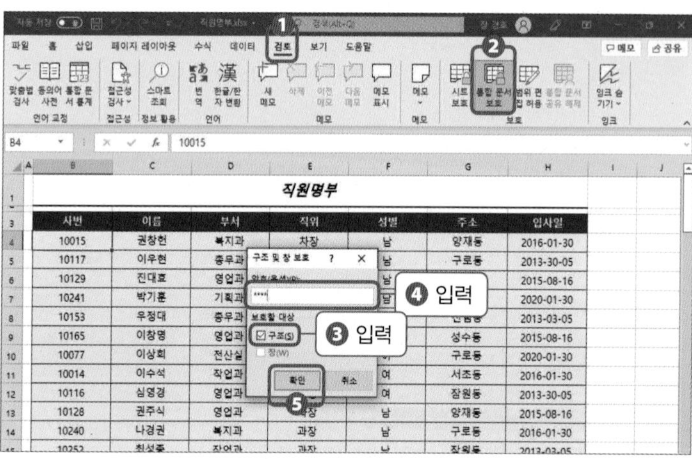

✔ TIP [구조]를 체크하면 새로운 시트를 추가하거나 삭제, 이동, 복사, 이름 바꾸기 등의 작업을 할 수 없으며, [창]에 체크하면 통합 문서의 창 크기를 조절할 수 없습니다.

2. [암호 확인] 대화상자에서 다시 한번 암호를 입력하고 [확인]을 클릭합니다.

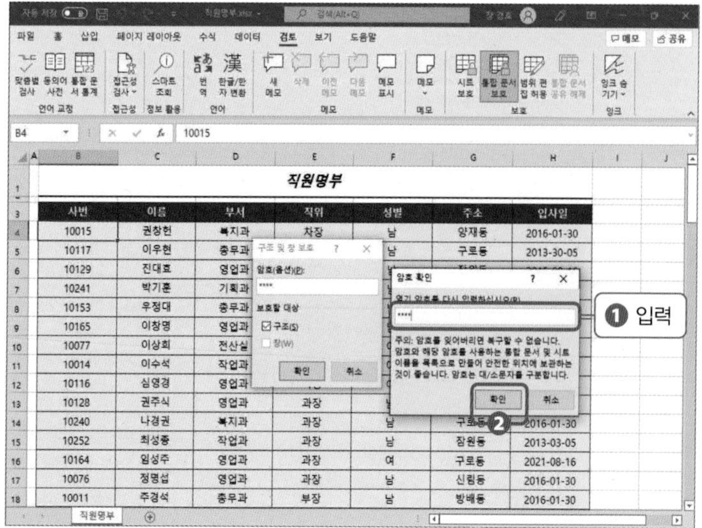

3. 시트 탭을 마우스 오른쪽 버튼으로 클릭해보면 시트 보호 기능 이외의 다른 기능은 사용할 수 없도록 비활성화되어 있는 것을 확인할 수 있습니다.

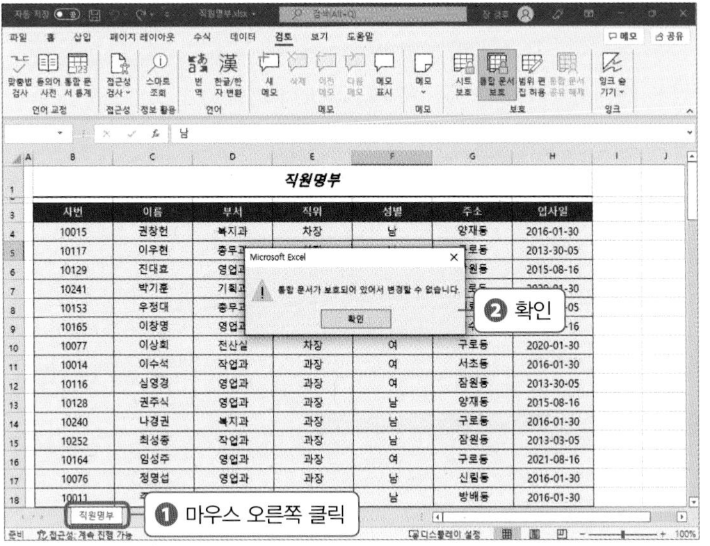

4. 통합 문서 보호를 해제하기 위해 [검토] 탭–[보호] 그룹–[통합 문서 보호]를 클릭합니다. [통합 문서 보호 해제] 대화상자가 나타나면 암호를 입력하고 [확인]을 클릭합니다.

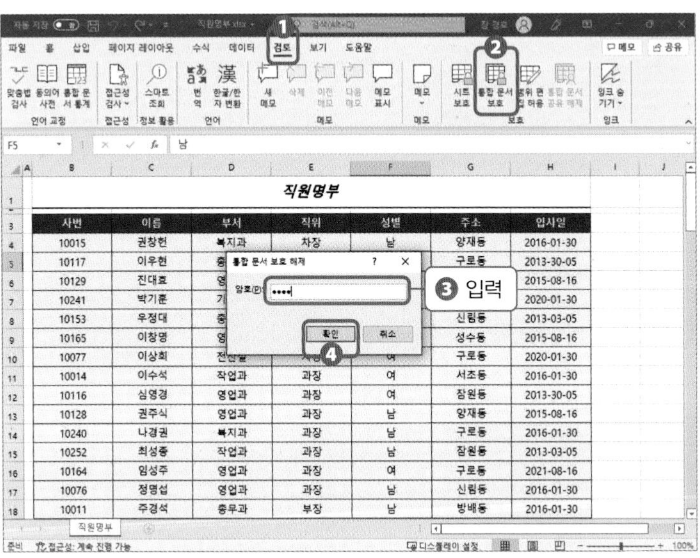

✓ TIP 앞에서 다룬 '시트 보호'는 시트의 내용을 수정하거나 삭제를 불가능하게 했다면 이번에 다룬 '통합 문서 보호'는 시트를 추가하거나 삭제가 불가능하다는 차이가 있습니다.

Excel 018

중요도 ★★★

중요한 셀의 일부분만 문서 보호하기

워크시트를 보호하면 기본적으로 모든 셀이 잠겨 셀을 편집할 수 없지만, 특정한 셀이나 셀 범위만 보호를 해제할 수 있습니다. 예를 들어, 상반기 실적이나 실적 목표는 보호를 하고, 1분기, 2분기와 관련된 셀은 보호를 해제하여 내용을 입력하거나 변경할 수 있습니다.

사용 가능 버전 2010 2013 2016 2019 2021 365
사용한 기능 셀 서식, 보호, 잠금, 숨김

예제 파일 Excel\Chapter 01\경기도.xlsx
완성 파일 Excel\Chapter 01\경기도_완성.xlsx

1. [B3:E44] 영역을 드래그하여 선택하고 마우스 오른쪽 버튼으로 클릭한 후 [셀 서식]을 선택합니다.

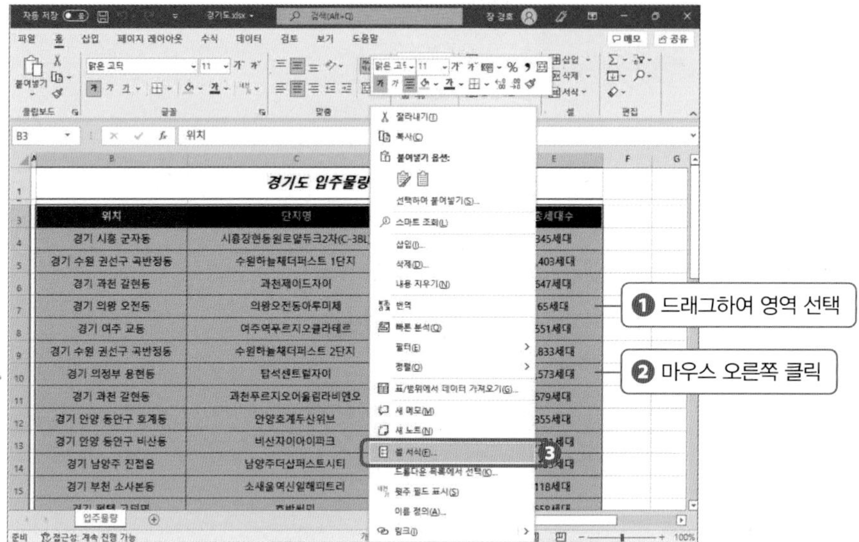

2. [셀 서식] 대화상자가 나타나면 [보호] 탭–[잠금]과 [숨김]의 체크를 해제하고 [확인]을 클릭합니다.

✓TIP 기본적으로 워크시트의 경우 시트가 잠겨 있습니다. 보호된 워크시트에서 특정 범위는 편집되어야 하기에 먼저 [잠금] 및 [숨김]을 먼저 해제해야 합니다.

- 잠금 : 잠금을 설정한 셀은 변경되거나 이동, 삭제되지 않습니다.
- 숨김 : 수식 입력줄에 수식이 표시되지 않도록 셀의 수식을 숨깁니다.

3. 잠금을 설정할 영역을 선택합니다. 여기서는 [E3:E44] 영역을 드래그하여 선택하고 마우스 오른쪽 버튼으로 클릭한 후 [셀 서식]을 선택합니다.

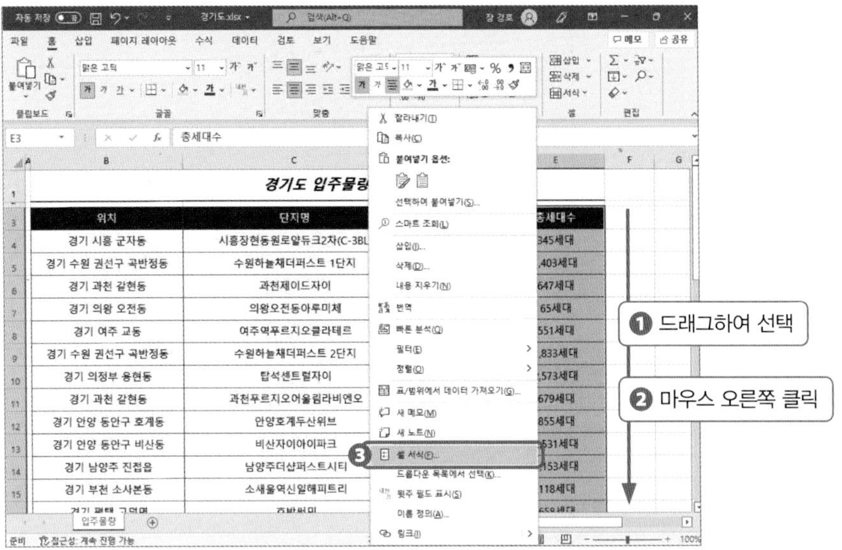

4. [셀 서식] 대화상자가 나타나면 [보호] 탭–[잠금]과 [숨김]을 체크한 후 [확인]을 클릭합니다.

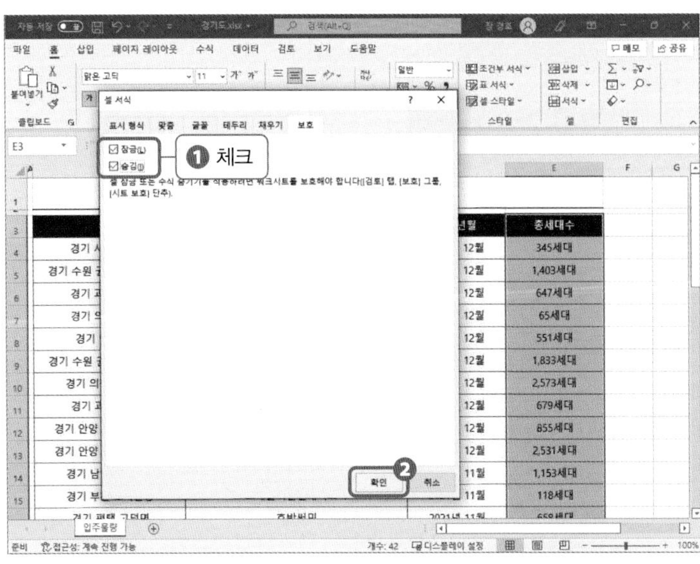

✓TIP [잠금]과 [숨김]을 체크하지 않고 시트를 보호하게 되면 시트를 보호하는 의미가 없습니다. 모든 셀이 열려 있기 때문에 시트 보호를 하여도 모든 셀이 편집됩니다.

5. [검토] 탭–[보호] 그룹–[시트 보호]를 클릭합니다. [시트 보호] 대화상자가 나타나면 [시트 보호 해제 암호]에 암호를 입력합니다. 여기서는 [암호]에 『1234』를 입력하고 [확인]을 클릭합니다.

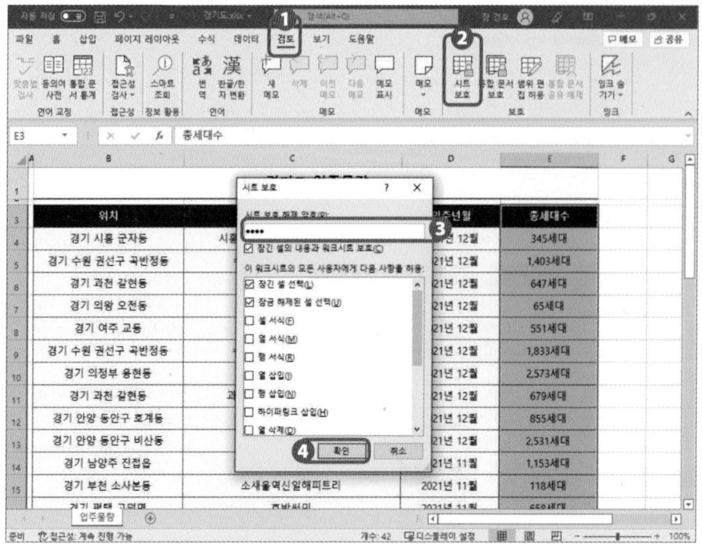

✓TIP
- 셀 잠금 또는, 숨기기를 적용하려면 워크시트를 보호해야 합니다.
- 암호는 선택 사항입니다. 암호를 지정하지 않으면 누구든지 시트 보호를 해제하고 보호된 요소를 변경할 수 있습니다.

6. [암호 확인] 대화상자가 나타나면 다시 『1234』를 입력하고 [확인]을 클릭합니다.

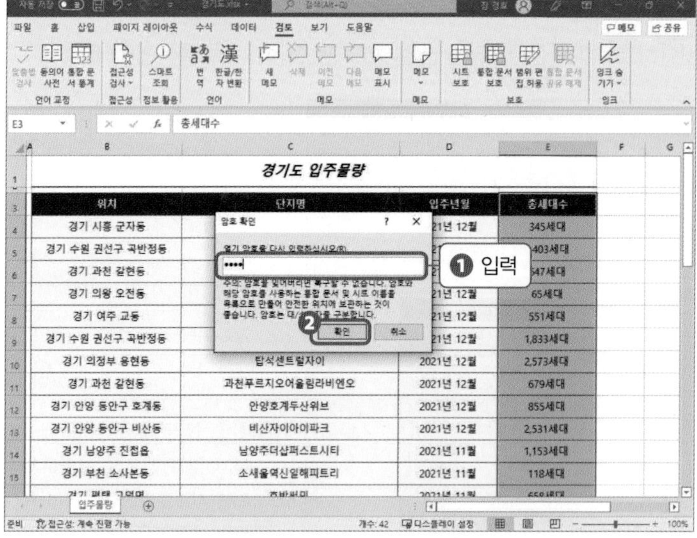

7. 시트 보호를 설정한 [E3:E44] 영역 이외에 아무 셀이나 클릭해서 내용을 수정해 봅니다. 워크시트에 시트 보호를 지정했는데도 내용을 수정할 수 있습니다.

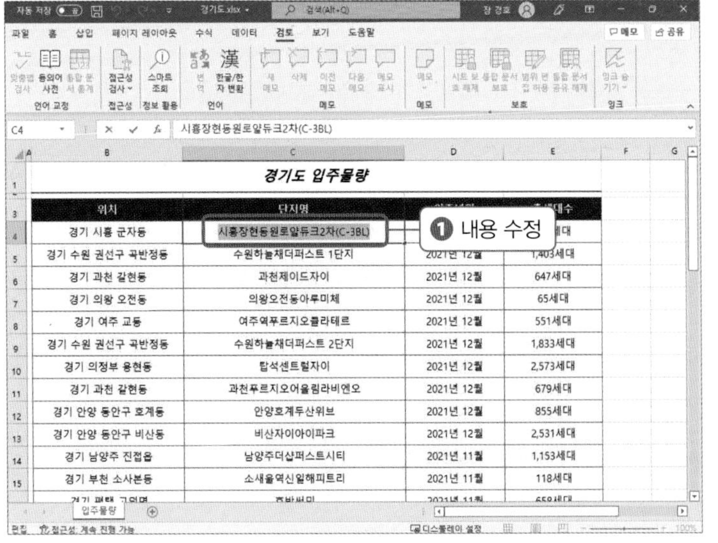

8. 반대로 [E3:E44] 영역은 시트가 보호되어 있어 수정할 수 없습니다. [E3:E44] 영역 중에서 아무 셀이나 클릭하면 보호된 시트라는 경고 창이 나타납니다.

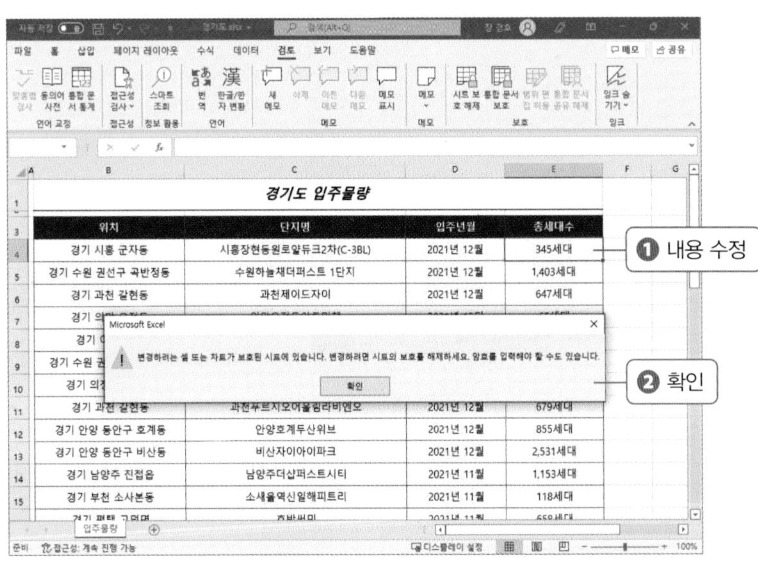

✓ TIP [검토] 탭-[보호] 그룹-[시트 보호 해제]를 클릭하여 암호를 입력하면 시트 보호를 해제할 수 있습니다.

Excel
019

중요도
★★★☆☆

빅데이터에서 연속된 데이터 찾아서 빠르게 채우기

동일한 패턴으로 구성된 셀 값일 경우 모든 셀에 데이터를 입력하지 않아도 값을 쉽게 채워 넣을 수 있습니다. 엑셀 2013부터 새롭게 추가된 기능으로 셀 값을 [빠른 채우기] 기능을 통해 빠르게 채울 수 있습니다.

사용 가능 버전 ~~2010~~ 2013 2016 2019 2021 365
사용한 기능 빠른 채우기

예제 파일 Excel\Chapter 01\지역명.xlsx
완성 파일 Excel\Chapter 01\지역명_완성.xlsx

1. 여기서는 [B] 열에 입력되어 있는 주소를 분리해 빠른 채우기를 통해 주소의 시와 구를 빠르게 채워 보겠습니다. [C4] 셀을 선택하고 『강북구』를 입력합니다.

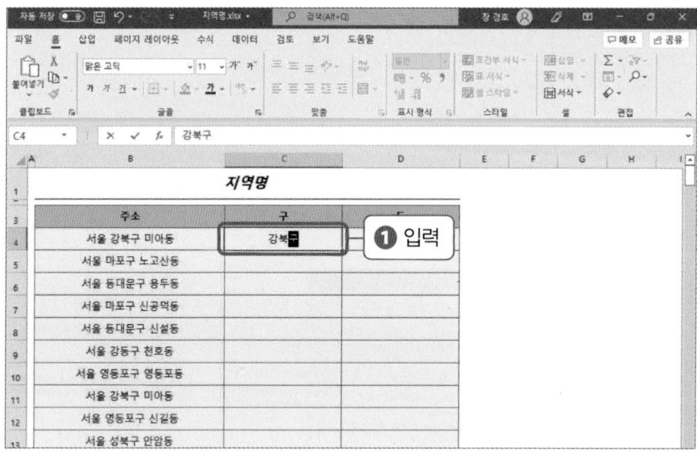

2. [C5] 셀을 선택하고 [데이터] 탭–[데이터 도구] 그룹–[빠른 채우기]를 클릭합니다.

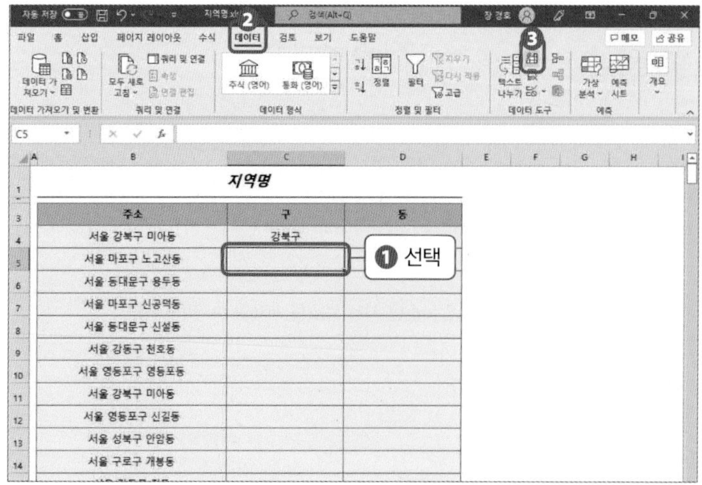

3. 이번에는 [D] 열에도 빠른 채우기로 완성해 보겠습니다. [D4] 셀을 선택하고 『미아동』을 입력합니다.

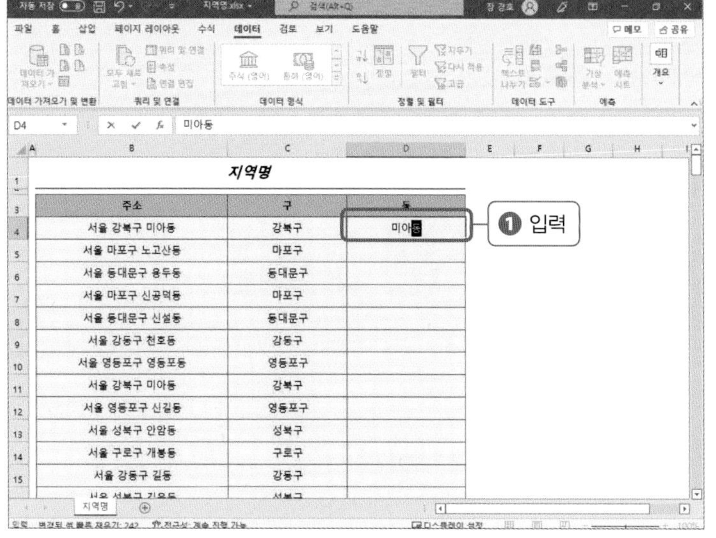

4. [D5] 셀을 선택하고 [데이터] 탭–[데이터 도구] 그룹–[빠른 채우기]를 클릭합니다. [빠른 채우기] 기능의 경우 입력된 문자의 개수나 패턴이 일정할 경우 정확한 결과를 반환하지만, 그렇지 못할 경우 정확한 결과가 반환되지 않습니다.

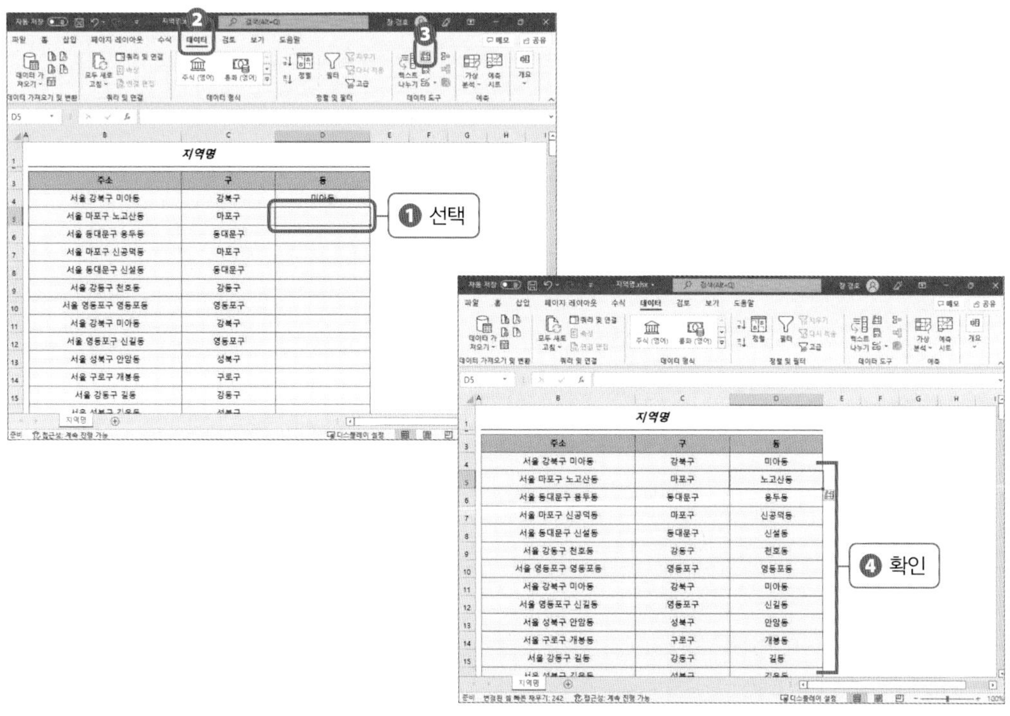

Chapter 02

엑셀

수식과 데이터 응용 기술

엑셀의 수식은 등호와 피연산자, 그리고 연산자의 조합으로 구성됩니다. 이번 Chapter에서는 엑셀의 다양한 수식을 다루는 방법에 대해서 알아볼 것입니다. 또한, 함수도 다루게 될 텐데 함수를 한마디로 정의하자면 반복적이고 복잡한 계산 과정을 사용자가 사용하기 편하도록 정의해 놓은 수식이라고 할 수 있습니다. 몇 가지 주요한 함수를 활용해 데이터를 적절히 활용하는 방법에 대해서 살펴보는데 이번 Chapter만 제대로 다룰 수 있어도 엑셀의 80%는 활용할 수 있을 것입니다.

• 학습 내용

사용 기능	중요도	내용
수식의 이해	★★★★★	020 엑셀의 수식! 완벽 이해하기
상대 참조, 혼합 참조, 절대 참조	★★★★★	021 상대 참조, 혼합 참조, 절대 참조 이해하기
상대 참조, 절대 참조	★★★★★	022 상대 참조와 절대 참조를 활용하여 수식 계산하기
함수 오류	★★★★★	023 함수 사용 시 발생하는 오류 이해하기
IFERROR 함수	★★★★★	024 오류 메시지 대신 '0'과 같은 숫자 표시하기
이름 상자, 이름 정의	★★★★★	025 셀 주소를 이름으로 정의하고 수식 계산하기
조건부 서식, 데이터 막대	★★★★★	026 조건에 맞는 값을 찾아주는 조건부 서식으로 특정 데이터 강조하기
상위/하위 규칙	★★★★★	027 상위 10% 데이터 한 번에 추출하기
새 규칙	★★★★★	028 사원 이름 입력하여 특정 사원만 조건부 서식으로 추출하기
아이콘 집합	★★★★★	029 아이콘 집합 활용하여 조건부 서식 지정하기
셀 서식	★★★★★	030 입사일이나 퇴사일에 요일 표시하기
WEEKDAY 함수	★★★★★	031 WEEKDAY 함수로 토요일, 일요일 찾아 색상 지정하기
AVERAGE 함수, AVERAGEA 함수	★★★★★	032 AVERAGE, AVERAGEA 함수로 진급 시험 평균 구하기
AVERAGEIF 함수, AVERAGEIFS 함수	★★★★★	033 AVERAGEIF, AVERAGEIFS 함수로 지역별 커피 평균 구하기
IF, LEFT, MID, RIGHT 함수	★★★★★	034 IF, LEFT, MID, RIGHT 함수로 지역 구분하고, 성별 구별하기
LOOKUP 함수	★★★★★	035 LOOKUP 함수를 이용하여 제품코드로 제품명 나타내기

사용 기능	중요도	내용
이름 상자, VLOOKUP 함수, 유효성 검사	★★★★★	036 VLOOKUP 함수로 세금계산서에 입력할 거래처를 한 번에 찾기
VLOOKUP 함수, HLOOKUP 함수	★★★★☆	037 VLOOKUP, HLOOKUP 함수로 상품명과 지역명 입력하기
RANK.EQ 함수, RANK.AVG 함수	★★★★★	038 RANK.EQ, RANK.AVG 함수로 성적 순위 구하기
SUMPRODUCT 함수	★★★☆☆	039 SUMPRODUCT 함수로 제품 판매 집계하기
DATEDIF 함수	★★★☆☆	040 DATEDIF 함수로 본인의 입사일로부터 근무 날짜 구하기
TODAY 함수, YEAR 함수, MONTH 함수	★★★☆☆	041 TODAY, YEAR, MONTH 함수로 근무 시간 구하기
INDEX 함수, 절대 참조	★★★☆☆	042 INDEX 함수로 근무연수에 따른 연봉 구하기
REPLACE 함수	★★★☆☆	043 REPLACE 함수로 주민등록번호 뒷자리 감추기
TRIM 함수	★★★☆☆	044 TRIM 함수로 주소 공백 제거하기
SUMIF 함수, SUMIFS 함수	★★★★★	045 SUMIF 함수, SUMIFS 함수로 다양한 데이터 산출하기
DSUM 함수, DAVERAGE 함수	★★★☆☆	046 DSUM, DAVERAGE 함수로 실적 합계와 평균 구하기
DCOUNT 함수	★★★☆☆	047 DCOUNT 함수로 조건에 맞는 응시인원, 합격인원 구하기
FV 함수	★★★☆☆	048 FV 함수로 정기적금 만기 시 받을 금액 산출하기
가상 분석, 목표값 찾기	★★★☆☆	049 가상 분석을 이용하여 목표값 찾기
가상 분석, 시나리오 관리자	★★★★★	050 할인가에 따른 변동 수익률 시나리오 작성하기

Excel 020

엑셀의 수식! 완벽 이해하기

중요도 ★★★★★

엑셀은 계산기를 이용하는 것보다 더 쉽고 빠르게 수식을 계산할 수 있습니다. 다만, 더 쉽고 빠르게 수식을 계산하기 위해서는 기본적으로 알아야 할 수식 규칙과 법칙들이 있습니다.

사용 가능 버전 2010 2013 2016 2019 2021 365 | **예제 파일** 없음
사용한 기능 수식의 이해 | **완성 파일** 없음

수식의 조합

엑셀에서의 수식은 등호와 함께 피연산자 그리고, 연산자의 조합으로 구성됩니다.

= 피연산자 연산자 피연산자

등호	피연산자	연산자	피연산자
=	10	+	20
=	A1	+	B1
=	F4	–	150

❶ **등호** : 수식을 입력할 때 앞에 꼭 등호(=)를 입력해야 합니다.

❷ **연산자** : 곱하기(*), 나누기(/), 더하기(+), 빼기(–) 등의 부호를 사용할 수 있습니다.

❸ **피연산자** : 피연산자는 '10'과 같은 숫자나 'A1'이나 'F4'와 같은 셀 주소를 말합니다.

워크시트에서 입력하는 수식은 보통 아래와 같은 형식으로 작성됩니다. 더하기, 빼기, 곱하기, 나누기 등의 산술 연산자를 비롯해 다양한 함수로도 수식을 작성할 수 있습니다.

=10+5*3	5와 3의 곱에 10을 더합니다.
=A1+A2+A3	A1, A2, A3 셀의 값을 더합니다.
=TODAY()	오늘 날짜를 구합니다.
=RANK.EQ(A1, $A$1:$A$10)	A1에서 A10 셀의 순위를 구합니다.

연산자의 종류

엑셀에서 사용하는 연산자에는 산술 연산자와 비교 연산자, 참조 연산자, 결합 연산자 등이 있습니다.

산술 연산자는 더하기, 빼기, 곱하기, 나누기와 같이 계산식에서 사용하는 연산자를 말합니다.

산술 연산자	의미	예
+	더하기	=3+2
–	빼기	=3–2
*	곱하기	=3*2
/	나누기	=3/2
%	백분율	=3%
^	제곱	=3^2

✓ TIP 제곱(^) 연산자는 엑셀에서는 '3^2' 식으로 계산합니다. 즉 '3*3'과 같은 의미로 연산됩니다.

비교 연산자는 두 값을 비교할 때 사용합니다. 비교 연산자는 보통 함수들과 사용되는데 비교 연산자를 이용하여 두 값을 비교할 경우 결과는 TRUE나 FALSE로 나타냅니다.

비교 연산자	의미	예
=	같다	A1=A2
〉	크다	A1〉A2
〈	작다	A1〈A2
〈〉	같지 않다	A1〈〉A2
〉=	크거나 같다	A1〉=A2
〈=	작거나 같다	A1〈=A2

✓ TIP 비교 연산자를 이용하여 두 값을 비교할 경우 결과값은 참(TRUE)와 거짓(FALSE)으로 나타냅니다.

결합 연산자는 여러 문자열을 연결하고 싶을 때 자주 사용됩니다. 결합 연산자는 &를 사용합니다.

결합 연산자	의미	예
& (앰퍼샌드)	두 개 이상의 문자열를 연결하여 하나로 만듭니다.	="엑셀" & "2021"

참조 연산자는 연산자를 사용하여 계산에 필요한 셀 범위를 결정합니다. 즉, 참조 연산자는 셀 주소를 참조할 때 사용되는 연산자입니다.

참조 연산자	의미	예
:(콜론)	두 참조와 그 사이의 모든 셀을 연속적인 범위로 지정합니다.	A1:A3
,(콤마)	떨어져 있는 여러 참조를 하나의 셀 범위로 지정합니다.	SUM(A1, A3) SUM(A1:A3, B1:B3)
(공백)	두 개의 셀 범위가 교차되는 범위를 지정합니다.	A1:A3 B1:B3

연산자 우선 순위

하나의 수식에서 여러 개의 연산자를 사용하면 아래 표에 표시된 순서대로 연산이 수행됩니다. 즉, 곱하기와 더하기 연산자가 함께 포함되어 있다면 우선순위대로 곱하기부터 연산됩니다.

순위	연산자	설명
1	()	괄호
2	:	참조 연산자
3	,	참조 연산자
4	−	음수
5	%	백분율
6	^	거듭제곱
7	* 및 /	곱하기와 나누기
8	+ 및 −	더하기와 빼기
9	&	결합 연산자
10	= < > <= >= <>	비교 연산자

Excel 021

중요도 ★★★★★

상대 참조, 혼합 참조, 절대 참조 이해하기

셀 값을 이용하거나 셀 주소를 이용하여 수식을 계산할 수 있습니다. 셀 주소를 입력하기 위해서는 직접 입력하거나 셀 주소를 클릭합니다. 여기서는 셀 참조 방법인 상대 참조, 절대 참조, 혼합 참조에 대해서 살펴보겠습니다.

사용 가능 버전 2010 2013 2016 2019 2021 365 | **예제 파일** 없음
사용한 기능 상대 참조, 혼합 참조, 절대 참조 | **완성 파일** 없음

셀 참조 방법

셀을 참조하는 위치에 따라 셀 주소가 자동으로 변경되는 참조를 '상대 참조'라고 하며, 셀을 참조하는 위치에 상관없이 셀 주소가 변경되지 않고 고정되는 참조를 '절대 참조'라고 합니다.

처음 셀을 선택하면 'A1'과 같이 상대 참조로 표시되지만 F4를 누르면 '$A$1'과 같이 절대 참조로, 다시 F4를 누르면 'A$1'과 같이 행 고정 혼합 참조, 다시 F4를 누르면 '$A1'과 같이 열 고정 혼합 참조로 변경됩니다.

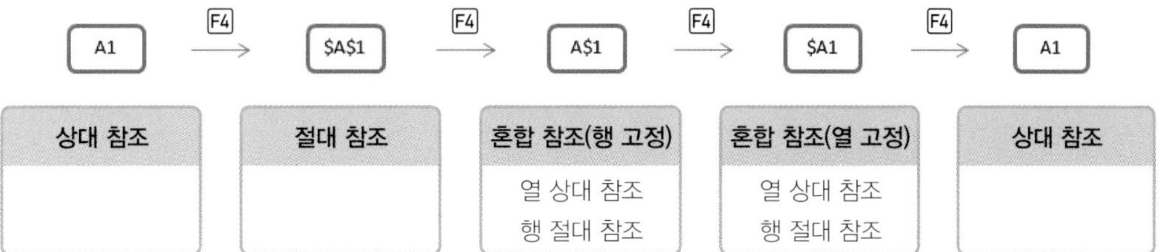

그렇다면, 절대 참조, 상대 참조 및 혼합 참조의 차이점에 대해서 조금 살펴볼까요? 상대 참조는 셀을 참조하는 위치에 따라 자동으로 변합니다. 절대 참조는 절대 변하지 않고, 혼합 참조는 행이나 열 중 하나가 변하지 않는 참조 방식입니다.

셀 참조 방법	형식	설명
상대 참조	A1	셀을 참조하는 위치에 따라 셀 주소가 자동으로 변경됩니다.
절대 참조	$A$1	셀을 참조하는 위치에 상관없이 셀 주소가 변경되지 않고 고정됩니다.
혼합 참조	A$1, $A1	상대 참조와 절대 참조가 혼합하여 사용됩니다. – A$1 : 행이 고정되는 혼합 참조 – $A1 : 열이 고정되는 혼합 참조

상대 참조

상대 참조의 경우 셀을 참조한 위치에 따라 '=D4*0.1'의 값이 '=D5*0.1', '=D6*0.1'과 같이 자동으로 변경되면서 계산됩니다.

E4의 값 : =D4*0.1
E5의 값 : =D5*0.1
E6의 값 : =D6*0.1
E7의 값 : =D7*0.1

절대 참조

절대 참조의 경우 상대 참조와는 달리 특정한 셀 하나만을 고정적으로 사용하는 방법입니다. 절대 참조를 사용하기 위해서는 '$' 기호가 필요합니다. '$' 기호가 붙어있는 참조의 경우 참조한 위치에 상관없이 값이 그대로 고정됩니다.

E5의 값 : =D5*$F$2
E6의 값 : =D6*$F$2
E7의 값 : =D7*$F$2
E8의 값 : =D8*$F$2

혼합 참조

혼합 참조는 행이나 열 값 중 하나에만 '$' 기호를 붙여주는 방법입니다. 수식을 복사, 이동 시 '$' 기호가 붙은 축만 고정되며, '$' 기호가 붙지 않은 축은 이동되는 위치에 따라 값이 변경됩니다.

E5의 값 : =$D5*A$2
E6의 값 : =$D6*B$2
E7의 값 : =$D7*C$2
E8의 값 : =$D8*D$2

Excel 022

중요도 ★★★★★

상대 참조와 절대 참조를 활용하여 수식 계산하기

셀을 참조하는 위치에 따라 셀 주소가 자동으로 변경되는 참조를 '상대 참조'라고 합니다. 셀을 참조하는 위치에 상관없이 셀 주소가 변경되지 않고 고정되는 참조를 '절대 참조'라고 합니다. '절대 참조'는 행 머리글이나 열 머리글 앞에 '$' 기호가 붙습니다.

사용 가능 버전 2010 2013 2016 2019 2021 365
사용한 기능 상대 참조, 절대 참조

예제 파일 Excel\Chapter 02\거래처.xlsx
완성 파일 Excel\Chapter 02\거래처_완성.xlsx

1. 상대 참조로 상반기와 하반기 매출액 합계를 구해보겠습니다. [합계] 시트를 선택합니다. [F5] 셀을 선택하고 『=D5+E5』를 입력한 후 Enter 를 누릅니다.

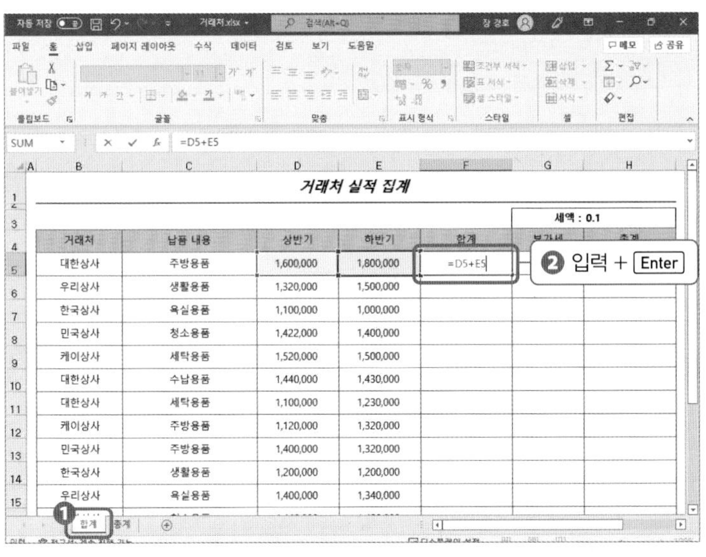

2. [F5] 셀을 선택하고 [채우기 핸들]( )을 [F20] 셀까지 드래그하면 수식이 채워집니다.

F5 =D5+E5

	B	C	D	E	F
7	한국상사	욕실용품	1,100,000	1,000,000	2,100,000
8	민국상사	청소용품	1,422,000	1,400,000	2,822,000
9	케이상사	세탁용품	1,520,000	1,500,000	3,020,000
10	대한상사	수납용품	1,440,000	1,430,000	2,870,000
11	대한상사	세탁용품	1,100,000	1,230,000	2,330,000
12	케이상사	주방용품	1,120,000	1,320,000	2,440,000
13	민국상사	주방용품	1,400,000	1,320,000	2,720,000
14	한국상사	생활용품	1,200,000	1,200,000	2,400,000
15	우리상사	욕실용품	1,400,000	1,340,000	2,740,000
16	대한상사	청소용품	1,440,000	1,400,000	2,840,000
17	케이상사	세탁용품	1,430,000	1,320,000	2,750,000
18	민국상사	수납용품	1,340,000	1,200,000	2,540,000
19	한국상사	세탁용품	1,230,000	1,240,000	2,470,000
20	대한상사	주방용품	1,120,000	1,210,000	2,330,000

❶ 채우기 핸들 드래그

합계 종계

3. [F20] 셀을 선택해 보면 수식이 '=D20+E20'으로 변경된 것을 확인할 수 있습니다. 즉, 셀 위치에 따라 참조한 셀 주소도 함께 변경되는 것을 확인할 수 있습니다. 이를 상대 참조라고 합니다.

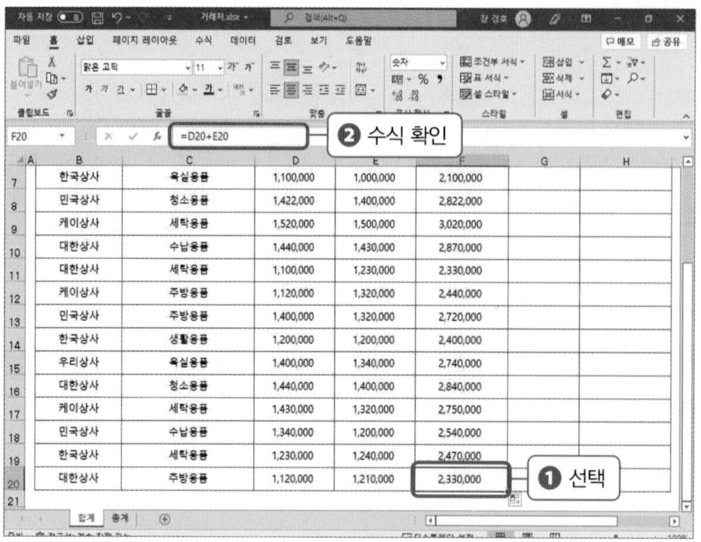

4. 이번에는 절대 참조 방식으로 수식을 입력해 보겠습니다. [G5] 셀을 선택하고 『=SUM(F5*H3)』을 입력한 후 Enter를 누릅니다.

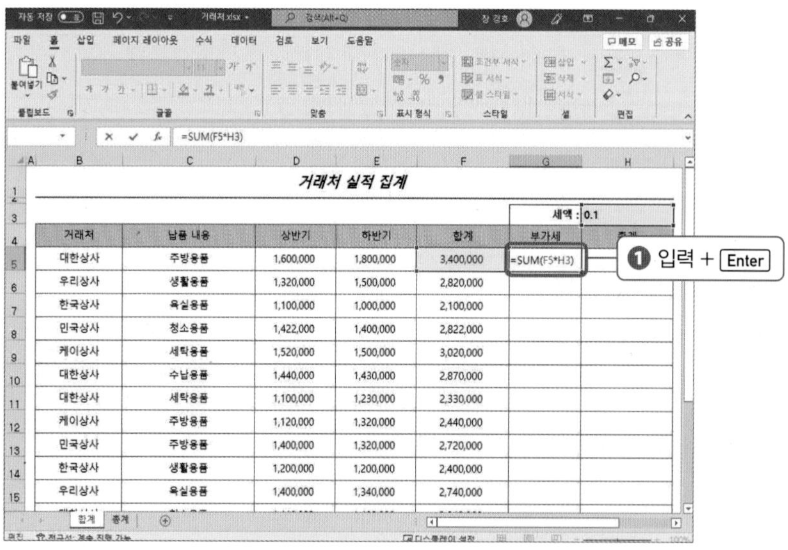

5. 절대 참조 방식으로 변경하기 위해 [G5] 셀이 선택된 상태에서 수식 입력줄의 'H3'을 드래그하여 선택하고 F4를 누릅니다.

✓TIP F4를 누르지 않고 열이나 행 번호 앞에 '$' 표시를 직접 입력할 수도 있습니다.

6. 수식 입력줄의 수식이 절대 참조로 변경되는 것을 확인할 수 있습니다. Enter를 누릅니다.

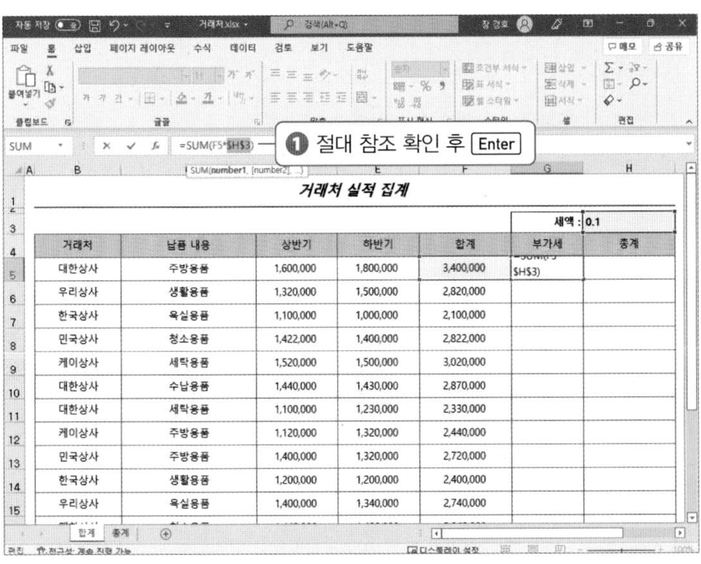

✓TIP '$H$3'과 같이 절대 참조를 지정하면 [H3] 셀이 변경되지 않고 수식이 적용됩니다.

7. [G5] 셀을 선택하고 [채우기 핸들]( )을 [G20] 셀까지 드래그합니다.

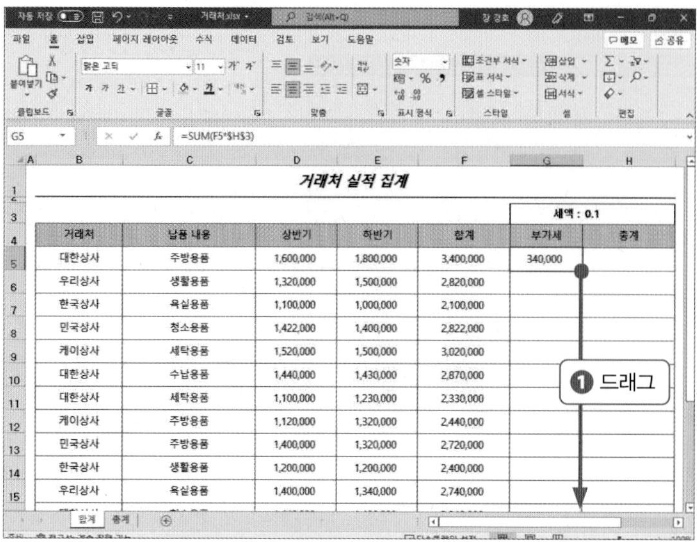

8. 수식이 채워집니다. [G20] 셀을 선택해 보면 수식이 '=SUM(F20*$H$3)'으로 변경되는 것을 확인할 수 있습니다. 즉, 절대 참조로 변경한 셀 주소는 변경되지 않고 그대로 고정되는 것을 확인할 수 있습니다. 이를 절대 참조라고 합니다.

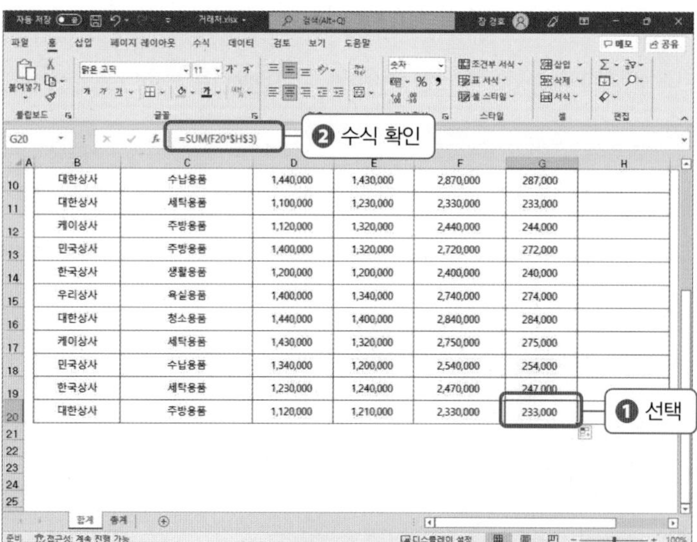

Excel
023

중요도
★★★★★

함수 사용 시 발생하는 오류 이해하기

엑셀에서 수식을 입력하거나 함수를 작성하다 보면 가끔 오류가 발생합니다. 오류마다 특징이 있습니다. #DIV/0!, #N/A, #NAME?, #NULL!, #NUM!, #REF!, #VALUE! 등이 무엇을 의미하는 것인지 이번에 확실히 이해하고 갑시다.

사용 가능 버전 2010 2013 2016 2019 2021 365
사용한 기능 함수 오류

예제 파일 없음
완성 파일 없음

함수 오류

엑셀 수식을 입력하다 보면 아래와 같이 수식이나 함수 오류가 발생하는 경우가 종종 있습니다. 이번 섹션에서는 이런 오류의 종류에 대해서 살펴보겠습니다.

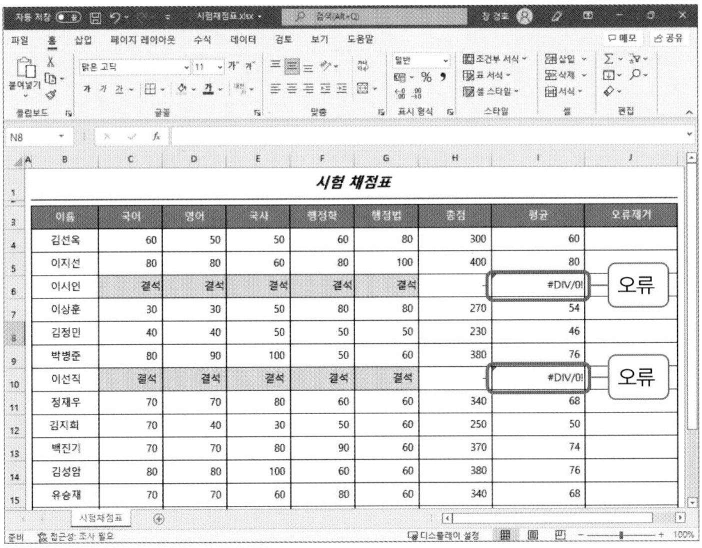

시험 채점표

이름	국어	영어	국사	행정학	행정법	총점	평균	오류제거
김선옥	60	50	50	60	80	300	60	
이지선	80	80	60	80	100	400	80	
이시언	결석	결석	결석	결석	결석	-	#DIV/0!	오류
이상훈	30	30	50	80	80	270	54	
김정민	40	40	50	50	50	230	46	
박병준	80	90	100	50	60	380	76	
이선직	결석	결석	결석	결석	결석	-	#DIV/0!	오류
정재우	70	70	80	60	60	340	68	
김지희	70	40	30	50	60	250	50	
백진기	70	70	80	90	60	370	74	
김성암	80	80	100	60	60	380	76	
유승재	70	70	60	80	60	340	68	

1.

열 너비가 좁아 셀의 문자를 표시할 수 없을 경우나, 셀에 음수로 된 날짜 또는, 시간 값이 포함된 경우에 이 오류가 표시됩니다. ##### 표시는 오류라기 보다는 셀 영역을 확장하면 정상적으로 표시됩니다.

2. #DIV/0!

나눗셈을 할 때 나누는 값이 0일 때 나타나는 오류입니다. 값이 포함되지 않은 셀이나 어떤 값을 '0'으로 나눌 때 이런 오류가 표시됩니다.

3. #N/A

수식에서 찾는 값이 없을 경우나 사용할 수 없는 함수, 수식에 값을 참조했을 때 이 오류가 표시됩니다.

4. #NAME?

범위 이름이나 함수 이름을 잘못 입력한 경우에 나타나며, 수식의 텍스트를 인식할 수 없을 경우에 이 오류가 표시됩니다.

5. #NULL!

존재하지 않는 값을 사용했을 때 이 오류가 표시됩니다.

6. #NUM!

함수의 인수나 수식이 바르지 않거나, 수식이나 함수에 잘못된 값이 포함되어 있을 경우 이 오류가 표시됩니다.

7. #REF!

참조하는 셀이 삭제되었을 경우와 같이 셀 참조가 유효하지 않을 경우 이 오류가 표시됩니다.

8. #VALUE!

값이 잘못되어 있는 경우에 이 오류가 표시됩니다.

Excel 024

중요도 ★★★★★

오류 메시지 대신 '0'과 같은 숫자 표시하기

결과값이 오류값일 경우 '#DIV/0!', '#VALUE!'와 같은 오류 메시지가 표시됩니다. 오류 메시지 대신 '0'과 같은 숫자를 표시하는 방법에 대해서 살펴보겠습니다.

사용 가능 버전 2010 2013 2016 2019 2021 365
사용한 기능 IFERROR 함수

예제 파일 Excel\Chapter 02\시험채점표.xlsx
완성 파일 Excel\Chapter 02\시험채점표_완성.xlsx

1. [J4] 셀을 선택하고 [수식] 탭－[함수 라이브러리] 그룹－[논리]－[IFERROR]를 클릭합니다.

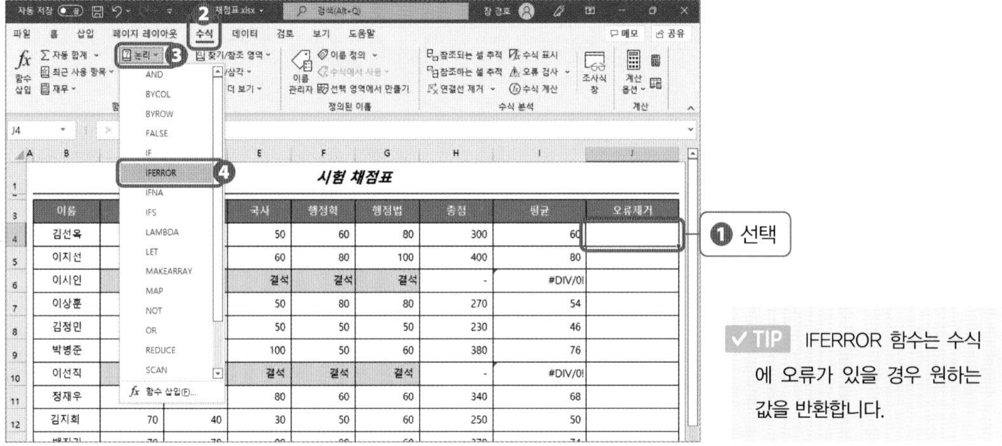

✓ TIP IFERROR 함수는 수식에 오류가 있을 경우 원하는 값을 반환합니다.

2. [함수 인수] 대화상자가 나타나면 [Value]를 클릭하고 [I4] 셀을 선택합니다. [Value_if_error]에 『0』을 입력한 후 [확인]을 클릭합니다.

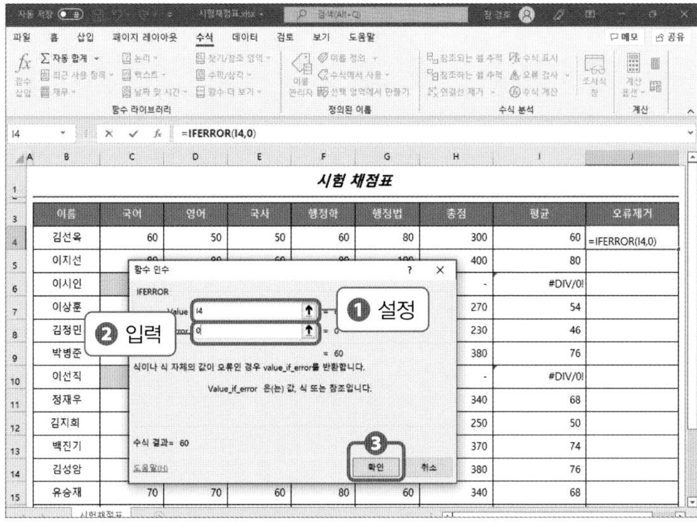

3. 결과값이 표시됩니다. [J4] 셀의 채우기 핸들을 [J16] 셀까지 드래그합니다.

4. 오류값이 '#DIV/0!'가 아닌 '0'으로 표시됩니다.

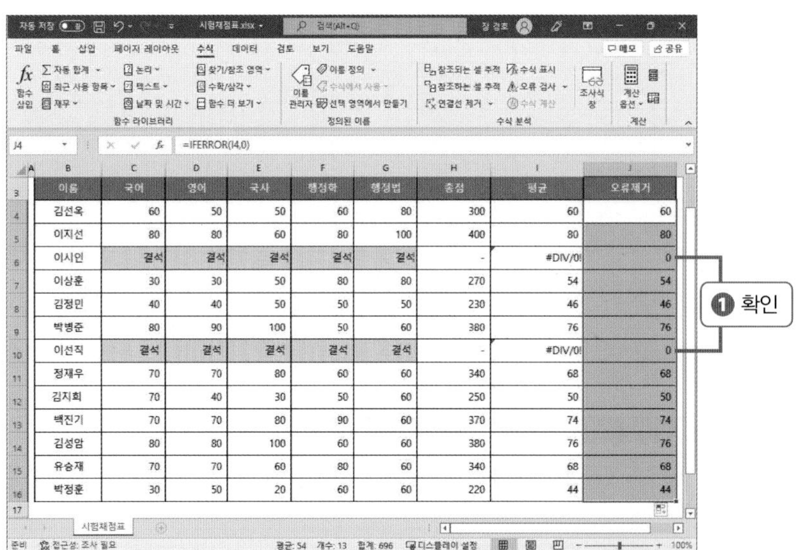

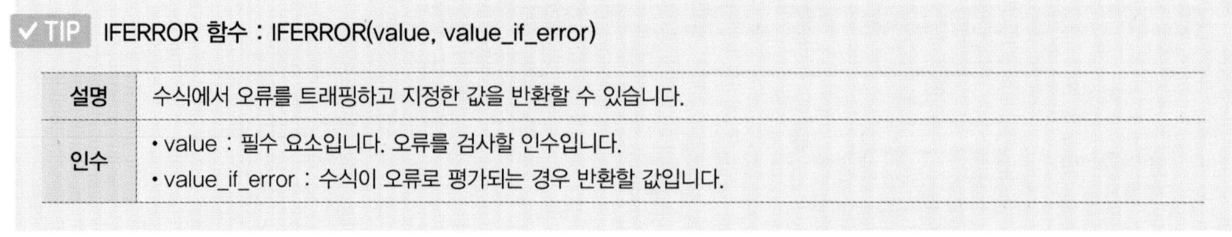

✓ TIP **IFERROR 함수 : IFERROR(value, value_if_error)**

설명	수식에서 오류를 트래핑하고 지정한 값을 반환할 수 있습니다.
인수	• value : 필수 요소입니다. 오류를 검사할 인수입니다. • value_if_error : 수식이 오류로 평가되는 경우 반환할 값입니다.

Excel 025

중요도 ★★★★

셀 주소를 이름으로 정의하고 수식 계산하기

이름을 사용하면 수식을 보다 쉽게 이해하고 관리할 수 있습니다. 이름은 셀 범위, 수식, 상수, 함수나 엑셀 표에 대해 정의할 수 있습니다. 통합 문서에서 이름을 사용하여 쉽게 셀을 관리해 보세요.

사용 가능 버전 2010 2013 2016 2019 2021 365
사용한 기능 이름 상자, 이름 정의

예제 파일 Excel\Chapter 02\수출입통계.xlsx
완성 파일 Excel\Chapter 02\수출입통계_완성.xlsx

1. [D18] 셀을 선택하고 [D21] 셀까지 드래그하여 선택한 후 [이름 상자]에 『수출액』을 입력합니다. 그리고 Enter 를 누릅니다.

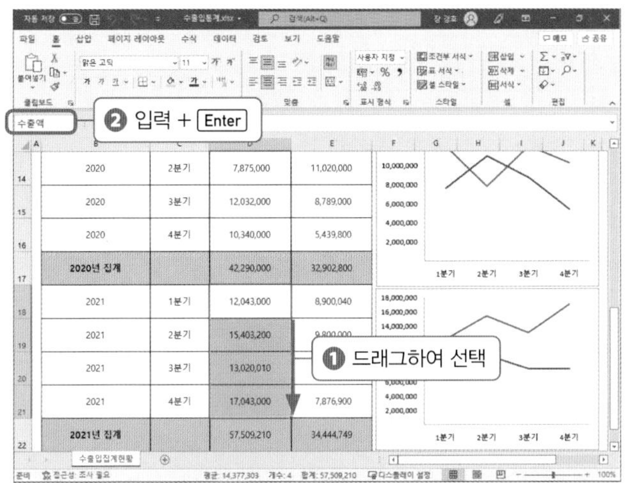

2. 떨어져 있는 셀들을 하나의 이름으로 정의하겠습니다. [D12] 셀을 선택하고 Ctrl 을 누른 상태에서 [D17] 셀과 [D22] 셀을 선택합니다. 이번에는 리본 메뉴에서 선택하기 위해 [수식] 탭–[정의된 이름] 그룹–[이름 정의]를 클릭합니다. [새 이름] 대화상자가 나타나면 [이름]에 『전체수출액』이라고 입력한 후 [확인]을 클릭합니다.

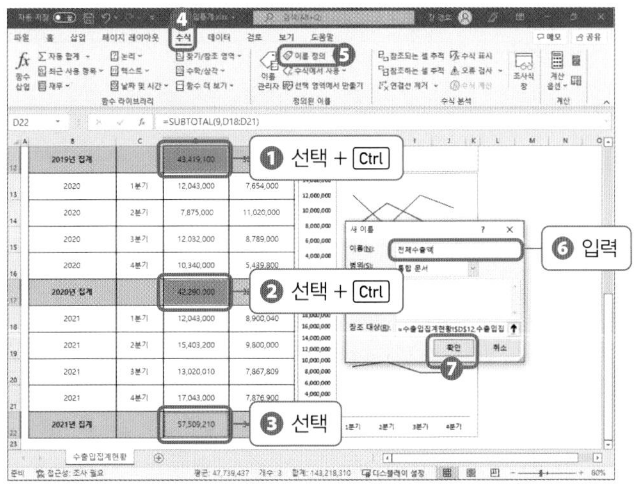

3. 정의한 이름으로 수식을 계산해 보겠습니다. [E4] 셀을 선택하고 수식 입력줄에 『=SUM(수출액)』이라고 입력한 후 Enter를 누릅니다.

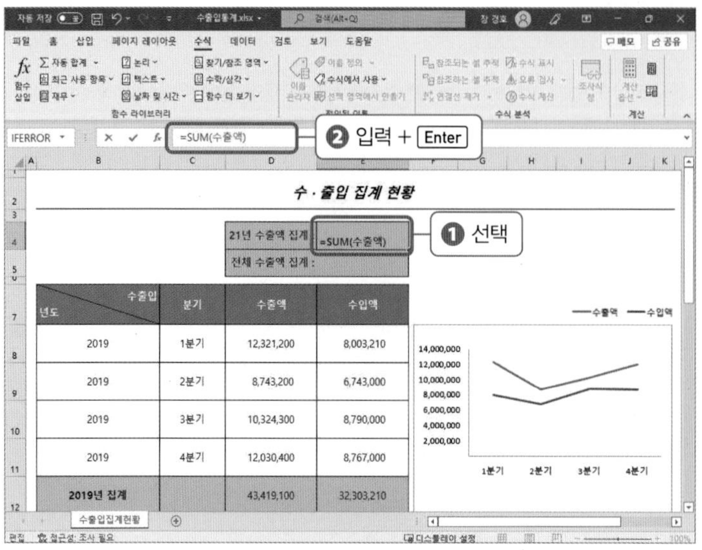

✔ TIP '수출액' 이라는 이름을 정의하지 않았을 경우 '=SUM(D18:D21)'과 같이 셀 범위를 지정해야 합니다.

4. 2021년도 수출액이 집계됩니다. 이번에는 전체 수출액을 집계하기 위해 [E5] 셀을 선택하고 『=SUM(전체수출액)』이라고 입력한 후 Enter를 누릅니다.

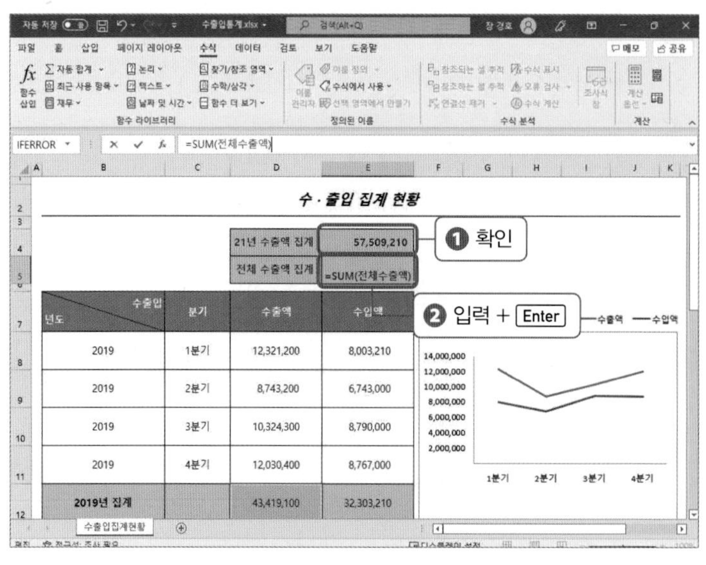

✔ TIP [이름 관리자] 대화상자에서는 편집할 이름이나 삭제할 이름을 선택한 다음 [편집] 또는, [삭제]를 클릭하여 이름을 편집하거나 삭제할 수 있습니다.

✔ TIP [이름 관리자] 대화상자를 불러오는 단축키는 Ctrl+F3입니다.

Excel 026

중요도 ★★★★

조건에 맞는 값을 찾아주는 조건부 서식으로 특정 데이터 강조하기

조건부 서식을 적용하면 특정 조건에 해당하는 셀이나 셀 범위가 시각적으로 표시되어 패턴을 분석하기 좋으며, 원하는 데이터를 쉽게 확인할 수 있습니다.

사용 가능 버전 2010 2013 2016 2019 2021 365
사용한 기능 조건부 서식, 데이터 막대

예제 파일 Excel\Chapter 02\판매현황.xlsx
완성 파일 Excel\Chapter 02\판매현황_완성.xlsx

1. [M4:M22] 영역을 선택하고 [홈] 탭-[스타일] 그룹-[조건부 서식]-[데이터 막대]-[그라데이션 채우기]-[자주 데이터 막대]를 클릭합니다.

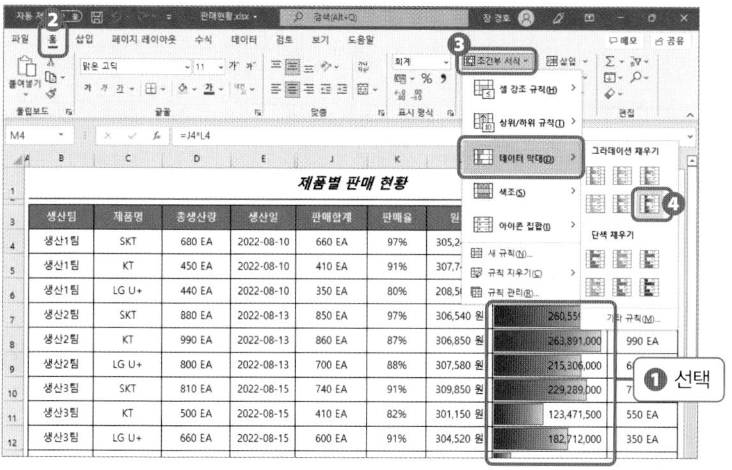

2. 새 규칙을 적용하여 특정 값에 다른 조건부 서식을 적용해 보겠습니다. [홈] 탭-[스타일] 그룹-[조건부 서식]-[새 규칙]을 클릭합니다.

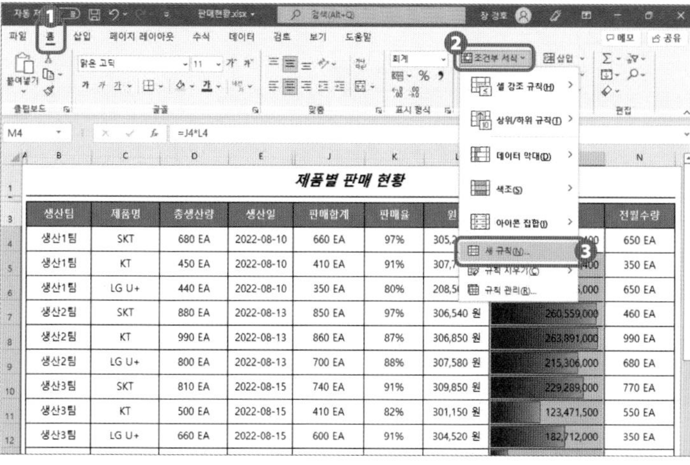

3. [새 서식 규칙] 대화상자가 나타나면 [규칙 유형 선택]-[상위 또는 하위 값만 서식 지정]-[규칙 설명 편집]-[상위]에 『30』을 입력한 후 [% 이내]에 체크 표시를 합니다. [서식]을 클릭해서 [셀 서식] 대화상자가 나타나면 [글꼴] 탭-[색] 화살표를 클릭하고 [빨강]을 선택합니다. [글꼴 스타일]-[굵게]를 선택합니다. [확인]을 클릭합니다.

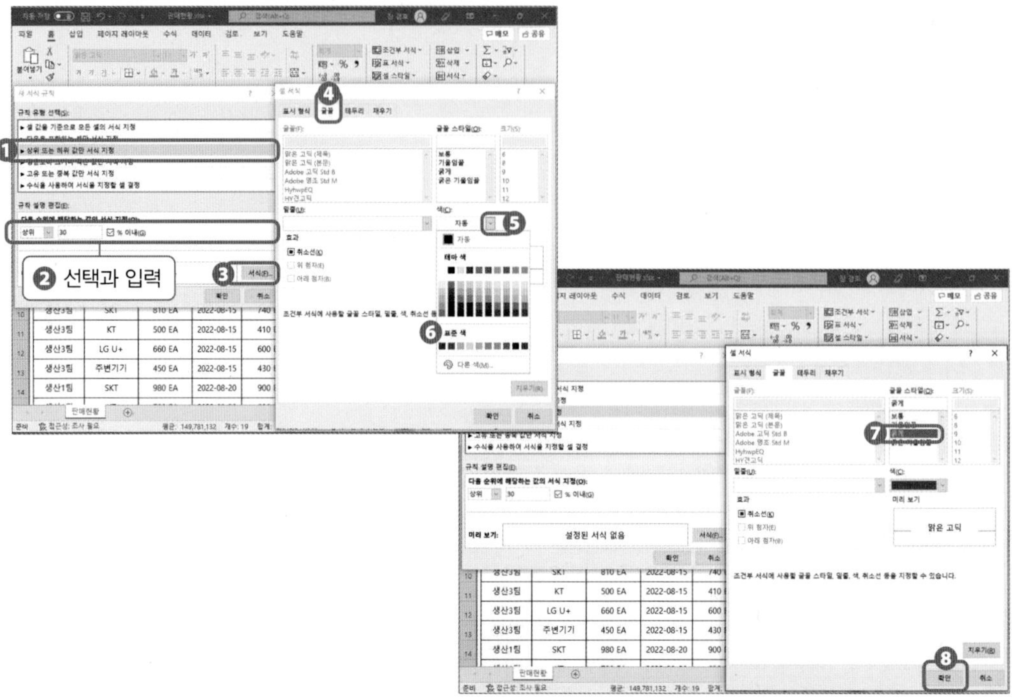

4. [새 규칙 서식] 대화상자의 미리 보기 항목에 서식이 지정된 것을 확인한 후 [확인]을 클릭합니다.

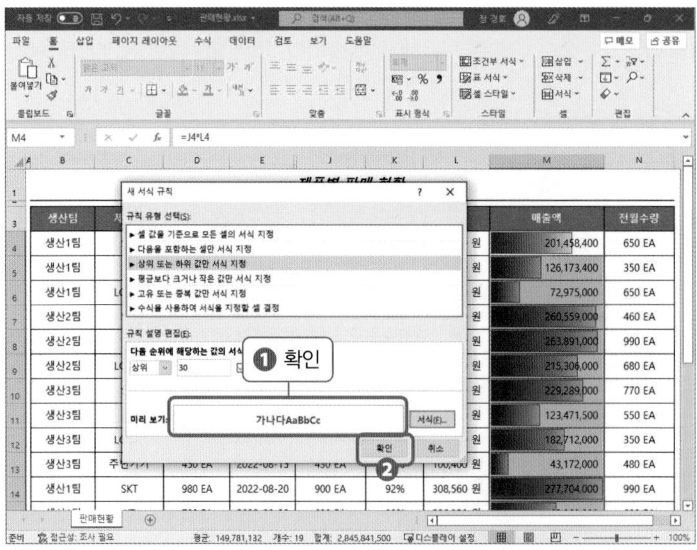

5. 상위 10% 안에 드는 매출액에 서식이 적용되는 것을 확인할 수 있습니다.

꼭 알고 가세요

조건부 서식으로 데이터 시각화하기

조건부 서식은 특정 조건에 맞는 셀이나 셀 범위에 서식을 지정하여 구별하거나 특정 데이터에 데이터 막대, 색조, 아이콘 집합 등으로 시각화할 수 있습니다.

1. 셀 강조 규칙

선택한 셀이나 셀 범위에 조건부 서식을 지정하여 설정한 조건에 맞는 셀에 서식을 지정합니다.

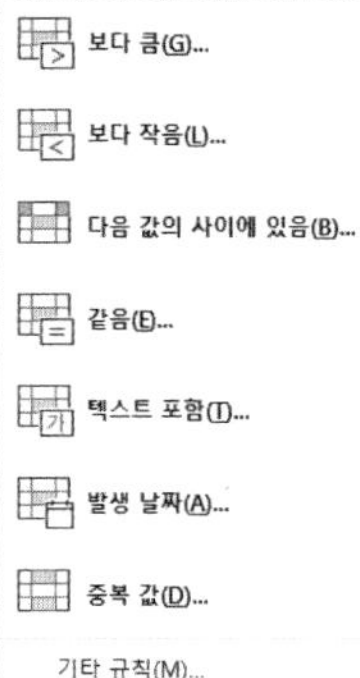

2. 상위/하위 규칙

선택한 셀이나 셀 범위에 상위 10개 항목 또는, 상위 10% 등의 규칙을 조건으로 설정하여 설정한 조건에 맞는 셀에 서식을 지정합니다.

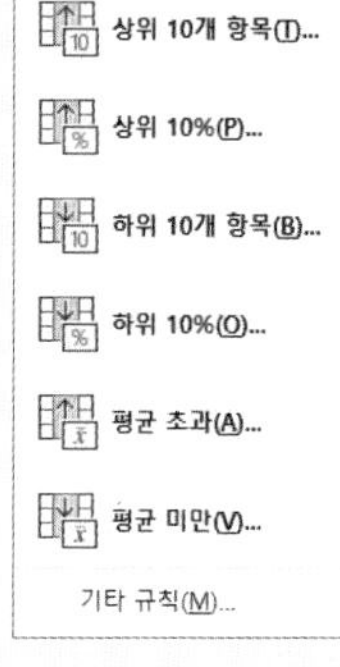

3. 데이터 막대

셀이나 셀 범위에 가장 큰 값을 기준으로 그라데이션 또는, 단색으로 채워진 막대로 값을 표시합니다.

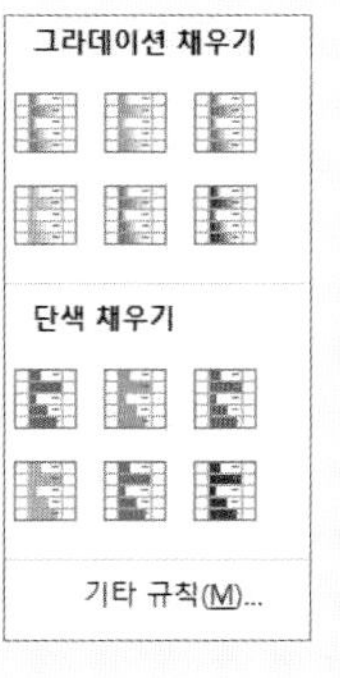

4. 색조

색조를 이용하여 셀이나 셀 범위에 데이터의 분포도를 표시합니다.

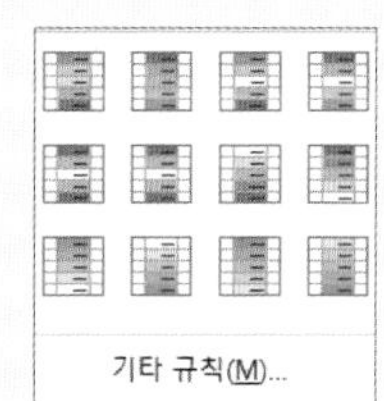

5. 아이콘 집합

셀이나 셀 범위를 3~5가지 범주로 분류하여 화살표나 기호 등으로 표시합니다.

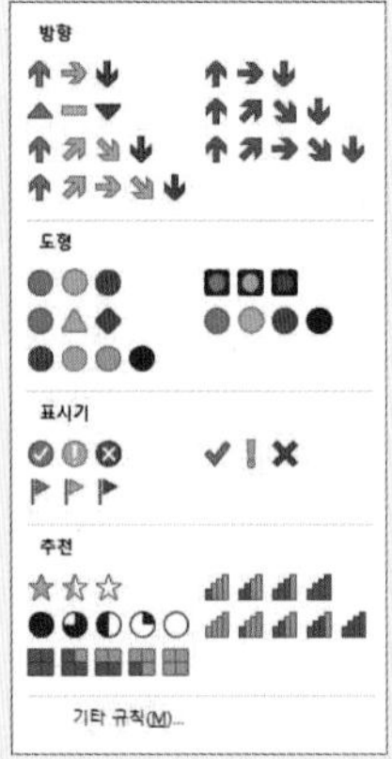

6. 새 규칙

적당한 조건부 서식이 없을 경우 [새 서식 규칙] 대화상자를 활용하여 규칙 유형 및 서식을 직접 지정합니다.

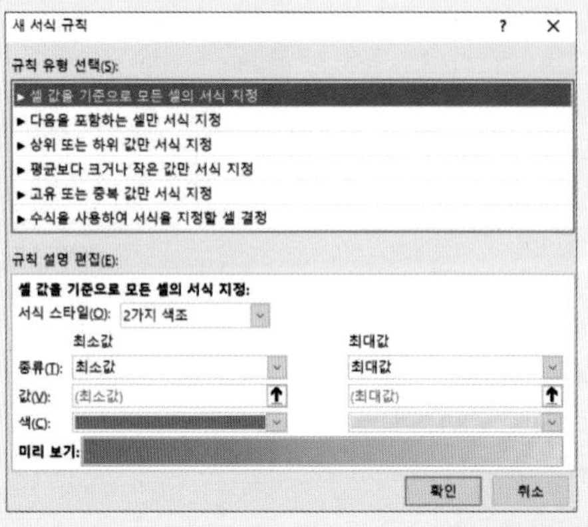

Excel 027

상위 10% 데이터 한 번에 추출하기

중요도 ★★★☆☆

숫자 데이터가 입력된 데이터를 필터링할 때 상위 몇 개 또는, 상위 몇 %와 같은 조건으로 데이터를 한 번에 추출할 수 있습니다.

사용 가능 버전 2010 2013 2016 2019 2021 365
사용한 기능 조건부 서식, 상위/하위 규칙
예제 파일 Excel\Chapter 02\거래금액.xlsx
완성 파일 Excel\Chapter 02\거래금액_완성.xlsx

1. 아파트 거래 금액 중 상위 10%에 해당하는 금액을 추출하기 위해 [F4] 셀을 선택하고 Ctrl + Shift + ↓를 누릅니다. 영역이 지정되면 [홈] 탭 – [스타일] 그룹 – [조건부 서식] – [상위/하위 규칙] – [상위 10%]를 클릭합니다.

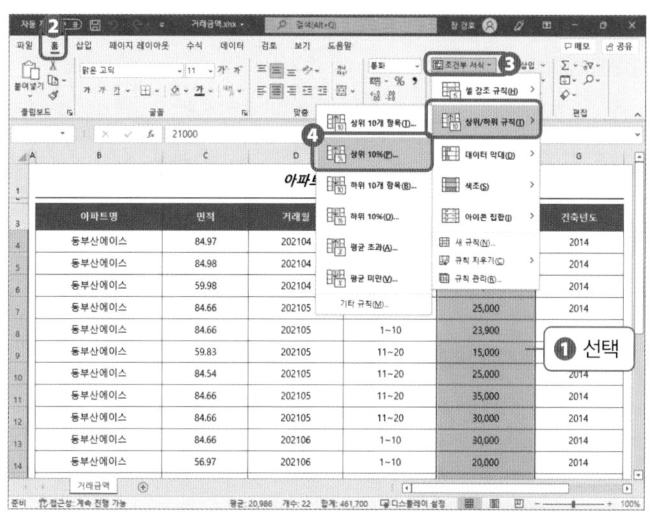

2. [상위 10%] 대화상자가 나타납니다. 상위 10% 항목만 추출하기 위해 입력란에 『10』을 입력하고 [적용할 서식]의 화살표를 클릭한 후 원하는 서식을 설정합니다. [확인]을 클릭하면 상위 10%에 속하는 데이터가 표시됩니다.

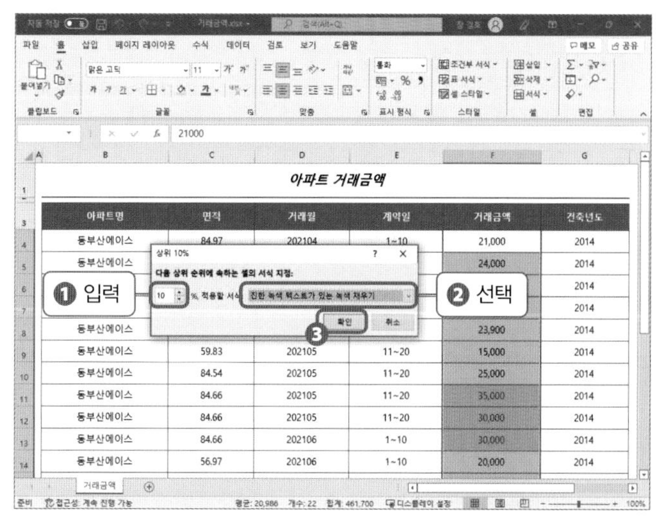

Excel
028

중요도
★★★★★

사원 이름 입력하여 특정 사원만 조건부 서식으로 추출하기

조건부 서식을 활용해 사원 이름을 입력하여 사원에 해당하는 데이터를 추출해 보겠습니다. 추출된 데이터에는 조건부 서식을 통해 원하는 서식을 지정해 보겠습니다.

사용 가능 버전 2010 2013 2016 2019 2021 365 | **예제 파일** Excel\Chapter 02\직원조회.xlsx
사용한 기능 조건부 서식, 새 규칙 | **완성 파일** Excel\Chapter 02\직원조회_완성.xlsx

1. [B5:F29] 영역을 드래그하여 선택하고 [홈] 탭-[스타일] 그룹-[조건부 서식]-[새 규칙]을 클릭합니다.

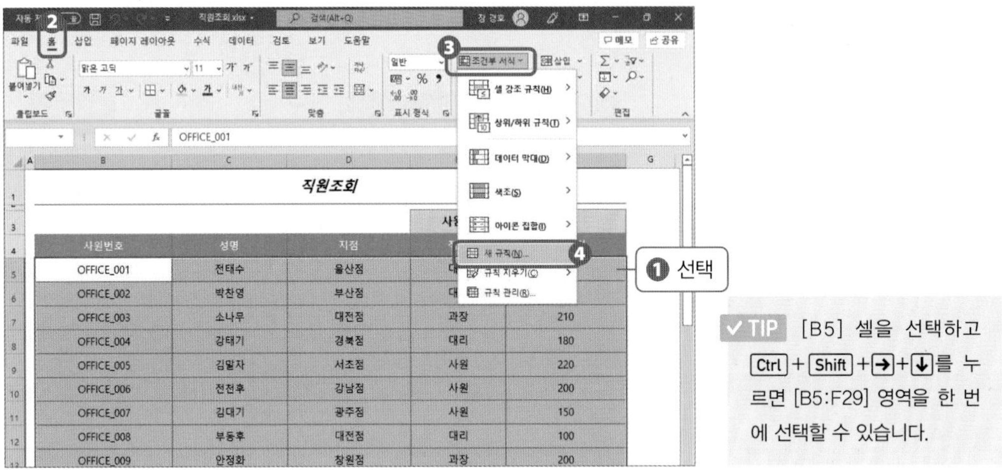

✔TIP [B5] 셀을 선택하고 Ctrl+Shift+→+↓를 누르면 [B5:F29] 영역을 한 번에 선택할 수 있습니다.

2. [새 서식 규칙] 대화상자에서 [규칙 유형 선택]-[수식을 사용하여 서식을 지정할 셀 결정]을 선택합니다. [다음 수식이 참인 값의 서식 지정]에 「=$C5=$F$3」을 입력하고 [서식]을 클릭합니다. [셀 서식] 대화상자가 나타나면 [채우기] 탭-[배경색]에서 원하는 색상을 선택하고 [확인]을 클릭합니다.

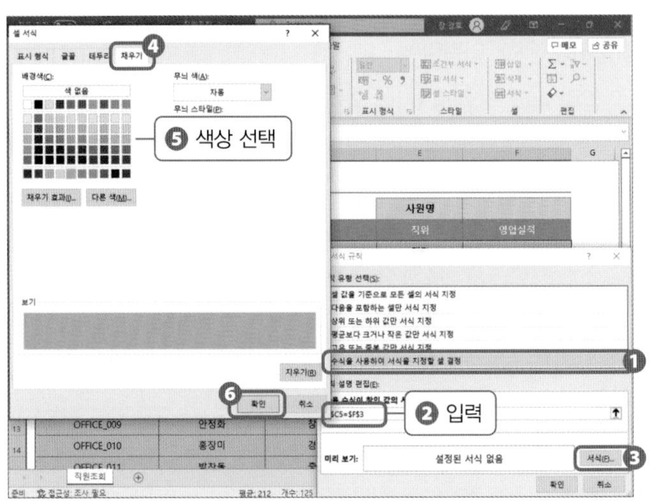

✔TIP 「=$C5=$F$3」을 입력하면 [C5] 셀에 입력된 이름과 [F3] 셀에 입력하는 이름이 동일한 경우에 서식을 설정하게 됩니다.

3. [미리 보기]에 적용된 색상을 확인하고 [새 서식 규칙] 대화상자에서 [확인]을 클릭합니다.

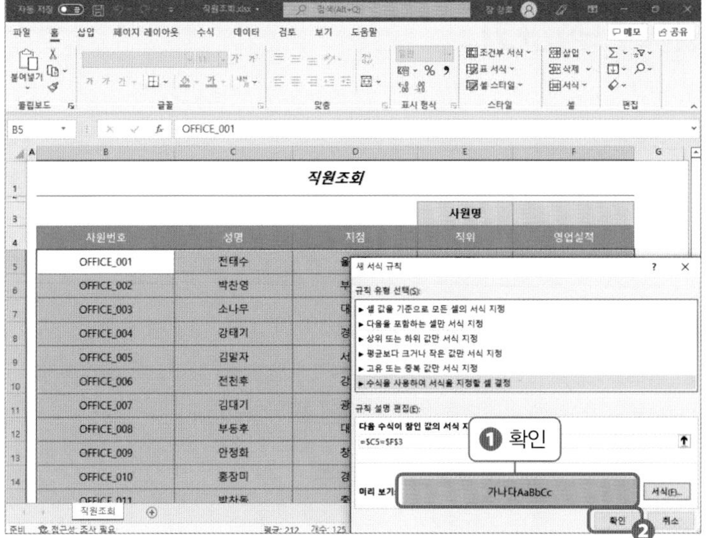

4. [F3] 셀에 사원 이름을 입력합니다. 여기서는 『김대기』를 입력하고 Enter 를 누릅니다. 사원에 해당하는 데이터에 서식이 지정됩니다. [F3] 셀에 다른 사원 이름도 입력해 봅니다.

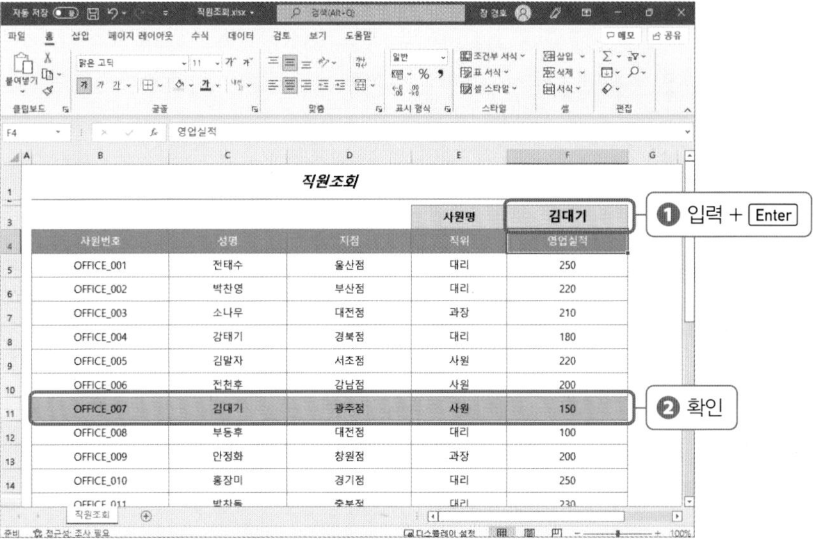

Excel 029

아이콘 집합 활용하여 조건부 서식 지정하기

중요도 ★★★★★

데이터를 정렬하는 경우 오름차순이나 내림차순뿐 아니라 셀 색상이나 글꼴, 아이콘 등을 이용하여 정렬할 수 있습니다.

사용 가능 버전 2010 2013 2016 2019 2021 365 | **예제 파일** Excel\Chapter 02\판매율.xlsx
사용한 기능 조건부 서식, 아이콘 집합 | **완성 파일** Excel\Chapter 02\판매율_완성.xlsx

1. 아이콘 집합을 이용해 조건부 서식을 지정해 보겠습니다. [K4:K75] 영역을 드래그하여 선택하고 [홈] 탭-[스타일] 그룹-[조건부 서식]-[아이콘 집합]-[5가지 원(흑백)]을 클릭합니다.

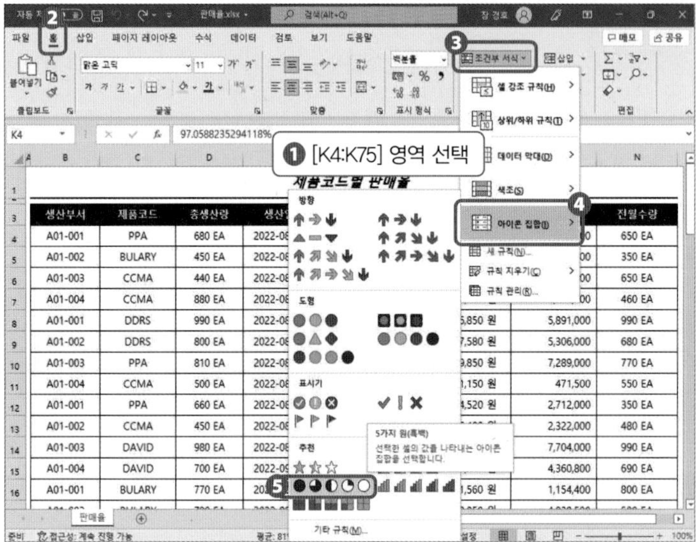

2. 수치 데이터 앞에 아이콘 집합으로 나타나면서 조건부 서식이 완성됩니다.

3. 셀 색상이나 글꼴, 아이콘 등을 이용해 정렬하기 위해 임의의 셀을 선택하고 [데이터] 탭–[정렬 및 필터] 그룹–[필터]를 클릭합니다. [판매율] 필드의 필터 단추를 클릭한 후 [색 기준 필터]–[셀 아이콘 기준 필터]–[●]을 클릭합니다.

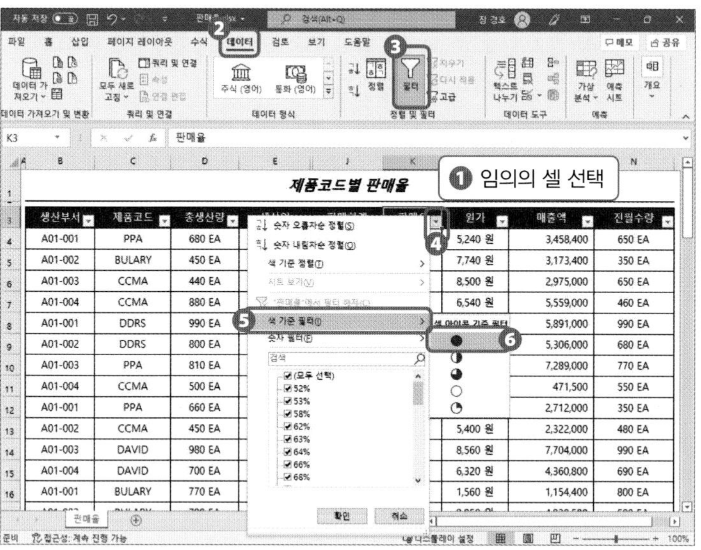

4. 셀 아이콘 기준으로 필터가 적용되어 표시됩니다.

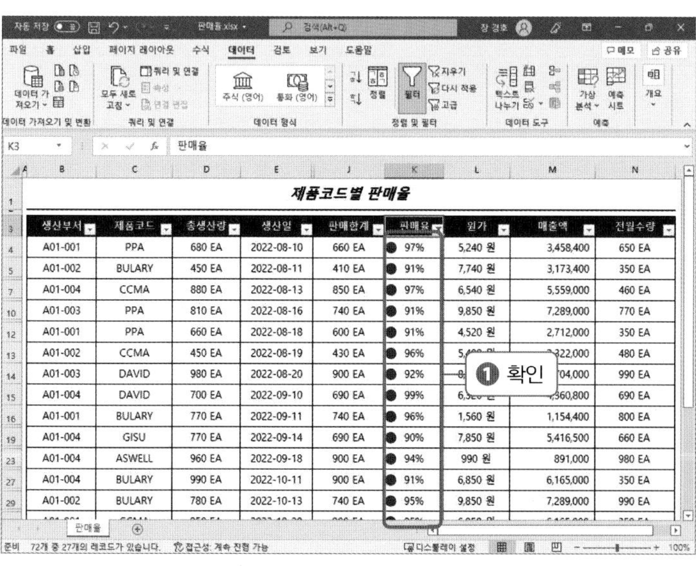

Excel 030

중요도 ★★★☆☆

입사일이나 퇴사일에 요일 표시하기

앞선 예제에서는 조건부 서식을 활용하여 날짜의 색상을 변경해 보았습니다. 여기서는 셀 서식을 활용해 날짜를 요일로 변경하는 방법을 살펴보겠습니다.

사용 가능 버전 2010 2013 2016 2019 2021 365
사용한 기능 조건부 서식, 셀 서식

예제 파일 Excel\Chapter 02\해야할일.xlsx
완성 파일 Excel\Chapter 02\해야할일_완성.xlsx

1. 이번에는 날짜를 요일로 변경해 보겠습니다. [C4] 셀을 선택합니다. Ctrl+Shift+↓를 눌러 셀을 모두 선택하고 [홈] 탭-[셀] 그룹-[서식]-[셀 서식]을 클릭합니다.

✓TIP 선택한 셀을 마우스 오른쪽 버튼으로 클릭한 후 [셀 서식]을 선택해도 됩니다.

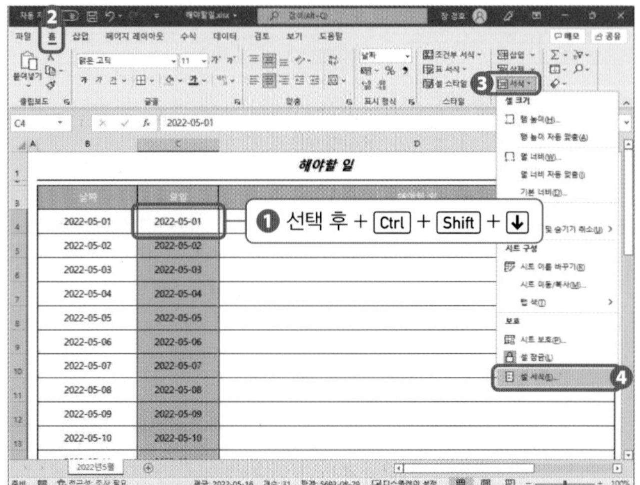

2. [셀 서식] 대화상자가 나타나면 [표시 형식] 탭-[범주]-[사용자 지정]을 클릭합니다. [형식]에 『aaaa』를 입력하고 [확인]을 클릭하면 날짜가 요일로 변경됩니다.

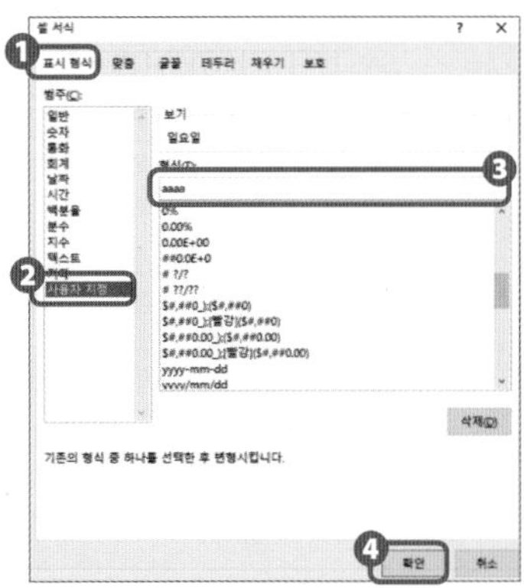

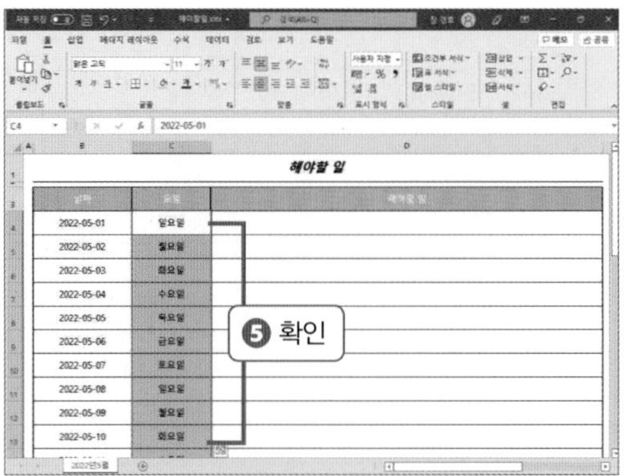

✓TIP [형식]에 『aaaa』를 입력하면 '월요일', '화요일'과 같은 요일을 표시하며, [형식]에 『aaa』를 입력하면 '월', '화'와 같은 요일을 표시합니다.

Excel
031
중요도 ★★★★★

WEEKDAY 함수로 토요일, 일요일 찾아 색상 지정하기

입력한 데이터를 기준으로 크거나 작은 데이터를 시각화하거나 서로 값을 비교, 또는, 특정 요일에 해당하는 데이터를 찾아 색상을 지정하고 싶은 경우와 같이 특정 조건에 해당하는 데이터 값을 시각화하고 싶을 경우에는 조건부 서식을 사용합니다.

사용 가능 버전 2010 2013 2016 2019 2021 365
사용한 기능 조건부 서식, 새 규칙, WEEKDAY 함수

예제 파일 Excel\Chapter 02\해야할일2.xlsx
완성 파일 Excel\Chapter 02\해야할일2_완성.xlsx

1. [B4:C4] 영역을 드래그하여 선택하고 Ctrl+Shift+↓를 눌러 날짜와 요일을 모두 선택합니다.

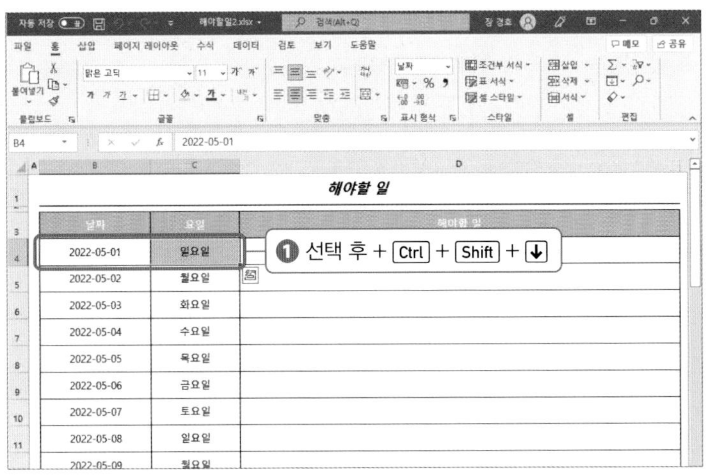

2. [홈] 탭-[스타일] 그룹-[조건부 서식]-[새 규칙]을 클릭합니다.

✓TIP 월간 계획표나 근무표와 같은 서식에 날짜가 주말인 경우 글자 색을 빨간색이나 파란색으로 표시할 수 있습니다. 여기에 조건부 서식이 사용되며, Weekday() 함수가 사용됩니다.

3. [새 서식 규칙] 대화상자가 나타나면 [규칙 유형 선택]-[수식을 사용하여 서식을 지정할 셀 결정]을 선택하고 수식 입력란에 『=WEEKDAY(B4)=1』을 입력합니다. [서식]을 클릭하여 [셀 서식] 대화상자가 나타나면 [글꼴] 탭-[색] 화살표를 클릭하고 [진한 빨강]을 선택합니다.

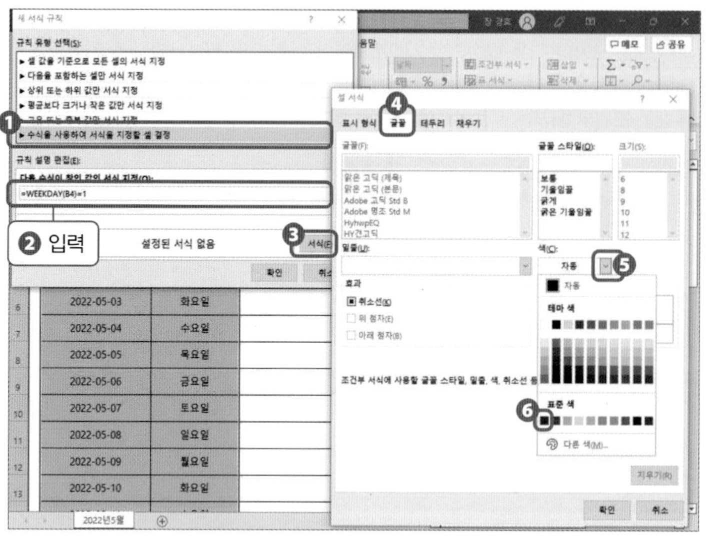

✓TIP Weekday() 함수에서 일요일은 '1', 월요일은 '2', 화요일은 '3', 토요일은 '7'로 해당 날짜를 입력받아 숫자를 반환합니다.

4. [셀 서식] 대화상자의 [채우기] 탭-[배경색]에서 배경으로 지정하고 싶은 색상을 선택하고 [확인]을 클릭합니다. [셀 서식 규칙] 대화상자에서 [미리 보기]를 확인한 후 [확인]을 클릭합니다.

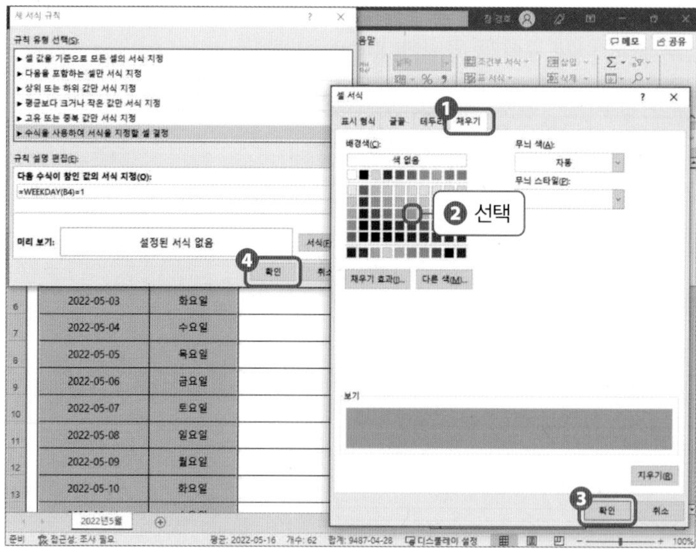

5. 이번에는 토요일의 경우 파란색으로 지정해 보겠습니다. [홈] 탭-[스타일] 그룹-[조건부 서식]-[새 규칙]을 클릭합니다.

6. [새 서식 규칙] 대화상자가 나타나면 [규칙 유형 선택]-[수식을 사용하여 서식을 지정할 셀 결정]을 선택하고 수식 입력란에 『=WEEKDAY(B4)=7』을 입력합니다. [서식]을 클릭하여 [셀 서식] 대화상자가 나타나면 [글꼴] 탭-[색] 화살표를 클릭하여 [파랑]을 선택합니다.

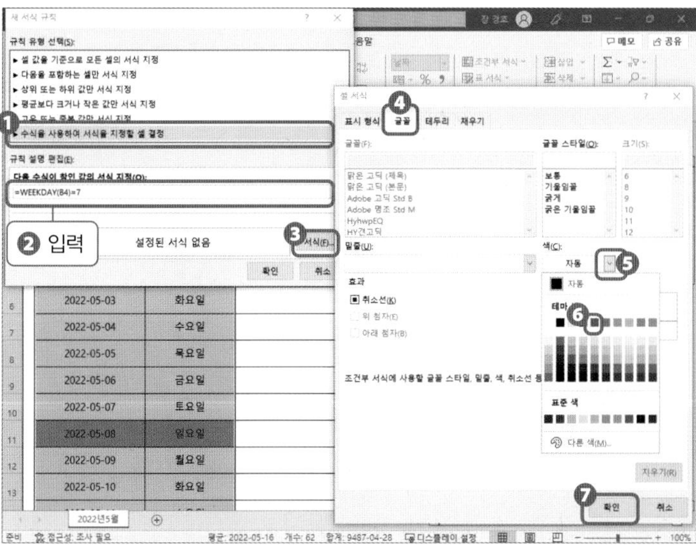

7. [채우기] 탭-[배경색]에서 배경으로 지정하고 싶은 색상을 선택하고 [확인]을 클릭합니다. [셀 서식 규칙] 대화상자에서 [미리 보기]를 확인한 후 [확인]을 클릭합니다.

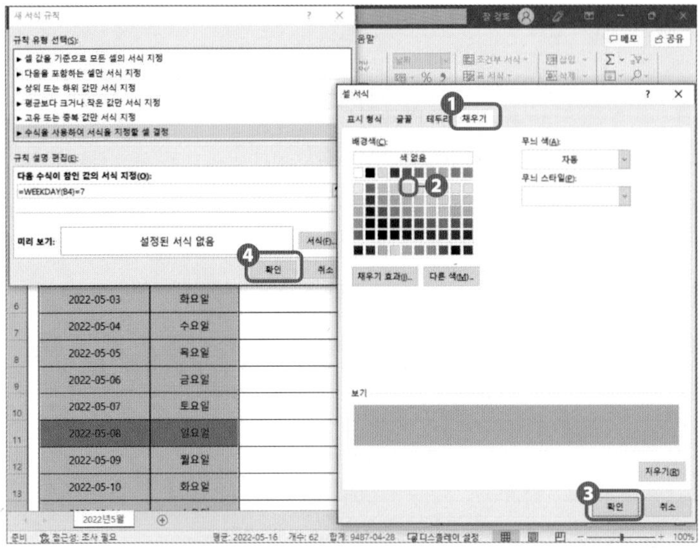

8. 토요일과 일요일에 해당하는 날짜에 색상이 변경됩니다.

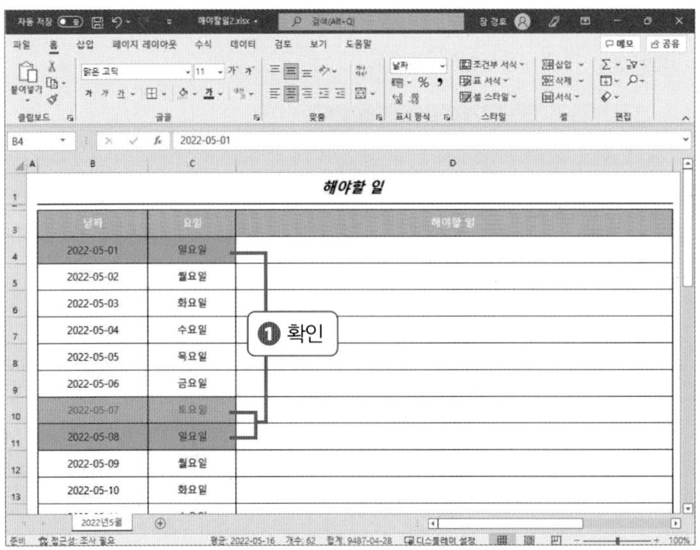

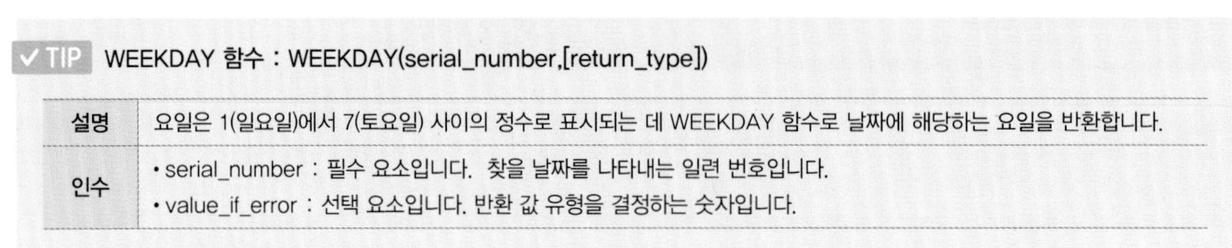

✓ TIP WEEKDAY 함수 : WEEKDAY(serial_number,[return_type])

설명	요일은 1(일요일)에서 7(토요일) 사이의 정수로 표시되는 데 WEEKDAY 함수로 날짜에 해당하는 요일을 반환합니다.
인수	• serial_number : 필수 요소입니다. 찾을 날짜를 나타내는 일련 번호입니다. • value_if_error : 선택 요소입니다. 반환 값 유형을 결정하는 숫자입니다.

Excel 032

AVERAGE, AVERAGEA 함수로 진급 시험 평균 구하기

중요도 ★★★★★

AVERAGE 함수와 AVERAGEA 함수는 평균을 구하는 것은 동일하지만, AVERAGE 함수는 누락 값을 포함하지 않으며, AVERAGEA 함수는 문자나 누락 값까지 모두 포함하여 평균을 구합니다.

사용 가능 버전 2010 2013 2016 2019 2021 365 | **예제 파일** Excel\Chapter 02\진급시험.xlsx
사용한 기능 AVERAGE 함수, AVERAGEA 함수 | **완성 파일** Excel\Chapter 02\진급시험_완성.xlsx

AVERAGE 함수 : AVERAGE(number1, [number2], ...)

설명	셀 범위에 있는 숫자를 모두 더하여 평균을 구합니다.
인수	• Number1, Number2, ... : 평균을 구하려는 숫자나 셀 범위로써 평균을 구할 대상을 최대 255까지 지정할 수 있습니다.

AVERAGEA 함수 : AVERAGEA(value1, [value2], ...)

설명	수치뿐만 아니라 문자열이나 논리값 등의 인수 목록에서 산술 평균값을 계산합니다. 즉 숫자 외에도 텍스트 등도 계산에 포함됩니다.
인수	• value1, value2, ... : 평균을 구하려는 셀, 셀 범위 또는 값으로, 1개에서 255개까지 지정할 수 있습니다.

1. [I4] 셀을 선택하고 수식 입력줄에 있는 [함수 삽입](fx)을 클릭합니다. [함수 마법사] 대화상자가 나타나면 [범주 선택]-[통계]를 선택하고, [함수 선택]-[AVERAGE]를 선택한 후 [확인]을 클릭합니다.

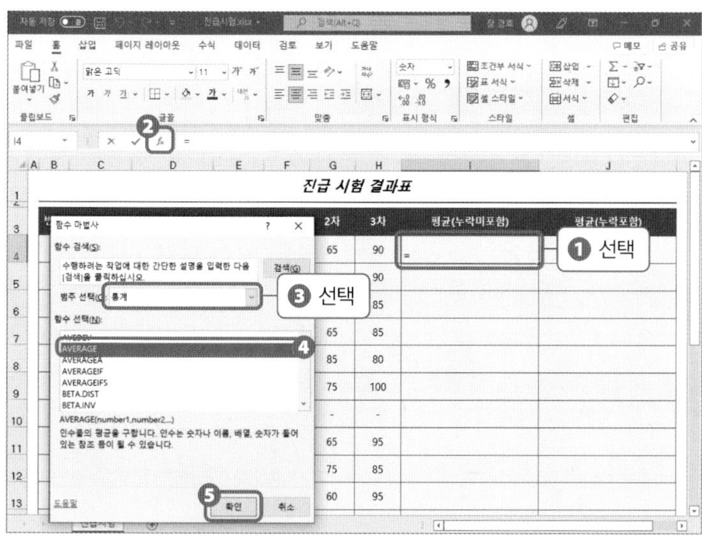

✔ TIP [수식] 탭-[함수 라이브러리] 그룹-[함수 추가]를 클릭한 후 [통계]-[AVERAGE]를 선택해도 됩니다.

2. [함수 인수] 대화상자가 나타나면 [Number1]에 『F4:H4』가 지정되어 있는 것을 확인합니다. 지정되지 않으면 『F4:H4』를 입력한 후 [확인]을 클릭합니다.

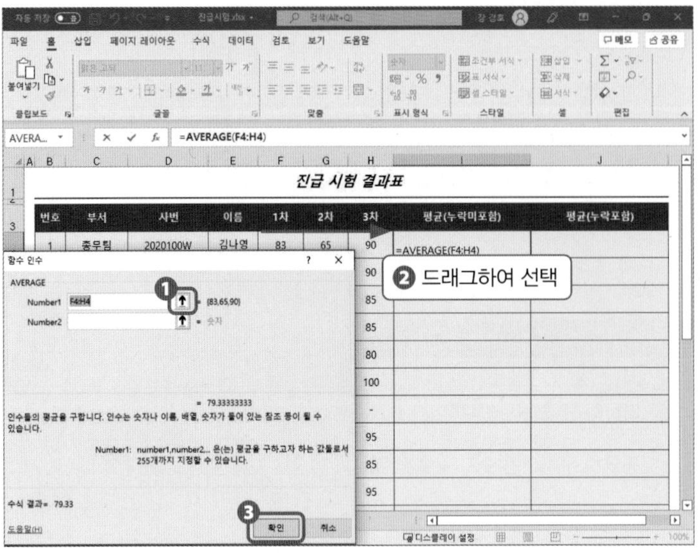

✓TIP [I4] 셀에 들어가는 완성 수식 : =AVERAGE(F4:H4)

3. 이번에는 [J4] 셀을 선택하고 수식 입력줄에 있는 [함수 삽입](fx)을 클릭합니다. [함수 마법사] 대화상자가 나타나면 [범주 선택]-[통계]를 선택하고 [함수 선택]-[AVERAGEA]를 선택한 후 [확인]을 클릭합니다.

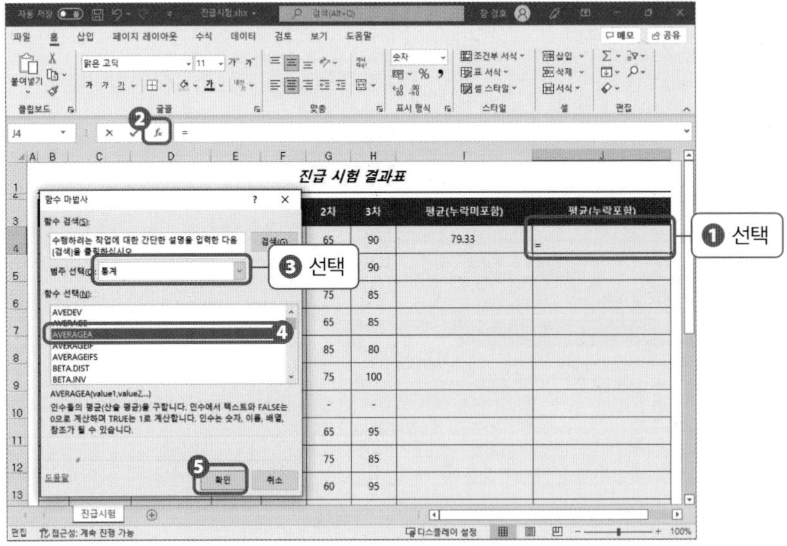

4. [함수 인수] 대화상자가 나타나면 [Value1]을 클릭하고 [F4:H4] 영역을 드래그하여 선택하고 [확인]을 클릭합니다.

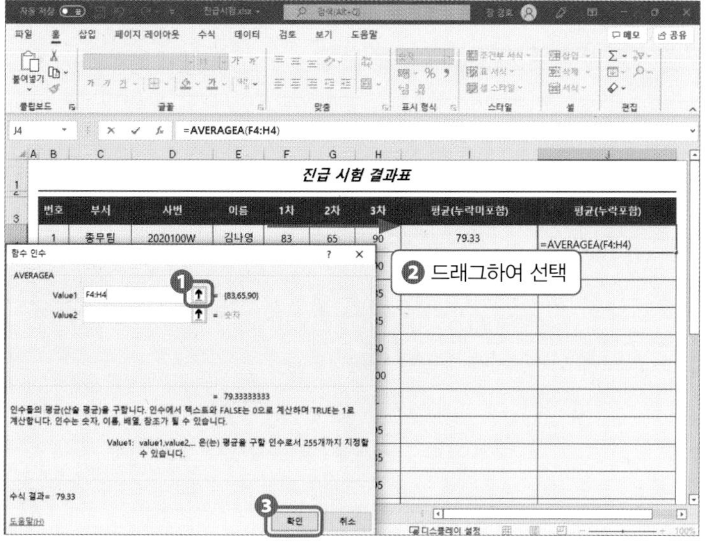

✔ TIP [J4] 셀에 들어가는 완성 수식 : =AVERAGEA(F4:H4)

5. [I4] 셀과 [J4] 셀의 값이 동일한 것을 확인할 수 있습니다. 어떤 차이가 있는지 살펴보기 위해 [I4:J4] 영역을 선택하고 [J23] 셀까지 드래그합니다.

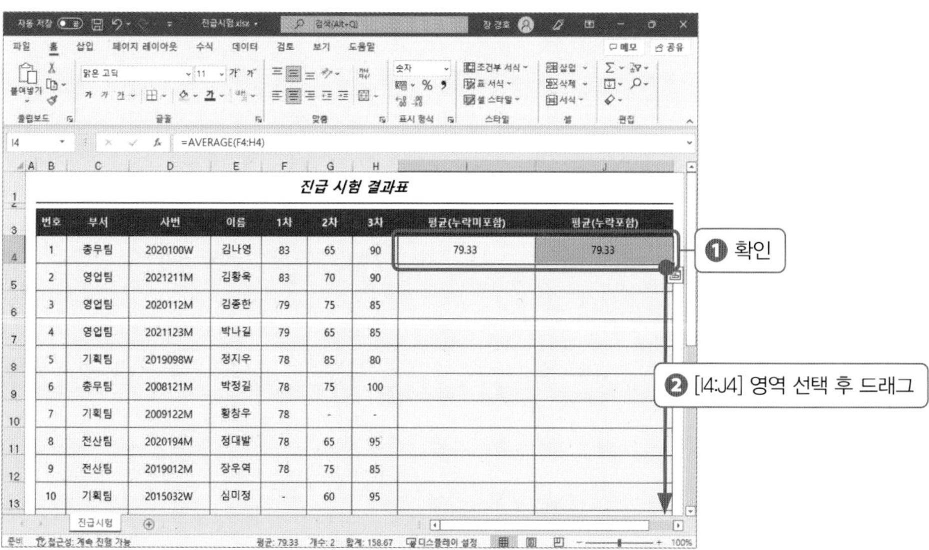

6. [자동 채우기 옵션]-[서식 없이 채우기]를 클릭합니다. 동일한 영역의 평균을 구했지만, [19] 행의 경우 AVERAGE 함수의 값은 '85.50' 점이지만 AVERAGEA 함수의 값은 '57.00'점입니다. 누락이 미포함된 평균과 누락이 포함된 평균값의 차이가 반영된 결과입니다.

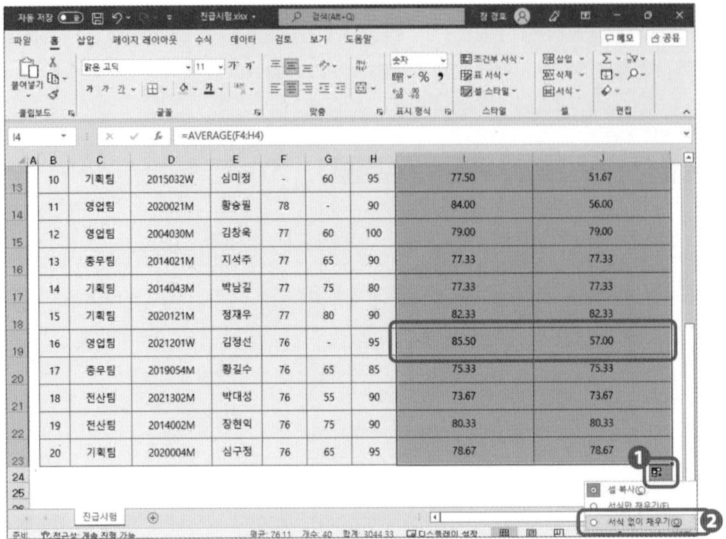

Excel 033

AVERAGEIF, AVERAGEIFS 함수로 지역별 커피 평균 구하기

중요도 ★★★★

평균을 구할 때 조건이 한 가지라면 AVERAGEIF 함수를, 조건이 여러 가지일 경우에는 AVER-AGEIFS 함수를 이용할 수 있습니다.

사용 가능 버전 2010 2013 2016 2019 2021 365
사용한 기능 AVERAGEIF 함수, AVERAGEIFS 함수

예제 파일 Excel\Chapter 02\커피판매량.xlsx
완성 파일 Excel\Chapter 02\커피판매량_완성.xlsx

AVERAGEIF 함수 : AVERAGEIF(range, criteria)

설명	범위에서 지정한 조건을 만족하는 모든 셀의 평균(산술 평균)을 반환합니다.
인수	• range : 조건을 적용할 셀 범위를 지정합니다. • criteria : 조건 값의 셀을 지정하거나 조건 값을 입력합니다.

AVERAGEIFS 함수 : AVERAGEIFS(average_range, criteria_range1, criteria1, ..)

설명	여러 조건에 맞는 모든 셀의 평균을 반환합니다. criteria_range1의 조건은 127개 사이에서 지정할 수 있습니다.
인수	• average_range : 조건을 적용할 셀 계산 범위를 지정합니다. • criteria_range1 : 조건 값의 셀을 지정하거나 조건 값을 입력합니다. • criteria1 : 평균을 구할 셀을 정의합니다.

1. 먼저 AVERAGEIF 함수를 통해 제품명에 따른 판매 수량 평균을 구해보겠습니다. [J4] 셀을 선택하고 수식 입력줄의 [함수 삽입](fx)을 클릭합니다. [함수 마법사] 대화상자가 나타나면 [범주 선택]-[통계], [함수 선택]-[AVERAGEIF]를 선택하고 [확인]을 클릭합니다.

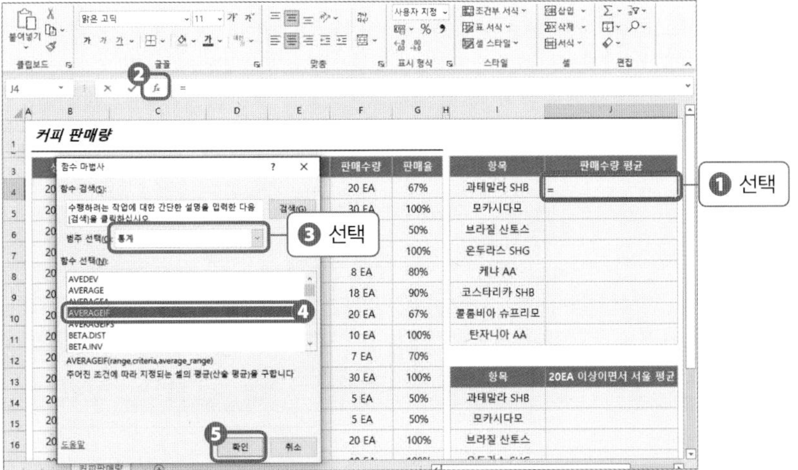

2. [함수 인수] 대화상자가 나타나면 [Range]에 『$C$4:$C$21』, [Criteria]에 『I4』, [Average_range]에 『$F$4:$F$21』을 입력하고 [확인]을 클릭합니다.

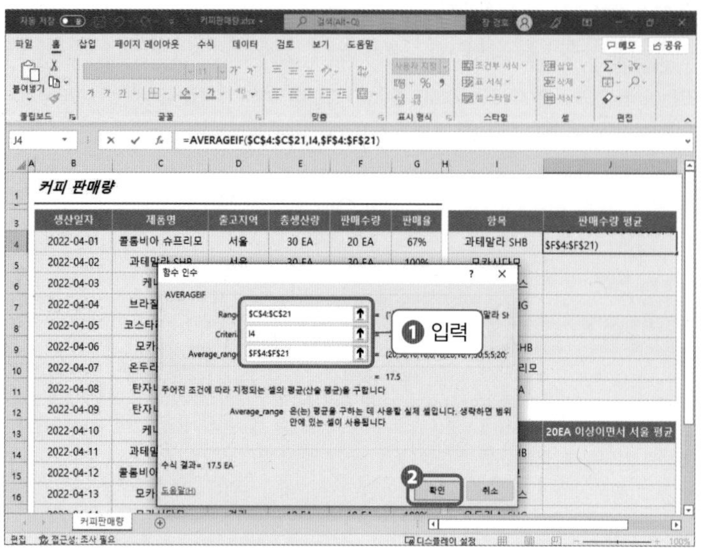

3. [J4] 셀에 값이 구해집니다. [J4] 셀의 채우기 핸들을 [J11] 셀까지 드래그합니다. [자동 채우기 옵션](⊞)을 클릭하고 [서식 없이 채우기]를 선택합니다.

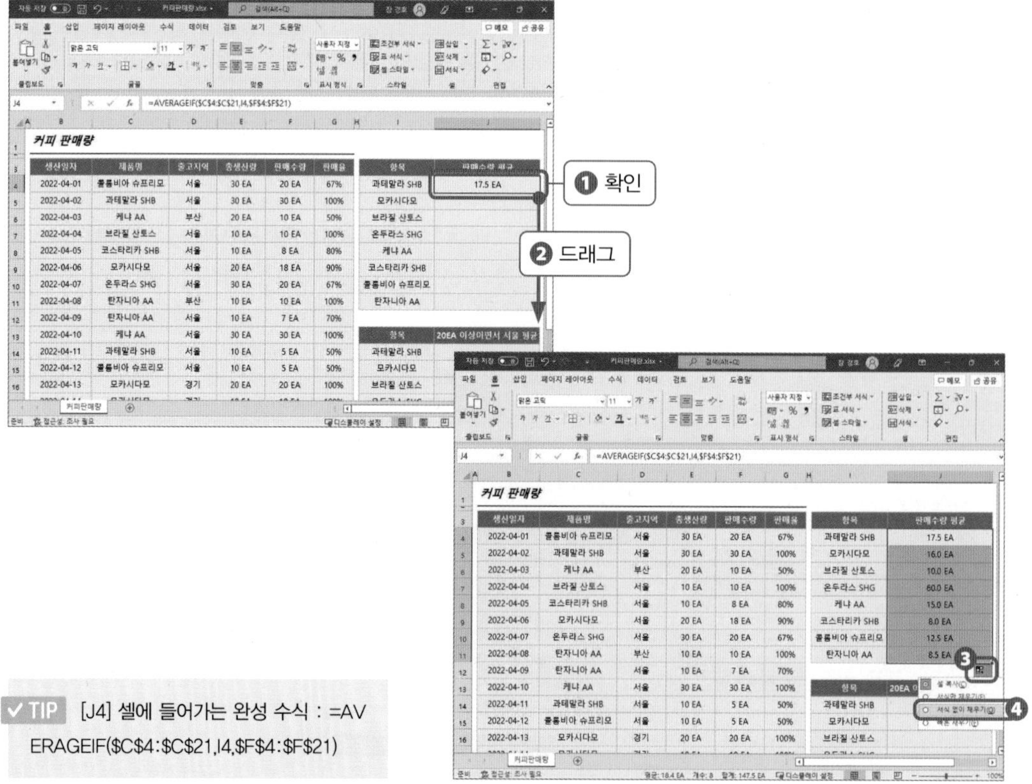

✓TIP [J4] 셀에 들어가는 완성 수식 : =AVERAGEIF($C$4:$C$21,I4,$F$4:$F$21)

4. 이번에는 AVERAGEIFS 함수를 통해 20EA 이상이면서 출고 지역이 서울인 판매 수량의 평균을 구해보겠습니다. [J14] 셀에 『=AVERAGEIFS(』를 입력하고 Ctrl + A 를 누릅니다.

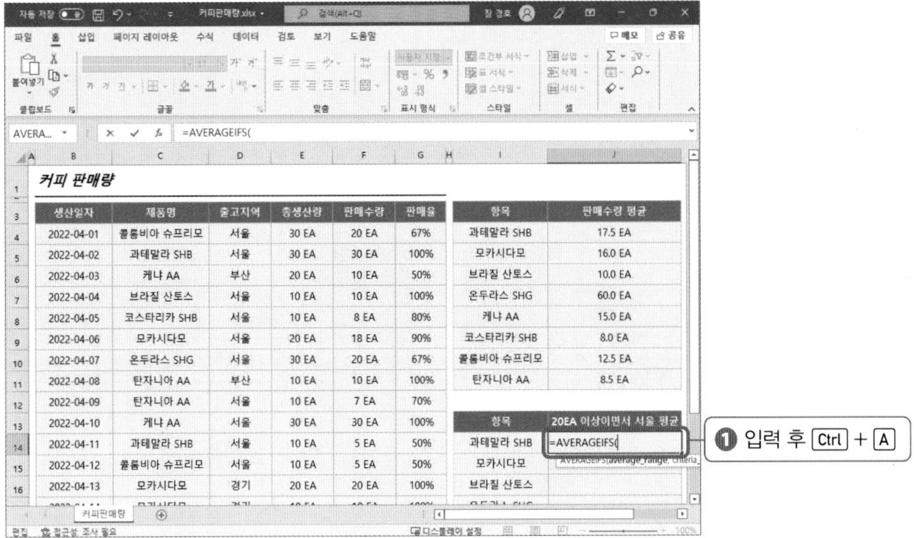

5. [함수 인수] 대화상자가 나타나면 [Average_range]에 『$F$4:$F$21』, [Criteria_range1]에 『$D$4:$D$21』, [Criteria1]에 『서울』, [Criteria_range2]에 『$C$4:$C$21』, [Criteria2]에 『I14』를 입력하고 [확인]을 클릭합니다.

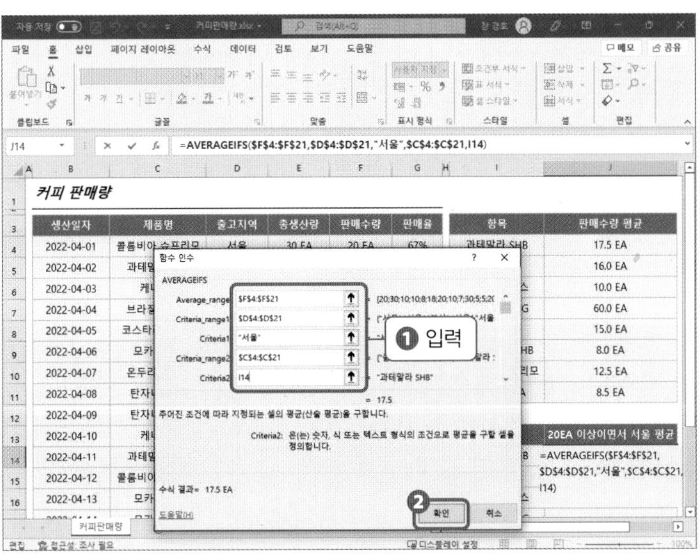

✓ TIP [J14] 셀에 들어가는 완성 수식 : =AVERAGEIFS($F$4:$F$21,$D$4:$D$21,"서울",$C$4:$C$21,I14)

6. [J14] 셀에 값이 구해집니다. [J14] 셀의 채우기 핸들을 [J21] 셀까지 드래그합니다.

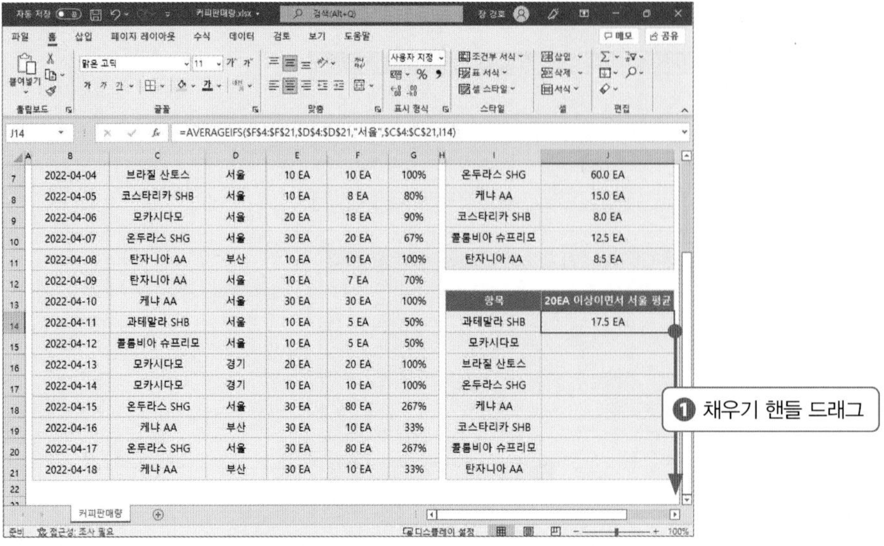

7. [자동 채우기 옵션]을 클릭하여 [서식 없이 채우기]를 선택하고, [J14] 셀부터 [J21] 셀까지 적용된 결과값을 확인합니다.

Excel 034

IF, LEFT, MID, RIGHT 함수로 지역 구분하고, 성별 구별하기

중요도 ★★★★

IF 함수는 지정한 조건이 참인지 거짓인지를 판단하여 결과값을 반환하는 함수이며, MID 함수는 지정한 위치로부터 지정한 개수의 문자를 표시하는 함수입니다.

사용 가능 버전 2010 2013 2016 2019 2021 365
사용한 기능 IF, LEFT, MID, RIGHT 함수

예제 파일 Excel\Chapter 02\사원연명부.xlsx
완성 파일 Excel\Chapter 02\사원연명부_완성.xlsx

IF 함수 : IF(logical_test, [value_if_true], [value_if_false])

설명	지정된 조건이 참 또는 거짓에 따라 각각 다른 값을 반환합니다.
인수	• logical_test : 결과를 나타내기 위해서 필요한 조건식을 입력합니다. • value_if_true : 조건식의 결과가 참일 경우 나타나는 내용입니다. • value_if_false : 조건식의 결과가 거짓일 경우 나타나는 내용입니다.

예를 들어, '=IF(A2>=80, "합격", "불합격")'이라고 입력한다면 [A2] 셀의 숫자가 80보다 크거나 같으면 "합격"이 표시되고, 80보다 적으면 "불합격"으로 표시됩니다.

LEFT 함수 : LEFT(text, [num_chars]), RIGHT 함수 : RIGHT(text, [num_chars])

설명	LEFT 함수는 문자열의 왼쪽부터 지정한 개수만큼의 글자를 표시하는 기능을 하며, RIGHT 함수는 문자열의 오른쪽부터 지정한 개수만큼의 글자를 표시하는 기능을 합니다.
인수	• text : 추출할 문자가 들어있는 텍스트 문자열입니다. • num_chars : 추출할 문자 수입니다.

MID 함수 : MID(text, start_num, num_chars)

설명	문자열의 지정한 위치를 기준으로 지정한 개수만큼의 글자를 표시하는 기능을 합니다.
인수	• text : 추출할 문자가 들어있는 텍스트 문자열입니다. • Start_num : 추출할 첫 문자의 위치입니다. • Num_chars : 문자의 개수를 지정합니다.

1. 주소를 활용하여 지역을 추출하기 위해 [G4] 셀을 선택합니다. [수식] 탭-[함수 라이브러리] 그룹-[텍스트]-[LEFT]를 클릭합니다.

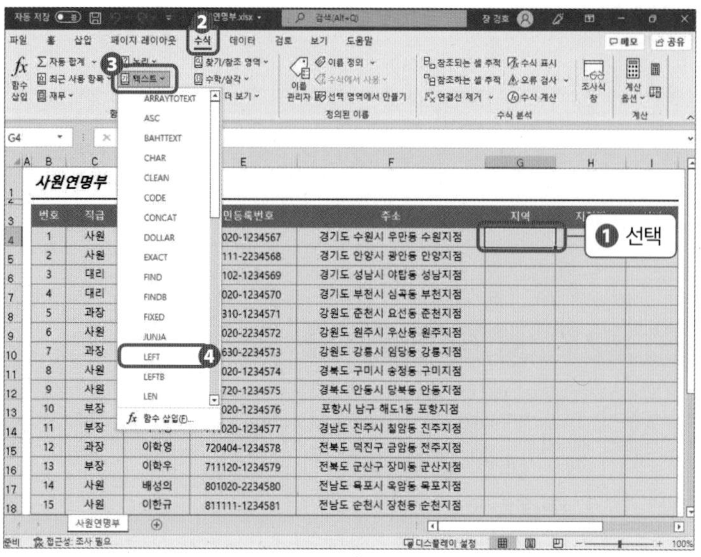

2. [함수 인수] 대화상자가 나타나면 [Text]를 클릭하고 [F4] 셀을 선택합니다. [Num_chars]를 클릭하고 세 자리의 문자를 추출하기 위해 『3』을 입력한 후 [확인]을 클릭합니다.

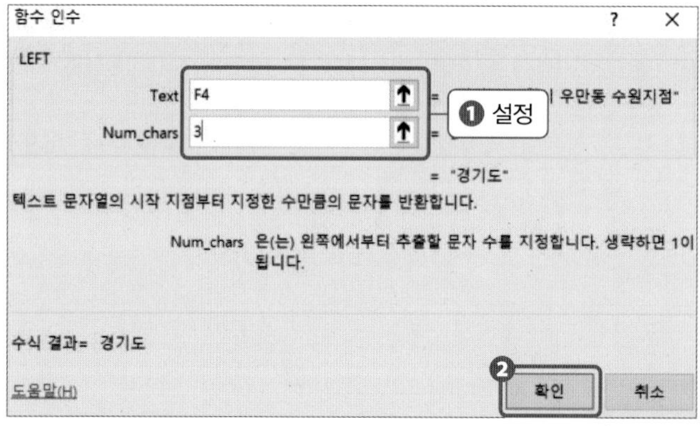

✓ TIP 텍스트 함수에는 LEFT, RIGHT, MID, REPLACE, REPT, TEXT 등이 있습니다. 그중 대표적인 텍스트 함수인 LEFT 함수는 문자열의 왼쪽부터 지정한 개수만큼의 텍스트를 표시하는 기능을 합니다. 예를 들어, '=LEFT(A1, 2)'라고 입력하면 [A1] 셀에 입력된 문자열의 처음 두 자리를, '=LEFT(A1, 10)'라고 입력하면 [A1] 셀에 입력된 문자열의 처음 열 자리까지를 출력하는 명령이 됩니다.

✓ TIP [G4] 셀에 들어가는 완성 수식 : =LEFT(F4,3)

3. 지점명을 추출하기 위해 [H4] 셀을 선택하고 [수식] 탭 – [함수 라이브러리] 그룹 – [텍스트] – [RIGHT]를 선택합니다. [함수 인수] 대화상자가 나타나면 [Text]를 클릭한 다음 주소 셀이 있는 [F4] 셀을 선택합니다. [Num_chars]를 클릭한 다음 네 자리의 문자를 추출하기 위해 『4』를 입력한 후 [확인]을 클릭합니다.

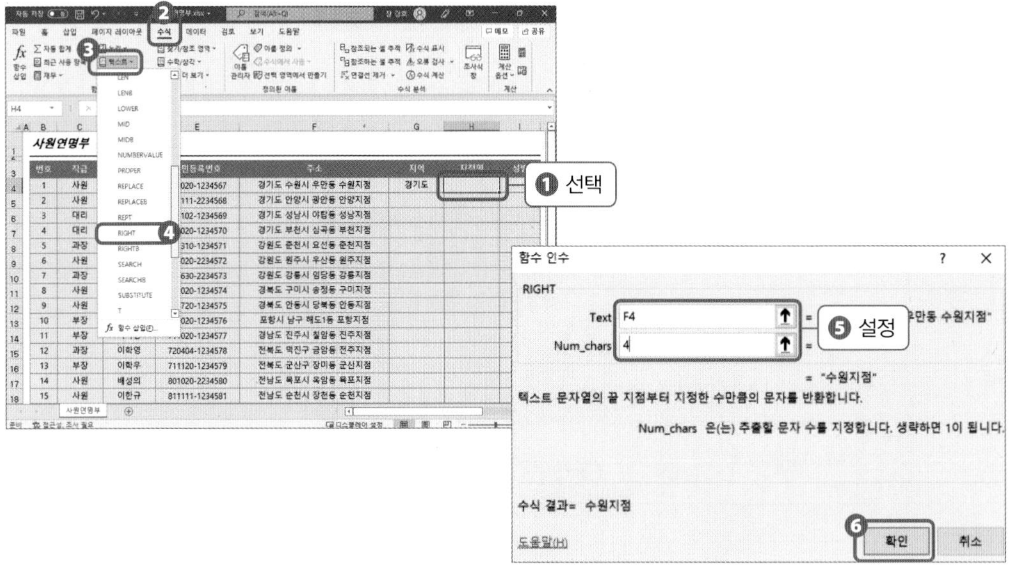

✓TIP [H4] 셀에 들어가는 완성 수식 : =RIGHT(F4,4)

4. 주민등록번호를 이용하여 성별을 추출하기 위해 [I4] 셀을 선택합니다. [수식] 탭 – [함수 라이브러리] 그룹 – [논리] – [IF]를 클릭합니다.

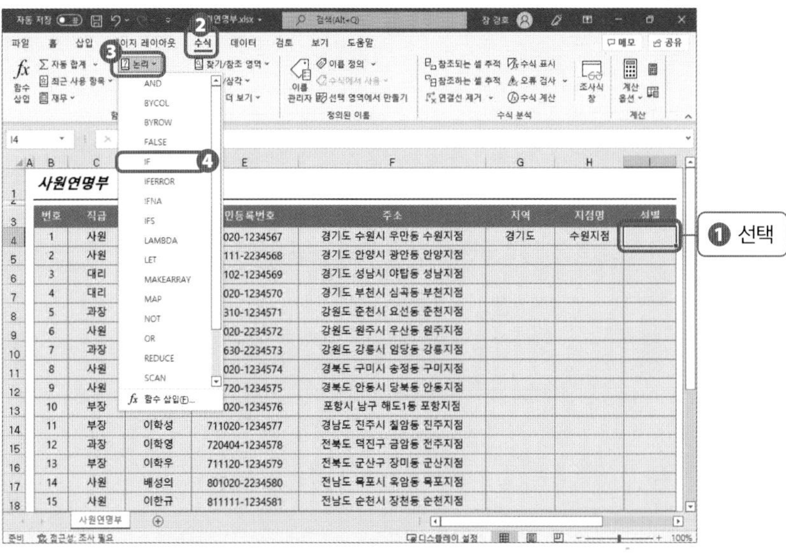

5. 주민등록번호 뒷자리의 첫 번째 숫자가 '1'이면 '남자', '2'이면 '여자'로 표시하기 위해 [함수 인수] 대화상자가 나타나면 [Logical_test]를 클릭하고 『MID(E4, 8, 1)="1"』을 입력합니다. [Value_if_true]를 클릭하고 『"남자"』를 입력합니다. 마지막으로 [Value_if_false]를 클릭하고 『"여자"』를 입력한 후 [확인]을 클릭합니다.

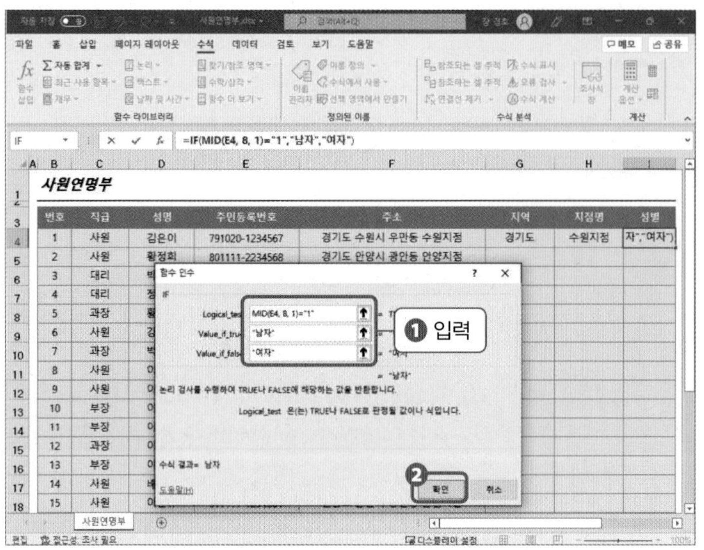

✓TIP MID 함수는 문자열의 지정한 위치를 기준으로 지정한 개수만큼의 텍스트를 표시합니다. 예를 들어, '=MID(A1,2,4)'라고 한다면 [A1] 셀에 입력되어 있는 텍스트의 두 번째부터 시작하여 네 자를 표시합니다. [A1] 셀에 'ABCDEF'가 입력되어 있다면 두 번째인 'B'부터 네 자리까진 'BCDE'가 표시됩니다.

✓TIP IF 함수는 지정된 조건이 참 또는, 거짓에 따라 각각 다른 값을 반환합니다. 예를 들어, '=IF(A2>=80,"합격","불합격")'라고 한다면 [A2] 셀의 숫자가 80보다 크거나 같으면 수식에서 '합격'이 표시되고, 80보다 적으면 '불합격'이 표시됩니다. '=IF(A2>89,"A",IF(A2>79,"B", IF(A2>69,"C",IF(A2>59,"D","F"))))'와 같이 IF 함수 속에 IF 함수를 중첩해서 사용하면 보다 많은 조건식을 만들 수 있습니다.

✓TIP [I4] 셀에 들어가는 완성 수식 : =IF(MID(E4,8,1)="1","남자","여자")

6. [G4:I4] 영역의 채우기 핸들을 [I27] 셀까지 드래그합니다.

7. 결과값을 확인합니다. [자동 채우기 옵션]–[서식 없이 채우기]를 클릭합니다.

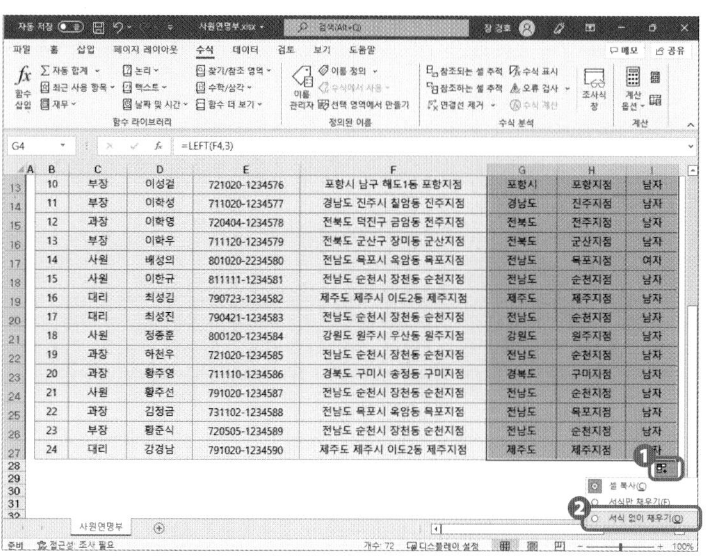

Excel 035

LOOKUP 함수를 이용하여 제품코드로 제품명 나타내기

중요도 ★★★☆☆

제품코드는 알고 있지만 정확한 제품명을 모른다고 가정했을 경우 제품코드에 해당하는 제품명을 찾아 화면에 표시할 수 있습니다. 이런 값을 찾아야 한다면 조회 및 참조 함수 중 하나인 LOOKUP 함수를 사용합니다.

사용 가능 버전 2010 2013 2016 2019 2021 365
사용한 기능 LOOKUP 함수

예제 파일 Excel\Chapter 02\배송리스트.xlsx
완성 파일 Excel\Chapter 02\배송리스트_완성.xlsx

LOOKUP 함수

벡터형 : LOOKUP(lookup_value, lookup_vector, [result_vector])

설명	한 개의 행이나 한 개의 열로 이루어진 범위 또는, 배열에서 값을 반환합니다. 찾으려는 값의 목록이 길거나 시간이 흐름에 따라 값이 변할 수 있는 경우 벡터형을 사용합니다.
인수	• lookup_value : LOOKUP 함수를 사용하여 첫 번째 벡터에서 검색하려는 값입니다. • lookup_vector : 행이나 열을 한 개만 포함합니다. • result_vector : 인수는 lookup_vector와 크기가 같아야 합니다

배열형 : LOOKUP(lookup_value, array)

설명	값의 목록이 길지 않거나 시간이 지나도 값이 변하지 않는 경우 배열형을 사용합니다.
인수	• lookup_value : LOOKUP 함수를 사용하여 배열에서 찾으려는 값입니다 • array : lookup_value와 비교할 셀 범위입니다.

1. 제품 코드를 이용하여 상품명을 나타내기 위해 [E4] 셀을 선택합니다. [수식] 탭-[함수 라이브러리] 그룹-[찾기/참조 영역]-[LOOKUP]을 클릭합니다.

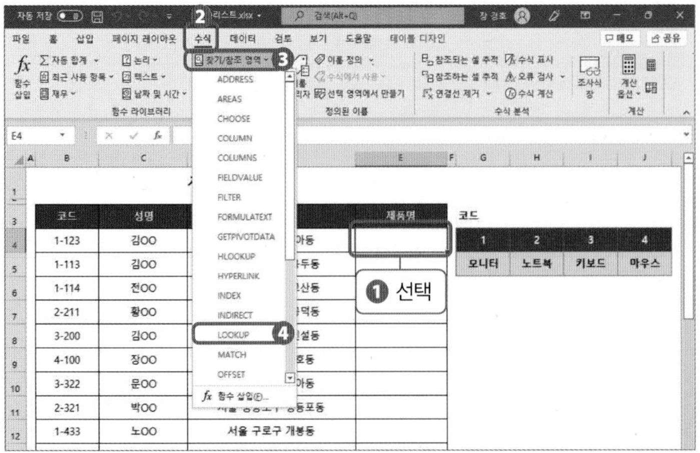

2. [인수 선택] 대화상자에서 [Lookup_value, array]를 클릭한 후 [확인]을 클릭합니다.

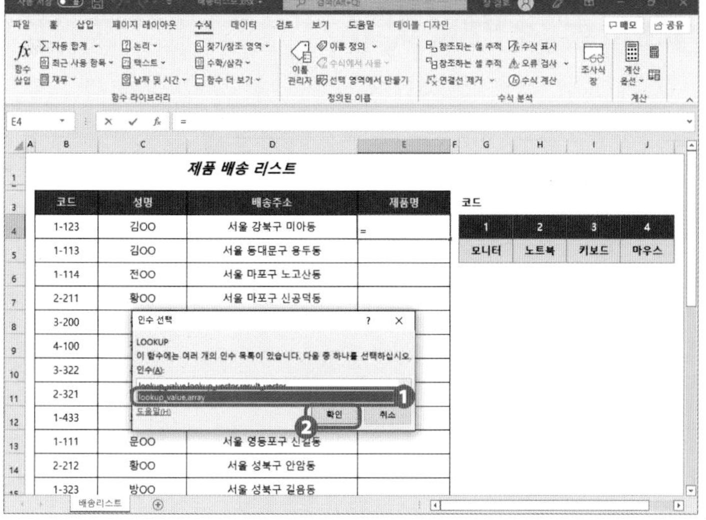

3. [함수 인수] 대화상자가 나타나면 [Lookup_value]에 『LEFT(B4, 1)』, [Array]에 『$G$4:$J$5』를 입력하고 [확인]을 클릭합니다.

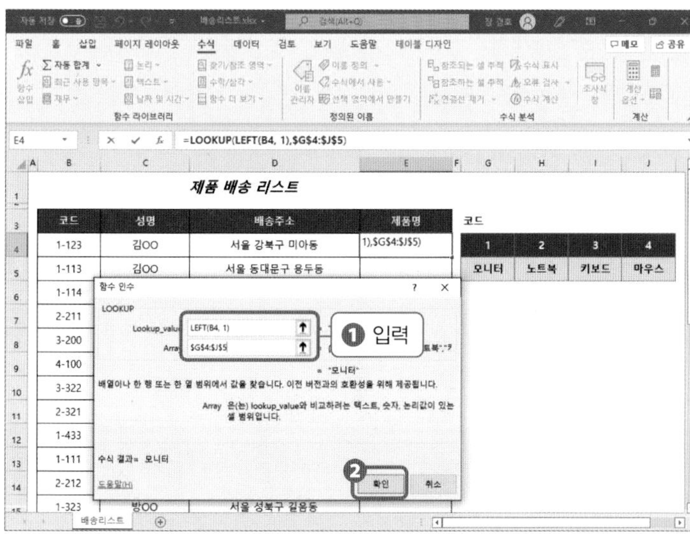

✓TIP [E4] 셀에 들어가는 완성 수식 : =LOOKUP(LEFT(B4, 1),$G$4:$J$5)

Excel
036

중요도
★★★★★

VLOOKUP 함수로 세금계산서에 입력할 거래처를 한 번에 찾기

찾기/참조 함수 중에서 VLOOKUP 함수를 활용해 거래처의 사업자번호를 입력하면 거래처의 상호명이나 주소, 전화번호 등의 정보가 자동으로 입력되는 예제를 만들어 보겠습니다.

사용 가능 버전 2010 2013 2016 2019 2021 365
사용한 기능 이름 상자, VLOOKUP 함수, 유효성 검사

예제 파일 Excel\Chapter 02\세금계산서.xlsx
완성 파일 Excel\Chapter 02\세금계산서_완성.xlsx

VLOOKUP 함수와 HLOOKUP 함수

참조하는 표의 머리글이 열 순서대로 나열되어 있으면 VLOOKUP 함수를 사용하고, 행 순서대로 나열되어 있으면 HLOOKUP 함수를 사용합니다. 즉, VLOOKUP 함수는 가로로 입력된 데이터를 추출할 때, HLOOKUP 함수는 세로로 입력된 데이터를 추출할 때 사용한다고 생각하면 됩니다.

VLOOKUP 함수 : VLOOKUP(lookup_value, table_array, col_index_num, [range_lookup])

설명	표의 첫 열에서 값을 찾아서 같은 행의 데이터를 반환합니다.
인수	• lookup_value : 테이블의 첫 열에서 찾을 값입니다. • table_array : 데이터를 찾을 표입니다. • col_index_num : 같은 행에서 반환할 열 번호입니다. • range_lookup : VLOOKUP 함수가 정확하게 일치하는 값을 찾을 것인지 근사값을 찾을 것인지를 지정하는 논리값으로써 FALSE를 입력하면 정확한 값을, TRUE이거나 생략하면 비슷한 범위 값을 산출합니다.

HLOOKUP 함수 : HLOOKUP(lookup_value, table_array, row_index_num, [range_lookup])

설명	표의 첫 행에서 값을 찾아서 같은 열의 데이터를 반환합니다.
인수	• lookup_value : 테이블의 첫 행에서 찾을 값입니다. • table_array : 데이터를 찾을 표입니다. • col_index_num : 같은 열에서 반환할 행 번호입니다. • range_lookup : HLOOKUP 함수가 정확하게 일치하는 값을 찾을 것인지 근사값을 찾을 것인지를 지정하는 논리값으로써 FALSE를 입력하면 정확한 값을, TRUE이거나 생략하면 비슷한 범위 값을 산출합니다.

1. 참조 테이블의 범위를 이름으로 지정하기 위해 [거래처명] 시트를 선택하고 [A1:F6] 영역을 선택합니다. [이름 상자]에 『거래처』를 입력하고 Enter 를 누릅니다.

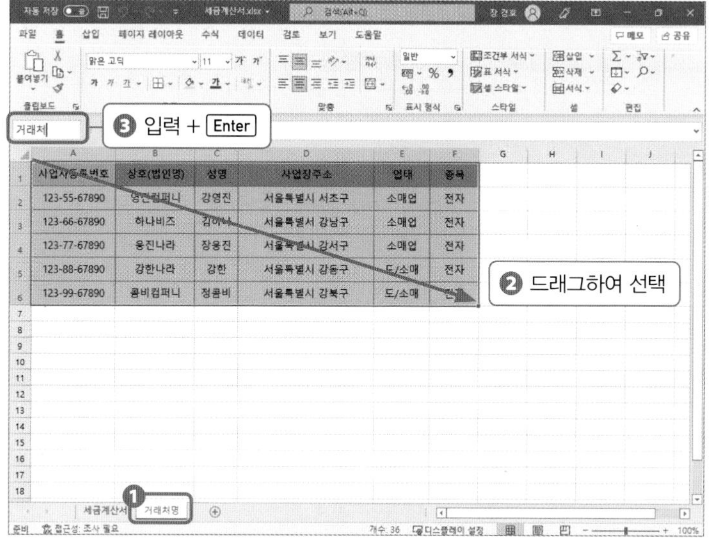

2. [세금계산서] 시트를 선택하고 상호명을 찾기 위해 [V6] 셀을 선택합니다. [수식] 탭–[함수 라이브러리] 그룹–[찾기/참조 영역]–[VLOOKUP]을 클릭합니다.

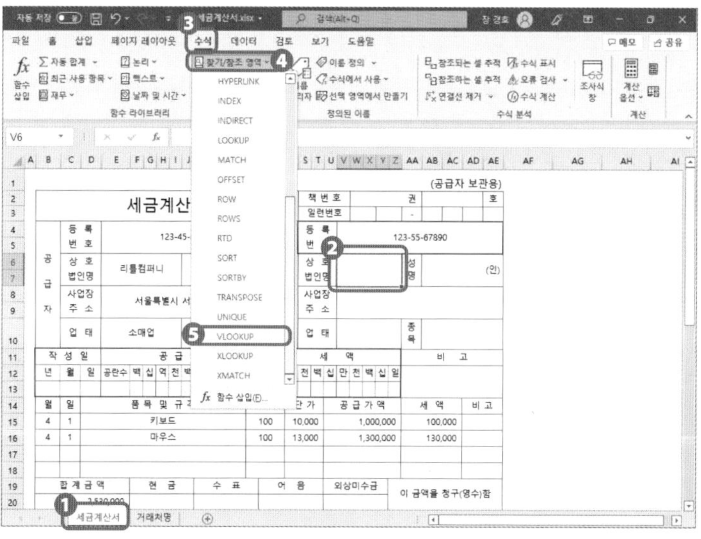

✓TIP 배열의 첫 열에서 값을 검색하여, 지정한 열의 같은 행에서 데이터를 산출하는 함수가 바로 VLOOKUP 함수입니다. 참조하는 표의 머리글이 열 순서대로 나열되어 있으면 VLOOKUP 함수를 사용하고, 행 순서대로 나열되어 있으면 HLOOKUP 함수를 사용합니다.

3. [함수 인수] 대화상자가 나타나면 [Lookup_value]를 클릭하고 『V4』를 입력, [Table_array]를 클릭하고 『거래처』를 입력, [Col_index_num]을 클릭하고 『2』를 입력, [Range_lookup]을 클릭하고 『0』을 입력한 후 [확인]을 클릭합니다.

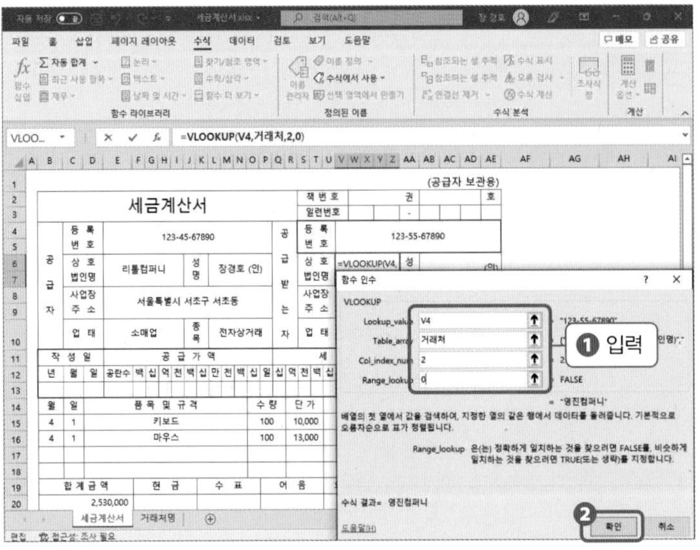

✓TIP [Range_lookup]에는 '0' 이나 '1' 또는, 'FALSE'나 'TRUE'를 입력할 수 있습니다. 정확하게 일치하는 값을 검색하려면 '0'이나 'FALSE'를 입력하고, 근사값을 검색하려면 '1'이나 'TRUE' 또는, 값을 생략합니다.

4. 동일한 방법으로 성명을 구할 [AB6] 셀과 사업장 주소를 구할 [V8] 셀, 업태를 구할 [V10] 셀, 종목을 구할 [AB10] 셀도 VLOOKUP 함수를 이용해 구합니다.

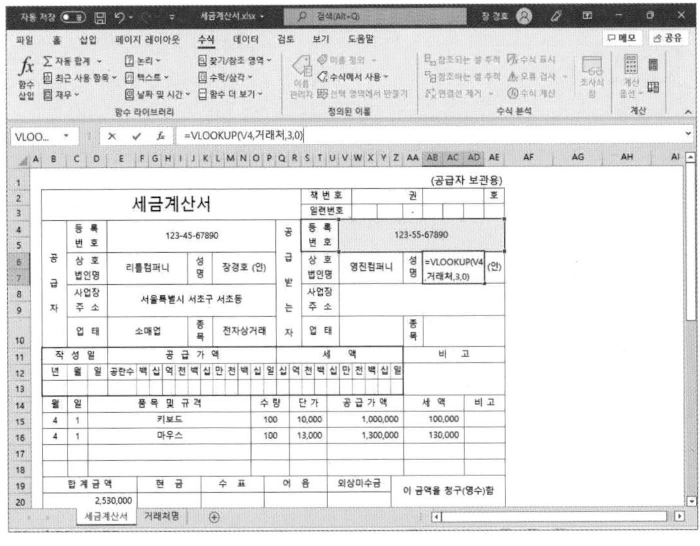

✓TIP [AB6] 셀에 들어가는 완성 수식 : =VLOOKUP(V4,거래처,3,0)
[V8] 셀에 들어가는 완성 수식 : =VLOOKUP(V4,거래처,4,0)
[V10] 셀에 들어가는 완성 수식 : =VLOOKUP(V4,거래처,5,0)
[AB10] 셀에 들어가는 완성 수식 : =VLOOKUP(V4,거래처,6,0)

5. [V4] 셀의 드롭 다운 단추를 클릭하여 사업자등록번호 중 하나를 선택해 봅니다.

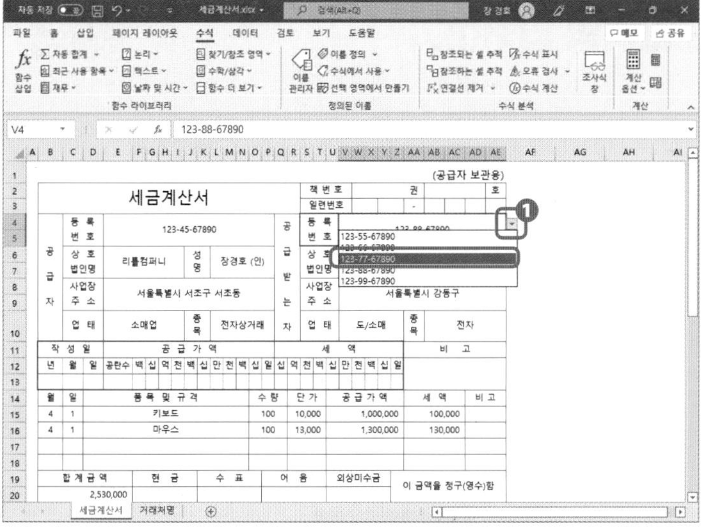

6. 해당하는 사업자 정보가 표시됩니다.

❶ 확인

✓ TIP 드롭다운 단추가 생성되어 원하는 항목을 선택할 수 있도록 만들기 위해서는 유효성 검사를 설정하여 지정할 수 있습니다. 특히, 정수, 목록, 날짜, 텍스트, 목록 등으로 입력값을 제한하여 특정한 셀이나 범위에 유효한 데이터 형식을 지정할 수 있습니다. 유효성 검사는 42페이지에서 확인할 수 있습니다.

Excel
037

VLOOKUP, HLOOKUP 함수로 상품명과 지역명 입력하기

중요도 ★★★★

참조하는 표의 머리글이 열 순서대로 나열되어 있으면 VLOOKUP 함수를 사용하고, 행 순서대로 나열되어 있으면 HLOOKUP 함수를 사용합니다.

사용 가능 버전 2010 2013 2016 2019 2021 365 | **예제 파일** Excel\Chapter 02\상품과지역.xlsx
사용한 기능 VLOOKUP 함수, HLOOKUP 함수 | **완성 파일** Excel\Chapter 02\상품과지역_완성.xlsx

1. 상품코드를 보면 표의 머리글이 열 순서대로 나열되어 있습니다. VLOOKUP 함수를 이용하기 위해 [E5] 셀을 선택하고 수식 입력줄의 [함수 삽입](fx)을 클릭합니다. [함수 마법사] 대화상자가 나타나면 [범주 선택]–[찾기/참조 영역]–[함수 선택]–[VLOOKUP]을 클릭한 후 [확인]을 클릭합니다.

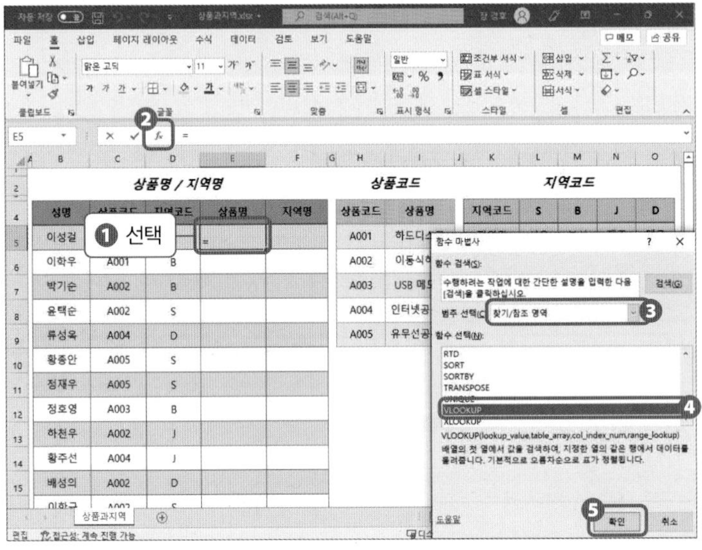

✓ TIP VLOOKUP 함수는 가로로 입력된 데이터를 추출할 때 사용하며, HLOOKUP 함수는 세로로 입력된 데이터를 추출할 때 사용합니다. 하지만 두 개의 함수 모두 사용 형식이 동일합니다.

2. [함수 인수] 대화상자가 나타나면 [Lookup_value]에 『C5』, [Table_array]에 『$H$5:$I$9』, [Col_index_num]에 『2』, [Range_lookup]에 『FALSE』를 입력한 다음 [확인]을 클릭합니다.

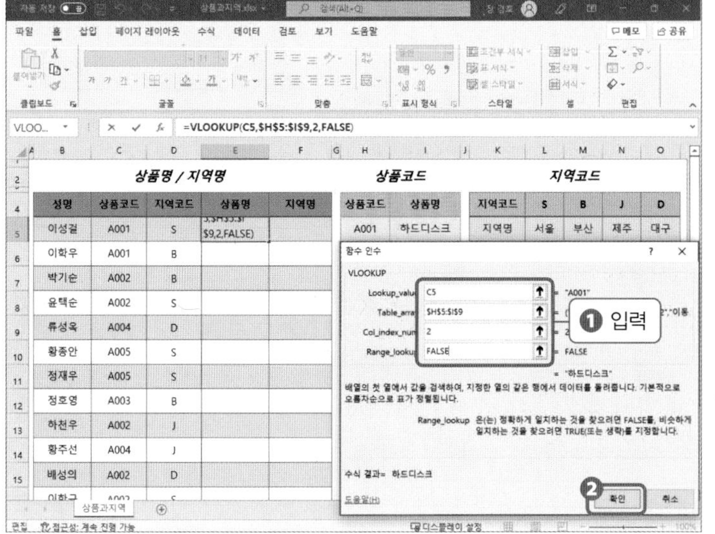

3. [E5] 셀의 자동 채우기 핸들(⊞)을 [E16] 셀까지 드래그하여 자동 채우기를 합니다. [자동 채우기 옵션](⊞)을 클릭하여 [서식 없이 채우기]를 선택합니다.

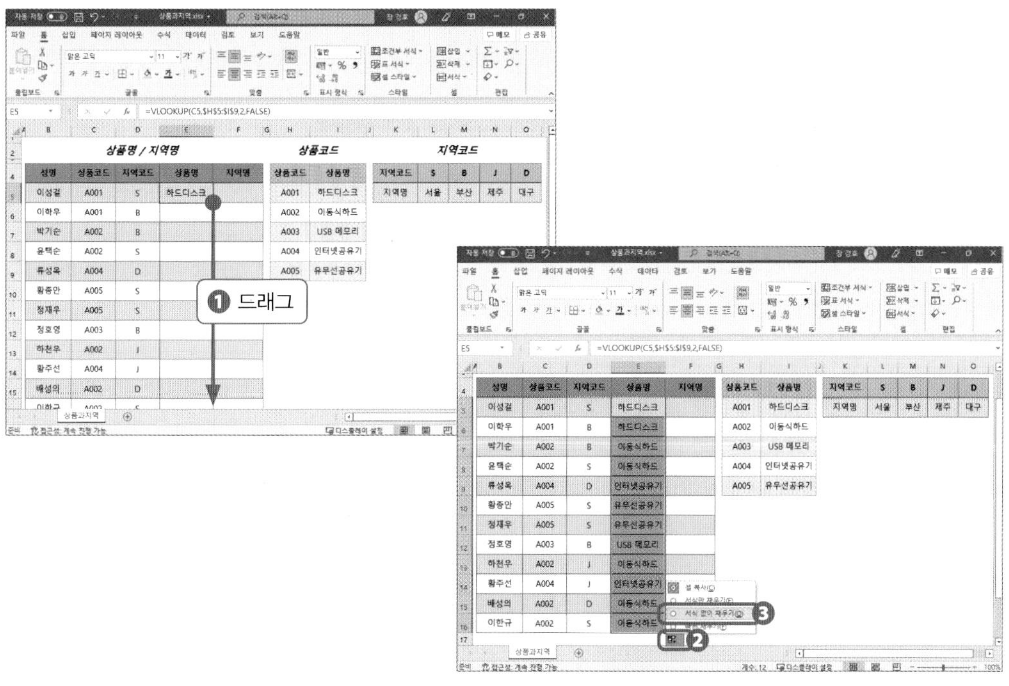

✔ TIP [E5] 셀에 들어가는 완성 수식 : =VLOOKUP(C5,$H$5:$I$9,2,FALSE)

4. 지역코드를 보면 표의 머리글이 행 순서대로 나열되어 있습니다. 이럴 때는 HLOOKUP 함수를 사용할 수 있습니다. [F5] 셀을 선택하고 수식 입력줄의 [함수 삽입](fx)을 클릭합니다. [함수 마법사] 대화상자가 나타나면 [범주 선택]-[찾기/참조 영역]을 선택하고 [함수 선택]-[HLOOKUP]을 선택하고 [확인]을 클릭합니다.

5. [함수 인수] 대화상자가 나타나면 [Lookup_value]에 『D5』, [Table_array]에 『$K$4:$O$5』, [Col_index_num]에 『2』, [Range_lookup]에 『FALSE』를 입력한 다음 [확인]을 클릭합니다.

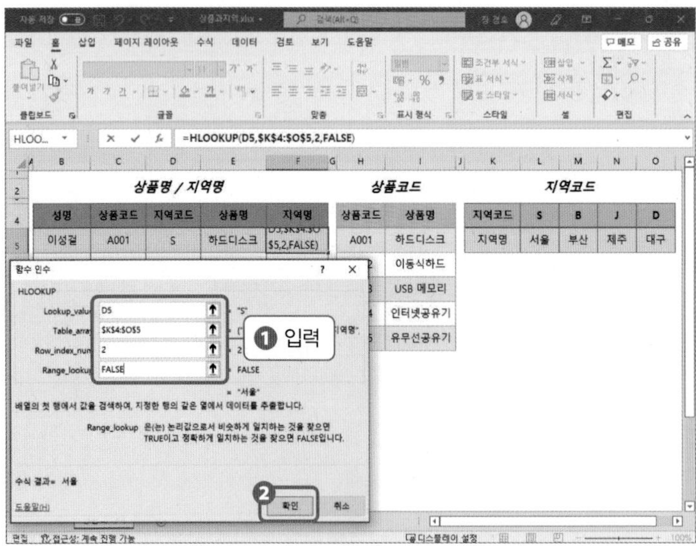

6. [F5] 셀에 값이 입력됩니다. 자동 채우기 핸들(+)을 [F16] 셀까지 드래그하여 자동 채우기합니다.

7. [자동 채우기 옵션]( )을 클릭하여 [서식 없이 채우기]를 선택합니다.

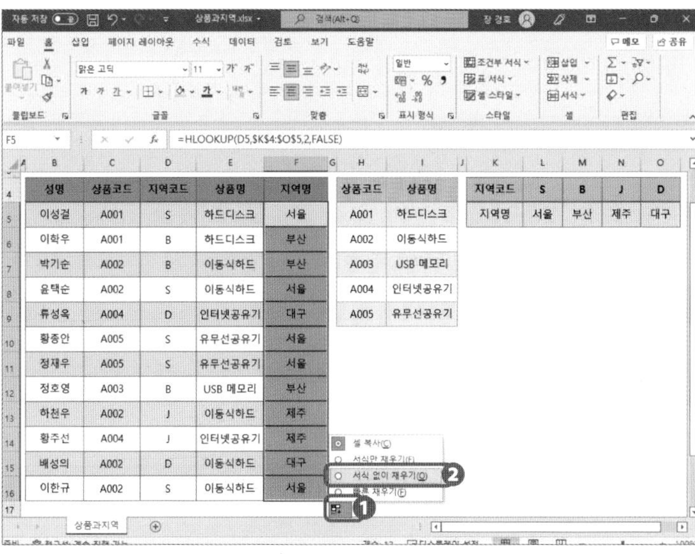

✔ TIP [F5] 셀에 들어가는 완성 수식 : =HLOOKUP(D5,$K$4:$O$5,2,FALSE)

Excel 038

RANK.EQ, RANK.AVG 함수로 성적 순위 구하기

중요도 ★★★★★

RANK.EQ 함수는 기존 RANK 함수와 마찬가지로 둘 이상이 순위가 동일하면 동일한 순위를 구하며, RANK.AVG 함수는 평균 순위를 구하는 함수입니다.

사용 가능 버전 2010 2013 2016 2019 2021 365
사용한 기능 RANK.EQ 함수, RANK.AVG 함수
예제 파일 Excel\Chapter 02\학기성적.xlsx
완성 파일 Excel\Chapter 02\학기성적_완성.xlsx

RANK 함수 : RANK(number,ref,[order])

설명	지정한 목록들의 순위를 구합니다. 엑셀 2010 이전의 버전에서 사용했던 순위 함수로써 엑셀 2010에서부터 RANK.EQ, RANK.AVG로 변경되었습니다.
인수	• number : 순위를 구하려는 셀을 입력합니다. • ref : 숫자 목록의 범위입니다. 숫자 이외의 값은 무시됩니다. • order : 순위 결정 방법을 지정하는 수입니다. 0이거나 생략하면 내림차순으로, 0이 아니면 오름차순으로 정렬됩니다.

RANK.EQ 함수 : RANK.EQ(number,ref,[order])

설명	지정한 목록들의 순위를 구합니다. 동일한 순위가 여러 개이면 가장 높은 순위를 반환합니다.
인수	• number : 순위를 구하려는 셀을 입력합니다. • ref : 숫자 목록의 범위입니다. 숫자 이외의 값은 무시됩니다. • order : 순위 결정 방법을 지정하는 수입니다.

RANK.AVG 함수 : RANK.AVG(number,ref,[order])

설명	지정한 목록들의 순위를 구합니다. 동일한 순위가 여러 개이면 평균 순위를 반환합니다.
인수	• number : 순위를 구하려는 셀을 입력합니다. • ref : 숫자 목록의 범위입니다. 숫자 이외의 값은 무시됩니다. • order : 순위 결정 방법을 지정하는 수입니다.

1. RANK.EQ 함수를 이용하여 순위를 구해보겠습니다. [D17] 셀을 선택하고 [수식] 탭-[함수 라이브러리] 그룹-[함수 더 보기]-[통계]-[RANK.EQ]를 클릭합니다.

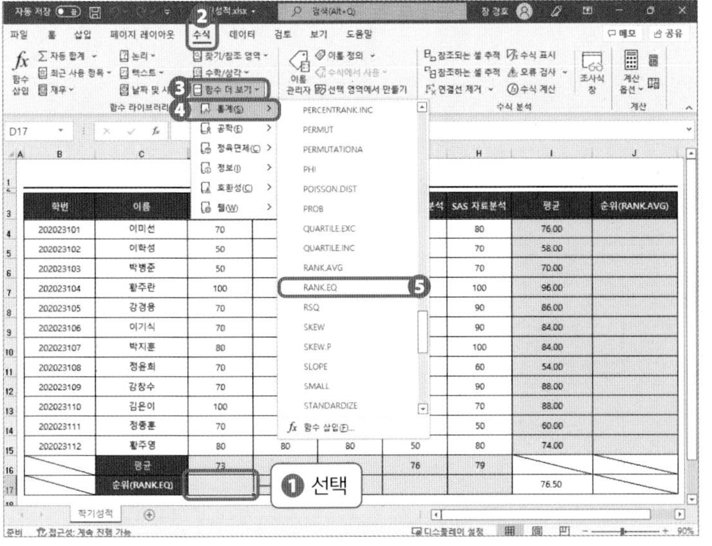

2. [함수 인수] 대화상자가 나타나면 [Number]에 『D16』, [Ref]에 『$D$16:$H$16』을 입력하고 [확인]을 클릭합니다.

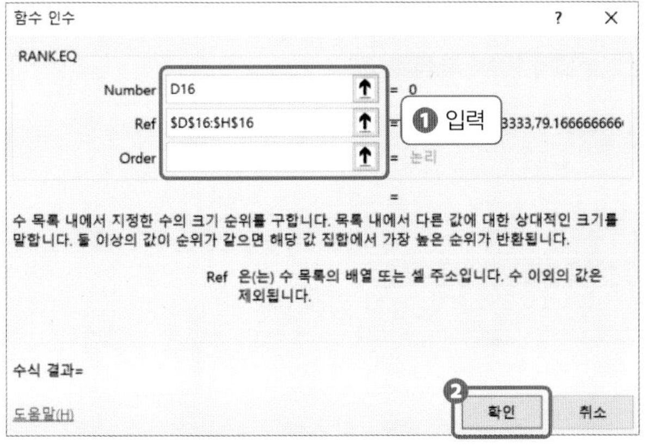

✔ TIP [Order]에는 순위 결정 방법을 지정하는 수를 입력합니다. 0이거나 생략하면 내림차순으로, 0이 아니면 오름차순으로 정렬됩니다.

✔ TIP [D17] 셀에 들어가는 완성 수식 : =RANK.EQ(D16,$D$16:$H$16)

3. [D17] 셀에 과목별 순위가 구해집니다. 채우기 핸들을 [H17] 셀까지 드래그하여 과목별 순위를 구합니다.

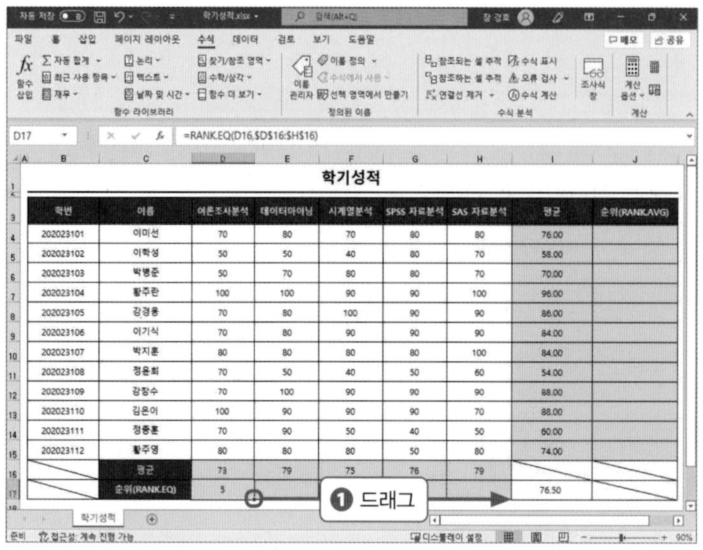

4. 이번에는 RANK.AVG 함수를 이용하여 순위를 구해보겠습니다. [J4] 셀을 선택하고 [수식] 탭–[함수 라이브러리] 그룹–[함수 더 보기]–[통계]–[RANK.AVG]를 클릭합니다. [함수 인수] 대화상자가 나타나면 [Number]에 『I4』, [Ref]에 『$I$4:$I$15』를 입력한 다음 [확인]을 클릭합니다.

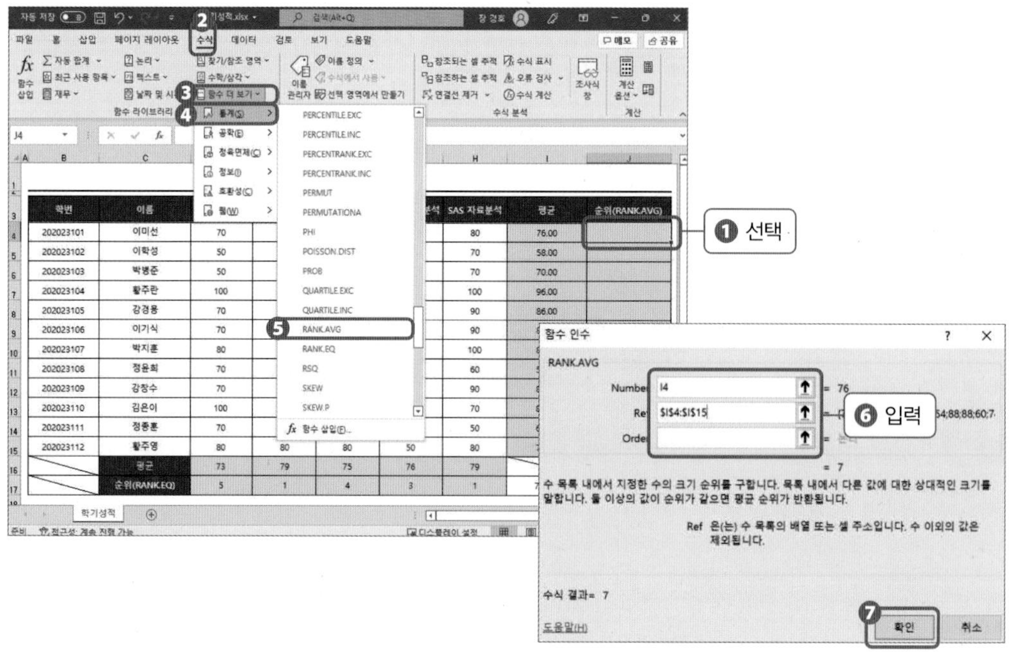

✓ TIP [J4] 셀에 들어가는 완성 수식 : =RANK.AVG(I4,$I$4:$I$15)

5. [J4] 셀에 학생별 순위가 구해집니다. 채우기 핸들을 [J15] 셀까지 드래그하여 학생별 순위를 구합니다.

> **✓ TIP** [수식] 탭-[함수 라이브러리] 그룹-[함수 더 보기]-[통계]를 클릭하면 이전 버전에 있던 RANK 함수를 찾을 수 없고, RANK.EQ 함수와 RANK.AVG 함수만 찾을 수 있습니다. 만일 기존에 사용하던 RANK 함수를 찾고 싶으면 [수식] 탭-[함수 라이브러리] 그룹-[함수 더 보기]-[통계]-[호환성]에서 RANK 함수를 선택합니다.

꼭 알고 가세요

개선된 함수

개선된 함수는 새롭게 정의된 함수이거나 추가된 함수로, 함수 뒤에 '.'이 붙어 있습니다. 예를 들어, RANK.EQ 함수와 RANK.AVG 함수의 경우 이전 버전에서 제공되던 RANK 함수를 새롭게 개선하여 추가된 함수입니다.

함수	용도
RANK 함수	순위를 구하는 함수로 엑셀 2007 이전에 사용하던 함수입니다.
RANK.AVG 함수	순위를 구하는 함수로 순위가 같은 수가 여러 개이면 평균 순위를 반환합니다.
RANK.EQ 함수	이전 버전에서 사용하던 RANK 함수와 마찬가지로 순위가 같은 수가 여러 개이면 가장 높은 순위를 반환합니다.

Excel 039

중요도 ★★★★★

SUMPRODUCT 함수로 제품 판매 집계하기

SUMPRODCUT 함수를 활용하면 지정한 행과 행 또는, 열과 열에 대한 곱한 값을 더한 총합계를 구할 수 있습니다. 예를 들어, C1*D1, C2*D2, C3*D3 등으로 곱한 값의 합계를 구할 때 사용합니다.

사용 가능 버전 2010 2013 2016 2019 2021 365
사용한 기능 SUMPRODUCT 함수

예제 파일 Excel\Chapter 02\판매집계.xlsx
완성 파일 Excel\Chapter 02\판매집계_완성.xlsx

1. [H4] 셀을 선택하고 [수식] 탭–[함수 라이브러리] 그룹–[수학/삼각]–[SUMPRODUCT]를 클릭합니다.

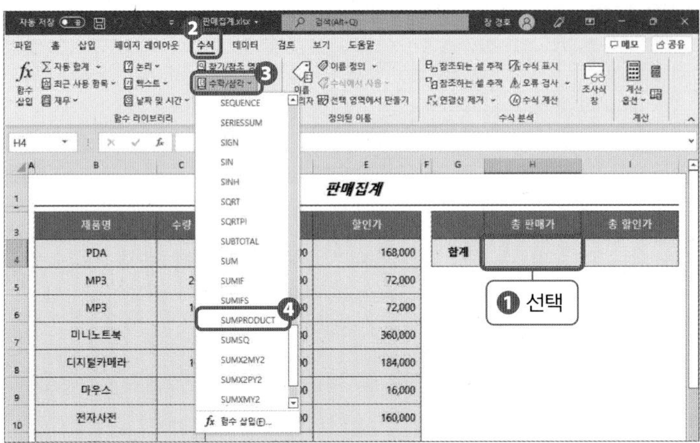

2. [함수 인수] 대화상자가 나타나면 [Array1]에 『C4:C17』을 입력하고, [Array2]에 『D4:D17』을 입력한 후 [확인]을 클릭합니다.

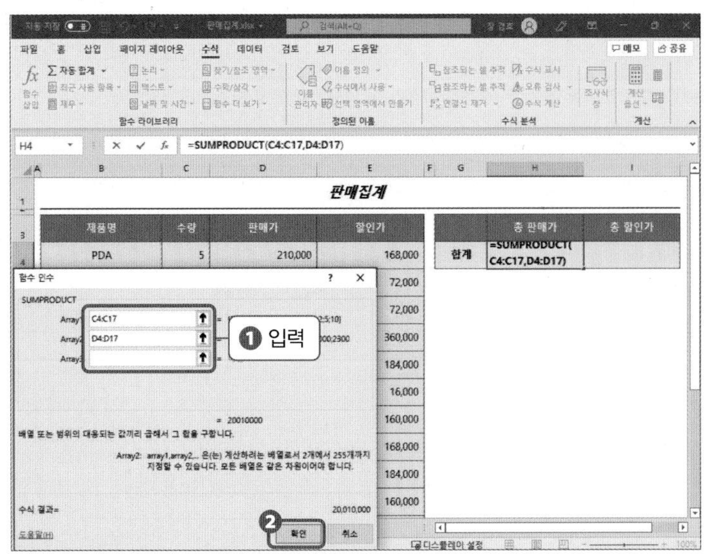

✔ TIP [H4] 셀에 들어가는 완성 수식 : =SUMPRODUCT(C4:C17,D4:D17)

3. 수량과 판매가가 곱해진 상태에서 총합계가 계산됩니다. 같은 방법으로 총할인가도 구해봅니다.

제품명	수량	판매가	할인가
PDA	5	210,000	168,000
MP3	20	90,000	72,000
MP3	10	90,000	72,000
미니노트북	5	450,000	360,000
디지털카메라	10	230,000	184,000
마우스	5	20,000	16,000
전자사전	5	200,000	160,000
PDA	5	210,000	168,000
디지털카메라	10	230,000	184,000
전자사전	20	200,000	160,000

	총 판매가	총 할인가
합계	20,010,000	=SUMPRODUCT(C4:C17,E4:E17)

4. 총판매가와 총할인가가 SUMPRODUCT 함수를 이용해 구해집니다.

제품명	수량	판매가	할인가
PDA	5	210,000	168,000
MP3	20	90,000	72,000
MP3	10	90,000	72,000
미니노트북	5	450,000	360,000
디지털카메라	10	230,000	184,000
마우스	5	20,000	16,000
전자사전	5	200,000	160,000
PDA	5	210,000	168,000
디지털카메라	10	230,000	184,000
전자사전	20	200,000	160,000

	총 판매가	총 할인가
합계	20,010,000	16,008,000

✓TIP [I4] 셀에 들어가는 완성 수식 : =SUMPRODUCT(C:C17,E4:E17)

Excel 040

중요도 ★★★★★

DATEDIF 함수로 본인의 입사일로부터 근무 날짜 구하기

DATEDIF 함수를 활용하면 두 날짜 사이의 연수, 개월 수, 일수를 구하거나 입사한 날로부터 퇴사한 날까지의 근무 개월 수 등을 구할 수 있습니다.

사용 가능 버전 2010 2013 2016 2019 2021 365
사용한 기능 DATEDIF 함수

예제 파일 Excel\Chapter 02\근무날짜.xlsx
완성 파일 Excel\Chapter 02\근무날짜_완성.xlsx

DATEDIF 함수

DATEDIF 함수를 이용하면 두 날짜 사이의 연수, 개월 수, 일수를 구하거나 입사한 날로부터 퇴사한 날까지의 근무 개월 수 등을 구할 수 있습니다. 특히 월마다 일수가 다르기 때문에 시작일과 종료일을 입력하여 기간을 구해주는 DATEDIF 함수를 이용해 구하는 것이 오차를 줄일 수 있는 방법입니다.

DATEDIF 함수 : DATEDIF(start_date,end_date,unit)

설명	두 날짜 사이의 일, 월 또는 연도 수를 계산합니다.
인수	• start_date : 주어진 기간의 첫 번째 또는, 시작 날짜를 나타내는 날짜입니다. • end_date : 기간의 마지막 날짜나 종료 날짜를 나타내는 날짜입니다. • unit : 반환값입니다. 형식을 지정해 원하는 날짜를 구할 수 있습니다.

1. 근무 개월 수를 구할 [F4] 셀을 선택하고 수식 입력줄에 『=DATEDIF(E4,TODAY()+1,"M")』을 입력한 후 Enter 를 누릅니다.

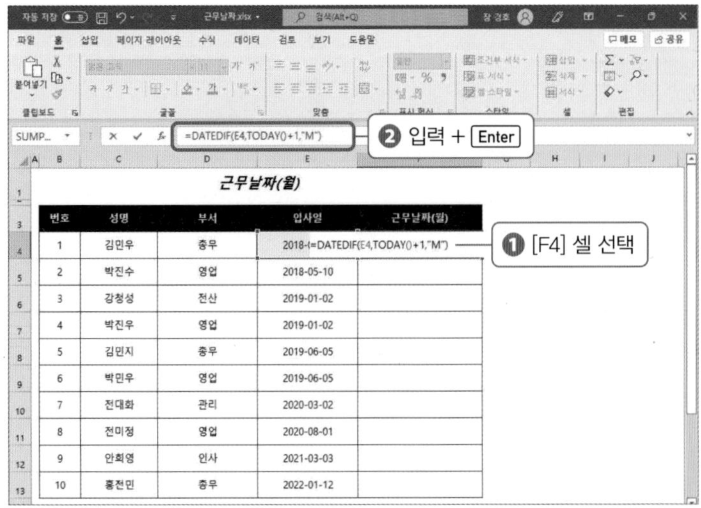

✓ TIP =DATEDIF(E4,TODAY()+1,"M")에서 세 번째에 들어가는 "M"은 아래와 같은 형식을 지정해 원하는 날짜를 구할 수 있습니다.

"Y" : 기간의 연수를 표시합니다.
"M" : 기간의 개월 수를 표시합니다.
"D" : 기간의 일수를 표시합니다.
"YM" : 기간 중 연수를 제외한 개월 수를 표시합니다.
"YD" : 기간 중 연수를 제외한 일수를 표시합니다.
"MD" : 기간 중 개월 수를 제외한 일수를 표시합니다.

2. 근무월수가 구해집니다. [F4] 셀의 채우기 핸들을 [F13] 셀까지 드래그하여 수식을 완성합니다.

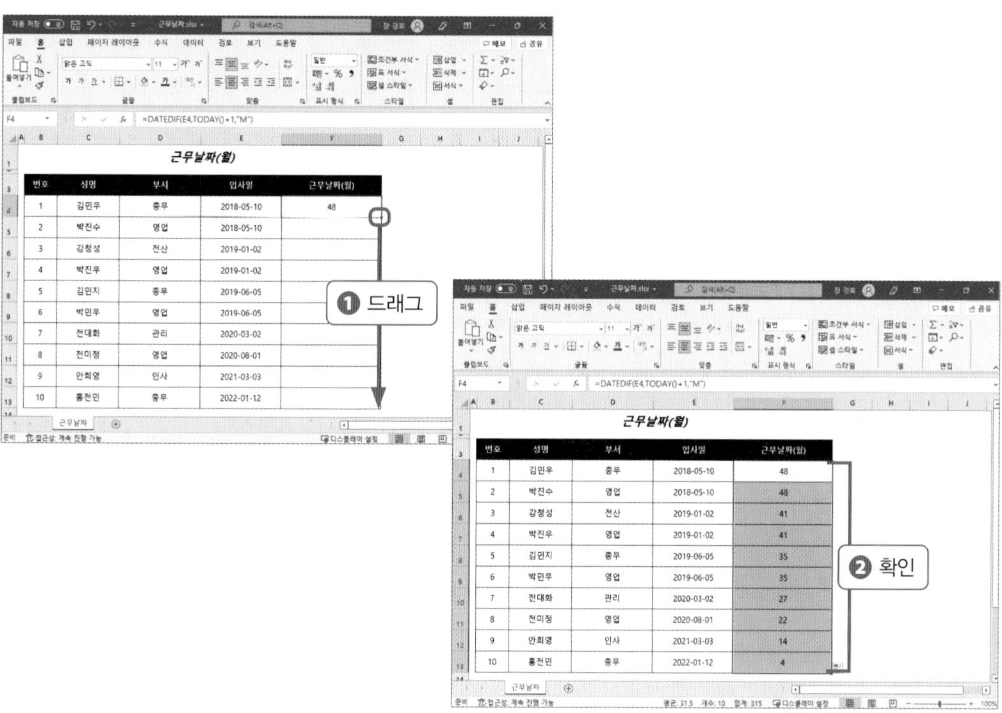

번호	성명	부서	입사일	근무날짜(월)
1	김민우	총무	2018-05-10	48
2	박진수	영업	2018-05-10	48
3	강청성	전산	2019-01-02	41
4	박진우	영업	2019-01-02	41
5	김민지	총무	2019-06-05	35
6	박민우	영업	2019-06-05	35
7	전대화	관리	2020-03-02	27
8	전미정	영업	2020-08-01	22
9	안희영	인사	2021-03-03	14
10	홍전민	총무	2022-01-12	4

Excel
041

중요도 ★★★

TODAY, YEAR, MONTH 함수로 근무 시간 구하기

TODAY, YEAR, MONTH 함수를 이용하면 시작 시간과 종료 시간을 계산하여 초과 근무 시간과 같은 총시간을 구할 수 있습니다.

사용 가능 버전 2010 2013 2016 2019 2021 365
사용한 기능 TODAY 함수, YEAR 함수, MONTH 함수

예제 파일 Excel\Chapter 02\초과근무시간.xlsx
완성 파일 Excel\Chapter 02\초과근무시간_완성.xlsx

TODAY 함수 : TODAY( )

설명	시스템의 현재 날짜를 입력합니다.

YEAR 함수 : YEAR(serial_number)

설명	날짜에 해당하는 연도를 반환합니다. 연도는 1900에서 9999 사이의 정수입니다.
인수	• serial_number : 연도를 구할 날짜입니다.

MONTH 함수 : YEAR(serial_number)

설명	날짜의 월을 반환합니다. 월은 1(1월)에서 12(12월) 사이의 정수입니다.
인수	• serial_number : 월을 구할 날짜입니다.

1. [F4:F13] 영역을 드래그하여 선택하고 [홈] 탭-[표시 형식] 그룹-[표시 형식]-[숫자]를 클릭합니다.

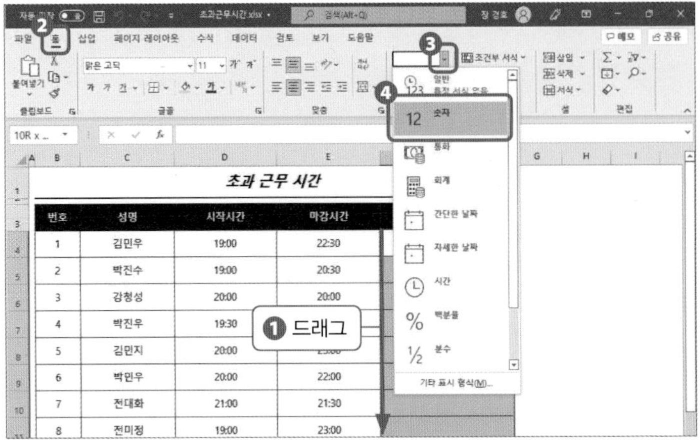

2. [F4] 셀을 선택하고 [수식] 탭–[함수 라이브러리] 그룹–[날짜 및 시간]–[HOUR]를 클릭합니다.

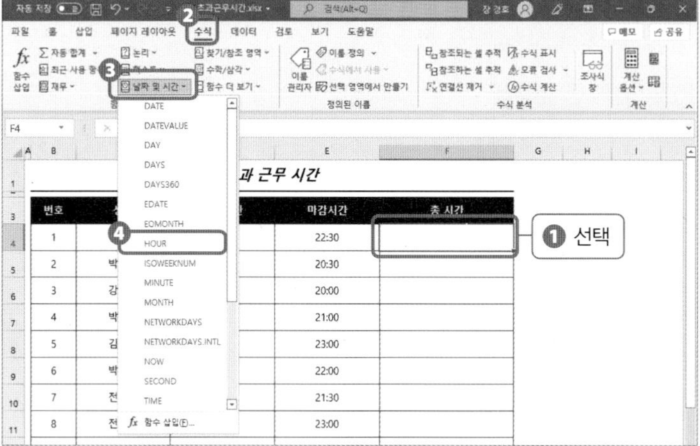

3. [함수 인수] 대화상자에서 [Serial_number]에 『E4–D4』를 입력한 후 [확인]을 클릭합니다.

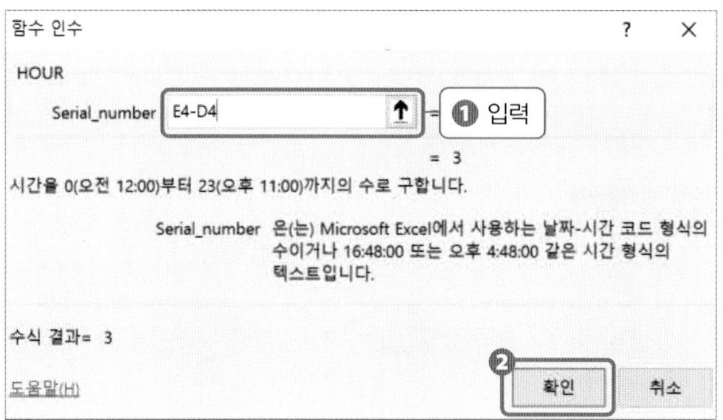

4. 수식 입력줄을 클릭하여 미리 입력된 수식 뒤에 『& "시간" & MINUTE(E4–D4) & "분"』을 입력하고 Enter 를 누릅니다.

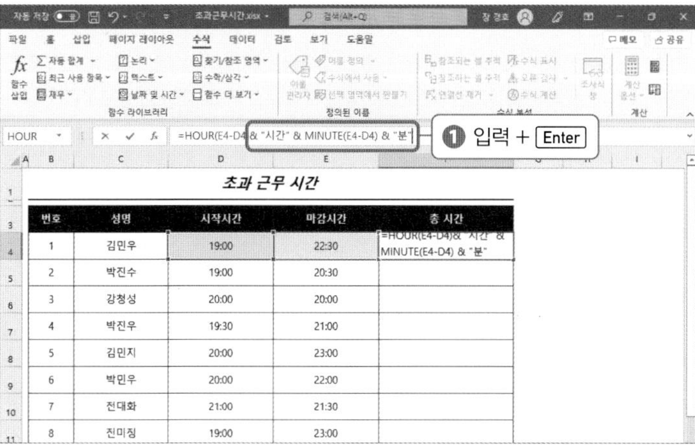

5. [F4] 셀의 채우기 핸들을 [F13] 셀까지 드래그하여 수식을 완성합니다.

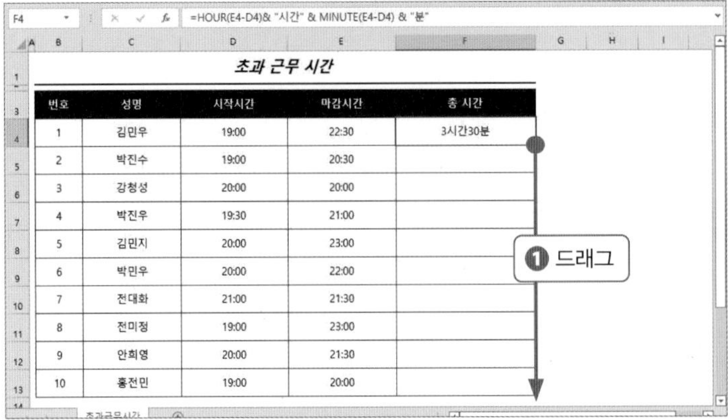

6. [자동 채우기 옵션]( )을 클릭하고 [서식 없이 채우기]를 선택합니다.

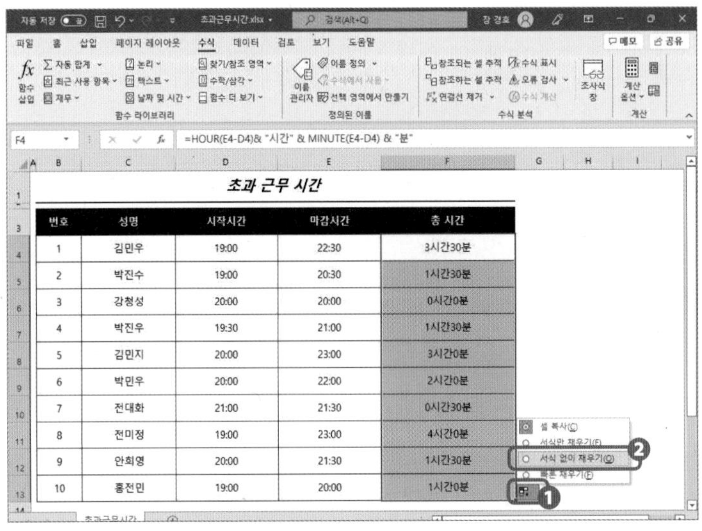

✓ TIP 자동 채우기로 복사하면 수식뿐 아니라 서식도 함께 복사됩니다. 서식까지 복사하지 않으려면 [자동 채우기 옵션]( )을 클릭하고 [서식 없이 채우기]를 선택합니다.

Excel 042

중요도 ★★★★★

INDEX 함수로 근무연수에 따른 연봉 구하기

INDEX 함수를 활용하면 근무연수에 따른 연봉을 구할 수 있습니다. INDEX 함수는 지정한 행 번호와 열 번호가 만나는 지점의 값을 찾아주는 함수로써 원하는 값을 쉽게 찾을 수 있습니다.

사용 가능 버전 2010 2013 2016 2019 2021 365
사용한 기능 INDEX 함수, 절대 참조

예제 파일 Excel\Chapter 02\연봉표.xlsx
완성 파일 Excel\Chapter 02\연봉표_완성.xlsx

INDEX 함수

INDEX 함수는 선택한 범위 내에서 지정한 행 번호와 열 번호가 만나는 지점의 값을 찾아주는 함수입니다.

INDEX 함수 : INDEX(array, row_num, [column_num])

설명	표나 범위 내에서 입력된 값을 찾아서 표시합니다. 배열형은 항상 값 또는 값 배열을 구하고, 참조형은 항상 참조를 반환합니다.
인수	• array : 셀 범위나 배열 상수입니다. • row_num : 값을 반환할 배열의 행을 선택합니다. • column_num : 값을 반환할 배열의 열을 선택합니다.

1. 연봉을 구하기 위해 [I4] 셀을 선택합니다. [수식] 탭-[함수 라이브러리] 그룹-[찾기/참조 영역]-[INDEX]를 클릭합니다.

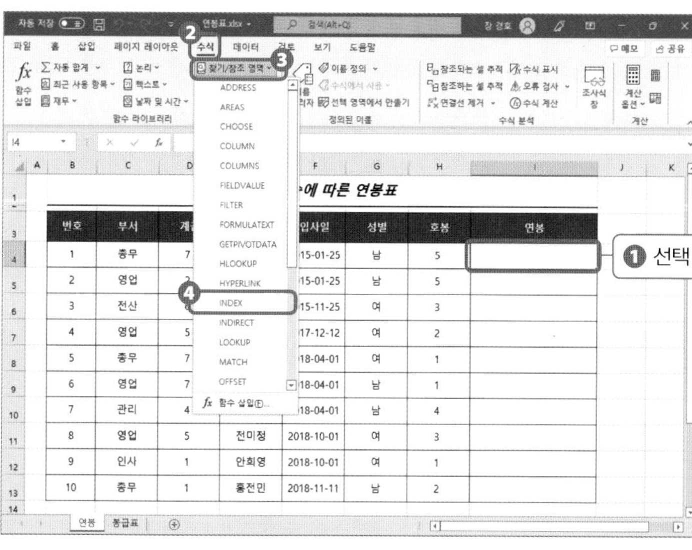

2. [인수 선택] 대화상자가 나타나면 [인수]에서 'array,row_num,column_num'을 선택한 다음 [확인]을 클릭합니다.

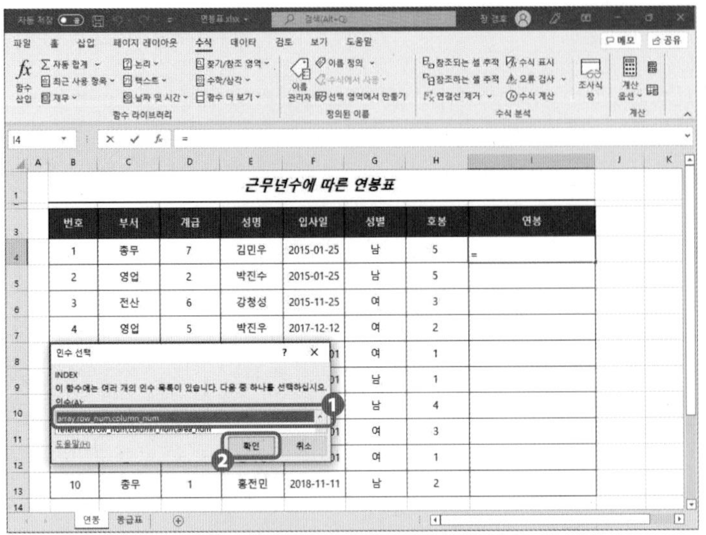

3. [함수 인수] 대화상자가 나타나면 [Array]를 선택하고 [봉급표] 시트의 [C3:I7] 영역을 드래그하여 선택하고, F4를 눌러 절대 참조로 변경합니다. [Row_num]에 『H4』, [Column]에 『D4』를 입력하고 [확인]을 클릭합니다.

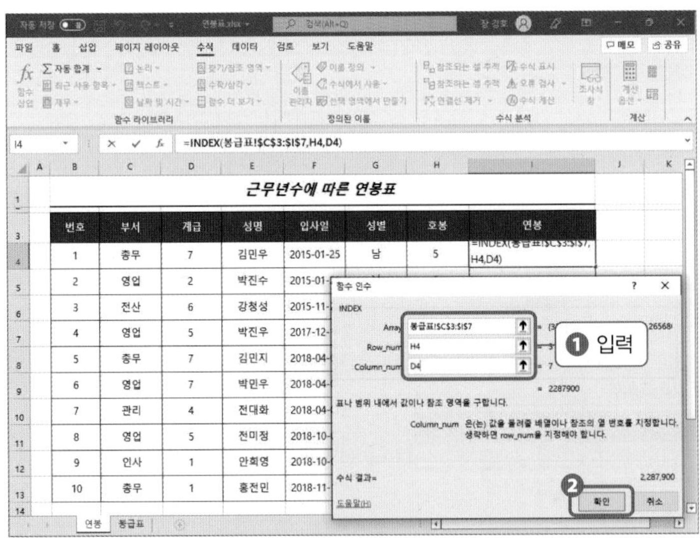

✓ TIP 예를 들어, '=INDEX(A1:B4,1,1)'라고 지정하면 [A1:B4] 범위 중에서 첫 번째 행과 첫 번째 열이 교차하는 위치의 값이 반환됩니다.

4. [I4] 셀에 근무연수에 따른 연봉이 구해집니다.

5. [I4] 셀의 채우기 핸들을 [I13] 셀까지 드래그하여 수식을 완성합니다.

Excel 043

중요도 ★★★

REPLACE 함수로 주민등록번호 뒷자리 감추기

REPLACE 함수는 지정한 문자 수에 따라 문자열의 일부를 다른 문자열로 바꾸는 함수입니다. 보통, 실무에서는 주민등록번호를 다른 문자로 변경하거나 비밀번호를 다른 문자로 보이게 하는 용도로 사용됩니다.

사용 가능 버전 2010 2013 2016 2019 2021 365
사용한 기능 REPLACE 함수

예제 파일 Excel\Chapter 02\인사이동.xlsx
완성 파일 Excel\Chapter 02\인사이동_완성.xlsx

REPLACE 함수 : REPLACE(old_text, start_num, num_chars, new_text)

설명	텍스트의 일부를 다른 텍스트로 바꿉니다.
인수	• Old_text : 바꿀 문자열을 입력합니다. • Start_num : 시작할 자릿수를 지정합니다. • Num_chars : 문자 수를 지정합니다. • New_text : old_text에 바꾸어 넣을 글자를 입력합니다.

1. [사원인사이동] 시트를 선택하고 [E4] 셀을 선택합니다. [수식] 탭-[함수 라이브러리] 그룹-[텍스트]-[REPLACE]를 클릭합니다.

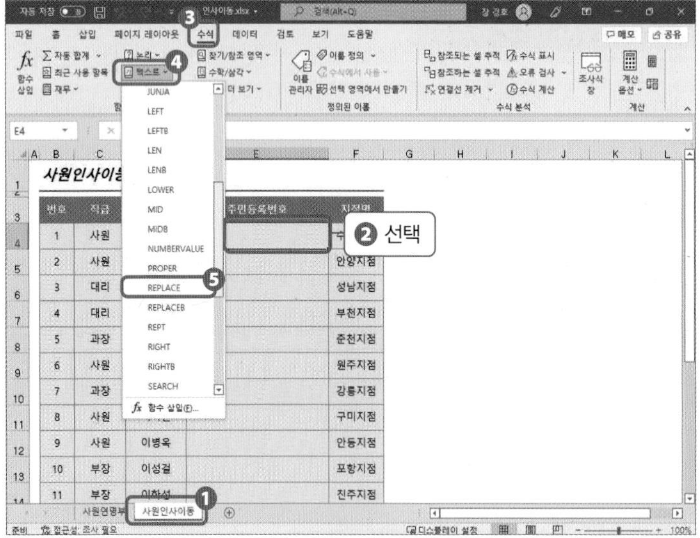

2. [함수 인수] 대화상자가 나타나면 [Old_text]를 선택하고 [사원연명부] 시트를 클릭합니다.

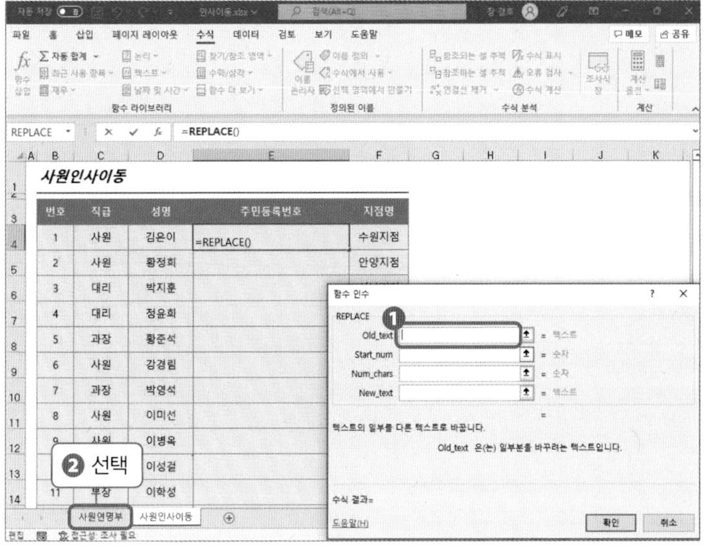

3. [E4] 셀을 선택하고 [Start_num]에 『8』, [Num_chars]에 『7』, 마지막으로 [New_text]에 『*******』을 입력한 후 [확인]을 클릭합니다.

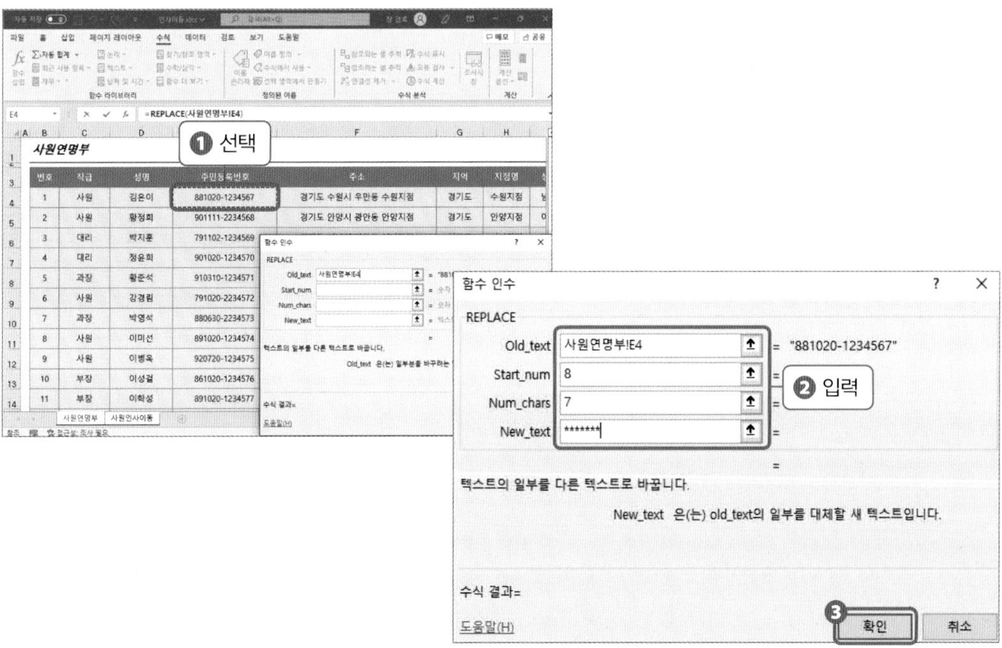

✔TIP 주민등록번호와 같이 개인 정보가 노출될 수 있다면, 간단히 정보를 감출 필요가 있을 경우 REPLACE 함수를 사용합니다.

4. [E4] 셀의 채우기 핸들을 [E21] 셀까지 드래그합니다.

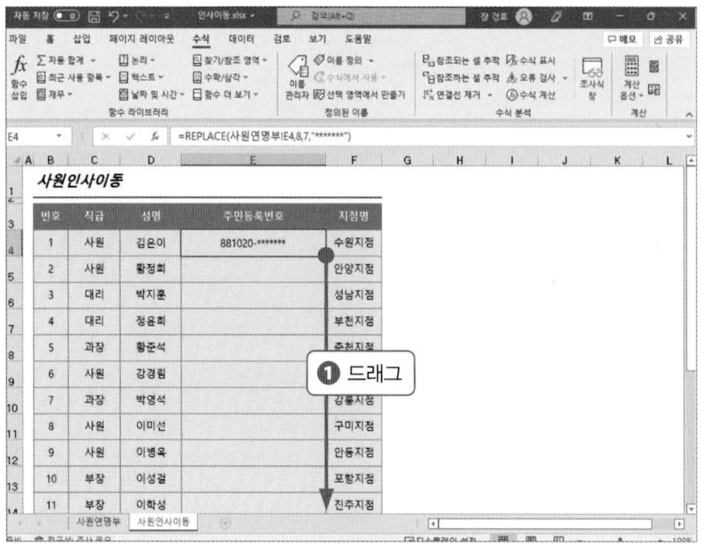

5. [자동 채우기 옵션](📋)에서 [서식 없이 채우기]를 선택합니다.

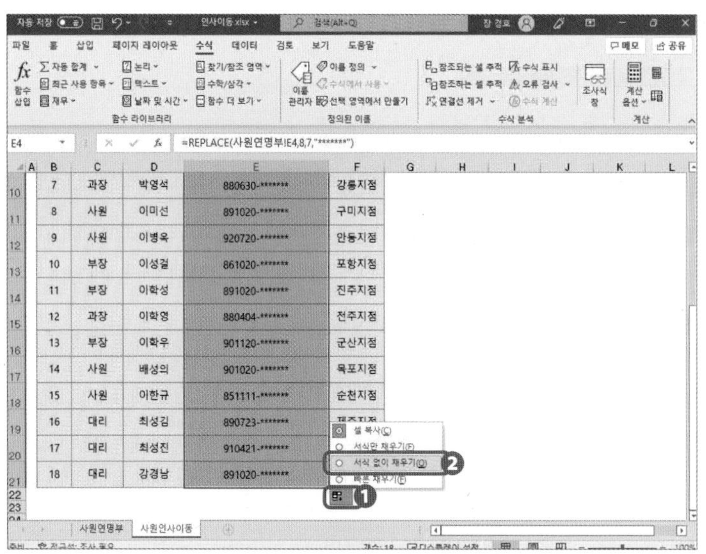

✓ TIP [E4] 셀에 들어가는 완성 수식 : =REPLACE(사원연명부!E4,8,7,"*******")

Excel 044

중요도 ★★★☆☆

TRIM 함수로 주소 공백 제거하기

TRIM 함수는 텍스트의 앞, 뒤에 불필요한 공백이 발생했을 경우 공백 하나만 남긴 채 나머지 공백은 제거하는 함수입니다. 보통, 실무에서는 인터넷에서 텍스트를 복사하거나 다른 프로그램에서 텍스트를 복사했을 경우 발생하는 공백을 제거하는 용도로 사용합니다.

사용 가능 버전 2010 2013 2016 2019 2021 365
사용한 기능 TRIM 함수

예제 파일 Excel\Chapter 02\주소록.xlsx
완성 파일 Excel\Chapter 02\주소록_완성.xlsx

TRIM 함수 : TRIM(text)

설명	단어 사이에 있는 공백 하나를 제외하고 텍스트의 공백을 모두 삭제합니다.
인수	• text : 공백을 제거할 텍스트입니다.

1. [E14:E21] 영역을 드래그하여 선택합니다.

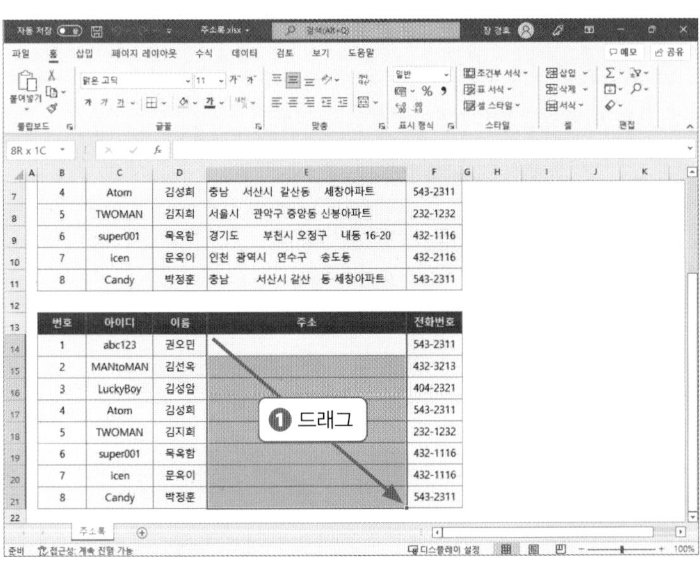

2. 수식 입력줄에 『=TRIM(E4)』를 입력한 후 Ctrl+Enter를 누릅니다.

✓TIP 영역을 먼저 지정한 후 수식을 입력한다면 Enter가 아닌 Ctrl+Enter를 누릅니다. 이럴 경우 지정한 영역에 한 번에 수식이 채워집니다.

3. 단어 사이사이에 있던 공백이 하나를 제외하고 모두 제거됩니다.

✓TIP [E14] 셀에 들어가는 완성 수식 : =TRIM(E4)

Excel 045

SUMIF 함수, SUMIFS 함수로 다양한 데이터 산출하기

중요도 ★★★★★

SUMIF 함수와 SUMIFS 함수를 이용하면 한 가지 조건, 또는, 여러 가지 조건일 경우 데이터 집계를 산출할 수 있습니다.

사용 가능 버전 2010 2013 2016 2019 2021 365
사용한 기능 SUMIF 함수, SUMIFS 함수

예제 파일 Excel\Chapter 02\레고판매량.xlsx
완성 파일 Excel\Chapter 02\레고판매량_완성.xlsx

SUM 함수 : SUM(number1,[number2],...])

설명	셀 범위에 있는 숫자를 모두 더합니다.
인수	• number1, number2, ... : 합계 값이나 합을 구할 인수입니다. 1개부터 255개까지 지정할 수 있습니다.

SUMIF 함수 : SUMIF(range, criteria, [sum_range])

설명	지정한 조건에 맞는 범위의 합계를 더합니다.
인수	• range : 조건을 적용시킬 셀 범위를 지정합니다. • criteria : 숫자, 수식 또는 텍스트 형태로 된 찾을 조건을 지정합니다. • sum_range : 합을 구하려는 실제 셀이나 셀 범위입니다.

SUMIFS 함수 : SUMIFS(sum_range, criteria_range1, criteria1, [criteria_range2, criteria2], ...)

설명	여러 조건을 충족하는 범위의 셀을 더합니다.
인수	• sum_range : 합을 구하려는 실제 셀이나 셀 범위입니다. 빈 값이나 텍스트 값은 무시됩니다. • criteria_range1, criteria_range2 : 지정할 범위 및 관련 조건으로써 최대 127개까지 지정할 수 있습니다. • criteria1, criteria2, ... : 숫자, 식, 셀 참조 또는 텍스트 형식의 조건입니다.

1. [D3] 셀에 『=SUMIF(』를 입력하고 Ctrl+A를 누릅니다.

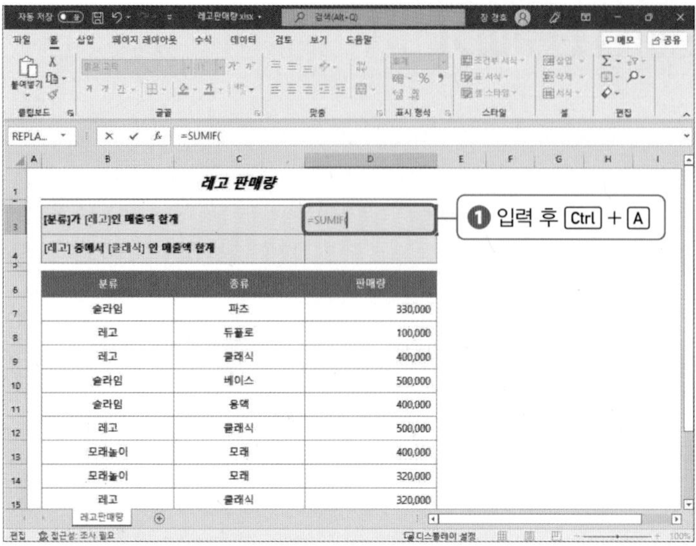

2. [함수 인수] 대화상자가 나타나면 [Range]에 『B7:B15』, [Criteria]에 『B8』, [Sum_range]에 『D7:D15』를 입력하고 [확인]을 클릭합니다.

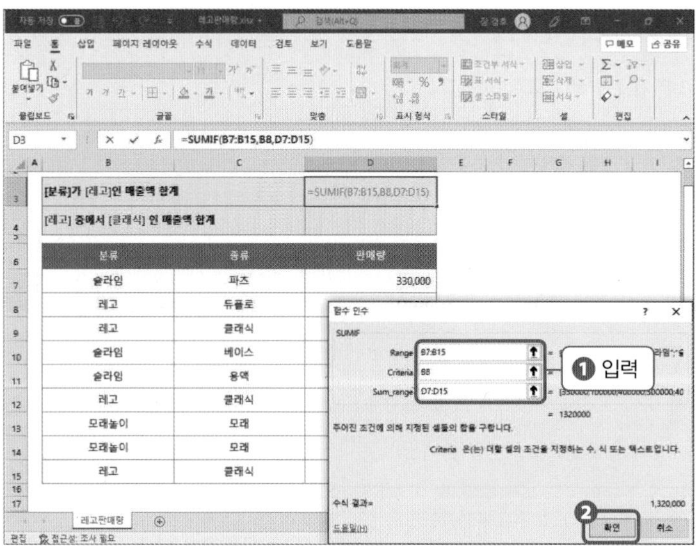

3. [D3] 셀에 분류가 레고인 매출액 합계가 구해집니다. 이번에는 분류가 레고이면서 종류가 클래식인 매출액 합계를 구해보겠습니다. [D4] 셀에 『=SUMIFS(』를 입력하고 Ctrl+A를 누릅니다.

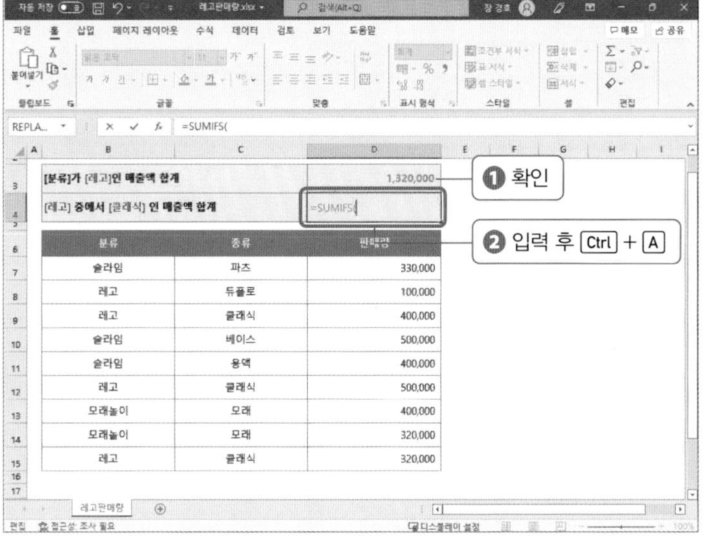

4. [함수 인수] 대화상자가 나타나면 [Sum_range]에 『D7:D15』, [Criteria_range1]에 『B7:B15』, [Criteria1]에 『B8』, [Criteria_range2]에 『C7:C15』, [Criteria2]에 『C9』를 입력하고 [확인]을 클릭합니다.

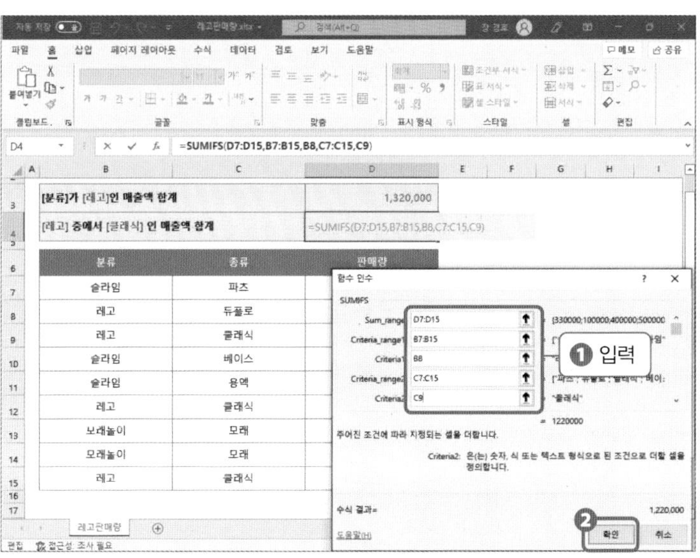

5. 원하는 조건에 맞는 합계가 구해집니다. 원하는 결과값이 구해졌는지 확인하기 위해 분류가 레고이면서 종류가 클래식인 판매량 셀을 Ctrl을 누른 상태에서 모두 선택합니다. 상태 표시줄에서 '합계' 값과 [D4] 셀 값이 일치하는지 확인합니다.

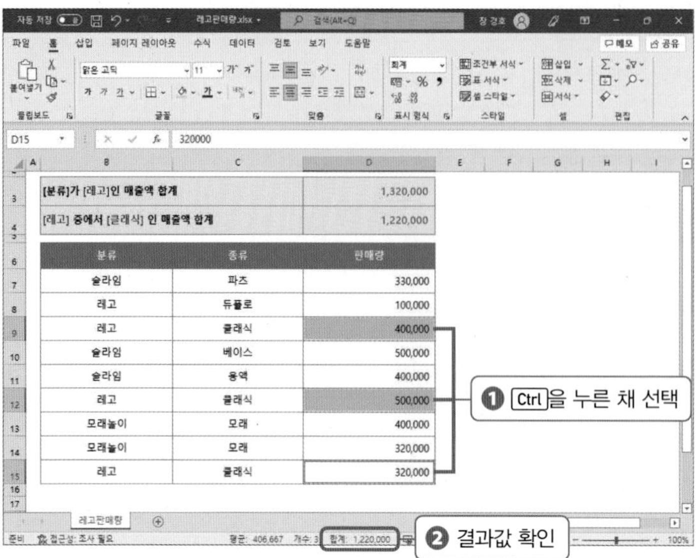

✓TIP 상태 표시줄에서도 자동 합계를 구할 수 있습니다. 또한, 상태 표시줄을 마우스 오른쪽 버튼으로 클릭하여 합계, 평균, 개수, 최대값, 최소값 중 원하는 항목을 체크하여 원하는 결과값을 산출할 수 있습니다.

Excel 046

DSUM, DAVERAGE 함수로 실적 합계와 평균 구하기

중요도 ★★★☆☆

DSUM 함수는 범위를 데이터베이스로 지정하고 조건에 맞는 필드의 값을 찾아서 합계를 구하는 함수이며, DAVERAGE 함수는 평균을 구하는 함수입니다.

사용 가능 버전 2010 2013 2016 2019 2021 365
사용한 기능 DSUM 함수, DAVERAGE 함수

예제 파일 Excel\Chapter 02\실적.xlsx
완성 파일 Excel\Chapter 02\실적_완성.xlsx

DSUM 함수 : DSUM(database, field, criteria)

설명	목록이나 데이터베이스의 레코드 필드(열)에서 지정한 조건에 맞는 값들의 합계를 구합니다.
인수	• database : 데이터베이스나 목록으로 지정할 셀 범위입니다. • field : 합계를 구할 열의 번호입니다. • criteria : 지정한 조건이 있는 셀 범위입니다.

DAVERAGE 함수 : DAVERAGE(database, field, criteria)

설명	목록이나 데이터베이스의 레코드 필드(열)에서 지정한 조건에 맞는 값들의 평균을 구합니다.
인수	• database : 데이터베이스나 목록으로 지정할 셀 범위입니다. • field : 평균을 구할 열의 번호입니다. • criteria : 지정한 조건이 있는 셀 범위입니다.

1. '총무팀'의 점수 합계를 구하기 위해 [M4] 셀을 선택하고 『=DSUM(』를 입력한 후 Ctrl+A를 누릅니다.

번호	부서	사번	이름	1차	2차	3차	합계	평균
1	총무팀	2015100W	김민우	83	80	90	4,223	84.33
2	영업팀	2016211M	박진수	83	70	90	3,970	81.00
3	영업팀	2015112M	강청성	79	75	85	3,727	79.67
4	영업팀	2016123M	박진우	90	65	85	3,488	80.00
5	기획팀	2013098W	김민지	78	85	80	3,248	81.00
6	총무팀	2018121M	박민우	78	75	100	3,005	84.33
7	기획팀	2019122M	전대화	78	50	50	2,752	59.33

2. [함수 인수] 대화상자가 나타나면 [Database]에 『B3:J21』, [Field]에 『7』, [Criteria]에 『L3:L4』를 입력하고 [확인]을 클릭합니다.

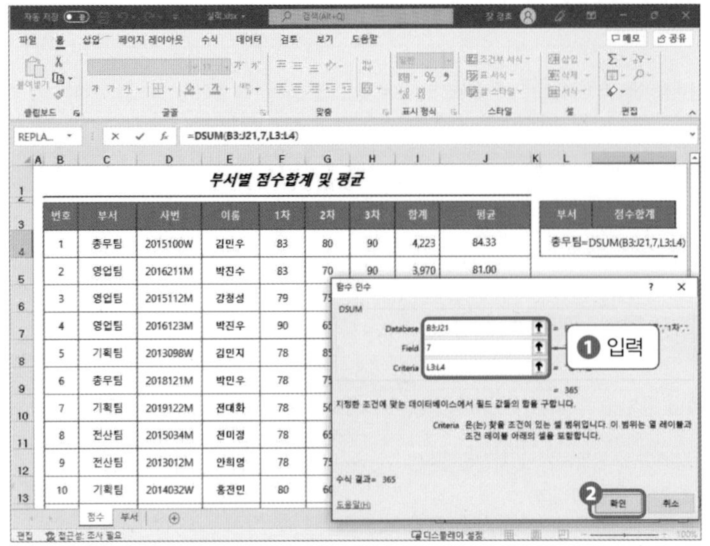

✓ TIP DSUM 함수는 목록이나 데이터베이스의 레코드 필드(열)에서 지정한 조건에 맞는 값들의 합계를 구하는 함수로써 Database 인수는 데이터베이스나 목록으로 지정할 셀 범위, Field 인수는 합계를 구할 열의 번호를, Criteria 인수는 지정한 조건이 있는 셀 범위입니다.

3. [M4] 셀에 총무팀의 점수 합계가 구해집니다. [L4] 셀의 목록 단추를 클릭해 [영업팀]을 선택합니다. 영업팀 점수 합계를 확인합니다.

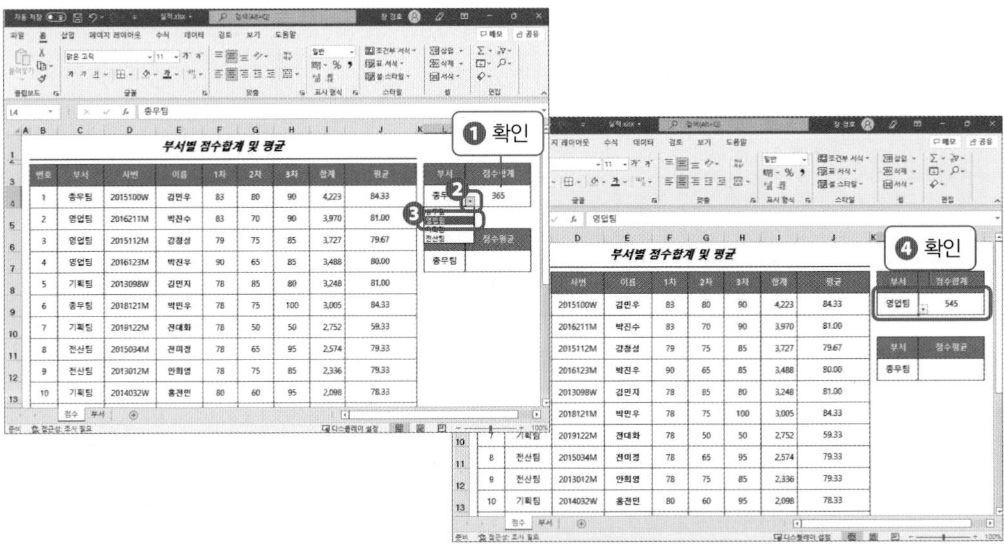

✓ TIP 데이터베이스 함수는 보통 전체 범위에서 원하는 조건에 대한 결과값을 구하는 함수로써 함수 앞 글자에 'D'가 붙어 데이터베이스 함수인지를 쉽게 확인할 수 있습니다.

✓ TIP [M4] 셀에 들어가는 완성 수식 : =DSUM(B3:J21,7,L3:L4)

4. '총무팀'의 점수 평균을 구하기 위해 [M7] 셀을 선택하고 『=DAVERAGE(』를 입력한 후 Ctrl+A를 누릅니다.

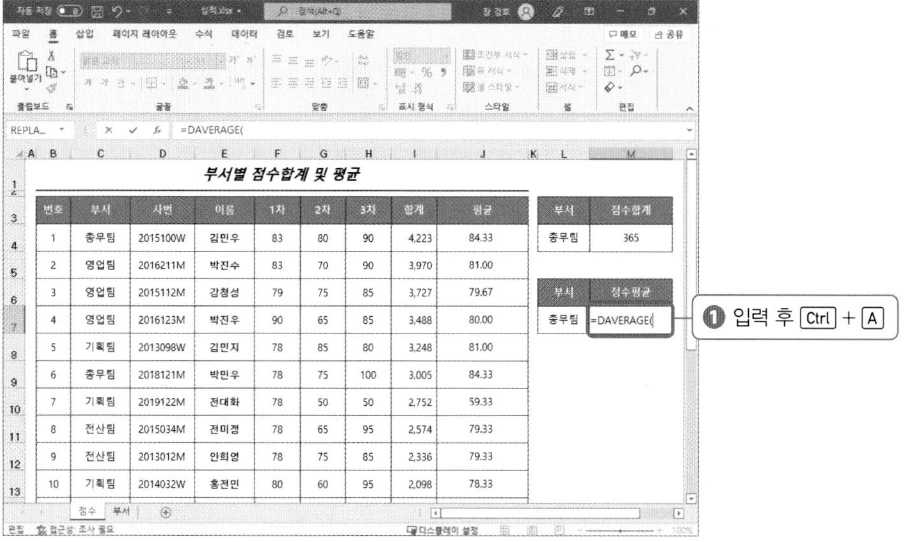

5. [함수 인수] 대화상자가 나타나면 [Database]에 『B3:J21』, [Field]에 『7』, [Criteria]에 『L6:L7』을 입력하고 [확인]을 클릭합니다.

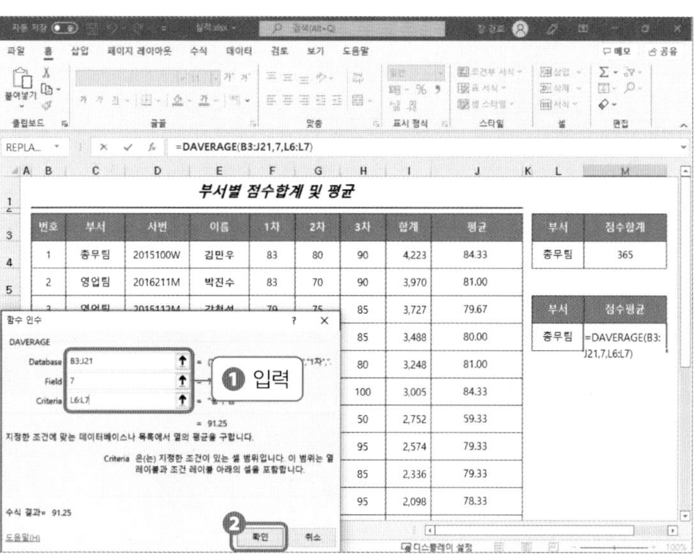

✓TIP DAVERAGE 함수는 목록이나 데이터베이스의 레코드 필드(열)에서 지정한 조건에 맞는 값들의 평균을 구하는 함수로써 Database 인수는 데이터베이스나 목록으로 지정할 셀 범위, Field 인수는 합계를 구할 열의 번호를, Criteria 인수는 지정한 조건이 있는 셀 범위입니다.

6. [M7] 셀에 총무팀의 점수 평균이 구해집니다.

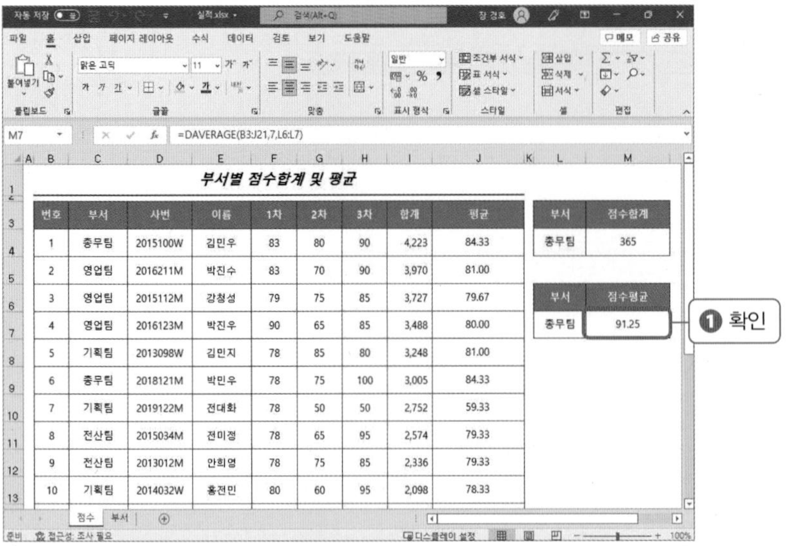

7. [L7] 셀의 목록 단추를 클릭해 다른 부서의 평균도 확인합니다.

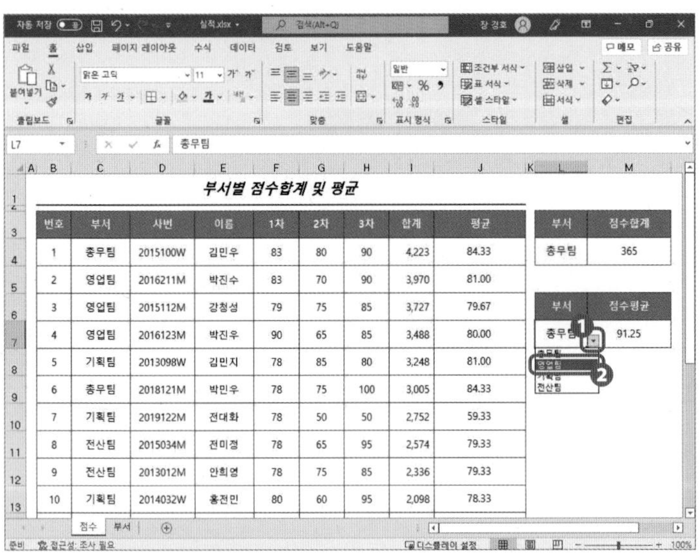

✓ TIP [M7] 셀에 들어가는 완성 수식 : =DAVERAGE(B3:J21,7,L6:L7)

DCOUNT 함수로 조건에 맞는 응시인원, 합격인원 구하기

중요도 ★★★

DCOUNT 함수는 데이터베이스에서 숫자가 있는 셀의 개수를 구할 때 사용하는 함수입니다.

사용 가능 버전 2010 2013 2016 2019 2021 365
사용한 기능 DCOUNT 함수
예제 파일 Excel\Chapter 02\합격통계.xlsx
완성 파일 Excel\Chapter 02\합격통계_완성.xlsx

DCOUNT 함수 : DCOUNT(database, field, criteria)

설명	목록이나 데이터베이스의 레코드 필드(열)에서 지정한 조건에 맞는 숫자가 들어있는 셀의 개수를 구합니다.
인수	• database : 데이터베이스나 목록으로 지정할 셀 범위입니다. • field : 합계를 구할 열의 번호입니다. field 인수를 생략하면 데이터베이스에서 조건에 맞는 모든 레코드 개수가 구해집니다. • criteria : 지정한 조건이 있는 셀 범위입니다.

1. 지원부서별로 응시인원과 합격인원을 구해보겠습니다. 먼저, 응시인원을 구하기 위해 [L5] 셀을 선택하고 수식 입력줄의 [함수 삽입](fx)을 클릭합니다. [함수 마법사] 대화상자가 나타나면 [범주 선택]-[데이터베이스]를 선택하고, [함수 선택]-[DCOUNT]를 선택한 다음 [확인]을 클릭합니다.

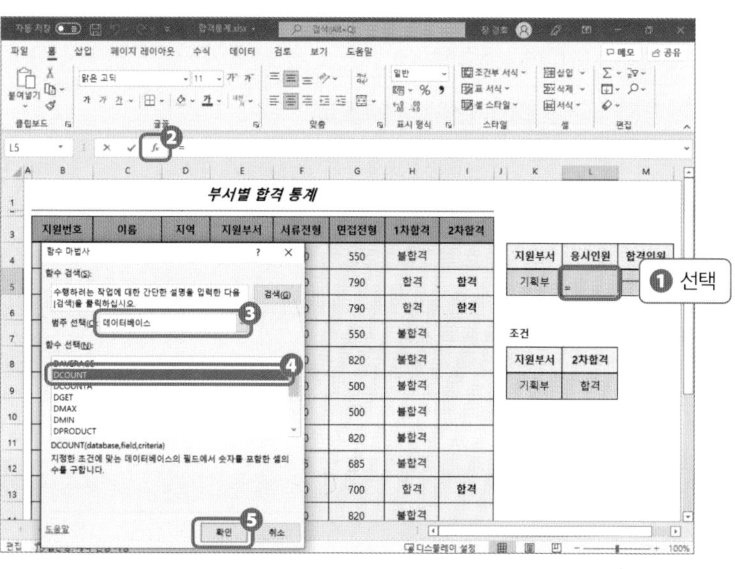

2. [함수 인수] 대화상자가 나타나면 [Database]에 『B3:I20』, [Field]에 『B3』, [Criteria]에 『K4:K5』를 입력하고 [확인]을 클릭합니다.

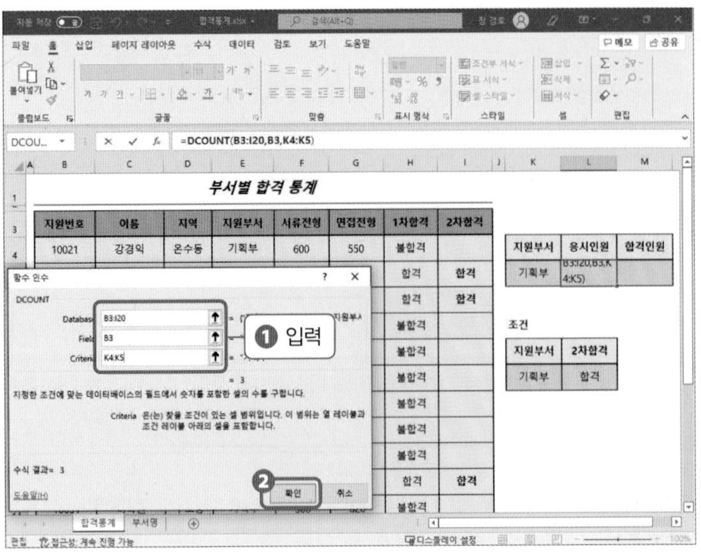

✓ TIP [L5] 셀에 들어가는 완성 수식 : =DCOUNT(B3:I20,B3,K4:K5)

3. 이번에는 합격인원을 구해보겠습니다. [M5] 셀을 선택하고 수식 입력줄의 [함수 삽입](fx)을 클릭합니다. [함수 마법사] 대화상자가 나타나면 [범주 선택]–[최근에 사용한 함수]를 선택하고, [함수 선택]에서 방금 선택했던 [DCOUNT]를 선택한 후 [확인]을 클릭합니다.

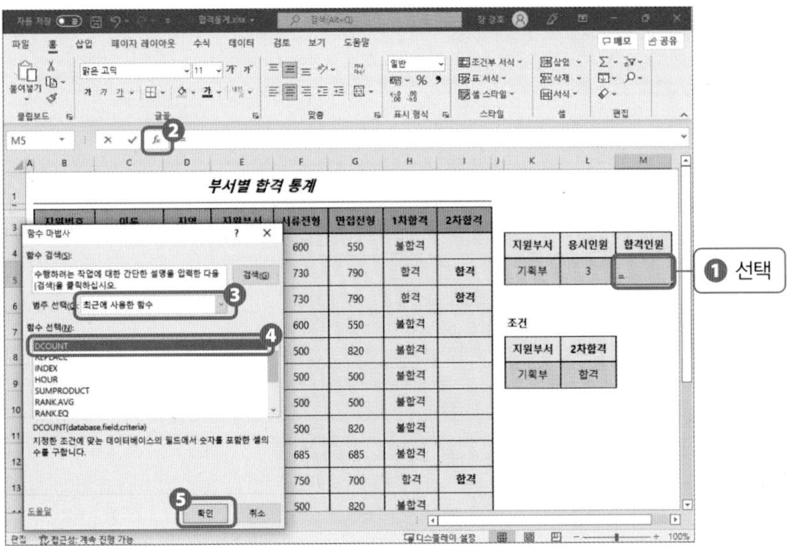

4. [함수 인수] 대화상자가 나타나면 [Database]에 『B3:I20』, [Field]에 『B3』, [Criteria]에 『K8:L9』를 입력하고 [확인]을 클릭합니다.

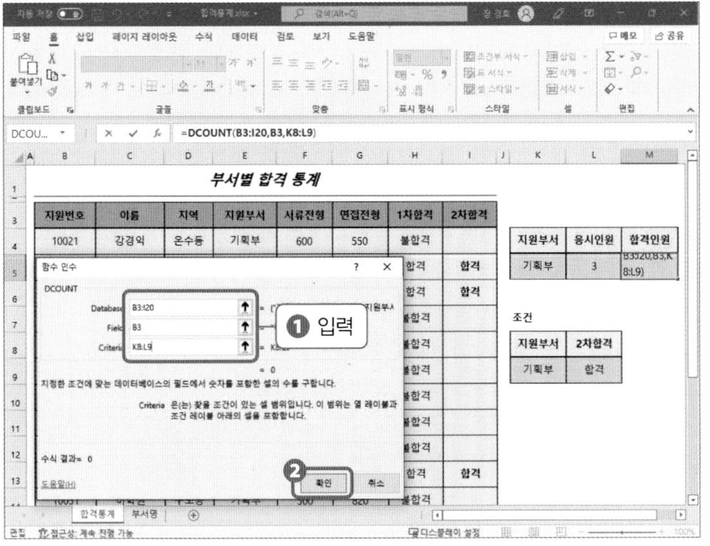

✓TIP [M4] 셀에 들어가는 완성 수식 : =DCOUNT(B3:I20,B2,K7:L8)

5. [K5] 셀의 화살표를 클릭하여 다른 지원부서를 선택해 응시인원과 합격인원이 제대로 구해지는지 확인합니다.

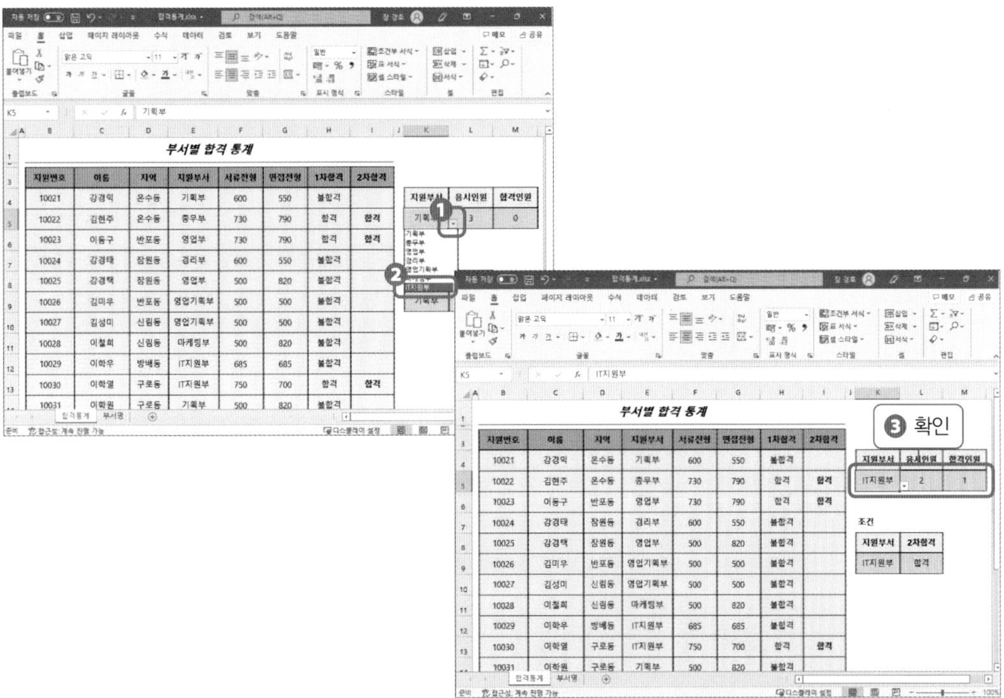

꼭 알고 가세요

데이터베이스 함수의 종류와 입력 방법

데이터베이스 함수는 함수 이름 앞에 D가 붙어 있는 함수를 말하는 데 이는 특정한 조건을 만족하는 데이터들을 계산하기 위해 사용하는 함수를 말합니다. 데이터베이스 함수는 공통적으로 Database, Field, Criteria 세 가지 인수를 사용합니다. 데이터베이스 함수에는 DAVERAGE, DCOUNT, DCOUNTA, DGET, DMAX, DMIN, DPRODUCT, DSTDEV, DSTDEVP, DSUM, DVAR, DVARP 등이 있습니다.

함수	설명
DAVERAGE	데이터베이스에서 하나의 열을 대상으로 평균을 구합니다.
DCOUNT	데이터베이스에서 숫자가 들어 있는 셀의 개수를 구합니다.
DCOUNTA	데이터베이스에서 조건에 맞는 모든 데이터의 셀의 개수를 구합니다.
DGET	데이터베이스에서 찾을 조건에 맞는 한 개의 값을 추출합니다.
DMAX	데이터베이스에서 찾을 조건에 맞는 수 중에서 가장 큰 수를 반환합니다.
DMIN	데이터베이스에서 찾을 조건에 맞는 수 중에서 가장 작은 수를 반환합니다.
DPRODUCT	데이터베이스에서 필드나 레코드의 값들의 곱을 구합니다.
DSTDEV	데이터베이스에서 표준 편차의 추정값을 구합니다.
DSTDEVP	데이터베이스에서 표준 편차를 계산합니다.
DSUM	데이터베이스에서 지정한 조건에 맞는 숫자의 합계를 구합니다.
DVAR	데이터베이스에서 모집단의 분산의 추정값을 구합니다.
DVARP	데이터베이스에서 모집단의 분산을 구합니다.

Excel 048

중요도 ★★★★★

FV 함수로 정기적금 만기 시 받을 금액 산출하기

FV 함수를 이용하면 정기적금 만기 시 받을 금액을 산출할 수 있습니다. 일정 금액을 정기적으로 불입하고 일정한 이율을 적용하는 투자의 미래 가치를 계산할 수 있습니다.

사용 가능 버전 2010 2013 2016 2019 2021 365
사용한 기능 FV 함수

예제 파일 Excel\Chapter 02\정기적금.xlsx
완성 파일 Excel\Chapter 02\정기적금_완성.xlsx

FV 함수

재무 함수에는 FV, PMT, PV, NPER, RATE 함수 등이 있습니다. 재무 함수로 감가상각액이라든지 미래가치, 상환액 등을 구할 수 있습니다.

FV 함수 : FV(rate, nper, pmt, [pv], [type])

설명	일정 금액을 정기적으로 불입하고 일정한 이율을 적용하는 투자의 미래 가치를 계산할 수 있는 함수입니다.
인수	• rate : 기긴당 이율입니다. 이율은 적립 기간이 일정해야 합니다. • nper : 연간 총 납입 횟수입니다. • pmt : 정기적으로 적립하는 금액입니다. '–'를 붙여야 합니다. • pv : 현재 가치 또는, 앞으로 지불할 납입금의 현재 가치를 나타내는 총액을 표시합니다. pv를 생략하면 0으로 간주합니다. • type : 0 또는, 1로 납입 시점을 나타냅니다. type을 생략하면 0으로 간주합니다.

1. 만기지급액을 구하기 위해 [G4] 셀을 선택하고, [수식] 탭–[함수 라이브러리] 그룹–[재무]–[FV]를 클릭합니다.

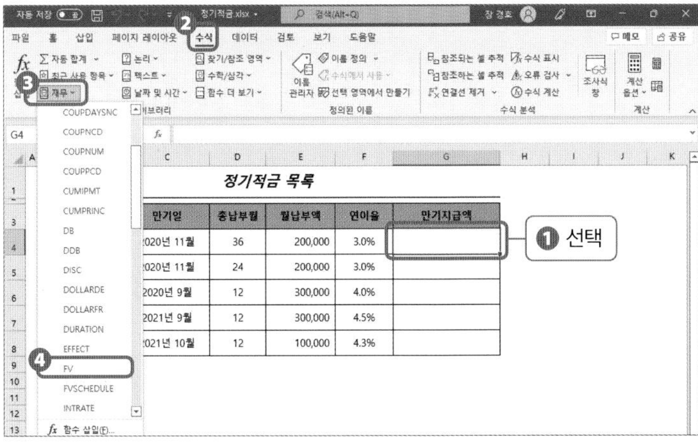

2. [함수 인수] 대화상자가 나타나면 [Rate]에 『F4/12』, [Nper]에 『D4』, [Pmt]에 『−E4』, [Type]에 『1』을 입력하고 [확인]을 클릭합니다. [Pv]는 비워둡니다.

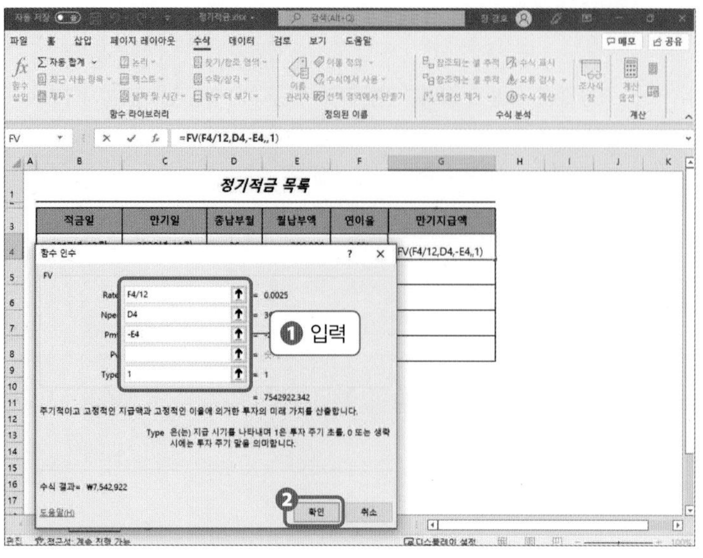

3. 결과값을 확인합니다. 참고로 수식 입력줄에 들어가는 수식은 '=FV(F4/12,D4,−E4,,1)'입니다. [G4] 셀의 채우기 핸들을 [G8] 셀까지 드래그하여 수식을 완성합니다.

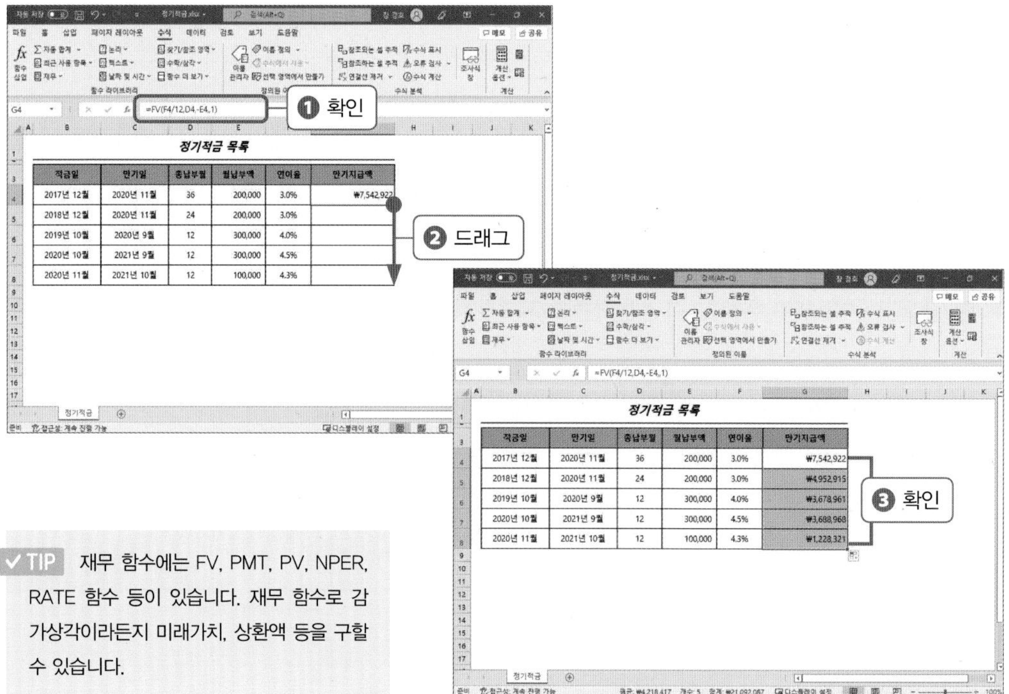

✓TIP 재무 함수에는 FV, PMT, PV, NPER, RATE 함수 등이 있습니다. 재무 함수로 감가상각이라든지 미래가치, 상환액 등을 구할 수 있습니다.

Excel 049

가상 분석을 이용하여 목표값 찾기

중요도 ★★★☆☆

목표값 찾기는 하나의 값을 기준으로 셀의 특정 값을 찾는 기능입니다. 2분기에 발주해야 하는 총액이 3,000,000원이 되게 하기 위해서는 '가죽케이스'를 얼마나 판매해야 하는지 목표값 찾기를 통해 알아보겠습니다.

사용 가능 버전 2010 2013 2016 2019 2021 365
사용한 기능 가상 분석, 목표값 찾기

예제 파일 Excel\Chapter 02\제품발주현황.xlsx
완성 파일 Excel\Chapter 02\제품발주현황_완성.xlsx

1. [J14] 셀을 선택하고 [데이터] 탭–[예측] 그룹–[가상 분석]–[목표값 찾기]를 클릭합니다. [목표값 찾기] 대화상자가 나타나면 [수식 셀]은 『J14』, [찾는 값]은 『3,000,000』, [값을 바꿀 셀]은 [H4] 셀로 설정하고 [확인]을 클릭합니다.

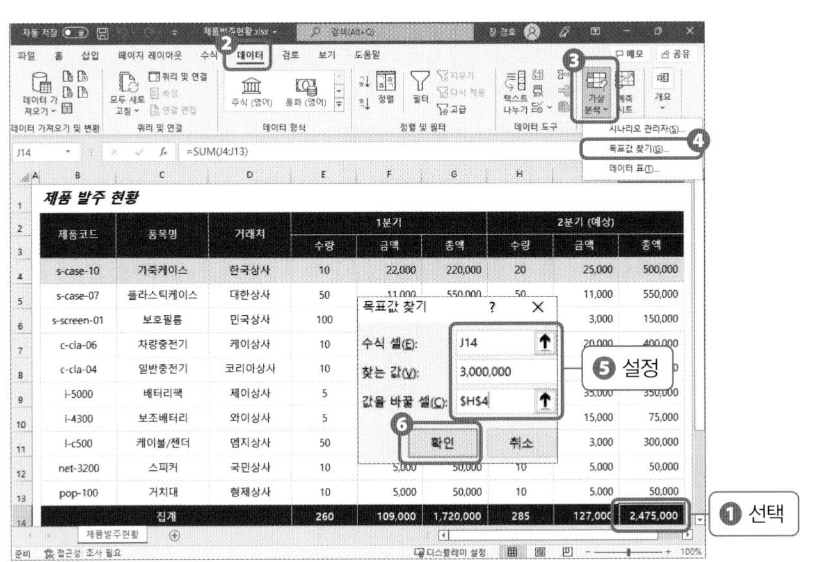

2. [목표값 찾기 상태] 대화상자가 나타나면 [확인]을 클릭합니다. 목표값 결과가 워크시트에 반영됩니다.

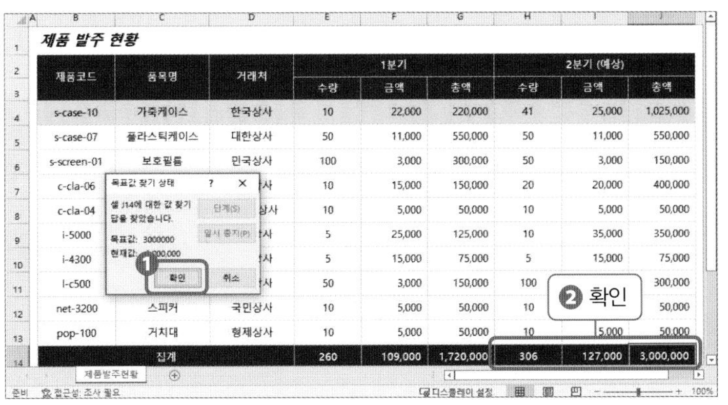

✓TIP 2분기에 예상하는 발주 총액을 3,000,000원으로 조정하기 위해서 가죽케이스를 41개 판매해야 함을 알 수 있습니다.

Excel 050

중요도 ★★★

할인가에 따른 변동 수익률 시나리오 작성하기

시나리오는 입력한 데이터를 바탕으로 여러 가지 상황을 가상으로 설정해 보고 다양한 결과를 예측해 보는 기능입니다.

사용 가능 버전 2010 2013 2016 2019 2021 365
사용한 기능 가상 분석, 시나리오 관리자

예제 파일 Excel\Chapter 02\제품발주현황2.xlsx
완성 파일 Excel\Chapter 02\제품발주현황2_완성.xlsx

1. 2분기에 예상하는 제품 판매 금액을 여러 각도에서 다르게 분석하기 위해 [데이터] 탭-[예측] 그룹-[가상 분석]-[시나리오 관리자]를 클릭합니다.

✓ TIP 시나리오는 입력한 데이터를 바탕으로 여러 변수에 대해 다양한 결과를 미리 예측해 보는 기능입니다.

2. [시나리오 관리자] 대화상자가 나타나면 [추가]를 클릭합니다.

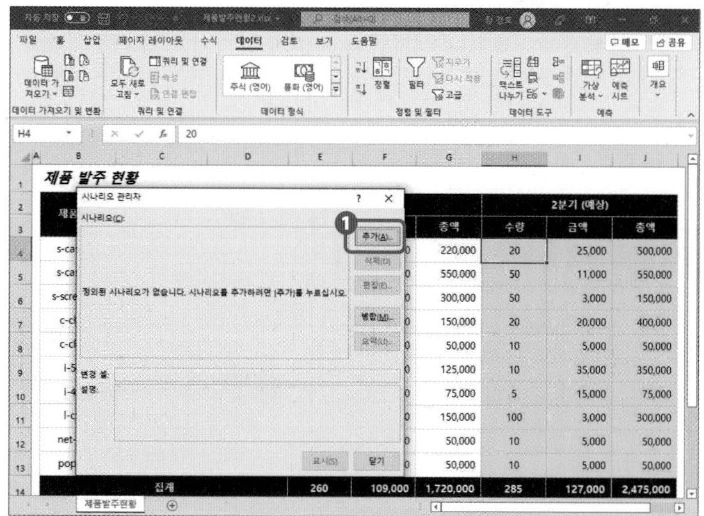

3. [시나리오 편집] 대화상자가 나타나면 [시나리오 이름]은 『현재가』를 입력하고, [변경 셀]에는 [I4:I13] 영역을 드래그하여 선택한 후 [확인]을 클릭합니다.

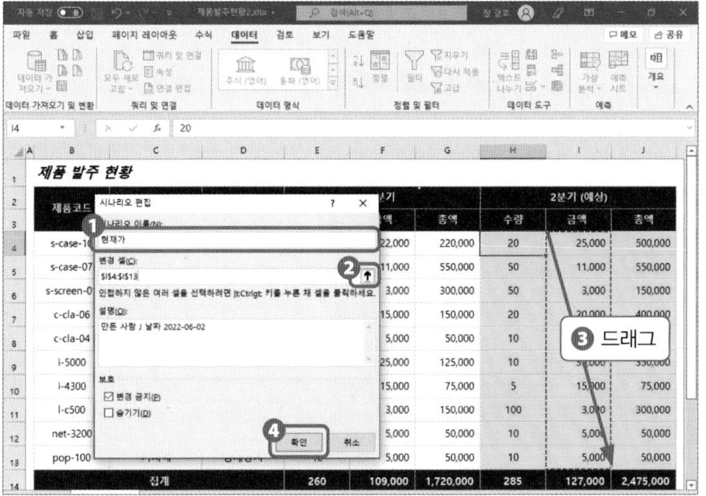

4. [시나리오 값] 대화상자가 나타나면 각 셀에 해당하는 값이 나타납니다. 원래 값을 그대로 사용하기 위해 [추가]를 클릭합니다.

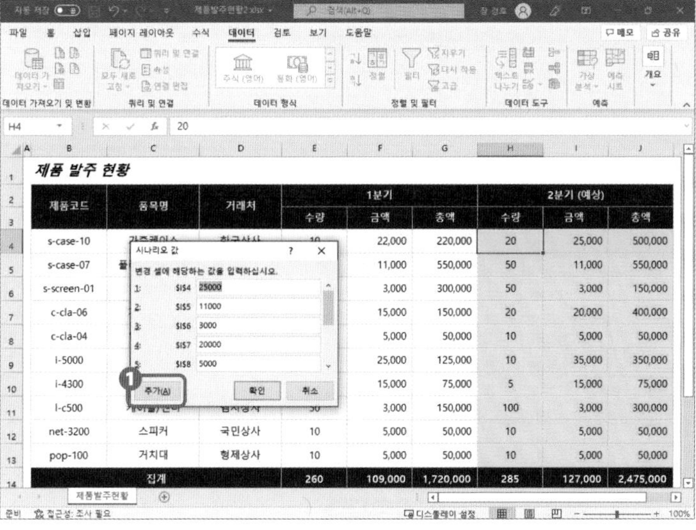

5. [시나리오 추가] 대화상자가 나타나면 [시나리오 이름]은 『이벤트가』를 입력하고, [변경 셀]에는 [I4:I13] 영역이 입력되어 있는지 확인한 후 [확인]을 클릭합니다.

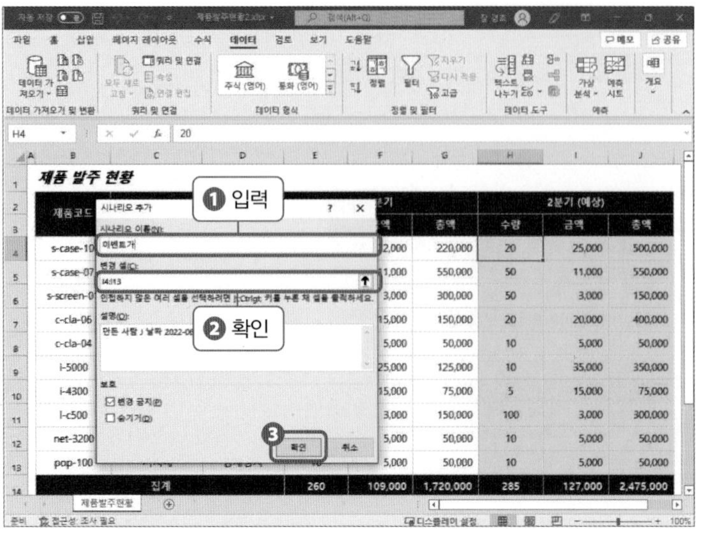

6. [시나리오 값] 대화상자가 나타나면 각 셀에 해당하는 값을 다음과 같이 변경합니다. [확인]을 클릭합니다.

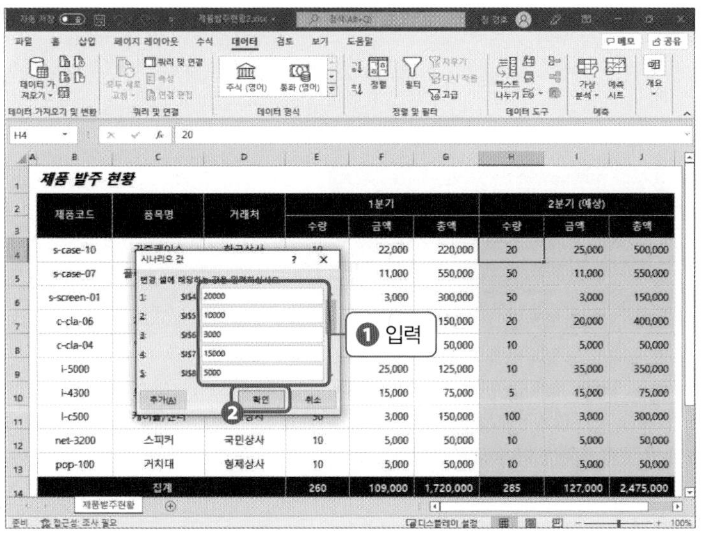

✓ TIP 시나리오를 더 추가하고 싶으면 [시나리오 값] 대화상자에서 [추가]를 클릭합니다.

7. [시나리오 관리자] 대화상자가 나타나면 [요약]을 클릭합니다. [시나리오 요약] 대화상자가 나타나면 [보고서 종류]에 [시나리오 요약]을 체크합니다. [결과 셀]에는 [J4:J13] 영역을 드래그하여 선택하고 [확인]을 클릭합니다.

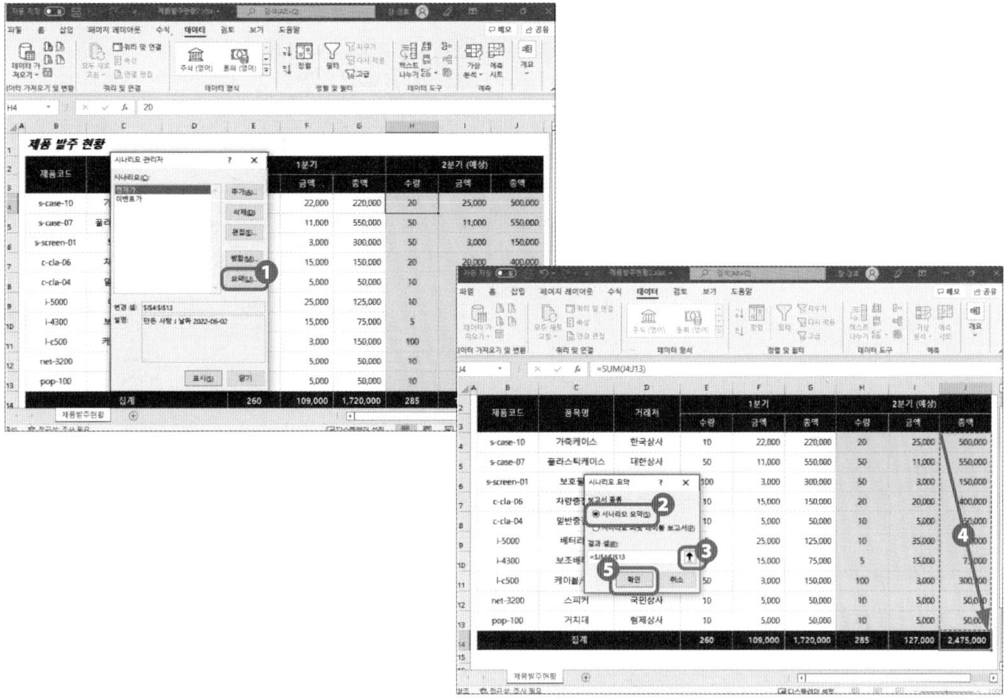

8. [시나리오 요약] 시트가 추가되면서 시나리오 요약 보고서가 완성됩니다. 간단히 요약하자면 가죽케이스의 경우 금액 25,000원을 이벤트가 20,000원으로 조정할 경우 400,000원의 매출 실적이 보고된다고 요약할 수 있습니다.

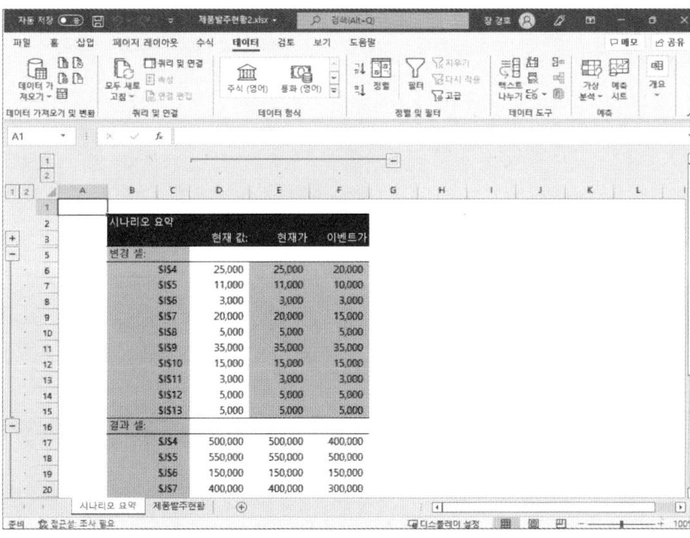

엑셀

표와 차트 분석 기술

엑셀의 표나 차트는 워크시트에 입력하는 순간부터 빠르게 분석하고 원하는 데이터로 변환할 수 있습니다. 표를 통해 데이터를 구분하고 데이터 사이의 관계를 쉽게 판단할 수 있으며, 차트를 통해 수치 데이터를 그래프로 변환하여 원하는 형식의 시각적인 도구로 만들 수 있습니다. 이를 통해 데이터의 추이나 특징을 한눈에 알 수 있습니다. 이번 챕터에서는 엑셀의 표와 차트의 기능 중에서 꼭 알아야 하는 기능 위주로 살펴보겠습니다.

• 학습 내용

Excel 051

중요도 ★★★★★

내 마음대로 꾸미는 표 스타일 살펴보기

일반 데이터베이스에 표 스타일을 지정하면 보다 깔끔하고 편하게 데이터베이스를 관리할 수 있습니다.

사용 가능 버전 2010 2013 2016 2019 2021 365
사용한 기능 표 만들기, 표 스타일, 필터 단추, 내림차순 정렬

예제 파일 Excel\Chapter 03\입주단지.xlsx
완성 파일 Excel\Chapter 03\입주단지_완성.xlsx

1. 데이터가 입력된 셀 하나를 선택하고 [삽입] 탭-[표] 그룹-[표]를 클릭합니다. [표 만들기] 대화상자가 나타나면 표로 만들고 싶은 셀 범위인 [B3:E35] 영역이 제대로 지정되어 있는지 확인하고 [확인]을 클릭합니다. 제대로 지정되어 있지 않다면 [B3:E35] 영역을 지정하고 [확인]을 클릭합니다.

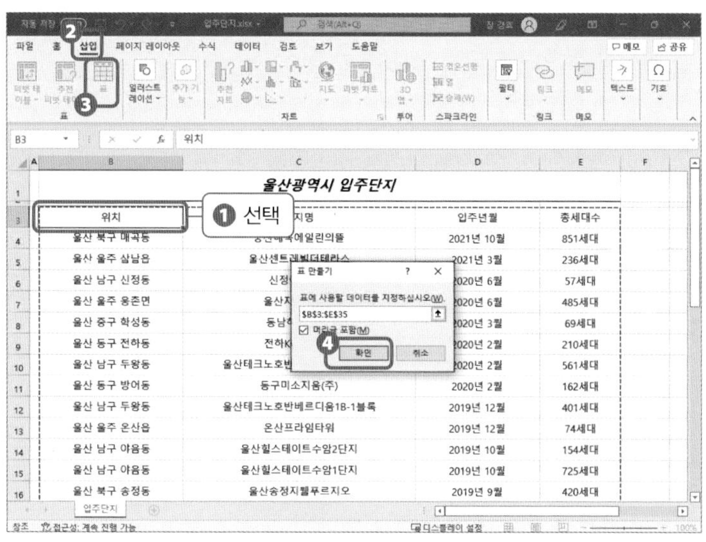

✔TIP [삽입] 탭-[표] 그룹-[표]를 클릭하면 일반적으로 선택한 셀이 있는 데이터 영역이 자동으로 선택됩니다. 표에 사용할 데이터는 지금처럼 마우스 드래그를 통해 손쉽게 조정할 수 있습니다.

✔TIP [표 만들기] 대화상자에서 [머리글 포함]의 체크를 해제하면 머리글도 데이터로 인식하여 스타일이 지정됩니다.

2. 데이터가 표로 전환되면 표의 마지막 열에 데이터를 입력할 경우 표 스타일이 자동으로 적용됩니다. [B36] 셀을 선택하고 『울산 북구 산하동』을 입력한 후 Enter 를 누릅니다.

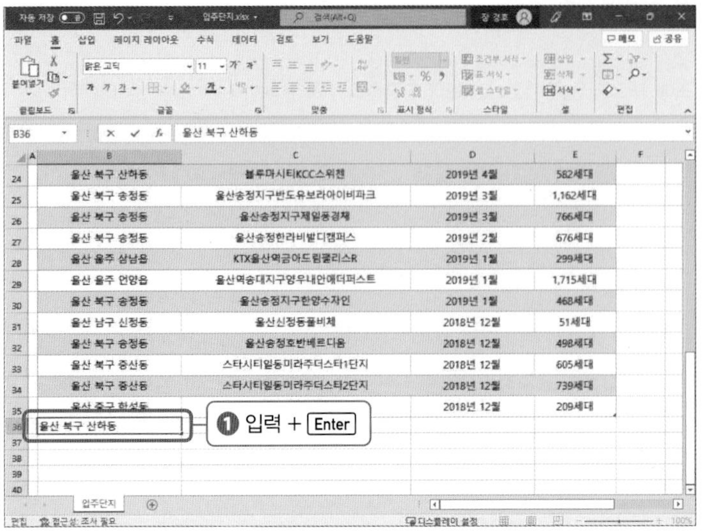

3. 자동으로 입력한 데이터가 표 영역에 포함되며, 셀 서식이 적용되는 것을 확인할 수 있습니다. [자동 고침 옵션]( )을 클릭하면 입력할 때 자동 서식을 지정할지 선택할 수 있습니다. [표 자동 확장 취소]나 [표 자동 확장 중지]를 선택하면 지금과 같이 데이터를 추가할 때 자동으로 셀 서식이 적용되지 않습니다.

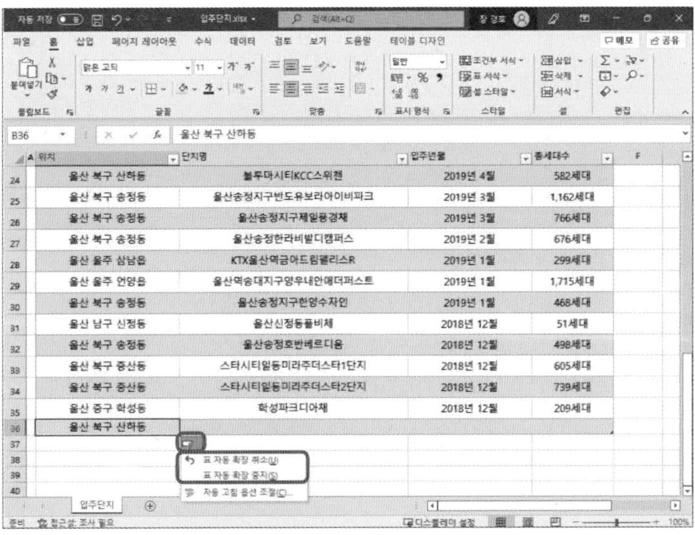

4. 이처럼 표 스타일이 적용되면 필터 단추가 생성되는데 필터 단추를 클릭하면 텍스트를 오름차순 또는, 내림차순 할 수 있습니다. [B3] 셀의 필터 단추를 클릭하고 [텍스트 오름차순 정렬]을 선택합니다.

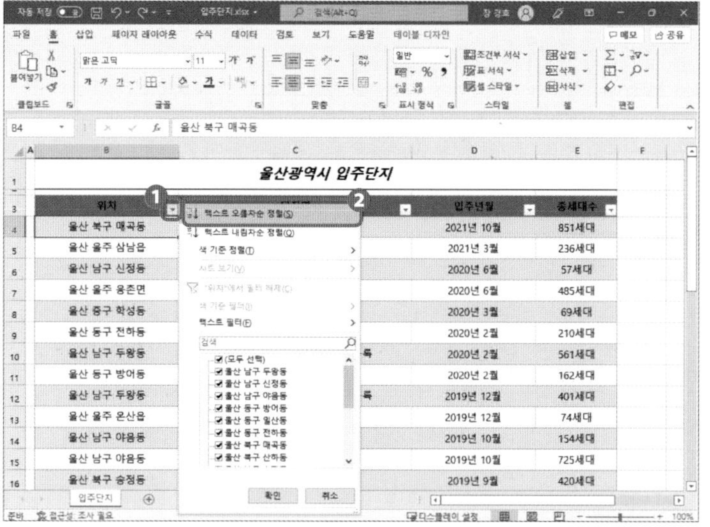

5. 기준일을 기준으로 오름차순으로 정렬됩니다. 표에 지정된 색상이 마음에 들지 않을 경우 색상을 변경할 수 있습니다. 셀을 하나 선택한 후 [표 도구]－[디자인] 상황별 탭 또는, [테이블 디자인] 탭을 클릭합니다. [표 스타일] 그룹－[자세히](⊽)를 클릭한 후 원하는 스타일을 선택하면 별다른 서식 적용 없이도 빠르게 표 스타일이 변경됩니다.

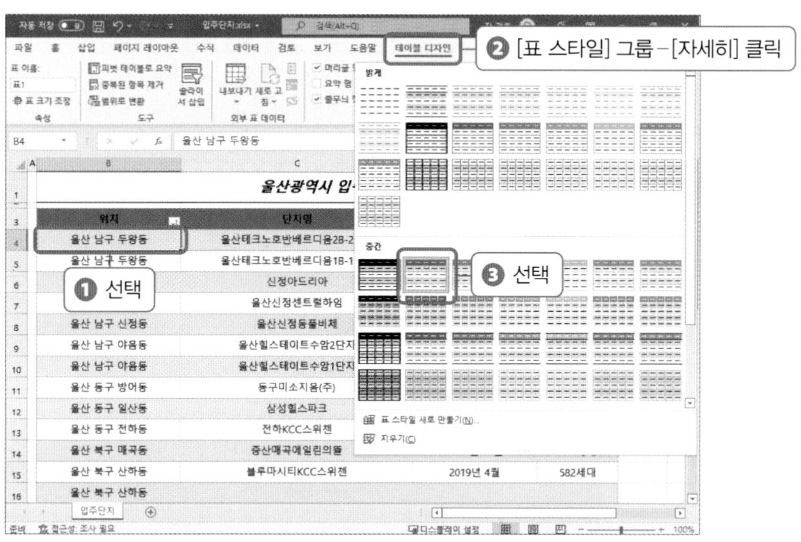

✓TIP 표 스타일은 [홈] 탭－[스타일] 그룹－[표 서식]을 클릭해도 지정할 수 있습니다.

Excel
052

중요도
★★★★★

표 형식의 데이터를 일반 데이터베이스로 변경하기

표 서식을 적용하면 자동으로 서식이 적용되기에 무척 편리합니다. 하지만, 표 서식이 적용되지 않은 일반 서식이 때로는 편하기도 합니다. 일반 서식으로 변경하면 [표 도구] 상황별 탭을 비롯해 필터 기능, 표 자동 확장 등은 더 이상 사용할 수 없지만 기존에 적용했던 서식과 데이터 등은 그대로 유지됩니다.

사용 가능 버전 2010 2013 2016 2019 2021 365
사용한 기능 범위로 변환

예제 파일 Excel\Chapter 03\입주단지2.xlsx
완성 파일 Excel\Chapter 03\입주단지2_완성.xlsx

1. 표 서식이 지정된 임의의 셀을 선택한 다음 [표 도구]-[디자인] 상황별 탭이나 [테이블 디자인] 탭을 클릭합니다. [도구] 그룹-[범위로 변환]을 클릭합니다. '표를 정상 범위로 변환하시겠습니까?'라는 경고 창이 나타나면 [예]를 클릭합니다.

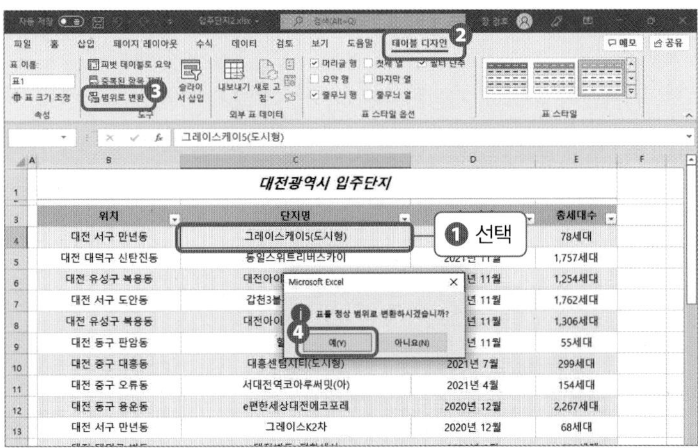

2. 필터를 비롯해 자동 확장 기능이 삭제된 범위로 표가 변환됩니다.

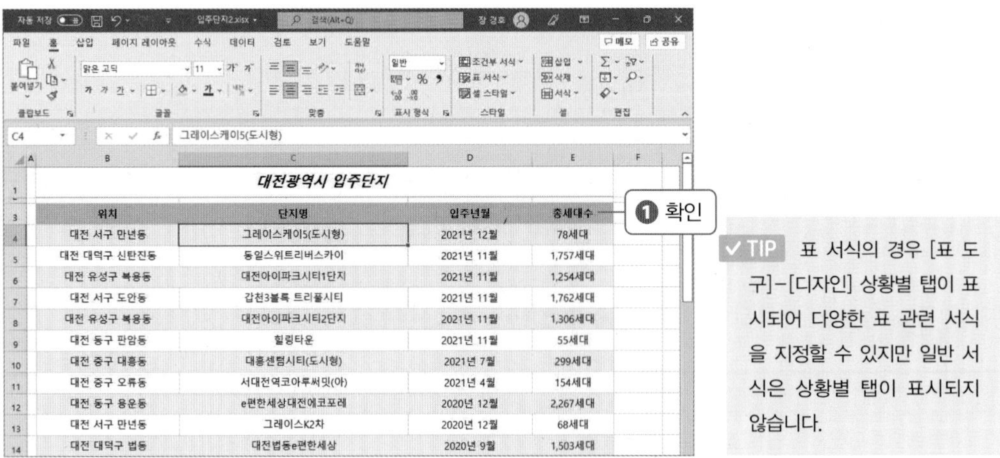

✓ TIP 표 서식의 경우 [표 도구]-[디자인] 상황별 탭이 표시되어 다양한 표 관련 서식을 지정할 수 있지만 일반 서식은 상황별 탭이 표시되지 않습니다.

Excel 053 표 서식의 마지막 행에 요약 행 지정하기

중요도 ★★★★★

요약 행을 추가하면 별도로 합계나 평균 등의 수식을 지정하지 않아도 평균, 최대값, 최소값, 합계 등 표의 요약한 결과값을 표시할 수 있습니다.

사용 가능 버전 2010 2013 2016 2019 2021 365
사용한 기능 표 스타일 옵션, 요약 행

예제 파일 Excel\Chapter 03\성과표.xlsx
완성 파일 Excel\Chapter 03\성과표_완성.xlsx

1. 이번 예제는 표 서식이 이미 적용되어 있습니다. [B18] 셀을 선택하고 『장소미』를 입력한 후 Tab 을 누릅니다.

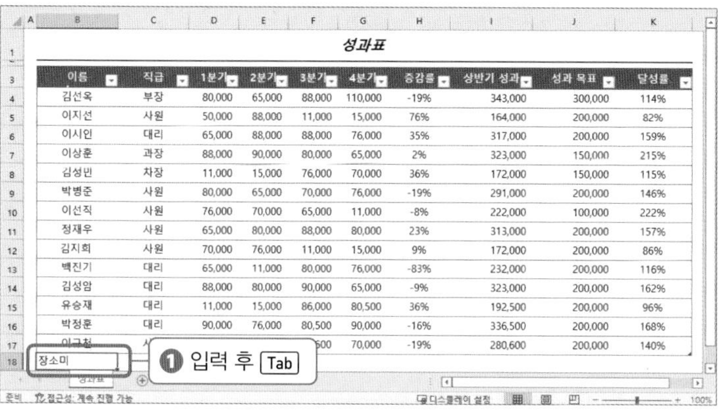

2. 자동으로 표가 확장되면서 행이 추가됩니다. [직급], [1분기], [2분기], [3분기], [4분기], [상반기 성과], [성과 목표] 열에 그림과 같이 데이터를 입력합니다.

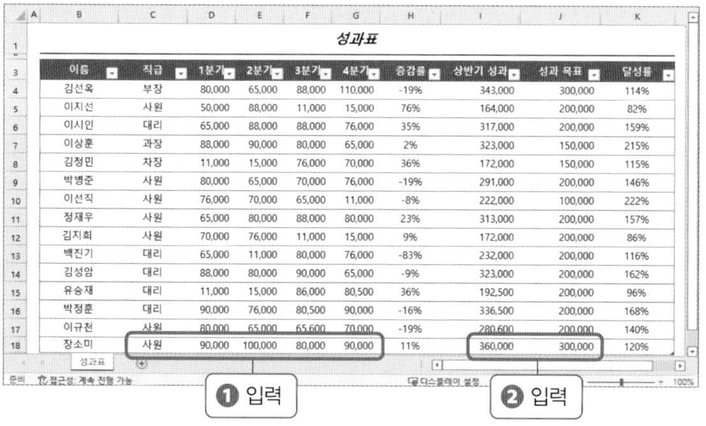

성과표

이름	직급	1분기	2분기	3분기	4분기	증감률	상반기 성과	성과 목표	달성률
김선옥	부장	80,000	65,000	88,000	110,000	-19%	343,000	300,000	114%
이지선	사원	50,000	88,000	11,000	15,000	76%	164,000	200,000	82%
이시인	대리	65,000	88,000	88,000	76,000	35%	317,000	200,000	159%
이상훈	과장	88,000	90,000	80,000	65,000	2%	323,000	150,000	215%
김정민	차장	11,000	15,000	76,000	70,000	36%	172,000	150,000	115%
박병준	사원	80,000	65,000	70,000	76,000	-19%	291,000	200,000	146%
이선직	사원	76,000	70,000	65,000	11,000	-8%	222,000	100,000	222%
정재우	사원	65,000	80,000	88,000	80,000	23%	313,000	200,000	157%
김지희	사원	70,000	76,000	11,000	15,000	9%	172,000	200,000	86%
백진기	대리	65,000	11,000	80,000	76,000	-83%	232,000	200,000	116%
김성암	대리	88,000	80,000	90,000	65,000	-9%	323,000	200,000	162%
유승재	대리	11,000	15,000	86,000	80,500	36%	192,500	200,000	96%
박정훈	대리	90,000	76,000	80,500	90,000	-16%	336,500	200,000	168%
이규천	사원	80,000	65,000	65,600	70,000	-19%	280,600	200,000	140%
장소미	사원	90,000	100,000	80,000	90,000	11%	360,000	300,000	120%

✓ TIP [증감률]에는 백분율로 표시되어야 하지만 백분율이 아닌 숫자 '0'으로 표시된다면 이는 셀 서식의 표시 형식이 잘못되어 그런 것입니다. [H18] 셀을 선택하고 [홈] 탭 – [표시 형식] 그룹 – [범주] – [백분율]을 클릭합니다.

3. 이번에는 요약 행을 설정해 보겠습니다. 요약 행을 설정하기 위해 [표 도구]-[디자인] 상황별 탭이나 [테이블 디자인] 탭을 클릭하고, [표 스타일 옵션] 그룹-[요약 행]에 체크합니다. 요약 행이 표의 맨 밑에 삽입되면 원하는 요약 함수를 지정해 봅니다. [D19] 셀을 선택하면 요약 함수를 지정할 수 있도록 화살표 단추가 표시됩니다. 화살표 단추를 클릭하여 원하는 요약 함수를 지정합니다. 여기서는 [평균]을 선택해 보겠습니다.

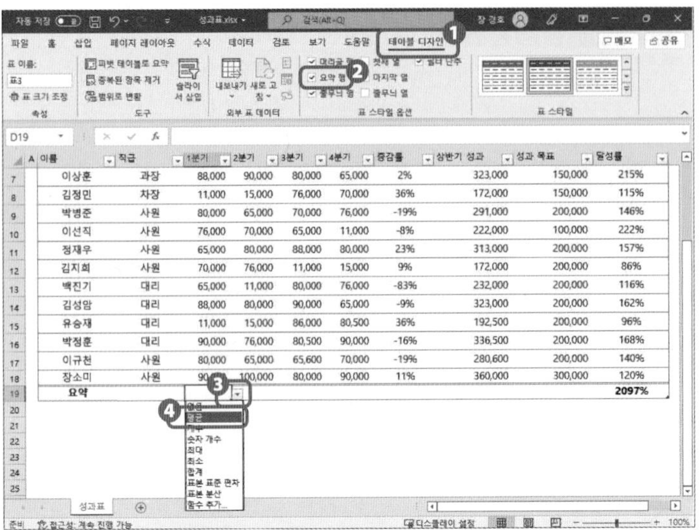

4. 동일한 방법으로 나머지 항목에도 요약 행을 표시한 후 완성합니다.

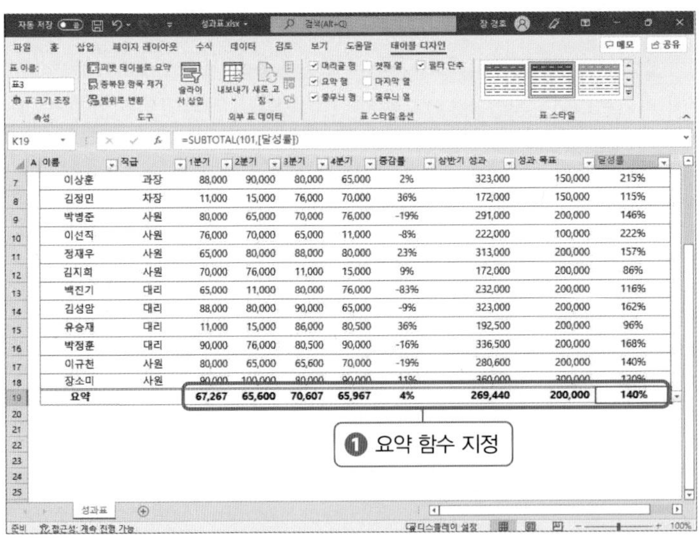

✔ TIP 요약 행을 클릭하면 나타나는 화살표 단추를 클릭한 후 원하는 함수가 없다면 [함수 추가]를 클릭합니다. [함수 추가]를 클릭하면 보다 다양한 함수를 요약 행에 적용할 수 있습니다.

Excel 054

차트 요소를 자유롭게 수정하여 원하는 결과 얻기

중요도 ★★★★★

차트를 만들기전에 먼저 데이터 영역을 지정해야 합니다. 데이터 영역을 지정하면 클릭 몇 번으로 세련된 디자인의 차트를 만들 수 있습니다.

사용 가능 버전 2010 2013 2016 2019 2021 365
사용한 기능 추천 차트, 차트 종류 변경, 차트 이동, 차트 요소, 차트 필터
예제 파일 Excel\Chapter 03\실적비교.xlsx
완성 파일 Excel\Chapter 03\실적비교_완성.xlsx

1. 차트로 만들고 싶은 데이터 영역을 먼저 선택합니다. 여기서는 [B4:B20] 영역을 선택하고 Ctrl을 누른 상태로 [G4:G20] 셀을 드래그합니다. [삽입] 탭-[차트] 그룹-[세로 또는 가로 막대형 차트 삽입]-[2차원 세로 막대형]-[묶은 세로 막대형]을 클릭합니다.

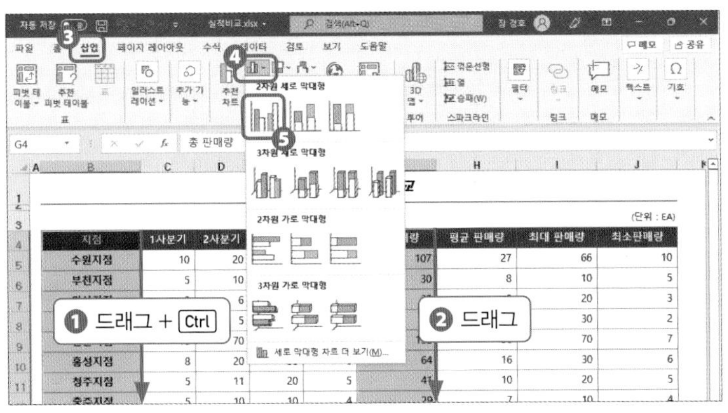

✓TIP 데이터 영역을 선택한 상태에서 F11을 누르면 'Chart1'이라는 새로운 시트에 차트가 삽입됩니다.

2. 워크시트에 차트가 삽입됩니다. 차트가 삽입되면 [차트 도구] 상황별 탭이 생성되거나 [차트 디자인] 탭, [서식] 탭이 생성됩니다. 차트를 원하는 위치로 이동한 후 크기 조절 핸들을 드래그하여 크기를 조절합니다.

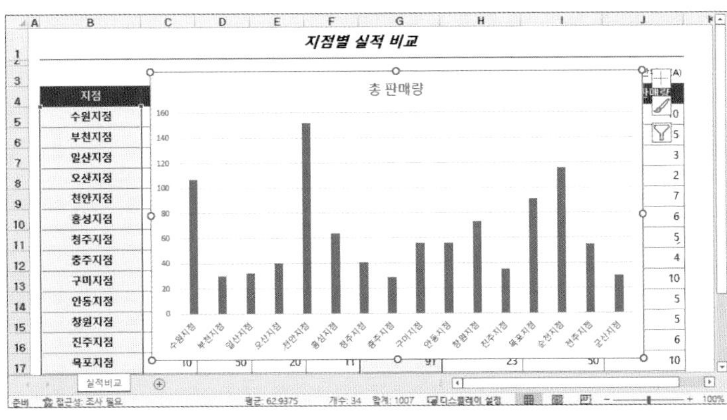

3. 생성한 차트를 새로운 시트에 옮겨보겠습니다. 차트가 선택된 상태에서 [차트 도구]-[디자인] 상황별 탭이나 [차트 디자인] 탭-[위치] 그룹-[차트 이동]을 클릭합니다.

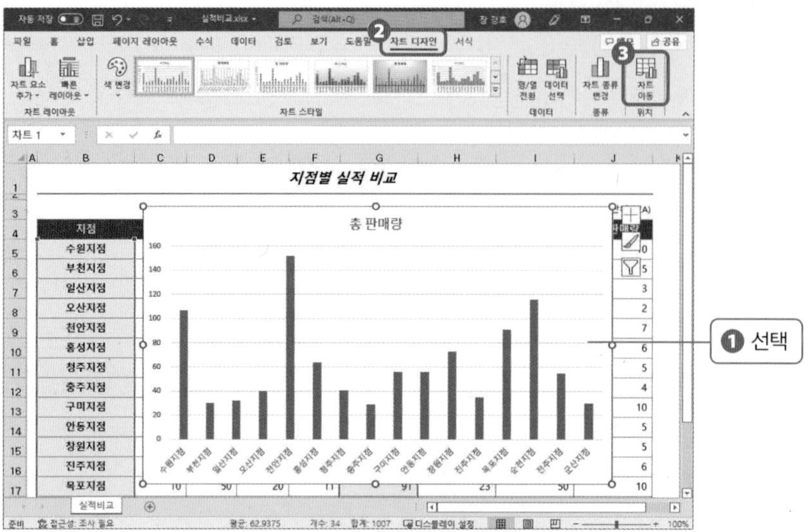

4. [차트 이동] 대화상자가 나타나면 [새 시트]를 체크합니다. 입력란에 『총판매량』을 입력하고 [확인]을 클릭합니다.

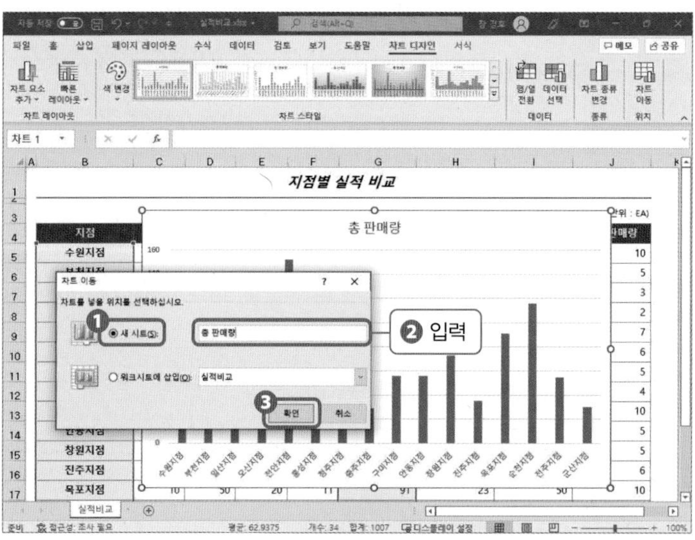

5. [총판매량]이라는 시트가 삽입됩니다. 차트의 색상을 변경하기 위해 [차트 도구]-[디자인] 상황별 탭이나 [차트 디자인] 탭-[차트 스타일] 그룹-[색 변경]을 클릭하고 원하는 색상을 선택합니다.

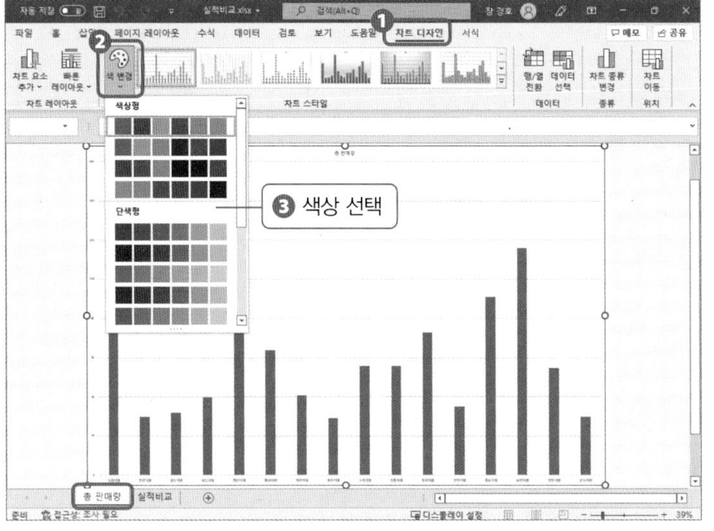

✓TIP [차트 도구]-[디자인] 상황별 탭-[차트 스타일] 그룹-[자세히](▼)를 클릭한 후 원하는 차트 스타일을 선택하면 차트의 스타일을 변경할 수 있습니다.

꼭 알고 가세요

차트의 구성 요소

차트 영역이나 그림 영역, 데이터 영역, 데이터 레이블 등 각각의 차트 구성 요소를 알고 있으면 차트 기능을 다룰 때 많은 도움이 됩니다.

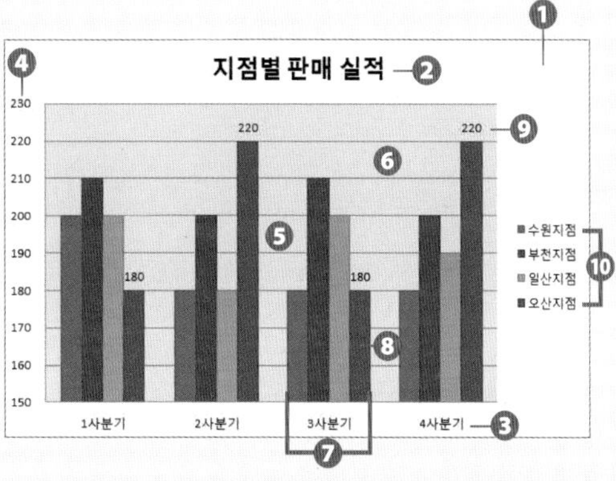

❶ 차트 영역 : 차트의 전체 부분을 말합니다.
❷ 차트 제목 : 차트의 제목을 말합니다.
❸ 가로 (항목) 축 : X축의 항목이 표시되는 부분입니다.
❹ 세로 (값) 축 : Y축의 값이 표시되는 부분입니다.
❺ 그림 영역 : 차트가 직접 그려진 그래프 그림을 말합니다.
❻ 눈금 영역 : 각 데이터의 측정 단위를 말합니다.
❼ 데이터 계열 : 데이터 영역 중 한 가지 종류를 데이터 계열이라고 합니다.
❽ 데이터 요소 : 데이터 계열 중 하나를 데이터 요소라고 합니다.
❾ 데이터 레이블 : 데이터 계열 또는, 요소의 값이나 이름을 표시합니다.
❿ 범례 영역 : 각 차트를 구별해주는 참조 영역을 말합니다.

■ **차트 종류와 용도**

엑셀이 제공하는 다양한 차트를 살펴보고, 각 차트별로 제공하는 하위 차트도 살펴보겠습니다.

차트 종류	설명	예
세로 막대형	시간의 경과에 따른 데이터 변동을 표시하거나 항목별 비교를 나타내는 데 유용합니다.	
꺾은선형	연속적인 데이터를 표시하거나 일정 간격에 따라 데이터의 추세를 표시하는 데 유용합니다.	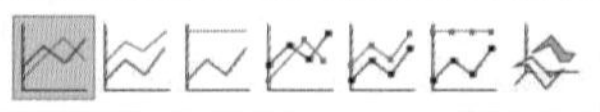
원형	열이나 행에 있는 데이터를 원형으로 나타내며, 데이터 요소는 원형 전체에 대한 백분율로 표시합니다.	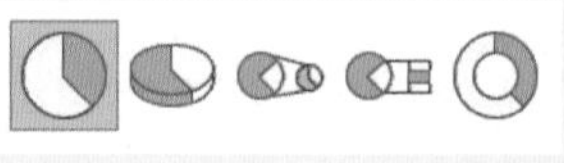
가로 막대형	여러 열이나 행에 있는 데이터를 가로 막대형 차트로 나타내는 데 유용합니다.	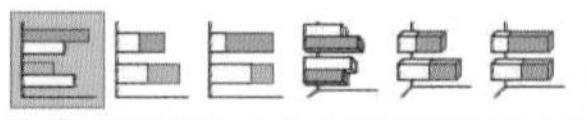
영역형	여러 열이나 행에 있는 데이터를 나타내며, 시간에 따른 변동의 크기나 합계 값을 추세와 함께 살펴볼 때 사용합니다.	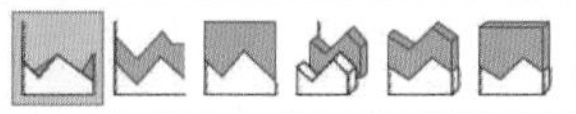
분산형	여러 데이터 계열에 있는 숫자 값 사이의 관계를 표시합니다.	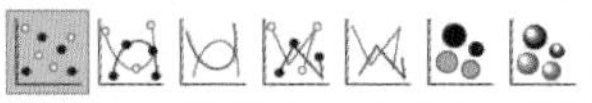
지도	지도 차트를 사용하여 값을 비교하고 여러 지역의 범주를 표시할 수 있습니다.	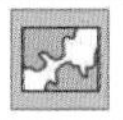
주식형	주가 변동을 나타내는 데 주로 사용합니다.	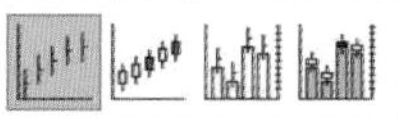
표면형	두 데이터 집합 간의 최적 조합을 찾을 때 유용합니다.	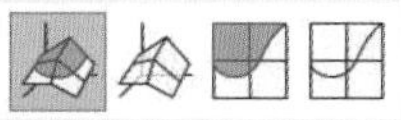
방사형	여러 데이터 계열의 집계 값을 비교합니다.	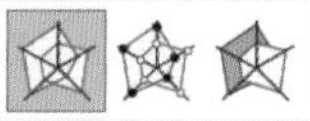
트리맵	색과 근접성을 기준으로 범주를 표시하며 다른 범주 수준을 비교합니다.	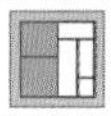
선버스트	하나의 고리 또는 원이 계층 구조의 각 수준을 표시. 가장 안쪽에 있는 원이 계층 구조의 가장 높은 수준을 표시합니다.	
히스토그램	분포 내의 빈도를 표현합니다.	
상자 수염	데이터 분포를 사분위수로 나타내며 평균 및 이상값을 강조하여 표시합니다.	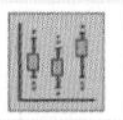
폭포	값이 추가되거나 뺄 때 재무 데이터의 총계를 표시합니다.	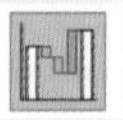
깔때기형	프로세스에서 여러 단계의 값이 표시합니다.	
혼합	계열이 두 개 이상일 경우 두 개의 차트를 하나의 차트에 표시합니다.	

Excel 055

중요도 ★★★★★

레이아웃 변경하고 차트 요소 추가하기

엑셀에서 제공하는 차트 스타일과 차트 레이아웃뿐만 아니라 빠른 레이아웃을 선택하여 차트의 레이아웃을 변경하거나 차트 요소 추가를 통해 차트 구성 요소를 변경할 수 있습니다.

사용 가능 버전 ~~2010~~ 2013 2016 2019 2021 365
사용한 기능 빠른 레이아웃, 차트 요소

예제 파일 Excel\Chapter 03\실적비교2.xlsx
완성 파일 Excel\Chapter 03\실적비교2_완성.xlsx

1. [총 판매량] 시트의 차트가 선택된 상태에서 [차트 도구]-[디자인] 상황별 탭이나 [차트 디자인] 탭을 클릭합니다. [차트 레이아웃] 그룹-[빠른 레이아웃]을 클릭합니다. 원하는 차트 레이아웃을 선택합니다. 여기서는 '레이아웃 5'를 선택합니다.

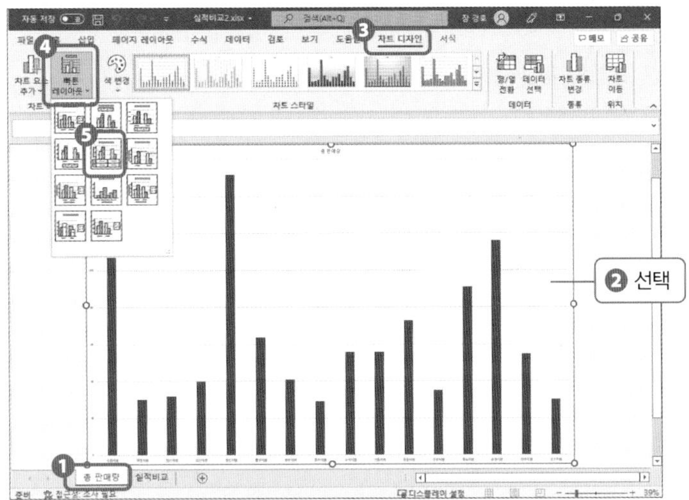

✔ TIP [빠른 레이아웃]은 차트 제목, 축이나 범례 등을 각기 다른 모양으로 제공합니다. '레이아웃 5'의 경우 차트의 수치 데이터를 표시하는 데이터 표를 차트에 표시해 줍니다.

2. 보다 다양한 차트 구성 요소를 추가하거나 삭제하기 위해 [차트 도구]-[디자인] 상황별 탭이나 [차트 디자인] 탭을 클릭합니다. [차트 레이아웃] 그룹-[차트 요소 추가]를 클릭합니다. 다양한 차트 구성 요소가 나타나는 데 여기서는 [오차 막대]-[표준 편차]를 클릭합니다.

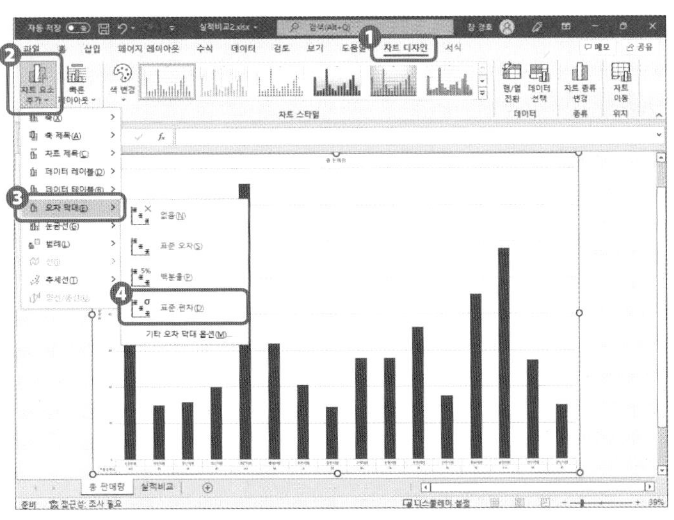

Excel
056

중요도
★★★☆☆

데이터 선택으로 차트 데이터 추가하기

차트를 만들기 위해 지정한 셀 영역이라고 하더라도, [데이터 선택]을 이용하면 지정한 셀 영역을 변경할 수 있습니다.

사용 가능 버전 ~~2010~~ 2013 2016 2019 2021 365
사용한 기능 차트 디자인, 데이터 선택

예제 파일 Excel\Chapter 03\실적비교3.xlsx
완성 파일 Excel\Chapter 03\실적비교3_완성.xlsx

1. [총 판매량] 시트의 차트가 선택된 상태에서 [차트 도구]–[디자인] 상황별 탭 또는, [차트 디자인] 탭을 클릭합니다. [데이터] 그룹–[데이터 선택]을 클릭합니다.

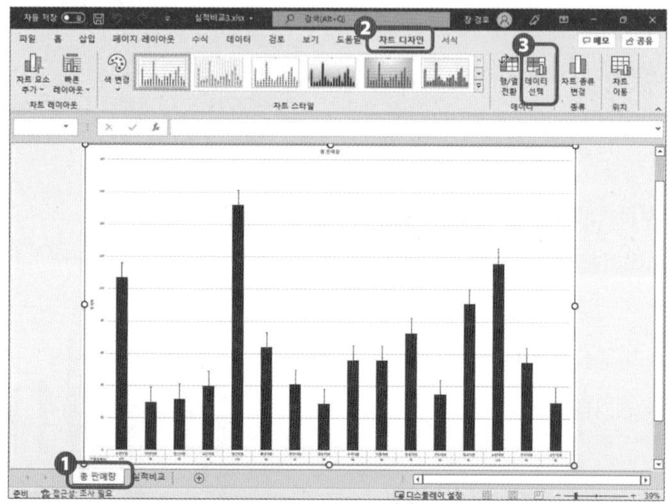

2. [데이터 원본 선택] 대화상자가 나타나면서 차트를 지정한 워크시트가 열립니다. 여기서는 전체 데이터를 차트로 표시하기 위해 [B4:J20] 영역을 드래그하여 선택하고 [확인]을 클릭합니다.

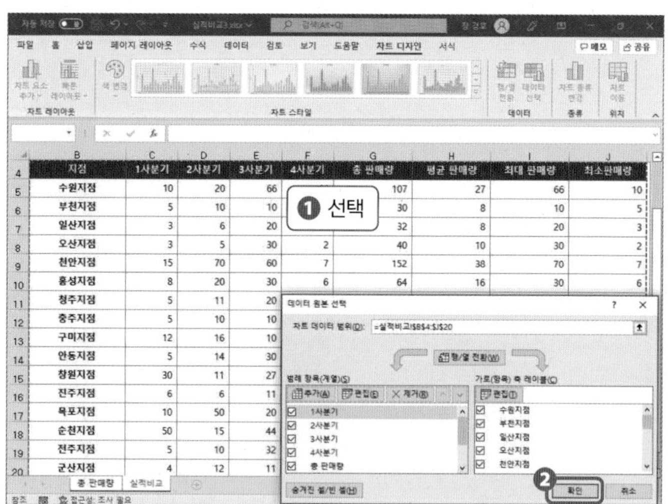

✓ TIP [데이터 원본 선택] 대화상자를 통해 데이터 범위를 다시 지정하거나, 범례 항목(계열)의 순서를 변경하거나, 가로(항목) 축 레이블의 값을 편집할 수 있습니다. 또한, 행/열 전환을 통해 가로와 세로 축 항목을 전환할 수 있습니다.

Excel 057

추천 차트로 빠르게 차트 완성하기

중요도 ★★★★★

각종 수치나 데이터를 차트를 통해 표현하면 시각적으로 우수한 자료를 만들 수 있습니다. 데이터에 적합한 차트를 찾기 어려울 경우 추천 차트를 통해 완성해 보세요. 또한, 빠른 실행 도구를 통해 원하는 차트를 빠르게 완성할 수 있습니다.

사용 가능 버전 ~~2010~~ 2013 2016 2019 2021 365
사용한 기능 추천 차트

예제 파일 Excel\Chapter 03\매출액.xlsx
완성 파일 Excel\Chapter 03\매출액_완성.xlsx

1. 추천 차트로 만들 영역을 드래그하여 선택합니다. [B3:B8] 영역을 드래그하여 선택하고 Ctrl을 누른 상태에서 [D3:G8] 영역을 드래그하여 선택합니다. [삽입] 탭–[차트] 그룹–[추천 차트]를 클릭합니다.

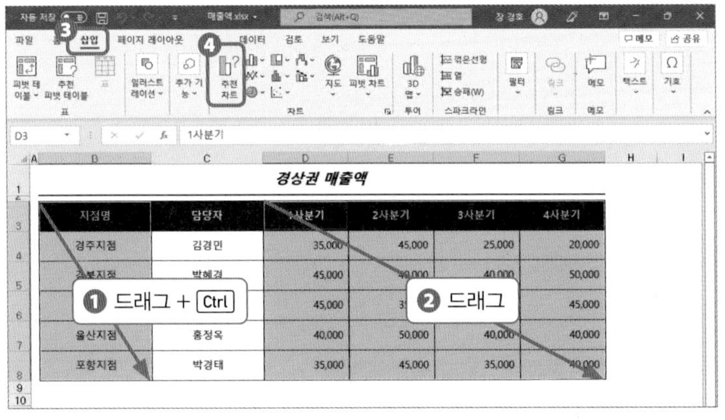

2. [차트 삽입] 대화상자가 나타나면 [추천 차트] 탭에서 표에 적합한 추천 차트를 보여줍니다. 적합한 차트를 선택합니다. 여기서는 [누적 가로 막대형]을 선택하고 [확인]을 클릭합니다.

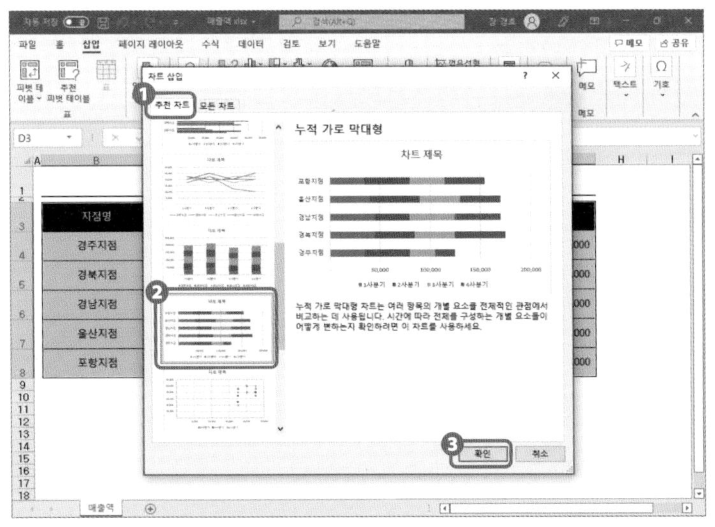

✔ TIP 추천 차트는 엑셀 2013 버전 이상부터 사용할 수 있습니다.

3. 선택한 차트가 삽입됩니다. 추천 차트를 통해 손쉽게 차트를 완성할 수 있습니다. 차트는 삽입되었지만 차트의 위치가 마음에 들지 않습니다. 차트를 새로운 시트에 옮겨보겠습니다. 차트가 선택된 상태에서 [차트 도구]-[디자인] 상황별 탭이나 [차트 디자인] 탭을 클릭하고, [위치] 그룹-[차트 이동]을 클릭합니다. [차트 이동] 대화상자가 나타나면 [새 시트]를 체크하고 『차트』를 입력한 후 [확인]을 클릭합니다.

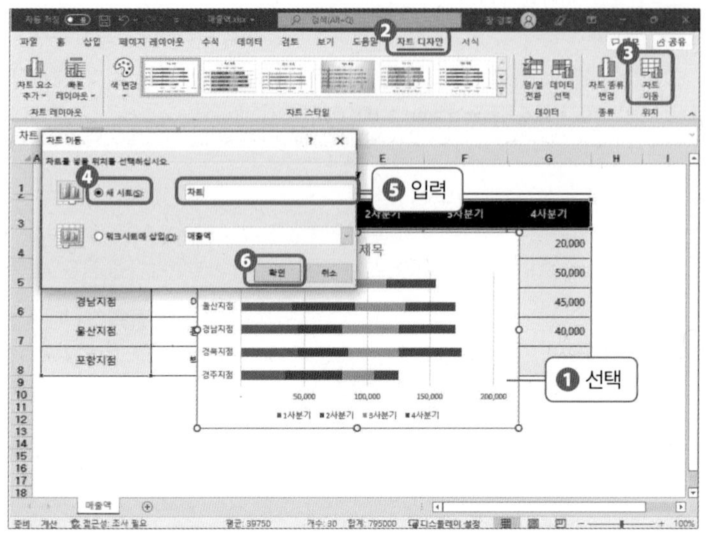

4. 새로운 시트가 생성되면서 차트만으로 구성된 시트가 완성됩니다. '차트 제목'을 클릭하고 『경상권 매출액』을 입력합니다. [홈] 탭-[글꼴] 그룹-[글꼴 크기]를 클릭한 후 『30』을 입력합니다.

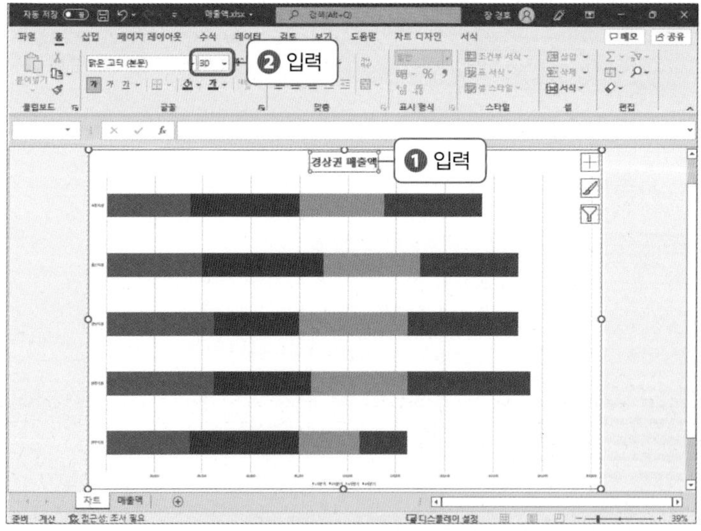

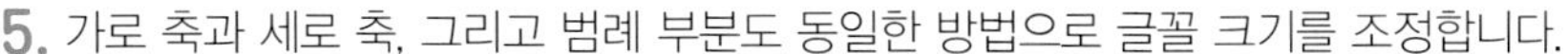

5. 가로 축과 세로 축, 그리고 범례 부분도 동일한 방법으로 글꼴 크기를 조정합니다.

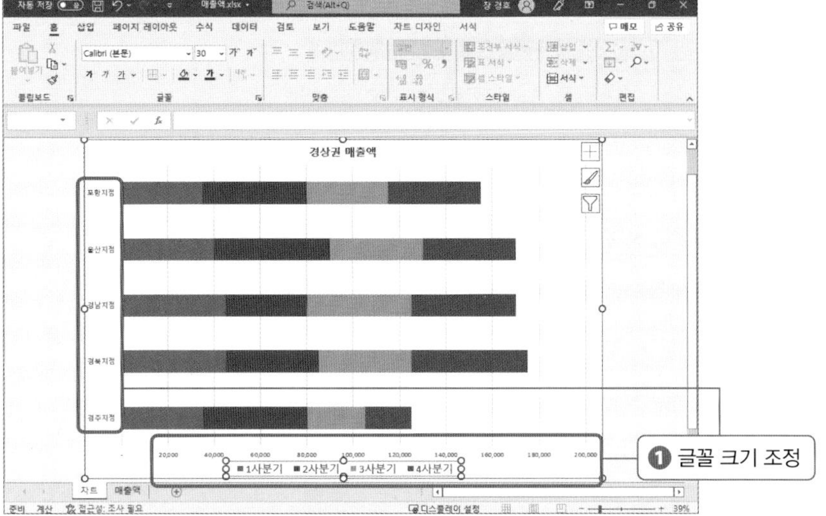

6. 차트를 선택하면 우측 상단에 빠른 실행 도구가 나타납니다. 이를 통해 차트 요소를 추가하거나 삭제하고 차트의 스타일과 색을 변경하거나 차트의 데이터 요소를 편집할 수 있습니다. 여기서는 [차트 필터]를 통해 필요한 부분만 남겨두고 나머지 부분은 숨겨보겠습니다. [차트 필터]를 클릭하고 [값] 탭의 [계열]-[1사분기]와 [3사분기]에 체크를 해제한 후 [적용]을 클릭합니다.

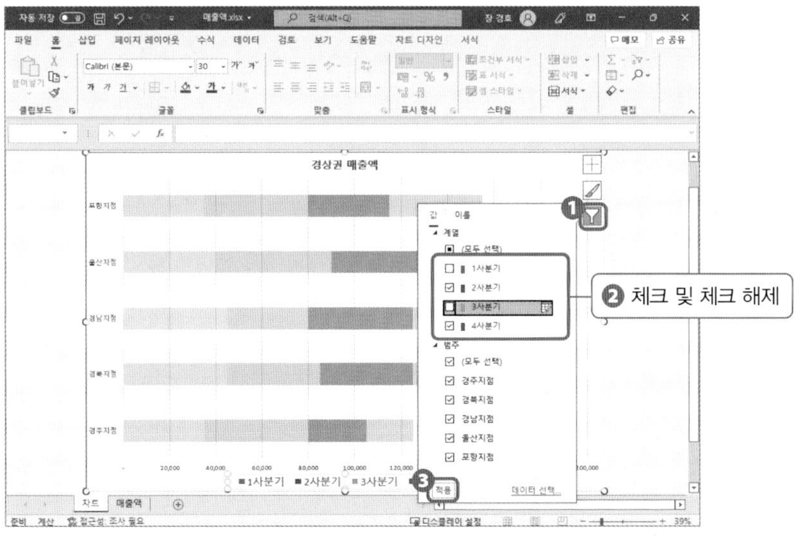

7. 1사분기와 3사분기가 차트에서 제외됩니다. 이처럼 빠른 실행 도구를 이용하면 원하는 요소만 추가하거나 삭제하여 차트를 완성할 수 있습니다.

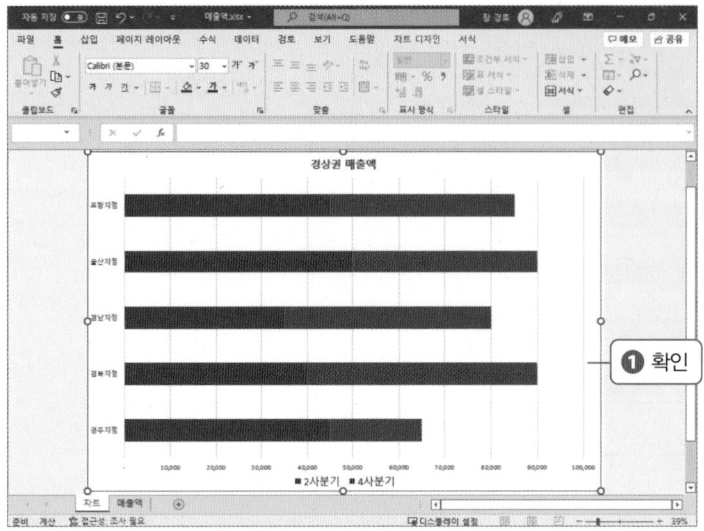

8. 엑셀 2013 버전 이상부터는 차트 오른쪽 상단에 빠른 실행 도구라는 새로운 기능을 통해 원하는 차트 요소나 스타일, 색 등을 보다 빠르게 수정할 수 있습니다.

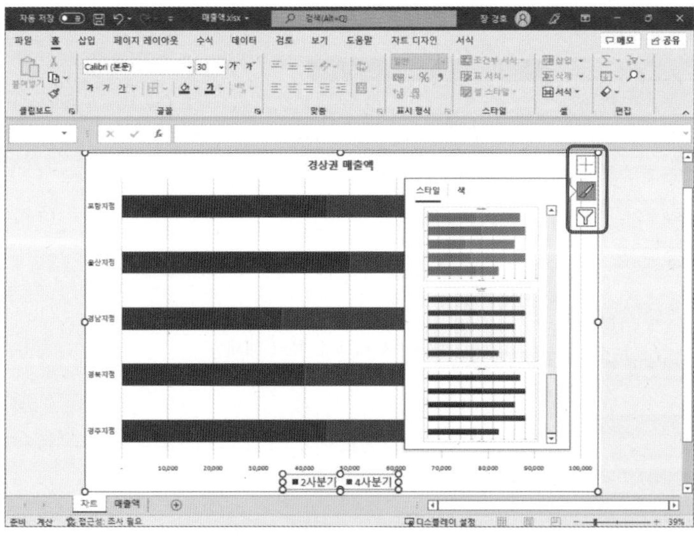

Excel
058

중요도 ★★★★

빠른 분석 도구로 빠르게 차트 만들고 분석하기

셀 영역을 드래그하여 선택하면 우측 하단에 빠른 분석 도구가 표시됩니다. 빠른 분석 도구는 서식이나 차트, 표, 스파크라인을 빠르고 쉽게 만들 수 있는 기능으로 여기서는 차트를 만들어보겠습니다. 또한, 간단하게 차트 항목을 추가하거나 위치를 변경하는 방법도 함께 알아보겠습니다.

사용 가능 버전 ~~2010~~ 2013 2016 2019 2021 365
사용한 기능 빠른 분석 도구, 묶은 가로 막대형

예제 파일 Excel\Chapter 03\인구변동추이.xlsx
완성 파일 Excel\Chapter 03\인구변동추이_완성.xlsx

1. 빠른 분석 도구로 빠르게 차트를 만들 [B3:C15] 영역을 드래그하여 선택합니다. 셀 우측 하단에 빠른 분석 도구가 나타나면 이를 클릭한 후 [차트] 탭–[묶은 가로 막대형]을 클릭합니다.

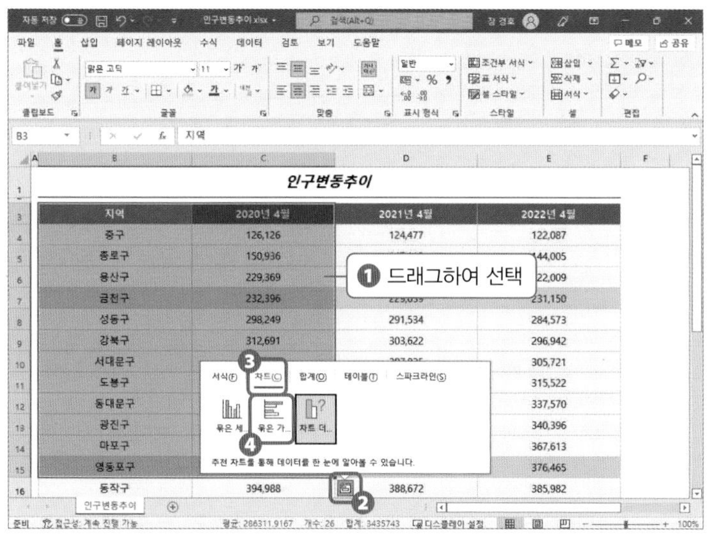

✓ TIP 빠른 분석 도구는 엑셀 2013 버전 이상부터 사용 가능합니다. 데이터 범위를 선택하면 자동으로 빠른 분석 도구가 표시됩니다. 빠른 분석 도구를 이용하면 한두 단계만으로 데이터를 차트나 표, 스파크라인으로 변환할 수 있습니다.

2. 데이터를 차트에 추가해야 할 경우에는 복사하기, 붙여 넣기만으로도 쉽게 추가할 수 있습니다. [D3:E15] 영역을 드래그하여 선택하고 Ctrl+C를 누릅니다. 차트를 선택하고 Ctrl+V를 누릅니다.

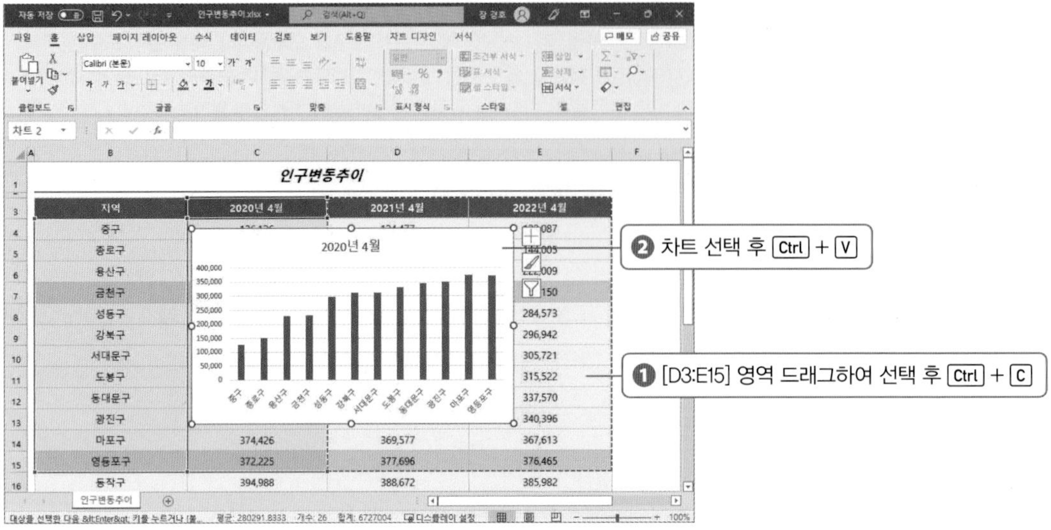

3. 복사한 셀까지 포함하여 차트가 업데이트됩니다. 차트의 위치와 크기를 조정한 후 이번에는 차트의 종류를 변경해 보겠습니다. [차트 도구]-[디자인] 상황별 탭이나 [차트 디자인] 탭의 [종류] 그룹-[차트 종류 변경]을 클릭합니다.

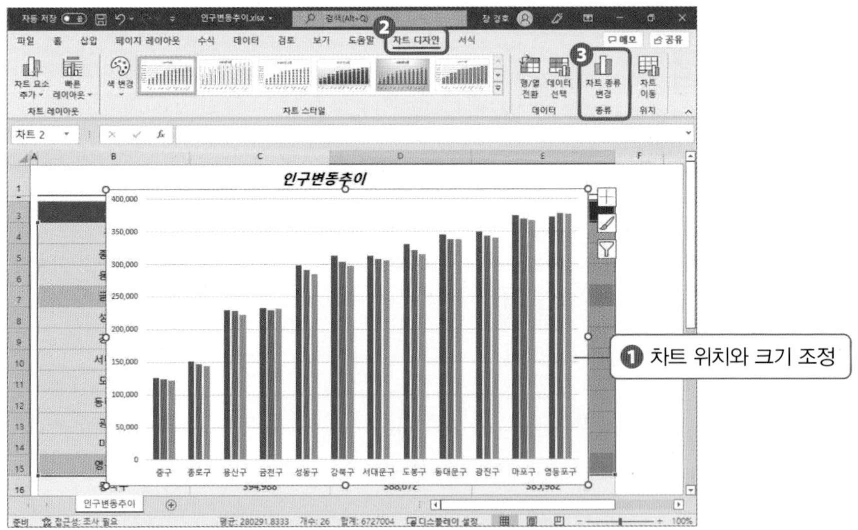

4. [차트 종류 변경] 대화상자가 나타나면 [꺾은선형]-[표식이 있는 꺾은선형]을 선택하고 [확인]을 클릭합니다.

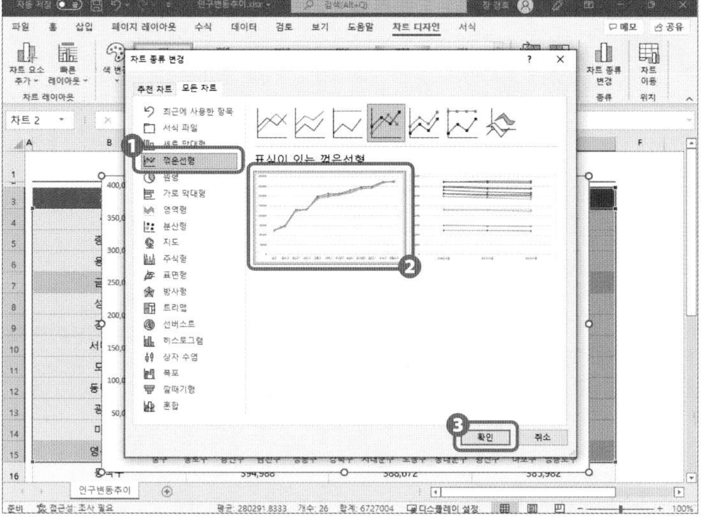

5. 차트는 완성했지만 축 값이 0부터 시작하기 때문에 공백이 많아 보기가 좋지 않습니다. 축 옵션을 조정해서 차트의 모양을 변경할 수 있습니다. 차트의 축을 두 번 클릭합니다. [축 서식] 옵션 창이 나타나면 [축 옵션]-[최소값]에 『100000』을 입력합니다. 축 옵션의 최소값이 '0'에서 '100,000'으로 변경되어 표시됩니다. [닫기]를 클릭합니다.

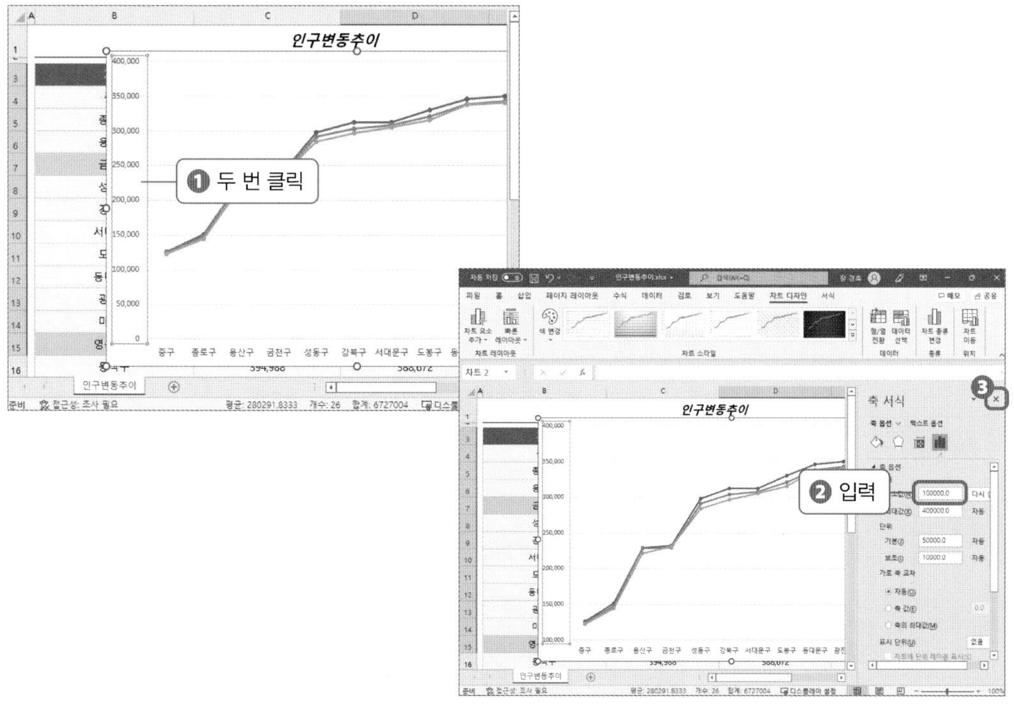

6. 차트의 범례를 추가하기 위해 [빠른 실행 도구]-[차트 요소]를 클릭한 후 [범례]에 체크합니다. 차트에 범례가 표시됩니다.

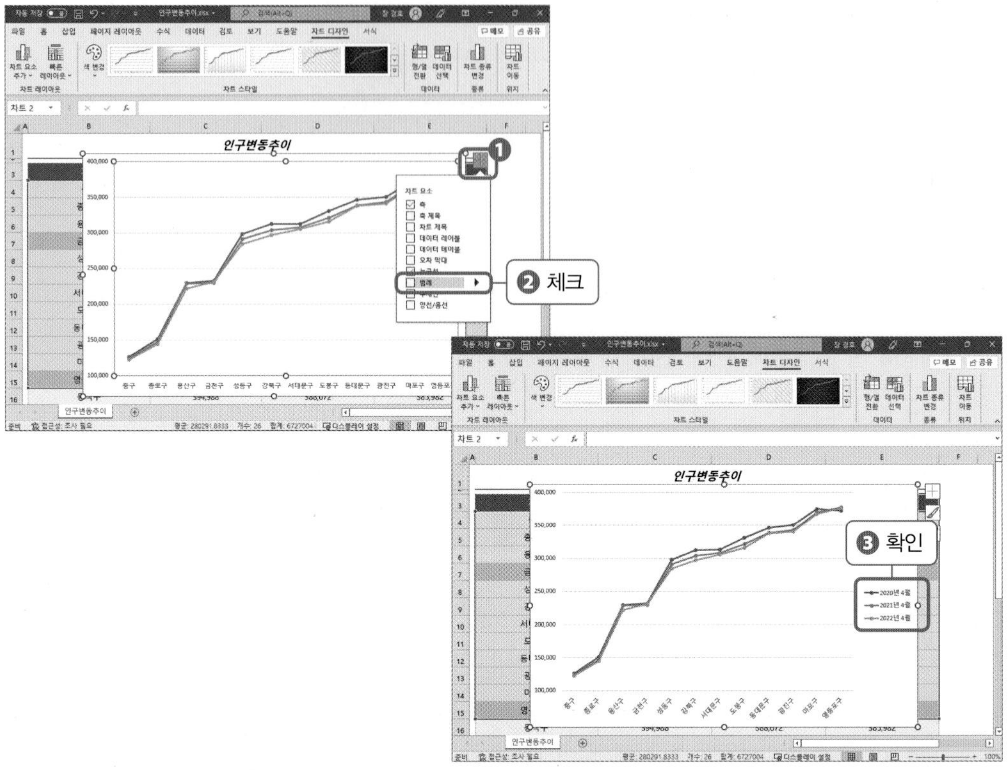

7. 서울특별시의 구별 인구 변동추이를 보려고 하는데 중구나 종로구와 마포구나 영등포구의 인구수 차이가 많아 비교가 잘 안됩니다. 이럴 때에도 빠른 실행 도구를 클릭하여 표집단을 조절할 수 있습니다. [빠른 실행 도구]-[차트 필터]를 클릭합니다. [범주] 영역에서 [중구]와 [종로구]의 체크를 해제합니다. [계열] 영역에서 [2021년 4월]의 체크를 해제하고 [적용]을 클릭합니다.

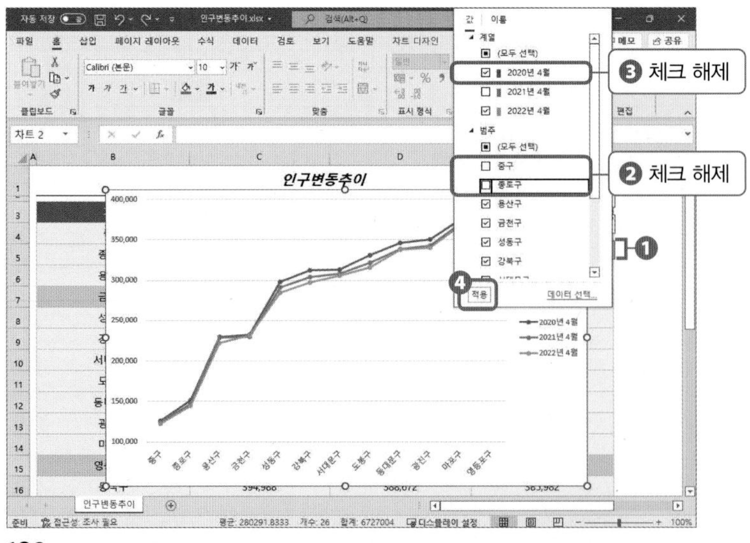

8. 다시 차트의 축을 두 번 클릭한 후 [축 서식] 옵션 창이 나타나면 [축 옵션]-[최소값]에 『200000』을 입력하고 [닫기]를 클릭합니다.

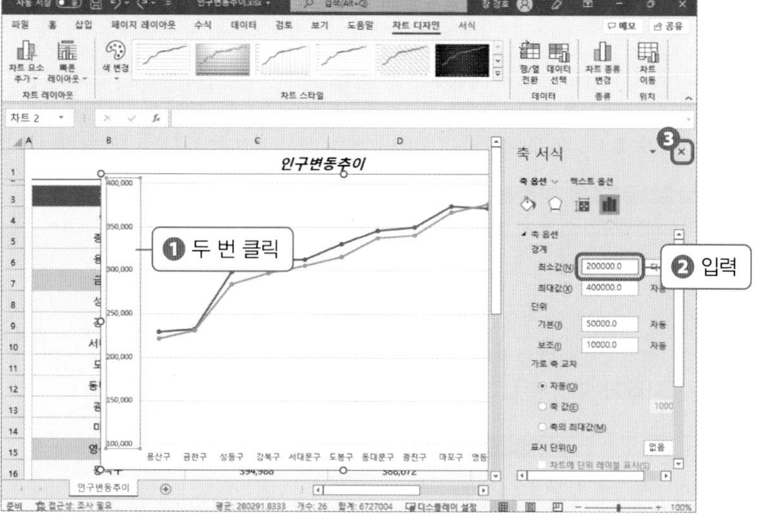

9. 이제 차트가 완성되었습니다 서울 주요 도시의 인구 변동추이를 보면 영등포구만이 2020년과 2022년을 비교했을 시 인구수가 늘어난 것을 확인할 수 있습니다.

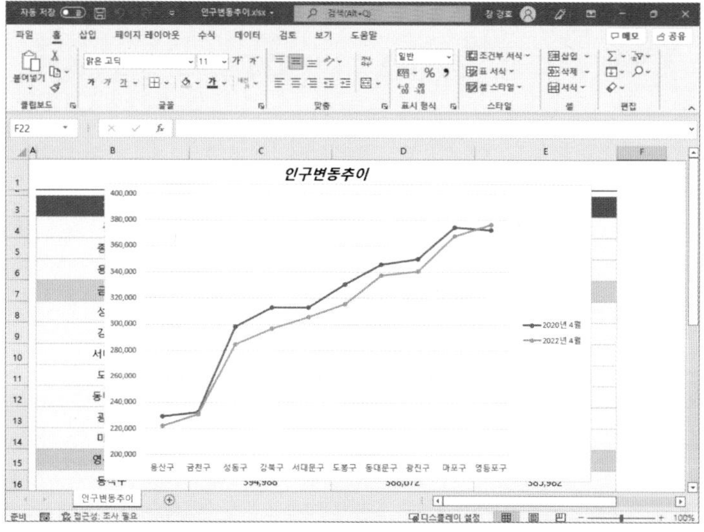

Excel 059

중요도 ★★★★★

복잡한 자료도 혼합 차트로 빠르게 분석하기

복잡한 자료도 혼합 차트로 표현하면 쉽게 이해하게 만들 수 있습니다. 이중 축, 이중 차트라고 불리는 차트는 막대형 차트와 꺾은선형과 같은 이질적인 차트를 혼합한 차트입니다. 데이터 계열의 단위 차이가 크게 나거나 선택한 차트 이외의 다른 차트로 데이터 계열을 부각시키기 위해 주로 사용합니다.

사용 가능 버전 ~~2010~~ 2013 2016 2019 2021 365
사용한 기능 차트, 사용자 지정 콤보

예제 파일 Excel\Chapter 03\상하반기.xlsx
완성 파일 Excel\Chapter 03\상하반기_완성.xlsx

1. 이번에는 혼합 차트를 완성해 보겠습니다. 혼합 차트로 변환할 데이터를 모두 선택합니다. [삽입] 탭-[차트] 그룹-[혼합 차트 삽입]-[사용자 지정 콤보 차트 만들기]를 클릭합니다.

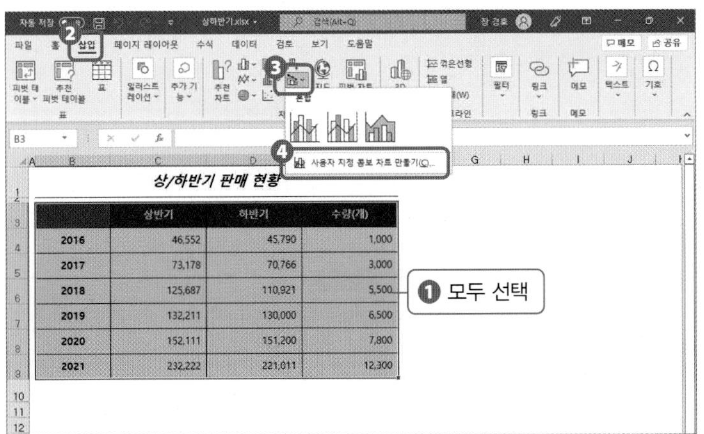

✓ TIP 사용자 지정 콤보 차트 만들기는 엑셀 2013 버전부터 지원됩니다.

2. [차트 삽입] 대화상자가 나타나면 [수량]-[보조 축]에 체크합니다. [차트 종류]에서 원하는 차트 종류를 선택합니다. 여기서는 [꺾은선형]을 선택하고 [확인]을 클릭합니다.

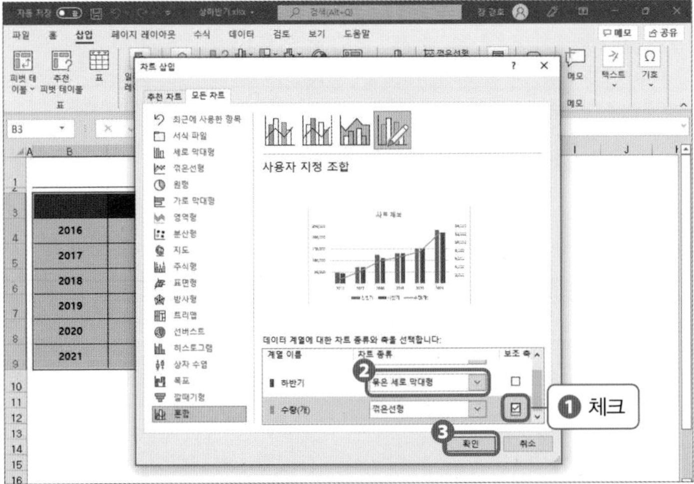

Excel 060

차트 속의 차트, 스파크라인 추가 후 자유롭게 변경하기

중요도 ★★★☆☆

스파크라인은 데이터를 시각적으로 표시하는 셀 안에 삽입하는 작은 차트입니다. 스파크라인을 이용하여 셀 안에 차트를 만들어 활용할 수 있습니다.

사용 가능 버전 2010 2013 2016 2019 2021 365
사용한 기능 스파크라인, 꺾은선형
예제 파일 Excel\Chapter 03\영도구.xlsx
완성 파일 Excel\Chapter 03\영도구_완성.xlsx

1. [C4:E10] 영역을 드래그하여 선택합니다. [삽입] 탭–[스파크라인] 그룹–[꺾은선형]을 클릭합니다. [스파크라인 만들기] 대화상자가 나타나면 [위치 범위]를 선택한 상태에서 [F4:F10] 영역을 드래그한 다음 [확인]을 클릭합니다.

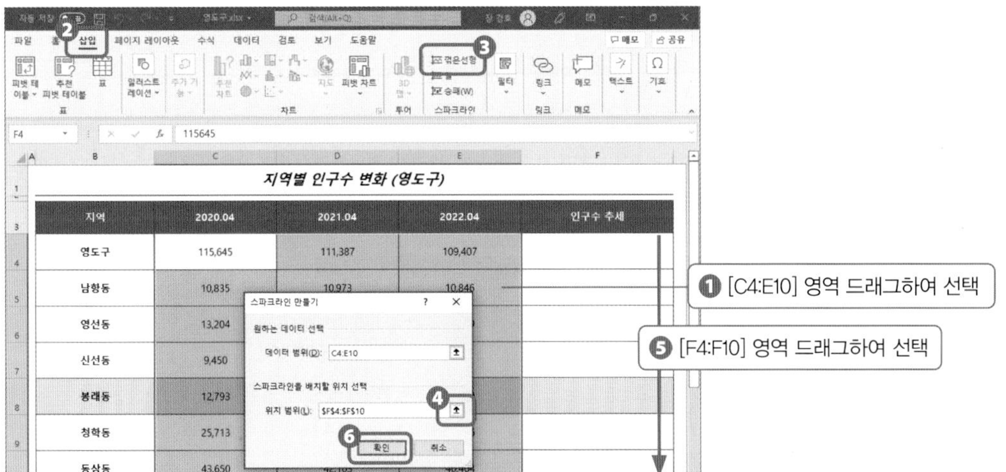

2. 스파크라인이 셀에 삽입됩니다. 삽입된 스파크라인은 표식을 변경하거나, 색상을 변경하는 등 다양한 서식을 지정할 수 있습니다. 높은 점과 낮은 점에 표식을 표시하고 낮은 점의 색상을 변경해 보겠습니다. [스파크라인 도구]–[디자인] 상황별 탭 또는, [스파크라인] 탭을 클릭한 후 [표시] 그룹–[높은 점]과 [낮은 점]에 체크합니다. [표식 색]–[낮은 점]을 클릭하고 원하는 색상을 선택합니다.

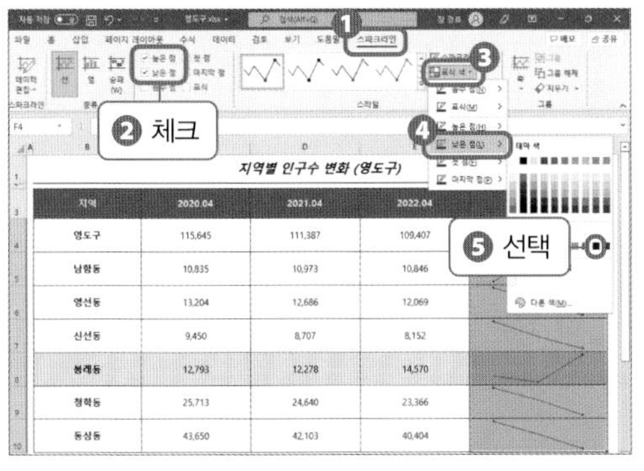

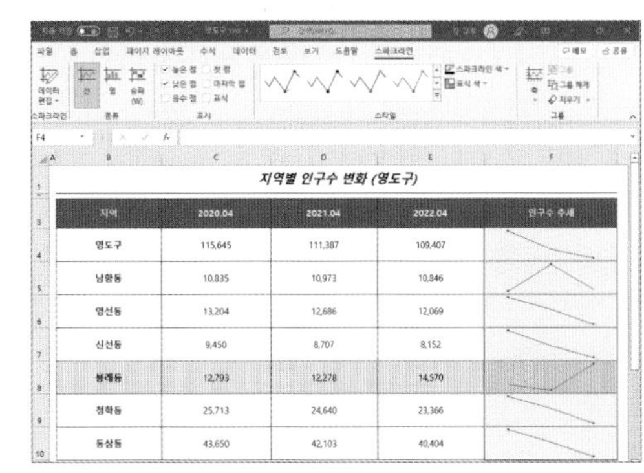

3. 이번에는 스파크라인의 선 두께를 변경하기 위해 [스파크라인] 탭-[스타일] 그룹-[스파크라인 색]-[두께]에서 원하는 두께를 선택합니다.

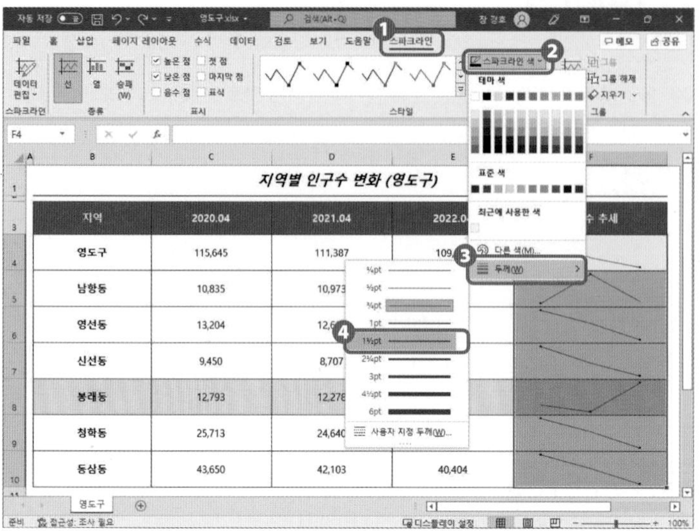

4. 스파크라인의 두께가 조정됩니다. 스파크라인을 통해 확인해 본 결과 영도구의 인구수는 2022년 들어 봉래동만이 상승한 점을 확인할 수 있습니다.

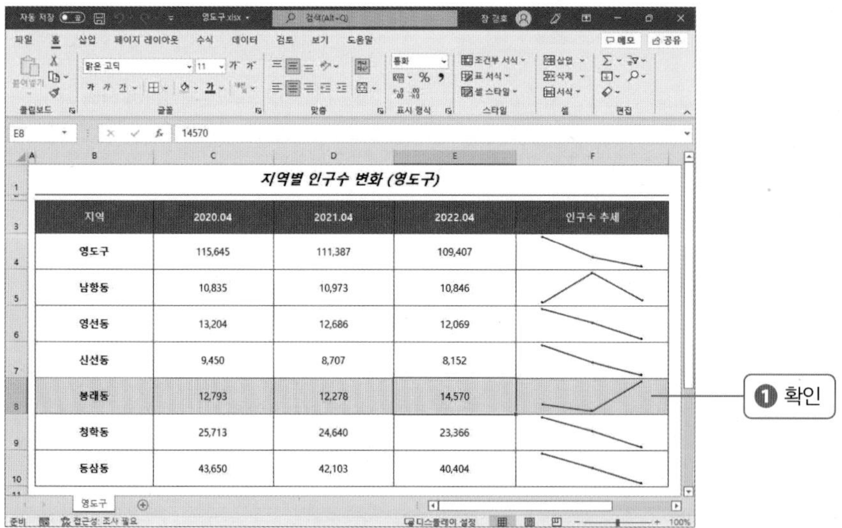

Excel
061

중요도 ★★★★★

날짜 데이터를 막대 차트로 표시하는 간트 차트 만들기

매달 개최되는 다양한 행사 일정이나 업무 일지를 복잡한 표가 아닌 차트로 표현하면 누구나 쉽고 간편하게 이해할 수 있을 것입니다. 이런 일정은 시간의 흐름을 표현하는 간트 차트로 표현할 수 있습니다.

사용 가능 버전 2010 2013 2016 2019 2021 365
사용한 기능 누적 가로 막대형, 간트 차트

예제 파일 Excel\Chapter 03\이벤트.xlsx
완성 파일 Excel\Chapter 03\이벤트_완성.xlsx

1. 간트 차트는 프로젝트의 시작 시간과 프로젝트 기간만 알면 쉽게 만들 수 있습니다. [B3:D9] 영역을 마우스로 드래그하여 선택하고 [삽입] 탭–[차트] 그룹–[세로 또는 가로 막대형 차트 삽입]–[3차원 가로 막대형]–[3차원 누적 가로 막대형]을 클릭합니다.

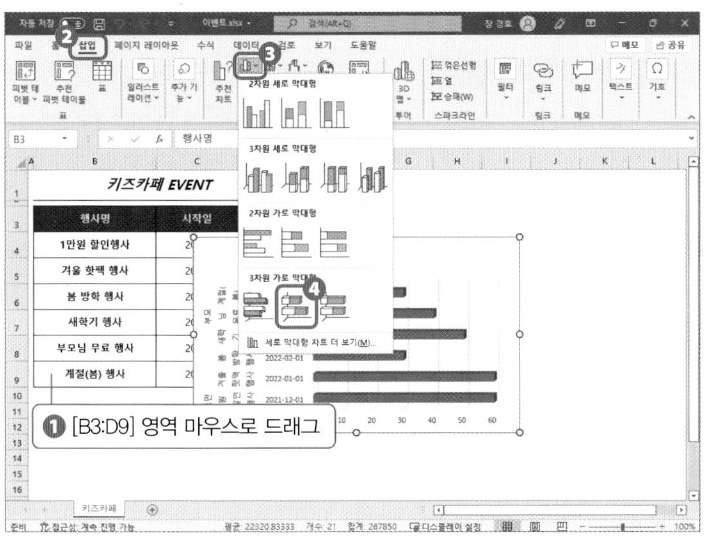

✓ TIP 간트 차트(Gantt chart)는 프로젝트나 일정 관리를 위해 바(bar) 형태로 표현된 차트입니다. 각 활동의 시작과 끝을 연결하여 누구나 한눈에 일정을 파악할 수 있습니다.

✓ TIP 이전 버전에서는 [삽입] 탭–[차트] 그룹–[가로 막대형 차트 삽입]–[3차원 누적 가로 막대형]을 클릭합니다.

2. 차트가 생성되면 차트의 크기와 위치를 적절히 조절합니다.

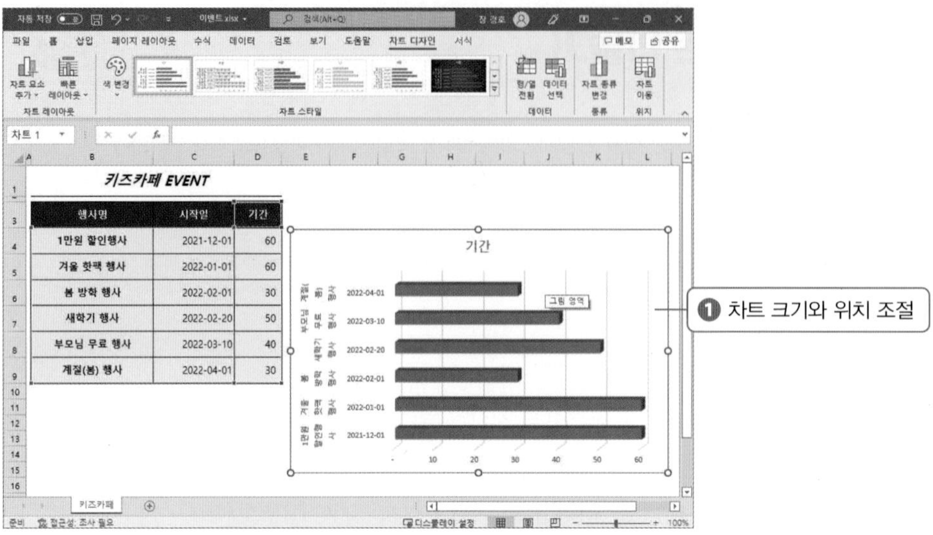

3. 차트를 선택한 상태에서 [차트 도구]-[디자인] 상황별 탭 또는, [차트 디자인] 탭-[데이터] 그룹-[데이터 선택]을 클릭합니다. [데이터 원본 선택] 대화상자가 나타나면 [가로(항목) 축 레이블]에 레이블 표시를 다시 정리하기 위해 [편집]을 클릭합니다.

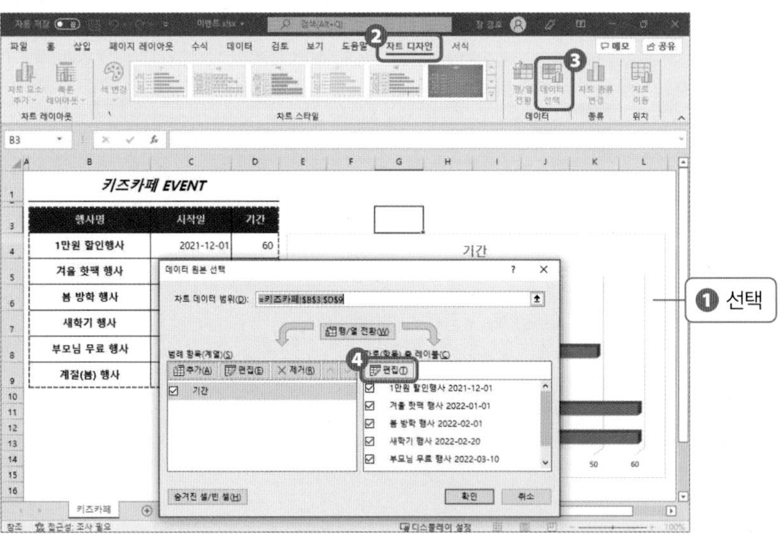

4. [축 레이블] 대화상자가 나타나면 [축 레이블 범위]에 입력된 내용을 삭제하고, [B4:B9] 영역을 드래그하여 선택한 후 [확인]을 클릭합니다.

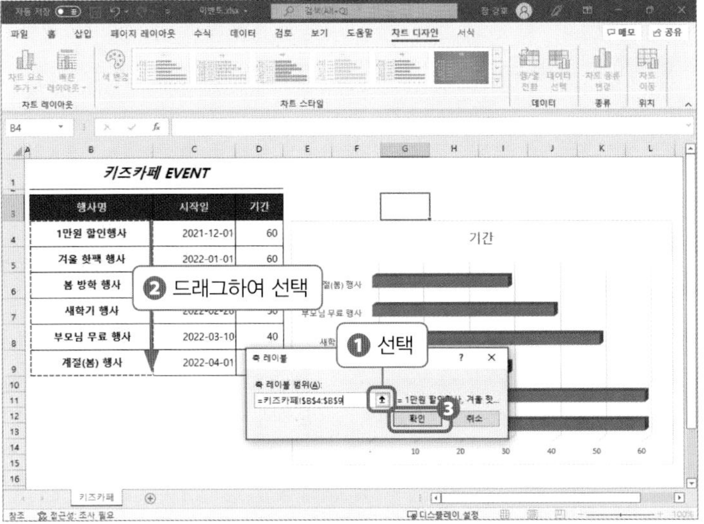

5. 간트 차트의 시작시간을 지정하기 위해 [범례 항목(계열)]에서 [추가]를 클릭합니다.

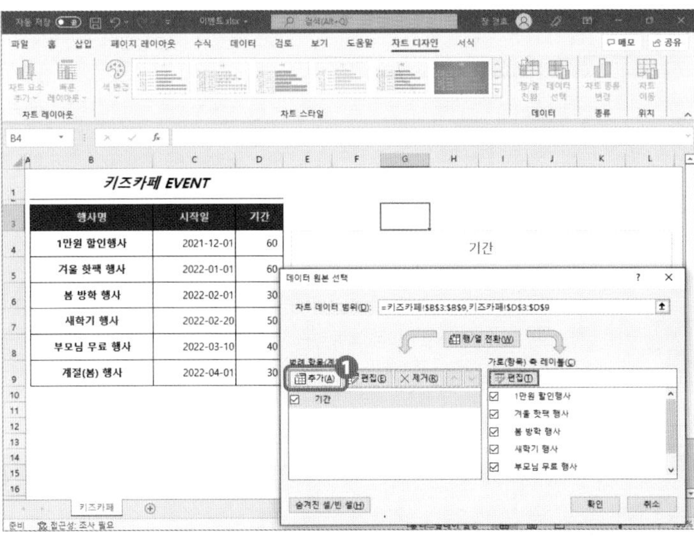

6. [계열 편집] 대화상자가 나타나면 기존 값을 삭제한 후 [계열 이름]에서 [C3] 셀을 선택합니다. [계열 값]에서는 [C4:C9] 영역을 드래그하여 선택합니다. [확인]을 클릭합니다.

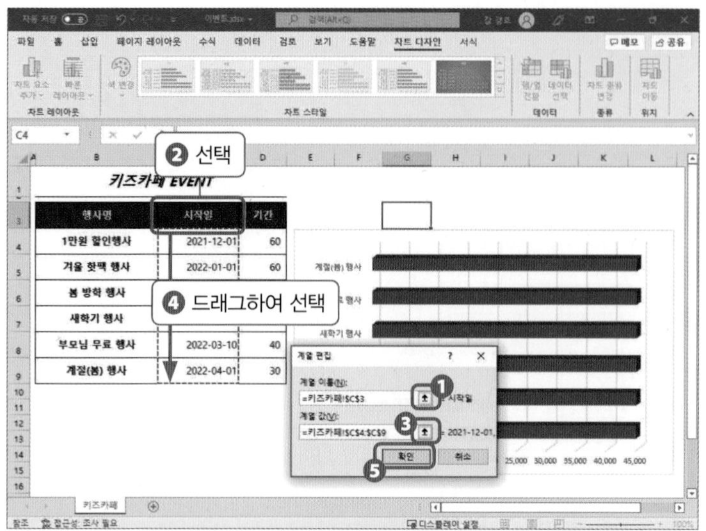

7. 시작일이 기간보다 먼저와야 하기에 시작일 항목을 선택하고 [위로] 화살표를 클릭하여 위치를 조정합니다. [확인]을 클릭합니다.

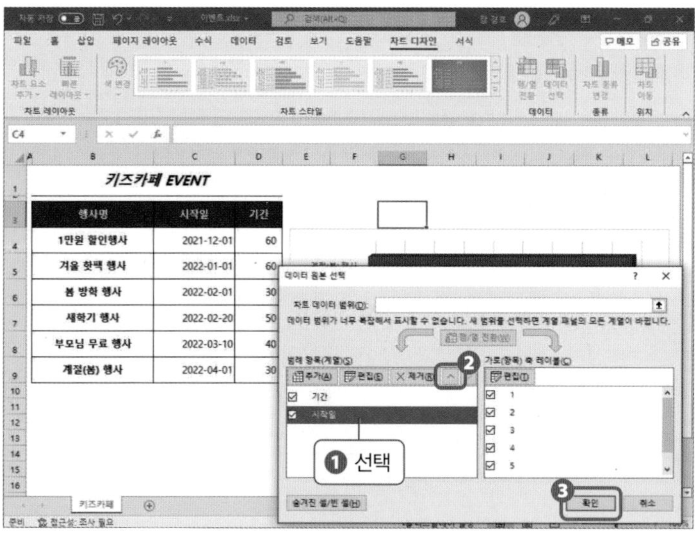

8. 시작일을 기준으로 세로 축을 정렬해 보겠습니다. 세로 축을 두 번 클릭하여 [축 서식] 옵션 창을 불러옵니다. [축 옵션]–[가로 축 교차]–[최대 항목]을 체크하고, [축 위치]–[항목을 거꾸로]도 체크합니다.

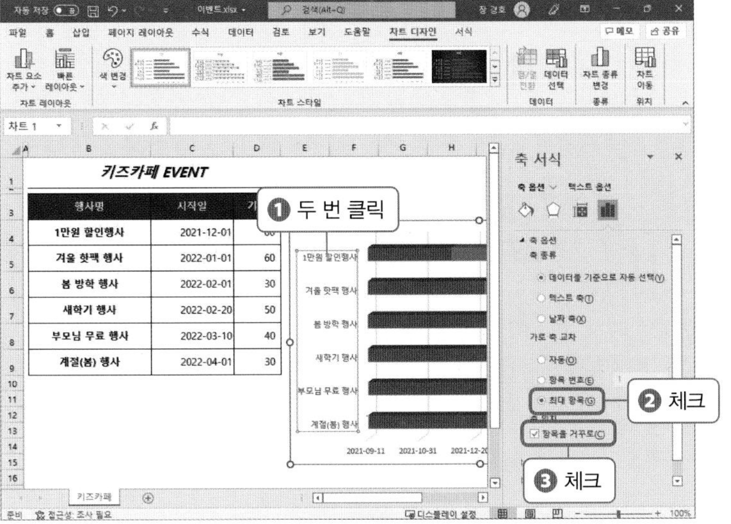

9. 간트 차트는 시작일로부터 얼마만큼의 기간을 막대로 표시하기 때문에 누적 가로 막대 중에서 필요 없는 막대를 삭제해 보겠습니다. 차트에서 시작일 계열을 클릭하여 [데이터 계열 서식] 옵션 창을 불러옵니다. [채우기 및 선]–[채우기]–[채우기 없음]을 체크합니다.

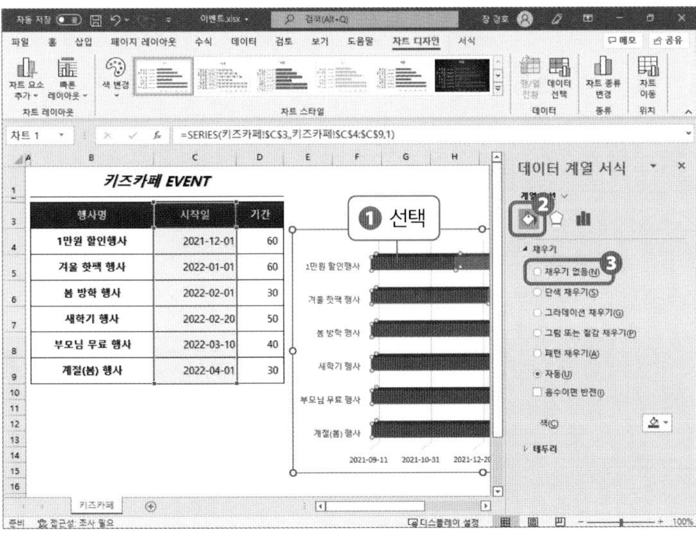

10. 이제 날짜가 표시되어 있는 가로 축을 선택합니다. [축 옵션]–[축 옵션]–[경계]–[최소값]에 『2022–11–30』을 입력합니다. [닫기]를 클릭합니다.

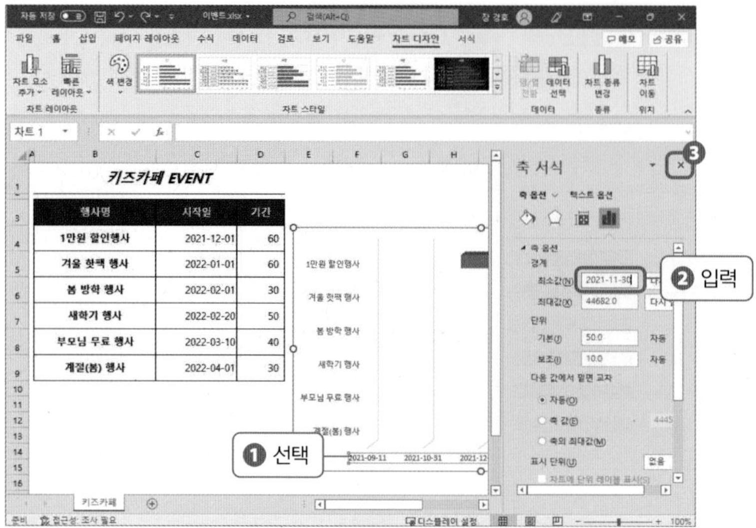

11. 가로 축에 표시된 날짜를 보기 좋게 수정하기 위해 가로 축을 다시 두 번 클릭합니다. [축 서식] 옵션 창이 나타나면 날짜 형식을 변경하기 위해 [축 옵션]–[표시 형식]–[형식]–[3/14]를 선택합니다. [축 서식] 옵션 창의 [닫기]를 클릭합니다.

12. 다음과 같이 간트 차트가 완성됩니다. 행사 일정이 막대형 차트로 쉽게 표현되는 것을 확인할 수 있습니다.

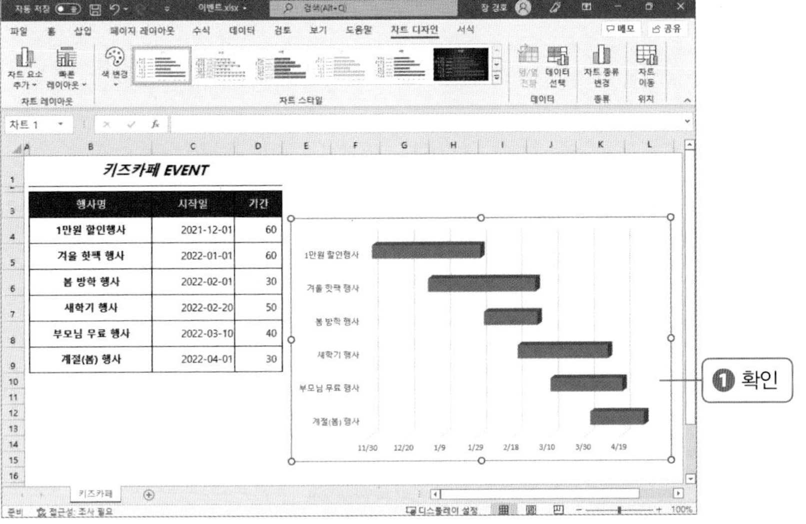

Excel
062

중요도
★★★★★

선버스트 차트와 트리맵 차트 작성하기

여기서는 계층 구조 차트인 선버스트와 트리맵 차트에 대해서 살펴보겠습니다. 선버스트와 트리맵 차트는 엑셀 2016에 새롭게 등장한 차트로써 개별 항목과 전체를 비교하거나 여러 열로 구성된 범주가 계층 구조를 형성하는 경우 선버스트와 트리맵 차트를 선택하여 효과적인 분석을 할 수 있습니다.

사용 가능 버전 ~~2010~~ ~~2013~~ 2016 2019 2021 365
사용한 기능 선버스트, 트리맵

예제 파일 Excel\Chapter 03\지역별매출액.xlsx
완성 파일 Excel\Chapter 03\지역별매출액_완성.xlsx

1. 표를 선택하고 [삽입] 탭-[차트] 그룹-[옵션](⧉) 단추를 클릭합니다. [차트 삽입] 대화상자가 나타나면 [모든 차트] 탭-[선버스트]를 선택하고 [확인]을 클릭합니다.

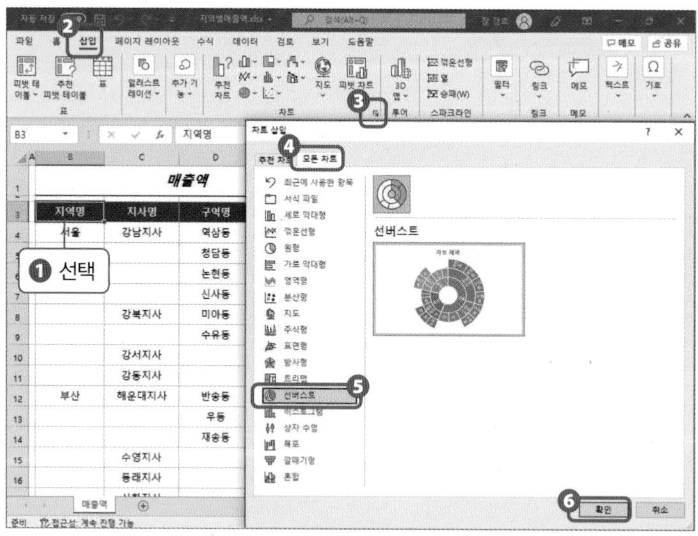

2. 계층 수준 내의 비율을 고리형으로 표시하는 선버스트 차트가 표시됩니다. 차트 위치 및 크기를 조절하고 '차트 제목'을 선택한 후 [Delete]를 눌러 삭제합니다.

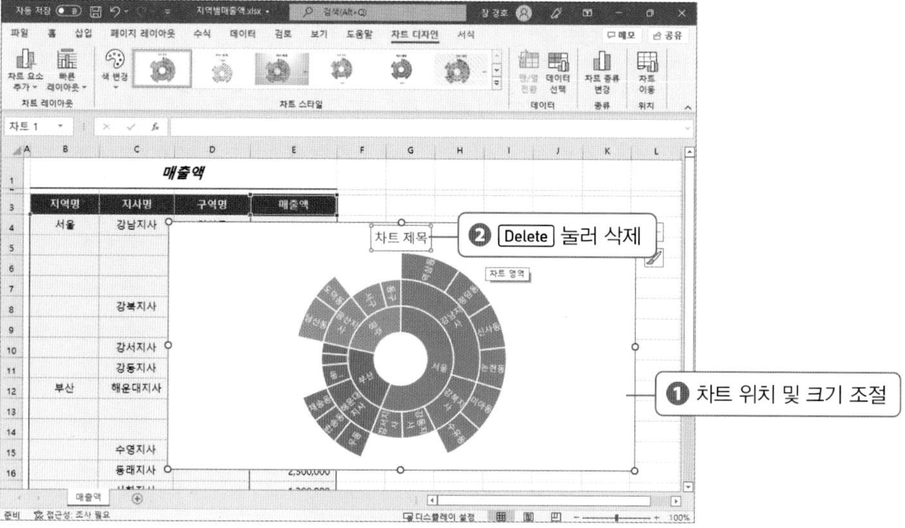

3. 데이터 레이블을 선버스트 차트에 표시하기 위해 [빠른 실행 도구]-[차트 요소]를 클릭합니다. [데이터 레이블] 화살표를 클릭한 후 [기타 레이블 데이터 옵션]을 선택합니다.

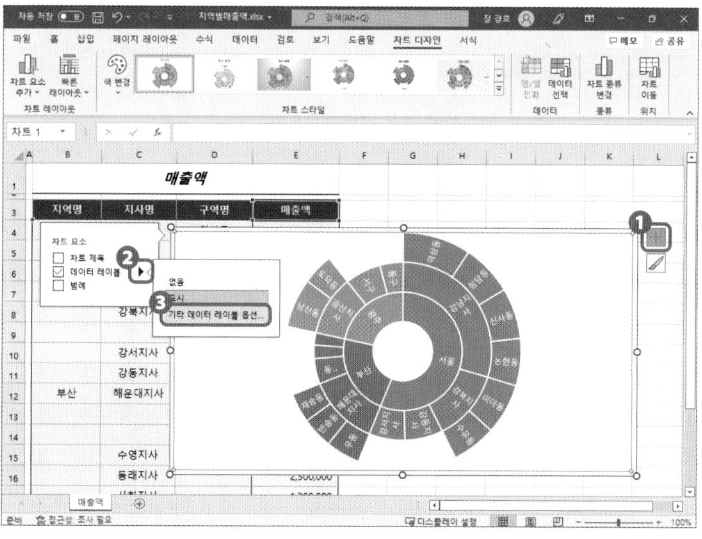

4. [데이터 레이블 서식] 옵션 창이 나타나면 [레이블 옵션]을 클릭합니다. [레이블 내용]-[항목 이름]과 [값]에 체크한 후 [닫기]를 클릭합니다.

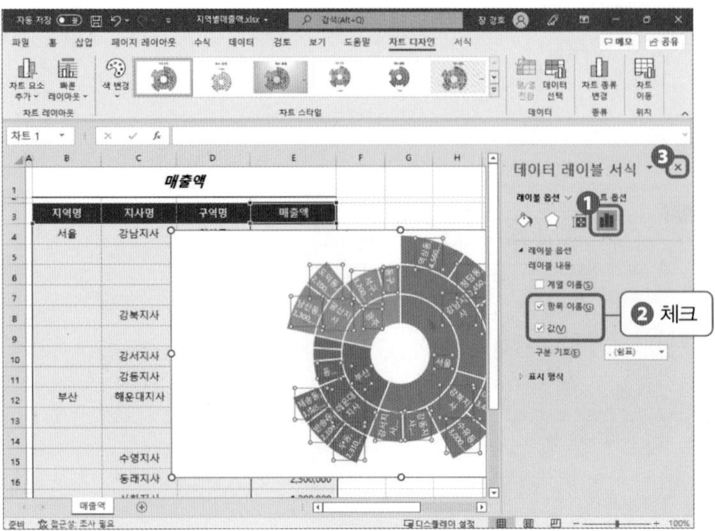

5. 이번에는 트리맵 차트를 표시해 보겠습니다. [차트 디자인] 탭-[종류] 그룹-[차트 종류 변경]을 클릭합니다. [차트 종류 변경] 대화상자가 나타나면 [모든 차트] 탭-[트리맵]을 선택하고 [확인]을 클릭합니다.

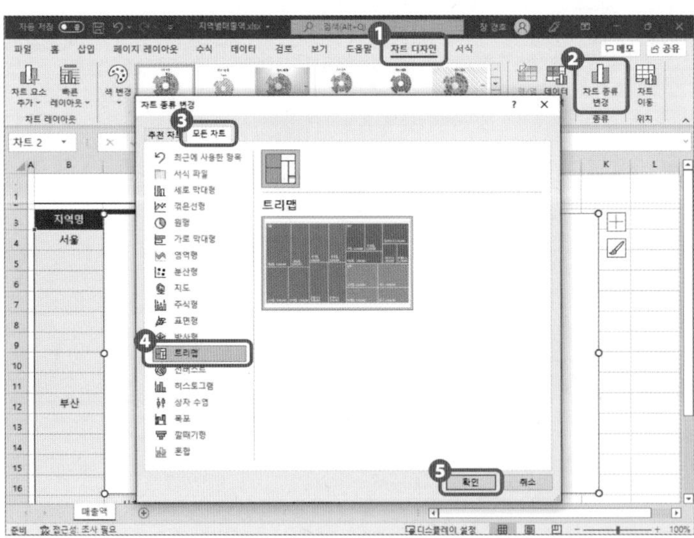

6. 트리맵 차트가 삽입되면 [차트 도구]-[디자인] 상황별 탭 또는, [차트 디자인] 탭을 클릭합니다. [차트 스타일] 그룹에서 차트 스타일을 선택하고 차트 위치와 크기를 조절합니다.

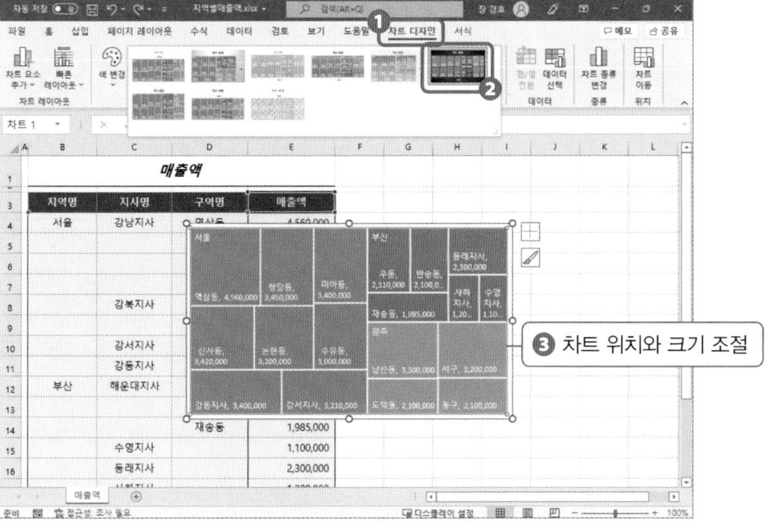

7. 트리맵은 사각형으로 매출액을 분할해서 차트로 표현합니다. 가장 많은 매출이 이루어진 지점은 '역삼동'이며, 가장 작은 매출이 이루어진 지점은 '수영지사'라는 것을 확인할 수 있습니다.

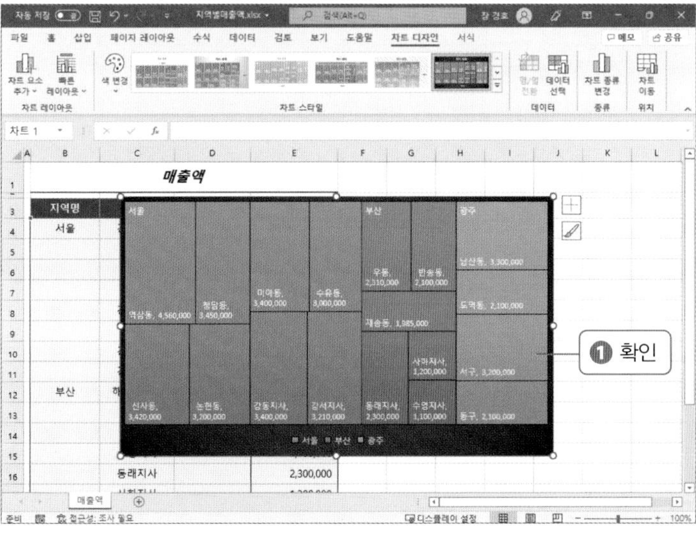

엑셀

데이터 가공 및 분석 기술

방대한 데이터를 사용하는 엑셀의 경우 데이터를 가공하거나 데이터 분석이나 데이터 관리를 통해 원하는 결과값을 쉽게 추출하거나 조건에 맞는 값을 쉽게 필터링할 수 있어야 합니다. 특히, 모든 데이터에는 데이터마다의 특징이 있기에 어떤 기능을 활용해야 최적의 분석을 할 수 있는지는 엑셀의 실력을 판가름할 수 있는 가늠자가 됩니다. 이번 챕터에서는 데이터를 쉽게 관리하고 분석하는 다양한 방법에 대해서 살펴보겠습니다.

• 학습 내용

사용 기능	중요도	내용
데이터 가져오기 및 변환	★★★★★	063 CSV 파일이나 TXT 파일을 엑셀에서 활용하기
텍스트 나누기	★★★★★	064 텍스트 나누기 기능으로 원하는 데이터 만들기
필터, 자동 필터	★★★★★	065 방대한 데이터에서 한방에 원하는 데이터 필터링하기
AND/OR 조건	★★★★★	066 AND, OR 조건으로 고급 필터 사용하기
고급 필터	★★★★★	067 복잡한 조건도 간단하게 만드는 고급 필터 활용하기
표 서식, 슬라이서	★★★★★	068 슬라이서 삽입하여 조건에 맞게 데이터 분석하기
표 만들기, 표 스타일	★★★★★	069 부분합 기능으로 상사가 원하는 요약 보고서 작성하기
빠른 채우기, 플래시 필	★★★★★	070 플래시 필(Flash Fill) 기능으로 셀 규칙을 찾아 데이터 편집하기
피벗 테이블, 피벗 차트	★★★★★	071 피벗 테이블 구성 방식 이해하고 규칙 살펴보기
피벗 테이블	★★★★★	072 피벗 테이블을 활용하여 제품 월별 매출액 요약하기
[그룹화] 대화상자	★★★★★	073 피벗 테이블에서 시간 표시 막대로 기간 판매량 알아보기
추천 피벗 테이블	★★★★★	074 추천 피벗 테이블로 피벗 보고서 작성하기
개발 도구	★★★★★	075 숨겨진 [개발 도구] 탭 표시하기
매크로	★★★★★	076 매크로가 포함된 파일 열고 보안 설정하기
바로 가기 키	★★★★★	077 매크로 바로 가기 키 설정과 저장하기

Excel **063**

중요도 ★★★

CSV 파일이나 TXT 파일을 엑셀에서 활용하기

웹상에 저장한 주소록이나 가계부, 본인의 은행 송금 자료 등은 CSV 파일로 다운로드가 가능합니다. CSV 파일이나 TXT 파일은 간단한 변환 작업만으로도 엑셀에서 활용할 수 있습니다. 이런 종류의 데이터베이스를 엑셀로 가져오는 방법에 대해서 살펴보겠습니다.

사용 가능 버전 2010 2013 2016 2019 2021 365
사용한 기능 데이터 가져오기 및 변환, 텍스트, CSV, 텍스트 마법사
예제 파일 Excel\Chapter 04\물품대금결재.csv, 물품대금결재.txt
완성 파일 Excel\Chapter 04\물품대금결재_완성.xlsx

1. 외부 데이터를 가져오기 위해 [데이터] 탭–[데이터 가져오기 및 변환] 그룹–[텍스트] 또는, [텍스트/CSV]를 클릭합니다. [데이터 가져오기] 대화상자가 나타나면 '물품대금결재.csv' 파일 또는, '물품대금결재.txt' 파일을 선택하고 [가져오기]를 클릭합니다.

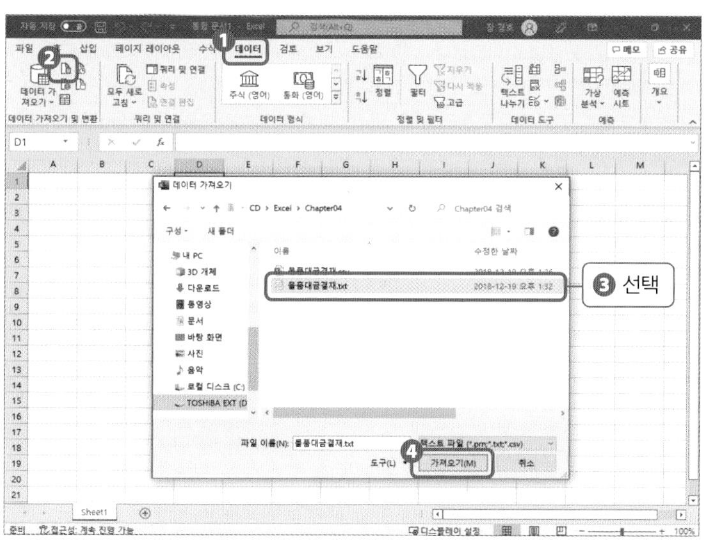

✓ TIP 엑셀 통합 문서에서 가져올 수 있는 텍스트 파일은 TXT, PRN, CSV 등이 있습니다. 다른 프로그램에서 만든 텍스트 파일을 엑셀에서 열 수 있으며, 이런 파일을 엑셀에서 열어도 해당 파일의 형식은 바뀌지 않습니다.

2. 텍스트 마법사가 나타납니다. [구분 기호]에 '쉼표'가 선택되어 있는지를 확인한 후 [로드]를 클릭합니다.

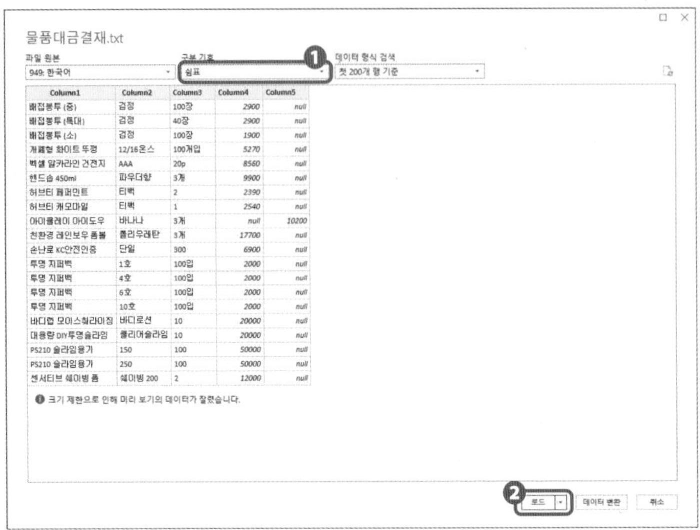

✓ TIP 이전 버전에서는 [텍스트 마법사] 대화상자가 단계별로 나타납니다. [텍스트 마법사-3단계 중 1단계] 대화상자가 나타나면 구분자가 어떤 형태로 삽입되었는지를 확인한 후 구분자를 선택하면 됩니다. 참고로 본 예제에서 사용한 구분자는 쉼표(,)입니다. 예제 파일에서 쉼표(,)를 사용했으므로 [구분 기호로 분리됨]을 선택한 다음 [다음]을 누릅니다. 다음 단계로 넘어가면 가져온 데이터를 확인한 후 [다음]을 클릭하여 엑셀로 불러오면 됩니다.

3. 잠시 후 엑셀로 데이터가 변환되어 표시됩니다. 외부 데이터를 가져오면 기존 파일과 동일한 내용을 엑셀에서 쉽게 볼 수 있고 원하는 형식으로 데이터를 활용할 수 있습니다. 참고로 [E10] 셀과 같이 입력에 오류가 발생하는 경우가 있습니다. 이는 간단히 해결할 수 있습니다. 일단, 외부 데이터를 한 번 더 동일하게 삽입해 보겠습니다.

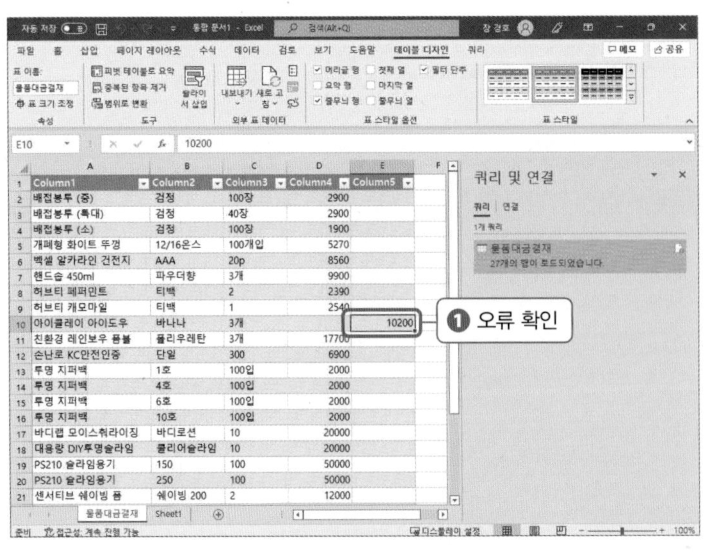

✓ TIP 오류가 발생하는 이유는 다양하지만, 보통은 가져온 파일에 쉼표(,)가 연속으로 포함되어 있거나, 가격과 같은 숫자에 천 자리 쉼표(,)가 포함되어 있으면 이런 현상이 종종 발생합니다.

4. 기존 연결을 이용하면 연결한 데이터를 한 번 더 가져올 수 있습니다. [데이터] 탭-[데이터 가져오기 및 변환] 그룹-[기존 연결을 사용하여 데이터 가져오기]를 클릭합니다. [기존 연결] 대화상자가 나타나면 [쿼리 - 물품대금결재]를 선택하고 [열기]를 클릭합니다.

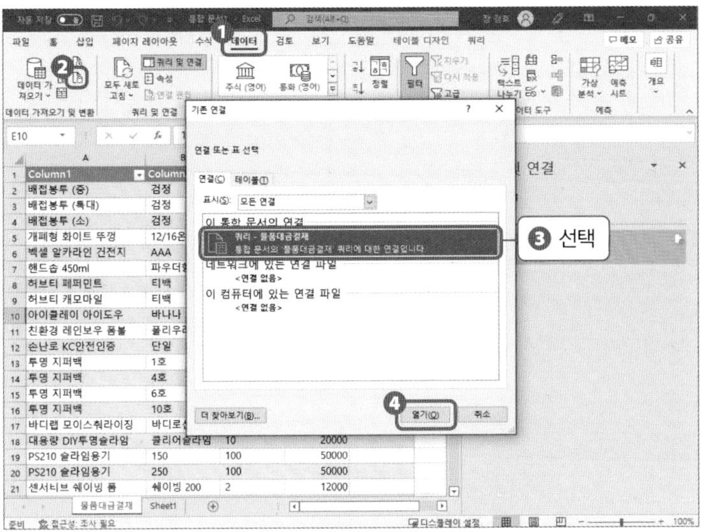

5. [데이터 가져오기] 대화상자가 나타나면 [기존 워크시트]를 체크하고 [A32] 셀을 선택합니다. [확인]을 클릭합니다.

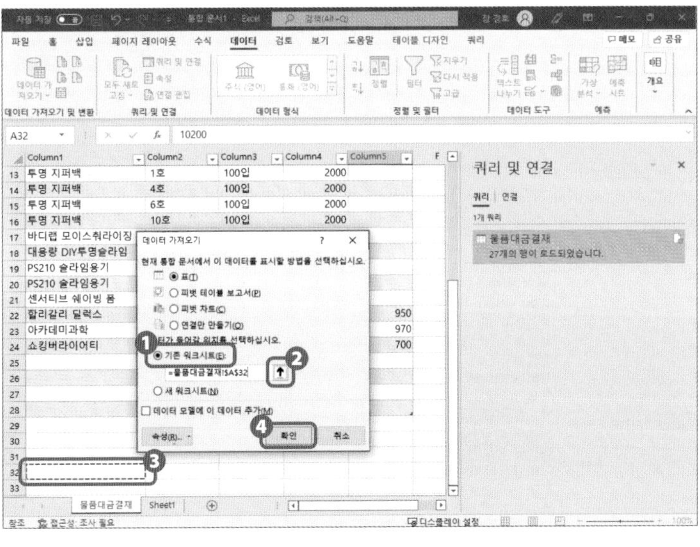

6. [A32] 셀에 외부 연결 문서가 동일하게 삽입됩니다. 하지만, 3번 따라하기에서도 언급했지만 불러온 원본 파일에 약간의 오류가 있는 걸 확인할 수 있습니다. 원본 파일을 수정하면 연결 문서에도 동일하게 수정됩니다. 이를 확인해 보겠습니다.

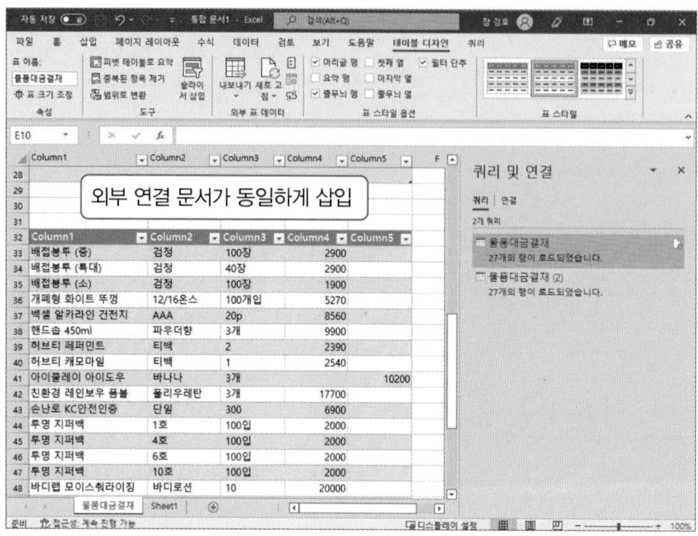

7. 외부 연결 문서인 '물품대금결재.csv' 파일이나 '물품대금결재.txt' 파일을 메모장에서 엽니다. 잘못된 부분을 찾아 수정한 후 파일을 저장합니다.

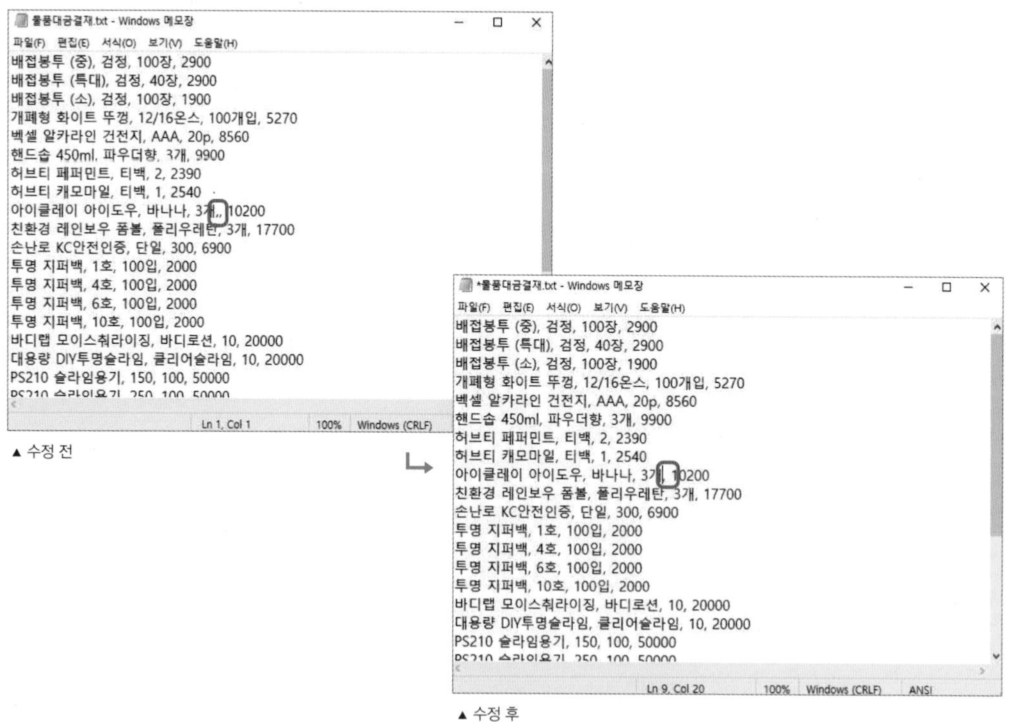

▲ 수정 전

▲ 수정 후

8. 외부 연결 문서의 내용을 새로 고침하겠습니다. 2개의 표 중에서 하단 부분에 있는 표를 선택하고, [데이터] 탭－[쿼리 및 연결] 그룹－[모두 새로 고침]－[새로 고침]을 클릭하거나 [표 도구]－[디자인] 상황별 탭 또는, [테이블 디자인] 탭－[외부 표 데이터] 그룹－[새로 고침]－[새로 고침]을 클릭합니다. 메모장에서 수정한 부분이 반영되어 표시되는 것을 확인할 수 있습니다.

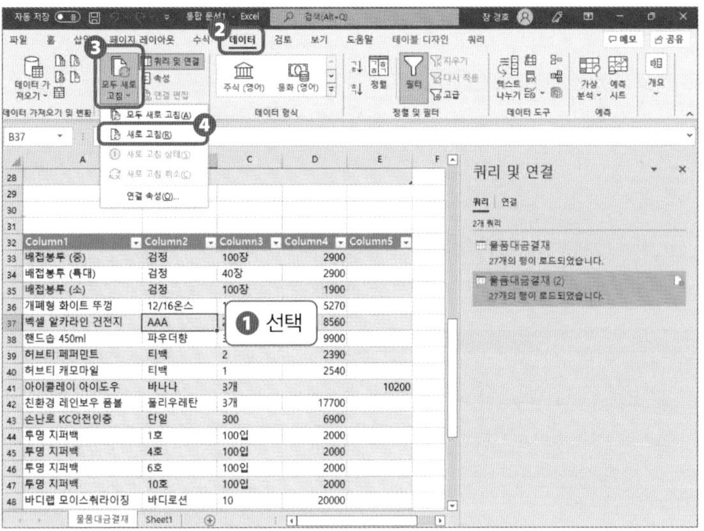

9. 이처럼 외부 연결 문서를 통해 엑셀에서 데이터를 쉽게 관리할 수 있습니다.

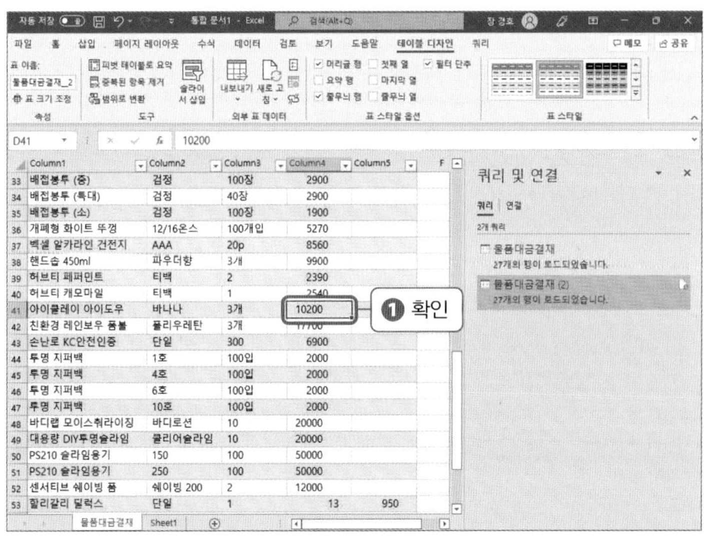

✓ TIP 외부 연결 문서가 여러 개 있더라도 파일 업데이트는 개별적으로 할 수 있습니다. [모두 새로 고침]을 클릭하면 연결 문서 모두에 새로 고침이 적용됩니다. 지금처럼 현재 선택 중인 외부 연결 문서의 내용만 업데이트하려면 [새로 고침]을 클릭하면 됩니다.

Excel 064

중요도 ★★★☆☆

텍스트 나누기 기능으로 원하는 데이터 만들기

텍스트 나누기는 한 셀에 여러 데이터가 쉼표, 세미콜론, 또는, 공백 등의 기호로 구분되어 있을 경우 구분 기호에 맞게 여러 셀로 분리할 수 있는 기능입니다.

사용 가능 버전 2010 2013 2016 2019 2021 365
사용한 기능 데이터 도구, 텍스트 나누기

예제 파일 Excel\Chapter 04\주소나누기.xlsx
완성 파일 Excel\Chapter 04\주소나누기_완성.xlsx

1. 텍스트 나누기를 적용할 [A2:A79] 영역을 드래그하여 선택하고 [데이터] 탭–[데이터 도구] 그룹–[텍스트 나누기]를 클릭합니다.

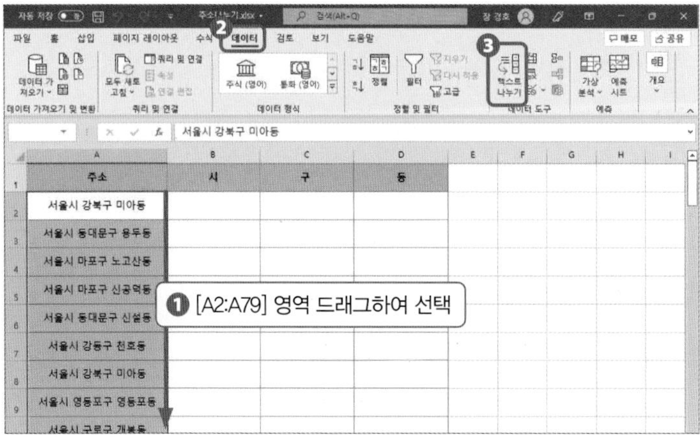

2. [텍스트 마법사–3단계 중 1단계] 대화상자가 나타나면 [구분 기호로 분리됨]을 체크하고 [다음]을 클릭합니다.

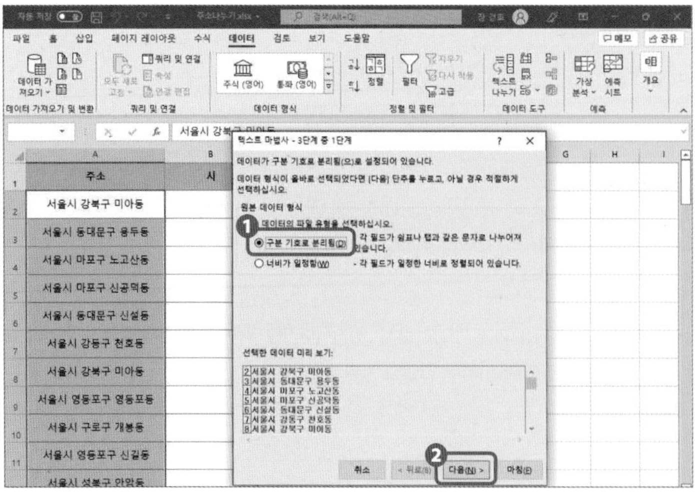

3. [텍스트 마법사-3단계 중 2단계] 대화상자가 나타나면 [구분 기호] 목록 중에서 [공백]에만 체크하고 [다음]을 클릭합니다.

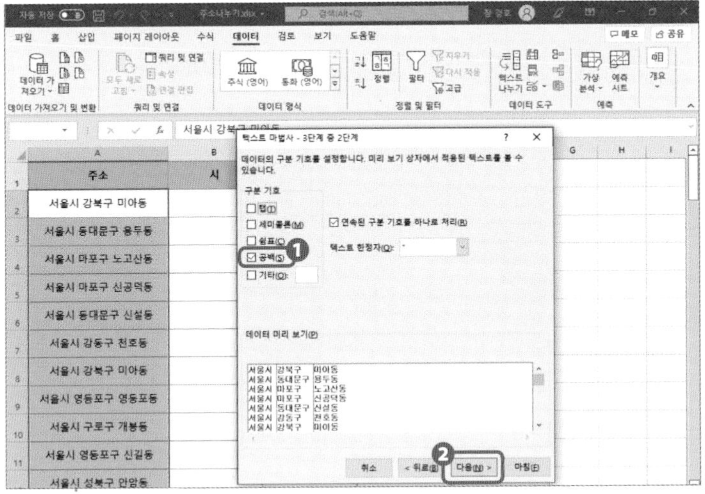

4. [텍스트 마법사-3단계 중 3단계] 대화상자가 나타나면 [대상]에서 [B2] 셀을 선택하고 [마침]을 클릭합니다.

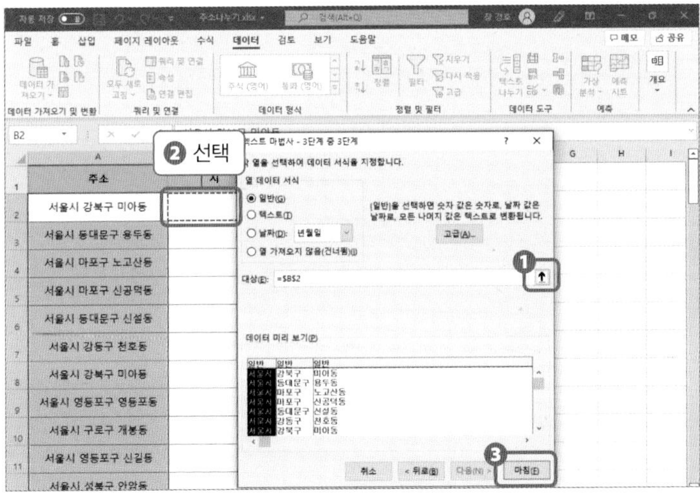

5. '해당 영역에 이미 데이터가 있습니다. 기존 데이터를 바꾸시겠습니까?'라는 메시지 창이 나타나면 [확인]을 클릭합니다.

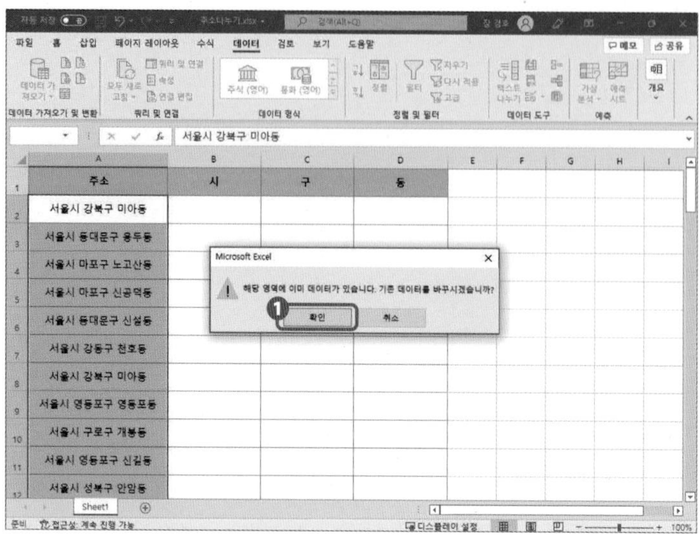

6. 주소가 시, 구, 동으로 나누어져 표시됩니다.

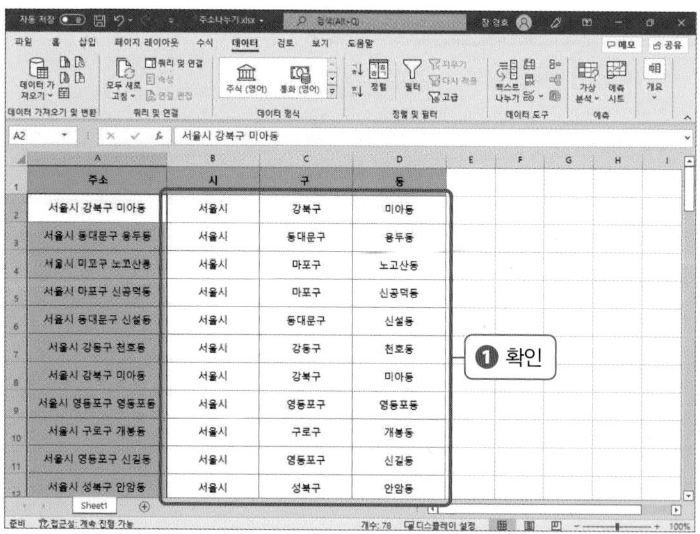

Excel
065

방대한 데이터에서 한방에 원하는 데이터 필터링하기

중요도 ★★★★★

데이터를 필터링하면 방대한 양의 데이터에서 내가 원하는 데이터만 화면에 표시할 수 있습니다. 또한, 원하는 항목을 오름차순, 내림차순하거나 색, 숫자 등을 이용하여 필터링도 가능합니다.

사용 가능 버전 2010 2013 2016 2019 2021 365
사용한 기능 필터, 자동 필터, 사용자 지정 자동 필터

예제 파일 Excel\Chapter 04\목표달성률.xlsx
완성 파일 Excel\Chapter 04\목표달성률_완성.xlsx

1. 필터를 적용하기 위해 셀을 하나 선택하고 [데이터] 탭-[정렬 및 필터] 그룹-[필터]를 클릭합니다. [팀명]이 '영업1팀'인 레코드만 추출하기 위해 [팀명] 필드의 필터 단추를 클릭합니다. [(모두 선택)]을 체크 해제하고 [영업1팀]만 체크한 후 [확인]을 클릭합니다.

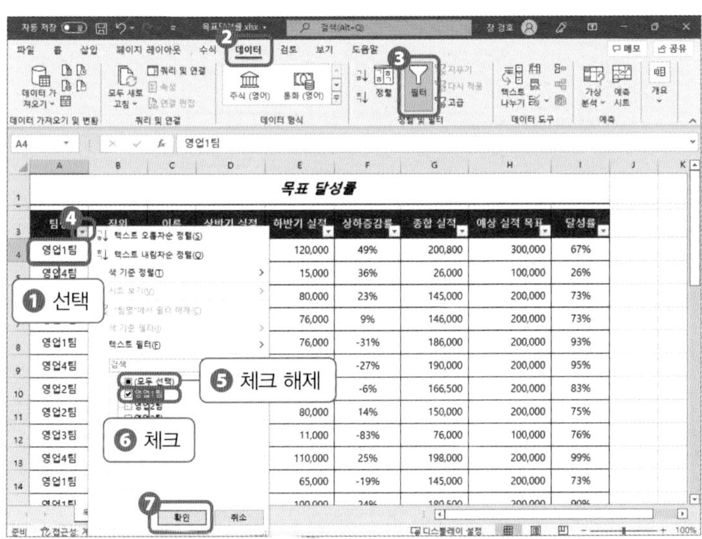

✓TIP [텍스트 필터]에 검색어를 입력해도 데이터를 필터할 수 있습니다. 『영업1』을 입력해 보세요.

2. '영업1팀'의 레코드만 추출됩니다. 이번에는 달성률이 '90%' 이상인 레코드만 추출하기 위해 [달성률] 필드의 필터 단추를 클릭한 다음 [숫자 필터]의 [크거나 같음]을 선택합니다.

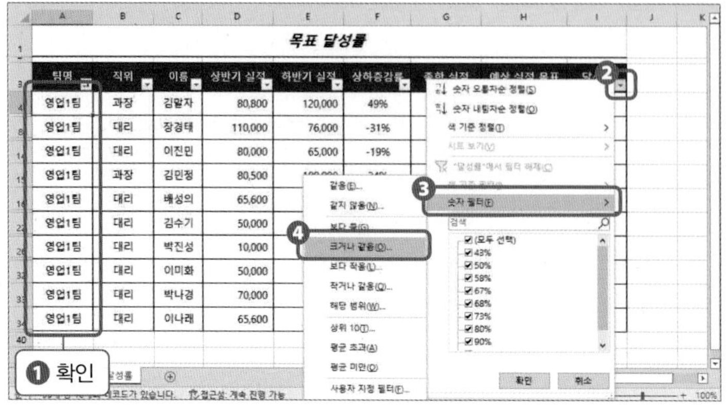

3. [사용자 지정 자동 필터] 대화상자가 나타나면 [찾을 조건]에 『90%』를 입력하고 [확인]을 클릭합니다.

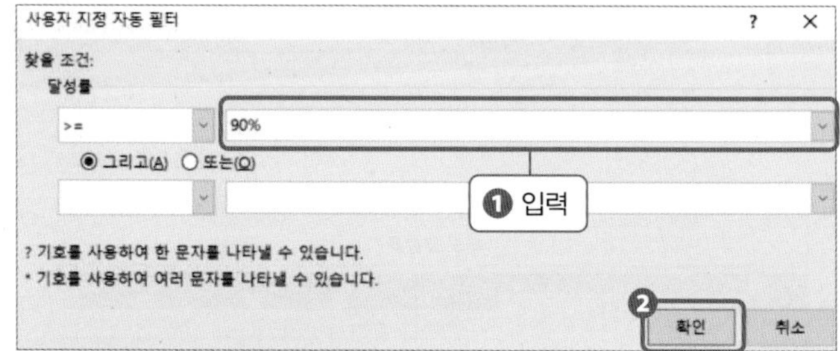

4. '영업1팀' 레코드 중에서 달성률이 '90%' 이상인 레코드 값만 추출되어 나타납니다.

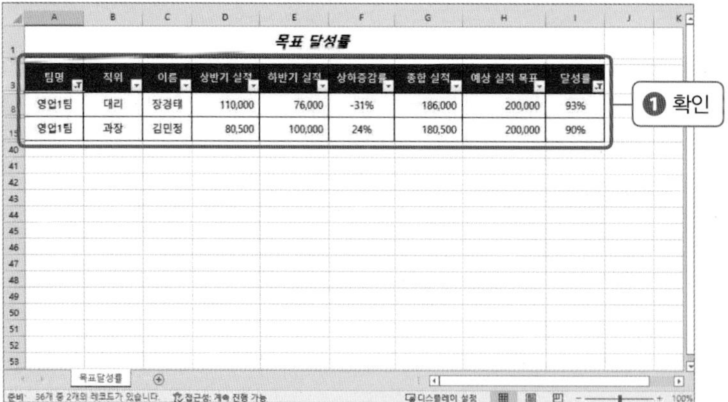

Excel 066

AND, OR 조건으로 고급 필터 사용하기

중요도 ★★★☆☆

모든 조건을 만족하는 레코드를 추출하기 위해서는 AND 조건으로 고급 필터를 지정합니다. AND 조건을 설정하려면 첫 행에 데이터베이스의 필드명, 아래에는 조건 값을 입력합니다. 고급 필터에 지정할 수 있는 조건에 대해서 조금 살펴보겠습니다.

사용 가능 버전 2010 2013 2016 2019 2021 365 | 예제 파일 없음
사용한 기능 고급 필터 | 완성 파일 없음

고급 필터

자동 필터가 필드의 필터 단추를 클릭한 다음 원하는 항목을 추출하는 방식이라면, 고급 필터는 여러 가지 복잡한 조건을 지정해 현재 위치나 다른 장소에 결과를 추출할 수 있는 방식입니다.

고급 필터를 통해 조건을 입력할 때는 같은 행에 입력하는지, 다른 행에 입력하는지에 따라 필터되는 내용이 달라집니다. 즉, AND, OR, 혼합 조건으로 구성된 고급 필터의 지정 조건은 아래의 설명을 참조하기 바랍니다.

1. AND(그리고)

조건을 입력할 때 동일한 행 방향으로 입력된 조건들은 AND 조건으로 추출됩니다. 같은 행에 조건이 나란히 입력되어야 하며, 다음의 조건을 모두 만족해야 합니다.

부서	성별
총무부	남

▲ 부서가 '총무부' 이고, 성별이 '남'으로 두 조건을 모두 만족하는 조건

2. OR(또는)

열 방향 또는, 다른 열 방향으로 입력된 조건들은 OR 조건이 됩니다. 필드명을 제외하고 다른 행에 조건이 입력되어야 하며, 하나만 만족해도 됩니다.

부서	부서	부서
총무부		
	기획부	
		인사부

▲ 부서가 '총무부'이거나 부서가 '기획부'이거나 부서가 '인사부'인 조건

3. AND(그리고)와 OR(또는) 혼합

행과 열 방향에 모두 조건을 입력하면 AND와 OR 조건이 혼합된 조건으로 추출할 수 있습니다. 즉, 조건이 서로 같은 행과 다른 열 방향으로 붙어 있으면 AND와 OR 혼합 조건입니다.

지역	부서
서울	총무부
부산	기획부

▲ 지역이 '서울'이고, 부서가 '총무부'이거나, 지역이 '부산'이고, 부서가 '기획부'인 조건

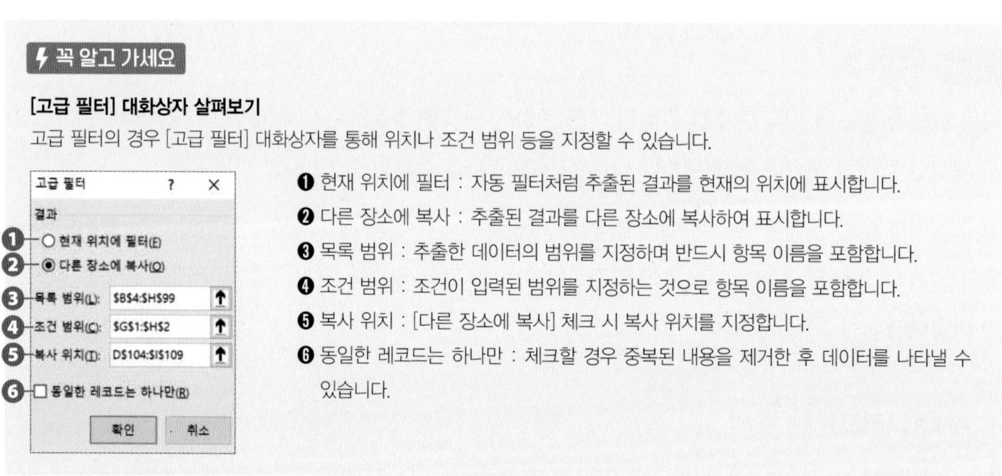

꼭 알고 가세요

[고급 필터] 대화상자 살펴보기

고급 필터의 경우 [고급 필터] 대화상자를 통해 위치나 조건 범위 등을 지정할 수 있습니다.

❶ 현재 위치에 필터 : 자동 필터처럼 추출된 결과를 현재의 위치에 표시합니다.
❷ 다른 장소에 복사 : 추출된 결과를 다른 장소에 복사하여 표시합니다.
❸ 목록 범위 : 추출한 데이터의 범위를 지정하며 반드시 항목 이름을 포함합니다.
❹ 조건 범위 : 조건이 입력된 범위를 지정하는 것으로 항목 이름을 포함합니다.
❺ 복사 위치 : [다른 장소에 복사] 체크 시 복사 위치를 지정합니다.
❻ 동일한 레코드는 하나만 : 체크할 경우 중복된 내용을 제거한 후 데이터를 나타낼 수 있습니다.

Excel **067**

복잡한 조건도 간단하게 만드는 고급 필터 활용하기

중요도 ★★★★☆

고급 필터는 자동 필터보다 복잡한 조건도 간단하게 필터링할 수 있습니다. 자동 필터는 여러 단계를 거쳐야 정확히 데이터를 추출할 수 있지만 고급 필터를 사용하면 한 번에 데이터를 추출할 수 있습니다.

사용 가능 버전 2010 2013 2016 2019 2021 365
사용한 기능 필터, 고급필터, AND 조건, OR 조건, 혼합 조건

예제 파일 Excel\Chapter 04\졸업생명부.xlsx
완성 파일 Excel\Chapter 04\졸업생명부_완성.xlsx

1. 학과가 '경영학과'이면서, 성별이 '여'인 경우를 고급 필터로 추출해 보겠습니다. 표 영역 중에서 셀 하나를 선택하고 [데이터] 탭-[정렬 및 필터] 그룹-[고급]을 클릭합니다. [고급 필터] 대화상자가 나타나면 [결과]-[현재 위치에 필터]를 체크합니다. [조건 범위]를 클릭하고 AND 조건이 포함되어 있는 [G1:H2] 영역을 선택한 다음 [확인]을 클릭합니다.

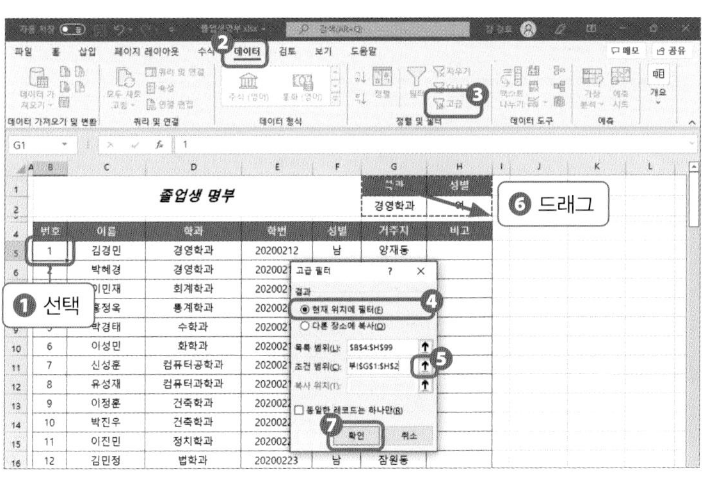

2. '학과'가 '경영학과'이면서 '성별'이 '여'인 조건에 만족하는 데이터가 추출됩니다.

Excel
068
중요도 ★★★★★

슬라이서 삽입하여 조건에 맞게 데이터 분석하기

엑셀 2010부터 새로운 기능으로 삽입된 슬라이서는 자동 필터처럼 편하게 데이터를 추출하고 몇 번의 클릭만으로 데이터를 필터링할 수 있는 기능입니다.

사용 가능 버전 2010 2013 2016 2019 2021 365
사용한 기능 표 서식, 슬라이서
예제 파일 Excel\Chapter 04\주문내역서.xlsx
완성 파일 Excel\Chapter 04\주문내역서_완성.xlsx

1. 슬라이서는 데이터베이스를 표로 변환해야 사용이 가능합니다. 예제 파일을 불러온 후 임의의 셀을 선택합니다. [홈] 탭–[스타일] 그룹–[표 서식]을 클릭하고 원하는 표 서식을 선택합니다. [표 만들기] 대화상자가 나타나면 [확인]을 클릭합니다.

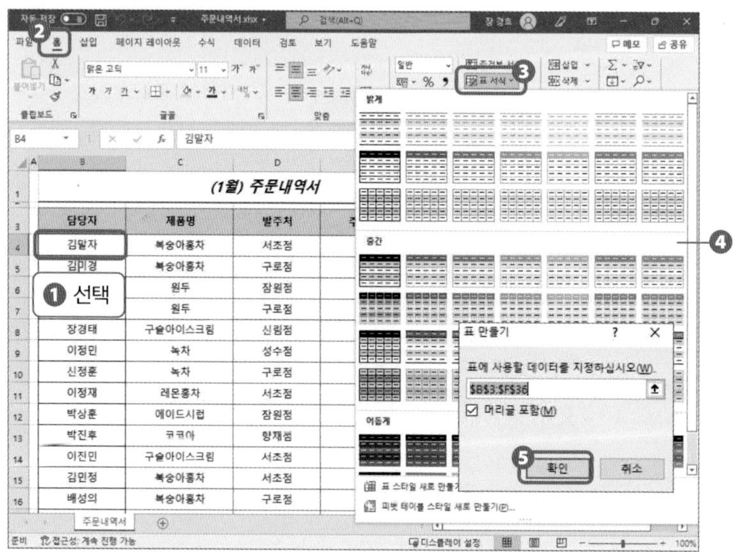

2. 슬라이서로 필터를 적용하기 위해 [삽입] 탭–[필터] 그룹–[슬라이서]를 클릭합니다.

3. [슬라이서 삽입] 대화상자가 나타나면 슬라이서로 지정하고 싶은 필드명을 선택합니다. 여기서는 [제품명], [발주처], [주문일]에 체크한 다음 [확인]을 클릭합니다.

4. 슬라이서가 생성되면 원하는 위치에 슬라이서를 정렬한 후 원하는 항목을 선택합니다. 여러 개를 선택하고 싶다면 Ctrl을 누른 상태로 선택합니다.

✔ TIP 필터 지정을 해제하려면 슬라이서 오른쪽 상단에 있는 [필터 지우기]를 클릭합니다.

5. 슬라이서도 스타일을 변경할 수 있습니다. 슬라이서를 모두 선택하고 [슬라이서] 탭-[슬라이서 스타일] 그룹-[자세히]( )를 클릭한 후 원하는 스타일을 선택합니다.

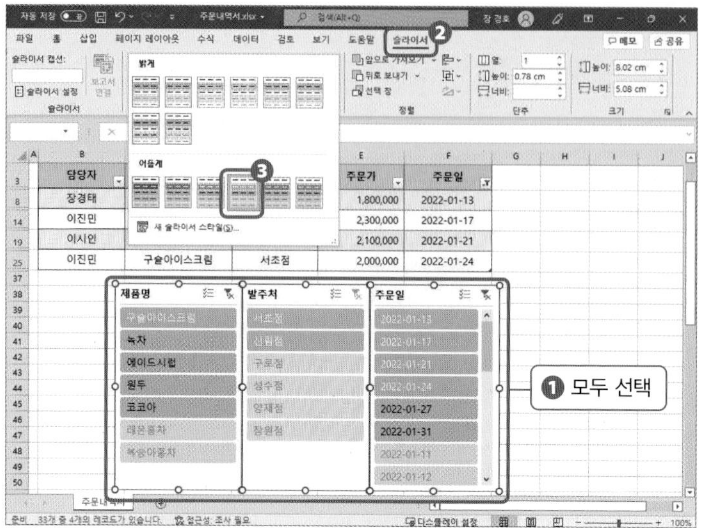

6. 이번에는 슬라이서의 이름과 정렬 순서를 변경해 보겠습니다. '제품명' 슬라이서를 선택한 후 [슬라이서 도구]-[옵션] 상황별 탭이나 [슬라이서] 탭-[슬라이서] 그룹-[슬라이서 설정]을 클릭합니다. [슬라이서 설정] 대화상자가 나타나면 [머리글]-[캡션]에 『제품 리스트』라고 입력하고 [항목 정렬 및 필터링]의 [내림차순(사전 역순)]을 체크한 후 [확인]을 클릭합니다. 슬라이서의 머리글이 변경되고 항목이 내림차순으로 정렬된 것을 확인할 수 있습니다.

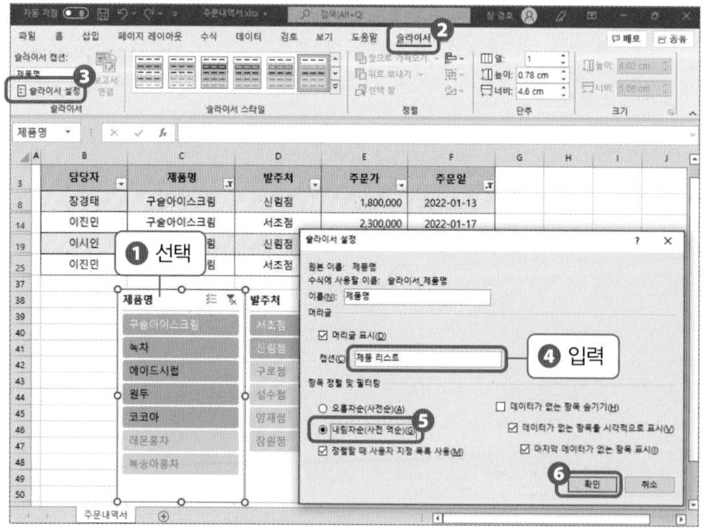

Excel 069

중요도 ★★★★★

부분합 기능으로 상사가 원하는 요약 보고서 작성하기

부분합은 데이터 범위 중에서 열 방향의 특정 필드로 분류하고 부문별로 합계, 평균, 개수, 최대값, 최소값, 표준 편차, 분산 등을 자동 계산한 후 요약해 주는 기능입니다.

사용 가능 버전 2010 2013 2016 2019 2021 365
사용한 기능 표 만들기, 표 스타일, 필터 단추, 내림차순 정렬

예제 파일 Excel\Chapter 04\주문내역서2.xlsx
완성 파일 Excel\Chapter 04\주문내역서2_완성.xlsx

1. 부분합 정렬을 위해 필드를 정렬해야 합니다. 제품명을 기준으로 요약 보고서를 작성할 것이기 때문에 [C4] 셀을 선택하고 [데이터] 탭-[정렬 및 필터] 그룹-[텍스트 오름차순 정렬]을 클릭합니다.

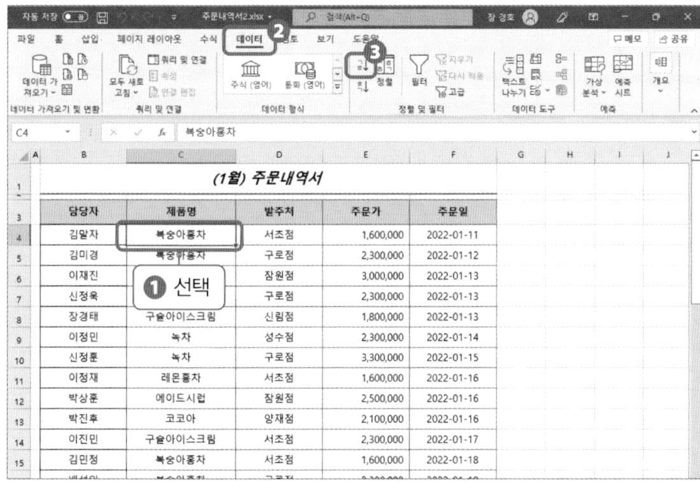

✔TIP 부분합은 특정 필드를 기준으로 합계나 평균 등의 소계를 자동으로 계산되어 워크시트에 요약하여 표시해 줍니다.

2. [데이터] 탭-[개요] 그룹-[부분합]을 클릭합니다. [부분합] 대화상자가 나타나면 [그룹화할 항목]-[제품명]를 선택하고, [사용할 함수]-[합계], [부분합 계산 항목]-[주문가]에 체크한 후 [확인]을 클릭합니다.

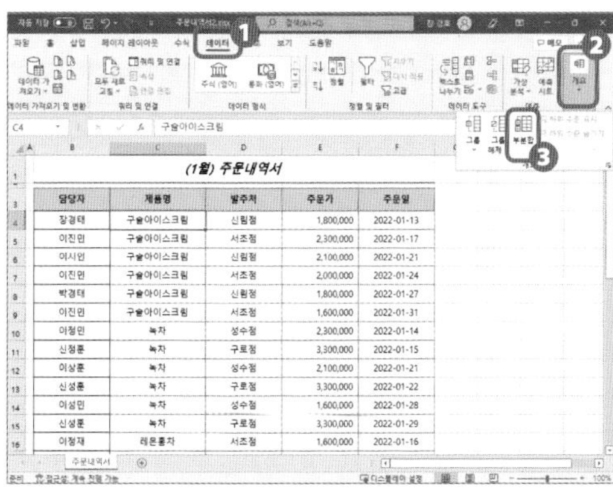

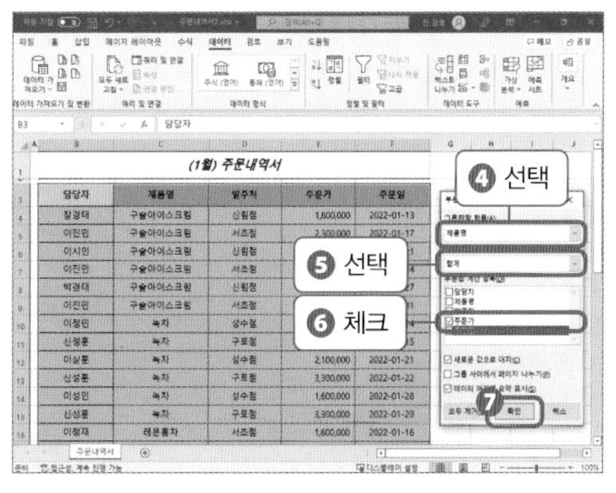

3. 부분합을 통해 하나의 데이터 영역 안에서 원하는 항목끼리 합계나 평균을 구할 수 있습니다. 제품명을 기준으로 주문가에 대한 합계가 구해집니다.

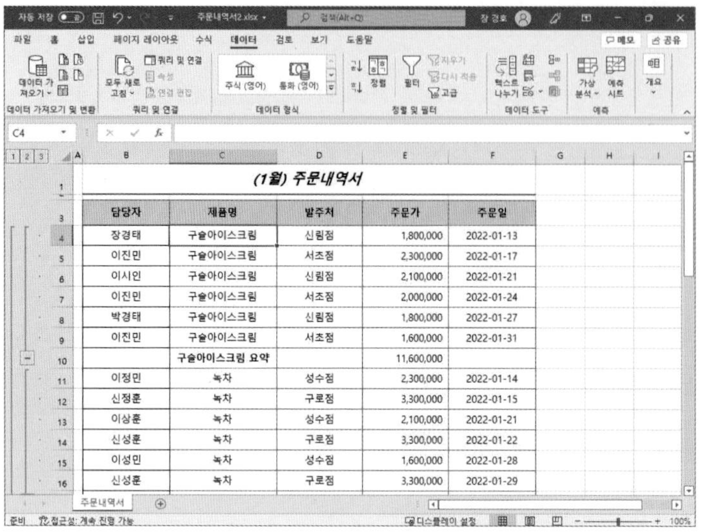

✔ TIP 부분합을 제거하려면 [부분합] 대화상자에서 [모두 제거]를 클릭합니다.

꼭 알고 가세요

부분합 윤곽 기호 사용하기

부분합이 실행되면 화면 왼쪽 상단에 윤곽 기호가 표시됩니다. [1]은 총합계를 표시하고, [2]는 그룹화한 항목의 합계와 총합계를 표시합니다. [3]은 전체 데이터와 그룹화한 항목의 합계를 표시합니다. [숨기기]를 클릭하면 해당 그룹이 숨겨지며, [보이기]를 클릭하면 해당 그룹이 표시됩니다.

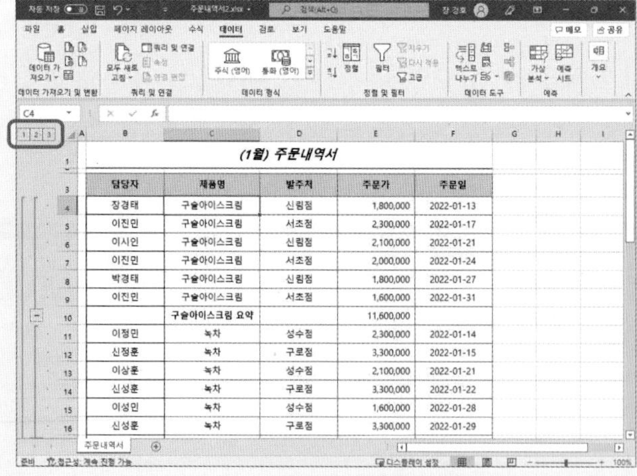

Excel 070

플래시 필(Flash Fill) 기능으로 셀 규칙을 찾아 데이터 편집하기

중요도 ★★★★★

플래시 필은 셀 내의 규칙을 확인하여 자동으로 데이터를 추출해 주는 기능입니다. 입력한 데이터의 패턴을 분석하여 나머지 빈칸을 자동으로 채워주는 기능에서 나아가 새로운 패턴을 만들 수도 있습니다.

사용 가능 버전 ~~2010~~ 2013 2016 2019 2021 365
사용한 기능 빠른 채우기, 플래시 필, Ctrl+E

예제 파일 Excel\Chapter 04\고객아이디.xlsx
완성 파일 Excel\Chapter 04\고객아이디_완성.xlsx

1. [E4] 셀을 선택하고 [D4] 셀에 입력되어 이메일 아이디를 입력합니다. 즉, 『kkk』를 입력하고 Enter 를 누릅니다. 다시 [D4] 셀은 선택하고 [홈] 탭 – [편집] 그룹 – [빠른 채우기]를 클릭합니다.

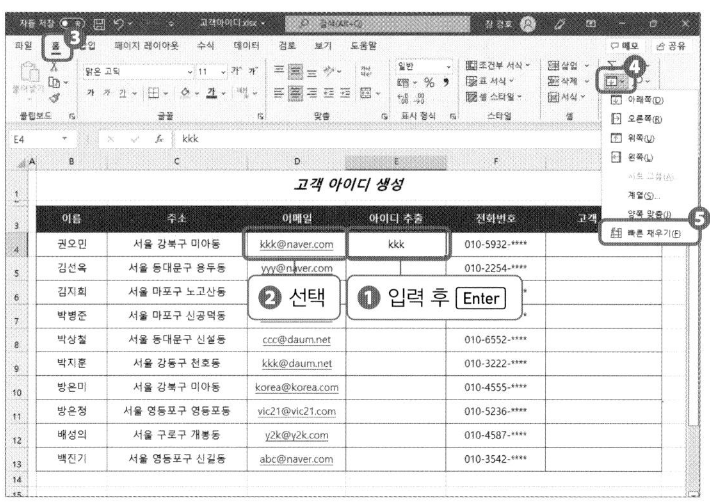

> ✓ TIP 빠른 채우기 기능은 엑셀 2013 버전부터 사용할 수 있습니다.

2. '@naver.com'이나 '@daum.net'과 같이 이메일 주소를 제외한 이메일 아이디만 추출됩니다.

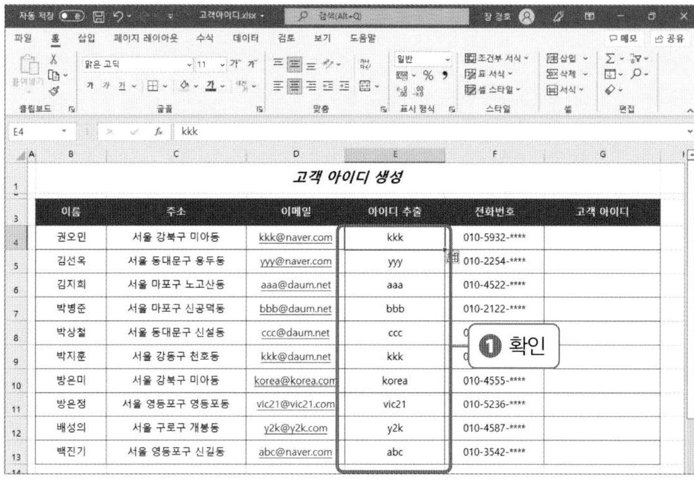

3. 이번에는 이메일 아이디와 전화번호 뒷자리를 조합하여 고객 아이디를 새롭게 생성해 보겠습니다. [G4] 셀을 선택하고 『kkk2222』를 입력합니다. 이번에는 단축키로 빠른 채우기를 해보겠습니다. [F3] 셀을 선택하고 Ctrl+E를 누릅니다.

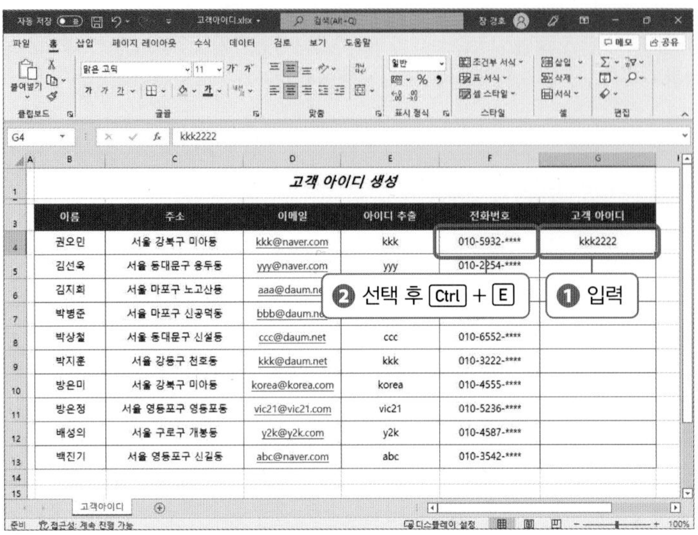

4. 이메일 아이디와 전화번호를 조합한 고객 아이디가 생성됩니다.

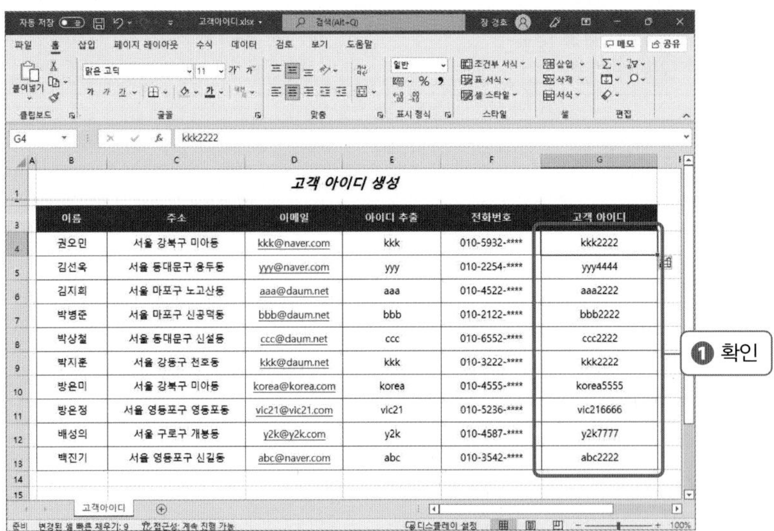

Excel 071

피벗 테이블 구성 방식 이해하고 규칙 살펴보기

중요도 ★★★

피벗 테이블이란 방대한 데이터에서 원하는 항목을 골라 요약 분석하는 기능으로, 정렬, 필터, 부분합 등을 사용하여 데이터를 분석해 주는 기능입니다. 또한, 피벗 차트를 통해 요약된 데이터를 시각화하고 필터링할 수도 있습니다.

사용 가능 버전 2010 2013 2016 2019 2021 365
사용한 기능 피벗 테이블, 피벗 차트
예제 파일 없음
완성 파일 없음

피벗 테이블 구성 요소 살펴보기

피벗 테이블은 보고서 필터, 열 레이블, 행 레이블, 그리고 Σ 값으로 구성됩니다.

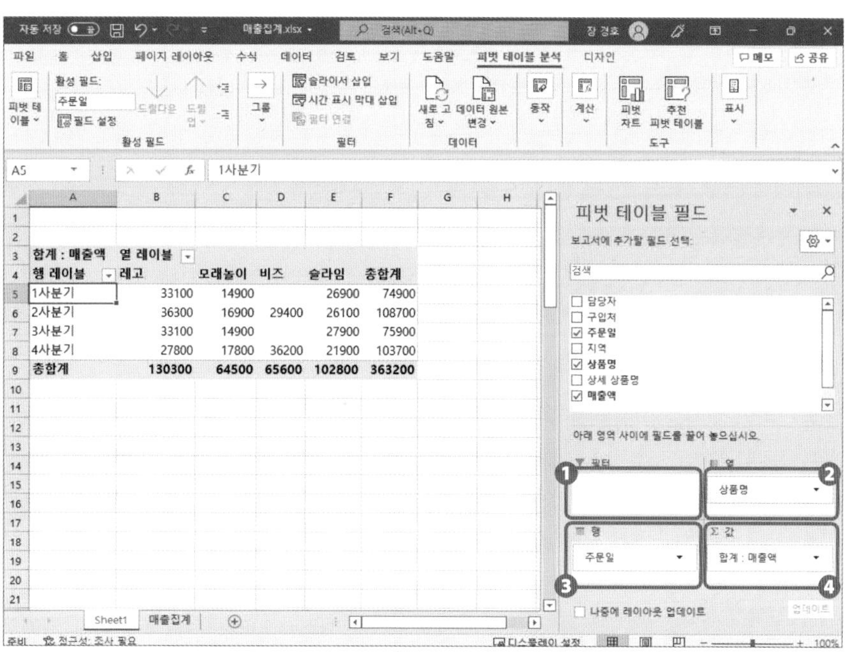

❶ **보고서 필터** : 피벗 테이블 전체에 기준이 되는 필드를 필터링할 수 있습니다.

❷ **열 레이블** : 열 방향으로 나열할 필드를 적용합니다.

❸ **행 레이블** : 행 방향으로 나열할 필드를 적용합니다.

❹ **Σ 값** : 피벗 테이블에 표시할 데이터를 적용합니다.

피벗 테이블과 피벗 차트 비교하기

피벗 테이블은 한 개의 필드가 아니라 여러 개의 필드를 그룹별로 요약해 주는 기능으로, 목적에 맞게 테이블을 재구성하면 원하는 정보를 쉽게 분석할 수 있습니다. 또한, 피벗 차트는 피벗 테이블의 데이터를 차트화한 것으로 시각적으로 보다 빠른 분석이 가능합니다.

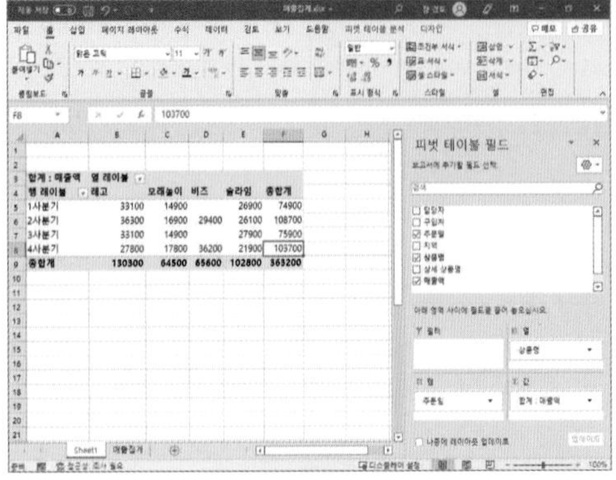

▲ 피벗 테이블

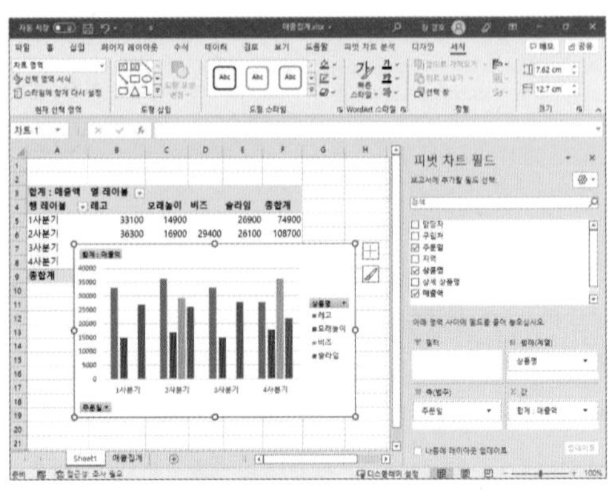

▲ 피벗 차트

[피벗 테이블 도구] - [분석] 상황별 탭 또는, [피벗 테이블 분석] 탭

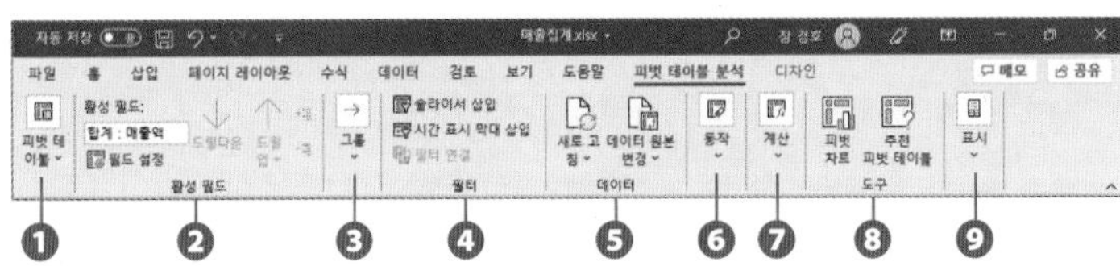

❶ **[피벗 테이블] 그룹** : 피벗 테이블 이름을 비롯해 옵션을 지정할 수 있습니다.

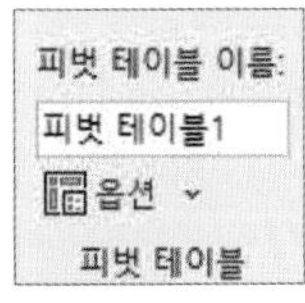

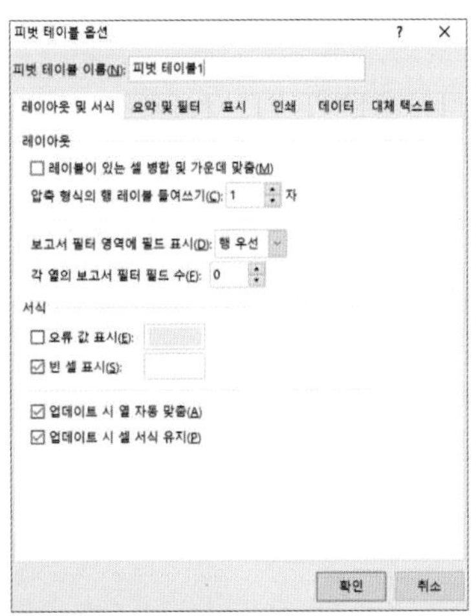

- 피벗 테이블 이름 : 피벗 테이블의 이름을 지정할 수 있습니다.
- 옵션 : [피벗 테이블 옵션] 대화상자에서 레이아웃 및 서식, 요약 및 필터, 표시, 인쇄, 데이터, 대체 텍스트 탭 등 옵션을 설정할 수 있습니다.

❷ **[활성 필드] 그룹** : 필드를 확장하거나 축소하는 등 필드에 대한 설정을 지정할 수 있습니다.

- 피벗 필드 이름 : 활성 필드의 이름을 수정합니다.
- 드릴다운/드릴업 : 항목의 하위 항목이나 상위 수준을 표시합니다.
- 필드 확장/축소 : 활성 필드의 모든 항목을 확장하거나 축소합니다.
- 필드 설정 : 요약 기준이나 표시 형식을 설정합니다.

❸ **[그룹] 그룹** : 그룹을 선택하거나 해제 또는, 그룹 단위로 시작과 끝의 값을 따로 지정할 수 있습니다.

- 그룹 선택 : 행이나 열에 원하는 부분을 선택하여 그룹으로 묶을 수 있습니다.
- 그룹 해제 : 그룹을 해제할 수 있습니다.
- 그룹 필드 : 숫자 또는, 날짜 필드를 그룹화합니다.

❹ **[필터] 그룹** : 정렬이나 슬라이서 삽입을 진행할 수 있습니다.

- 슬라이서 삽입 : 보고서 필터 대신 슬라이서를 삽입할 수 있습니다.
- 시간 표시 막대 삽입 : 날짜를 대화식으로 필터링하는 시간 표시 막대 컨트롤을 삽입합니다.
- 필터 연결 : 피벗 테이블이 연결되는 필터를 관리합니다.

❺ **[데이터] 그룹** : 원본 데이터가 변경되었을 때 새로 고침하거나 데이터 원본을 변경할 수 있습니다.

- 새로 고침 : 원본 데이터가 변경되었을 때 새로 고침을 하거나 취소, 연결 속성을 따로 설정할 수 있습니다.
- 데이터 원본 변경 : 피벗 테이블의 원본 데이터를 변경하거나 새로 설정할 수 있습니다.

❻ **[동작] 그룹** : 설정된 필터를 삭제하거나 선택 또는, 피벗 테이블을 다른 워크시트로 이동할 수 있습니다.

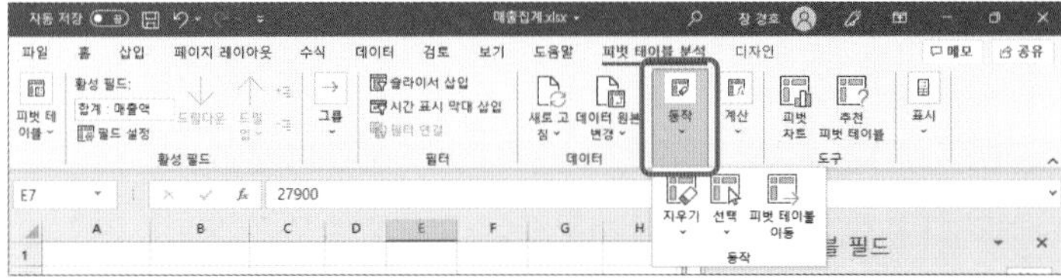

- 지우기 : 필터를 삭제하여 기본 피벗 테이블로 되돌리거나 필터를 해제할 수 있습니다.
- 선택 : 값, 레이블, 값과 레이블 또는, 전체 피벗 테이블을 선택할 수 있습니다.
- 피벗 테이블 이동 : 피벗 테이블을 기존 워크시트로 이동하거나 새로운 워크시트로 이동할 수 있습니다.

❼ **[계산] 그룹** : 값 요약 기준을 다시 설정하거나 값 표시 형식을 변경할 수 있습니다.

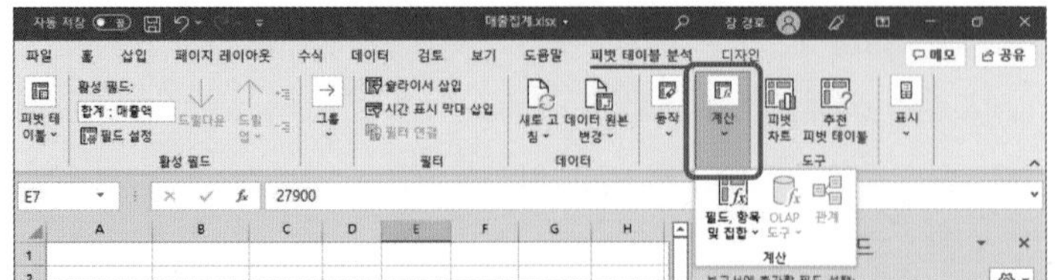

- 필드, 항목 및 집합 : 계산 필드, 계산 항목, 계산 순서 등을 다시 설정할 수 있습니다.
- OLAP 도구 : OLAP 데이터 원본과 연결된 피벗 테이블로 작업합니다.
- 관계 : 테이블 간의 관계를 만들거나 편집하여 동일한 보고서의 서로 다른 테이블에 있는 관련된 데이터를 표시합니다.

❽ **[도구] 그룹** : 피벗 차트를 비롯해 추천 피벗 테이블을 선택할 수 있습니다.

- 피벗 차트 : 피벗 테이블의 데이터를 이용하여 새로운 피벗 차트를 생성합니다.
- 추천 피벗 테이블 : 사용자의 데이터에 가장 적합한 피벗 테이블을 추천해서 표시합니다.

❾ **[표시] 그룹** : 필드 목록을 비롯해 +/– 단추, 필드 머리글을 표시할 수 있습니다.

- 필드 목록 : 필드 목록을 표시하거나 숨깁니다.
- +/– 단추 : +/– 단추를 표시하거나 숨깁니다.
- 필드 머리글 : 행과 열의 필드 머리글을 표시하거나 숨깁니다.

[피벗 테이블 도구]-[디자인] 상황별 탭 또는 [디자인] 탭

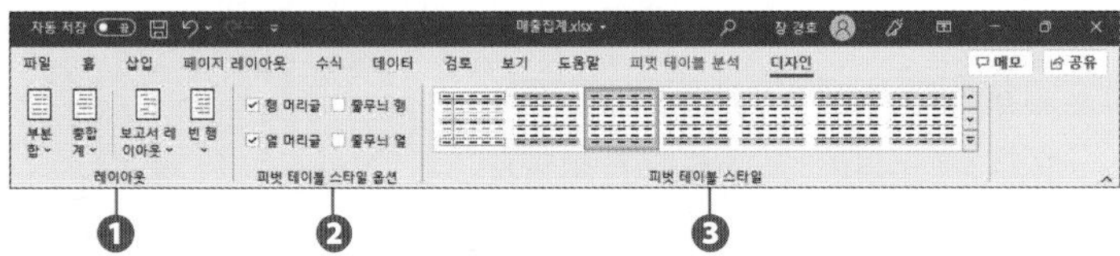

❶ **[레이아웃] 그룹** : 부분합을 표시하거나 총합계, 보고서 레이아웃 등을 표시할 수 있습니다.

- 부분합 : 그룹 상단이나 그룹 하단에 부분합을 표시하거나 숨깁니다.
- 총합계 : 총합계를 표시하거나 숨깁니다.
- 보고서 레이아웃 : 보고서 레이아웃을 압축, 개요, 테이블 형식으로 설정할 수 있습니다.
- 빈 행 : 빈 줄을 삽입하거나 빈 행이 있는 경우 삭제합니다.

❷ **[피벗 테이블 스타일 옵션] 그룹** : 행이나 열 머리글, 줄무늬 행이나 열의 스타일을 지정합니다.

• 행/열 머리글 : 행이나 열 머리글의 스타일을 지정합니다.

• 줄무늬 행/열 : 행이나 열에 줄무늬 스타일을 지정합니다.

❸ **[피벗 테이블 스타일] 그룹** : 피벗 테이블 스타일을 지정할 수 있습니다.

꼭 알고 가세요

레이아웃에 필드를 추가하는 방법과 필드 제거

[피벗 테이블 필드] 옵션 창의 [보고서에 추가할 필드]에서 원하는 필드를 선택한 다음 마우스 오른쪽 버튼을 클릭하여 보내고 싶은 피벗 테이블 레이아웃 위치를 선택합니다. 또한, 이미 생성된 피벗 테이블의 행/열 레이블을 변경하거나 필드를 제거하려면 필드의 드롭다운 단추를 클릭한 후 [행 레이블로 이동], [열 레이블로 이동], 또는, [필드 제거]를 선택합니다.

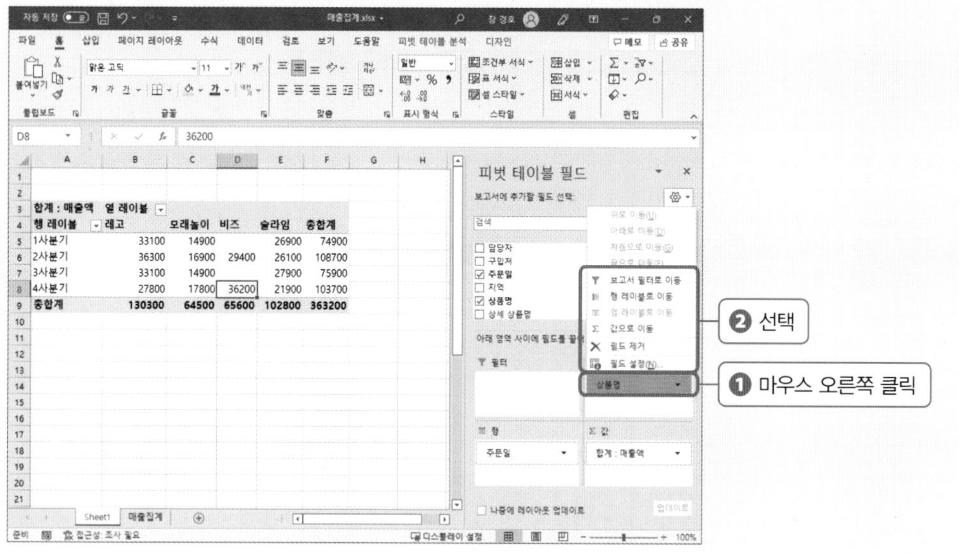

Excel 072

중요도 ★★★★★

피벗 테이블을 활용하여 제품 월별 매출액 요약하기

피벗 테이블은 행과 열 방향으로 그룹화된 항목을 정렬하거나, 요약하여 데이터를 빠르게 분석할 수 있는 기능입니다. 방대한 데이터를 효과적으로 분석할 수 있는 최적의 도구입니다.

사용 가능 버전 2010 2013 2016 2019 2021 365
사용한 기능 피벗 테이블, [그룹화] 대화상자

예제 파일 Excel\Chapter 04\매출집계.xlsx
완성 파일 Excel\Chapter 04\매출집계_완성.xlsx

1. 피벗 테이블을 활용해 제품의 월별 판매량을 추출해 보겠습니다. 표에서 셀 하나를 선택하고 [삽입] 탭–[표] 그룹–[피벗 테이블]을 클릭합니다.

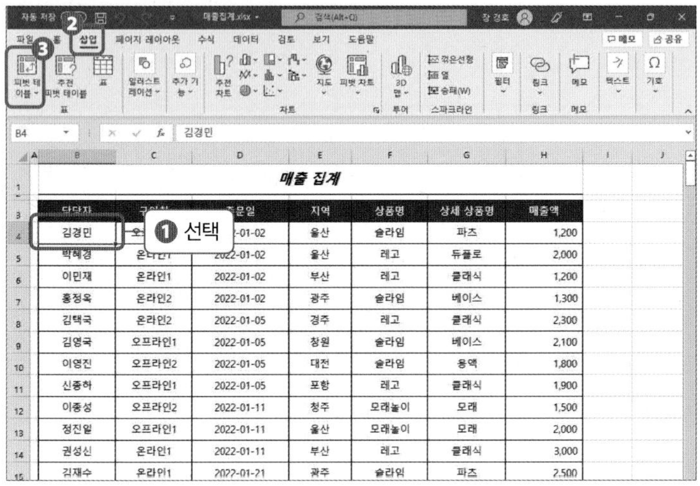

2. [표 또는 범위의 피벗 테이블] 대화상자가 나타나면 [테이블 또는 범위 선택]의 [표/범위]에 셀 범위가 제대로 지정되었는지 확인합니다. [새 워크시트]를 체크하고 [확인]을 클릭합니다.

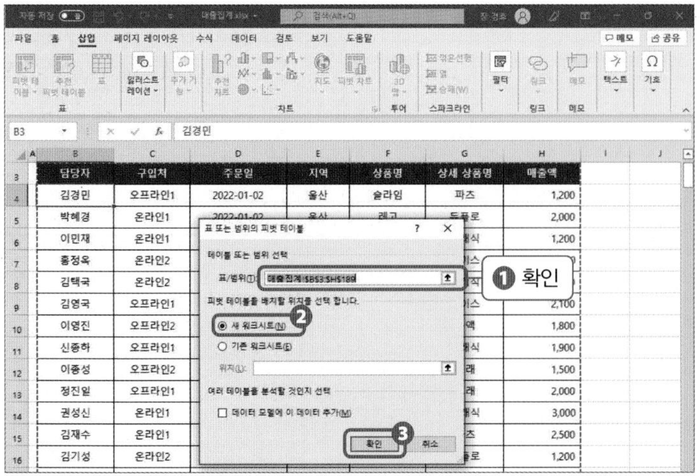

3. [Sheet1] 시트가 새로 추가되면서 우측에 [피벗 테이블 필드] 옵션 창이 나타납니다. [피벗 테이블 필드] 옵션 창의 [보고서에 추가할 필드 선택]–[주문일] 필드를 [행] 항목으로 드래그합니다. [상품명] 필드를 [열] 항목으로, [매출액] 필드를 [값] 항목으로 드래그합니다.

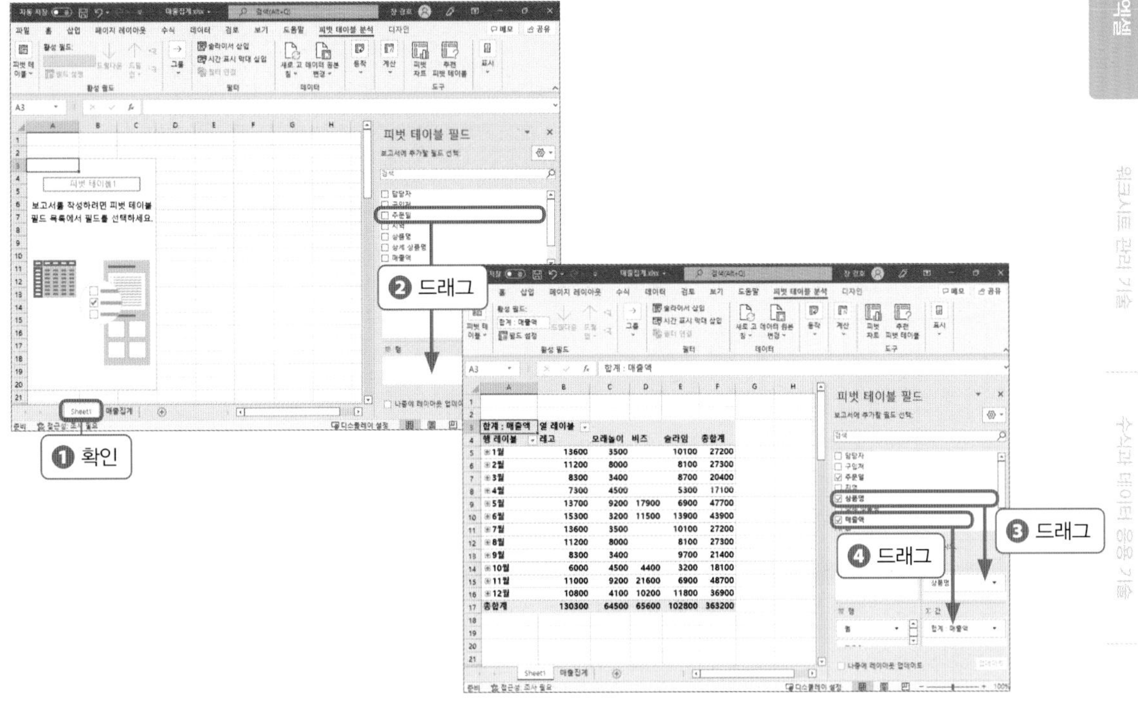

4. 피벗 테이블이 월별 날짜를 기준으로 완성됩니다. 주문일과 같은 날짜의 경우 연, 분기, 월이나 일 단위로 세분화하여 설정할 수 있습니다. 여기서는 분기별로 변경해 보겠습니다. 날짜를 마우스 오른쪽 버튼으로 클릭한 후 [그룹]을 선택합니다.

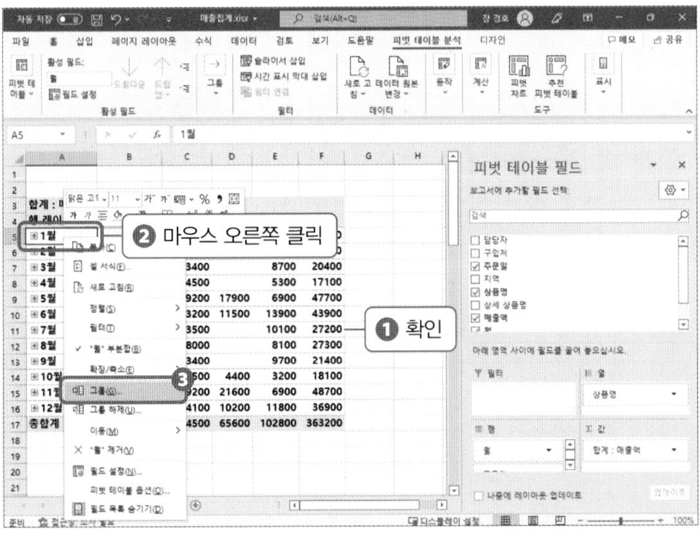

5. [그룹화] 대화상자가 나타나면 [단위]-[분기]만 선택하고 [확인]을 클릭합니다.

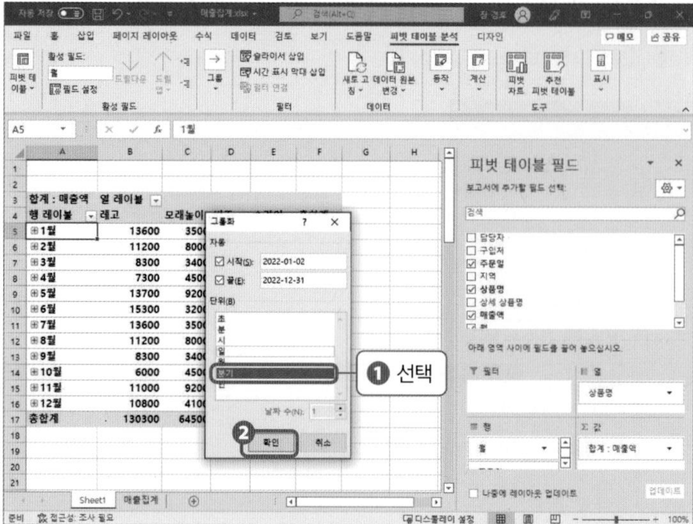

6. 1사분기부터 4사분기까지 피벗 테이블이 완성됩니다.

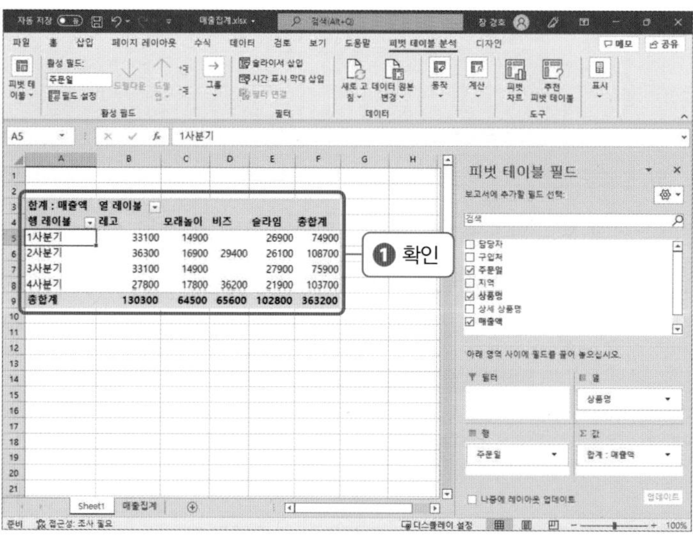

Excel 073

중요도 ★★★★★

피벗 테이블에서 시간 표시 막대로 기간 판매량 알아보기

피벗 테이블을 활용하면 원하는 날짜별로 판매량을 집계하거나 제품별, 부서별로 판매량을 집계하는 등 다양한 보고서를 작성할 수 있습니다. 여기서는 시간 막대를 표시하여 원하는 기간 동안의 판매량을 집계해 보겠습니다.

사용 가능 버전 ~~2010~~ 2013 2016 2019 2021 365
사용한 기능 피벗 테이블, [그룹화] 대화상자

예제 파일 Excel\Chapter 04\매출집계2.xlsx
완성 파일 Excel\Chapter 04\매출집계2_완성.xlsx

1. [Sheet1] 시트를 선택합니다. 피벗 테이블에서 날짜 항목을 모두 표시하기 위해 날짜 항목에서 마우스 오른쪽 버튼을 클릭한 후 [그룹 해제]를 선택합니다.

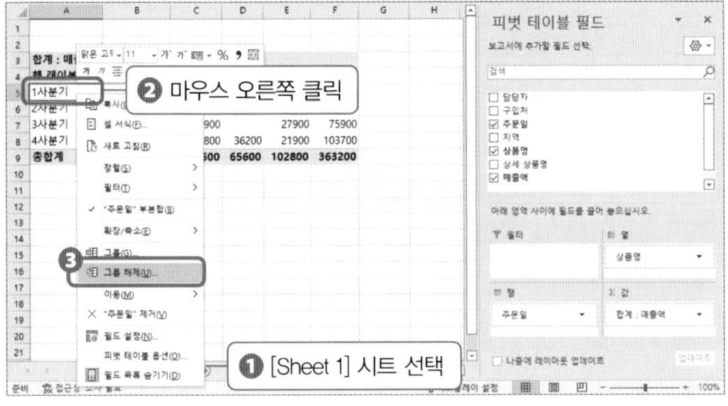

2. 분기별로 표시되어 있던 날짜 항목이 그룹 해제되어 전체 날짜가 표시됩니다. 원하는 기간 동안의 판매량을 확인하기 위해 [피벗 테이블 도구]-[분석] 상황별 탭 또는, [피벗 테이블 분석] 탭-[필터] 그룹-[시간 표시 막대 삽입]을 클릭합니다.

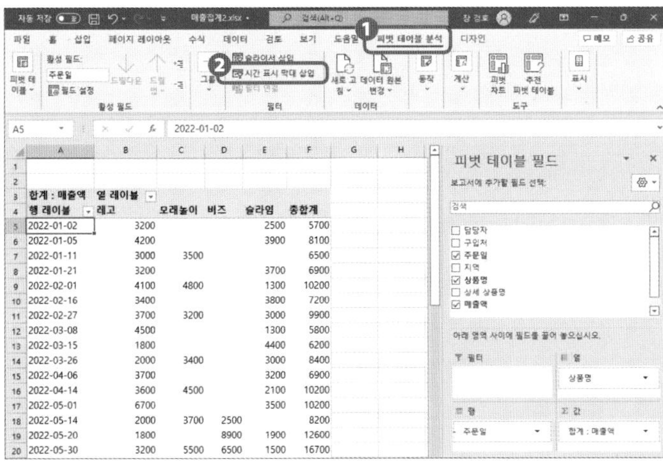

3. [시간 표시 막대 삽입] 대화상자가 나타나면 [주문일]에 체크한 후 [확인]을 클릭합니다.

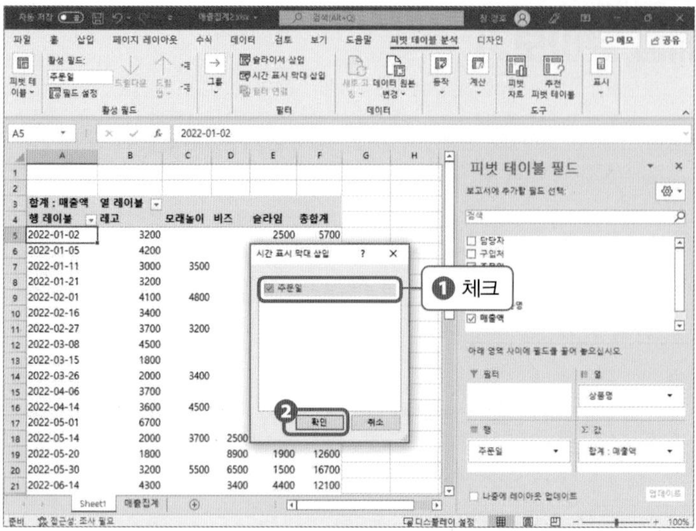

4. 워크시트에 '주문일'에 해당하는 시간 막대가 표시됩니다. 원하는 날짜를 클릭합니다. 여기서는 '5월'을 선택합니다. 피벗 테이블에 '5월'에 해당하는 항목이 추출됩니다.

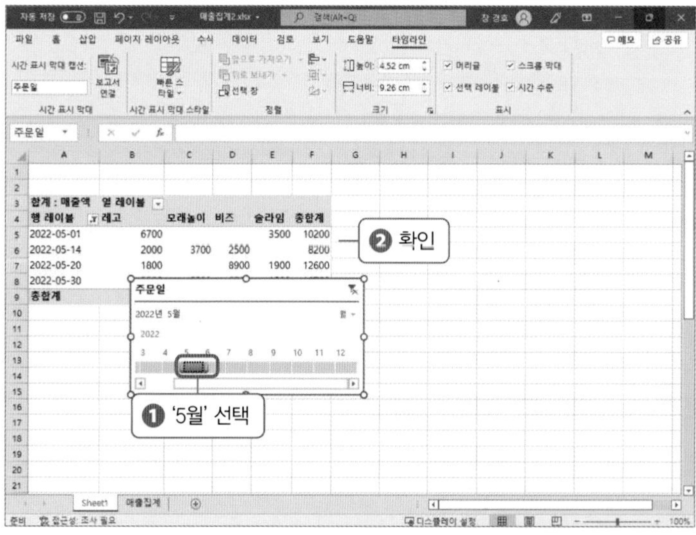

✓TIP 시간 막대는 엑셀 2013에 새로 추가된 기능으로 날짜나 시간 데이터를 이용하여 데이터를 쉽게 추출할 수 있습니다.

5. 표시 핸들을 드래그하여 원하는 기간을 모두 선택할 수도 있습니다.

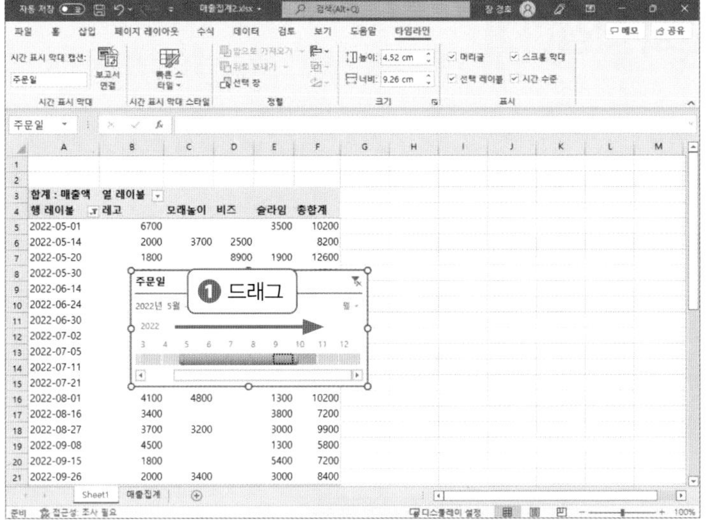

6. 월별로 데이터가 추출됩니다. 월 화살표를 클릭해 다양한 방법으로 원하는 데이터를 피벗 테이블로 작성하고 결과값을 추출해 보세요.

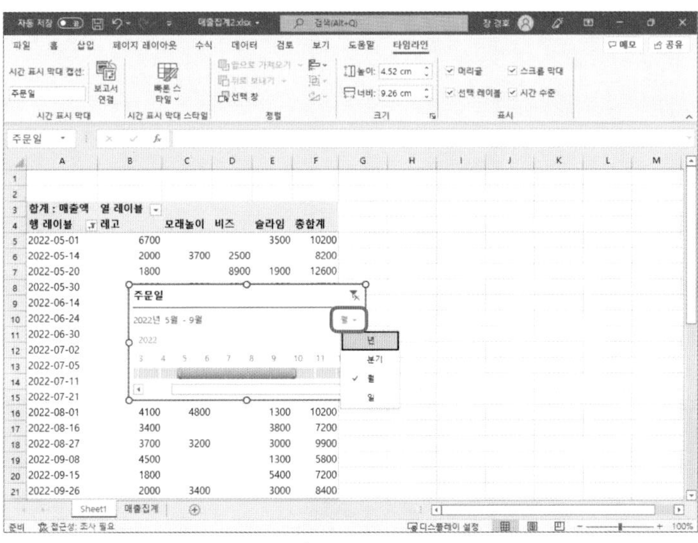

Excel
074
중요도
★★★★★

추천 피벗 테이블로 피벗 보고서 작성하기

엑셀 2013부터 추가된 추천 피벗 테이블은 지정한 데이터를 토대로 피벗 테이블 보고서 유형을 미리 보여주고 원하는 형식을 직접 선택할 수 있도록 도와주는 기능입니다. 기존 피벗 테이블 작성이 힘들었다면 추천 피벗 테이블을 이용해 피벗 보고서를 작성해 보기 바랍니다.

사용 가능 버전 ~~2010~~ 2013 2016 2019 2021 365
사용한 기능 추천 피벗 테이블

예제 파일 Excel\Chapter 04\영업실적.xlsx
완성 파일 Excel\Chapter 04\영업실적_완성.xlsx

1. 표에서 셀 하나를 선택하고 [삽입] 탭-[표] 그룹-[추천 피벗 테이블]을 클릭합니다. [권장 피벗 테이블] 대화상자가 나타나면 원하는 피벗 테이블을 선택한 후 [확인]을 클릭합니다.

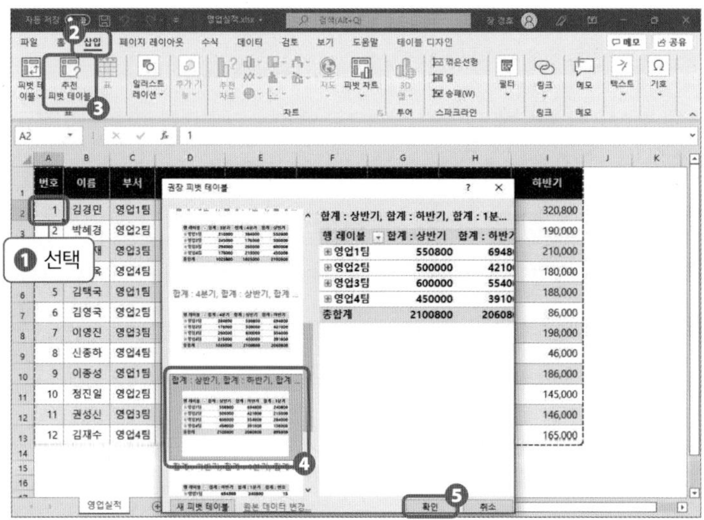

2. [권장 피벗 테이블] 대화상자에서 선택한 피벗 테이블 보고서가 완성되어 표시됩니다. 추천 피벗 테이블도 [피벗 테이블 필드] 옵션 창에서 원하는 항목을 클릭하여 추가할 수 있습니다.

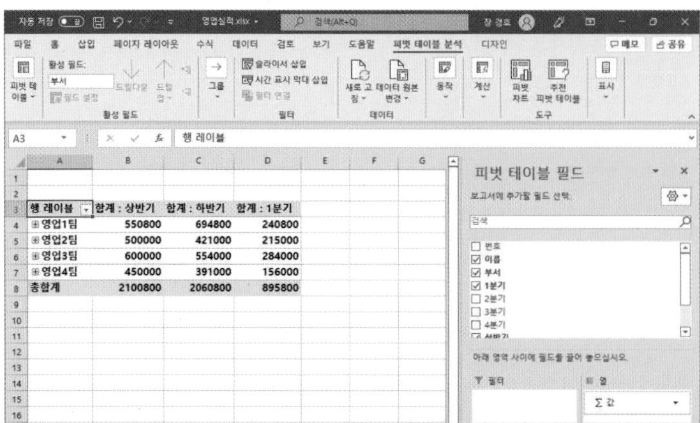

Excel 075

숨겨진 [개발 도구] 탭 표시하기

중요도 ★★★★★

엑셀의 기본 설정에는 매크로 관련 도구가 표시되지 않습니다. 매크로와 VBA를 활용하기 위해서는 [개발 도구] 탭이 필요합니다. [개발 도구] 탭은 [Excel 옵션] 대화상자에서 불러올 수 있습니다.

사용 가능 버전 2010 2013 2016 2019 2021 365 | **예제 파일** 없음
사용한 기능 개발 도구 | **완성 파일** 없음

1. [파일] 탭-[옵션]을 클릭합니다. [Excel 옵션] 대화상자가 나타나면 [리본 사용자 지정]을 클릭하고 [리본 메뉴 사용자 지정]-[개발 도구]에 체크한 후 [확인]을 클릭합니다.

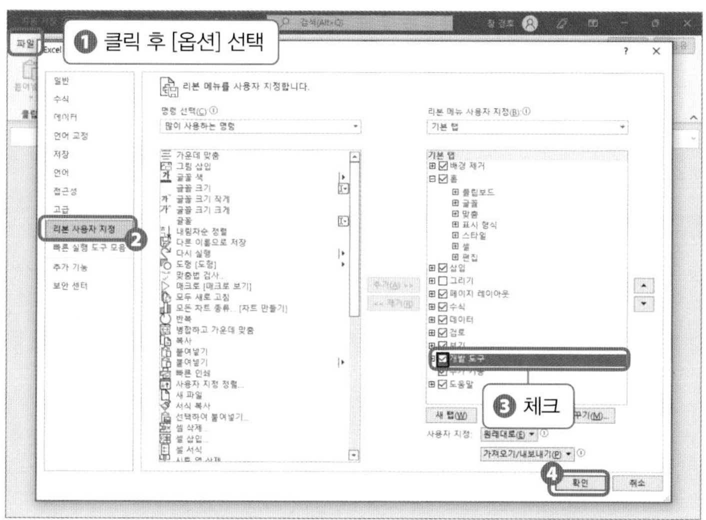

2. 리본 메뉴에 [개발 도구] 탭이 추가되면 클릭합니다. [개발 도구] 탭은 코드, 추가 기능, 컨트롤 등의 그룹으로 다시 나눠지며 개발 도구와 관련된 다양한 기능을 실행할 수 있습니다. 또한, 매크로 및 VBA를 만들고 편집할 수 있는 도구들이 제공됩니다.

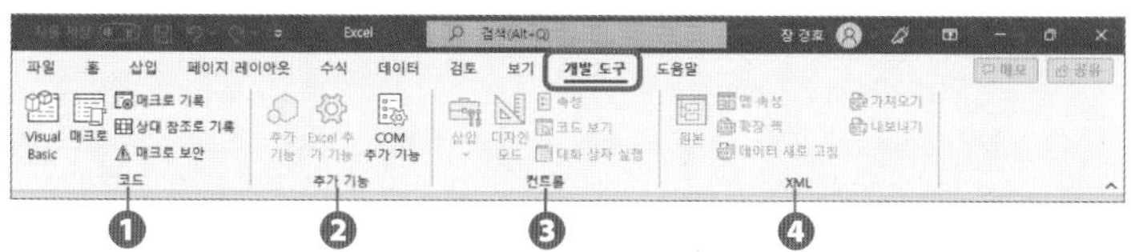

꼭 알고 가세요

❶ 코드 : 매크로 및 VBA를 작성하고 편집할 수 있습니다.
❷ 추가 기능 : 레이블 인쇄 마법사나 분석 도구, 유로화 도구처럼 다양한 기능을 추가할 수 있습니다.
❸ 컨트롤 : 워크시트에 각종 컨트롤을 삽입하고 정렬하거나, 사용자 지정 대화상자를 실행할 수 있습니다.
❹ XML : XML 원본 작업 창을 열거나 XML 데이터를 가져올 수 있습니다.

Excel
076

매크로가 포함된 파일 열고 보안 설정하기

중요도
★★★☆☆

매크로가 포함된 문서는 확장자가 'xlsx'가 아닌 'xlsm'으로 파일을 열면 [보안 경고] 창이 나타나는 것이 정상입니다. 매크로를 신뢰할 수 있다면 보안 경고를 해제하면 됩니다.

사용 가능 버전 2010 2013 2016 2019 2021 365
사용한 기능 개발 도구, 매크로
예제 파일 Excel\Chapter 04\학생명부.xlsm
완성 파일 없음

1. 예제 파일을 열면 매크로가 포함되어 있기에 [보안 경고] 창이 나타납니다. '매크로를 사용할 수 없도록 설정했습니다.'라고 적힌 부분을 클릭합니다.

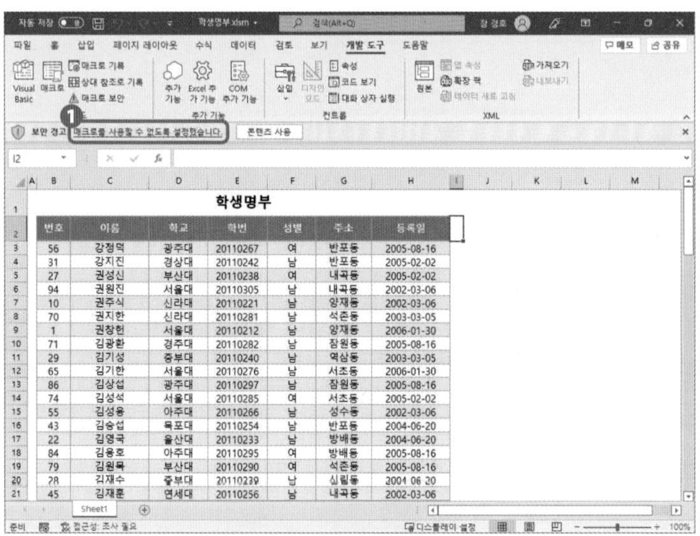

✓ TIP 매크로가 포함되어 있지만 [보안 경고] 창이 나타나지 않으면 [매크로 보안]-[모든 매크로 포함]이나 [모든 매크로 제외(알림 표시 없음)]으로 설정되어 있기 때문입니다.

✓ TIP [콘텐츠 사용]을 클릭하면 매크로가 포함된 파일을 열 수 있습니다.

2. [Microsoft Office 보안 옵션] 대화상자가 나타나면 [콘텐츠 사용]을 클릭하고 [확인]을 클릭합니다.

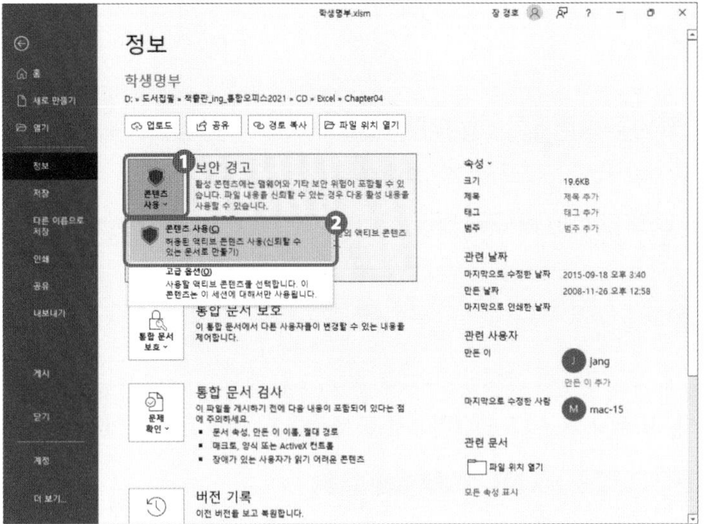

3. 매크로가 포함되어 있는 문서를 열면 기본적으로 [보안 경고] 창이 나타납니다. [보안 경고] 창 없이 문서를 바로 열고 싶다면 매크로 보안 설정을 변경하면 됩니다. [개발 도구] 탭의 [코드] 그룹-[매크로 보안]을 클릭합니다. [보안 센터] 대화상자가 나타나면 [매크로 설정]-[VBA 매크로 사용]을 체크하고 [확인]을 클릭합니다.

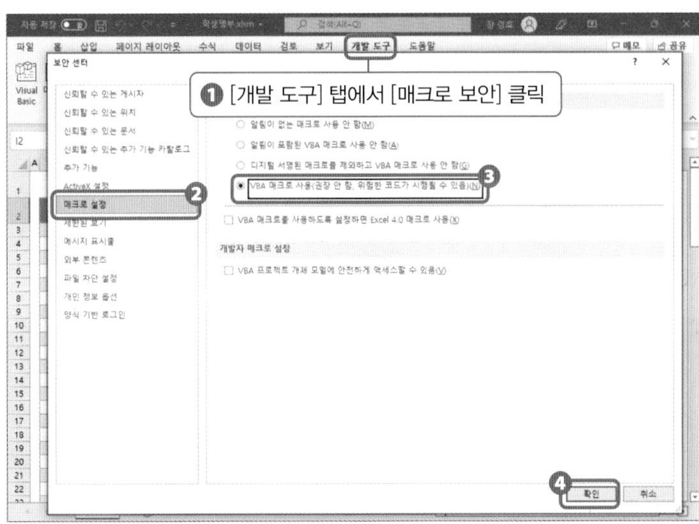

✔TIP [개발 도구] 탭이 표시되지 않는다면 231페이지를 참조하여 표시할 수 있습니다.

✔TIP [모든 매크로 포함(위험성 있는 코드가 실행될 수 있으므로 권장하지 않음)] 혹은, [VBA 매크로 사용(권장 안함, 위험한 코드가 시행될 수 있음)]은 악성코드가 포함될 수 있기에 권장하지 않습니다. 본 예제에서 적용해본 후 다시 [모든 매크로 제외(알림 표시)] 혹은, [알림이 없는 매크로 사용 안 함]으로 변경하기 바랍니다.

Excel 077

중요도 ★★★★★

매크로 바로 가기 키 설정과 저장하기

매크로는 반복되는 작업을 몇 번의 마우스 클릭만으로 빠르게 처리할 수 있는 편리한 기능입니다. 매크로를 바로 가기 키로 설정하여 간단히 실행해 보겠습니다.

사용 가능 버전 2010 2013 2016 2019 2021 365
사용한 기능 개발 도구, 매크로

예제 파일 Excel\Chapter 04\사원기록표.xlsx
완성 파일 Excel\Chapter 04\사원기록표_완성.xlsx

1. [개발 도구] 탭 – [코드] 그룹 – [매크로 기록]을 클릭합니다. [매크로 기록] 대화상자가 나타나면 [매크로 이름]에 『상위10』을 입력합니다. [바로 가기 키]의 입력란에 『t』를 입력하고 [확인]을 클릭합니다.

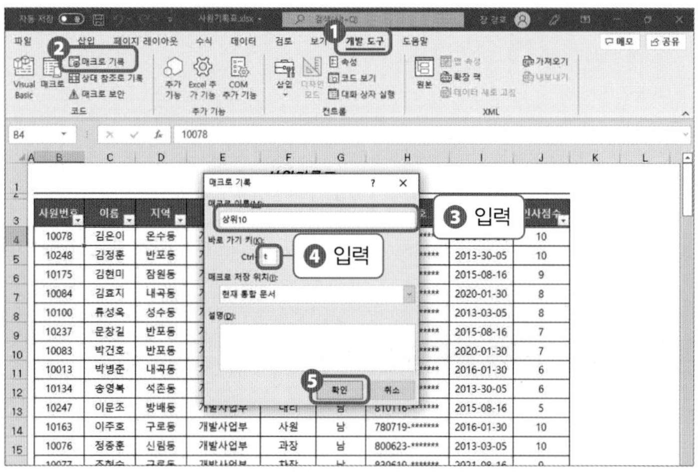

2. 매크로 기록이 시작됩니다. [J4:J103] 영역을 드래그하여 선택한 다음 [홈] 탭 – [스타일] 그룹 – [조건부 서식]을 클릭한 다음 [상위/하위 규칙] – [상위 10개 항목]을 클릭합니다.

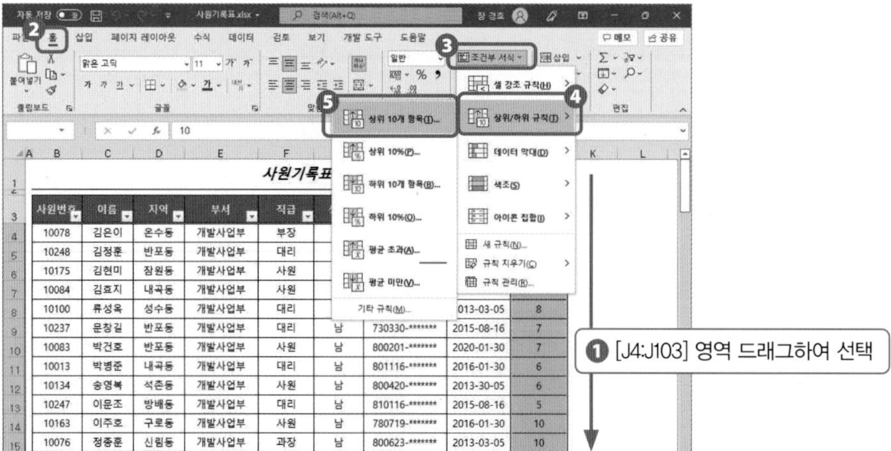

3. [상위 10개 항목] 대화상자가 나타나면 [적용할 서식]에 [진한 녹색 텍스트가 있는 녹색 채우기]를 선택한 다음 [확인]을 클릭합니다.

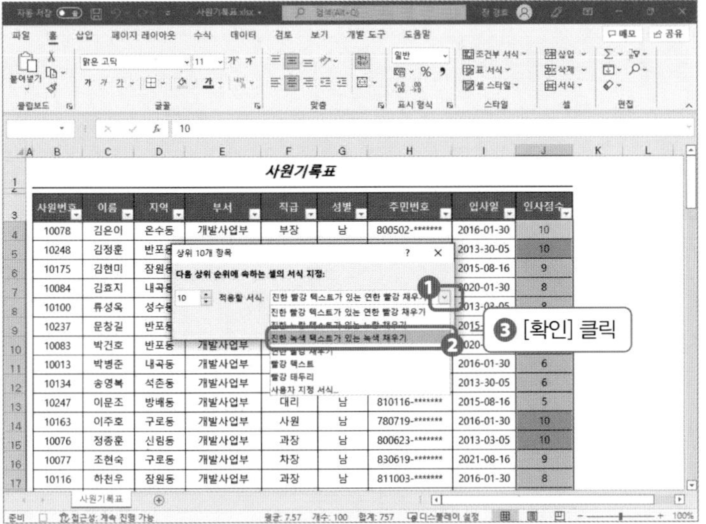

4. [개발 도구] 탭-[코드] 그룹-[기록 중지]를 클릭하여 매크로 기록을 마칩니다.

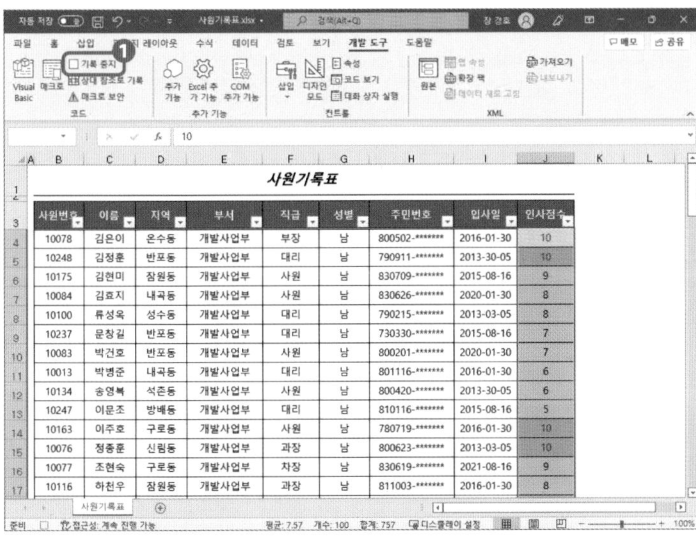

5. 매크로가 제대로 기록되었는지 확인하기 위해 지정된 조건부 서식을 삭제합니다. [홈] 탭-[스타일] 그룹-[조건부 서식]-[규칙 지우기]-[선택한 셀의 규칙 지우기]를 클릭합니다.

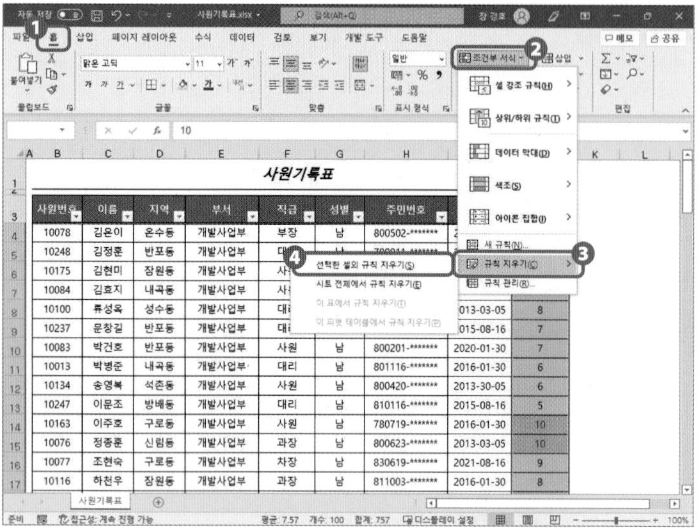

6. 조건부 서식이 삭제되면 매크로를 위해 지정한 단축키인 Ctrl+T를 누릅니다.

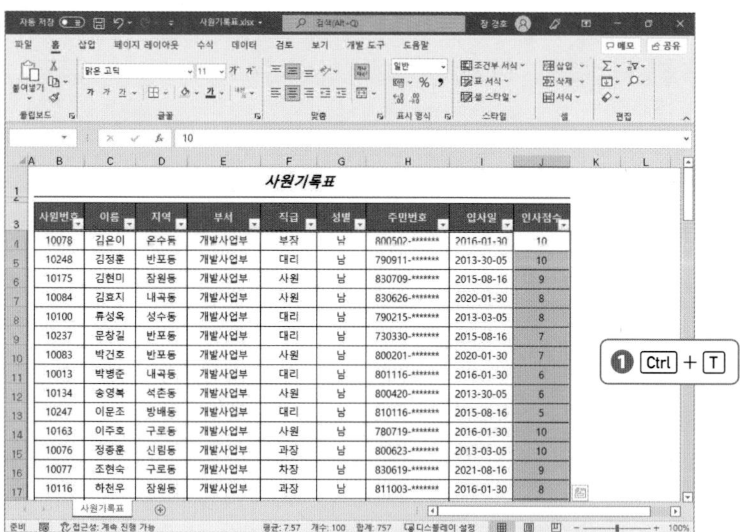

7. 단축키를 통해 매크로를 자동으로 실행할 수 있습니다.

8. 매크로가 지정된 파일을 저장해 보겠습니다. [파일] 탭−[다른 이름으로 저장]−[이 PC]−[찾아보기]를 클릭합니다. [다른 이름으로 저장] 대화상자가 나타나면 [파일 이름]에 『사원기록표_매크로』를 입력하고 [파일 형식]은 [Excel 매크로 사용 통합 문서 (*.xlsm)]를 선택한 후 [저장]을 클릭합니다.

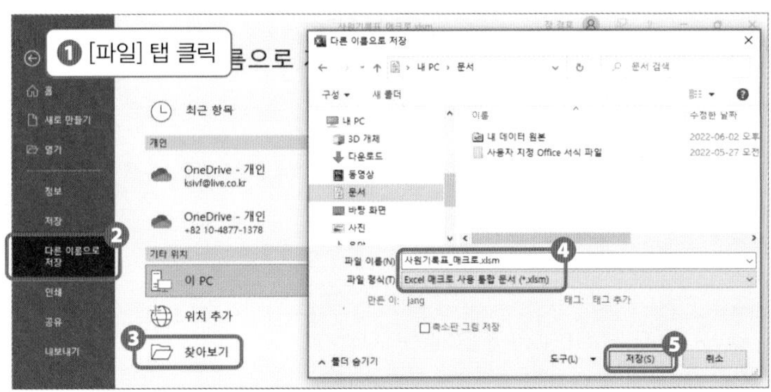

✔ TIP 매크로가 기록된 문서는 기본 엑셀 확장자인 '*.xlsx' 가 아닌 '*.xlsm'으로 저장해야 합니다.

ϟ 꼭 알고 가세요

상태 표시줄의 [기록 중지] 단추

매크로 기록이 시작되면 [매크로 기록] 단추가 [기록 중지]로 변경됩니다. 기록을 중지할 때는 [개발 도구] 탭−[코드] 그룹−[기록 중지]를 클릭해도 되며, 상태 표시줄의 [기록 중지]를 클릭해도 됩니다.

11	10013	박병준	내곡동	개발사업부
12	10134	송영복	석촌동	개발사업부
13	10247	이문조	방배동	개발사업부
14	10163	이주호	구로동	개발사업부
15	10076	정종훈	신림동	개발사업부
16	10077	조현숙	구로동	개발사업부
17	10116	하천우	잠원동	개발사업부

사원기록표 ⊕

준비 ▣ 접근성: 계속 진행 가능

▲ 매크로 기록 전

11	10013	박병준	내곡동	개발사업부
12	10134	송영복	석촌동	개발사업부
13	10247	이문조	방배동	개발사업부
14	10163	이주호	구로동	개발사업부
15	10076	정종훈	신림동	개발사업부
16	10077	조현숙	구로동	개발사업부
17	10116	하천우	잠원동	개발사업부

사원기록표 ⊕

준비 □ 접근성: 계속 진행 가능

▲ 매크로 기록 중

엑셀

기타 업무 기술

지금까지 데이터 관리 기술에서부터 수식 기능, 표와 차트를 활용하거나 데이터를 분석하는 기술에 대해서 살펴보았습니다. 이처럼 엑셀은 데이터를 관리하거나 분석하는 기능이 대부분을 차지합니다. 여기에 시각적인 효과까지 포함된다면 최고의 업무 활용 도구가 될 것입니다. 이번 마지막 챕터에서는 엑셀의 인쇄 환경에 대해서 살펴보고 문서를 인쇄하는 다양한 기능과 미처 다하지 못한 기능에 대해서 살펴보겠습니다.

• 학습 내용

사용 기능	중요도	내용
전체 화면 인쇄 미리 보기	★★★★★	078 전체 화면 인쇄 미리 보기 추가하기
페이지 설정, 사용자 지정 여백	★★★★★	079 문서의 인쇄 여백이나 방향, 크기 지정하기
인쇄	★★★★★	080 페이지마다 같은 행과 열 반복 인쇄하기
페이지 레이아웃, 머리글/바닥글	★★★★★	081 인쇄할 때 파일 경로와 파일명을 넣어서 인쇄하기
인쇄 영역 설정	★★★★★	082 여러 시트의 데이터를 한 번에 인쇄하기
셀 오류 표시	★★★★★	083 오류가 있는 셀은 출력하지 않도록 설정하기
워터마크	★★★★★	084 머리글, 바닥글에 회사 로고와 같은 워터마크 표시하기

Excel 078

전체 화면 인쇄 미리 보기 추가하기

중요도 ★★★★★

엑셀에서 인쇄 미리 보기는 지금까지 다룬 것처럼 [파일] 탭–[인쇄]에서 작은 창으로 미리 보기를 할 수 있었습니다. 하지만, 엑셀 2007 이하에서 제공하던 [인쇄 미리 보기] 화면은 워크시트 화면에서 미리 보기를 할 수 있어서 꽤 편리했던 것이 사실입니다. 이전 버전에서 제공하던 [엑셀 미리 보기] 화면이 익숙한 사람이라면 [전체 화면 인쇄 미리 보기] 단추를 빠른 실행 도구 모음에 추가해서 활용할 수 있습니다.

사용 가능 버전 2010 2013 2016 2019 2021 365 | 예제 파일 없음
사용한 기능 전체 화면 인쇄 미리 보기 | 완성 파일 없음

1. [파일] 탭–[옵션]을 클릭하여 [Excel 옵션] 대화상자가 나타나면 [빠른 실행 도구 모음]을 클릭합니다. [명령 선택]–[모든 명령]을 선택하고 목록에서 [전체 화면 인쇄 미리 보기]를 선택합니다. [추가], [확인]을 차례대로 클릭합니다.

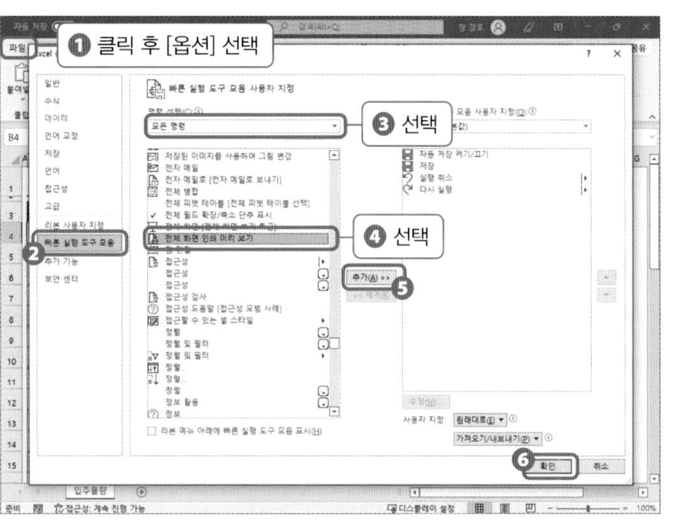

2. 빠른 실행 도구 모음에 [전체 화면 인쇄 미리 보기] 단추가 추가됩니다. [전체 화면 인쇄 미리 보기]를 클릭합니다.

3. [인쇄 미리 보기] 화면이 나타나면, 워크시트 내용이 가로로 넓은 문서이기 때문에 페이지를 변경해 보겠습니다. [인쇄 미리 보기] 탭-[인쇄] 그룹-[페이지 설정]을 클릭합니다. [페이지 설정] 대화상자에서 [페이지] 탭을 클릭합니다. [용지 방향]에서 [가로]를 체크한 후 [확인]을 선택합니다.

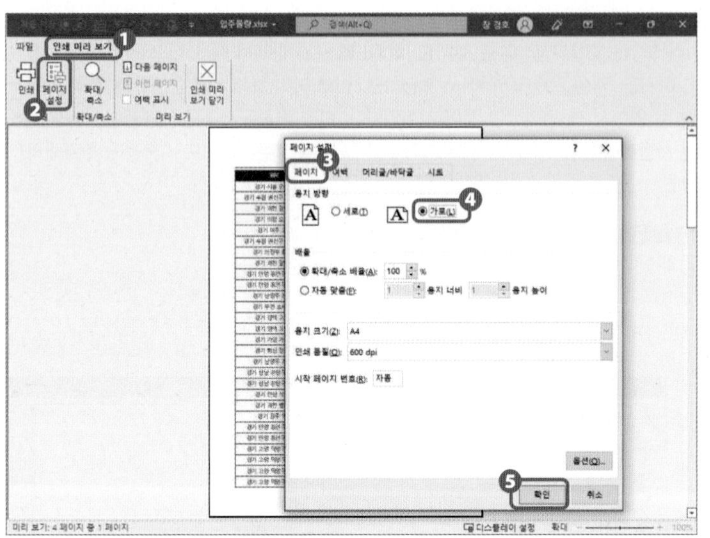

4. 인쇄 미리 보기가 됩니다. 인쇄될 내용을 미리 확인한 후 [인쇄]를 클릭합니다. [인쇄] 대화상자가 나타나면 [프린터] 이름을 비롯해 내 컴퓨터의 프린트를 설정한 후 [확인]을 클릭합니다.

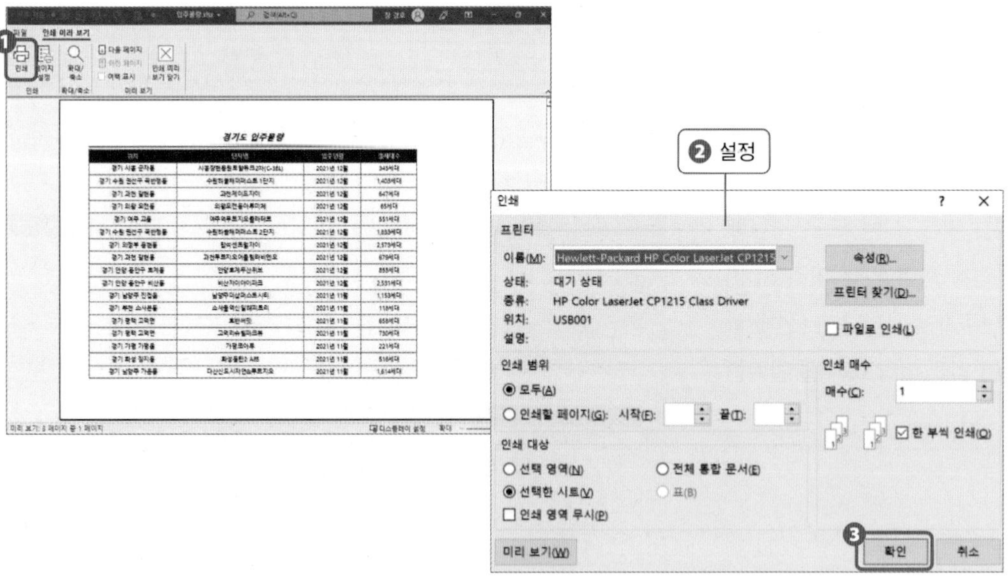

Excel
079
중요도 ★★★★★

문서의 인쇄 여백이나 방향, 크기 지정하기

[파일] 탭의 [인쇄] 또는, [페이지 레이아웃] 탭–[페이지 설정] 그룹에서 엑셀의 다양한 인쇄 기능을 실행할 수 있습니다.

사용 가능 버전 2010 2013 2016 2019 2021 365
사용한 기능 페이지 설정, 사용자 지정 여백, 용지 방향

예제 파일 Excel\Chapter 05\이동통계.xlsx
완성 파일 없음

1. 여백을 조정하는 방법부터 살펴보겠습니다. [페이지 레이아웃] 탭–[페이지 설정] 그룹–[여백]을 클릭합니다. 기본, 넓게, 좁게 등 미리 설정된 여백을 지정할 수 있으며, 사용자가 직접 여백을 지정할 수 있습니다. 이곳에서 [사용자 지정 여백]을 클릭합니다.

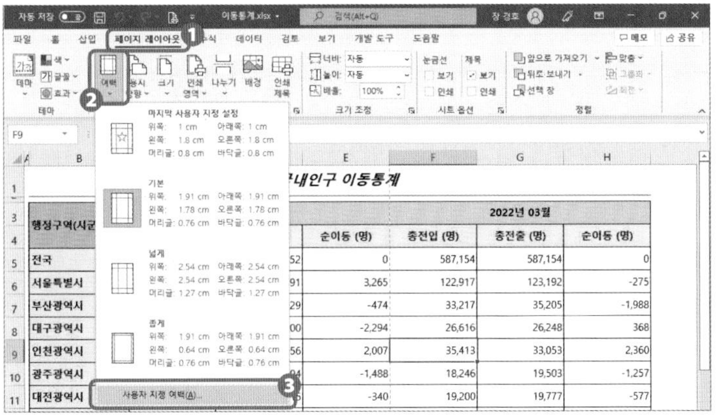

2. [페이지 설정] 대화상자가 나타납니다. 위쪽, 아래쪽, 왼쪽, 오른쪽 여백뿐 아니라 머리글과 바닥글의 여백도 설정할 수 있습니다. 용지의 경우 가로로 인쇄할 것인지 세로로 인쇄할 것인지도 [페이지 가운데 맞춤]의 [가로], [세로] 항목으로 조정할 수 있으며, 설정 후 [인쇄 미리 보기]를 클릭해 인쇄될 모양을 미리 볼 수 있습니다. [여백] 탭을 클릭한 후 [위쪽]에 『1』을 입력합니다. [아래쪽]에 『1』을 입력합니다. [페이지 가운데 맞춤]에서 [가로], [세로]에 체크한 후 [확인]을 클릭합니다.

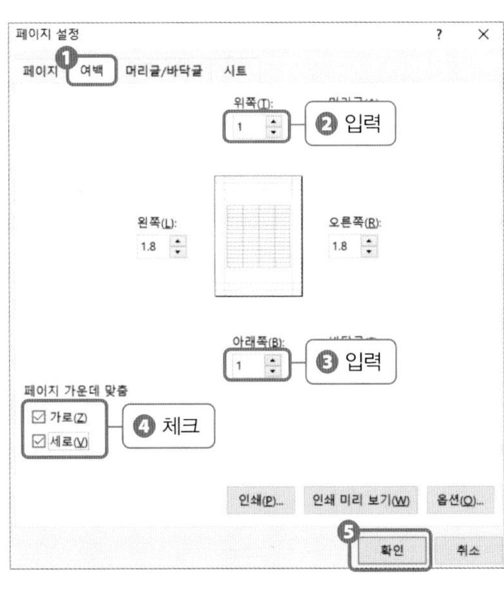

3. [페이지 레이아웃] 탭-[페이지 설정] 그룹-[용지 방향]을 클릭한 후 [가로]를 선택합니다. 문서의 인쇄 방향이 세로에서 가로로 변경됩니다.

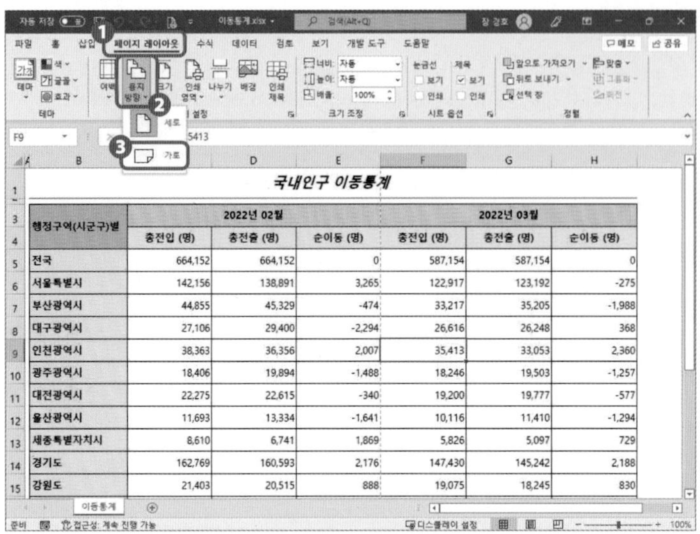

4. 한 페이지에 워크시트의 모든 내용을 인쇄할 수도 있습니다. [페이지 레이아웃] 탭-[크기 조정] 그룹-[너비]-[1페이지]를 클릭합니다.

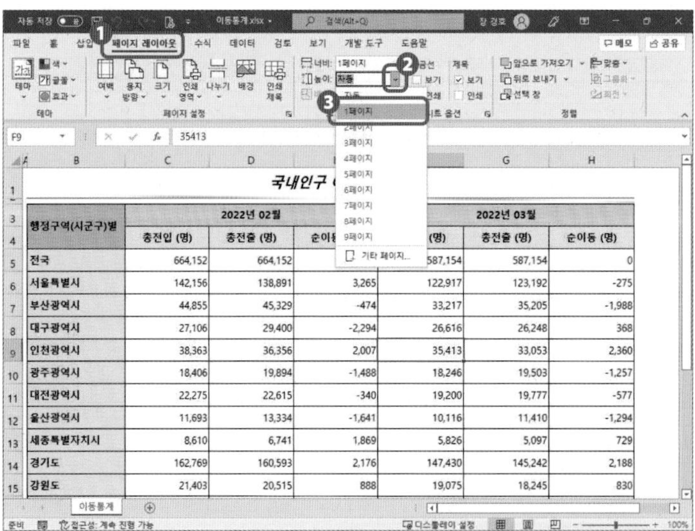

5. [파일] 탭–[인쇄]–[설정]을 클릭하여 [현재 설정된 용지]–[한 페이지에 시트 맞추기]를 클릭해도 한 페이지에 워크시트의 모든 내용을 인쇄할 수 있습니다.

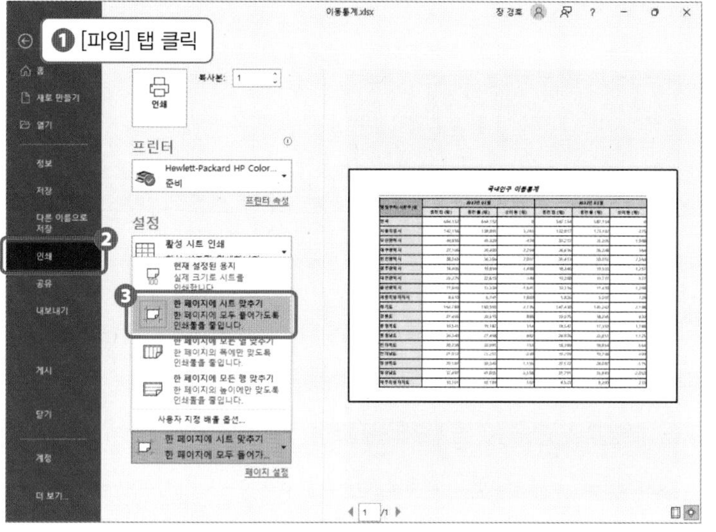

✓TIP **인쇄 배율 옵션 살펴보기**

❶ 현재 설정된 용지 : 실제 크기로 인쇄합니다.

❷ 한 페이지에 시트 맞추기 : 한 페이지에 워크시트의 모든 내용이 들어가도록 내용을 축소하여 인쇄합니다.

❸ 한 페이지에 모든 열 맞추기 : 한 페이지의 폭에만 맞도록 내용을 축소하여 인쇄합니다. 행이 긴 워크시트라면 두, 세 페이지에 이어서 인쇄될 수 있습니다.

❹ 한 페이지에 모든 행 맞추기 : 한 페이지의 높이에만 맞도록 내용을 축소하여 인쇄합니다. 열이 긴 워크시트라면 두, 세 페이지에 이어서 인쇄될 수 있습니다.

❺ 사용자 지정 배율 옵션 : [페이지 설정] 대화상자를 열어 배율을 직접 지정합니다.

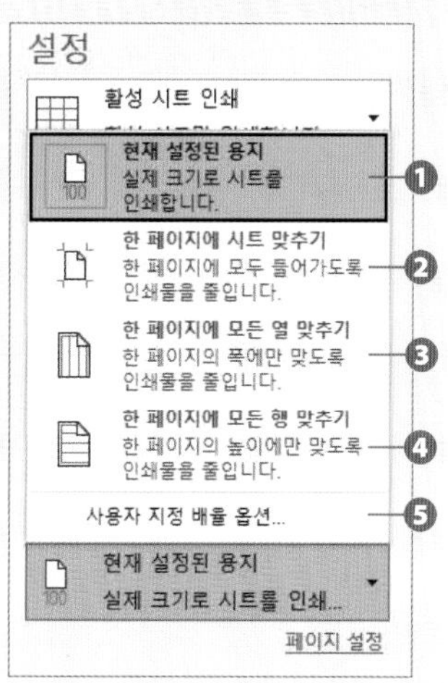

Excel **080**

페이지마다 같은 행과 열 반복 인쇄하기

중요도 ★★★★★

제목이나 필드 영역은 첫 번째 페이지에만 표시되고 두 번째, 세 번째 페이지에는 표시되지 않습니다. 두 번째, 세 번째 페이지에도 제목이나 필드 영역을 반복하여 인쇄할 수 있습니다.

사용 가능 버전 2010 2013 2016 2019 2021 365
사용한 기능 인쇄

예제 파일 Excel\Chapter 05\어린이제품.xlsx
완성 파일 Excel\Chapter 05\어린이제품_완성.xlsx

1. [페이지 레이아웃] 탭-[페이지 설정] 그룹-[인쇄 제목]을 클릭합니다. [페이지 설정] 대화상자가 나타나면 [시트] 탭-[반복할 행]의 오른쪽 끝에 있는 대화상자 축소 단추를 클릭합니다.

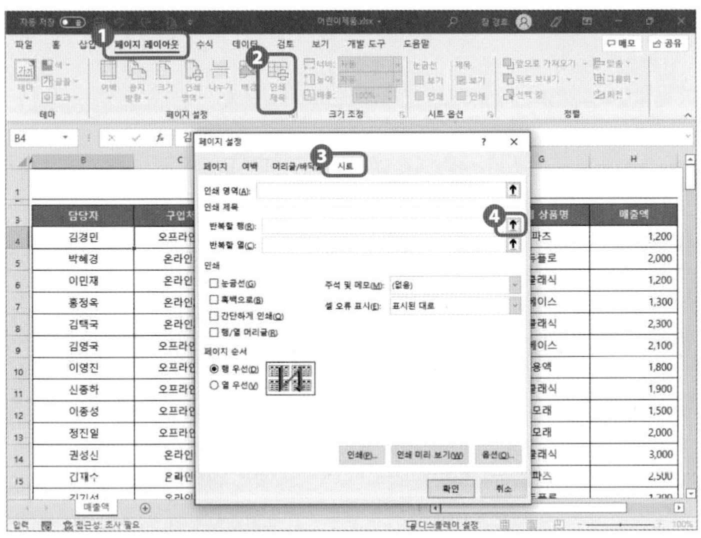

2. 반복 인쇄할 영역을 드래그하여 선택합니다. 여기서는 1~3행만 반복할 것이므로 1행에서 3행까지 드래그합니다. 다시 대화상자 축소 단추를 클릭하여 [페이지 설정] 대화상자로 되돌아갑니다.

3. [인쇄 제목]–[반복할 행]에 『$1:$3』이 입력되어 있는 것을 확인하고 [인쇄 미리 보기]를 클릭합니다.

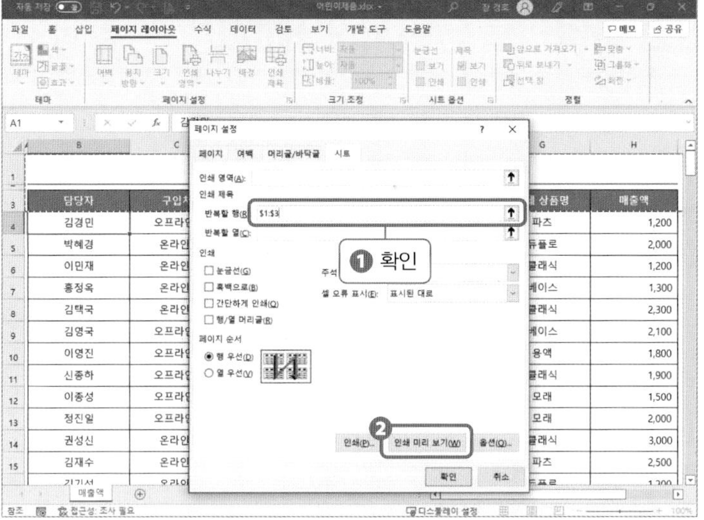

4. [다음 페이지]를 클릭합니다. 설정한 영역이 다음 페이지에도 반복되어 표시되는 것을 확인할 수 있습니다.

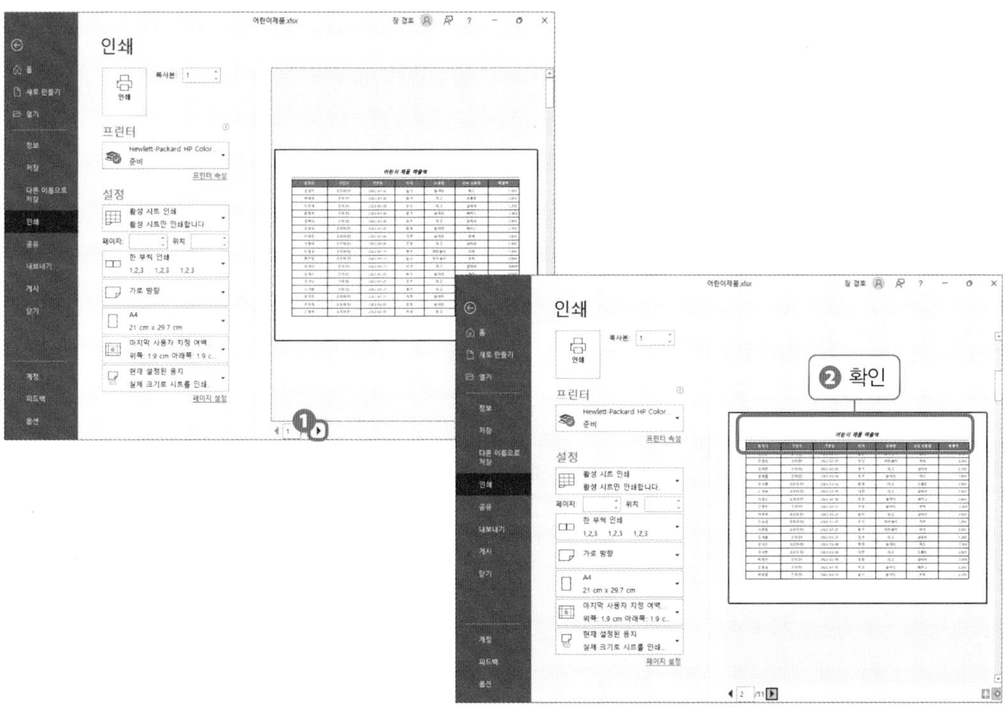

Excel
081

중요도
★★★★★

인쇄할 때 파일 경로와 파일명을 넣어서 인쇄하기

문서를 인쇄할 때 문서의 위쪽 여백과 아래쪽 여백에 머리글이나 바닥글을 삽입할 수 있습니다. 머리글과 바닥글에는 문서의 제목을 비롯하여 파일 경로, 파일명 등을 넣을 수 있습니다.

사용 가능 버전 2010 2013 2016 2019 2021 365
사용한 기능 인쇄, 페이지 레이아웃, 머리글, 바닥글

예제 파일 Excel\Chapter 05\직원명부.xlsx
완성 파일 Excel\Chapter 05\직원명부_완성.xlsx

1. 머리글이나 바닥글을 삽입하기 위해서는 [삽입] 탭–[텍스트] 그룹–[머리글/바닥글]을 클릭하거나 상태 표시줄의 [페이지 레이아웃] 단추를 클릭합니다.

직원명부

사번	이름	부서	직위	성별	주소	입사일
10015	권창헌	복지과	차장	남	양재동	2016-01-30
10117	이우현	총무과	차장	남	구로동	2013-30-05
10129	진대효	영업과	차장	남	잠원동	2015-08-16
10241	박기훈	기획과	차장	남	구로동	2020-01-30
10153	우정대	총무과	차장	남	신림동	2013-03-05
10165	이창명	영업과	차장	남	성수동	2015-08-16
10077	이상희	전산실	차장	남	구로동	2020-01-30
10014	이수석	작업과	과장	남	서초동	2016-01-30
10116	심영경	영업과	과장	남	잠원동	2013-30-05
10128	권주식	영업과	과장	남	양재동	2015-08-16
10240	나경권	복지과	과장	남	구로동	2016-01-30
10252	최성종	작업과	과장	남	잠원동	2013-03-05
10164	임성주	영업과	과장	남	구로동	2021-08-16

2. 페이지 레이아웃 보기 모드로 전환되면서 머리글이나 바닥글을 삽입할 수 있는 공간이 나타납니다. 머리글이나 바닥글을 작성할 공간을 클릭하여 내용을 입력합니다. 여기서는 머리글의 중간 영역을 선택한 후 『대한상사 직원 list』라고 입력합니다.

머리글
대한상사 직원 list
❶ 선택
❷ 입력

사번	이름	부서	직위	성별	주소
10015	권창헌	복지과	차장	남	양재동
10117	이우현	총무과	차장	남	구로동
10129	진대효	영업과	차장	남	잠원동
10241	박기훈	기획과	차장	남	구로동
10153	우정대	총무과	차장	남	신림동
10165	이창명	영업과	차장	남	성수동
10077	이상희	전산실	차장	남	구로동
10014	이수석	작업과	과장	남	서초동
10116	심영경	영업과	과장	남	잠원동

3. 머리글의 왼쪽 영역을 선택하고 [머리글/바닥글] 탭-[머리글/바닥글 요소] 그룹에서 [현재 날짜]를 클릭합니다.

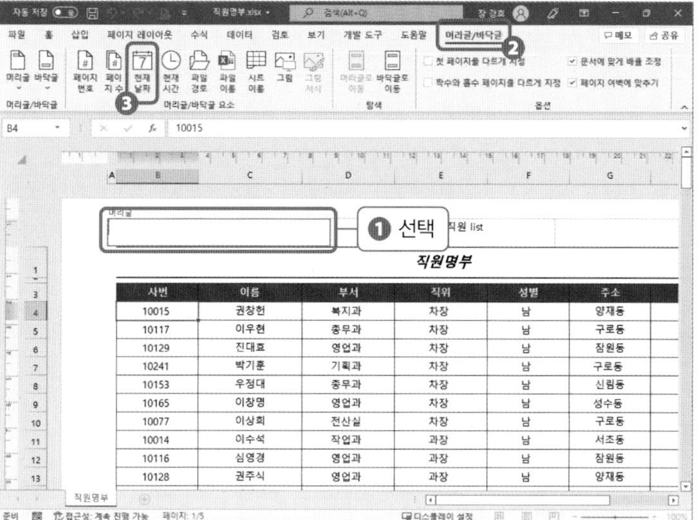

4. 머리글 왼쪽 영역에 현재 날짜가 삽입되면 이번에는 머리글의 오른쪽 영역을 선택하고 [현재 시간]을 클릭합니다.

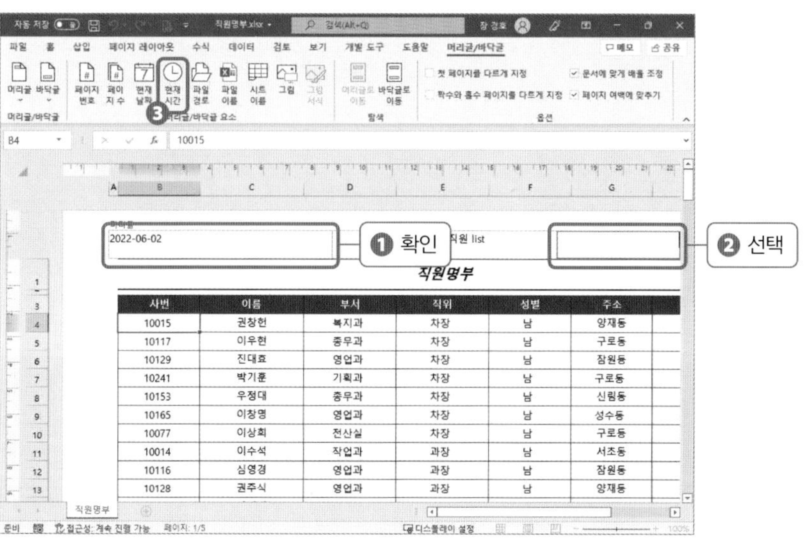

5. 워크시트 하단으로 이동하여 바닥글의 중간 영역을 클릭합니다. [머리글/바닥글] 탭–[머리글/바닥글 요소] 그룹–[페이지 번호]를 클릭하고 「/」를 입력한 후 [페이지 수]를 클릭합니다.

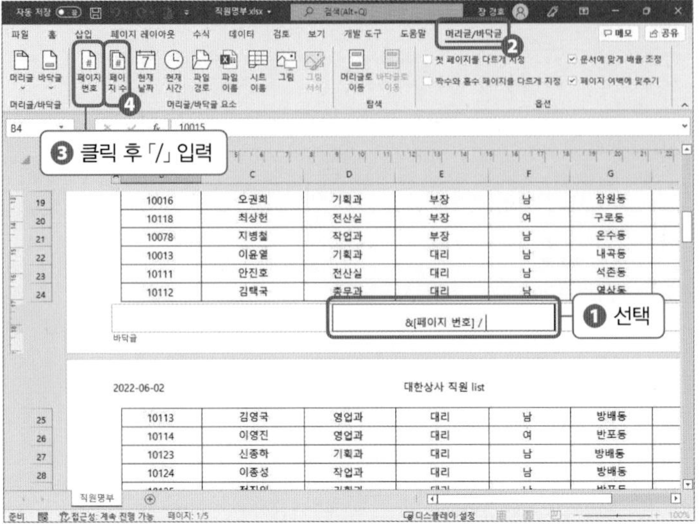

6. 바닥글 작성이 끝났으면 빈 공간을 클릭하여 머리글과 바닥글 작성을 완료합니다.

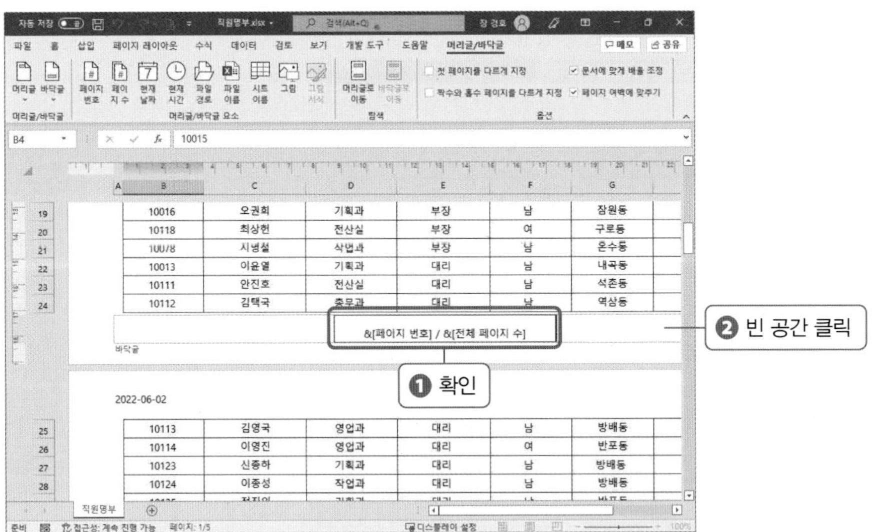

7. [파일] 탭 – [인쇄]를 클릭합니다. [인쇄 미리 보기 화면]에서 머리글과 바닥글이 제대로 설정되었는지 확인합니다.

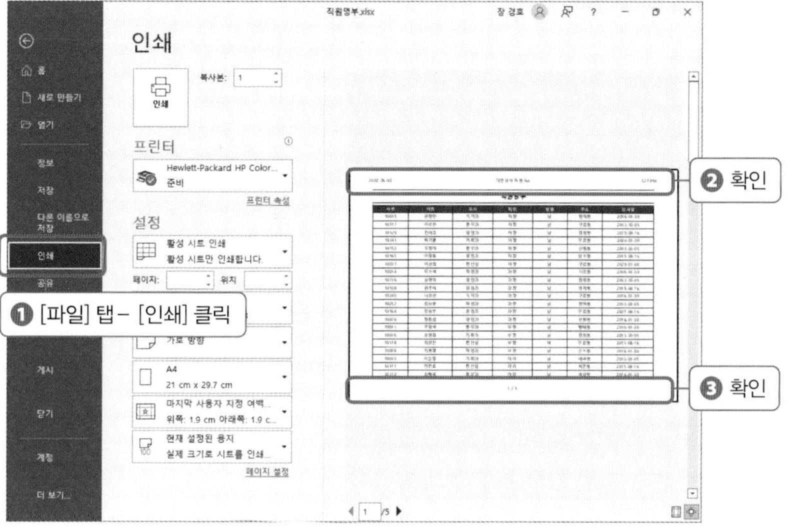

8. 또는, 빠른 실행 도구 모음에서 [전체 화면 인쇄 미리 보기]를 클릭합니다. 머리글과 바닥글이 제대로 설정되었는지 확인합니다.

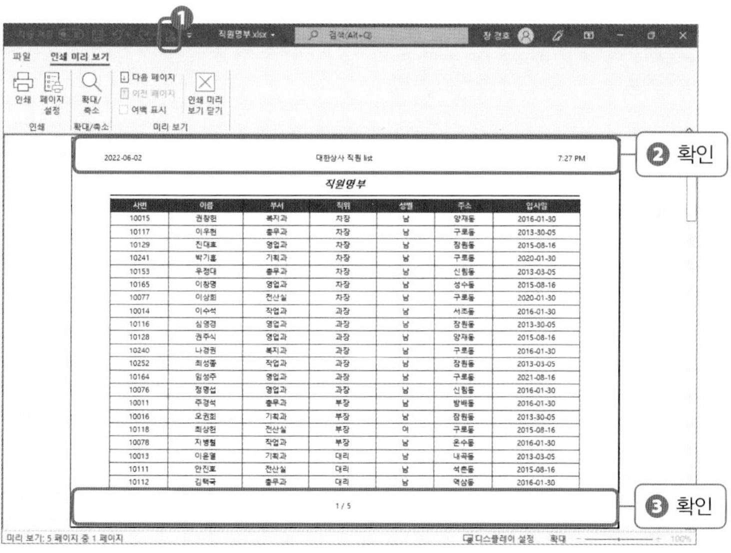

✓TIP 빠른 실행 도구 모음에 [전체 화면 인쇄 미리 보기]를 추가하는 방법은 239 페이지에서 확인할 수 있습니다.

Excel 082

중요도 ★★★★★

여러 시트의 데이터를 한 번에 인쇄하기

여러 시트를 모두 인쇄해야 할 경우 첫 번째 시트의 인쇄가 끝나기 기다렸다가 두 번째 시트를 인쇄하는 것이 아니라, 인쇄하고 싶은 시트를 한 번에 인쇄할 수 있습니다.

사용 가능 버전 2010 2013 2016 2019 2021 365 | **예제 파일** Excel\Chapter 05\통합견적서.xlsx
사용한 기능 인쇄, 인쇄 영역 설정 | **완성 파일** 없음

1. 인쇄할 셀 범위를 선택하고 [페이지 레이아웃] 탭–[페이지 설정] 그룹에서 [인쇄 영역]–[인쇄 영역 설정]을 클릭합니다.

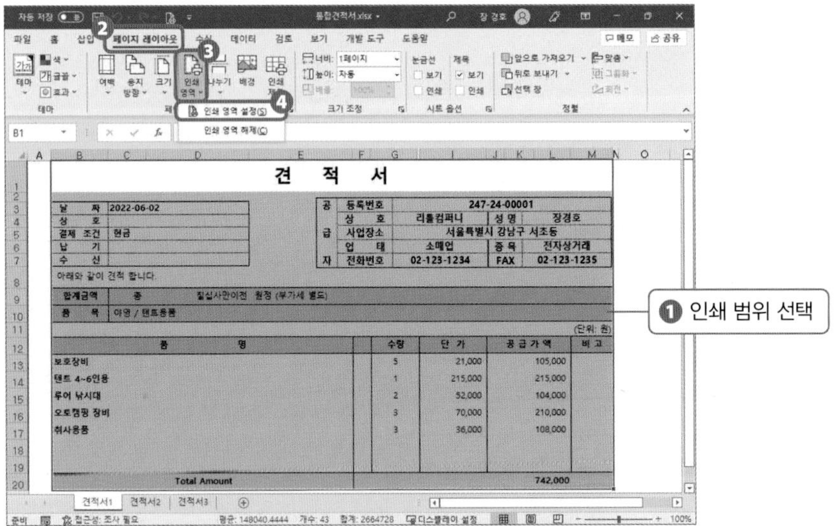

✓ TIP 각각의 시트에 작성된 내용이 다르면 한 번에 여러 시트의 인쇄 범위를 지정할 수 없습니다.

2. Ctrl을 누른 상태에서 인쇄하고 싶은 시트를 모두 선택합니다.

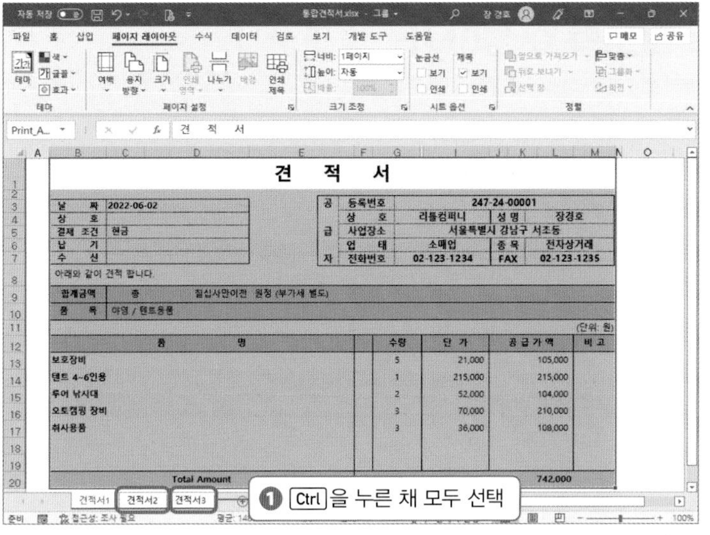

3. [파일] 탭–[인쇄]를 클릭하여 미리 보기 화면을 통해 인쇄 영역이 제대로 설정되었는지 확인한 후 [인쇄]를 클릭합니다.

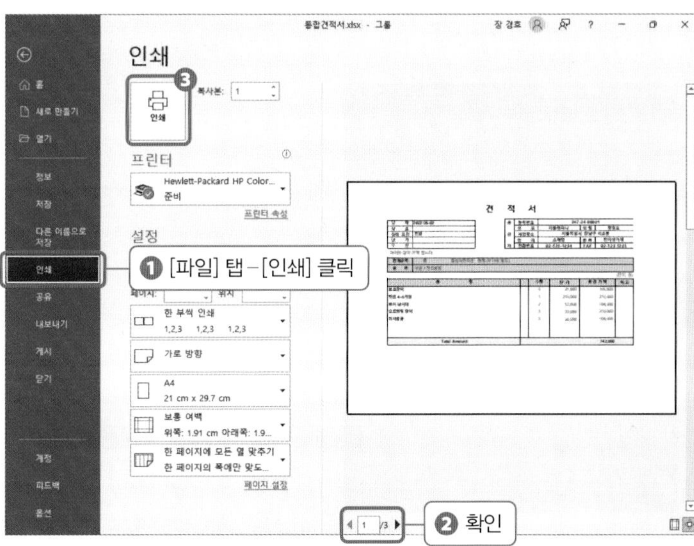

Excel
083

중요도
★★★★★

오류가 있는 셀은 출력하지 않도록 설정하기

엑셀에서 발생하는 오류는 보통 함수를 사용하여 수식의 결과값에 오류가 발생하는 경우가 대부분인데요. 인쇄할 때 굳이 이런 오류를 표시할 필요는 없겠죠? 여기서는 오류값을 빈칸으로 만들어 인쇄하는 방법에 대해서 살펴보겠습니다.

사용 가능 버전 2010 2013 2016 2019 2021 365
사용한 기능 인쇄, 셀 오류 표시

예제 파일 Excel\Chapter 05\채점표.xlsx
완성 파일 없음

1. [페이지 레이아웃] 탭-[페이지 설정] 그룹에서 대화상자 표시 아이콘(⧅)을 클릭합니다. [페이지 설정] 대화상자가 나타나면 [시트] 탭을 클릭합니다. [셀 오류 표시] 화살표를 클릭한 후 [<공백>]을 선택합니다. [인쇄 미리 보기]를 클릭합니다.

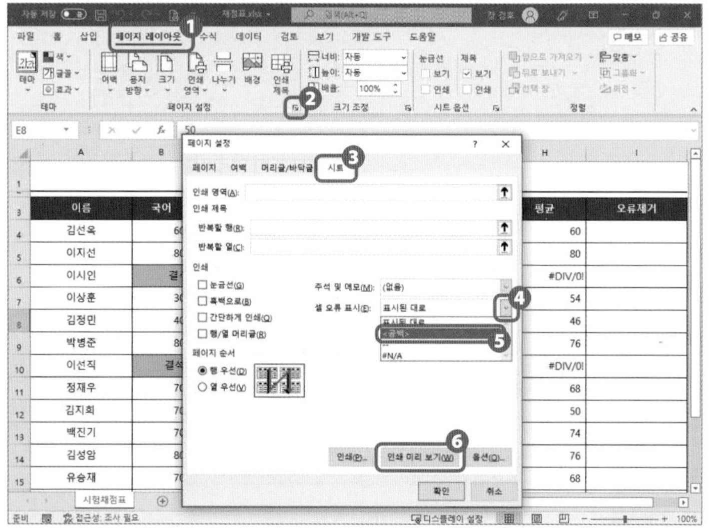

2. 인쇄 미리 보기 화면이 표시됩니다. 미리 보기 창의 [확대] 아이콘을 클릭하면 인쇄 미리 보기 화면을 확대할 수 있습니다. [확대] 아이콘을 클릭해 오류 표시가 공백 처리되었는지 확인합니다.

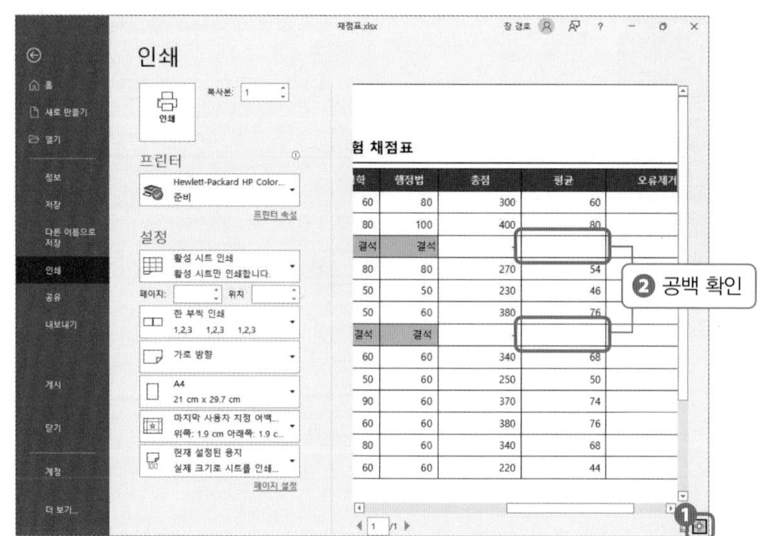

Excel 084

머리글, 바닥글에 회사 로고와 같은 워터마크 표시하기

중요도 ★★★

엑셀 문서를 인쇄할 때 회사 로고 등을 워터마크 형식으로 만들어 배경에 넣을 수 있습니다. 도형을 이용하여 매 페이지마다 넣을 수 있겠지만 이보다는 머리글, 바닥글을 이용하면 편리합니다.

사용 가능 버전 2010 2013 2016 2019 2021 365
사용한 기능 인쇄, 워터마크

예제 파일 Excel\Chapter 05\통합견적서.xlsx, logo.gif
완성 파일 Excel\Chapter 05\통합견적서_완성.xlsx

1. [파일] 탭–[인쇄]–[페이지 설정]을 클릭합니다. [페이지 설정] 대화상자가 나타나면 [머리글/바닥글] 탭–[바닥글 편집]을 클릭합니다.

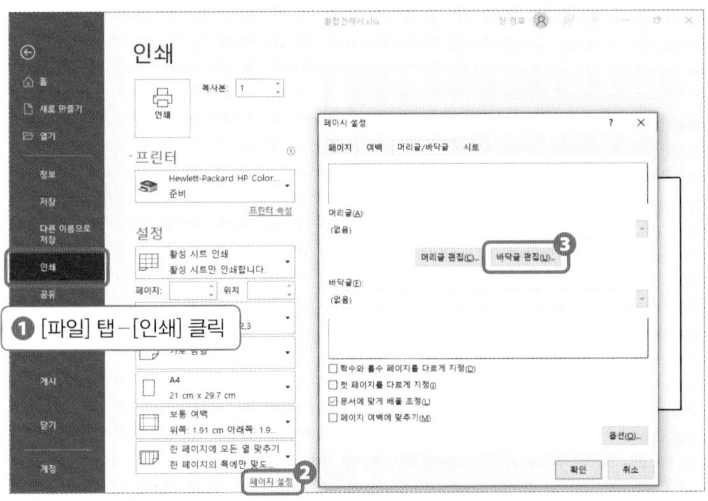

2. [바닥글] 탭이 나타나면 [가운데 구역]을 클릭합니다. [그림]을 클릭하고 [그림 삽입] 창이 나타나면 [파일에서]–[찾아보기]를 클릭합니다.

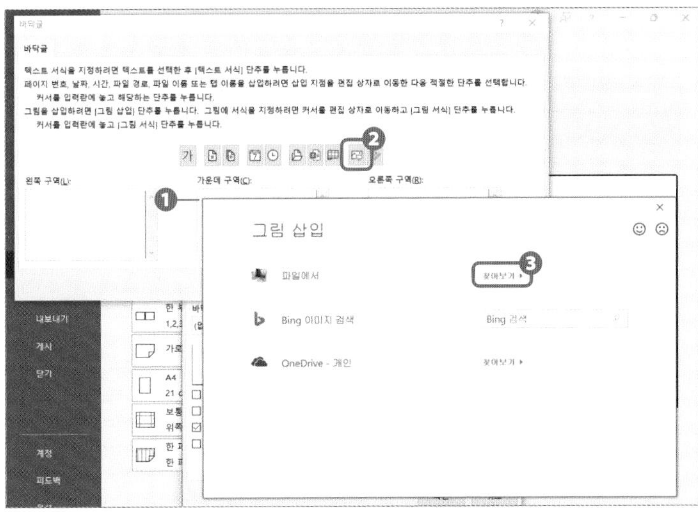

3. [그림 삽입] 대화상자가 나타나면 내 컴퓨터에 있는 그림을 선택한 후 [삽입]을 클릭합니다.

파일 : logo.gif

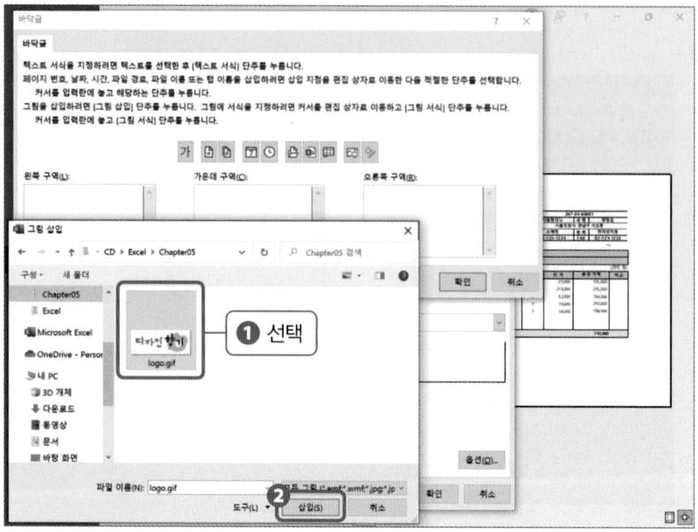

4. 그림이 등록되면 아래와 같이 '&[그림]'이라는 문구가 표시됩니다. [확인]을 클릭합니다.

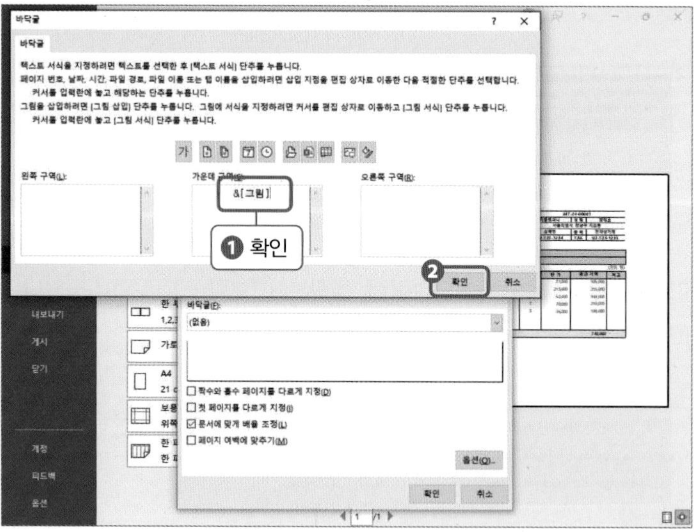

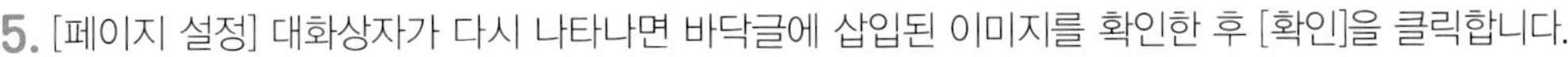

5. [페이지 설정] 대화상자가 다시 나타나면 바닥글에 삽입된 이미지를 확인한 후 [확인]을 클릭합니다.

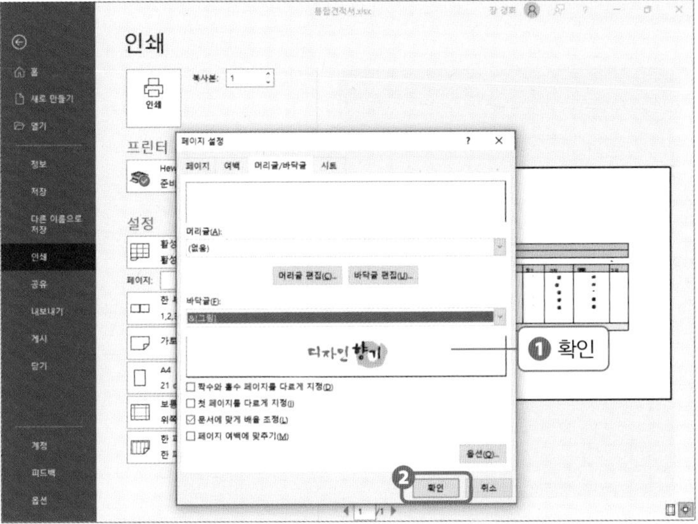

6. 인쇄 미리 보기 화면이 뜨면 로고가 바닥글에 정상적으로 삽입되었는지 확인합니다. [뒤로]를 클릭하여 워크시트로 되돌아옵니다.

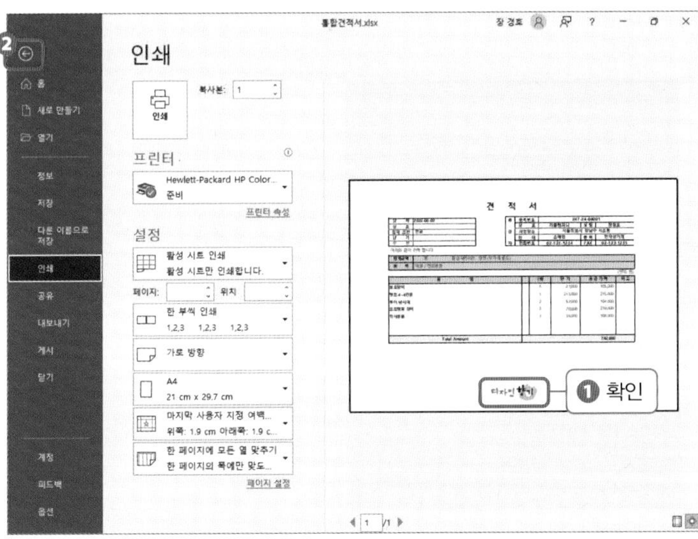

7. 이번에는 빠른 실행 도구 모음에서 [전체 화면 인쇄 미리 보기]를 클릭합니다.

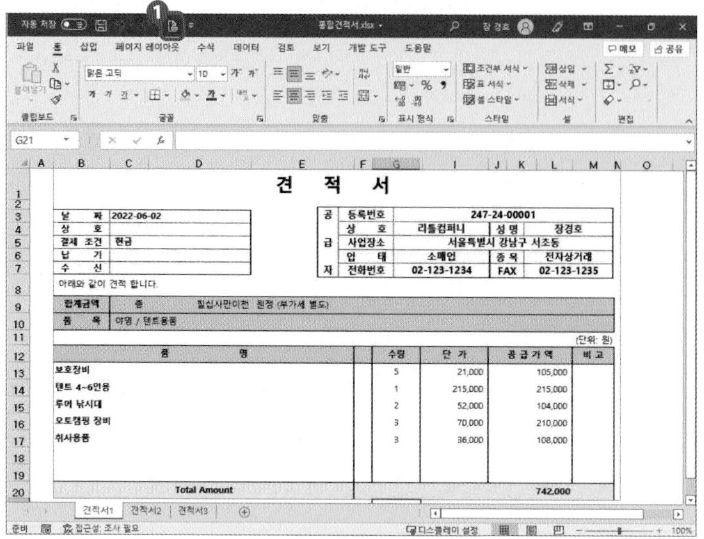

8. 바닥글이 로고가 제대로 삽입되었는지 확인합니다.

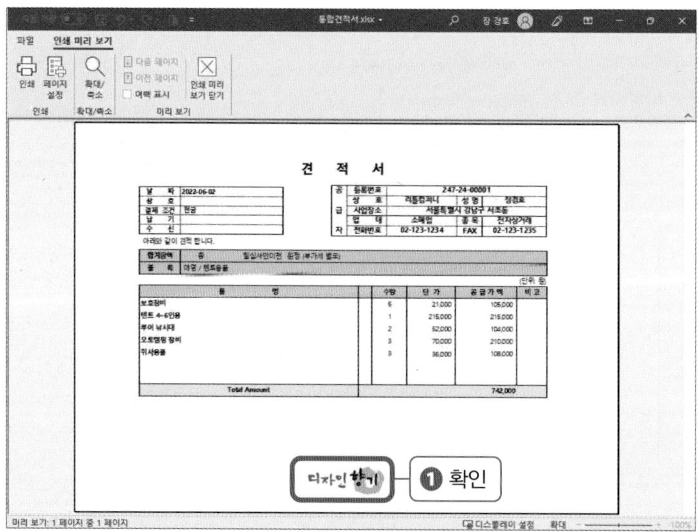

MEMO

파워포인트

파워포인트는 프레젠테이션(Presentation)을 위해 최적화된 프로그램입니다. 발표자가 자신이 전달하고자 하는 바를 청중들에게 효과적으로 전달하고, 발표자의 의견을 청중들이 이해한다면 최상의 커뮤니케이션을 했다고 볼 수 있습니다. 이런 커뮤니케이션을 가능하게 해주는 가장 강력한 도구가 바로 파워포인트인 것입니다.

Power Point

파워포인트

텍스트와 슬라이드 관리 기술

텍스트 기능만 제대로 파악하고 있어도 파워포인트로 멋진 슬라이드 디자인이 가능합니다. 무슨 일이든지 기본이 중요한 만큼 이번 챕터에서는 파워포인트의 텍스트 기능에 대해서 제대로 파악하고 가겠습니다.

• 학습 내용

사용 기능	중요도	내용
화면 구성	★★★★★	001 파워포인트의 시작 화면과 화면 구성 살펴보기
리본 메뉴 사용자 지정, 빠른 실행 도구 모음	★★★★★	002 나만의 작업 환경으로 오피스를 편리하게 사용하기
작업 환경 불러오기	★★★★★	003 나만의 작업 환경 가져오고 내보내기
빠른 실행 도구 모음, 기타 명령	★★★★★	004 빠른 실행 도구 모음에 자주 사용하는 기능 추가하기
네이버 폰트, 나눔글꼴, 글꼴	★★★★★	005 파워포인트를 120% 활용하기 위해 인터넷 폰트 가져오기
클립보드, 복사/붙여넣기, 원본 서식 유지, 텍스트만 유지	★★★★★	006 인터넷 문서를 파워포인트에 완벽하게 가져오기
인코딩, 유니코드, 개요 보기	★★★★★	007 메모장에 목차를 작성한 후 파워포인트로 한 번에 옮기기
테마, 레이아웃	★★★★★	008 메모장으로 작성한 슬라이드를 서식 디자인 입히기
서식 파일	★★★★★	009 서식 파일로 슬라이드 시작하기
새 슬라이드, 슬라이드 추가	★★★★★	010 레이아웃 종류 살펴보고 슬라이드 레이아웃 추가하기
문자 간격, 기타 간격	★★★★★	011 텍스트를 자유자재로 조정하는 문자 간격 기능 살펴보기
눈금자, 표식	★★★★★	012 모두가 어려워하는 눈금자 기능 제대로 파악하기
저장 옵션, CD용 패키지, 파일의 글꼴 포함	★★★★★	013 글꼴 깨짐을 방지하는 몇 가지 방법
글꼴 바꾸기	★★★★★	014 입력한 글꼴을 다른 글꼴로 한 번에 변경하기
WordArt 스타일, 빠른 스타일, 텍스트 효과	★★★★★	015 새로운 텍스트 디자인을 연출하는 워드아트(WordArt)
하이퍼링크, 저작권	★★★★★	016 인터넷상의 이미지 불러오거나 출처 표시하기

파워포인트의 시작 화면과 화면 구성 살펴보기

중요도 ★★★★★

파워포인트의 시작 화면은 엑셀이나 워드와 동일하게 다양한 서식 파일과 최근에 사용한 항목 등으로 나눠집니다. 여기서는 파워포인트의 시작 화면과 화면 구성에 대해서 살펴보겠습니다.

시작 화면

파워포인트를 실행하면 가장 먼저 만나는 화면입니다. 최근 항목을 비롯해 온라인 서식 파일 및 검색 창, 그리고 사용자 계정이나 옵션 등을 설정하는 메뉴로 구성됩니다.

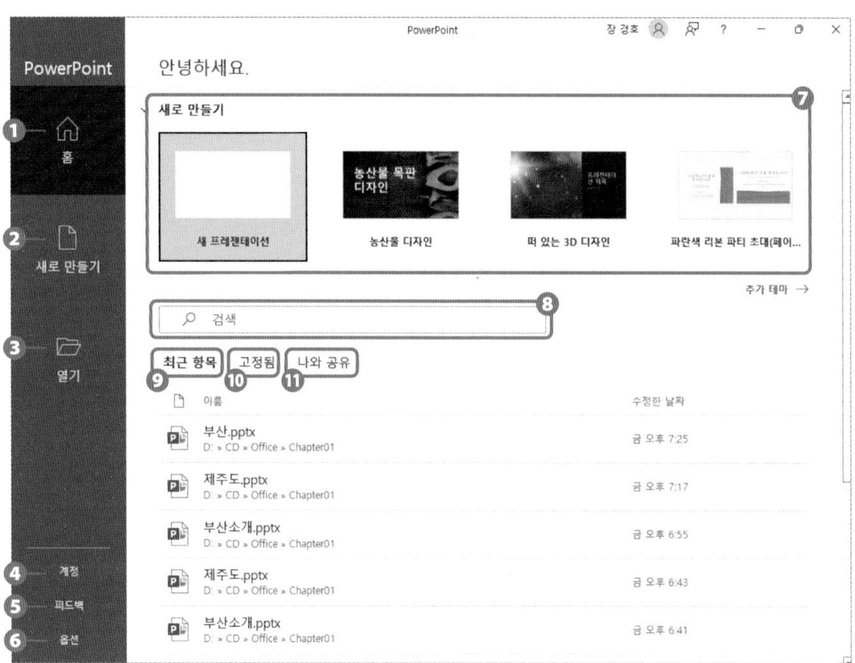

❶ **홈** : 파워포인트의 시작 화면을 엽니다. 리본 메뉴로 구성된 파워포인트 본 화면에서는 시작 화면을 열 수 있는 기능을 담당합니다.

❷ **새로 만들기** : 새 문서를 만들거나 다양한 서식 파일을 엽니다.

❸ **열기** : 최근 파워포인트에서 실행한 문서를 열거나 내 컴퓨터나 OneDrive에 있는 파워포인트 문서를 열 수 있습니다.

❹ **계정** : OneDrive 계정을 연결하거나 오피스 제품 라이선스를 비롯해 오피스 업데이트를 할 수 있습니다.

❺ **피드백** : 파워포인트 프로그램을 사용하다가 발생하는 다양한 문제점을 피드백할 수 있습니다.

❻ **옵션** : [PowerPoint 옵션] 대화상자를 열어 파워포인트 환경을 설정할 수 있습니다.

❼ **[새로 만들기]와 서식 파일** : 새 문서를 열거나 서식 파일을 엽니다.

❽ **검색** : 다양한 디자인 서식을 검색하고 불러올 수 있습니다.

❾ **최근 항목** : 최근에 열어본 파일이 순서대로 표시됩니다.

❿ **고정됨** : 나중에 쉽게 찾을 수 있도록 핀 아이콘으로 고정된 문서가 표시됩니다.

⓫ **나와 공유** : 사용자와 공유된 문서가 표시됩니다.

화면 구성

파워포인트 슬라이드 작업을 실제 진행하는 화면입니다. 제목 표시줄을 비롯해 빠른 실행 도구 모음, 사용자 정보, 리본 메뉴, 옵션 창 등으로 나눌 수 있습니다.

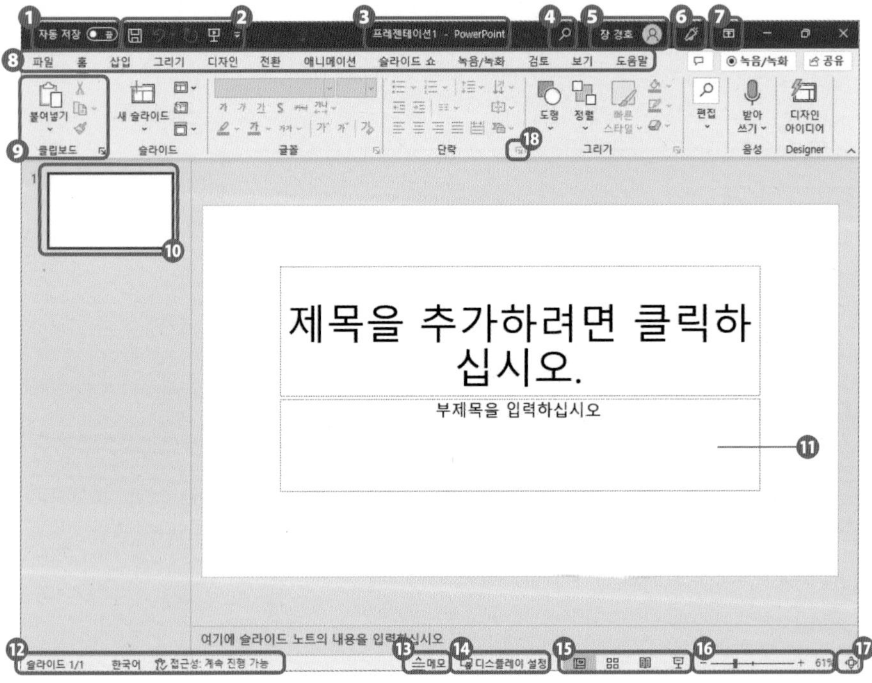

❶ **자동 저장** : 작업 중인 슬라이드 문서를 자동으로 저장하는 기능입니다. 마이크로소프트 365의 경우 활성화됩니다.

❷ **빠른 실행 도구 모음** : 자주 사용하는 기능을 아이콘 형식으로 표시하여 편하게 불러올 수 있습니다.

❸ **제목 표시줄** : 작업 중인 프레젠테이션의 파일명을 표시합니다.

❹ **검색** : 기능을 검색하거나 명령어를 입력하여 기능을 실행할 수 있습니다.

❺ **사용자 계정** : 로그인한 사용자의 계정이 표시됩니다.

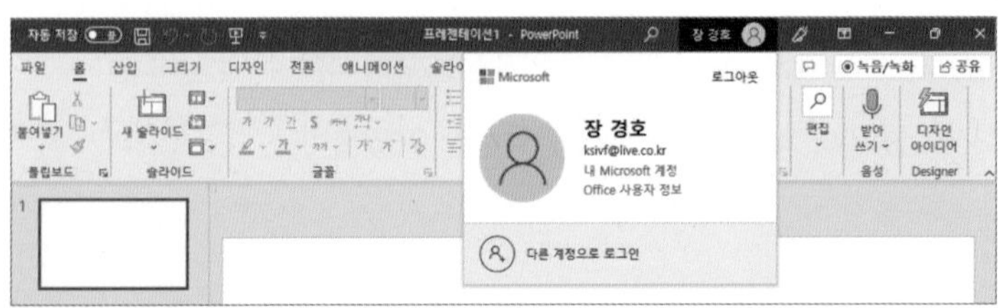

◂ 사용자 계정

❻ **출시 예정 기능** : 출시 예정인 기능을 미리 확인할 수 있습니다. 마이크로소프트 365의 경우 활성화됩니다.

❼ **리본 메뉴 표시 옵션** : 리본 메뉴나 탭 메뉴를 표시하거나 숨길 수 있습니다.

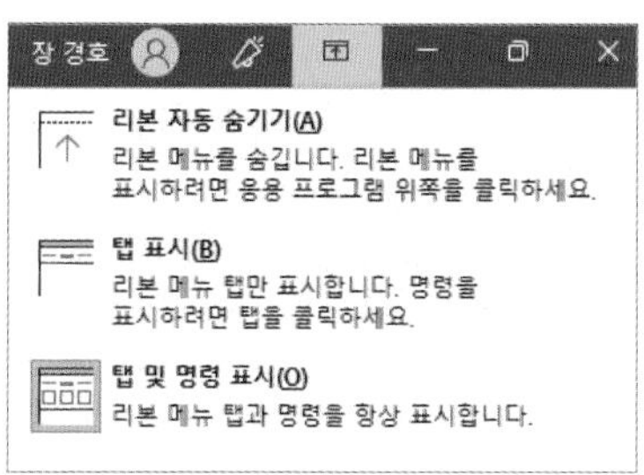

▲ 리본 메뉴 표시

❽ **리본 메뉴의 [탭]** : 다양한 파워포인트 기능이 포함된 카테고리입니다. 비슷한 기능이 묶여 있습니다.

❾ **리본 메뉴의 [그룹]** : 리본 메뉴에서 [탭]을 선택하면 [그룹]이라는 이름으로 다양한 기능이 표시됩니다. [슬라이드] 그룹을 비롯해 [글꼴] 그룹, [단락] 그룹, [그리기] 그룹 등 기능을 손쉽게 찾을 수 있습니다.

❿ **미리 보기 창** : 미리 보기 창을 통해 슬라이드 화면을 섬네일로 표시합니다.

⓫ **슬라이드 작업 창** : 제목 개체 틀 등 다양한 개체 틀을 통해 슬라이드 작업이 이루어지는 공간입니다.

⓬ **상태 표시줄** : 슬라이드의 번호, 디자인 테마, 언어를 표시합니다.

⓭ **슬라이드 노트 및 메모 단추** : 슬라이드에 대한 시나리오나 간단한 설명 등을 텍스트로 입력할 수 있는 슬라이드 노트 및 여러 사람들과 함께 의견을 나눌 수 있는 메모를 표시합니다.

⓮ **디스플레이 설정** : 내 컴퓨터의 해상도에 맞게 디스플레이를 설정할 수 있습니다. 디스플레이 설정을 구성하려면 선택합니다.

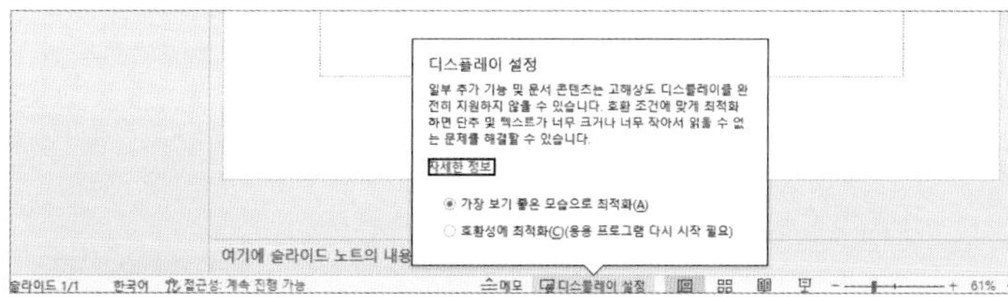

▲ 디스플레이 설정

⓯ **보기 단추** : 기본, 여러 슬라이드, 읽기용 보기, 슬라이드 쇼로 슬라이드를 보는 방법을 선택합니다.

⓰ **확대/축소** : 화면 보기 비율을 10~400%까지 확대하거나 축소할 수 있습니다.

⓱ **현재 창에 맞춤** : 슬라이드 화면을 현재 창의 크기에 맞출 수 있습니다.

⓲ **옵션 창** : 선택하는 기능에 따라 다양한 옵션 창이 슬라이드 편집 창 오른쪽에 나타납니다.

다섯 가지 프레젠테이션 보기

슬라이드 화면은 [기본] 편집 화면을 비롯해 [개요 보기], [여러 슬라이드], [슬라이드 노트], [읽기용 보기]로 구성되어 있습니다.

❶ **[기본] 모드** : 슬라이드 작업이 실질적으로 이루어지는 공간으로 텍스트를 추가하고, 다양한 멀티미디어 기능 및 개체를 삽입할 수 있습니다. 옵션에 따라 오른쪽에 옵션 창이 나타납니다.

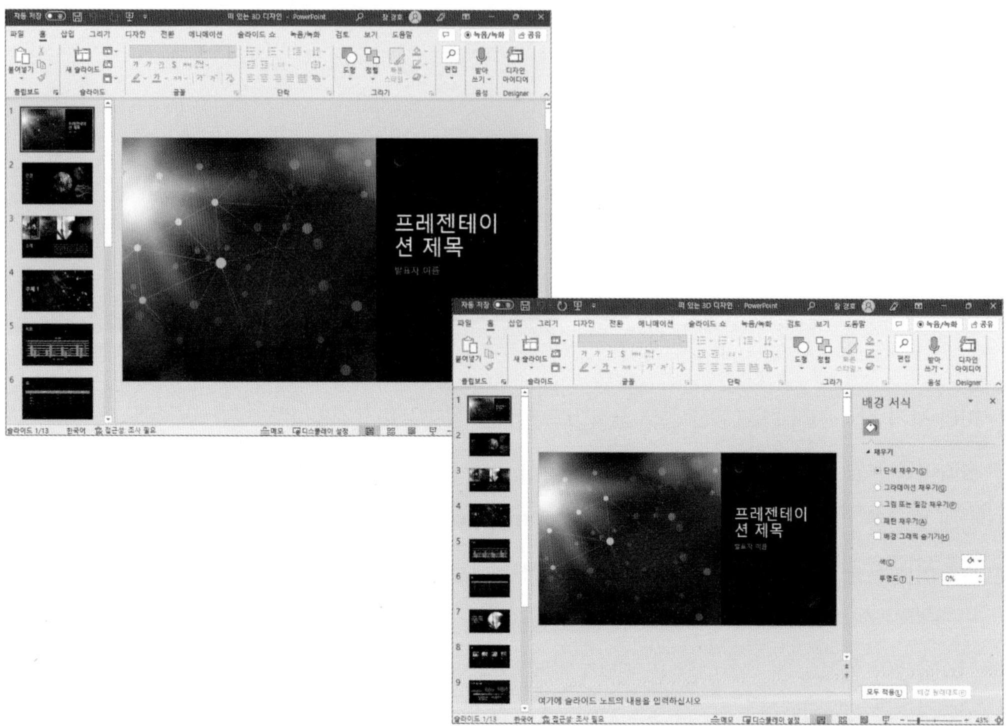

❷ **[개요 보기] 모드** : [개요 보기] 모드는 슬라이드 텍스트를 개요 형식으로 보여줍니다.

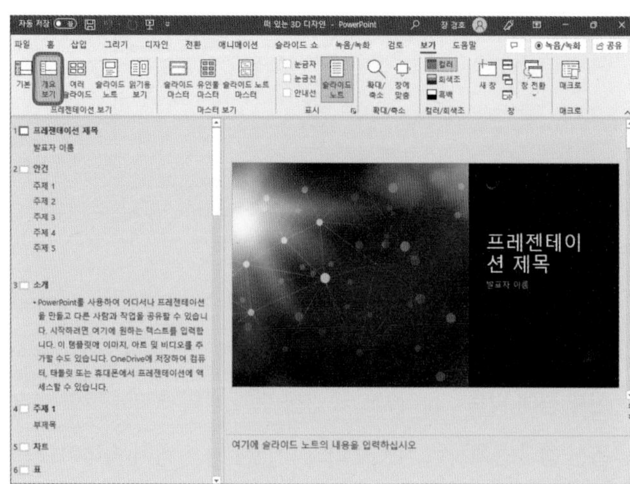

❸ **[여러 슬라이드] 모드** : 슬라이드를 축소판 그림으로 표시합니다. 축소판 그림을 사용하면 쉽게 슬라이드의 구성을 확인할 수 있으며, 슬라이드를 정렬할 수 있습니다.

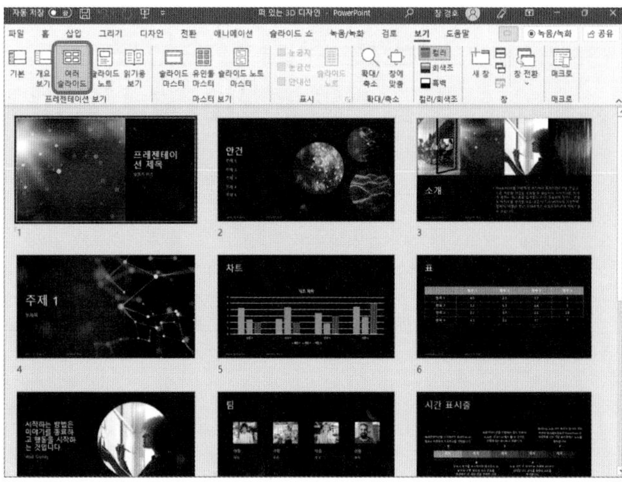

❹ **[슬라이드 노트] 모드** : [노트] 창에는 현재 슬라이드에 해당하는 내용을 입력할 수 있습니다. [노트] 창을 불러오기 위해서는 상태 표시줄에서 [슬라이드 노트] 단추를 클릭합니다.

❺ **[읽기용 보기] 모드** : 파워포인트 작업 화면에서 슬라이드 쇼와 같은 모드를 표시하는 모드입니다. 슬라이드 쇼는 아니지만 비슷한 기능을 실행합니다.

PowerPoint 002

중요도 ★★★★★

나만의 작업 환경으로 오피스를 편리하게 사용하기

엑셀이나 파워포인트 등 오피스 프로그램은 '리본'이라는 이름으로 기능이 나뉘어 있고, 리본 안에 '탭'이라는 이름으로 비슷한 기능이 묶여 있습니다. 자주 사용하는 기능은 나만의 리본이나 탭을 추가할 수 있습니다. 나만의 작업 환경을 만드는 방법을 살펴보겠습니다.

사용 가능 버전 2010 2013 2016 2019 2021 365
사용한 기능 옵션, 메뉴 리본 사용자 지정, 빠른 실행 도구 모음
예제 파일 Powerpoint\Chapter 01\제주도.pptx
완성 파일 없음

1. 시작 화면에서 [더 보기]–[옵션]을 클릭합니다.

✓TIP 작업 화면에서는 [파일] 탭–[더 보기]–[옵션]을 클릭합니다.

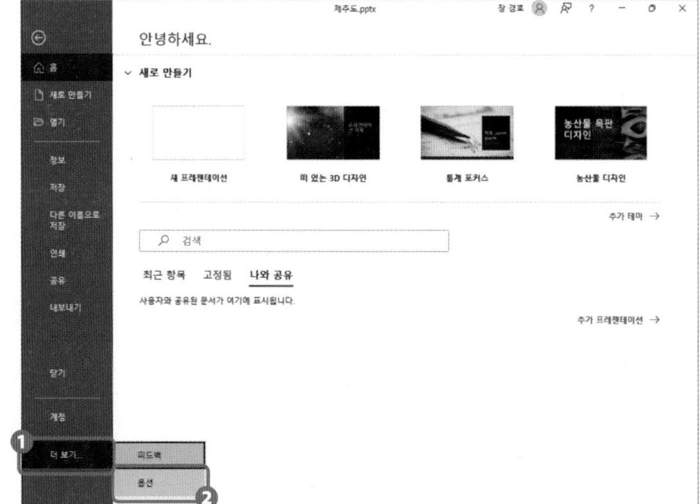

2. [PowerPoint 옵션] 대화상자가 표시되면 [리본 사용자 지정]을 선택한 후 [새 탭]을 클릭합니다.

✓TIP 이번 예제에서는 파워포인트를 활용해 설명하지만, 엑셀이나 워드도 동일한 메뉴와 명령으로 실행할 수 있습니다.

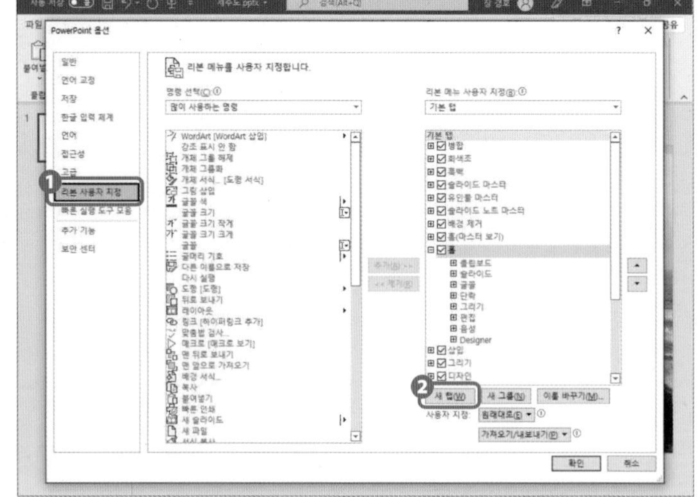

3. [새 탭(사용자 지정)]과 [새 그룹(사용자 지정)]이 생성됩니다. [새 그룹(사용자 지정)]을 선택하고 [명령 선택]–[모든 명령]을 클릭합니다.

✔ TIP '모든 명령'을 선택하면 파워포인트에서 실행할 수 있는 모든 명령이 표시됩니다.

4. 원하는 명령을 선택하고 [추가]를 클릭합니다. 명령이 [새 그룹(사용자 지정)]에 추가되면 여러 개의 명령을 계속 추가할 수 있습니다. 여기서는 3D 관련 기능을 추가해 보겠습니다. [3D 가장자리 셰이프 효과]를 선택한 후 [추가]를 클릭합니다.

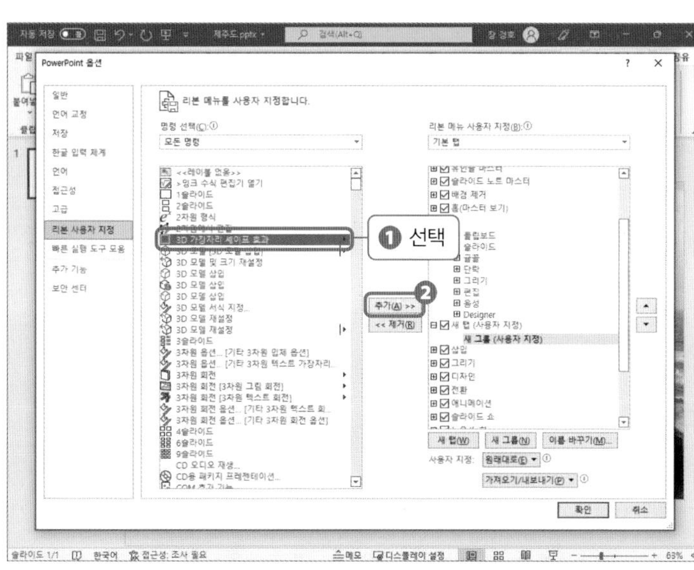

✔ TIP 3D 기능은 파워포인트 2019에서 새롭게 추가된 기능입니다. 3D 기능이 명령에 없다면 다른 명령을 추가합니다.

5. 다음과 같이 3D 관련 명령을 모두 추가합니다. 각자의 취향대로 원하는 명령을 추가해 보세요.

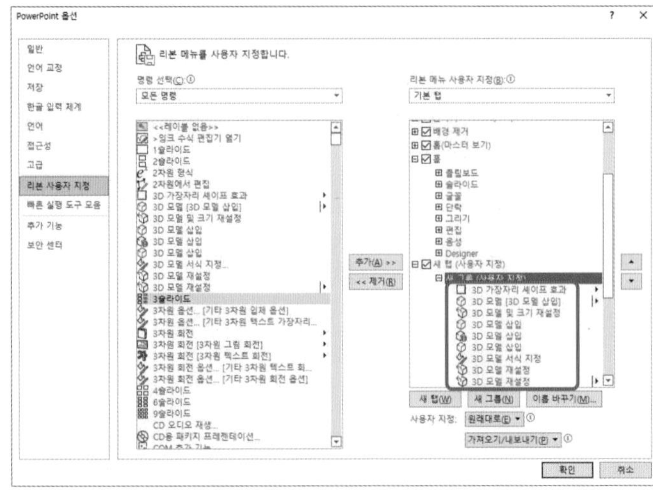

6. 명령 추가를 마쳤다면 [새 그룹 (사용자 지정)]의 이름을 변경하기 위해 [새 그룹 (사용자 지정)]을 선택하고 [이름 바꾸기]를 클릭합니다. [이름 바꾸기] 대화상자가 나타나면 원하는 기호를 선택합니다. [표시 이름]에 『3D 기능』을 입력한 후 [확인]을 클릭합니다.

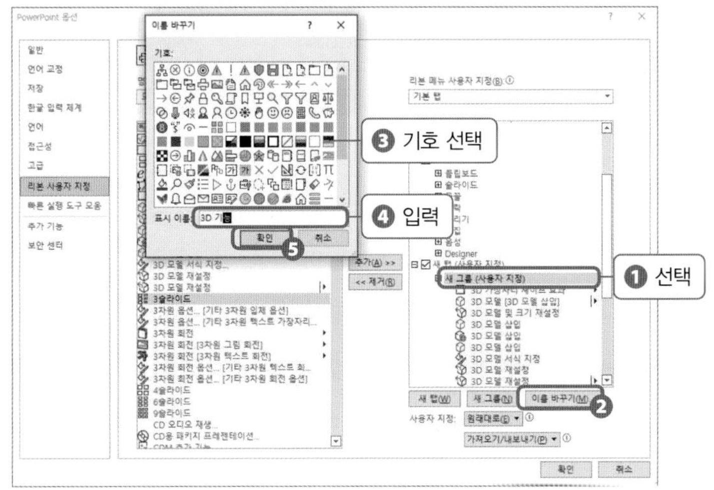

7. 이번에는 [새 탭 (사용자 지정)]을 선택하고 [이름 바꾸기]를 클릭합니다. [이름 바꾸기] 대화상자가 나타나면 『나만의 오피스』를 입력한 후 [확인]을 클릭합니다. [PowerPoint 옵션] 대화상자의 [확인]을 클릭합니다.

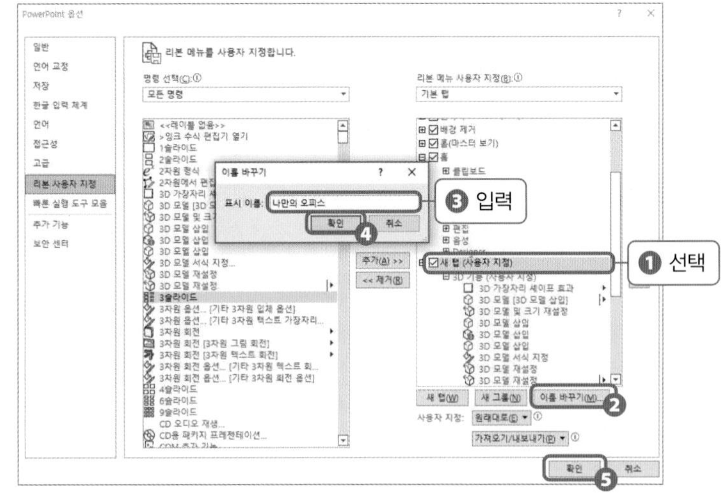

8. 나만의 작업 환경이 만들어집니다.

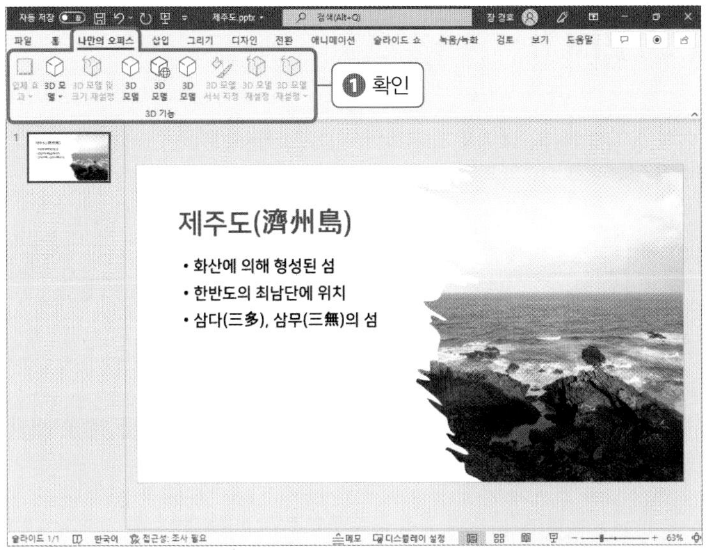

9. 1~8번 따라하기를 여러 번 진행하여 나만의 리본 메뉴와 탭 메뉴를 만들어 봅니다. 엑셀이나 파워포인트 등을 사용하다 보면 자주 사용하는 기능이 있을텐데 이를 나만의 작업 환경으로 만들어 편하게 오피스를 활용해 보세요.

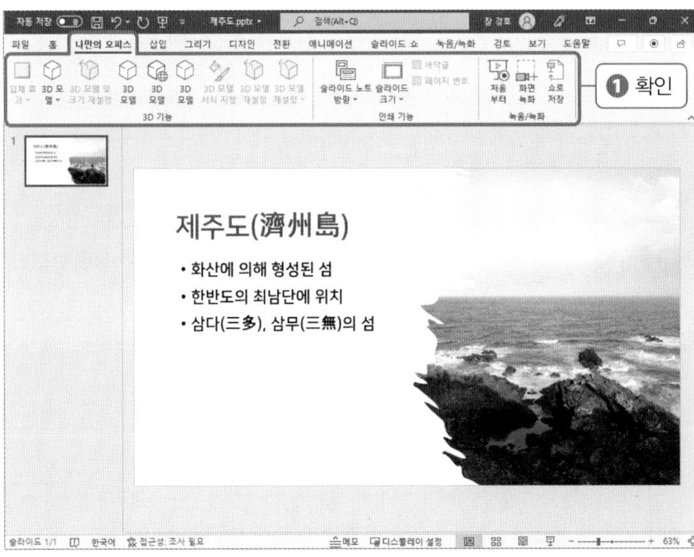

PowerPoint 003

나만의 작업 환경 가져오고 내보내기

중요도 ★★★★★

한번 만들어 놓은 나만의 작업 환경은 내 컴퓨터 환경이 변경되어도 다시 가져올 수 있습니다. 내가 자주 사용하는 기능을 묶어 놓은 나만의 리본 메뉴를 저장해 보고 다른 컴퓨터에서 사용하는 방법을 살펴보겠습니다.

사용 가능 버전 2010 2013 2016 2019 2021 365
사용한 기능 작업 환경 불러오기

예제 파일 Powerpoint\Chapter 01\제주도.pptx
완성 파일 Powerpoint\Chapter 01\PowerPoint Customizations.exportedUI

1. '나만의 작업 환경으로 오피스를 편리하게 사용하기' 섹션에서 만든 리본 메뉴를 가지고 나만의 작업 환경을 가져오고 내보내 보겠습니다.

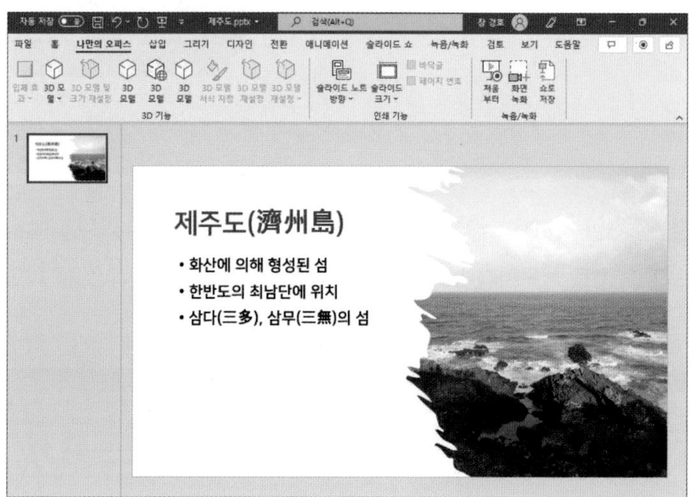

2. [파일] 탭 클릭 후 [더 보기]-[옵션]을 클릭합니다. [PowerPoint 옵션] 대화상자에서 [리본 사용자 지정]을 다시 선택하고 [가져오기/내보내기]를 클릭합니다. [모든 사용자 지정 항목 내보내기]를 선택합니다.

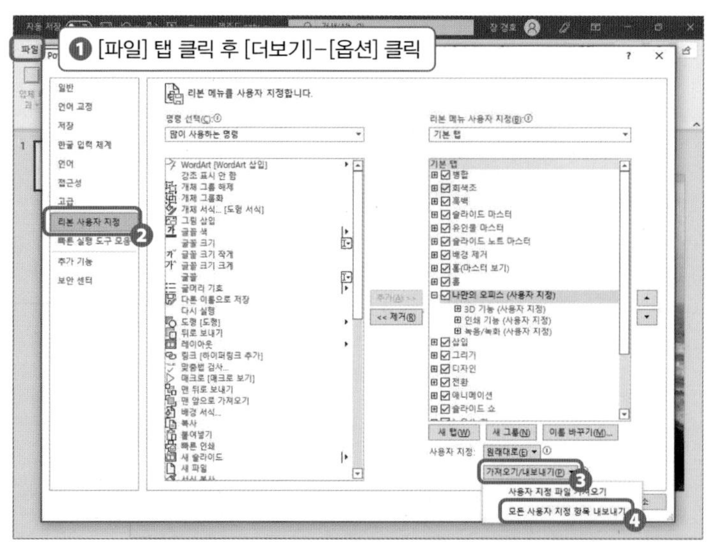

✓ TIP

- 사용자 지정 파일 가져오기 : 만들어 놓은 사용자가 지정한 리본 목록을 가져올 수 있습니다.
- 모든 사용자 지정 항목 보내기 : 새로 만든 리본 목록을 저장할 수 있습니다.

3. [파일 저장] 대화상자가 나타나면 저장할 폴더를 선택한 후 [저장]을 클릭합니다.

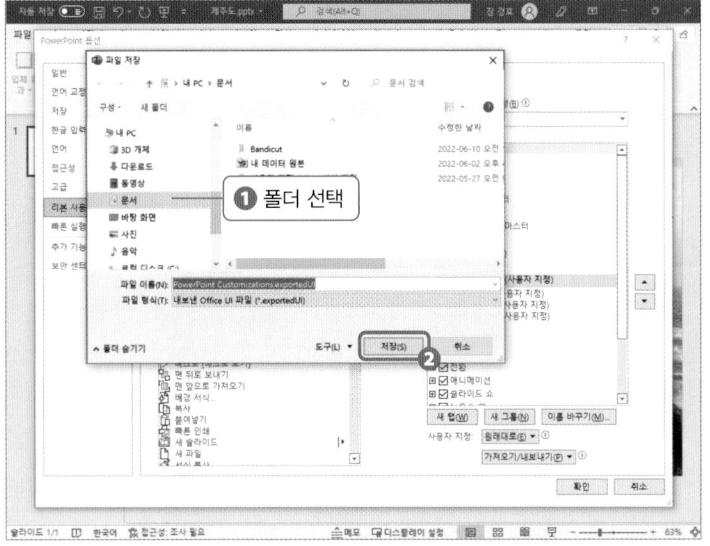

✔ TIP 사용자가 만든 리본 목록은 'PowerPoint Customizations.exportedUI'이라는 파일명으로 저장됩니다.

✔ TIP 저장한 파일은 USB나 이메일 등에 잘 보관했다가 다른 컴퓨터에서 [가져오기/내보내기]-[사용자 지정 파일 가져오기]를 선택해 나만의 리본 메뉴를 불러와 보세요.

4. 이번에는 나만의 리본 메뉴를 삭제해 보겠습니다. [PowerPoint 옵션] 대화상자에서 [리본 사용자 지정]을 다시 선택합니다. [사용자 지정]-[원래대로]-[모든 사용자 지정 다시 설정]을 클릭합니다.

5. 경고 창이 나타나면 [예]를 클릭합니다. [PowerPoint 옵션] 대화상자에서 [확인]을 클릭합니다.

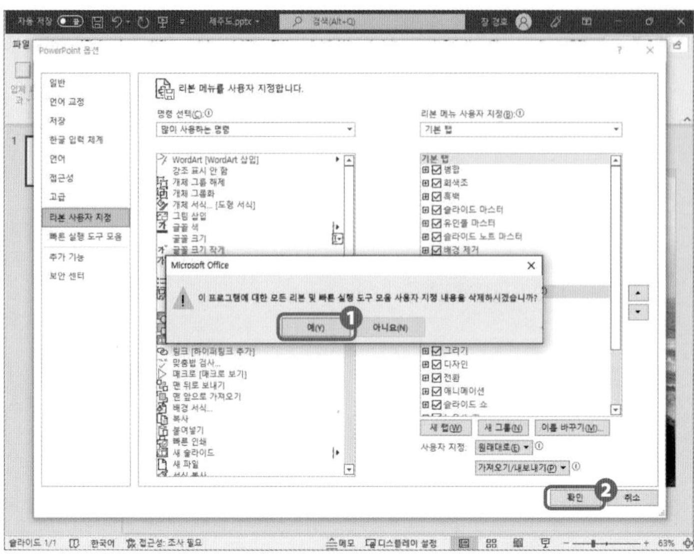

6. 내가 만든 나만의 리본 메뉴가 초기화됩니다.

PowerPoint 004

중요도 ★★★★★

빠른 실행 도구 모음에 자주 사용하는 기능 추가하기

자주 사용하는 명령이나 단추를 빠른 실행 도구 모음에 추가할 수 있습니다. 빠른 실행 도구 모음은 파워포인트의 기능 중 자주 사용하는 기능을 한곳에 모아 놓고 활용할 수 있는 편리한 기능입니다.

사용 가능 버전 2010 2013 2016 2019 2021 365
사용한 기능 빠른 실행 도구 모음, 기타 명령
예제 파일 Powerpoint\Chapter 01\부산.pptx
완성 파일 Powerpoint\Chapter 01\부산_완성.pptx

1. [빠른 실행 도구 모음 사용자 지정]( ) 단추를 클릭하면 나타나는 메뉴 중 [기타 명령]을 선택합니다.

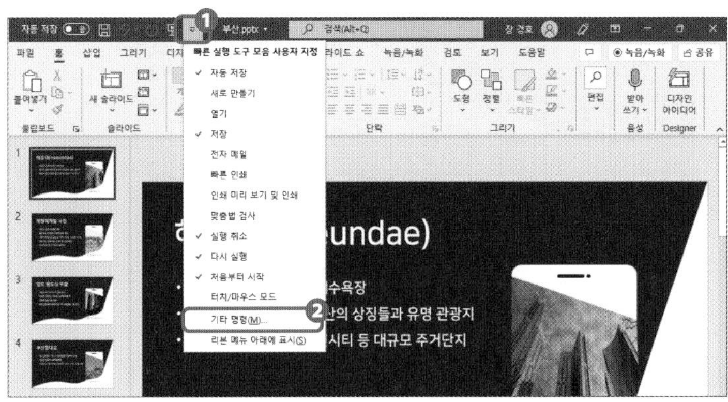

✓TIP [파일] 탭-[옵션]을 클릭하고, [빠른 실행 도구 모음]을 선택해도 됩니다.

2. [PowerPoint 옵션] 대화상자가 나타납니다. [명령 선택]-[모든 명령]을 선택하고 [빠른 실행 도구 모음]에 추가하고 싶은 명령을 선택한 후 [추가]를 클릭합니다. [빠른 실행 도구 모음 사용자 지정]에 명령이 추가됩니다. [확인]을 클릭합니다.

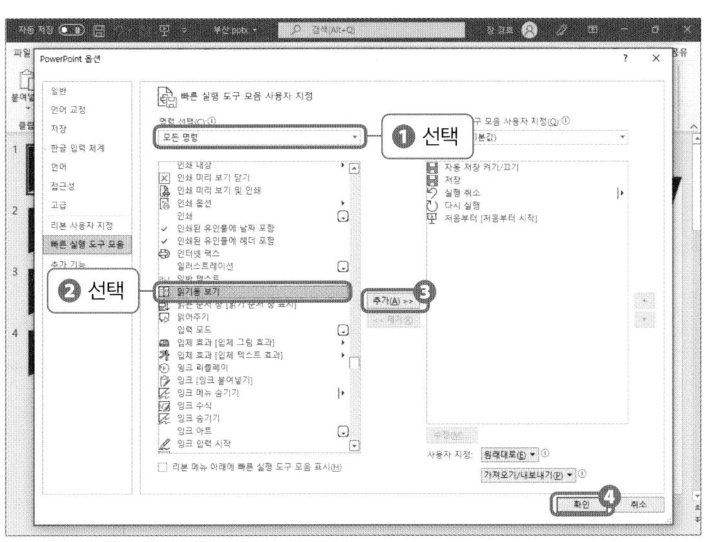

3. 빠른 실행 도구 모음에 명령이 추가됩니다. 리본 메뉴에서도 바로 빠른 실행 도구 모음에 기능을 추가할 수 있습니다. 리본 메뉴에서 추가하고 싶은 기능을 선택한 후 마우스 오른쪽 버튼을 클릭하여 [빠른 실행 도구 모음에 추가]를 선택합니다.

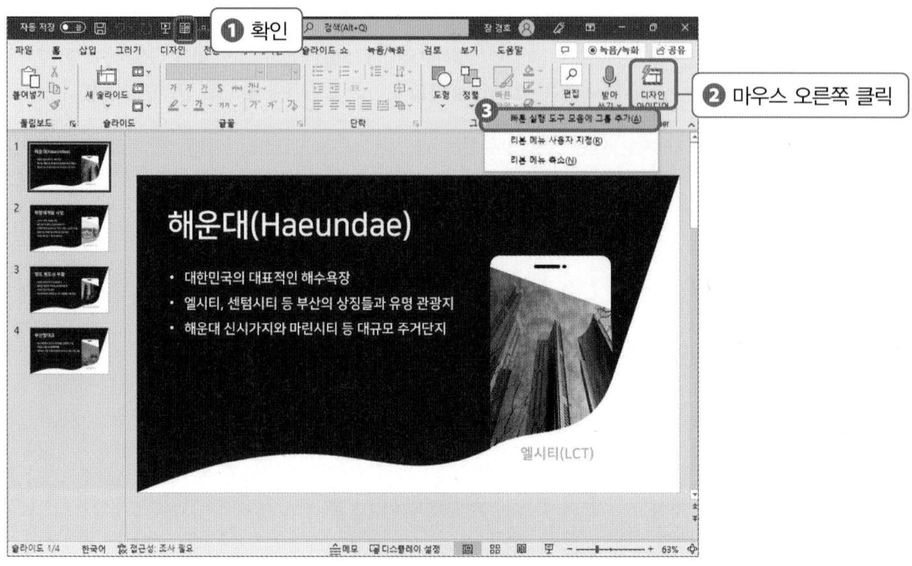

4. 명령이 추가됩니다. 빠른 실행 도구 모음은 위치를 자유롭게 이동할 수 있습니다. [빠른 실행 도구 모음 사용자 지정](▾) 단추를 클릭하고 [리본 메뉴 아래에 표시]를 선택합니다.

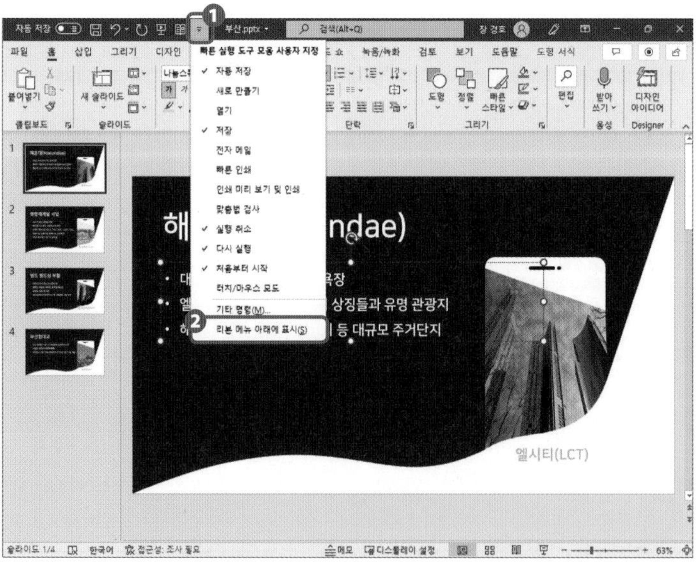

5. 빠른 실행 도구 모음에 추가한 명령을 삭제하고 싶다면, 삭제하고 싶은 명령을 마우스 오른쪽 버튼으로 클릭한 후 [빠른 실행 도구 모음에서 제거]를 선택합니다.

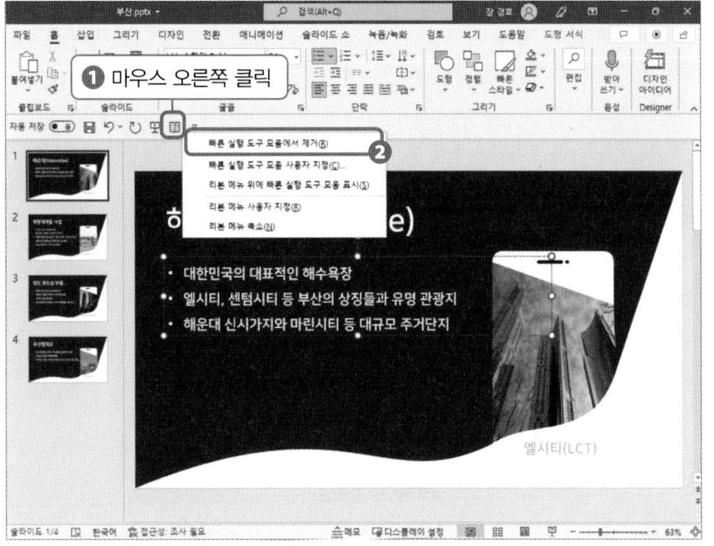

6. 빠른 실행 도구 모음도 [PowerPoint 옵션] 대화상자에서 추가하고 삭제할 수 있습니다. [파일] 탭–[옵션]을 클릭하여 [PowerPoint 옵션] 대화상자를 불러옵니다. [빠른 실행 도구 모음]을 선택하고 원하는 작업을 진행합니다.

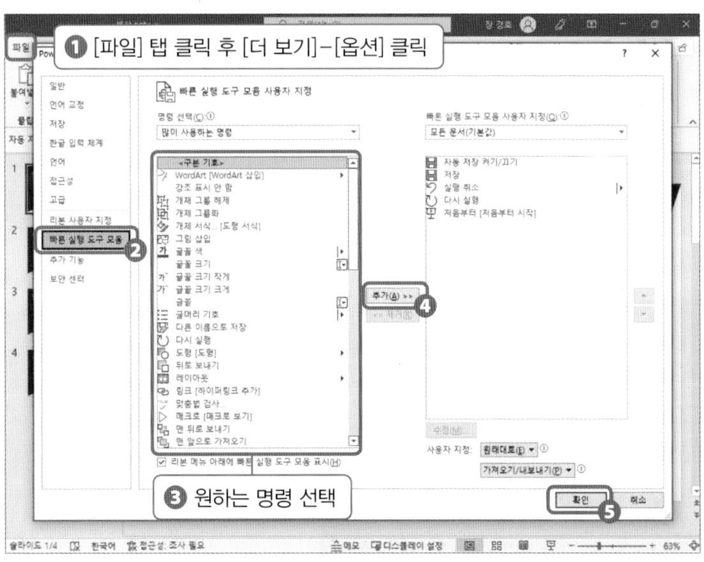

✓TIP 내가 만든 빠른 실행 도구 모음도 내보내기/가져오기할 수 있으며, 사용 방법은 리본 메뉴 사용자 지정과 같습니다.

PowerPoint 005

중요도 ★★★

파워포인트를 120% 활용하기 위해 인터넷 폰트 가져오기

저자가 생각하는 파워포인트의 핵심은 폰트입니다. 예전에는 굴림체, 돋움체, 궁서체와 같은 디자인이 다소 떨어지는 폰트로만 텍스트 입력이 가능했지만, 지금은 유명 포털이나 기업체에서 제공하는 인터넷 폰트를 활용해 예전에 비해서 훨씬 완성도 높은 디자인 작업이 가능하게 되었습니다.

사용 가능 버전 2010 2013 2016 2019 2021 365
사용한 기능 네이버 폰트, 나눔글꼴, 글꼴

예제 파일 없음
완성 파일 없음

1. 인터넷 폰트를 활용해 파워포인트 디자인을 하려면 일단, 저작권에서 자유로운 폰트를 가져오는 것이 좋겠죠? 가장 대표적인 폰트가 바로 네이버에서 제공하는 나눔체입니다.

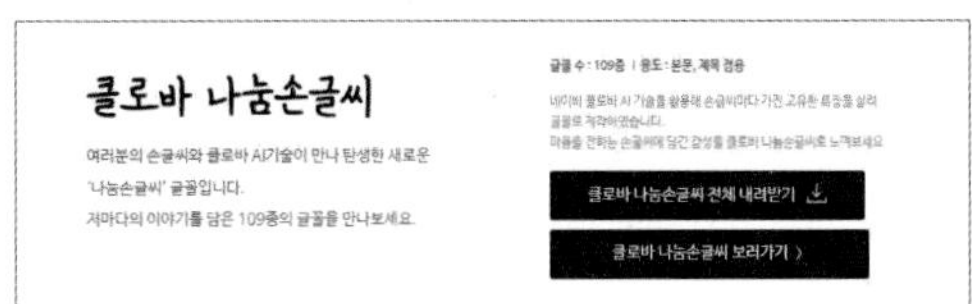

2. 웹 브라우저를 열어 'http://hangeul.naver.com'에 접속합니다. [목차]를 클릭하고 [글꼴모음]을 선택합니다.

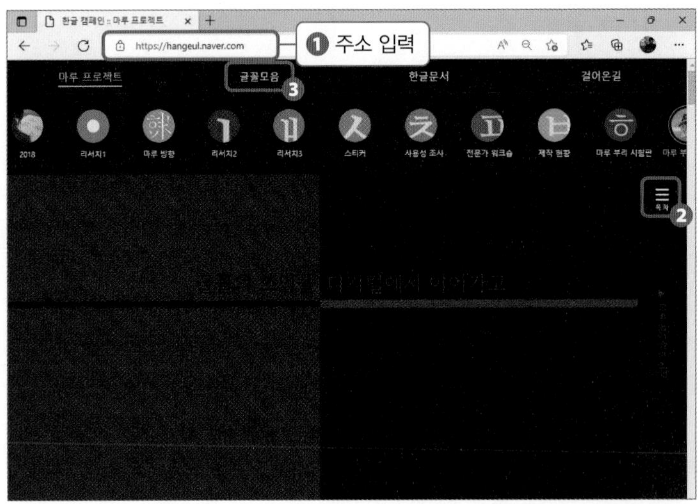

✓TIP 네이버 검색 창에 '네이버 폰트'를 검색해도 해당 링크를 찾을 수 있습니다.

3. 메뉴판에서 [나눔 글꼴 전체 내려받기]를 클릭합니다. 다운로드 받은 파일을 알집 등의 압축 프로그램을 활용해 압축을 풀어줍니다.

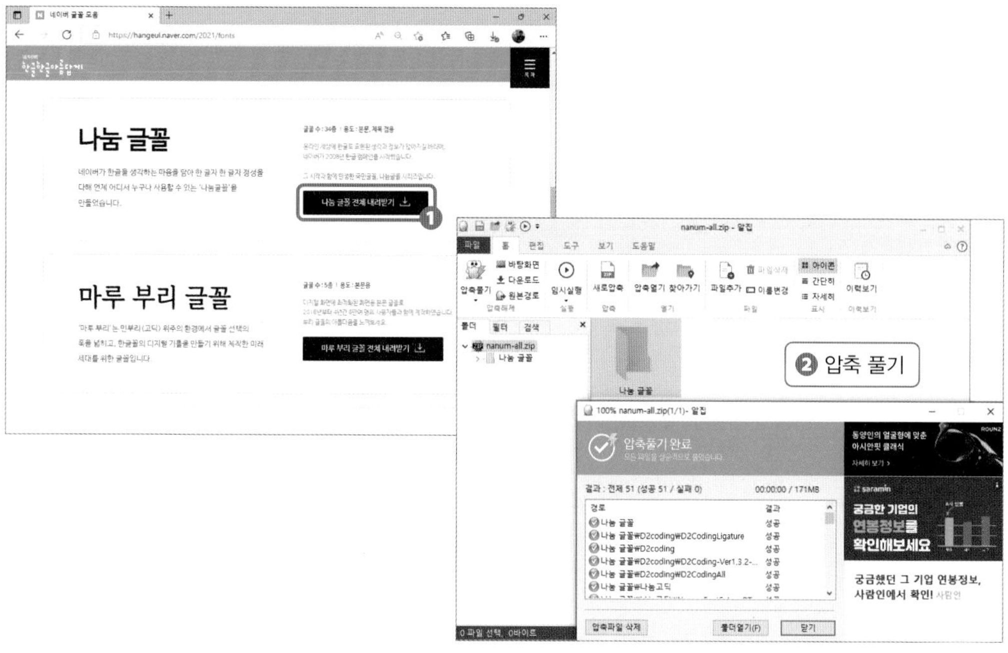

4. 압축을 푼 폴더를 엽니다. '나눔고딕'부터 '나눔명조', '나눔바른고딕'까지 다양한 네이버 폰트가 나타납니다. 여기서는 [나눔 글꼴]-[나눔고딕]을 클릭합니다.

5. '나눔고딕' 폴더가 열리면 다시 압축된 파일이 나타납니다. 파일을 선택하고 마우스 오른쪽 버튼을 클릭한 후 [여기에 압축풀기]를 선택합니다.

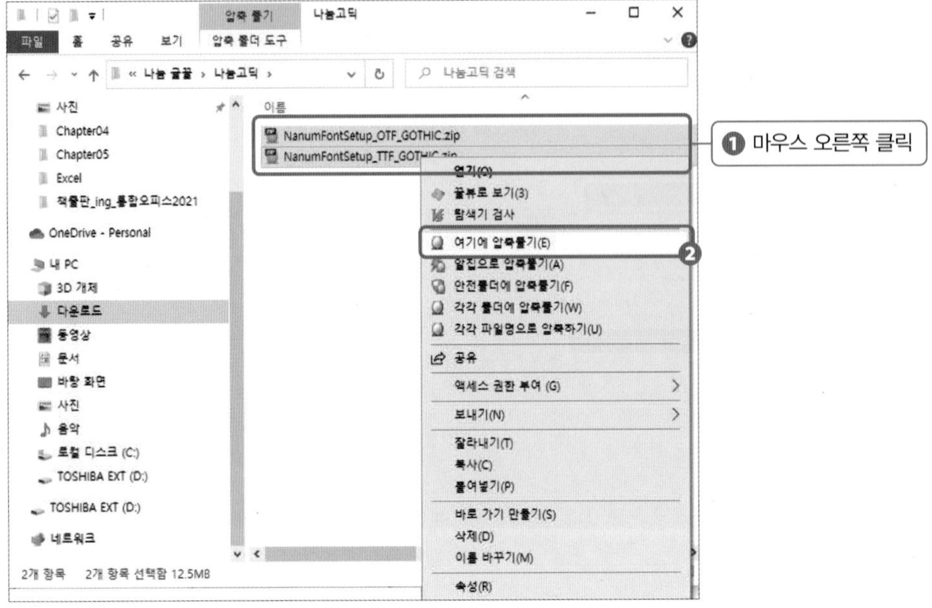

6. 압축이 풀리면 폰트를 모두 선택하고 [Windows] 폴더의 [Fonts] 폴더에 드래그하여 이동시키면, 글꼴이 설치됩니다. 같은 방법으로 나머지 폰트도 내 컴퓨터에 설치합니다.

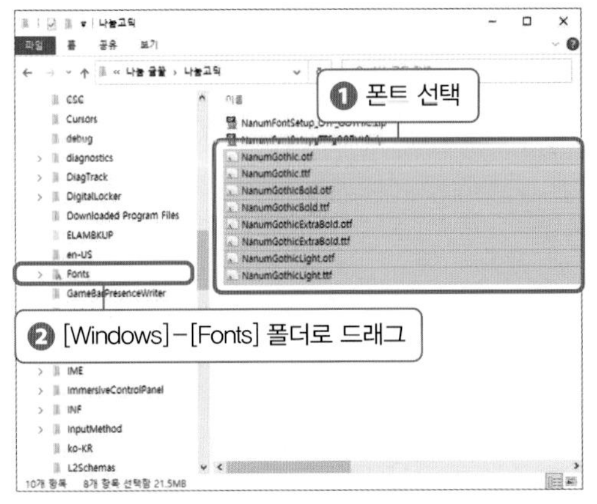

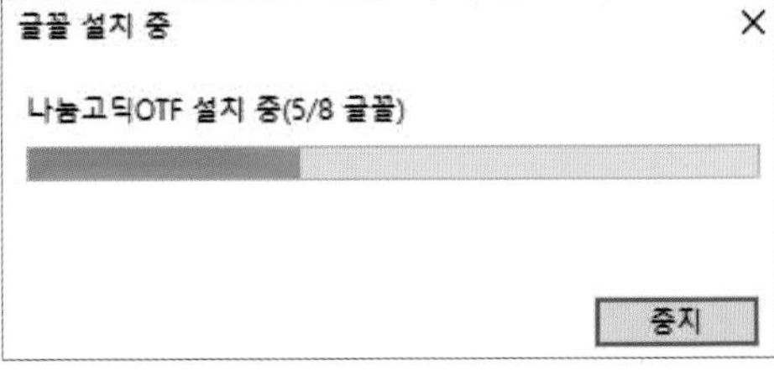

✓ TIP 폰트는 반드시 [Windows] 폴더의 [Fonts] 폴더에 저장해야 합니다. 압축을 푼 다음 내 컴퓨터의 [Windows] 폴더의 [Fonts] 폴더로 폰트 파일을 이동시킵니다.

7. 폰트가 제대로 설치되었는지 확인하기 위해 파워포인트를 실행합니다. [홈] 탭-[글꼴] 그룹-[글꼴] 화살표를 클릭해 네이버 나눔체가 제대로 설치되었는지 확인합니다.

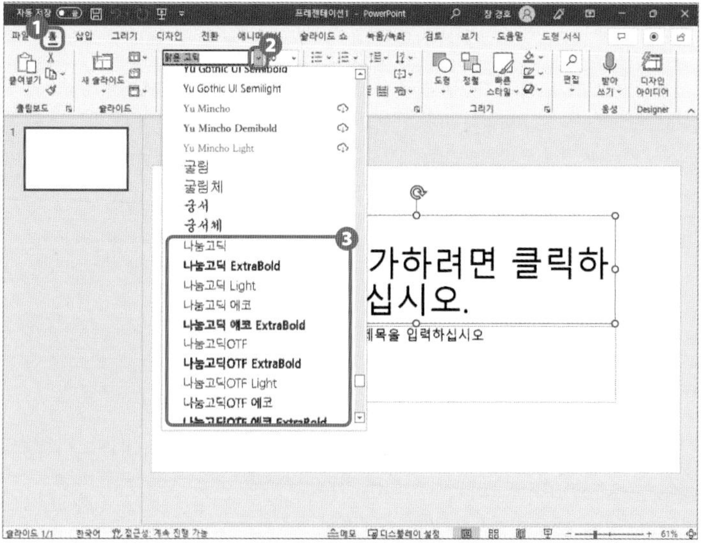

✓ TIP 무료 서체인 경우에도 상업적인 용도로 사용하려면 서체마다 약간의 제약 조건이 있을 수 있습니다. 대부분 자유롭게 사용할 수 있지만 BI, CI에는 쓸 수 없는 경우도 있습니다. 자세한 사항은 다운로드하는 인터넷 서체의 약관을 반드시 확인하기 바랍니다.

PowerPoint
006

인터넷 문서를 파워포인트에 완벽하게 가져오기

중요도 ★★★★★

인터넷 문서를 파워포인트로 복사하여 가져오는 경우가 많이 있는데, 이를 그대로 복사하여 붙여넣기를 하게 되면 불필요한 부분까지 함께 복사되어 그냥 타이핑할 때보다 편집 시간이 더 많이 소요되는 경우도 있습니다. 인터넷 문서를 파워포인트에 가져올 때는 나름의 절차가 있답니다. 이를 잘 따라해 보세요.

사용 가능 버전 2010 2013 2016 2019 2021 365
사용한 기능 클립보드, 복사하기, 붙여넣기, 원본 서식 유지, 텍스트만 유지

예제 파일 Powerpoint\Chapter 01\오피스.pptx
완성 파일 Powerpoint\Chapter 01\오피스_완성.pptx

1. 인터넷 문서를 복사할 때는 이미지와 텍스트를 따로 복사하는 것이 좋습니다. 먼저, 익스플로러나 크롬 등을 통해 인터넷 창에서 『http://www.yes24.com/Product/Goods/49852494』를 엽니다. 다른 인터넷 페이지를 열어도 상관없습니다. 먼저, 이미지를 파워포인트에 가져오기에 위해 이미지만 드래그하여 선택한 후 Ctrl+C를 눌러 복사합니다.

✓TIP 링크를 그대로 입력하지 않더라도 네이버 책 사이트(http://book.naver.com)에서 『스토리가 살아있는 파워포인트 2016』을 검색해도 됩니다.

2. 파워포인트에서 [홈] 탭–[클립보드] 그룹–[붙여넣기]–[원본 서식 유지]를 클릭합니다. 슬라이드 편집 창에 이미지가 붙여넣기 됩니다.

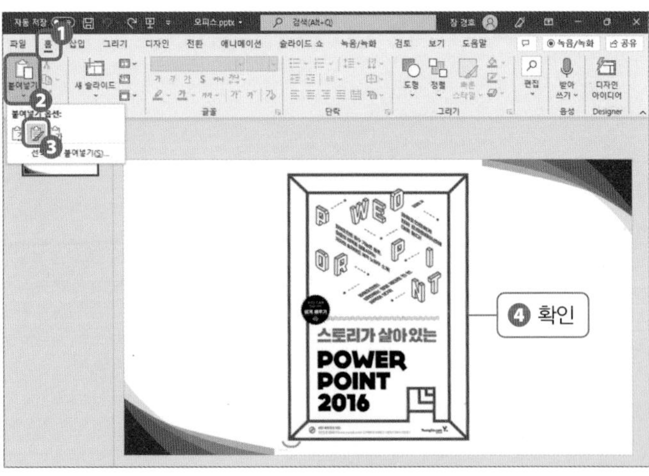

3. 이미지를 선택하고 [그림 도구]-[서식] 상황별 탭이나 [그림 서식] 탭-[크기] 그룹-[세로]에 『15』를 입력한 후 Enter를 누릅니다. 가로 사이즈에 크기를 입력하면 세로 사이즈는 자동으로 크기가 입력되면서 이미지 크기가 변경됩니다. 적당한 위치로 이동시킵니다.

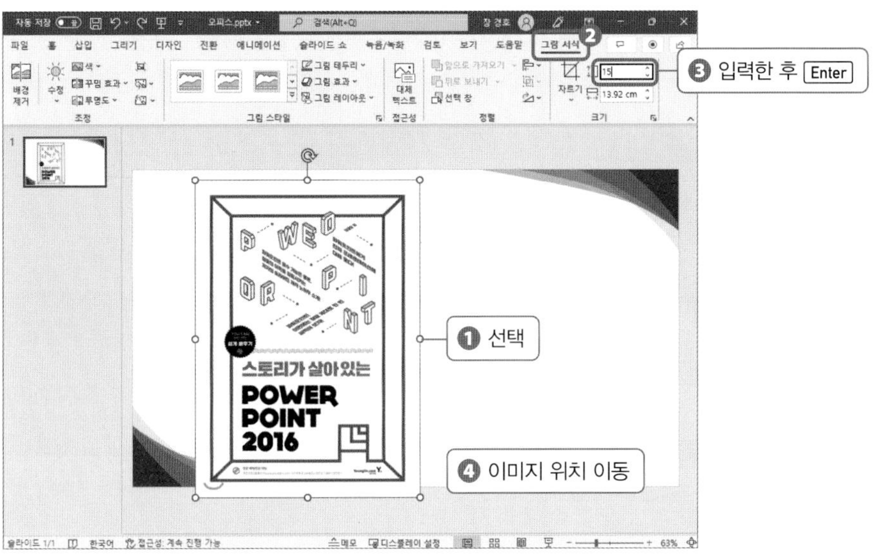

4. 다시 인터넷 창을 열어 이번에는 텍스트를 복사하겠습니다. 텍스트를 포함한 영역을 드래그하여 선택하고 Ctrl+C를 눌러 복사합니다.

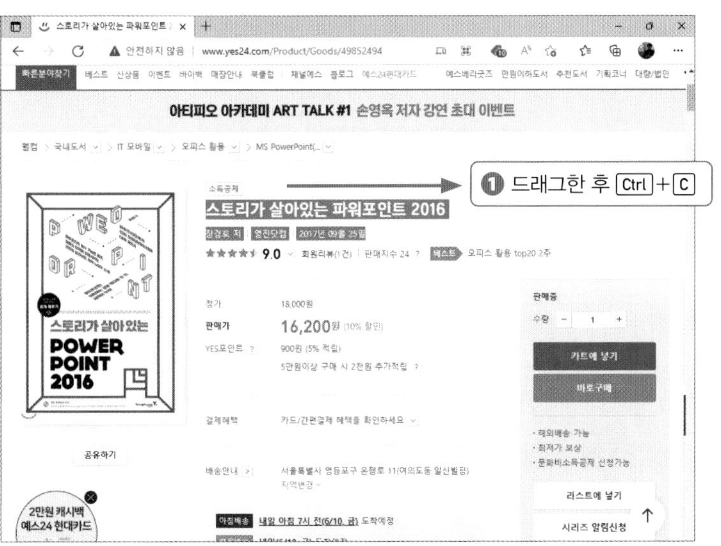

✓TIP 여기서는 텍스트만 필요하지만, 이미지를 함께 복사해도 상관없습니다. 파워포인트에서 이미지를 제외한 텍스트만 불러올 수 있는 기능이 존재하기 때문이죠.

5. [홈] 탭－[클립보드] 그룹－[붙여넣기]－[텍스트만 유지]를 클릭합니다. 슬라이드 편집 창에 텍스트만 표시됩니다.

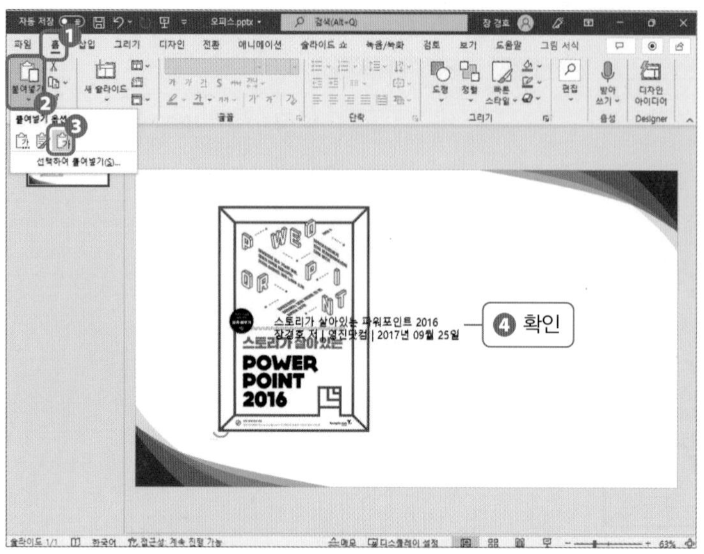

6. 이처럼 [텍스트만 유지]를 선택하면 이미지를 비롯한 텍스트 속성이 모두 제거됩니다. 텍스트 크기를 비롯해 원하는 서식을 지정하여 슬라이드 문서를 완성합니다.

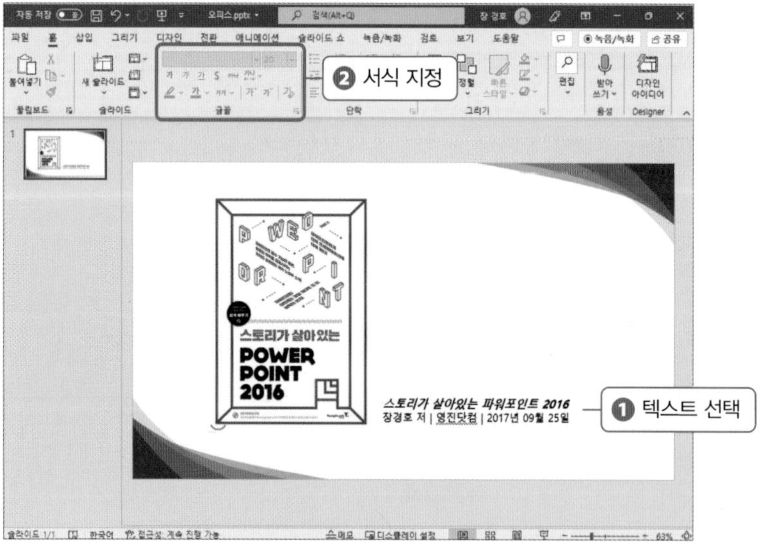

Q 이미지 크기를 조정할 때 가로와 세로 사이즈를 따로 조정하고 싶어요.

A [그림 도구]–[서식] 상황별 탭이나 [그림 서식] 탭–[크기] 그룹–[가로]와 [세로] 중에 하나에 사이즈를 입력하면 다른 하나는 자동으로 사이즈가 입력됩니다. 만일, 가로와 세로 사이즈를 각각 입력하고 싶다면 [크기] 그룹–[옵션]을 클릭하고 [가로 세로 비율 고정]에 체크 표시를 해제합니다.

Q 인터넷 문서를 파워포인트로 가져올 때 [원본 서식 유지]와 [텍스트만 유지]를 하는 이유가 무엇인가요?

A 인터넷 문서에는 인터넷 문서만의 프레임과 태그가 포함되어 있습니다. [원본 서식 유지]를 선택하면 원본 서식 그대로 붙여넣기가 되기에 이미지를 비롯해 텍스트가 인터넷 속성 그대로 불러오게 됩니다. 이대로 사용하면 편집하는 시간만 훨씬 많이 소요됩니다. 이번 예제처럼 이미지만 복사하여 [원본 서식 유지]를 한 번 선택하고, 텍스트까지 복사하여 [텍스트만 유지]를 다시 한번 선택하면 가장 빠르고 깨끗하게 인터넷 문서를 파워포인트로 불러올 수 있습니다.

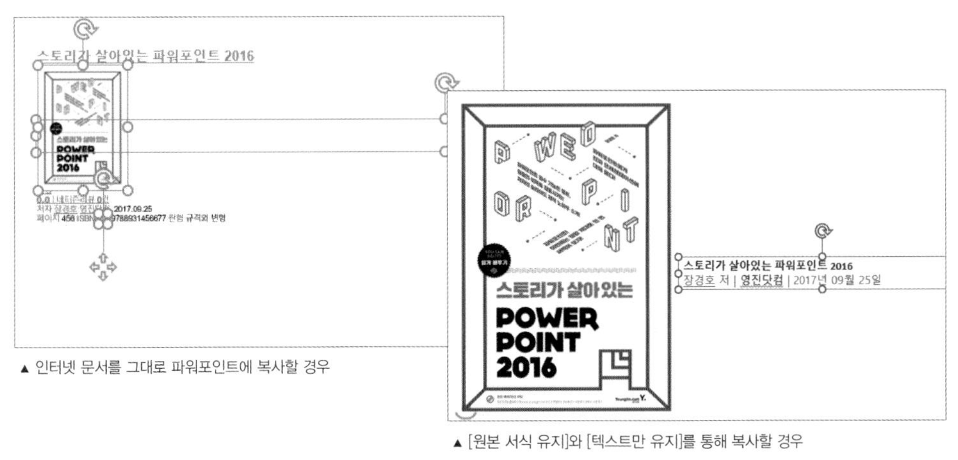

▲ 인터넷 문서를 그대로 파워포인트에 복사할 경우

▲ [원본 서식 유지]와 [텍스트만 유지]를 통해 복사할 경우

PowerPoint 007

중요도 ★★★★★

메모장에 목차를 작성한 후 파워포인트로 한 번에 옮기기

간편한 프로그램인 메모장을 통해 슬라이드 목차를 작성하는 경우가 많습니다. 이를 파워포인트로 옮기려면 적지 않은 시간이 소요됩니다. 1초만에 파워포인트로 옮길 수 있는 기능이 존재합니다. 여기에서 배워보겠습니다.

사용 가능 버전 2010 2013 2016 2019 2021 365
사용한 기능 인코딩, 유니코드, 개요 보기

예제 파일 Powerpoint\Chapter 01\사업계획서.txt, 사업계획서_완성.txt
완성 파일 Powerpoint\Chapter 01\사업계획서_완성.pptx

1. 메모장을 열어 목차를 작성합니다. 머릿속에 생각해 놓은 목차가 없다면 '사업계획서.txt' 파일을 열어서 따라해도 됩니다. 메모장 내용을 파워포인트에 1초만에 옮기려면 나름의 형식은 맞춰야 합니다. 아래 그림처럼 대분류는 Enter 로 나누고, 소분류는 Tab 을 눌러 다음과 같이 제목(대분류)과 소분류를 구분합니다.

파일 : 사업계획서.txt

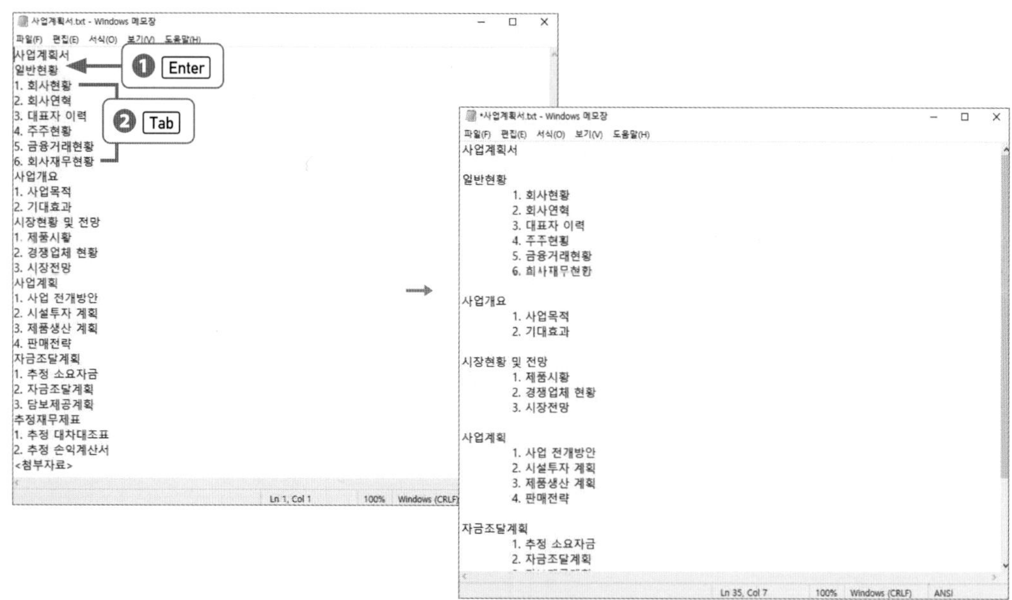

✓ TIP 파워포인트를 열고 기획안을 제작하거나 내용부터 순차적으로 작성하려 한다면 논리적인 전개나 체계적인 구성을 기대하기 어렵습니다. 이럴 때는 메모장에서 대략적인 목차를 구성해 보는 것이 좋습니다.

2. [파일] 탭-[다른 이름으로 저장]을 클릭합니다. [다른 이름으로 저장] 대화상자가 나타나면 [인코딩] 화살표를 클릭하여 인코딩을 선택하고 [파일 이름]을 입력한 후 [저장]을 클릭합니다.

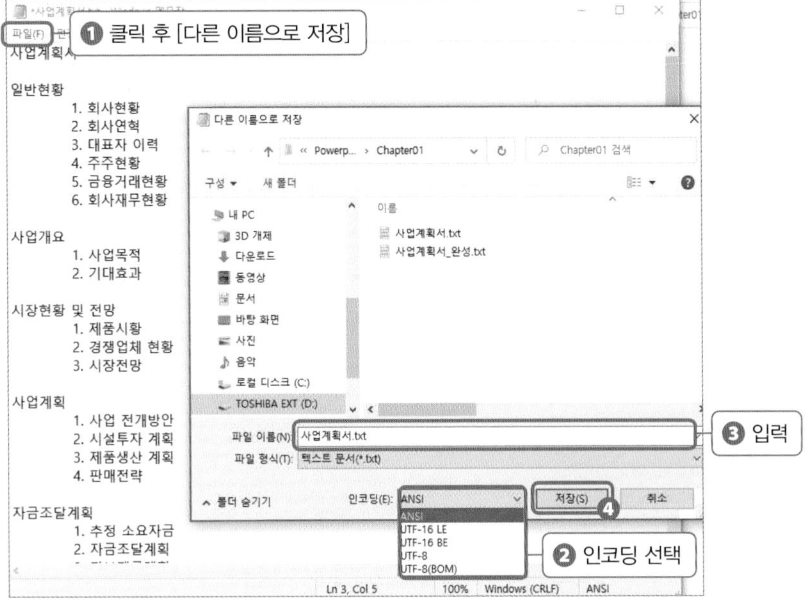

3. 파워포인트를 실행하고 [파일] 탭-[열기]를 클릭합니다. [찾아보기]를 클릭하여 [열기] 대화상자가 나타나면 [파일 형식] 화살표를 클릭해 [모든 개요 (*.txt,*.rtf,...)]를 선택합니다. 여기서는 내 컴퓨터에 저장했던 텍스트 파일을 선택하고 [열기]를 클릭합니다.

파일 : 사업계획서_완성.txt

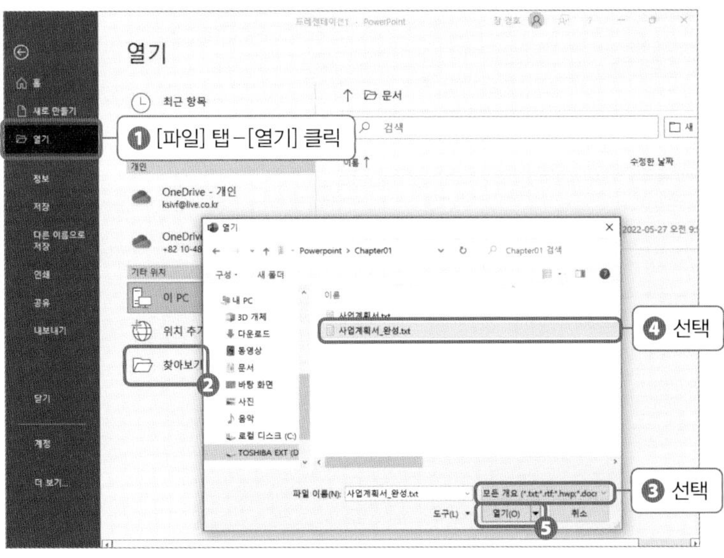

4. 메모장을 통해 입력했던 대분류와 소분류가 파워포인트의 각각의 슬라이드로 나뉘어 그대로 표시됩니다.

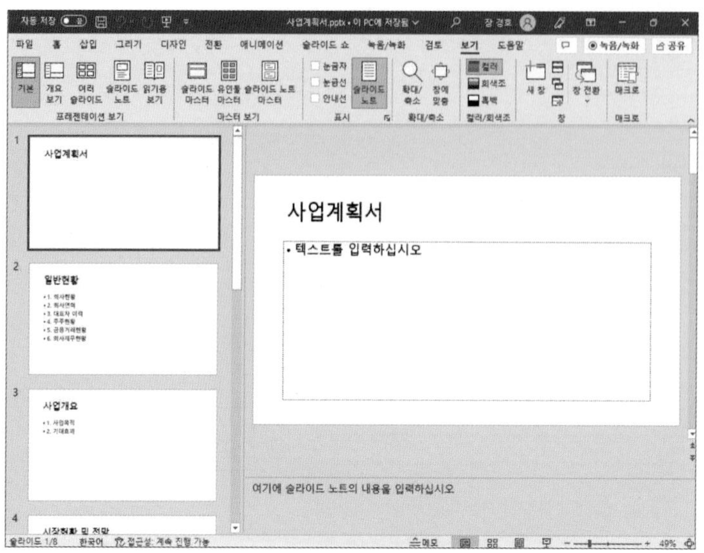

5. [보기] 탭-[프레젠테이션 보기] 그룹에 있는 [개요 보기]를 클릭하면 [개요] 창이 열리면서 상세한 내용을 확인할 수 있습니다.

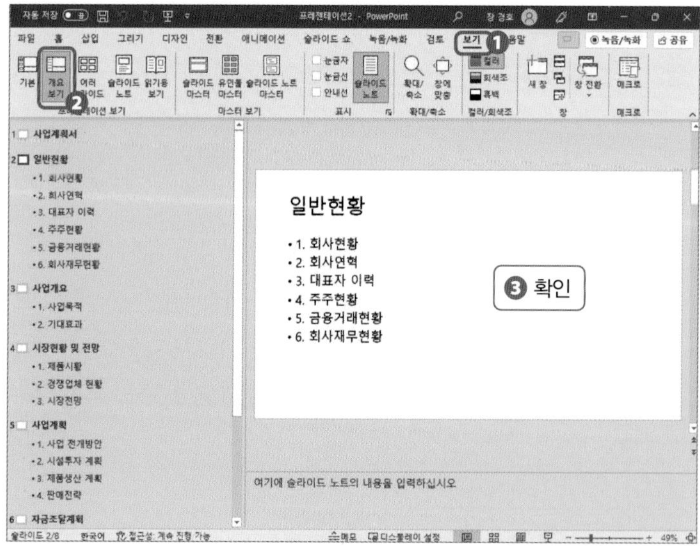

PowerPoint 008

중요도 ★★★★★

메모장으로 작성한 슬라이드에 서식 디자인 입히기

앞선 예제에서는 메모장으로 내용을 작성한 다음 파워포인트로 한 번에 옮기는 방법을 배워보았습니다. 이번에는 파워포인트에서 제공하는 서식 디자인을 입히는 방법에 대해서 살펴보겠습니다.

사용 가능 버전 2010 2013 2016 2019 2021 365
사용한 기능 테마, 레이아웃
예제 파일 Powerpoint\Chapter 01\서식디자인.pptx
완성 파일 Powerpoint\Chapter 01\서식디자인_완성.pptx

1. 예제 파일을 엽니다. 텍스트로만 구성된 슬라이드 파일이 열립니다. [디자인] 탭-[테마] 그룹-[자세히](⊽)를 클릭한 후 슬라이드 디자인을 선택합니다. 여기서는 [패싯]을 클릭합니다.

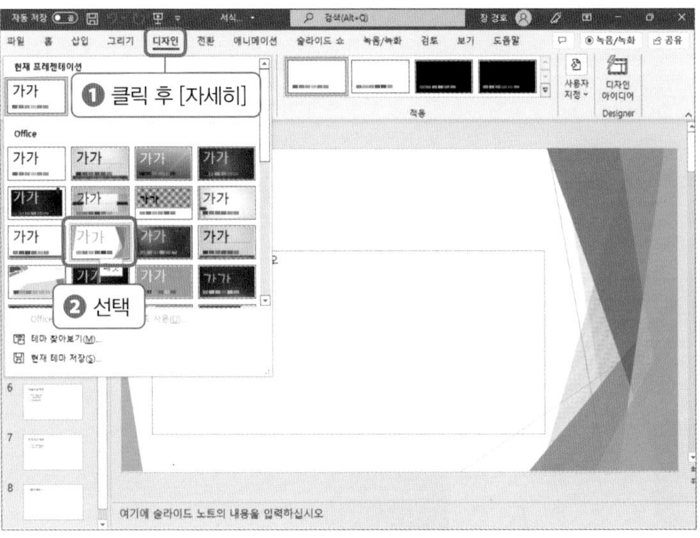

2. [적용] 그룹에서 원하는 색상을 선택할 수 있습니다. [자세히](⊽)를 클릭하면 보다 다양한 색상을 선택할 수 있습니다. 여기서는 네 번째 색상을 선택합니다. 테마의 색상이 변경됩니다.

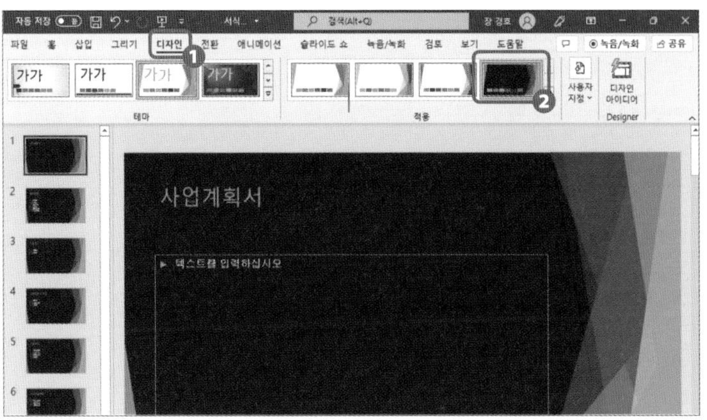

3. 슬라이드 레이아웃을 변경한 후 슬라이드를 완성해 보겠습니다. 첫 번째 슬라이드를 선택하고 [홈] 탭-[슬라이드] 그룹-[레이아웃]-[제목 슬라이드]를 클릭합니다.

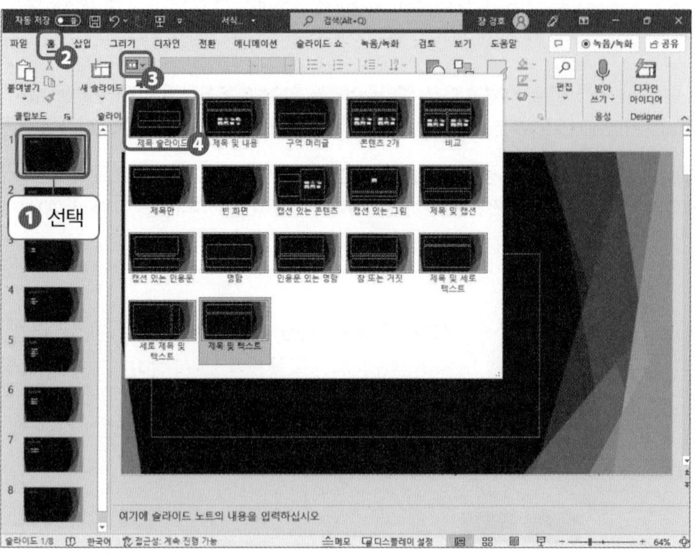

4. 제목 개체 틀을 선택하고 [도형 서식] 탭-[WordArt 스타일] 그룹-[빠른 스타일]을 클릭한 후 원하는 스타일을 선택합니다.

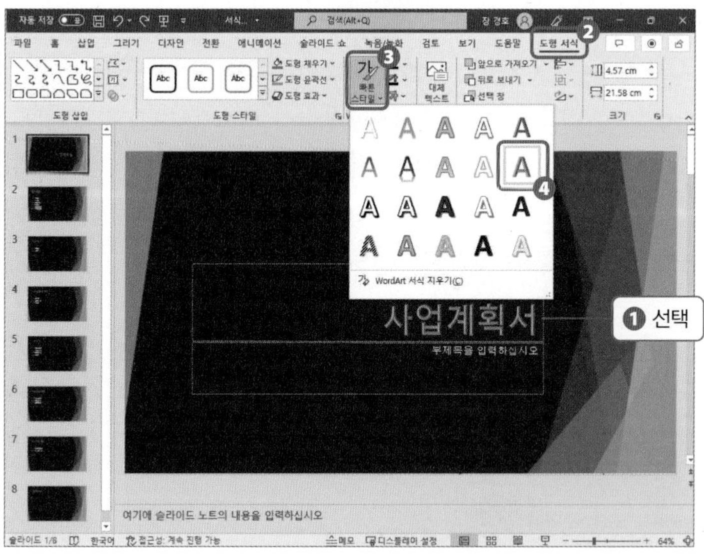

5. 제목 개체 틀이 선택된 상태에서 [홈] 탭–[글꼴] 그룹에서 텍스트 서식을 지정합니다. 여기서는 텍스트 굵기와 텍스트 크기를 조정해 보겠습니다. [홈] 탭–[글꼴] 그룹–[글꼴 크기 크게]를 여러 번 클릭합니다. [굵게]를 클릭합니다.

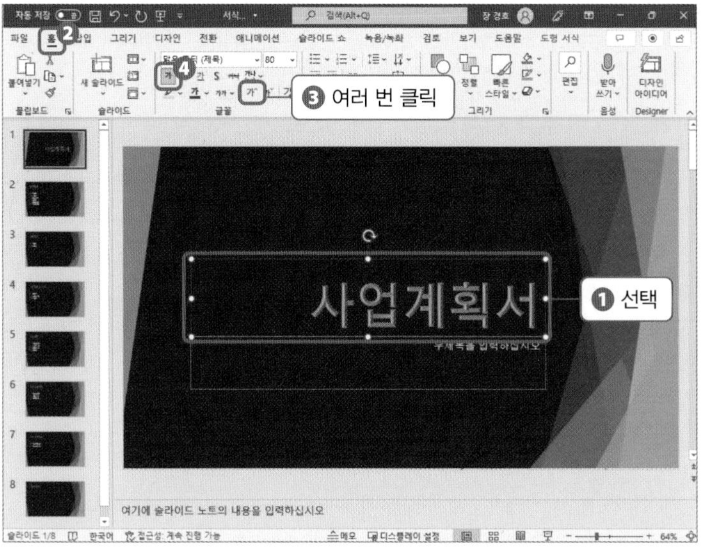

✓TIP 글꼴 크기를 키우려면 개체 틀을 선택한 상태에서 Ctrl+Shift+>을 눌러 키울 수 있습니다. 반대로 글꼴 크기를 줄이려면 개체 틀을 선택한 상태에서 Ctrl+Shift+<을 눌러 줄일 수 있습니다.

꼭 알고 가세요

[글꼴] 그룹 살펴보기

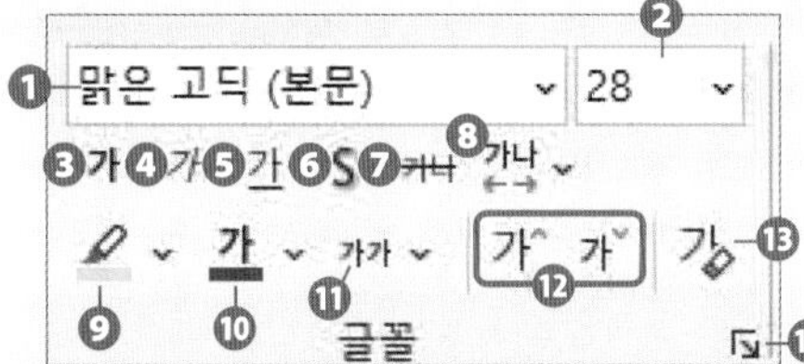

❶ 글꼴 : 다양한 파워포인트 글꼴을 지정할 수 있습니다.
❷ 글꼴 크기 : 글꼴의 크기를 변경할 수 있습니다.
❸ 굵게 : 텍스트를 굵게 지정합니다.
❹ 기울임꼴 : 텍스트에 기울임꼴을 지정합니다.
❺ 밑줄 : 텍스트에 밑줄을 표시합니다.
❻ 텍스트 그림자 : 텍스트 그림자를 표시합니다.
❼ 취소선 : 텍스트에 취소선을 표시합니다.
❽ 문자 간격 : 문자와 문자 사이의 간격을 조절합니다.
❾ 텍스트 강조 색 : 눈에 띄는 강조색으로 텍스트를 표시합니다.
❿ 글꼴 색 : 텍스트 색상을 변경합니다.
⓫ 대/소문자 바꾸기 : 선택한 텍스트의 대문자, 소문자를 서로 변경합니다.
⓬ 글꼴 크기 크게, 작게 : 글꼴 크기를 일정한 비율로 확대 및 축소할 수 있습니다.
⓭ 모든 서식 지우기 : 적용되었던 모든 서식을 지웁니다.
⓮ [글꼴] 옵션 : [글꼴] 대화상자를 표시합니다.

PowerPoint 009

중요도 ★★★★★

서식 파일로 슬라이드 시작하기

앞에서는 파워포인트 작업 도중에 서식 디자인을 적용하는 방법을 배웠습니다. 이번에는 파워포인트를 실행할 때 서식 디자인을 바로 선택하는 방법을 배워보겠습니다.

사용 가능 버전 2010 2013 2016 2019 2021 365 | **예제 파일** 없음
사용한 기능 서식 파일 | **완성 파일** 없음

1. 파워포인트를 실행하면 처음 나타나는 시작 화면에서 원하는 서식 파일을 선택해 보겠습니다. [새로 만들기]를 선택합니다. 다양한 테마가 열리면 원하는 테마를 선택합니다. 여기서는 [떠 있는 3D 디자인]을 선택합니다.

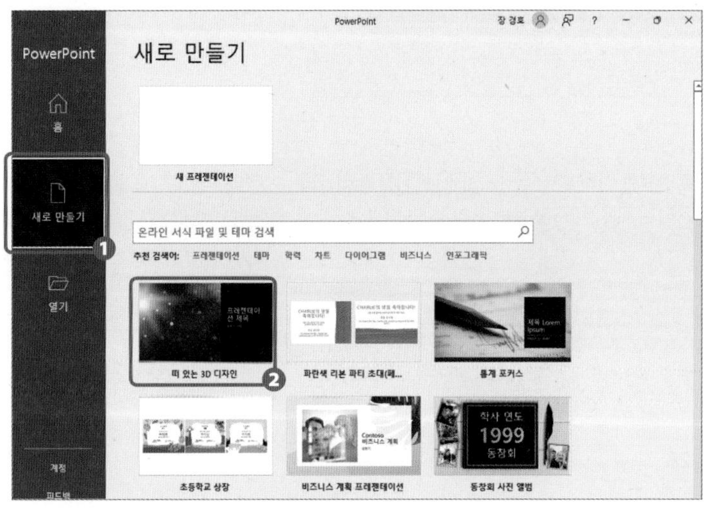

TIP 표시되는 서식 파일의 순서는 현재 화면과 다를 수 있습니다. 원하는 파일이 없으면 [온라인 서식 파일 및 테마 검색]에 원하는 테마명을 입력해 봅니다.

2. 디자인을 비롯해 구성된 테마를 확인할 수 있습니다. 미리 보기 화면을 확인한 후 [만들기]를 클릭합니다.

3. 슬라이드가 열립니다. 미리 보기 창에서 다른 슬라이드를 선택해 봅니다. 이번에는 다른 서식 파일을 선택해 보겠습니다. [파일] 탭을 클릭합니다.

4. [새로 만들기]를 클릭합니다. [새로 만들기] 페이지가 열리면 원하는 서식 파일을 클릭합니다. 여기서는 검색 창을 통해 서식 파일을 찾아보겠습니다. 검색 창에 『비즈니스』를 입력하고 [검색]을 클릭하거나 Enter 를 누릅니다.

5. 다양한 서식 파일이 검색됩니다. 검색된 서식 파일 중 원하는 서식 파일을 선택합니다.

6. 서식 파일이 열립니다.

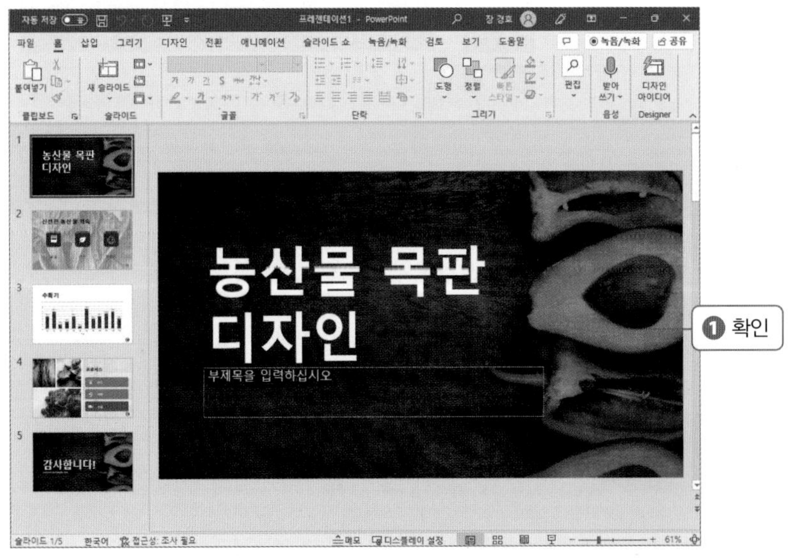

PowerPoint 010

중요도 ★★★★

레이아웃 종류 살펴보고 슬라이드 레이아웃 추가하기

앞에서 슬라이드 레이아웃을 추가하는 방법을 잠시 다루었지만, 이번에는 다양한 슬라이드 레이아웃을 추가하는 방법을 알아보겠습니다.

사용 가능 버전 2010 2013 2016 2019 2021 365
사용한 기능 새 슬라이드, 슬라이드 추가

예제 파일 Powerpoint\Chapter 01\세미나안내.pptx
완성 파일 Powerpoint\Chapter 01\세미나안내_완성.pptx

1. 예제 파일을 불러온 후 첫 번째 슬라이드를 선택한 상태에서 새 슬라이드를 삽입하기 위해 [홈] 탭-[슬라이드] 그룹-[새 슬라이드] 윗부분을 클릭합니다.

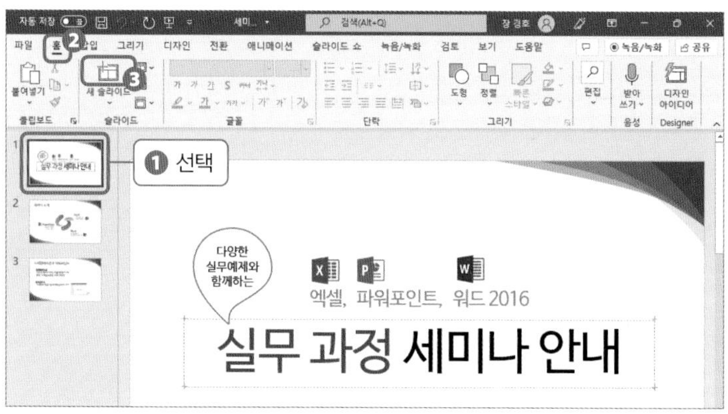

✓ TIP 예제 파일에서 사용한 서체는 네이버에서 무료 제공하는 '나눔바른고딕'입니다. '나눔바른고딕' 서체가 아닌 다른 서체로 표시된다면 276페이지에서 서체를 먼저 설치한 후 예제를 따라하세요.

2. 새 슬라이드가 추가됩니다. 이번에는 [홈] 탭-[슬라이드] 그룹-[새 슬라이드] 아랫부분을 클릭합니다. 레이아웃 갤러리가 열리면 원하는 슬라이드 레이아웃을 선택할 수 있습니다. 여기서는 [제목만] 슬라이드를 선택합니다.

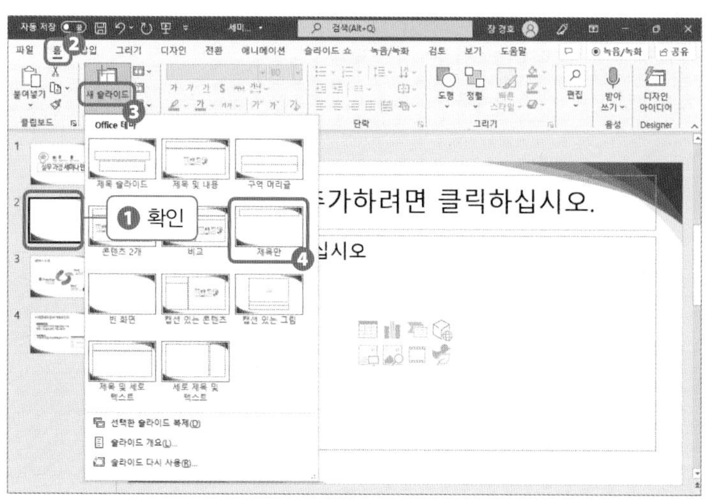

✓ TIP Ctrl+M을 눌러도 새로운 슬라이드를 추가할 수 있습니다.

3. [제목만] 슬라이드가 추가됩니다. 동일한 슬라이드 레이아웃을 계속 추가하고 싶다면 슬라이드 미리 보기 창에서 Enter 를 누릅니다.

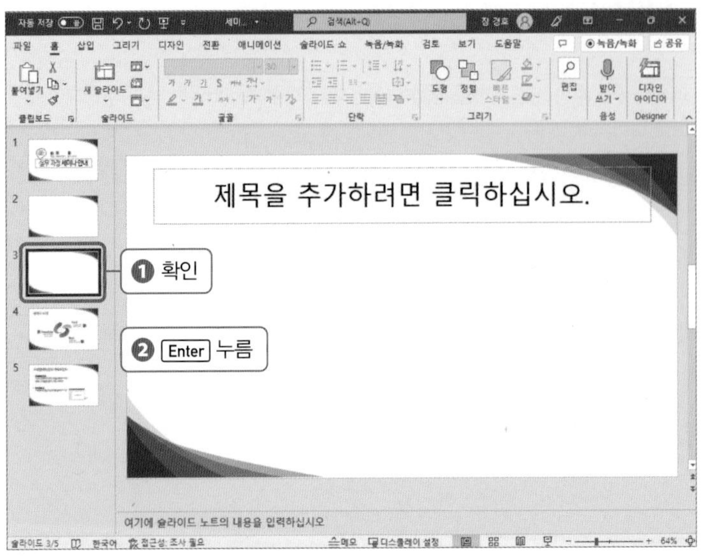

✓TIP 슬라이드 작업 창 하단을 보면 '여기에 슬라이드 노트의 내용을 입력하십시오'라는 입력란이 있습니다. 이 부분을 없애고 싶다면 상태 표시줄의 [메모]를 클릭합니다. 다시 표시하고 싶다면 [메모]를 한 번 더 클릭합니다.

4. 동일한 [제목만] 슬라이드가 추가됩니다. [홈] 탭-[슬라이드] 그룹-[새 슬라이드] 윗부분을 클릭해도 동일한 슬라이드를 계속 추가할 수 있습니다.

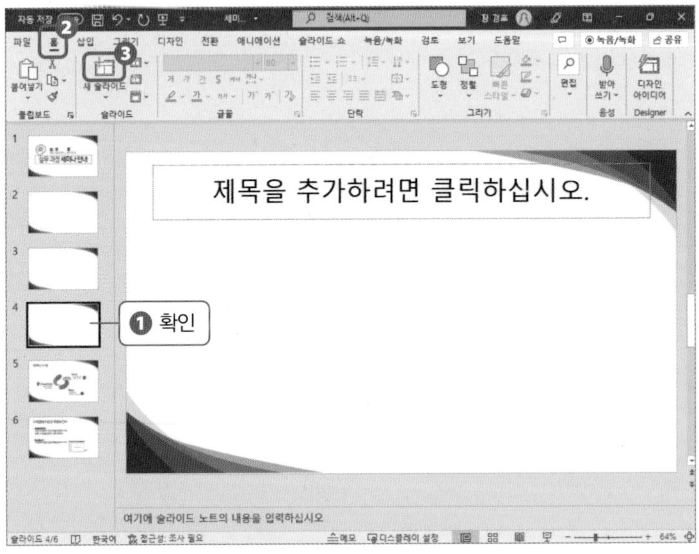

5. 동일한 [제목만] 슬라이드가 추가됩니다.

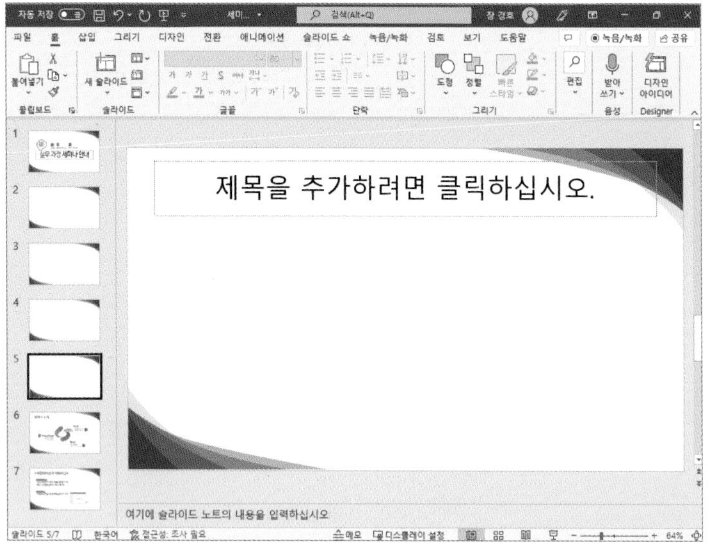

✓TIP 첫 번째 슬라이드인 [제목] 슬라이드를 선택한 상태에서 Enter를 누르면 [제목 및 내용] 슬라이드가 추가됩니다. [제목] 슬라이드를 제외한 다른 슬라이드 레이아웃을 선택한 상태에서 미리 보기 창에서 Enter를 누르거나, [홈] 탭-[슬라이드] 그룹-[새 슬라이드] 윗부분을 클릭하면 선택한 슬라이드 레이아웃과 동일한 슬라이드 레이아웃을 빠르게 추가할 수 있습니다.

6. 슬라이드를 추가하거나 미리 완성된 슬라이드의 모양이 마음에 들지 않을 경우 슬라이드 레이아웃을 변경할 수 있습니다. 두 번째 슬라이드를 선택합니다. [홈] 탭-[슬라이드] 그룹-[레이아웃]을 클릭합니다. [빈 화면] 슬라이드 레이아웃을 선택합니다.

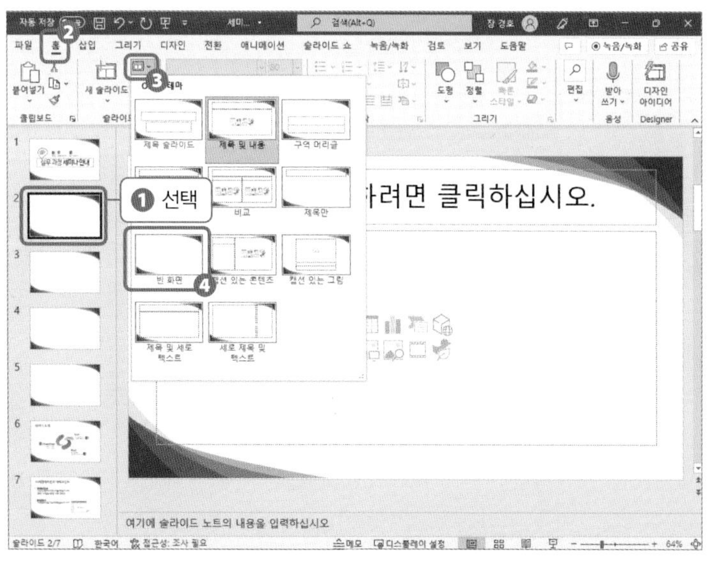

✓TIP [빈 화면] 슬라이드는 다양한 개체 틀에 상관없이 자유로운 형식으로 슬라이드를 작성할 때 주로 사용합니다.

7. [제목 및 내용] 슬라이드 레이아웃이 [빈 화면] 슬라이드 레이아웃으로 변경됩니다.

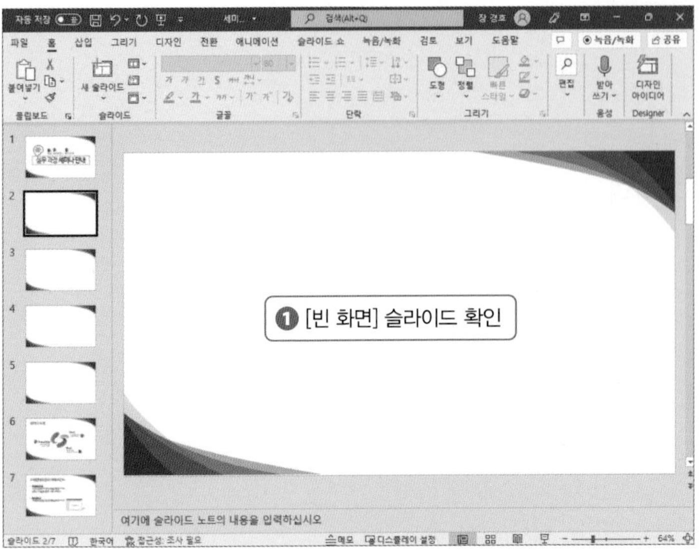

8. 내용이 작성된 슬라이드 레이아웃을 다른 레이아웃으로 변경해 보겠습니다. 마지막 슬라이드를 선택합니다. 마지막 슬라이드는 [콘텐츠 2개] 슬라이드로 이미 내용이 작성되어 있습니다. 이번에는 미리 보기 화면에서 레이아웃을 변경해 보겠습니다. 미리 보기 화면에서 마우스 오른쪽 버튼을 클릭한 후 [레이아웃]–[캡션 있는 그림] 슬라이드를 선택합니다.

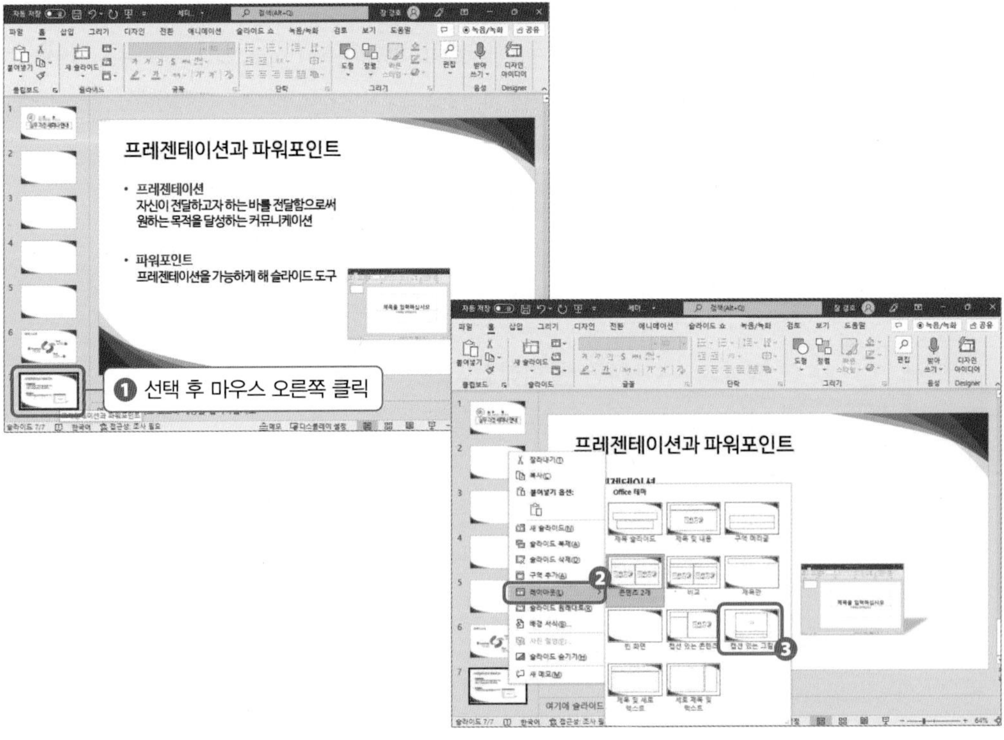

9. 슬라이드 레이아웃이 다른 형태의 슬라이드 레이아웃으로 변경됩니다.

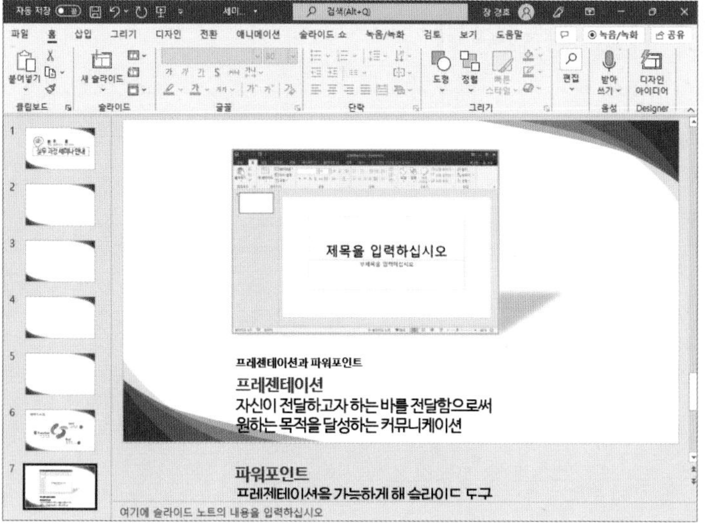

✓ TIP 각각의 슬라이드 레이아웃은 [빈 화면] 슬라이드 레이아웃만을 제외하고 여러 가지 성격의 개체 틀로 구성되어 있습니다. 용도에 따라 적절한 레이아웃을 선택하여 사용하면 됩니다.

꼭 알고 가세요

[새 슬라이드]와 [레이아웃]

[새 슬라이드]는 문서에 슬라이드를 추가하는 기능입니다. [홈] 탭-[슬라이드] 그룹-[새 슬라이드] 위쪽을 클릭하면 현재 화면과 동일한 레이아웃을 가진 슬라이드가 추가되며, [새 슬라이드] 아래쪽을 클릭하면 슬라이드 레이아웃 갤러리를 통해 원하는 슬라이드 레이아웃을 선택할 수 있습니다.

슬라이드를 추가하는 것이 아닌 현재 선택한 슬라이드의 레이아웃을 변경하고 싶다면 [홈] 탭-[슬라이드] 그룹-[레이아웃]을 클릭합니다.

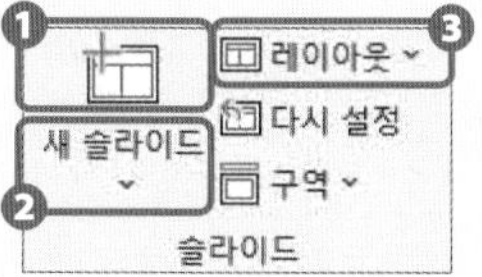

❶ [새 슬라이드] 윗부분 : 현재 슬라이드 편집 창과 동일한 레이아웃을 추가합니다.
❷ [새 슬라이드] 아랫부분 : 레이아웃 갤러리를 통해 원하는 레이아웃을 추가합니다.
❸ 레이아웃 : 현재 슬라이드의 레이아웃을 다른 모양으로 변경합니다.

이것이 알고 싶어요

Ⓠ 리본 메뉴의 아이콘 모양이 달라요.

Ⓐ 리본 메뉴 아이콘은 내 컴퓨터 해상도에 따라 다르게 표시됩니다. 모니터 해상도가 큰 화면의 경우 ❶과 같이 표시되며, 모니터 해상도가 작은 화면의 경우 ❷과 같이 표시됩니다. 기능상으로는 동일하니 참고 바랍니다.

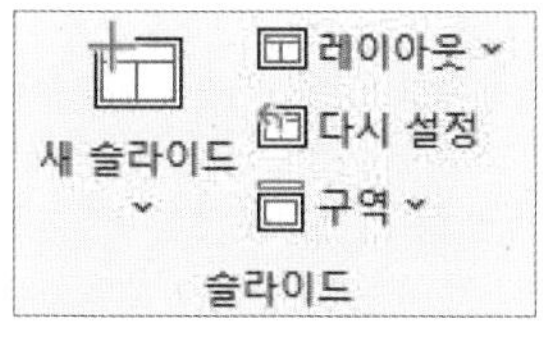

❶ 내 모니터의 해상도가 높을 경우

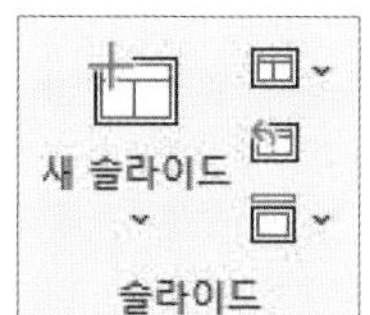

❷ 내 모니터의 해상도가 낮을 경우

PowerPoint
011

중요도 ★★★★★

텍스트를 자유자재로 조정하는 문자 간격 기능 살펴보기

파워포인트에서 가장 많이 활용하는 개체가 바로 텍스트입니다. 단순히 자간만 조정해도 보기에 좋은 슬라이드 문서를 완성할 수 있습니다.

사용 가능 버전 2010 2013 2016 2019 2021 365
사용한 기능 문자 간격, 기타 간격

예제 파일 Powerpoint\Chapter 01\프로그램안내.pptx
완성 파일 Powerpoint\Chapter 01\프로그램안내_완성.pptx

1. 예제 파일을 열면 텍스트의 양이 많아서 도형 밖으로 넘쳐 작성되어 있습니다. 이럴 경우 보통은 텍스트 크기를 조정하거나, 도형의 크기를 강제로 조정하게 됩니다. 하지만, 파워포인트의 문자 간격 기능을 이용하면 간단하게 해결할 수 있습니다. 텍스트를 선택하고 [홈] 탭-[글꼴] 그룹-[문자 간격]-[좁게]를 클릭합니다.

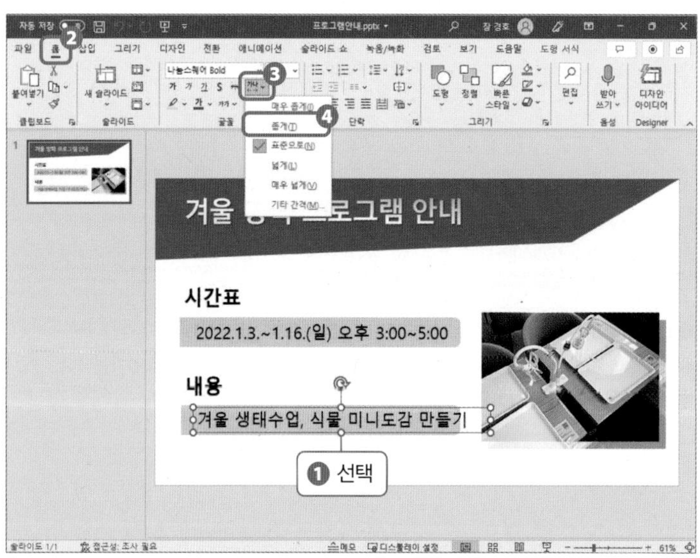

2. 문자 간격이 다음과 같이 조정됩니다. 문자 간격은 '매우 좁게, 좁게, 표준, 넓게, 매우 넓게'로 조절할 수 있습니다. [기타 간격]을 선택하면 보다 정밀하게 자간을 조절할 수 있습니다. [기타 간격]을 선택합니다.

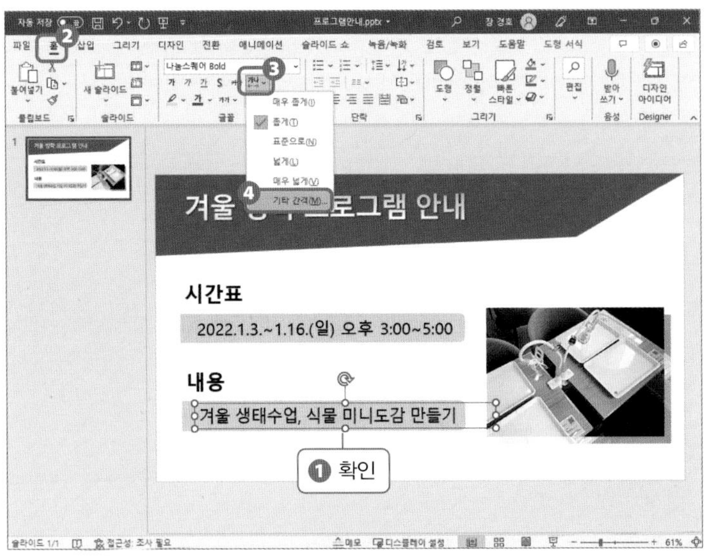

3. [글꼴] 대화상자에서 [문자 간격] 탭의 [간격]은 '좁게', [값]은 '0.9'로 설정하고 [확인]을 클릭합니다. 1번 따라하기에서 적용한 [좁게]보다 조금 넓게 자간이 조정될 것입니다.

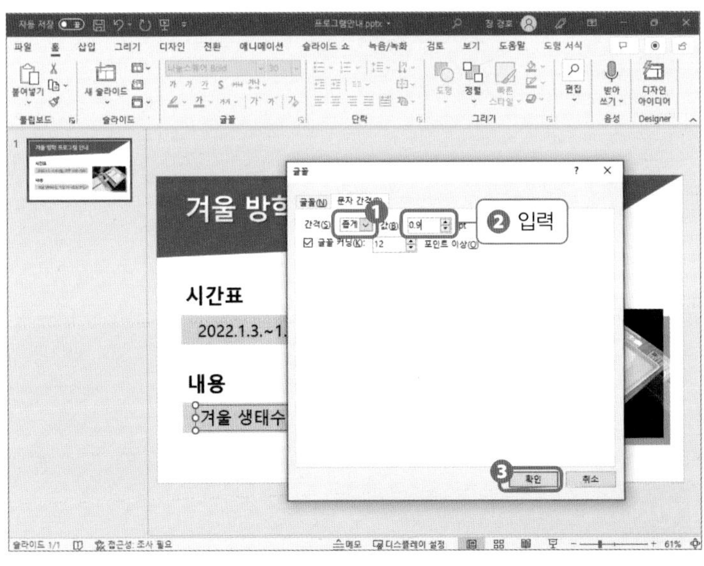

✓TIP [값]에는 '0.8', '1.5'와 같은 소수점도 입력할 수 있으며 단위는 포인트(pt)입니다. [간격]에서 '좁게'를 선택하면 수치가 높아질수록 문자 간격이 좁아지며, '넓게'를 선택하면 수치가 높아질수록 간격이 넓어집니다.

PowerPoint 012

중요도 ★★★★★

모두가 어려워하는 눈금자 기능 제대로 파악하기

텍스트에 글머리 기호나 번호 매기기 목록이 두 수준 이상 포함되어 있으면 각 수준에 대한 들여쓰기 표식이 눈금자에 표시됩니다. 모두가 어려워하는 기능이지만, 제대로 알고 사용하면 무척 좋은 기능이랍니다.

사용 가능 버전 2010 2013 2016 2019 2021 365
사용한 기능 눈금자, 표식

예제 파일 Powerpoint\Chapter 01\영어숲체험.pptx
완성 파일 Powerpoint\Chapter 01\영어숲체험_완성.pptx

1. [보기] 탭-[표시] 그룹-[눈금자]에 체크합니다. '눈금자'가 슬라이드 작업 창에 나타나면 '체계적이고' 앞에 마우스 커서를 위치한 후 첫 번째 표식을 오른쪽으로 드래그해 봅니다.

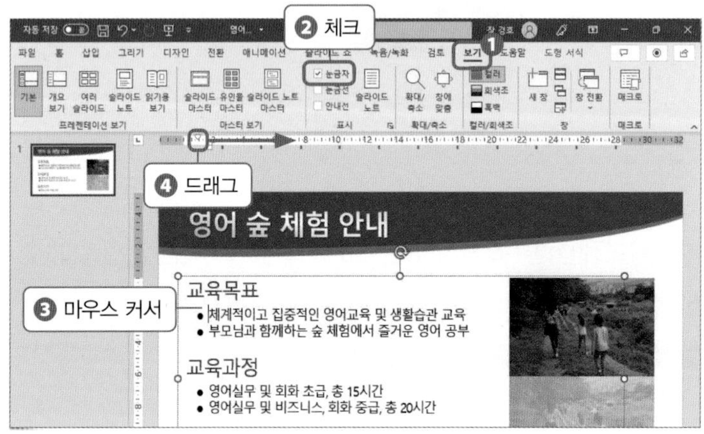

✓ TIP 눈금자는 Alt + Shift + F9 를 눌러 불러올 수 있습니다.

2. 첫 번째 표식을 드래그하니 글머리 기호가 이동하는 것을 확인할 수 있습니다. 이번에는 '부모님과' 앞에 마우스 커서를 위치한 후 두 번째 표식(□)을 오른쪽으로 조금 드래그합니다.

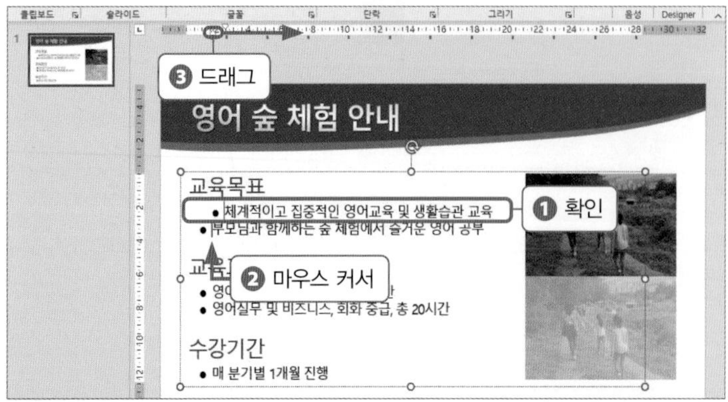

3. 글머리 기호는 그대로 있고 내용만 들여쓰기가 되는 것을 확인할 수 있습니다.

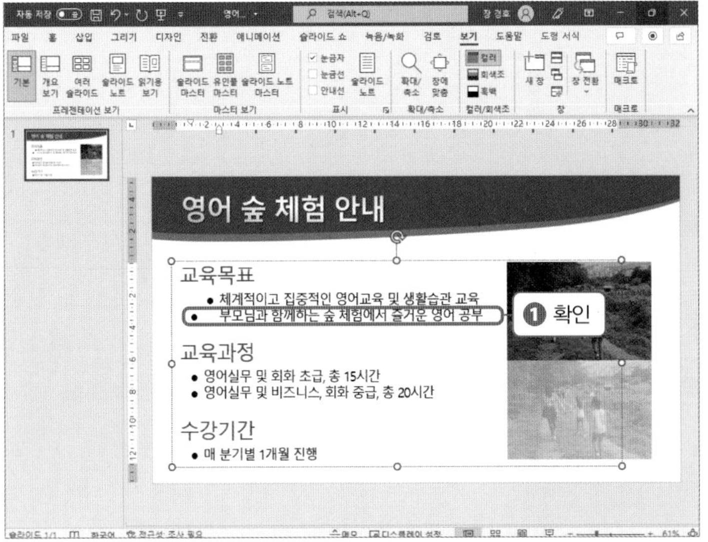

4. 이번에는 '영어실무'부터 '총 20시간'까지 두 단락을 모두 선택한 후 세 번째 표식을 오른쪽으로 이동해 보겠습니다.

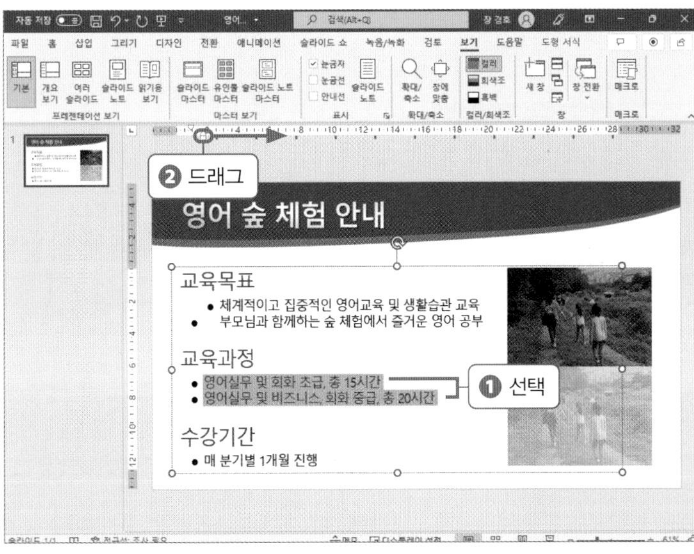

5. 글머리 기호와 내용이 함께 들여쓰기가 되는 것을 확인할 수 있습니다.

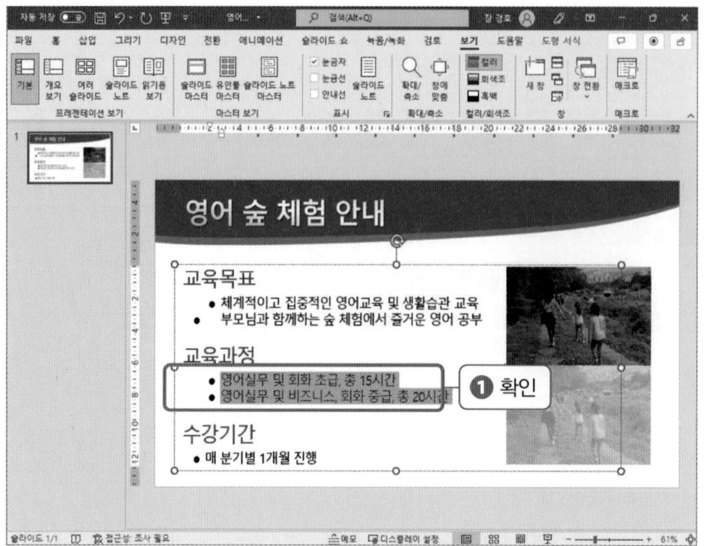

꼭 알고 가세요

눈금자에 존재하는 3가지 아이콘의 기능

눈금자에는 3가지의 표식(아이콘)이 있습니다. 3가지 표식은 글머리 기호(번호 매기기)와 글머리 기호(번호 매기기)와 함께 입력된 내용을 들여쓰기하는 데 사용합니다. 3가지 표식 모두 각기 다른 역할을 하게 되는데 첫 번째 표식은 글머리 기호를, 두 번째 표식은 단락 내용을, 세 번째 표식은 글머리 기호와 단락 내용을 함께 들여쓰기하는 데 사용합니다.

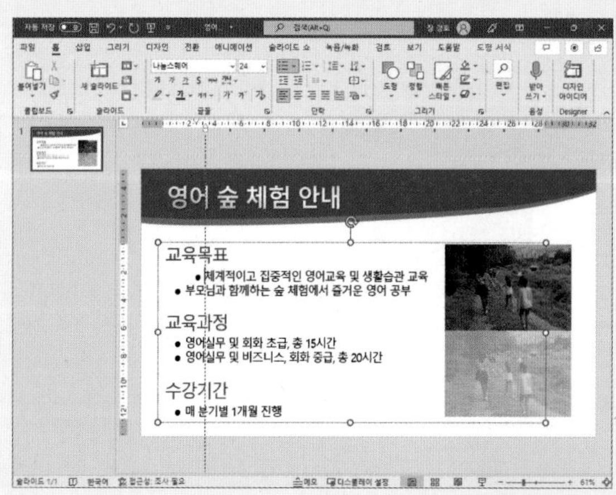

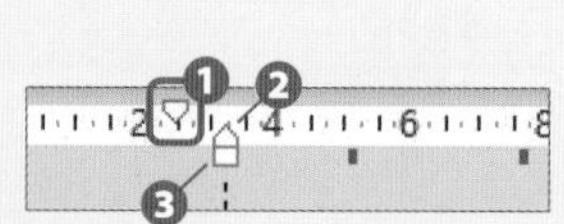

❶ 첫 번째 표식 : 글머리 기호나 번호 매기기 항목을 들여쓰기합니다.

❷ 두 번째 표식 : 글머리 기호나 번호 매기기와 함께 입력되어 있는 텍스트를 들여쓰기합니다.

❸ 세 번째 표식 : 글머리 기호나 번호 매기기, 단락 내용 사이의 간격을 그대로 유지하면서 들여쓰기합니다.

텍스트에 글머리 기호나 번호 매기기와 같은 항목이 두 수준 이상 포함되어 있으면 들여쓰기 표식이 눈금자에 표시됩니다. 미세하게 표식을 조정하고 싶다면 Ctrl 을 누른 채 조정해 보세요.

PowerPoint
013

글꼴 깨짐을 방지하는 몇 가지 방법

중요도 ★★★★★

프레젠테이션을 진행하거나 편집하는 컴퓨터에 슬라이드에 포함된 글꼴이 없다면 글꼴 깨짐 현상이 발생합니다. 이럴 때는 처음부터 글꼴을 포함해서 저장하면 글꼴 깨짐 현상을 미리 방지할 수 있습니다.

사용 가능 버전 2010 2013 2016 2019 2021 365
사용한 기능 저장 옵션, CD용 패키지, 파일의 글꼴 포함
예제 파일 Powerpoint\Chapter 01\세미나안내2.pptx
완성 파일 없음

1. [파일] 탭-[다른 이름으로 저장]-[찾아보기]를 클릭합니다. [다른 이름으로 저장] 대화상자의 [도구]를 클릭하면 나타나는 다양한 옵션 중에서 [저장 옵션]을 클릭합니다.

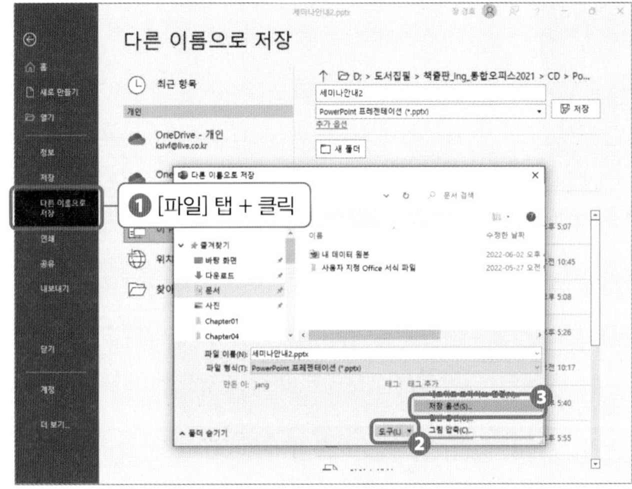

2. [PowerPoint 옵션] 대화상자가 나타나면 [저장]-[파일의 글꼴 포함]에 체크하여 슬라이드에 글꼴을 포함합니다. [확인]을 클릭합니다.

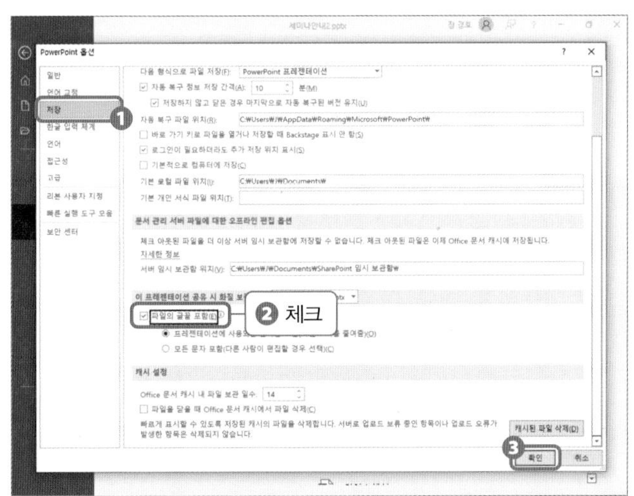

✓ TIP 글꼴 특성에 따라 슬라이드에 글꼴이 포함되지 않는 경우도 있습니다. 글꼴 저장 시 오류가 나타나면 프레젠테이션에 저장할 수 없는 글꼴이 포함되어 있기 때문입니다. 글꼴을 다른 글꼴로 변경한 후 저장해 보세요.

3. 'CD용 패키지' 기능을 이용할 수도 있습니다. [파일] 탭-[내보내기]를 클릭한 후 [CD용 패키지 프레젠테이션]-[CD용 패키지]를 클릭합니다.

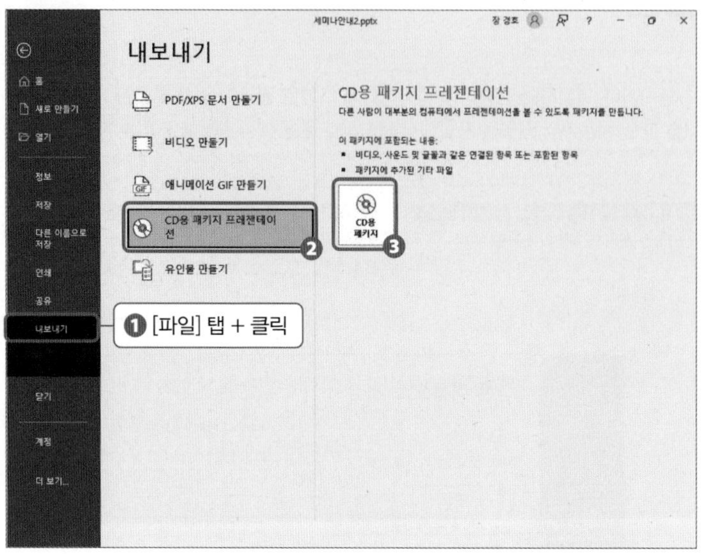

4. [CD용 패키지] 대화상자가 나타나면 [옵션]을 클릭합니다. [옵션] 대화상자에서 [포함된 트루타입 글꼴]에 체크하고 [확인]을 클릭합니다. [CD용 패키지] 대화상자에서 [폴더로 복사] 또는, [CD로 복사]를 클릭하여 폴더나 CD로 파워포인트 파일을 저장합니다.

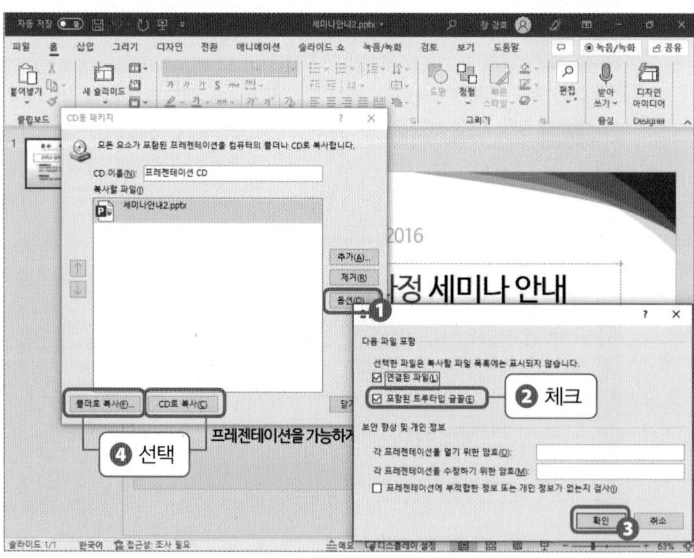

PowerPoint **014**

입력한 글꼴을 다른 글꼴로 한 번에 변경하기

중요도 ★★★

슬라이드를 완성했는데 글꼴이 마음에 들지 않을 때가 있습니다. 이럴 때는 하나하나 선택해서 수정할 필요없이 한 번에 변경할 수 있습니다.

사용 가능 버전 2010 2013 2016 2019 2021 365
사용한 기능 글꼴 바꾸기
예제 파일 Powerpoint\Chapter 01\사진촬영.pptx
완성 파일 Powerpoint\Chapter 01\사진촬영_완성.pptx

1. 현재 3장의 슬라이드는 '맑은 고딕'으로 작업이 되어 있습니다. 이를 다른 글꼴로 한 번에 변경해 보겠습니다. [홈] 탭-[편집] 그룹-[바꾸기]-[글꼴 바꾸기]를 클릭합니다.

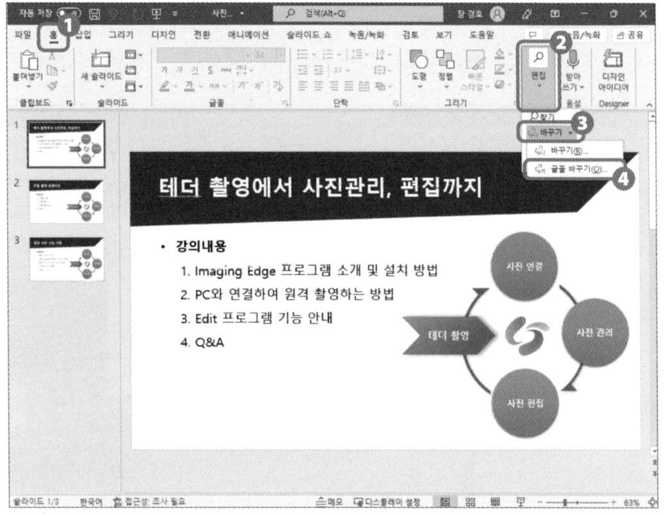

2. [글꼴 바꾸기] 대화상자가 나타나면 [현재 글꼴]에는 현재 적용된 글꼴 이름을 선택합니다. 여기서는 '맑은 고딕'을 선택합니다. [새 글꼴]에는 새롭게 적용할 글꼴을 선택하고 [바꾸기]를 클릭합니다. 여기서는 '나눔고딕 ExtraBold'를 선택한 후 [바꾸기]-[닫기]를 클릭합니다.

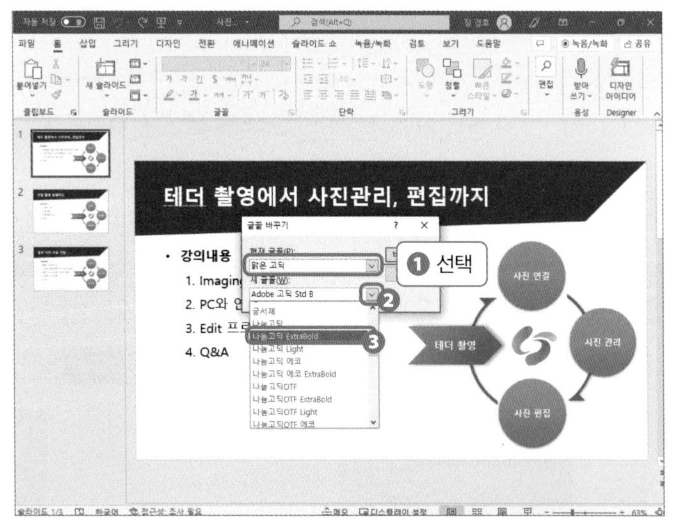

✔ TIP '나눔고딕 ExtraBold'는 네이버에서 무료로 배포하는 서체입니다. 내 컴퓨터에 '나눔고딕 ExtraBold'가 없다면 다른 서체를 선택해도 됩니다. '나눔고딕 ExtraBold'를 설치하고 싶다면 276페이지를 참조하세요.

PowerPoint
015

중요도
★★★★★

새로운 텍스트 디자인을 연출하는 워드아트(WordArt)

파워포인트의 빠른 스타일을 통해 WordArt 스타일을 적용할 수 있으며, 그림자, 반사, 네온, 입체 효과, 3차원 회전, 변환을 통해 원하는 텍스트 디자인을 완성할 수 있습니다.

사용 가능 버전 2010 2013 2016 2019 2021 365
사용한 기능 WordArt 스타일, 빠른 스타일, 텍스트 효과
예제 파일 Powerpoint\Chapter 01\워드아트.pptx
완성 파일 Powerpoint\Chapter 01\워드아트_완성.pptx

1. 예제 파일을 불러온 후 미리 입력되어 있는 텍스트를 선택합니다. [그리기 도구]–[서식] 상황별 탭이나 [도형 서식] 탭–[WordArt 스타일] 그룹–[빠른 스타일]을 클릭한 후 원하는 워드아트를 선택합니다.

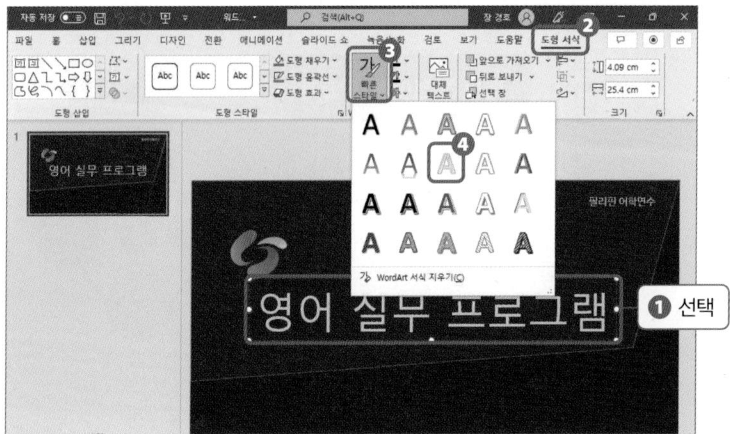

2. [그리기 도구]–[서식] 상황별 탭이나 [도형 서식] 탭–[WordArt 스타일] 그룹–[옵션](⧉)을 클릭합니다. [도형 서식] 옵션 창이 나타나면 [텍스트 옵션]–[텍스트 효과]를 선택하고, [그림자]–[미리 설정]을 클릭한 후 다음과 같은 그림자 옵션을 설정합니다. 이번에는 [반사]–[미리 설정]을 클릭하고 다음과 같은 반사 옵션을 설정합니다.

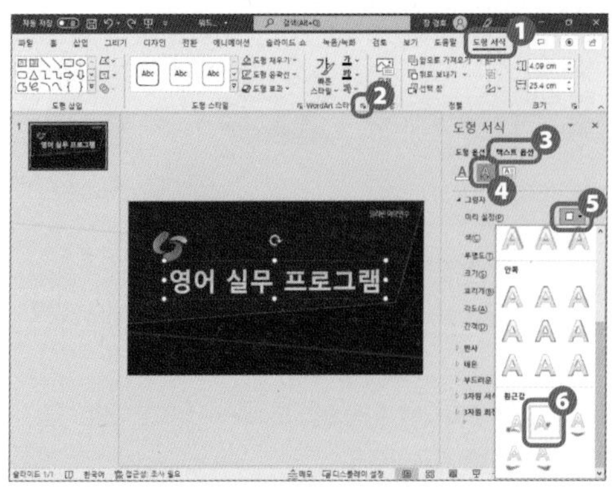

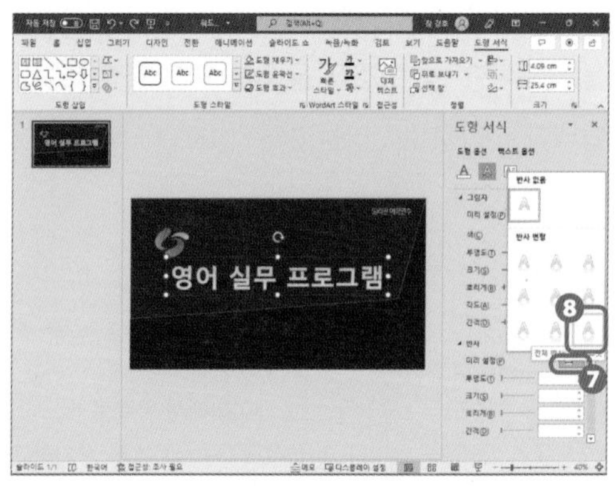

3. 이번에는 3차원 서식을 적용해 보겠습니다. [3차원 서식]을 클릭해 입체 모양으로 텍스트 서식을 변경해 보겠습니다. [위쪽 입체]–[부드럽게 둥글리기]를 선택하고, [너비]와 [높이]에 각각 『20』, 『2』를 입력합니다. 적용되면 [도형 서식] 옵션 창의 [닫기]를 클릭합니다.

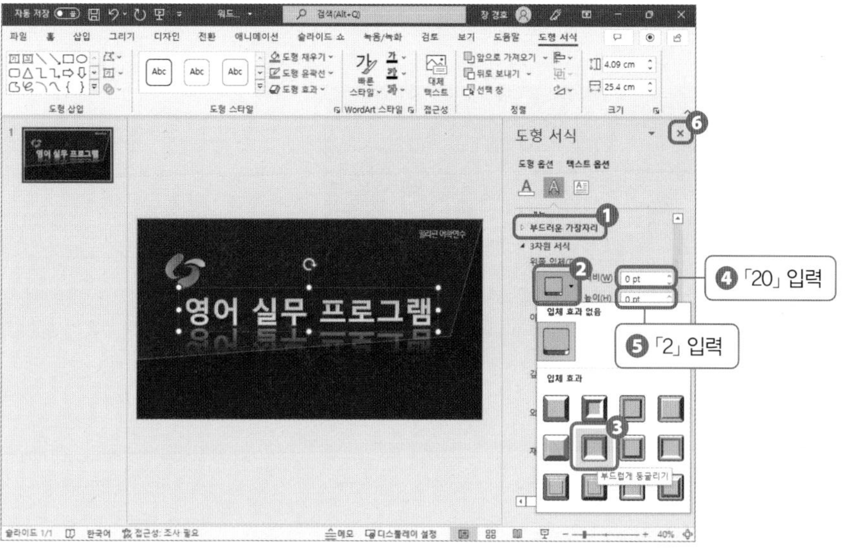

4. 이번에는 빠른 스타일에서만 적용할 수 있는 텍스트 변환 효과를 적용해 보겠습니다. [도형 서식] 탭–[WordArt 스타일] 그룹–[입체 효과]–[변환]에서 다음과 같은 효과를 클릭합니다.

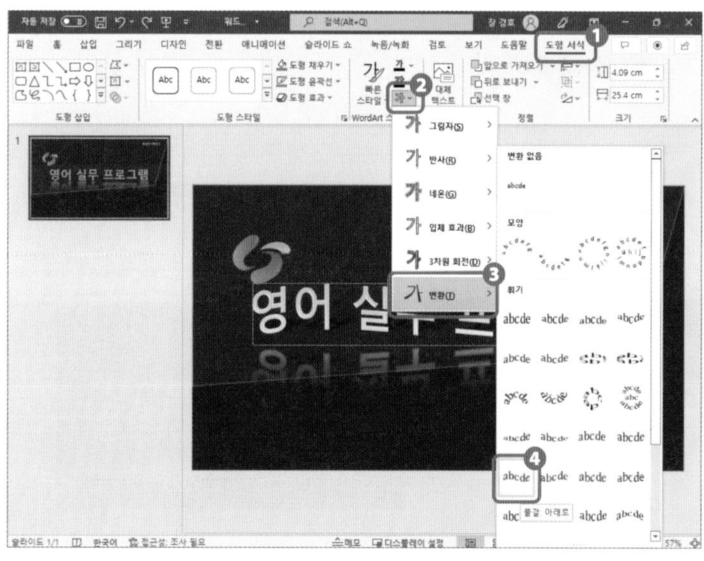

5. 모양 조정 핸들을 드래그하여 원하는 형태의 입체 효과를 지정하여 워드아트를 완성합니다.

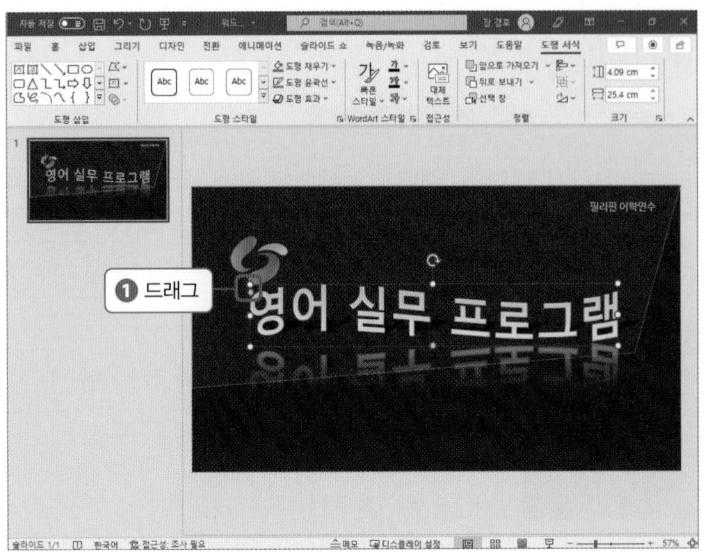

이것이 알고 싶어요

Ⓠ [WordArt 서식 지우기]를 통해 워드아트 서식을 지워도 지워지지 않습니다.

Ⓐ 워드아트에 적용된 모든 효과를 처음으로 되돌리고 싶다면, 텍스트를 선택하고 [WordArt 스타일] 그룹–[빠른 스타일]–[WordArt 서식 지우기]를 클릭합니다. 그래도 지워지지 않는 효과가 있다면 워드아트가 아닌 텍스트 서식이 지정된 것인데 [홈] 탭–[글꼴] 그룹–[모든 서식 지우기]를 클릭합니다.

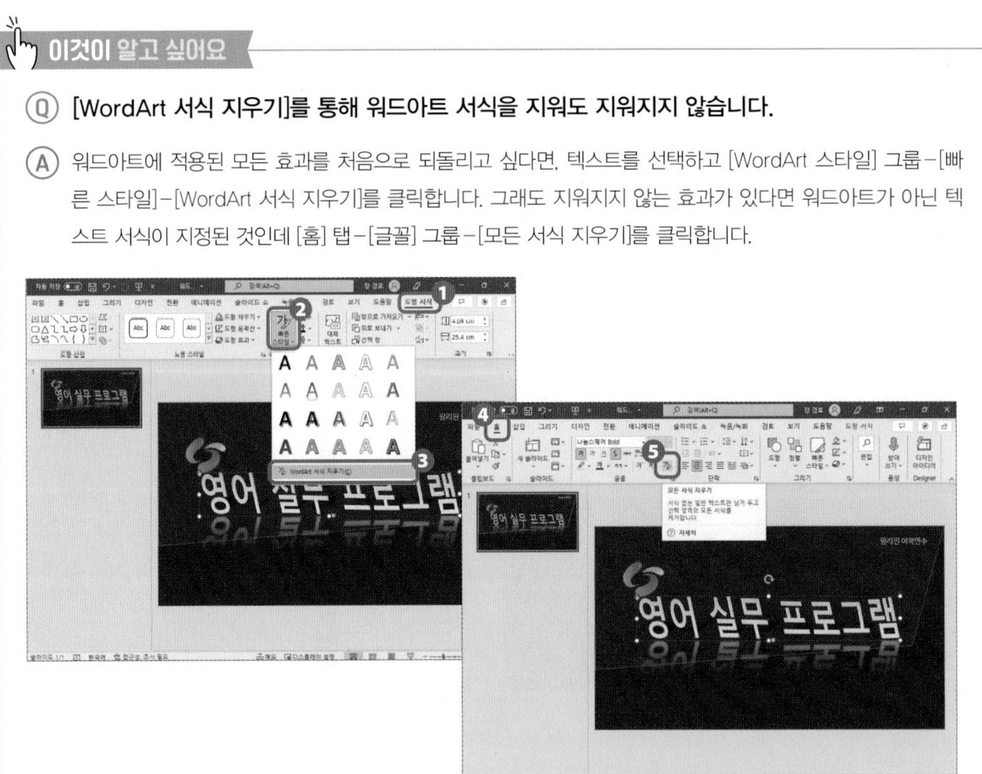

PowerPoint
016

중요도 ★★★☆☆

인터넷상의 이미지 불러오거나 출처 표시하기

슬라이드 작업을 위해 인터넷의 이미지를 활용하는 경우가 있습니다. 붙여넣기 옵션을 활용하면 이미지나 이미지의 출처가 기록된 하이퍼링크 주소를 쉽게 가져올 수 있습니다.

사용 가능 버전 2010 2013 2016 2019 2021 365 | **예제 파일** 없음
사용한 기능 하이퍼링크, 저작권 | **완성 파일** 없음

이미지 저작권

인터넷상에서 쉽게 구할 수 있는 이미지라고 하더라도 저작권자의 허락 없이 배포가 가능한 프레젠테이션 파일에 사용하거나, 상업적인 용도로는 활용할 수는 없습니다. 이미지 저작권 침해에 해당한다면, 벌금이나 손해배상 청구 소송을 당할 수 있습니다. 그렇기에 저작권법에 따라 인터넷에서 무료로 제공되는 저작물의 저작재산권자를 확인하고, 이용 방법이나 조건의 범위를 준수하는 것이 좋습니다.

가장 좋은 방법은 무료 배포나 상업적인 용도로 사용을 허가한 이미지 사이트를 이용하거나, Creative Commons를 통해 이미지의 변경을 금지하는 저작권 표시 이미지와 저작권이 자유로운 비영리 사용권 이미지를 분류하여 사용하는 것이 좋습니다.

1. 인터넷 창에서 'http://www.google.com' 사이트를 연 다음 검색 창에 『정부』를 입력합니다. [이미지]를 클릭하고 파워포인트로 가져오고 싶은 이미지를 마우스 오른쪽 버튼으로 클릭한 후 [이미지 복사] 또는, [복사]를 클릭합니다.

✓TIP 마이크로소프트 익스플로러, 구글 크롬 프로그램 등 인터넷 검색 프로그램의 성격에 따라 메뉴명은 다를 수 있습니다.

2. 파워포인트를 실행하고 슬라이드 편집 창에서 마우스 오른쪽 버튼을 클릭한 후 [붙여넣기]-[그림]을 선택합니다. 이미지가 파워포인트 슬라이드 편집 창에 붙여넣기됩니다. 이처럼 인터넷상의 이미지를 별도 저장 없이 파워포인트에서 사용할 수 있습니다.

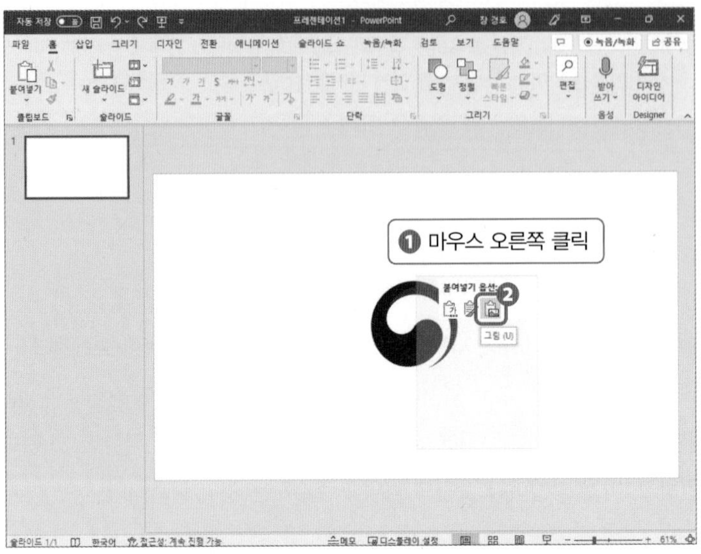

✓ TIP [붙여넣기] 옵션은 [홈] 탭-[클립보드]에서 선택할 수도 있지만, 지금처럼 슬라이드 편집 창에서 마우스 오른쪽 버튼을 클릭하여 선택할 수도 있습니다.

3. 이미지 출처를 가져오고 싶다면 인터넷 창의 이미지를 마우스 오른쪽 버튼으로 클릭한 후 [이미지 링크 복사]를 선택하거나, [바로가기 복사]를 선택합니다.

4. 파워포인트의 작업 표시줄에서 [메모]를 클릭합니다. [슬라이드 노트] 창이 열리면 입력란에서 마우스 오른쪽 버튼을 클릭한 후 [붙여넣기 옵션]-[텍스트만 유지]를 선택합니다.

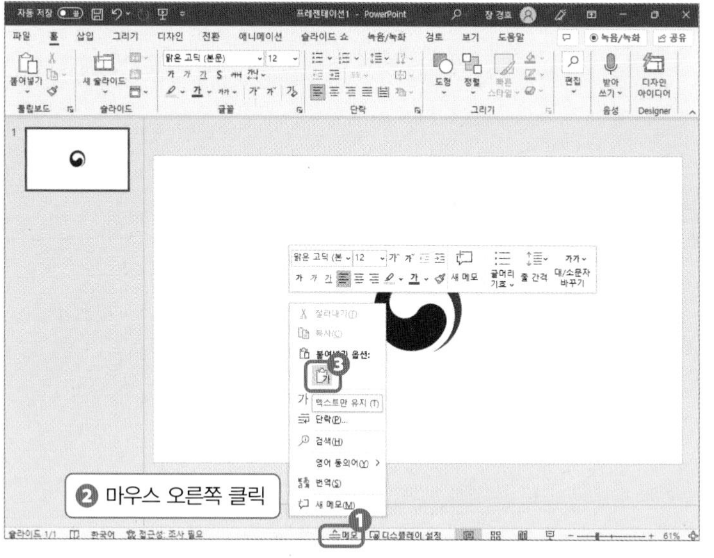

5. 이미지 링크가 붙여넣기 됩니다.

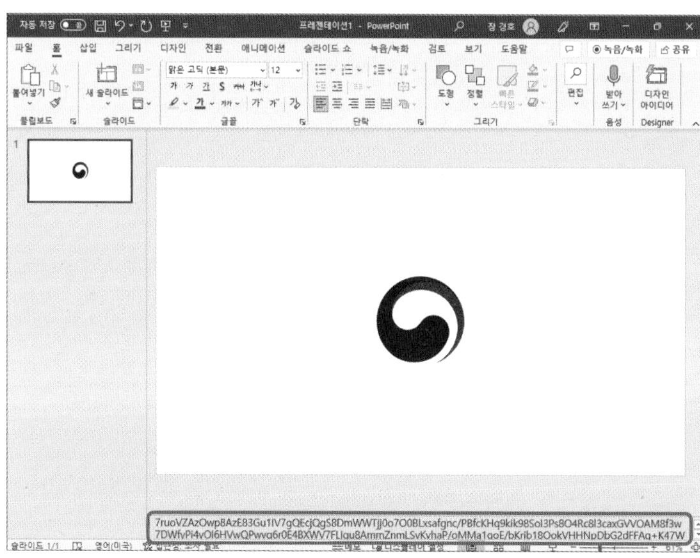

✓TIP 이미지의 출처는 파워포인트 문서를 배포할 때 중요한 부분이 될 수 있습니다. 인터넷에서 가져온 이미지일 경우 출처를 파악할 수 있다면 출처를 표기해 주는 것이 좋습니다.

Chapter 02

파워포인트

레이아웃 및 디자인 기술

청중의 눈높이가 올라가고 있는 요즘, 포토샵이나 일러스트레이터 등의 프로그램을 활용하여 슬라이드 디자인을 만들기도 합니다. 하지만 파워포인트도 계속 발전하면서 전문가 수준의 디자인을 할 수 있게 되었습니다. 이번 챕터에서는 다양한 레이아웃 및 디자인 기술에 대해서 살펴보겠습니다.

• 학습 내용

사용 기능	중요도	내용
도형, 점 편집/추가, 부드러운 점	★★★☆☆	017 도형 편집을 통해 도형 모양 자유롭게 변형하기
스포이트, 그림 삽입, 도형 채우기	★★★★☆	018 스포이트 기능으로 원하는 색상 가져오기
그리기, 도형 복제	★★★★☆	019 같은 도형을 일정한 간격으로 반복 삽입하기
SmartArt 그래픽, SmartArt 스타일	★★★☆☆	020 텍스트 슬라이드를 노해 형식의 슬라이드로 변경하기
SmartArt 그래픽, 텍스트 창	★★★★★	021 SmartArt 그래픽으로 조직도 쉽게 만들고 빠르게 수정하기
정렬, 맞춤, 간격을 동일하게	★★★★☆	022 지그재그 도형을 맞춤과 배분 기능으로 한 번에 정렬하기
스마트 가이드	★★★☆☆	023 스마트 가이드를 활용해 간단하게 위치 조정하기
그라데이션, 중지점	★★★★★	024 파워포인트에서 적용 가능한 그라데이션의 모든 것
텍스트 옵션, 텍스트 채우기/윤곽선	★★★★☆	025 텍스트에 세 가지 색이 적용된 그라데이션 넣기
그림 서식, 투명한 색 설정	★★★☆☆	026 삽입한 그림의 배경을 투명하게 만들기
배경 제거, 보관/제거할 영역 표시	★★★☆☆	027 포토샵처럼 보다 정밀하게 그림 배경 제거하기
화면 전환, 타이밍	★★★★★	028 생동감을 느낄 수 있는 화면 전환 효과 만들기
모핑 전환	★★★☆☆	029 모핑 전환으로 색다른 효과 만들기

PowerPoint 017

도형 편집을 통해 도형 모양 자유롭게 변형하기

중요도 ★★★★★

도형을 삽입한 후 원하는 모습으로 자유롭게 편집하는 방법에 대해서 살펴보겠습니다. 점 편집을 활용하면 원하는 형식의 도형을 자유자재로 만들 수 있습니다.

사용 가능 버전 2010 2013 2016 2019 2021 365
사용한 기능 도형, 점 편집, 점 추가, 부드러운 점
예제 파일 Powerpoint\Chapter 02\강의내용.pptx
완성 파일 Powerpoint\Chapter 02\강의내용_완성.pptx

1. 도형을 편집하려면 먼저 도형을 삽입해야겠죠? [홈] 탭-[그리기] 그룹-[도형]-[직사각형]을 클릭합니다.

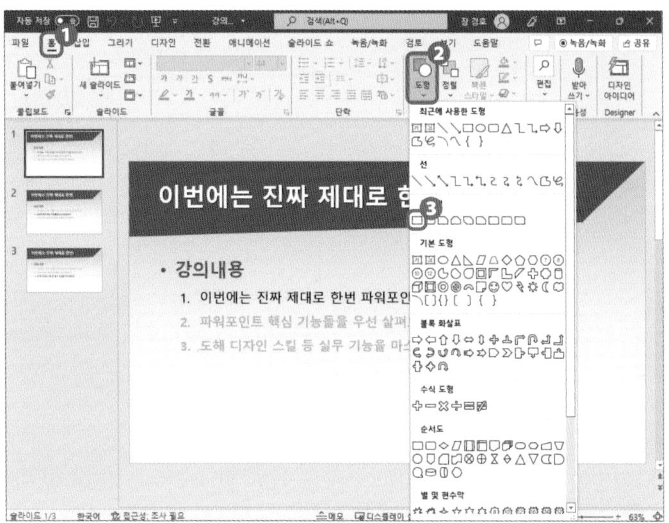

2. 슬라이드 편집 창에서 드래그하여 직사각형을 삽입합니다. 직사각형 모양의 도형을 다른 모양으로 변경하기 위해 [그리기 도구]-[서식] 상황별 탭 또는, [도형 서식] 탭-[도형 삽입] 그룹-[도형 편집]-[점 편집]을 클릭합니다.

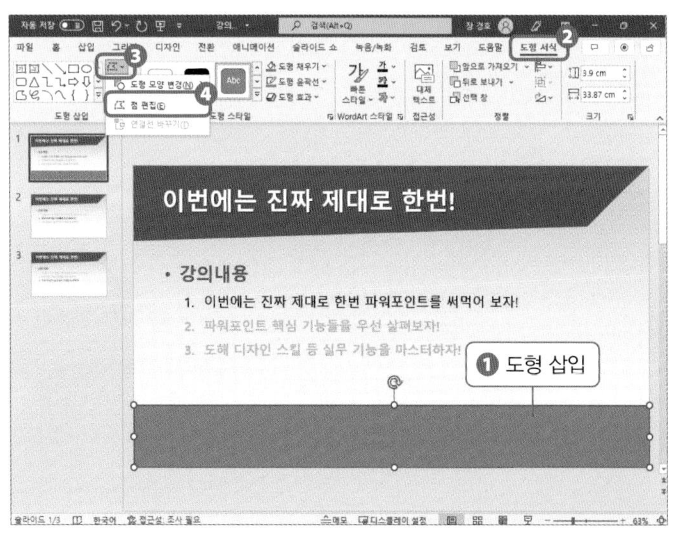

3. 점 편집 모드가 되면 도형에 검은색 점(■)이 나타납니다. 점을 드래그하면 직사각형 도형의 모양을 변형할 수 있습니다. 상단 오른쪽에 있는 검은색 점(■)을 위쪽으로 드래그합니다.

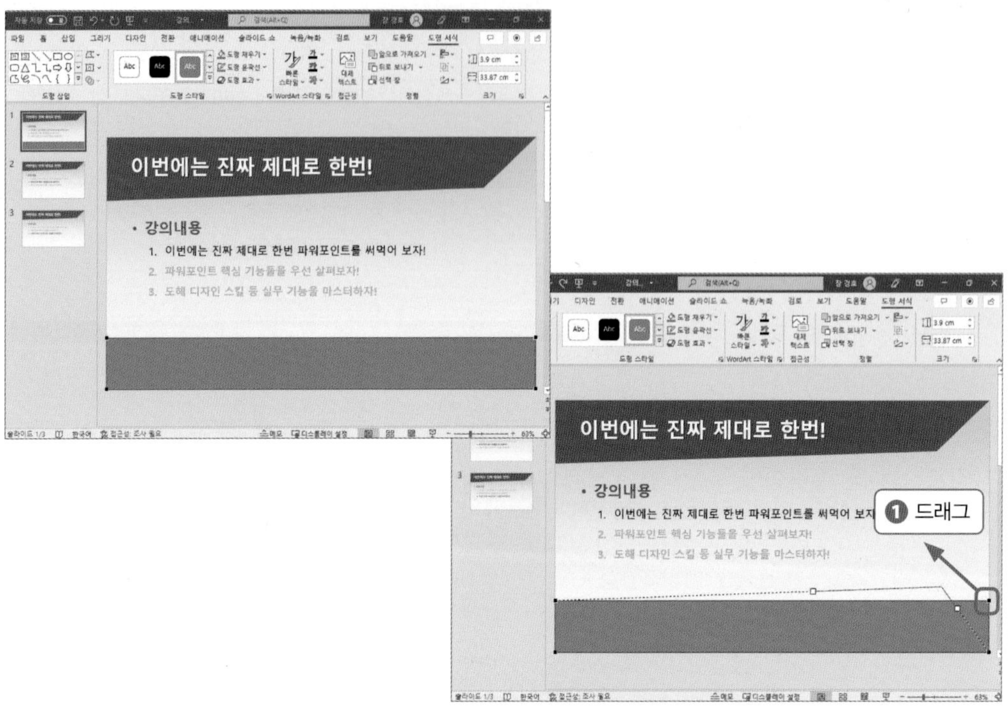

4. 본인이 원하는 도형의 모양이 완성되었다면 슬라이드 편집 창 아무 곳이나 클릭합니다.

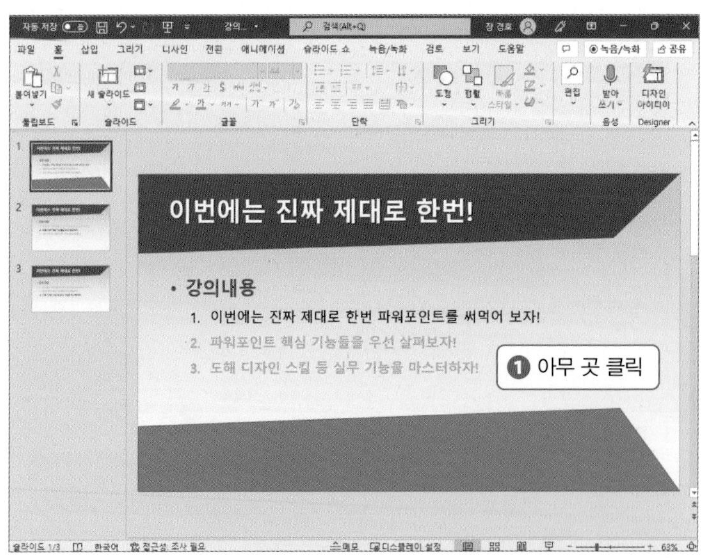

✓TIP 원하는 도형이 완성되지 않는다면 실행했던 바로 전 단계로 가기 위해 빠른 실행 도구 모음에서 [실행 취소]를 클릭하거나 Ctrl+Z를 누릅니다.

5. 이번에는 조금 다른 형식의 도형을 만들어보겠습니다. 슬라이드 미리 보기 화면에서 두 번째 슬라이드를 클릭합니다. 1번과 같은 방법으로 직사각형을 슬라이드에 삽입하고 마우스 오른쪽 버튼을 클릭한 후 [점 편집]을 선택합니다.

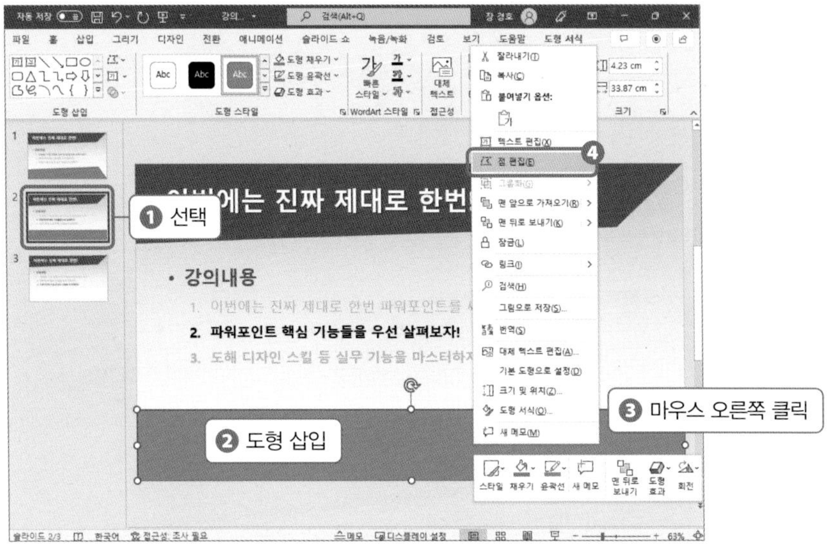

6. 점 편집 모드가 되면서 도형에 검은색 점(■)이 나타납니다. 이번에는 상단 중앙에 점을 추가해서 조금 다른 모양을 만들어보겠습니다. 상단 가운데에서 마우스 오른쪽 버튼을 클릭한 후 [점 추가]를 선택합니다.

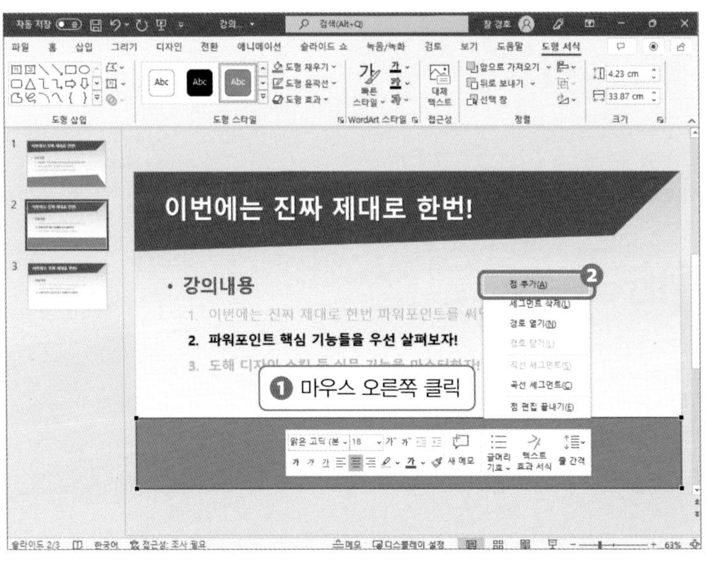

7. 점이 추가되면 추가된 점을 위로 드래그하여 도형의 모양을 변경합니다.

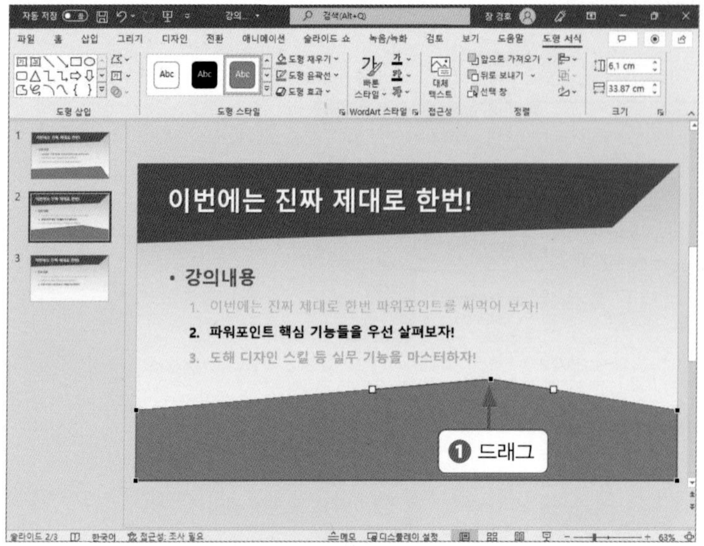

8. 직선을 부드러운 곡선으로 변경해 보겠습니다. 마우스 오른쪽 버튼을 클릭한 후 [부드러운 점]을 선택합니다.

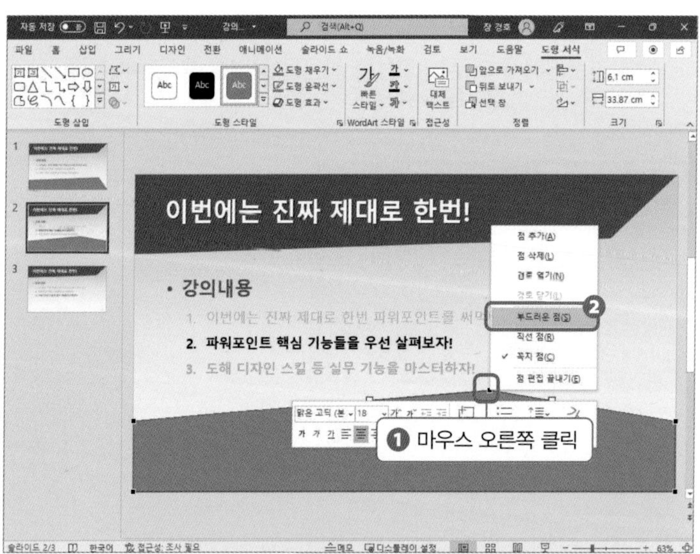

✓ TIP 도형의 모서리에 나타나는 검은색 점(■)을 드래그하거나 모양을 부드러운 점, 직선 점으로 변형할 수 있습니다.

9. 꼭짓점이 부드러운 점으로 변경됩니다. 이번에는 흰색 점(□)을 드래그하여 부드러운 모서리의 모양을 자유롭게 변형합니다.

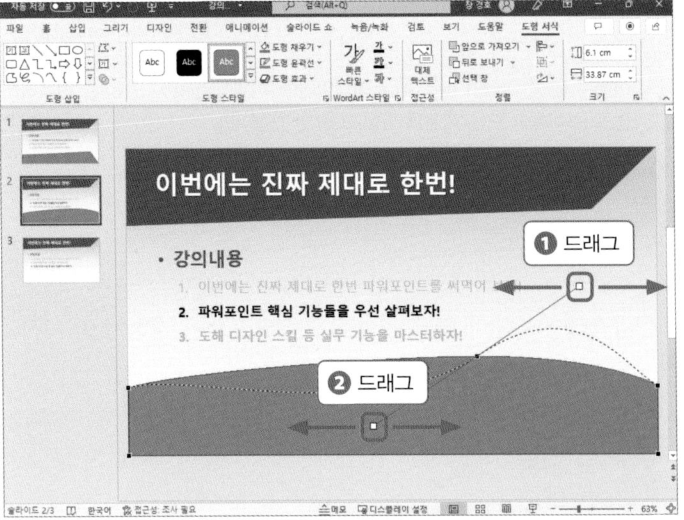

10. 검은색 점(■)으로 표시되는 정점은 곡선이 끝나는 점이거나 자유형 도형에서 두 개의 선이 만나는 점입니다. 검은색 점(■)으로 전체적인 모형을 만든 후 흰색 점(□)으로 도형의 모양을 완성할 수 있습니다. 원하는 모양이 되면 슬라이드 편집 창의 아무 곳이나 클릭하여 도형 편집을 마무리합니다.

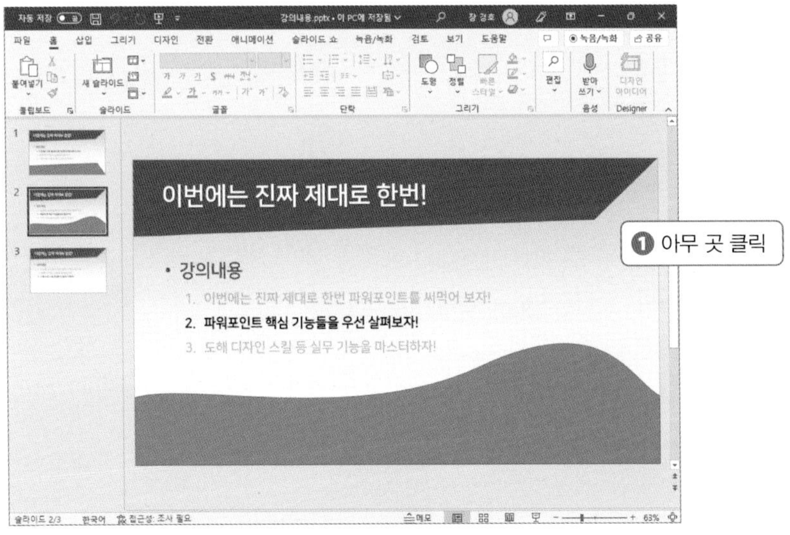

이것이 알고 싶어요

Ⓠ **검은색 점(■)이나 흰색 점(□)이 계속 없어져요.**

Ⓐ 점 편집 작업 중에 다른 곳을 클릭하게 되면 점 편집이 중단됩니다. 점 편집을 하고 있던 도형을 마우스 오른쪽 버튼으로 클릭한 후 [점 편집]을 선택하여 다시 작업해 보세요.

PowerPoint 018

중요도 ★★★★

스포이트 기능으로 원하는 색상 가져오기

파워포인트 디자인에서 어려운 점 중 하나가 바로 색상 선택입니다. 파워포인트에서 색상을 선택하기 어렵다면 스포이트 기능으로 마음에 드는 색상을 직접 고를 수 있습니다.

사용 가능 버전 2010 2013 2016 2019 2021 365
사용한 기능 그림 삽입, 도형 채우기, 스포이트

예제 파일 Powerpoint\Chapter 02\강의내용2.pptx, img.jpg
완성 파일 Powerpoint\Chapter 02\강의내용2_완성.pptx

1. 사진 한 장을 파워포인트로 불러오겠습니다. 저자가 파워포인트로 가져오고 싶은 색상이 이 사진에 있기 때문이죠. [삽입] 탭-[이미지] 그룹-[그림]-[이 디바이스]를 클릭합니다.

파일 : img.jpg

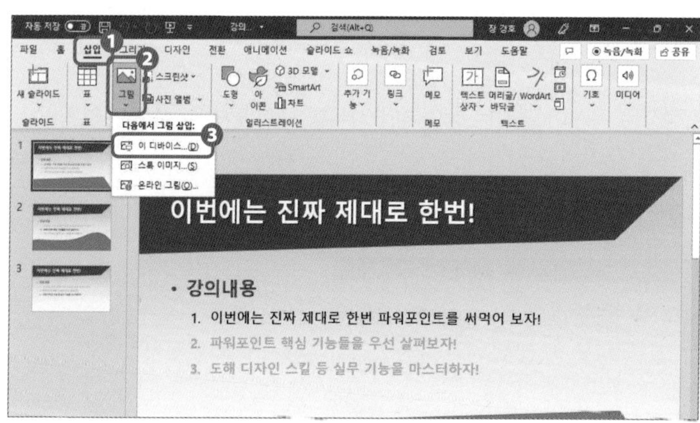

2. [그림 삽입] 대화상자가 나타나면 부록 폴더에서 'img.jpg' 파일을 찾아 [삽입]을 클릭합니다.

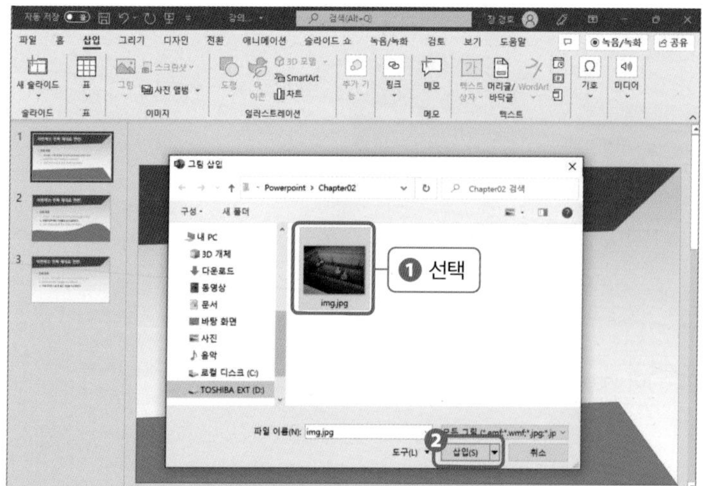

3. 그림의 크기와 위치를 조정한 후 색상을 넣고 싶은 도형을 선택합니다. [그리기 도구]-[서식] 상황별 탭 또는, [도형 서식] 탭-[도형 스타일] 그룹-[도형 채우기]-[스포이트]를 클릭합니다.

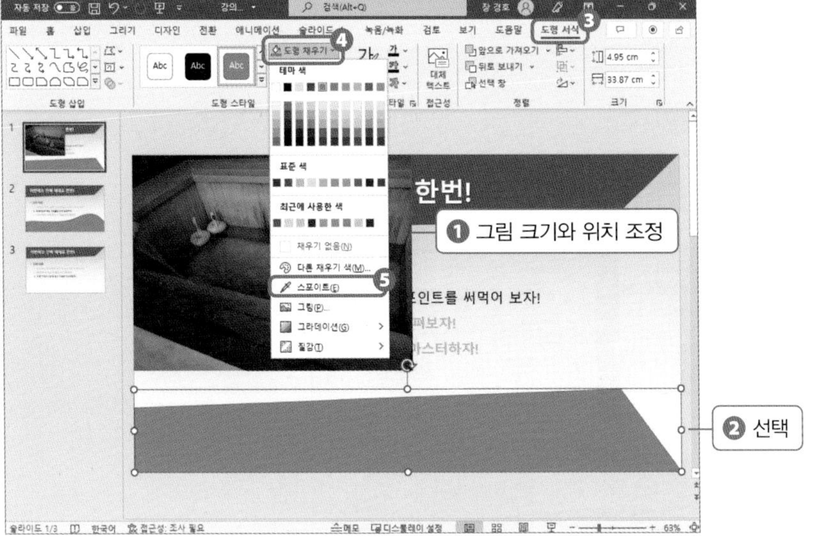

4. 스포이트 아이콘이 나타나면 사진에서 원하는 색상을 클릭합니다. 색상을 선택하기 전에 어떤 색상인지가 미리 보기 화면으로 표시됩니다. 선택한 색상이 마음에 들면 마우스를 클릭합니다.

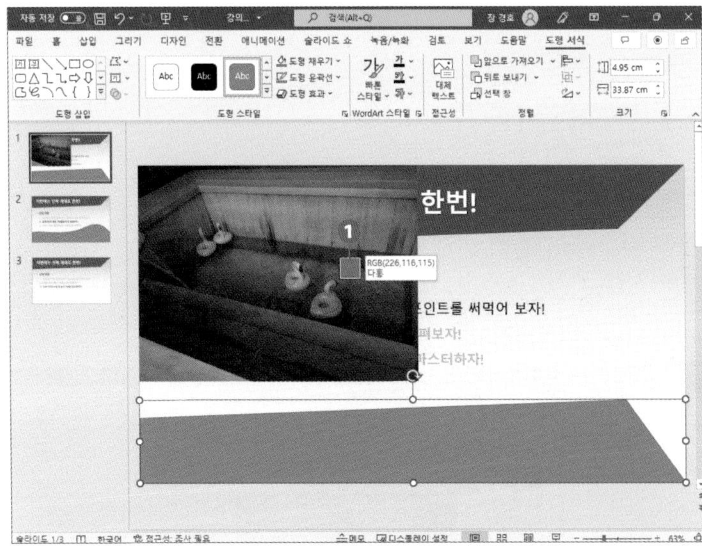

TIP 색 주위로 포인터를 이동하면 색의 RGB 색상 좌표와 함께 실시간 미리 보기로 확인할 수 있습니다.

5. 도형에 선택한 색상이 적용됩니다. 이번에는 도형 윤곽선에도 스포이트로 색상을 지정해 보겠습니다. 도형을 선택한 상태에서 [그리기 도구]-[서식] 상황별 탭 또는, [도형 서식] 탭-[도형 스타일] 그룹-[도형 윤곽선]-[스포이트]를 클릭합니다.

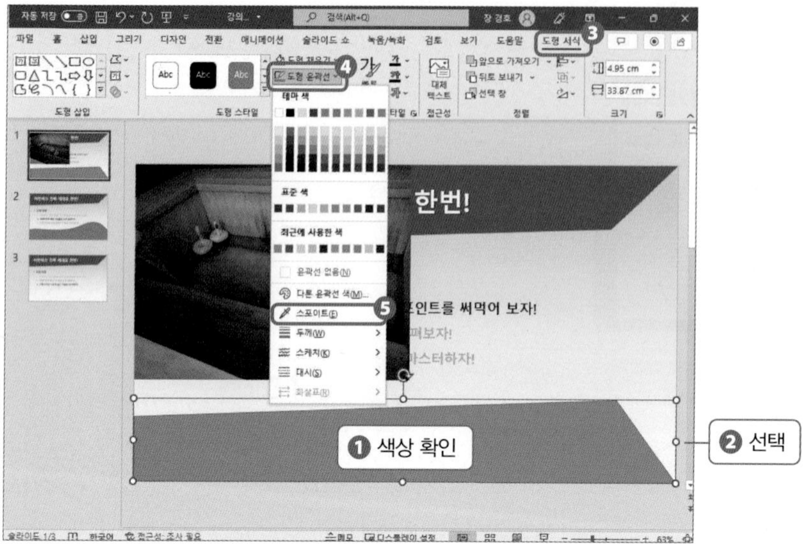

6. 스포이트 아이콘이 나타나면 사진에서 원하는 색상을 클릭합니다. 선택한 색상이 마음에 들면 마우스를 클릭합니다. 도형 윤곽선에도 지정한 색상이 적용됩니다. Delete 를 눌러 삽입한 이미지를 삭제합니다.

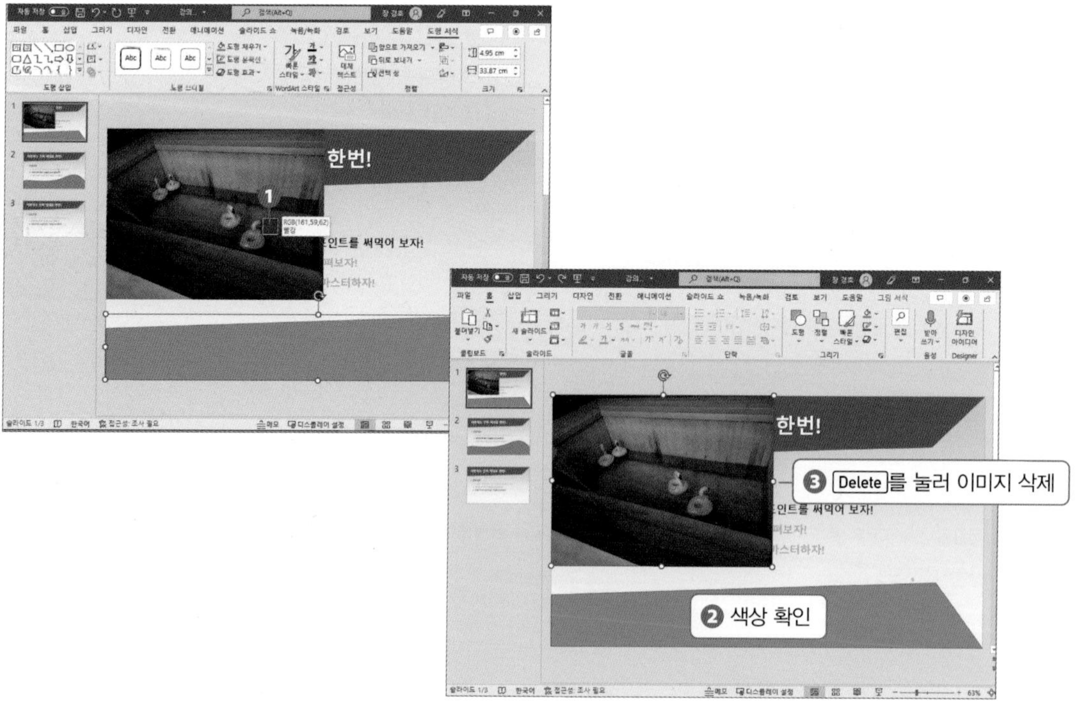

PowerPoint 019

중요도 ★★★★

같은 도형을 일정한 간격으로 반복 삽입하기

도형을 선택한 상태에서 Ctrl+D를 누르면 도형을 복제할 수 있습니다. 복제된 도형을 일정한 간격으로 띄워 놓고 다시 Ctrl+D를 누르면 도형을 일정한 간격으로 계속 복제할 수 있습니다.

사용 가능 버전 2010 2013 2016 2019 2021 365
사용한 기능 그리기, 도형 복제, Ctrl+D
예제 파일 Powerpoint\Chapter 02\조직도.pptx
완성 파일 Powerpoint\Chapter 02\조직도_완성.pptx

1. [홈] 탭–[그리기] 그룹–[도형]–[직사각형]을 클릭합니다. 슬라이드 편집 창에서 마우스를 드래그하여 도형을 그려줍니다. 도형이 슬라이드에 삽입되면 복제하기 위해 직사각형 도형을 선택하고 Ctrl+D를 누릅니다.

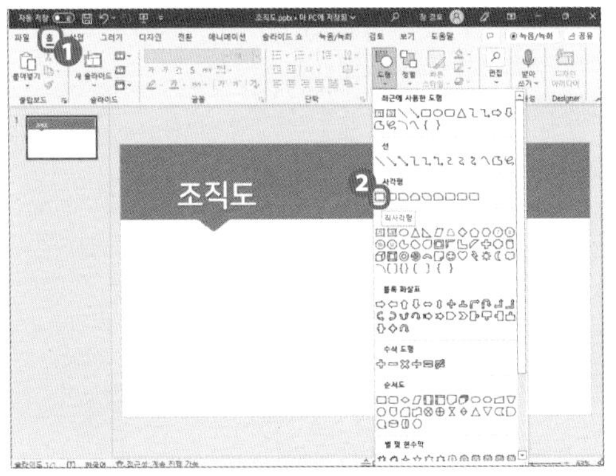

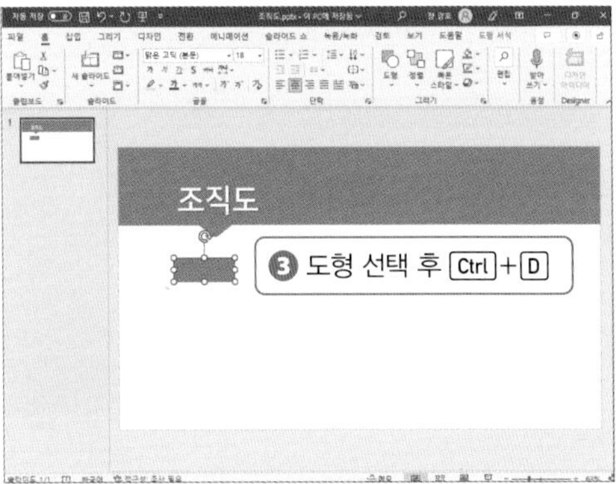

2. 도형이 복제됩니다. 복제한 도형을 키보드의 화살표를 이용해 기존 도형에서 오른쪽으로 일정한 간격만큼 띄워놓습니다.

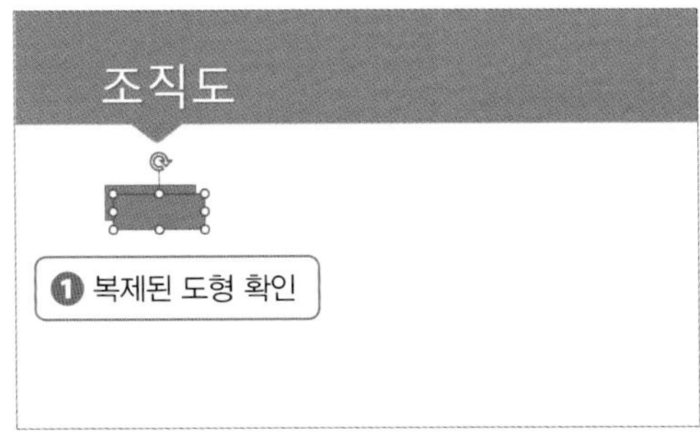

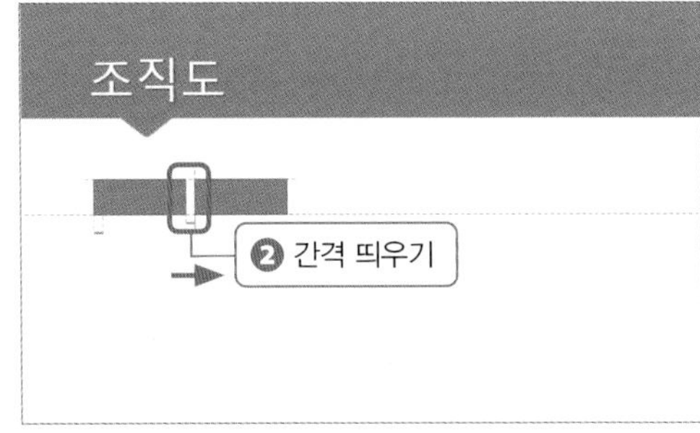

3. Ctrl+D를 다시 누르면 기존 도형의 간격만큼 자동으로 띄워져서 복제됩니다.

✓TIP 도형을 선택한 후 일정한 간격을 이동시키고 Ctrl+D를 연속해서 누르면 일정한 간격만큼 계속해서 띄워지면서 복사됩니다.

4. 다시 Ctrl+D를 누릅니다. 마찬가지로 기존 도형의 간격만큼 자동으로 띄워져서 복제됩니다. 원하는 도형 개수만큼 Ctrl+D를 눌러 복제합니다.

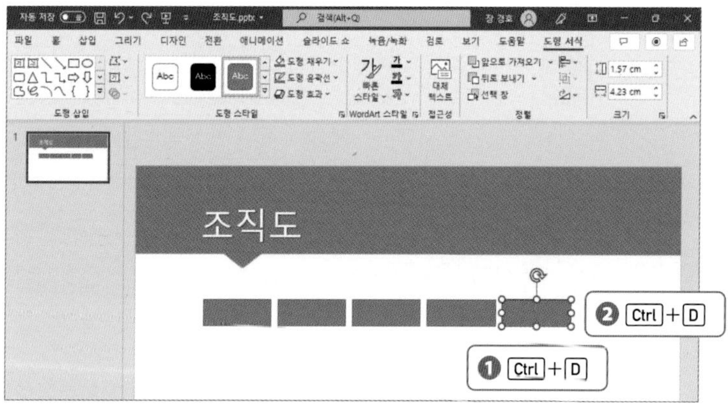

5. 이번에는 아래로도 복제해 보겠습니다. 도형을 모두 선택하고 Ctrl+D를 한 번 누릅니다.

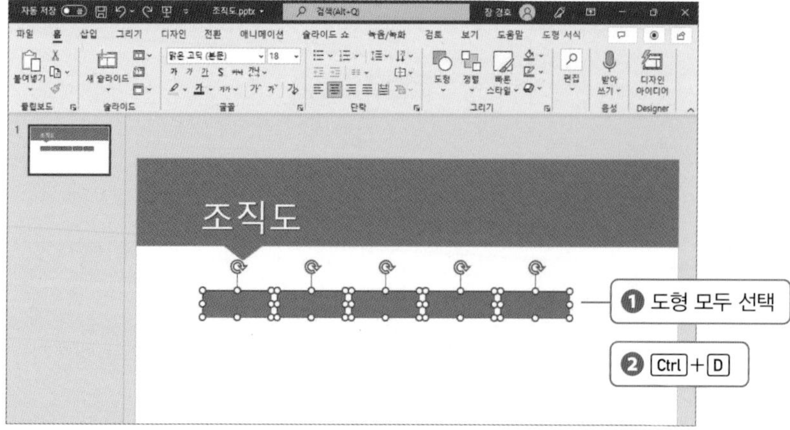

6. 도형이 복제됩니다. 복제한 도형을 키보드의 화살표를 이용해 기존 도형에서 아래로 일정한 간격만큼 띄워놓습니다.

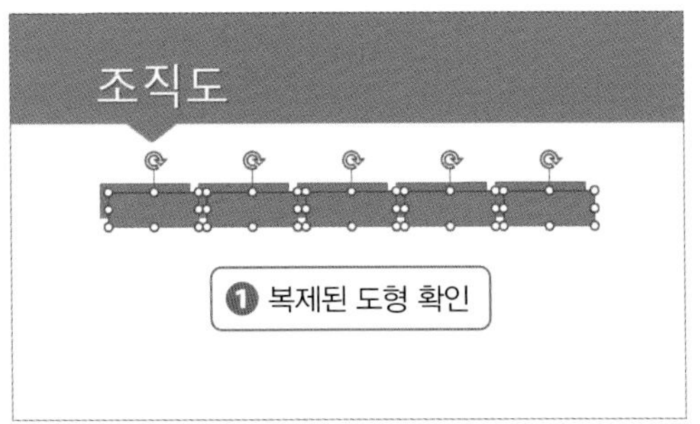

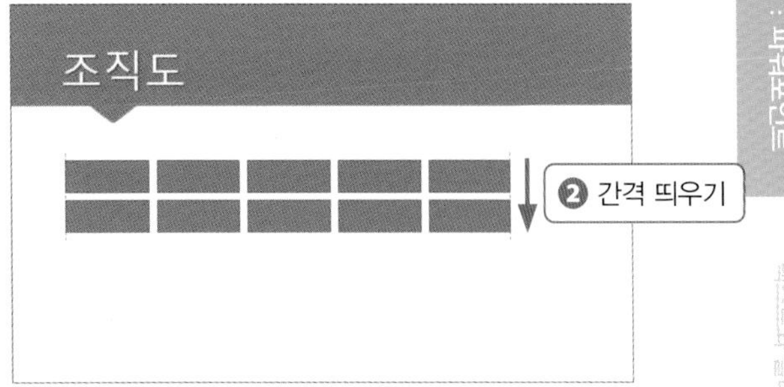

7. Ctrl+D를 누르면 일정한 간격만큼 아래로 띄워져서 복제됩니다. Ctrl+D를 반복합니다.

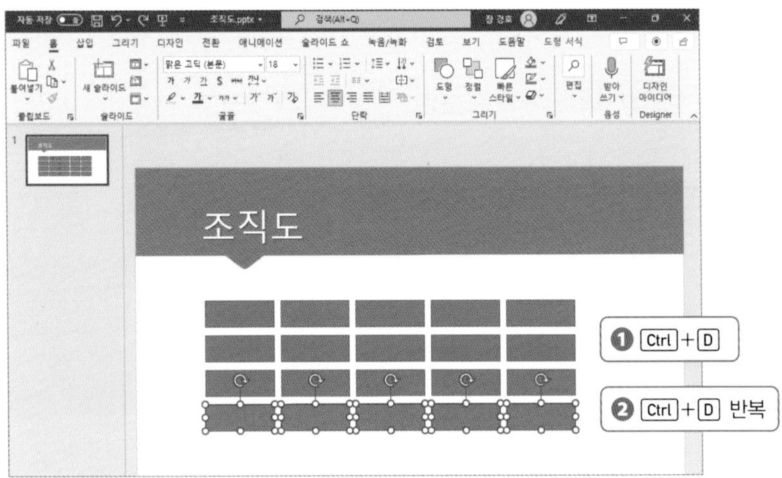

8. 조직도 칸이 완성되면 첫 번째 줄의 가운데 도형을 선택하고 『대표』를 입력합니다.

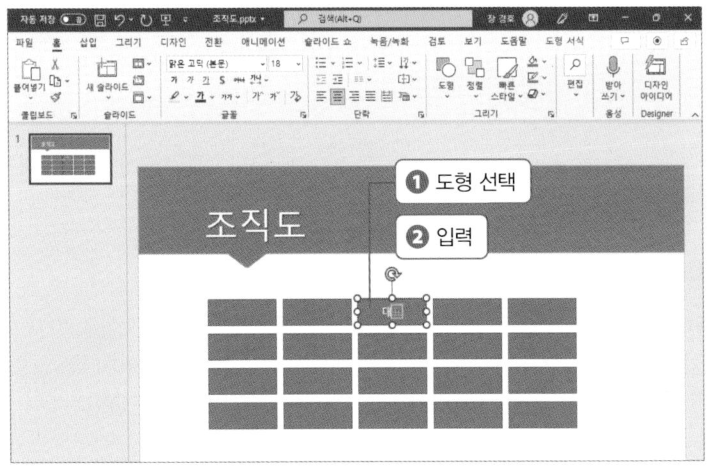

9. 나머지 도형에도 조직도 이름을 입력하고 빈 도형은 선택한 후 [Delete]를 눌러 삭제합니다. 색상을 변경하고 싶은 도형을 모두 선택한 다음 [홈] 탭-[그리기] 그룹-[색] 화살표를 클릭하여 원하는 색상을 적용합니다.

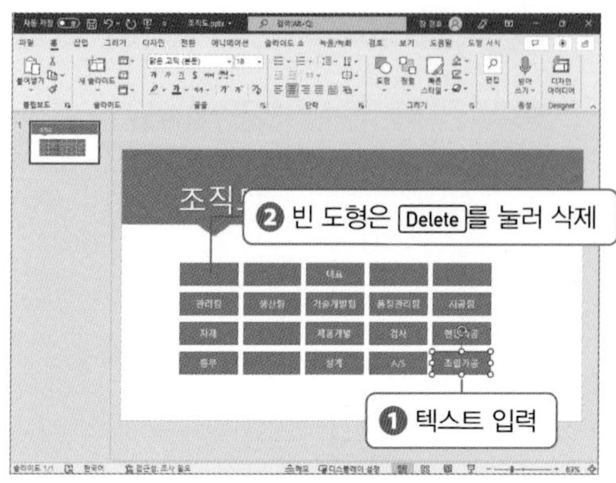

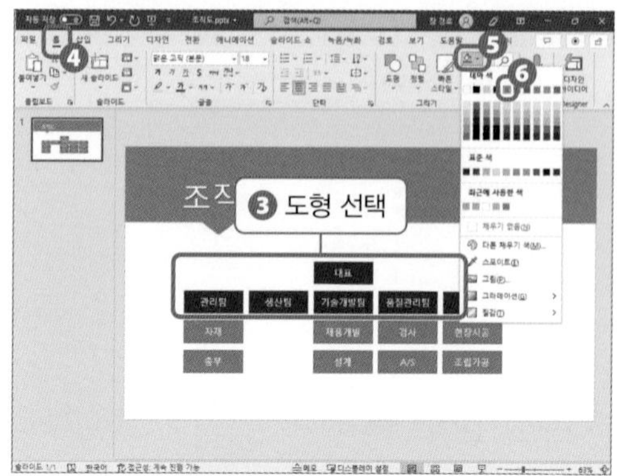

10. 조직도를 완성합니다. 도형과 [Ctrl]+[D]라는 복제 기능을 활용하면 조직도도 손쉽게 만들 수 있습니다.

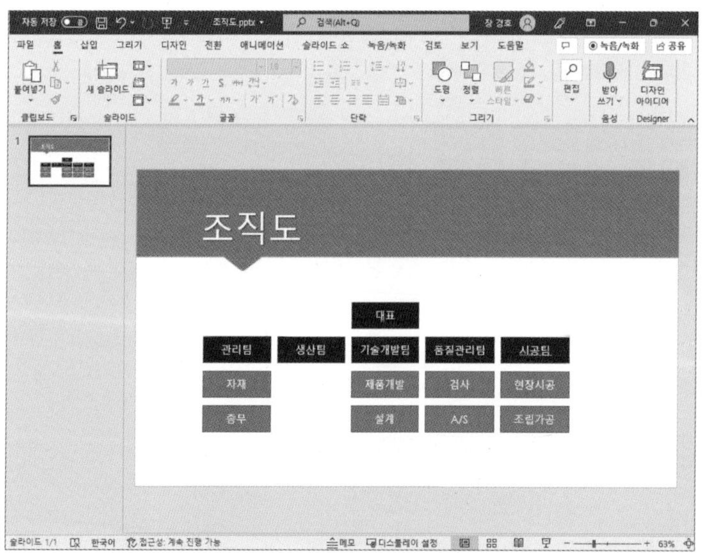

이것이 알고 싶어요

Q [Ctrl]+[C]와 [Ctrl]+[D]의 차이가 궁금합니다.

A [Ctrl]+[C]로 복사하고 [Ctrl]+[V]로 붙여 넣는 방법과 달리 [Ctrl]+[D]로 복제하는 방법은 단순히 도형을 복사한다는 개념보다는 도형에 적용되어 있는 여러 서식까지도 함께 복제할 수 있다는 점에서 큰 차이가 있습니다. 또한, 이번 예제를 통해서도 살펴보았지만 [Ctrl]+[D]를 이용하면 기존 도형의 모든 속성과 개체 사이의 간격까지도 빠르게 복제할 수 있습니다.

PowerPoint 020

중요도 ★★★★★

텍스트 슬라이드를 도해 형식의 슬라이드로 변경하기

슬라이드 디자인에 자신이 없다면 파워포인트의 다양한 기능을 이용하면 됩니다. 예를 들어, 직원 교육 슬라이드를 완성했는 데 온통 텍스트뿐이라면 파워포인트가 추천해주는 도해 형식의 슬라이드로 변경할 수 있습니다.

사용 가능 버전 2010 2013 2016 2019 2021 365
사용한 기능 SmartArt 그래픽, SmartArt 스타일

예제 파일 Powerpoint\Chapter 02\직원교육.pptx
완성 파일 Powerpoint\Chapter 02\직원교육_완성.pptx

1. 먼저 텍스트 상자에 작성되어 있는 개체를 선택해 SmartArt 그래픽으로 변경해 보겠습니다. 텍스트 개체 틀을 선택하고 [홈] 탭-[단락] 그룹-[기타 SmartArt 그래픽]을 클릭합니다. [SmartArt 그래픽 선택] 대화상자가 나타나면 원하는 스마트아트를 선택합니다. 여기서는 [목록형]-[세로 상자 목록형]을 선택한 후 [확인]을 클릭합니다.

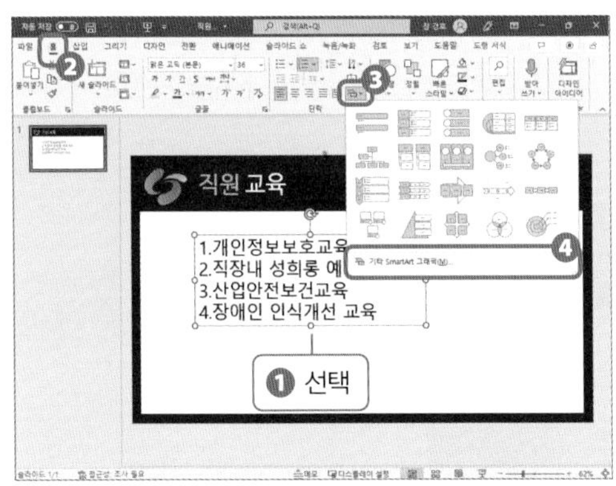

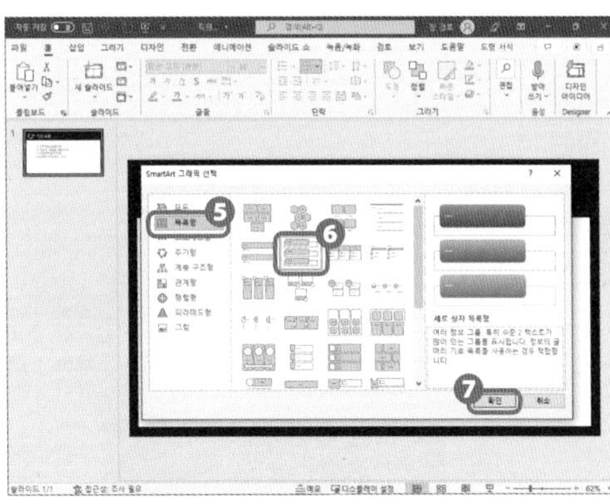

2. 텍스트 개체 틀이 SmartArt 그래픽으로 변경되면, 크기 및 위치를 적절히 조정합니다.

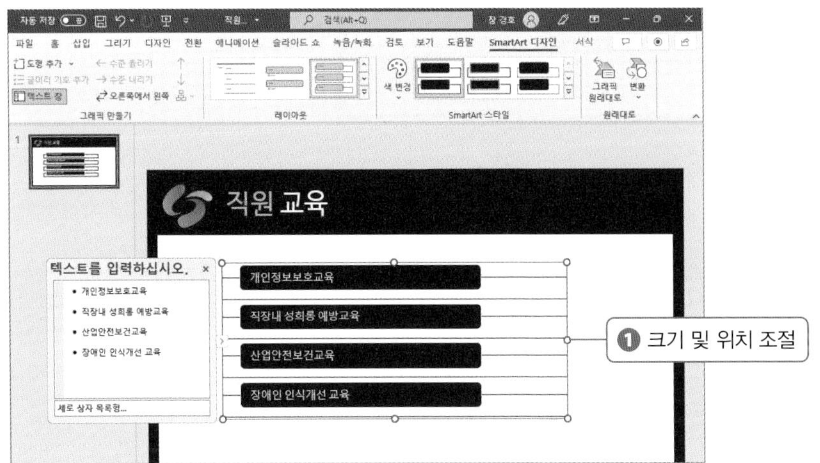

3. [SmartArt 도구]-[디자인] 상황별 탭 또는, [SmartArt 디자인] 탭-[SmartArt 스타일] 그룹-[색 변경]을 클릭한 후 색상을 지정합니다.

4. [SmartArt 도구]-[디자인] 상황별 탭 또는, [SmartArt 디자인] 탭-[SmartArt 스타일] 그룹-[자세히](⊟)를 클릭한 후 디자인을 지정합니다.

✓TIP SmartArt 그래픽을 선택한 상태에서 [SmartArt 도구]-[디자인] 상황별 탭 또는, [SmartArt 디자인] 탭-[원래대로] 그룹-[변환]-[텍스트로 변환]을 클릭하면 스마트아트 그래픽을 텍스트로 다시 바꿀 수 있으며, 도형으로도 바꿀 수 있습니다.

PowerPoint 021

중요도 ★★★★★

SmartArt 그래픽으로 조직도를 쉽게 만들고 빠르게 수정하기

SmartArt 그래픽은 목록형, 프로세스형, 주기형, 계층 구조형, 관계형, 행렬형, 피라미드형, 그림의 총 8개의 유형으로 구분되어 있는데 각각의 유형은 나름대로의 특성이 있습니다.

사용 가능 버전 2010 2013 2016 2019 2021 365
사용한 기능 SmartArt 그래픽, 텍스트 창
예제 파일 Powerpoint\Chapter 02\조직도2.pptx
완성 파일 Powerpoint\Chapter 02\조직도2_완성.pptx

1. [삽입] 탭-[일러스트레이션] 그룹-[SmartArt]를 클릭합니다. [SmartArt 그래픽 선택] 대화상자가 나타나면 [계층 구조형]-[조직도형]을 클릭하고 [확인]을 클릭합니다.

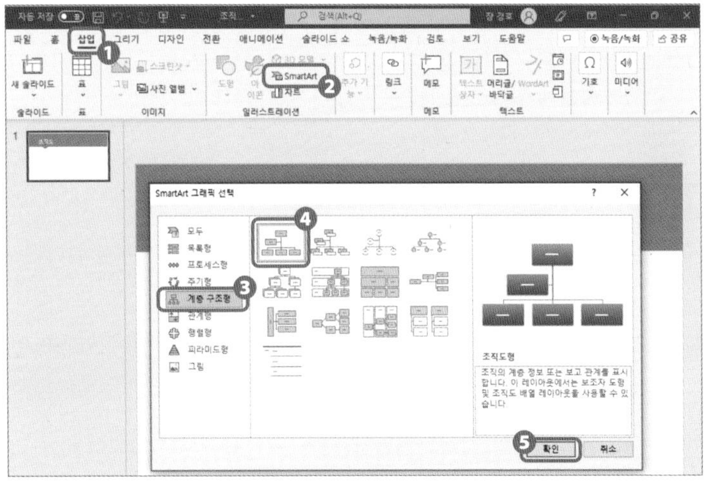

2. SmartArt 그래픽이 슬라이드 편집 창에 삽입되면서 SmartArt 텍스트 창이 나타납니다. 이 상태에서 내용을 입력해 스마트아트를 완성해도 되지만, 내가 원하는 형식대로 만들기 위해 Shift를 누른 상태로 텍스트를 모두 선택한 후 Delete를 눌러 삭제합니다. 텍스트 창의 텍스트가 모두 삭제된 것을 확인합니다.

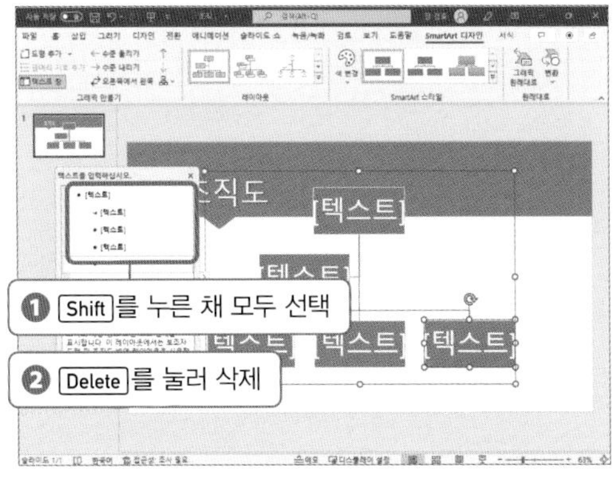

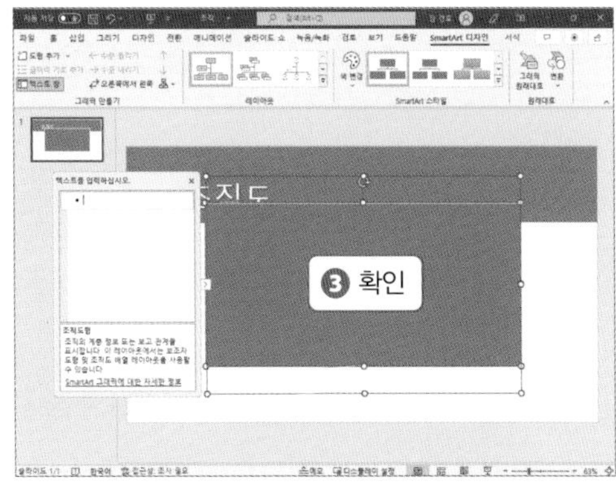

✔ TIP 텍스트 창이 보이지 않는다면 [그래픽 만들기] 그룹-[텍스트 창]을 클릭합니다.

3. 텍스트 창에 다음과 같이 조직도에 들어갈 각 항목을 순서대로 입력합니다. 텍스트 창을 이용해서 도형에 텍스트를 입력할 때 커서를 위치시키고 텍스트를 입력하거나, ↓를 눌러 아래 단락으로 이동해 텍스트를 입력해도 됩니다.

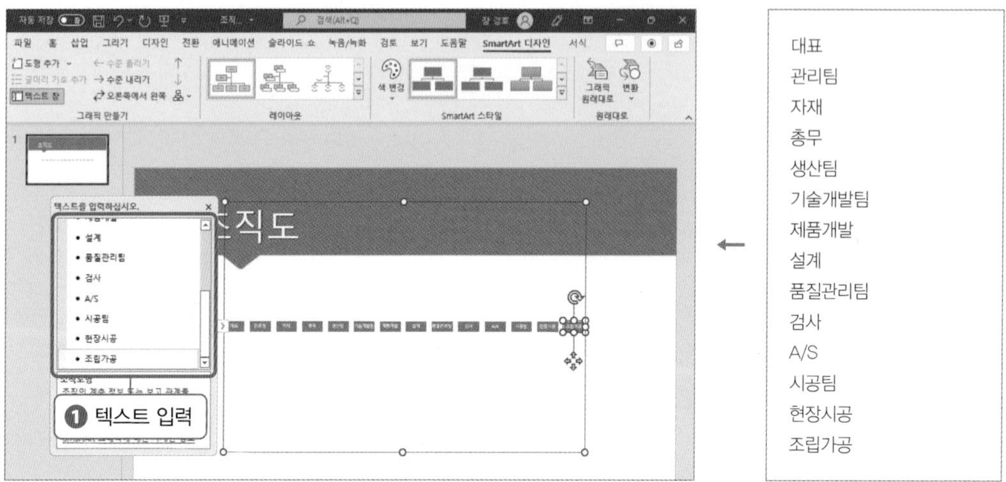

❶ 텍스트 입력
조직도
대표
관리팀
자재
총무
생산팀
기술개발팀
제품개발
설계
품질관리팀
검사
A/S
시공팀
현장시공
조립가공

4. '관리팀'을 선택하고 [SmartArt 도구]-[디자인] 상황별 탭 또는, [SmartArt 디자인] 탭-[그래픽 만들기] 그룹-[수준 내리기]를 한 번 클릭합니다.

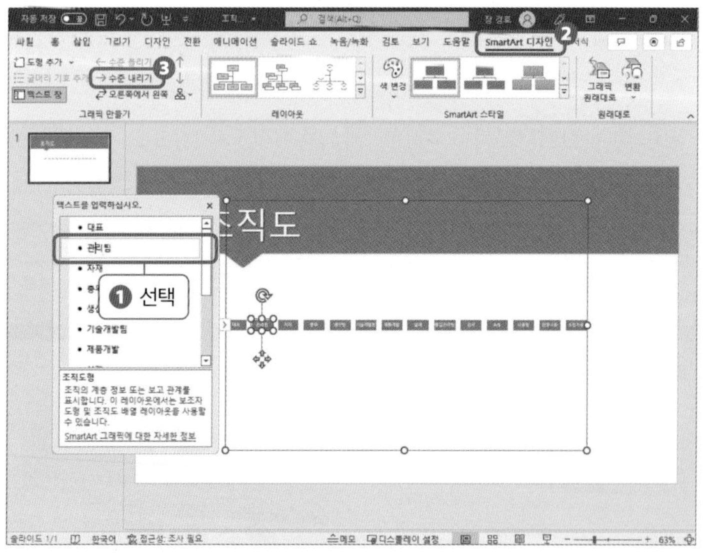

5. 이번에는 '자재', '총무'를 Shift 를 누른 채 모두 선택하고 [그래픽 만들기] 그룹-[수준 내리기]를 두 번 클릭합니다.

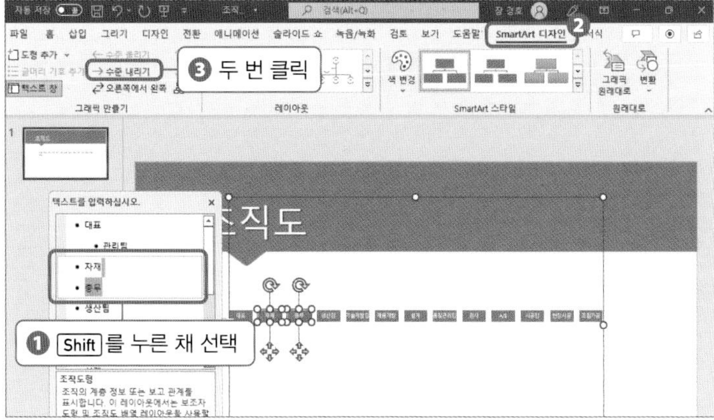

6. 첫 번째 조직도가 완성됩니다. '생산팀'을 선택하고 [그래픽 만들기] 그룹-[수준 내리기]를 한 번 클릭합니다.

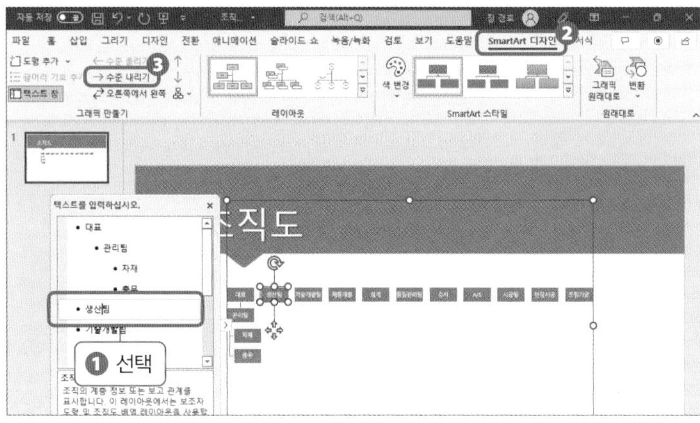

7. '기술개발팀'을 선택하고 [그래픽 만들기] 그룹-[수준 내리기]를 한 번 클릭합니다.

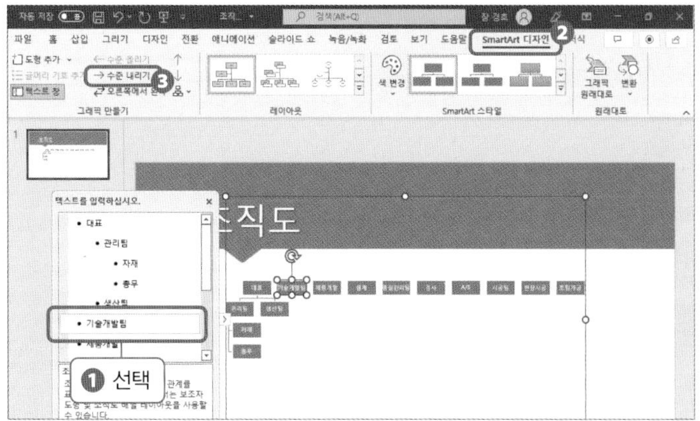

8. '제품개발', '설계'를 Shift 를 누른 채 모두 선택하고 [그래픽 만들기] 그룹–[수준 내리기]를 두 번 클릭합니다.

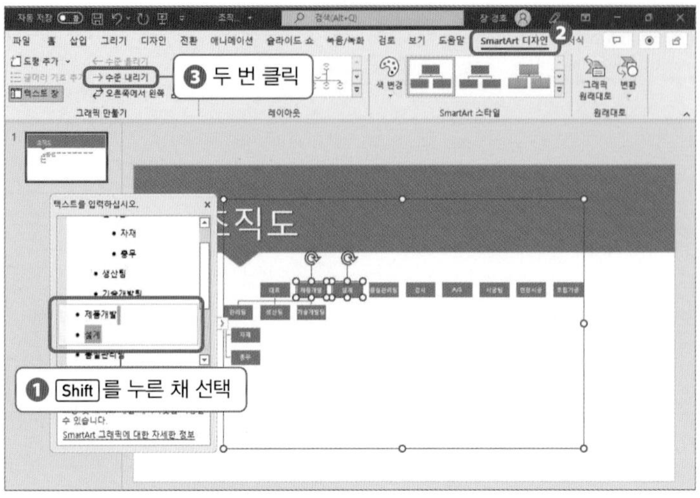

9. '품질관리팀'부터 '시공팀'까지도 같은 방식으로 수준 내리기를 하여 조직도를 완성합니다. 텍스트 창의 [닫기]를 클릭합니다.

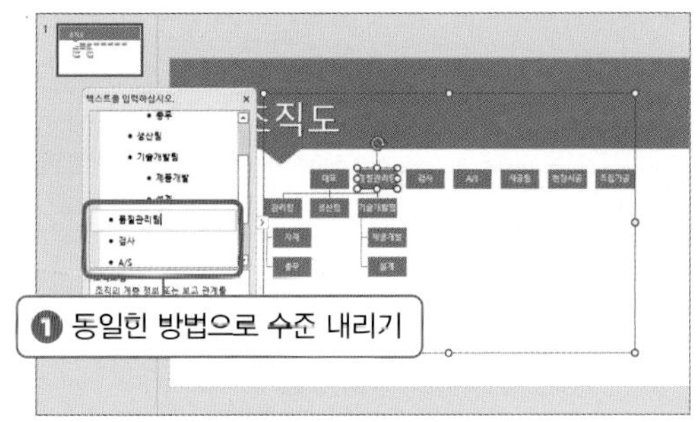

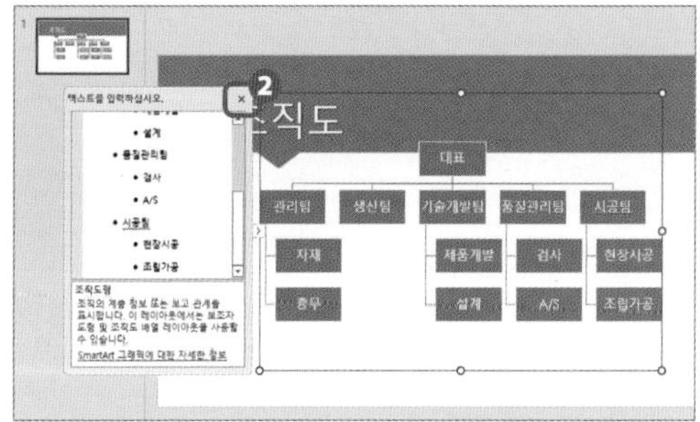

10. 조직도가 완성되면 조직도의 크기와 위치를 적절히 조정합니다.

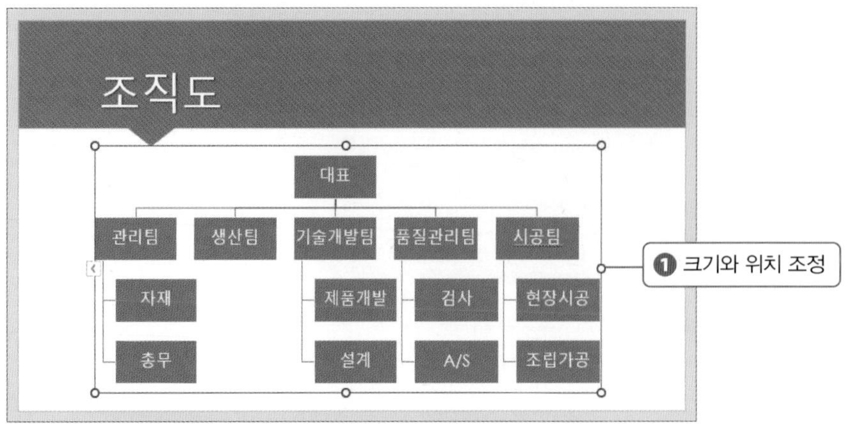

11. [SmartArt 도구]-[디자인] 상황별 탭 또는, [SmartArt 디자인] 탭-[SmartArt 스타일] 그룹-[색 변경]을 클릭하여 원하는 색상을 선택합니다.

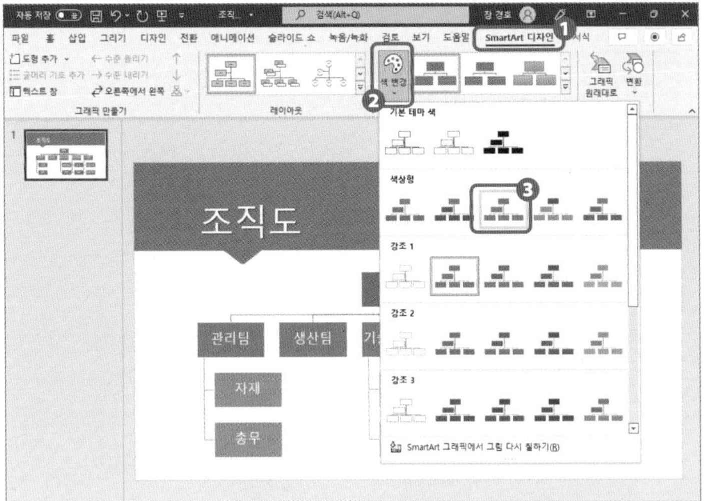

12. [SmartArt 도구]-[디자인] 상황별 탭 또는, [SmartArt 디자인] 탭-[SmartArt 스타일] 그룹-[SmartArt 스타일]-[자세히](⊽)를 클릭하여 스타일을 변경합니다.

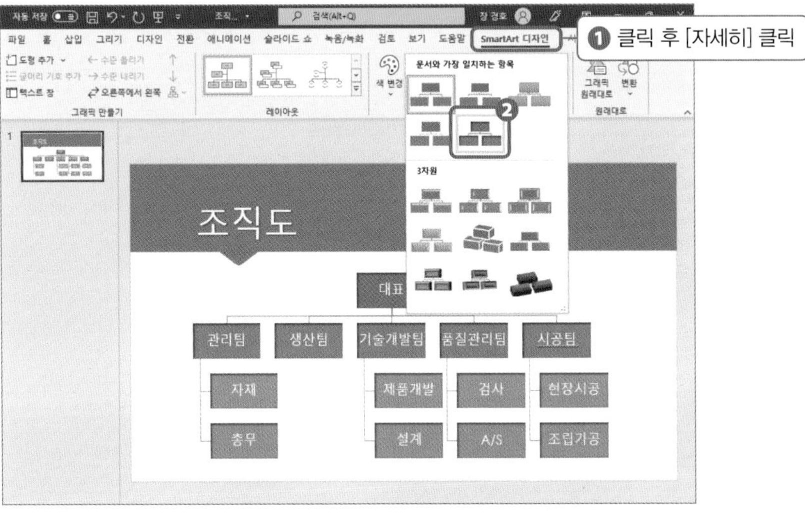

13. 스마트아트 역시 도형이기에 텍스트나 모양을 변경할 수 있습니다. 스마트아트 개체 틀을 선택한 상태에서 [홈] 탭-[글꼴] 그룹-[글꼴] 화살표를 클릭해 원하는 글꼴을 선택합니다. 여기서는 '나눔스퀘어 Bold'를 선택합니다.

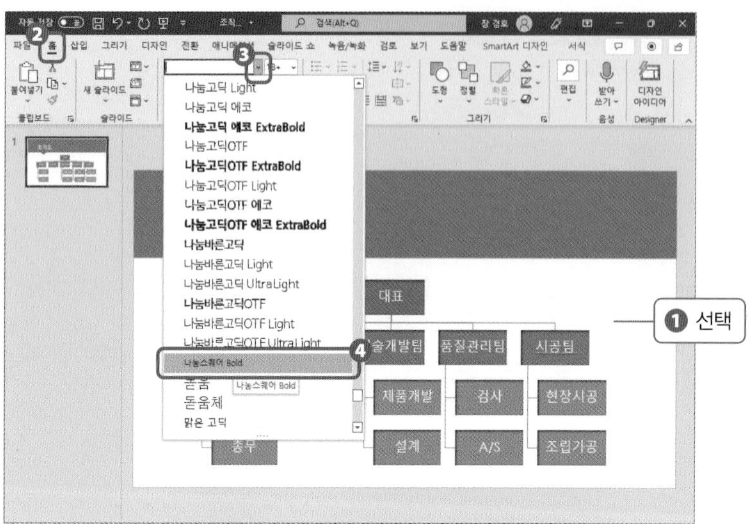

14. 이번에는 스마트아트의 모양을 변경해 보겠습니다. [서식] 탭-[도형 삽입] 그룹-[도형 편집]-[도형 모양 변경]을 클릭합니다. 다양한 도형이 표시되면 변경을 원하는 도형을 선택합니다. 여기서는 '물결'을 선택합니다.

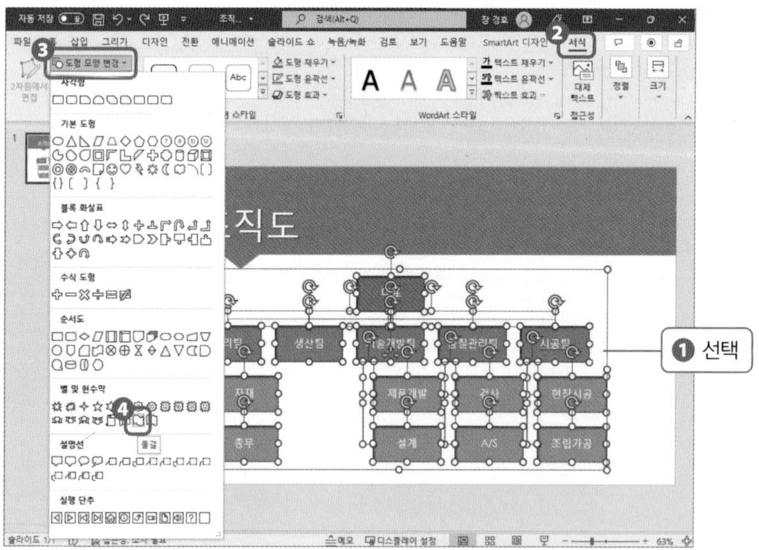

PowerPoint 022

중요도 ★★★★

지그재그 도형을 맞춤과 배분 기능으로 한 번에 정렬하기

도형을 비롯해 텍스트 상자, WordArt 등에 적용할 수 있는 맞춤과 배분 기능은 각각의 개체 간격과 위치를 일정하게 조정할 수 있습니다.

사용 가능 버전 2010 2013 2016 2019 2021 365
사용한 기능 정렬, 맞춤, 위쪽 맞춤, 가로 간격을 동일하게

예제 파일 Powerpoint\Chapter 02\심볼.pptx
완성 파일 Powerpoint\Chapter 02\심볼_완성.pptx

1. 첫 번째 줄은 위, 아래 간격과, 가로 간격이 일정하게 적용되어 있습니다. 마찬가지로 아래 줄도 동일하게 적용해 보겠습니다. 두 번째 줄을 모두 선택하고 [그림 도구]-[서식] 상황별 탭 또는, [그림 서식] 탭-[정렬] 그룹-[맞춤]-[위쪽 맞춤]을 클릭합니다.

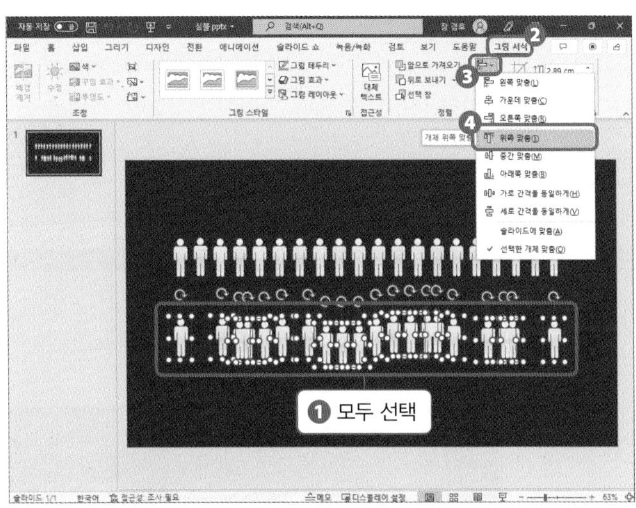

2. 삐뚤삐뚤했던 위, 아래 간격이 일정하게 조정됩니다. 이번에는 가로 간격을 일정하게 조정하기 위해 [그림 서식] 탭-[정렬] 그룹-[맞춤]-[가로 간격을 동일하게]를 클릭합니다.

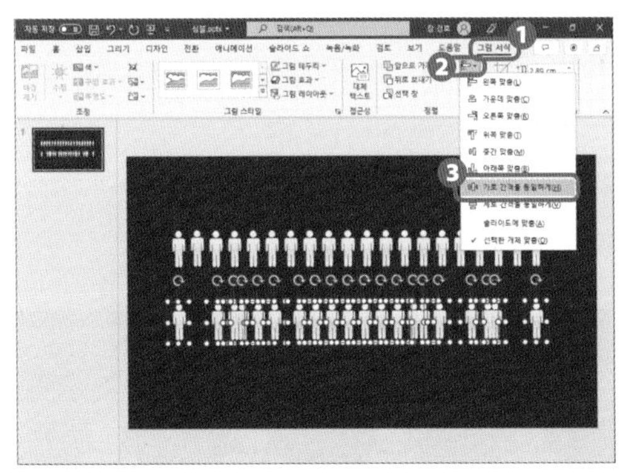

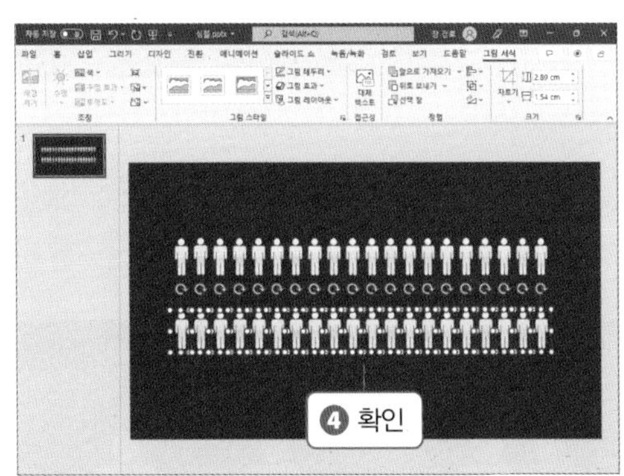

✓TIP [정렬] 그룹-[맞춤]에서 '슬라이드에 맞춤'과 '선택한 개체 맞춤'이라는 항목이 있습니다. '슬라이드에 맞춤'을 선택하면 슬라이드 가로, 세로 크기에 맞추어 개체의 위치가 정렬됩니다.

PowerPoint 023

중요도 ★★★

스마트 가이드를 활용해 간단하게 위치 조정하기

파워포인트 2010 버전부터 새로 추가된 기능인 '스마트 가이드'는 슬라이드에 삽입되는 개체의 중심과 위, 아래 등 모서리를 기준으로 다른 개체와의 간격이나 배치를 안내선으로 표시하여 개체의 크기나 위치를 눈으로 확인하며 맞출 수 있는 기능입니다.

사용 가능 버전 2010 2013 2016 2019 2021 365
사용한 기능 스마트 가이드

예제 파일 Powerpoint\Chapter 02\심볼2.pptx
완성 파일 Powerpoint\Chapter 02\심볼2_완성.pptx

1. 앞선 예제에서는 맞춤과 배분 기능으로 슬라이드에 삽입한 개체의 간격을 일정하게 조정해 보았습니다. 이번에는 스마트 가이드를 통해 간단하게 개체의 간격을 조정하는 방법에 대해서 살펴보겠습니다. 제일 마지막 도형을 선택하고 약간 드래그해 봅니다. 자동으로 스마트 가이드가 나타나며 상, 하 간격을 알려줍니다.

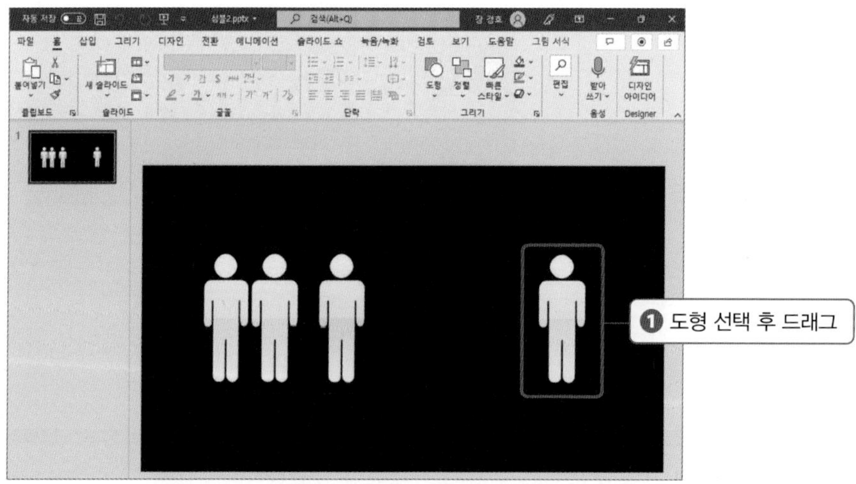

2. 이번에는 두 번째 도형을 같은 방법으로 정렬해 보세요. 균등한 간격으로 배치되면 자동으로 스마트 가이드가 나타나며 좌우 간격과 위아래 간격을 알려줍니다.

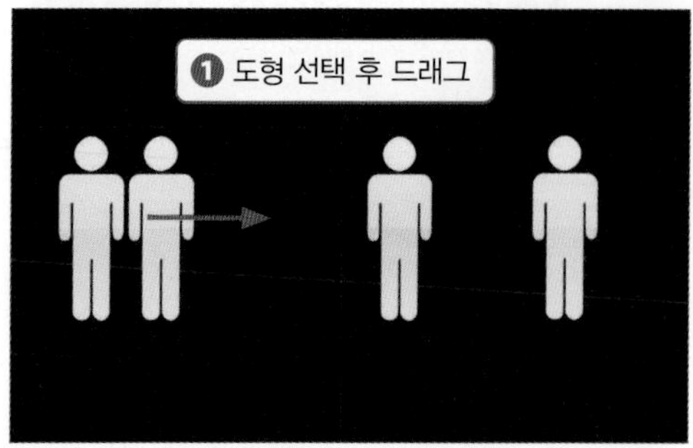

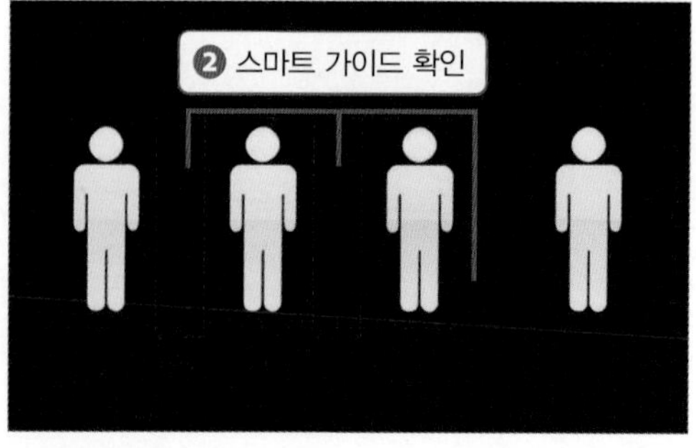

3. 동일한 방법으로 세 번째 도형을 정렬해 보세요. 스마트 가이드가 좌우, 위아래 간격을 친절히 안내해 줍니다.

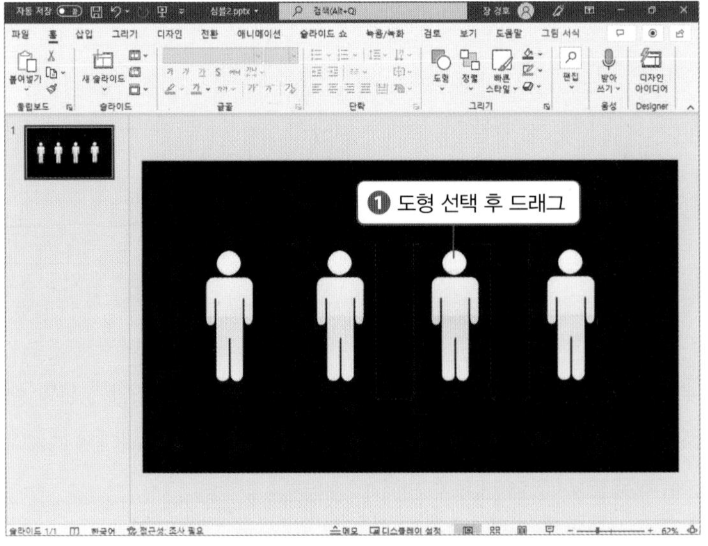

이것이 알고 싶어요

Ⓠ 스마트 가이드가 표시되지 않아요.

Ⓐ 스마트 가이드가 표시되지 않는다면 [보기] 탭–[표시] 그룹–[옵션] 단추를 클릭한 후 [도형 맞춤 시 스마트 가이드 표시]에 체크하여 스마트 가이드를 표시합니다.

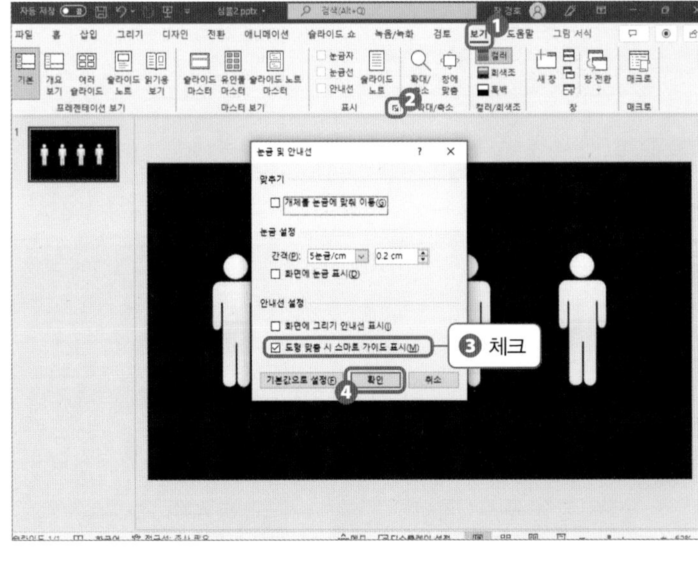

PowerPoint 024

중요도 ★★★★★

파워포인트에서 적용 가능한 그라데이션의 모든 것

그라데이션 기능을 사용하기 위해서는 그라데이션 중지점이나 방향, 각도 등 다양한 옵션에 대해서 이해하고 있어야 합니다. 여기서는 그라데이션을 적용하는 방법에 대해서 살펴보겠습니다.

사용 가능 버전 2010 2013 2016 2019 2021 365 | **예제 파일** 없음
사용한 기능 그라데이션, 그라데이션 중지점 | **완성 파일** 없음

그라데이션

기본적으로 선택하는 색상은 대부분 단색이지만, 그라데이션은 두 가지 이상의 색상이 포함된 혼합 색상으로 표현됩니다. 도형이나 텍스트 상자, SmartArt 그래픽, 또는, 표나 차트 등 파워포인트에서 색상이 들어가는 모든 개체에 그라데이션을 적용할 수 있습니다.

그라데이션에서 가장 중요한 요소가 바로 중지점입니다. 중지점은 2개 이상 지정할 수 있는데 아래처럼 3개의 중지점을 지정했다면 상단, 중앙, 하단에 각기 다른 색상을 조합할 수 있습니다.

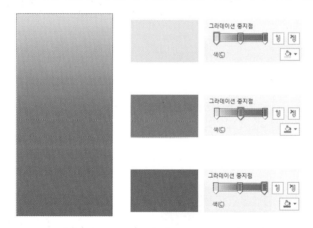

그라데이션 중지점

아래 이미지는 다양한 색상을 활용하여 그라데이션을 지정한 모습입니다. 그라데이션에서 가장 중요한 요소는 중지점이 몇 개인지, 중지점의 위치가 어디인지에 따라서 그라데이션 모양이 많이 달라집니다.

▲ 중지점 2개 : 흰색, 노란색

▲ 중지점 3개 : 흰색, 연한 파랑, 진한 파랑

▲ 중지점 4개 : 흰색, 연한 파랑, 노랑, 연한 녹색

그라데이션 옵션

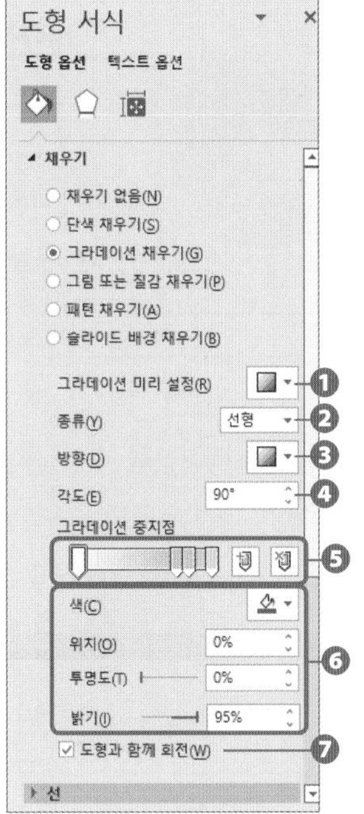

그라데이션은 위치와 방향, 중지점의 활용에 따라 다양한 모양으로 완성할 수 있습니다. 그라데이션 옵션은 종류, 방향, 각도에서부터 중지점의 위치와 숫자, 색상, 투명도 등에 따라서도 다양하게 지정할 수 있습니다.

❶ **그라데이션 미리 설정** : 파워포인트에 제공하는 기본 그라데이션이 표시됩니다.

❷ **종류** : 선형, 방사형, 사각형, 경로형 중에서 원하는 그라데이션 종류를 선택합니다.

❸ **방향** : 그라데이션의 방향을 지정합니다. 선형은 각도가 표시되지만 방사형, 사각형, 경로형은 각도가 표시되지 않습니다.

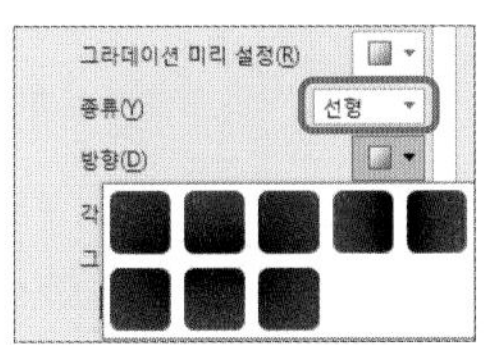

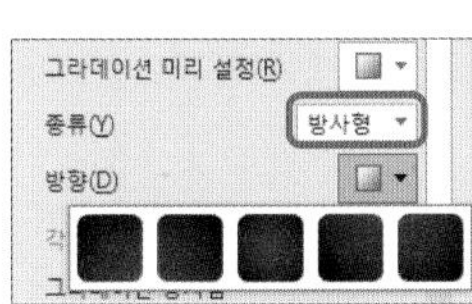

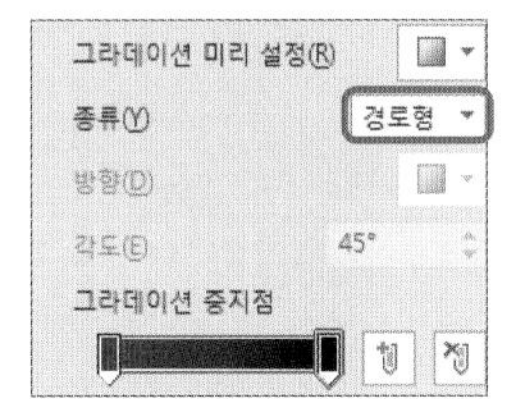

❹ **각도** : 각도를 입력하여 그라데이션 방향을 지정할 수 있습니다.

❺ **그라데이션 중지점** : 2개부터 10개까지 그라데이션 중지점을 표시할 수 있습니다. [추가]( ) 및 [삭제]( )를 이용하여 그라데이션 중지점을 변경할 수 있습니다.

❻ **색, 위치, 투명도, 밝기** : 그라데이션의 색이나 위치, 그리고 투명도, 밝기를 지정하여 다양한 연출을 할 수 있습니다.

❼ **도형과 함께 회전** : 도형을 회전했을 경우 그라데이션도 함께 회전됩니다.

PowerPoint
025

텍스트에 세 가지 색이 적용된 그라데이션 넣기

중요도 ★★★★☆

텍스트에 두 가지 이상으로 된 그라데이션을 적용할 수도 있습니다. 그라데이션을 활용하면 여러 가지 색상을 혼합해서 디자인할 수 있습니다.

사용 가능 버전 2010 2013 2016 2019 2021 365
사용한 기능 텍스트 옵션, 텍스트 채우기, 텍스트 윤곽선, 그라데이션
예제 파일 Powerpoint\Chapter 01\그라데이션.pptx
완성 파일 Powerpoint\Chapter 01\그라데이션_완성.pptx

1. 그라데이션을 지정할 텍스트를 선택하고 [그리기 도구]-[서식] 상황별 탭 또는, [도형 서식] 탭을 클릭합니다. [WordArt 스타일] 그룹-[옵션] 단추를 클릭합니다. [도형 서식] 옵션 창이 나타나면 [텍스트 옵션]-[텍스트 채우기 및 윤곽선] 또는, [텍스트 채우기]를 클릭합니다.

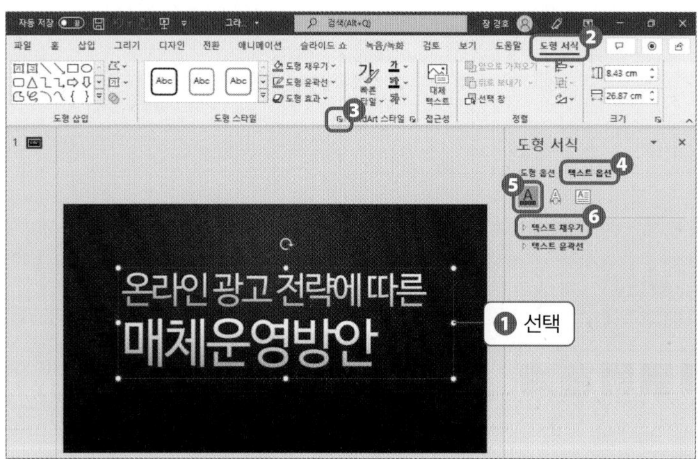

2. [그라데이션 채우기]를 체크합니다. 다양한 그라데이션 색상이 나타나면 원하는 색상을 선택합니다.

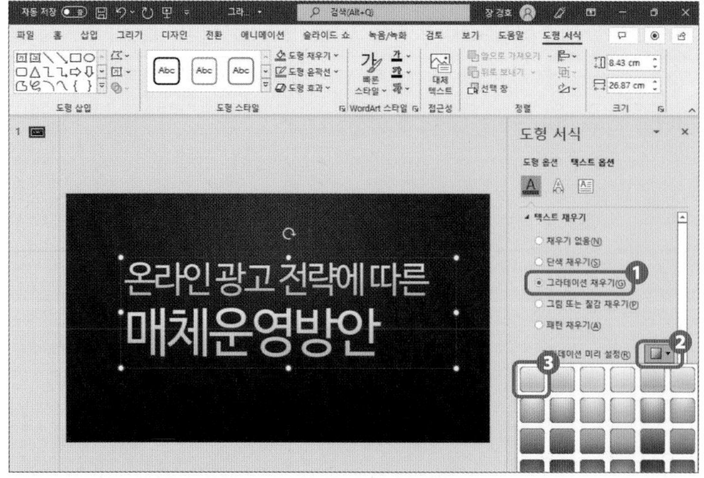

3. 그라데이션의 방향을 선형 위쪽, 선형 아래쪽 등으로 변경할 수 있습니다. [방향] 화살표를 클릭하고 [선형 위쪽]을 선택합니다.

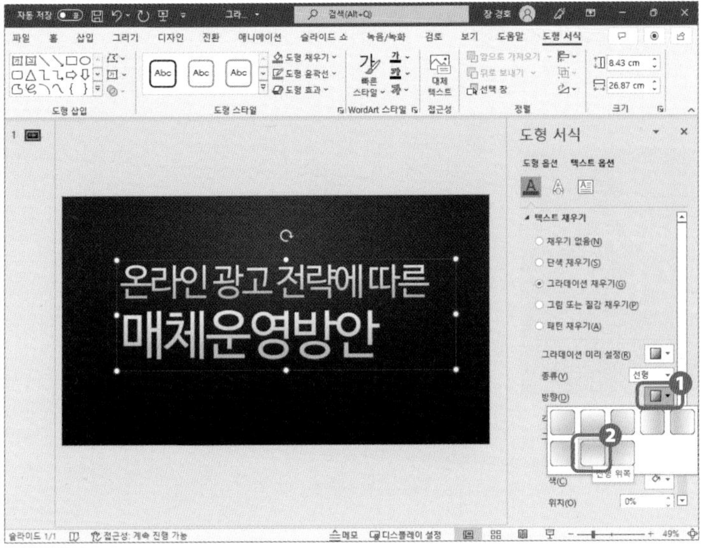

4. [그라데이션 중지점]에서 두 번째 중지점을 선택하고 [그라데이션 중지점 제거]를 클릭합니다.

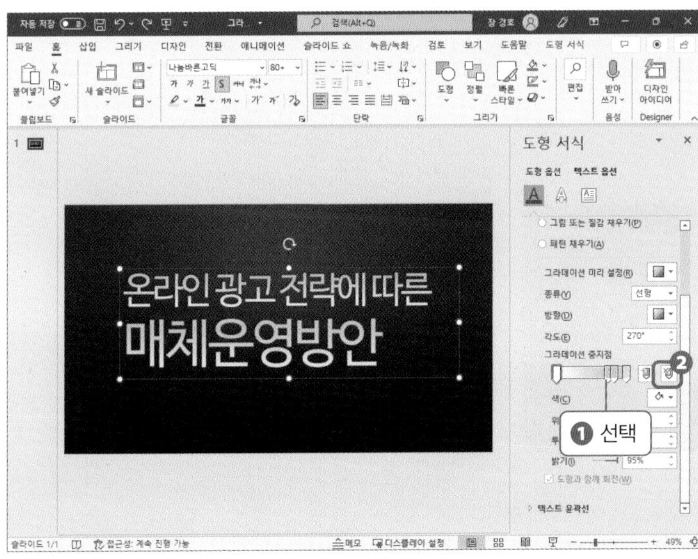

✔ TIP 그라데이션 중지점은 2개 이상 만들 수 있습니다. 또한, 필요 없는 중지점은 삭제할 수도 있습니다.

5. [그라데이션 중지점]에서 두 번째 중지점을 선택하고 [색]을 클릭하여 원하는 색상을 선택합니다.

6. 중지점 위치를 변경하면 그라데이션 색상의 농도 등을 조정할 수 있습니다. 두 번째 중지점을 왼쪽으로 드래그하여 위치를 조정합니다.

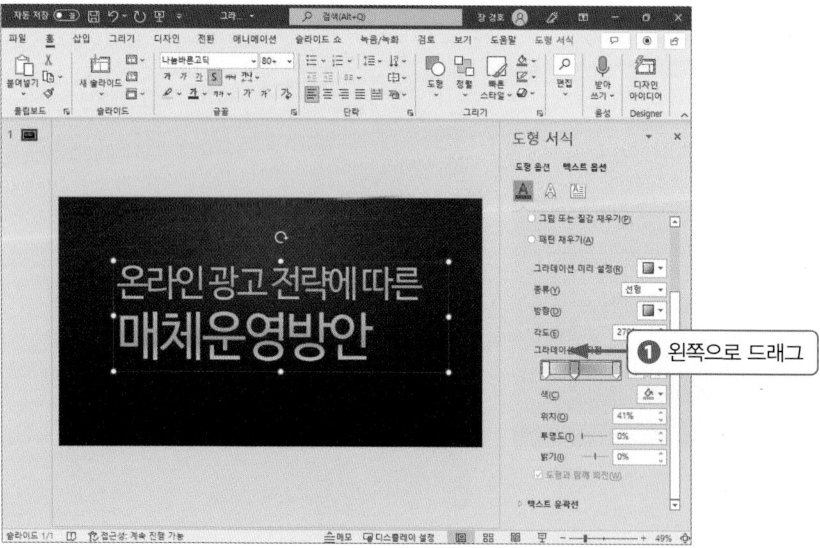

7. 텍스트 윤곽선도 변경해 보겠습니다. [텍스트 윤곽선]-[색] 화살표를 클릭하고, 원하는 색상을 선택합니다.

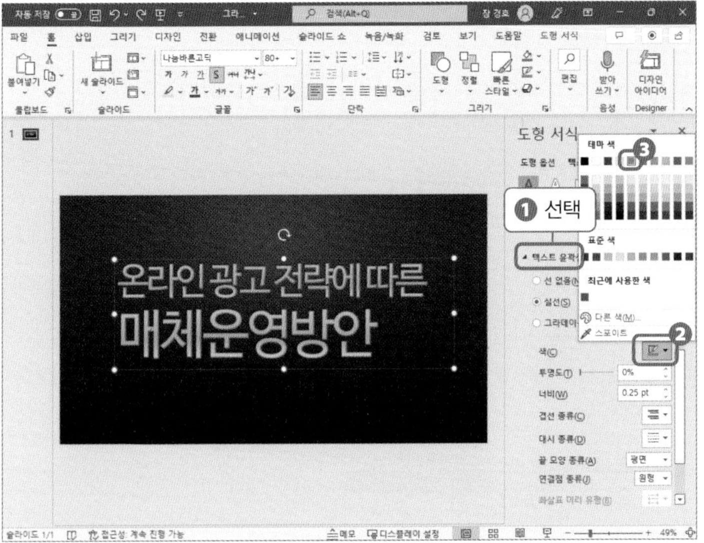

8. [너비]에 『2』를 입력하고 [도형 서식] 옵션 창을 닫습니다.

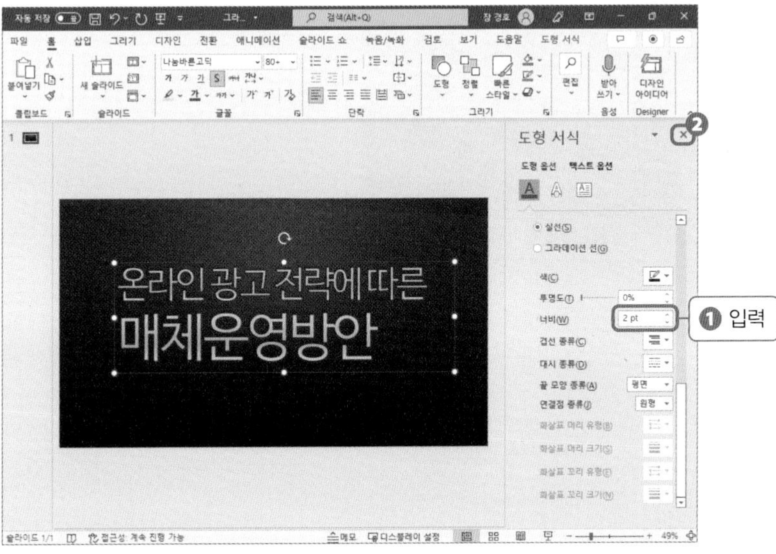

PowerPoint
026

삽입한 그림의 배경을 투명하게 만들기

중요도
★★★★★

파워포인트에는 '투명한 색 설정'이라는 기능이 있습니다. 이를 활용해 투명하게 만들고 싶은 색상을 선택하면 동일한 색상에 해당하는 부분이 모두 투명해집니다.

사용 가능 버전 2010 2013 2016 2019 2021 365
사용한 기능 그림 서식, 투명한 색 설정

예제 파일 Powerpoint\Chapter 02\빌딩.pptx
완성 파일 Powerpoint\Chapter 02\빌딩_완성.pptx

1. 여기서는 건물 이미지를 불러왔습니다. 건물 이미지의 배경이 되는 하늘을 투명하게 만들어 보겠습니다. 이미지를 선택하고 [그림 도구]-[서식] 상황별 탭 또는, [그림 서식] 탭-[조정] 그룹-[색]-[투명한 색 설정]을 클릭합니다.

2. 마우스 포인터 모양이 변경되면, 투명하게 만들고 싶은 부분을 클릭합니다. 배경이 투명하게 변경됩니다.

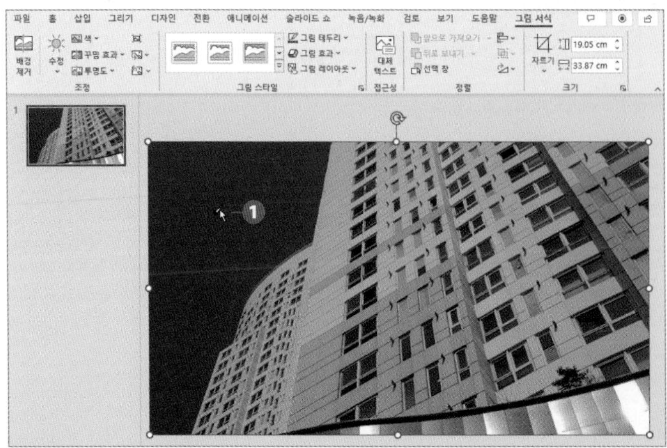

PowerPoint 027

중요도 ★★★

포토샵처럼 보다 정밀하게 그림 배경 제거하기

앞에서 살펴본 '투명한 색 설정' 기능은 투명한 색을 설정하려는 색상이 모두 동일해야 한다는 단점이 있습니다. 투명하게 만들고 싶은 색상의 픽셀이 조금이라도 다르면 배경을 투명하게 만들 수가 없습니다. 여기서는 보다 정밀하게 배경을 제거하는 방법에 대해서 살펴보겠습니다.

사용 가능 버전 2010 2013 2016 2019 2021 365
사용한 기능 배경 제거, 보관할 영역 표시, 제거할 영역 표시
예제 파일 Powerpoint\Chapter 02\풍경.pptx
완성 파일 Powerpoint\Chapter 02\풍경_완성.pptx

1. 배경을 제거하고 싶은 이미지를 선택하고 [그림 도구]-[서식] 상황별 탭 또는, [그림 서식] 탭을 클릭합니다. [조정] 그룹-[배경 제거]를 클릭합니다.

2. [배경 제거] 탭이 나타나면서 그림의 영역을 보관하거나 제거할 수 있습니다. 파워포인트가 자동으로 보관할 부분과 제거할 부분을 설정해 줍니다. 보라색 계열의 색상으로 표시되는 부분이 제거될 부분으로 먼저 보관할 영역을 설정해 보겠습니다.

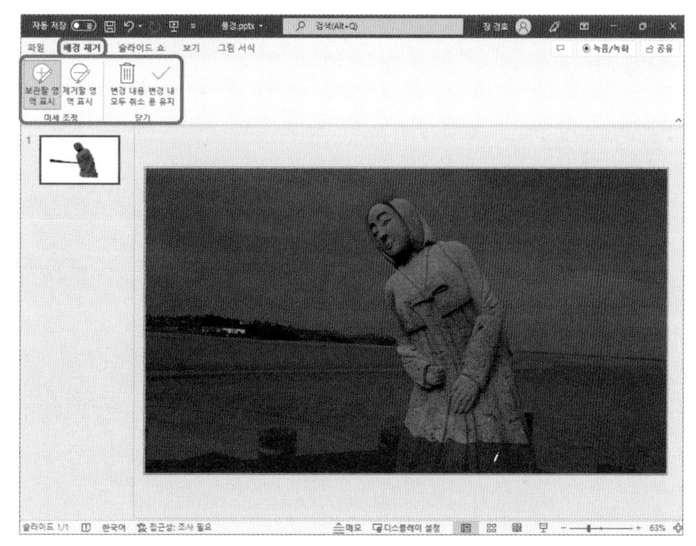

3. [배경 제거] 탭-[미세 조정] 그룹-[보관할 영역 표시]를 클릭하고 보관할 영역을 마우스로 드래그하여 선택합니다.

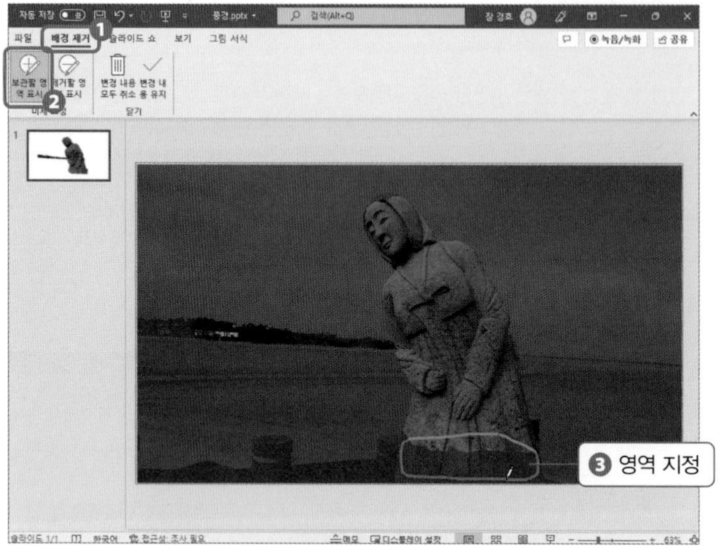

✓TIP 그림을 투명하게 만들거나 그림 스타일 등을 지정하였으나 마음에 안 들어 다시 조정하고 싶다면, [실행 취소]( )를 클릭하거나, [서식] 탭-[조정] 그룹-[그림 원래대로]를 클릭해 원래 이미지로 되돌아올 수 있습니다.

4. 이번에는 제거할 부분을 지정해 보겠습니다. [배경 제거] 탭-[미세 조정] 그룹-[제거할 영역 표시]를 클릭한 다음 제거할 배경이 포함되어 있는 부분을 드래그하여 지정합니다. 먼저 왼쪽에서 제거해야 할 부분을 마우스로 드래그하여 선택합니다.

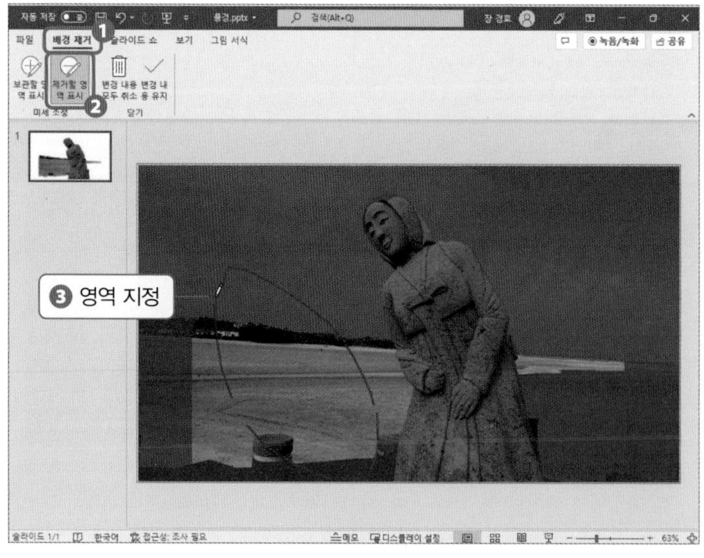

5. 한 번에 지정이 되지 않을 경우 여러 번 드래그하여 지정해야 합니다. 남아있는 부분을 한 번 더 선택합니다.

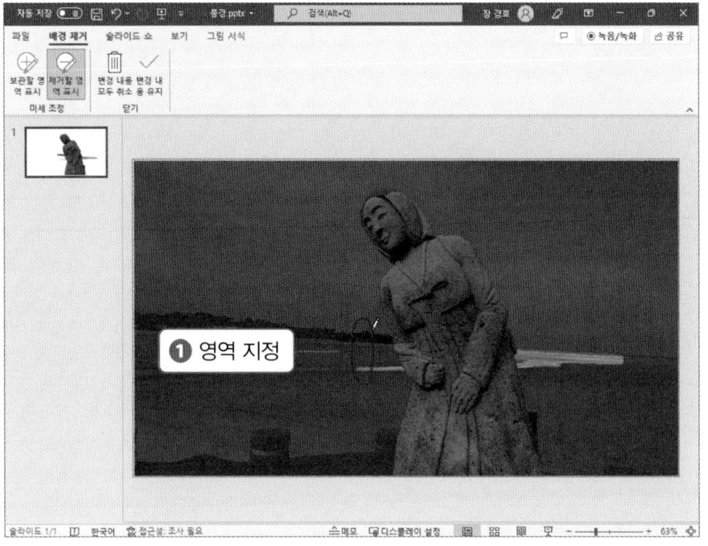

6. 이번에는 오른쪽 부분에서 제거할 부분을 드래그하여 선택합니다. '보관할 영역 표시', '제거할 영역 표시' 작업을 원하는 결과물이 나올 때까지 반복합니다.

✓TIP 파워포인트 2013 버전 이하의 경우 직선으로만 보관할 영역이나 제거할 영역을 표시할 수 있습니다.

7. 배경이 삭제된 그림이 완성도 있게 제거되었다면, [닫기] 그룹-[변경 내용 유지]를 클릭합니다.

8. 슬라이드 편집 창으로 돌아옵니다. 배경이 깨끗하게 제거된 결과물을 확인합니다.

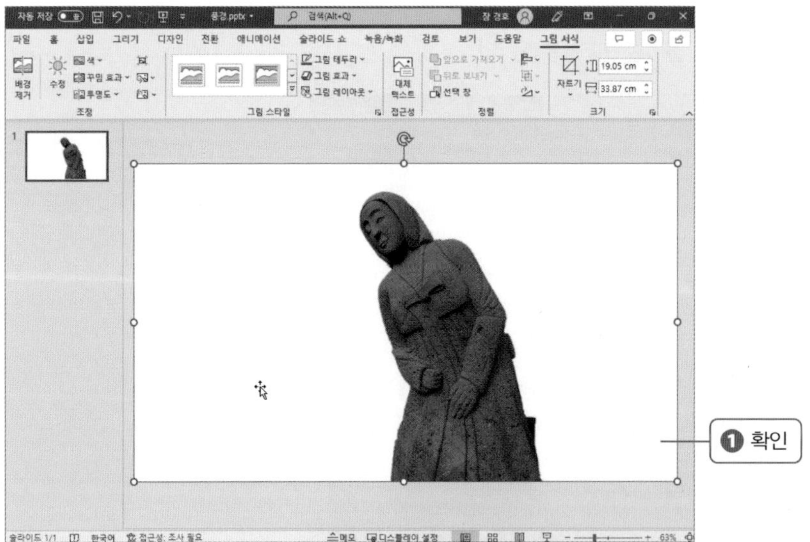

PowerPoint **028**

생동감을 느낄 수 있는 화면 전환 효과 만들기

중요도 ★★★★★

화면 전환 효과는 각각의 슬라이드에 세련된 애니메이션 효과를 낼 수 있는 기능으로써, 쉽고 간편하게 애니메이션 효과를 사용할 수 있다는 것이 장점입니다.

사용 가능 버전 2010 2013 2016 2019 2021 365
사용한 기능 화면 전환, 타이밍

예제 파일 Powerpoint\Chapter 02\부산소개.pptx
완성 파일 Powerpoint\Chapter 02\부산소개_완성.pptx

1. 화면 전환 효과를 지정하고 싶은 슬라이드를 먼저 선택합니다. 슬라이드 미리 보기 화면에서 두 번째, 세 번째, 네 번째 슬라이드를 Ctrl을 누른 채 선택하고, [전환] 탭-[슬라이드 화면 전환] 그룹-[자세히]( )를 클릭합니다.

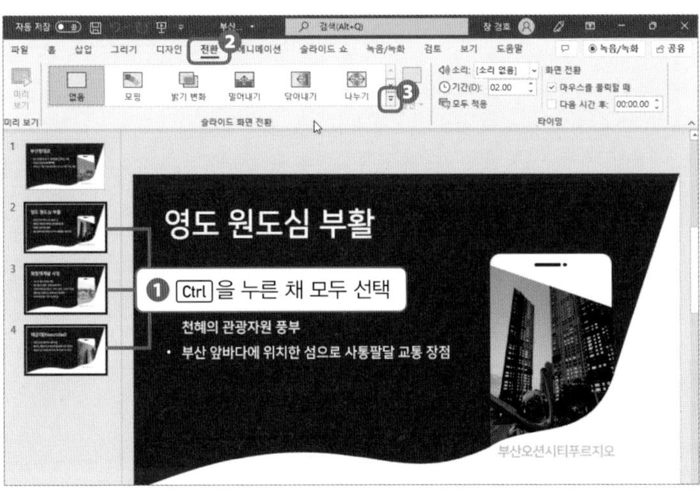

2. 화면 전환 관련 갤러리가 나타나면 [화려한 효과]-[페이지 말아 넘기기]를 클릭합니다.

3. 슬라이드 미리 보기 창에 애니메이션 효과 아이콘이 표시됩니다. 한 번 지정한 애니메이션 효과도 얼마든지 변경할 수 있습니다. 네 번째 슬라이드를 선택하고 [전환] 탭-[슬라이드 화면 전환] 그룹-[자세히](⊟)를 클릭합니다. 화면 전환 관련 갤러리가 나타나면 [화려한 효과]-[블라인드]를 클릭합니다.

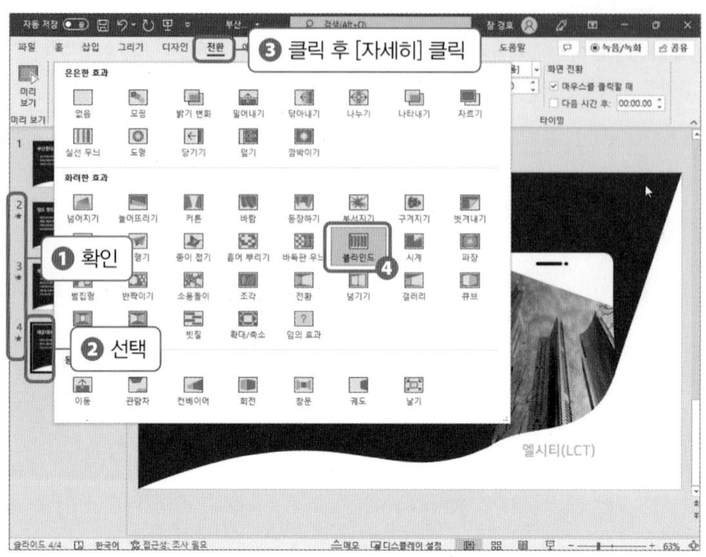

4. 화면 전환 효과는 마우스를 클릭하지 않더라도 자동으로 슬라이드를 넘길 수 있습니다. 두 번째 슬라이드부터 네 번째 슬라이드까지 Ctrl을 누른 채 선택한 후 [타이밍] 그룹-[마우스를 클릭할 때]의 체크를 해제합니다. [다음 시간 후]에 체크한 후 『00:03.00』을 입력합니다.

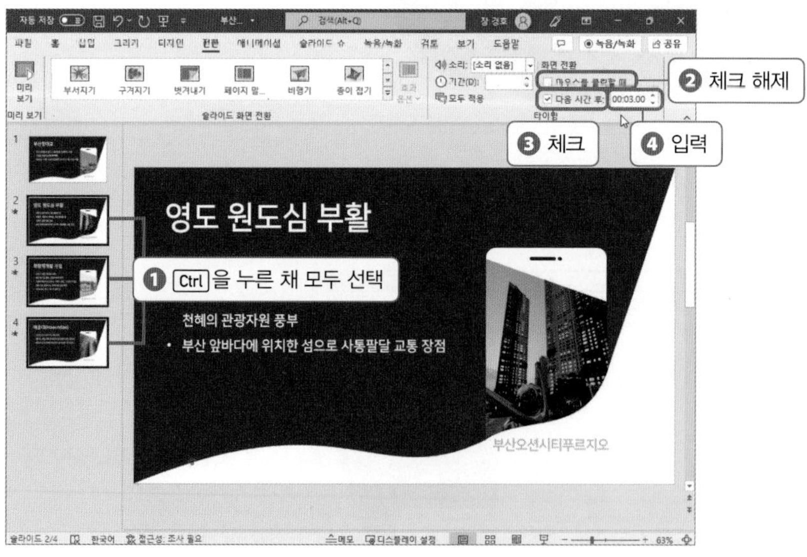

Q [타이밍] 그룹–[기간]과 [다음 시간 후]가 하는 역할이 궁금합니다.

A [기간]은 화면 전환 효과가 진행되는 시간을 말합니다. 3초로 지정하면 화면 전환 효과가 3초 동안 진행됩니다. [다음 시간 후]는 A 슬라이드에서 B 슬라이드로 넘어갈 때 A 슬라이드에 머무르는 시간을 말합니다. 3초를 지정하면 A 슬라이드가 3초 동안 보여진 다음 B 슬라이드로 넘어갑니다.

5. 화면 전환 효과가 제대로 적용되었는지 확인해 보겠습니다. [보기] 단추에서 [여러 슬라이드]를 클릭하면 애니메이션 효과가 적용되어 있는 슬라이드를 비롯해 화면 전환 효과가 지정되어 있는 슬라이드에 아이콘과 함께 재생 시간까지 표시됩니다.

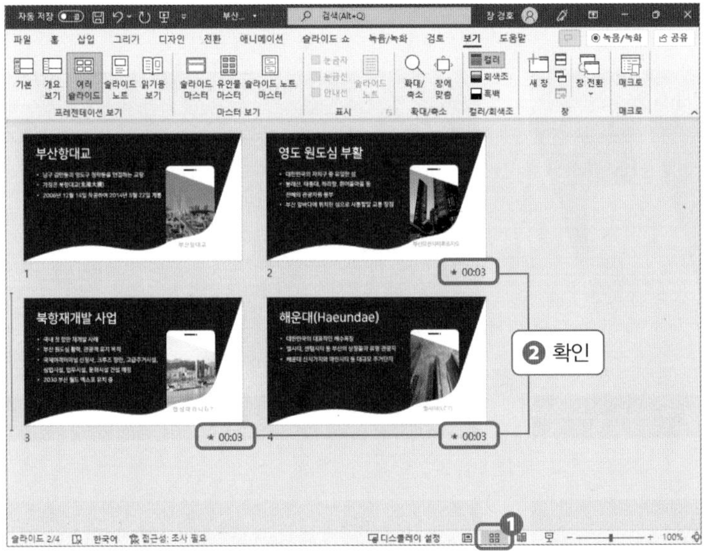

✓TIP 1번 슬라이드에만 애니메이션 효과와 시간 표시가 없습니다. 1번 슬라이드만 빼고 2번~4번 슬라이드에만 효과를 적용했기 때문입니다.

✓TIP [보기] 단추를 이용하여 기본, 여러 슬라이드, 읽기용 보기, 슬라이드 쇼로 슬라이드를 보는 방법을 선택할 수 있습니다.

6. [F5]를 눌러 슬라이드 쇼를 진행하거나 [슬라이드 쇼] 탭－[슬라이드 쇼 시작] 그룹－[처음부터]를 클릭해 슬라이드 쇼를 진행합니다. '00:03' 초마다 슬라이드가 자동 전환되는 것을 확인할 수 있습니다.

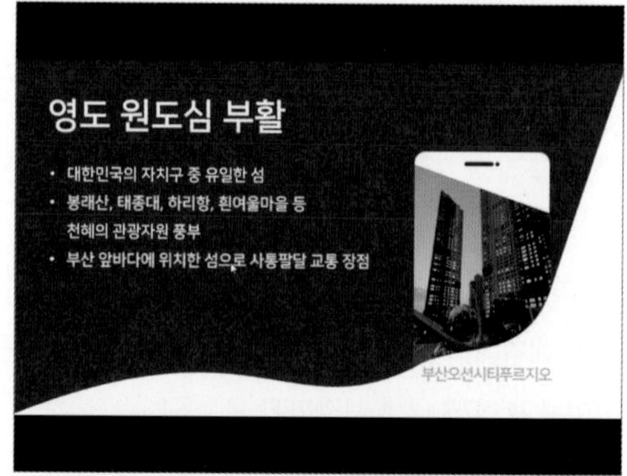

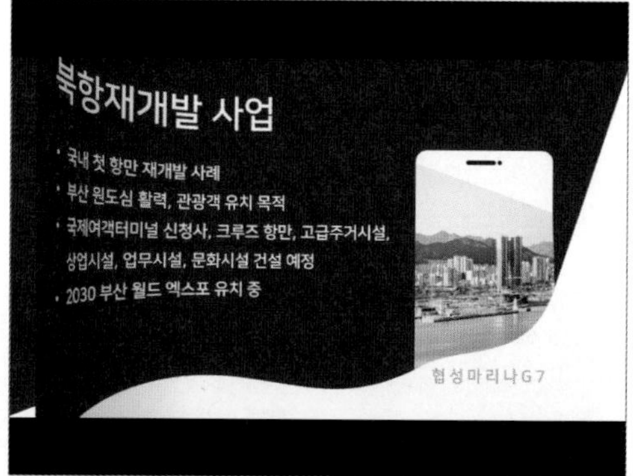

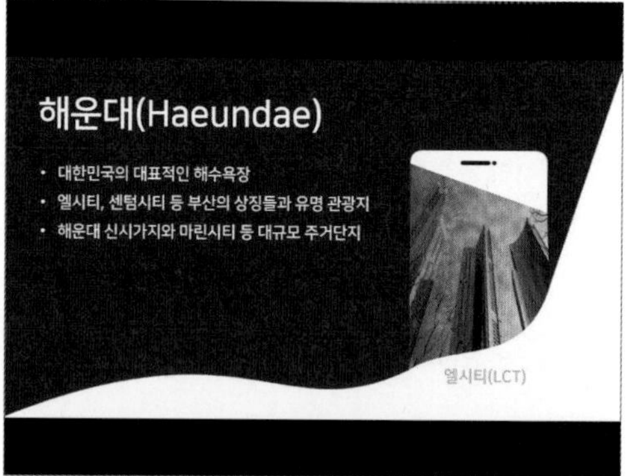

PowerPoint 029

중요도 ★★★★★

모핑 전환으로 색다른 효과 만들기

파워포인트 모핑 효과를 통해 하나의 형체를 다른 형체로 변화하는 기법을 적용할 수 있습니다. 본 기능은 파워포인트 2019부터 사용할 수 있으며, 파워포인트 2016의 경우 페이드 기능을 적용하거나 재생만 가능합니다.

사용 가능 버전 ~~2010~~ ~~2013~~ ~~2016~~ 2019 2021 365
사용한 기능 모핑 전환

예제 파일 Powerpoint\Chapter 02\모핑효과.pptx
완성 파일 Powerpoint\Chapter 02\모핑효과_완성.pptx

1. 여기서는 텍스트가 커지는 모핑 효과를 적용해 보겠습니다. 모핑 효과를 적용하려면 동일한 내용이 작성된 2개의 슬라이드가 필요합니다. 슬라이드 미리 보기 창에서 슬라이드를 마우스 오른쪽 버튼으로 클릭한 후 [슬라이드 복제]를 선택합니다.

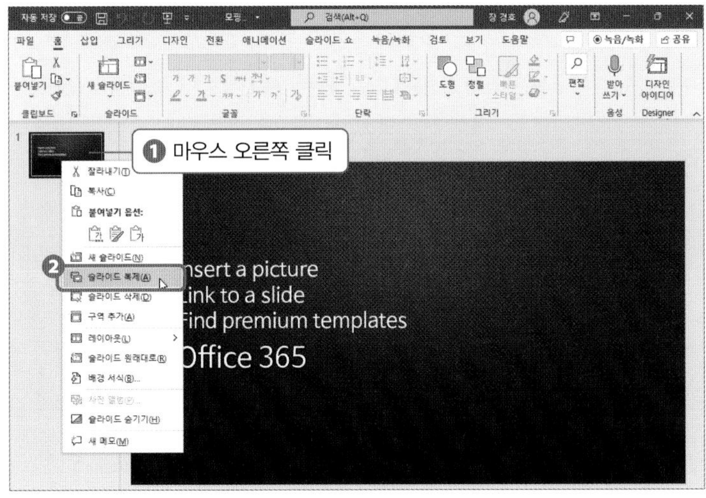

2. 슬라이드가 복제되면 두 번째 슬라이드를 선택한 후 텍스트 개체 틀을 클릭합니다. [홈] 탭-[글꼴] 그룹-[글꼴 크기 크게]를 다섯 번 클릭합니다. 글꼴 크기가 커집니다.

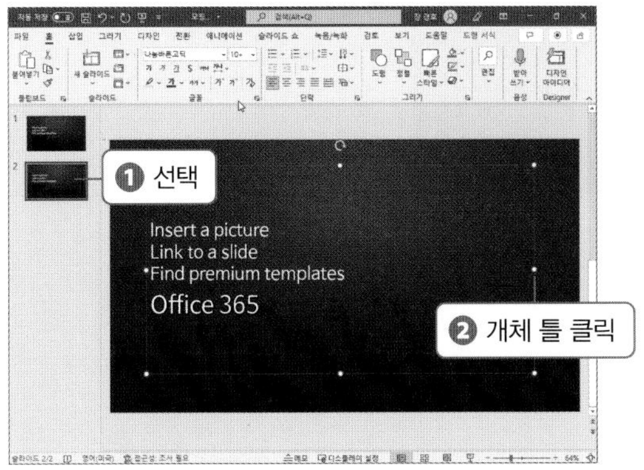

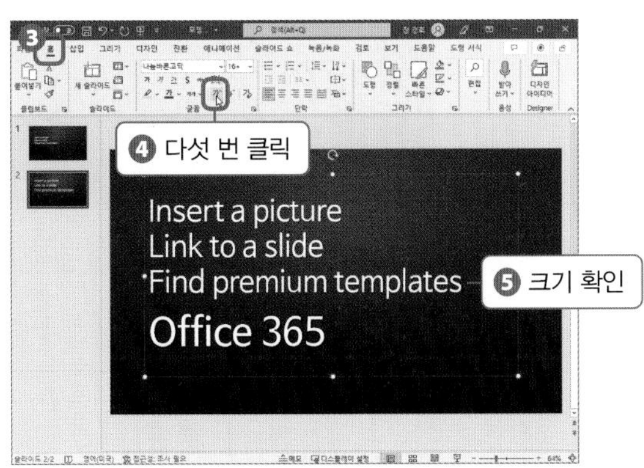

3. [전환] 탭–[슬라이드 화면 전환] 그룹–[자세히](▾)를 클릭한 후 [모핑]을 선택합니다.

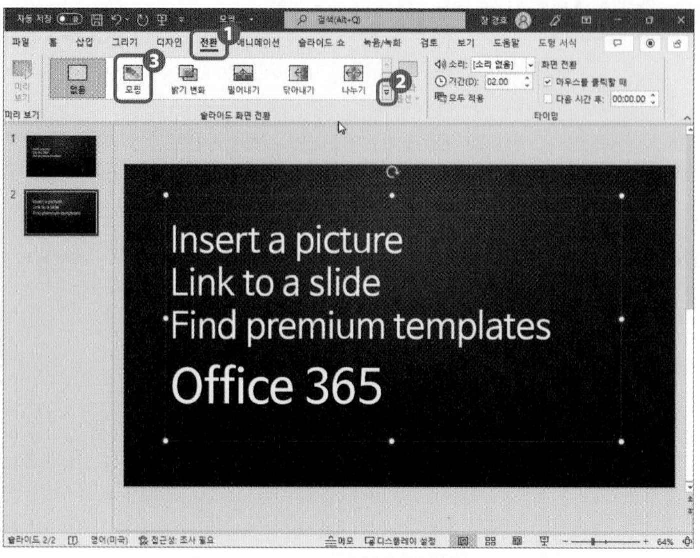

✓ TIP 파워포인트 2019 이하의 버전에서는 [모핑] 기능 대신 [페이드 전환]이라는 기능이 존재합니다. 이를 이용해 모핑과 비슷한 기능을 적용할 수 있습니다.

4. [전환] 탭–[미리 보기] 그룹–[미리 보기]를 클릭합니다. 모핑 효과가 적용된 것을 확인할 수 있습니다.

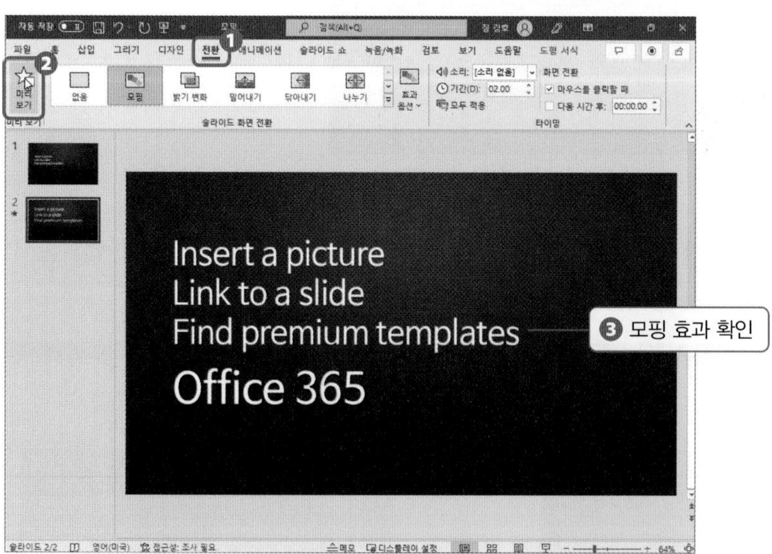

5. 이번에는 단어나 문자에 모핑 효과를 적용해 보겠습니다. 두 번째 슬라이드를 마우스 오른쪽 버튼으로 클릭한 후 [슬라이드 복제]를 선택합니다.

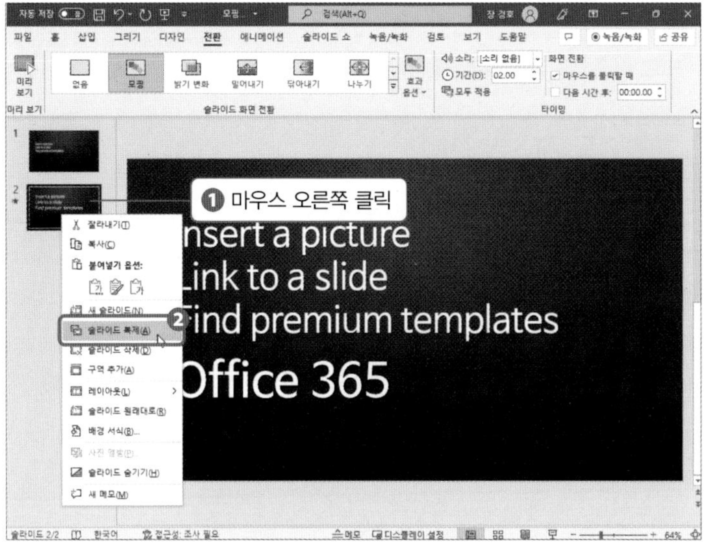

6. 슬라이드가 복제되면 세 번째 슬라이드를 선택하고 텍스트를 수정합니다. 여기서는 'Office 365'라는 단어를 'Microsoft 365'로 수정합니다.

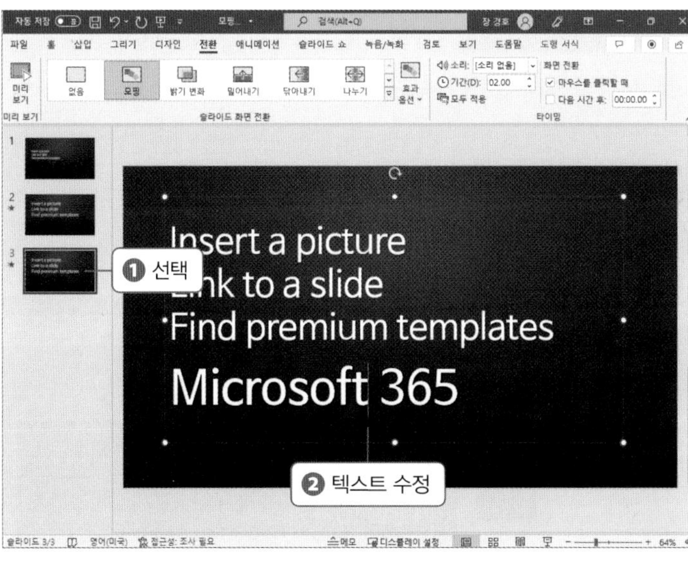

7. [전환] 탭-[슬라이드 화면 전환] 그룹-[효과 옵션]을 클릭합니다. [단어]나 [문자]를 선택합니다. 모핑 효과가 적용된 것을 확인할 수 있습니다.

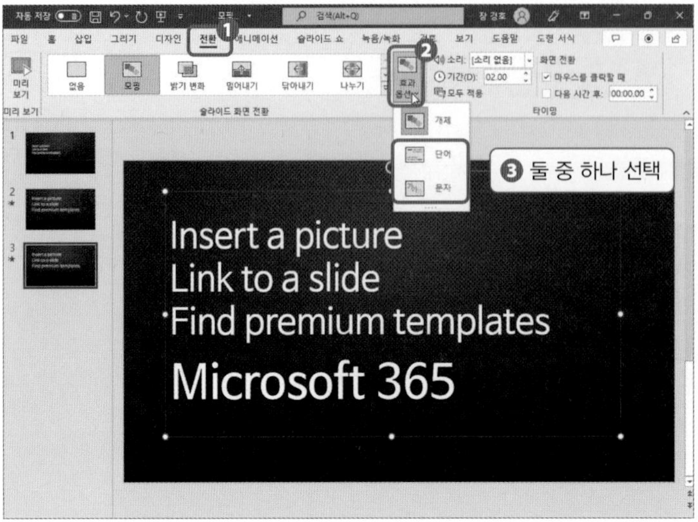

8. 모핑 효과를 사용하면 슬라이드 간의 원활한 이동에 애니메이션 효과를 줄 수 있습니다. 개체 전체에도 모핑 효과를 적용할 수 있지만, 단어나 문자별로도 모핑 효과를 적용할 수 있습니다. 미리 보기를 클릭하여 모핑 효과를 확인합니다.

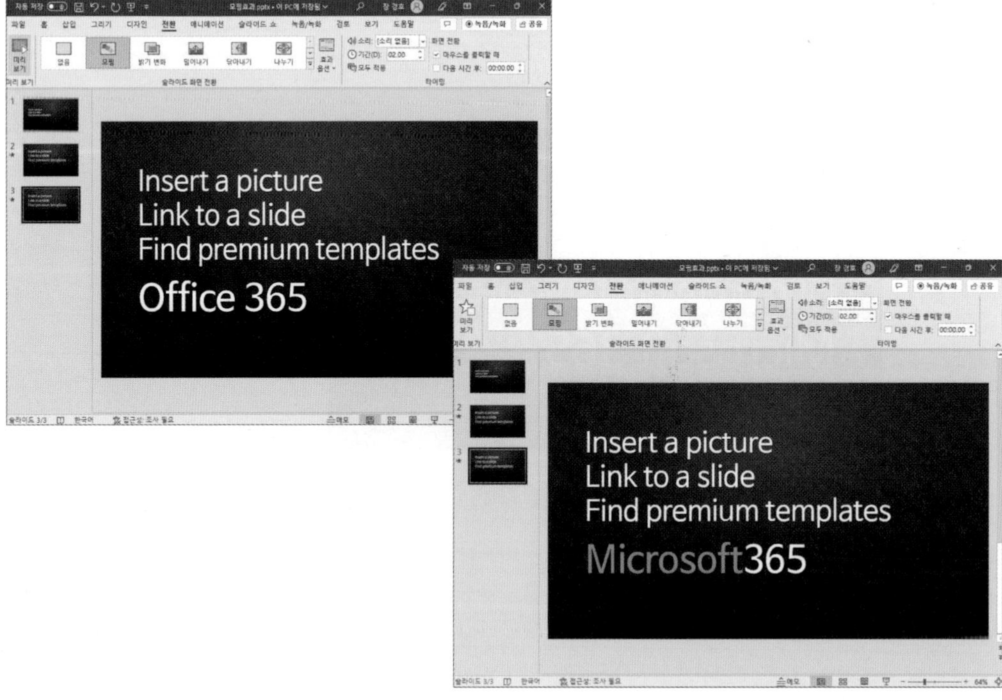

MEMO

파워포인트

프레젠테이션 활용 기술

사실, 파워포인트는 멀티미디어 프로그램입니다. 멀티미디어 기능을 이용하면 다이내믹한 슬라이드를 만들 수 있습니다. 텍스트만 잔뜩 있는 슬라이드보다 사진이나 그림, 또는, 음원이나 영상이 있는 슬라이드가 청중의 시선을 끌 수 있겠죠? 여기서는 파워포인트의 화려한 멀티미디어 기능에 대해서 살펴보겠습니다.

• 학습 내용

사용 기능	중요도	내용
PowerPoint Designer	★★★★☆	030 PowerPoint Designer로 전문가 슬라이드 만들기
이미지 복사, 붙여넣기	★★★☆☆	031 Google을 이용하여 이미지 출처나 유사한 이미지 알아내기
인쇄, 유인물, 3슬라이드	★★★☆☆	032 파워포인트에서 스토리보드 양식 만들기
표, 표 삽입	★★★★★	033 표 삽입하고 셀 추가하기
표 스타일 옵션	★★★☆☆	034 머리글 행, 요약 행 등을 통해 표 스타일 옵션 살펴보기
표 도구, 테이블 디자인	★★★☆☆	035 입체 효과가 나는 표 스타일로 변경하기
표 도구, 테이블 디자인	★★★☆☆	036 세로 테두리를 오픈하여 개방형 표 만들기
차트	★★★★★	037 엑셀 시트를 활용해 차트 삽입하고 디자인하기
차트, 차트 디자인, 차트 레이아웃	★★★☆☆	038 차트 스타일과 레이아웃, 데이터 요소로 차트 꾸미기
도형 스타일, 데이터 계열 서식	★★★☆☆	039 데이터 계열 서식 옵션 창을 통해 막대 모양 변경하기
차트 스타일, 차트 요소	★★★☆☆	040 차트 요소를 활용해 입체 차트 만들기
발표자 도구, 발표자 보기	★★★★☆	041 발표자 도구를 활용해 전문가 수준의 발표하기
슬라이드 쇼, 웹 형식으로 진행	★★★☆☆	042 웹 형식으로 슬라이드 쇼 진행하기
포인트 옵션, 레이저 포인터, 잉크 색	★★★☆☆	043 프레젠테이션 스크린에 레이저 기능 표시하기
오디오 도구, 소리 아이콘, 책갈피	★★★☆☆	044 음악 파일 삽입하고 특정 지점을 찾는 책갈피 추가하기
동영상 삽입 및 재생, 미디어 저장	★★★☆☆	045 동영상 파일 삽입하고 내 마음대로 편집하기
포스터 프레임	★★★☆☆	046 동영상에 표지를 만들어 주는 포스터 프레임
내보내기, 비디오 만들기	★★★☆☆	047 정적인 슬라이드 파일을 동적인 동영상 파일로 만들기
미디어 압축, 동영상 용량	★★★☆☆	048 파워포인트에 사용하기 적합한 비디오 호환성 적용하기
온라인 비디오, 유튜브	★★★☆☆	049 인기 있는 유튜브 영상을 파워포인트에 연결하기
화면 녹화 및 기록	★★★☆☆	050 화면 녹화 기능으로 슬라이드 화면 녹화하기

PowerPoint
030

중요도 ★★★★

PowerPoint Designer로 전문가 슬라이드 만들기

마이크로소프트 365로 파워포인트 작업을 하다 보면 새로운 이미지나 개체를 추가했을 때 디자인 아이디어 작업 창이 자동으로 나타나는 것을 확인할 수 있습니다. 전문가 수준의 슬라이드 디자인을 완성하고 싶다면 이 기능을 활용해 보세요.

사용 가능 버전 2010 2013 2016 2019 2021 365
사용한 기능 PowerPoint Designer

예제 파일 Powerpoint\Chapter 03\제주도.pptx, 01~04.jpg
완성 파일 Powerpoint\Chapter 03\제주도_완성.pptx

1. 파워포인트를 실행하고 PowerPoint Designer를 활용하기 위해 이미지를 하나 추가해 보겠습니다. [삽입] 탭-[이미지] 그룹-[그림]-[이 디바이스]를 클릭합니다.

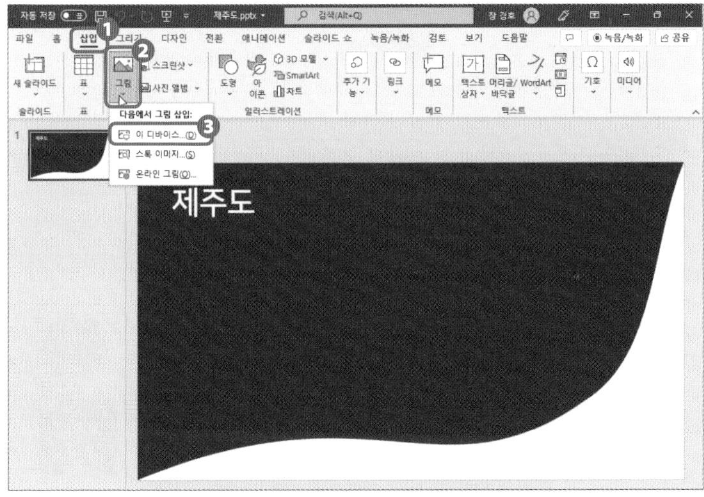

2. [그림 삽입] 대화상자가 나타나면 이미지 파일을 선택하고 [삽입]을 클릭합니다.

3. [디자인] 탭-[Designer] 그룹-[디자인 아이디어]를 클릭합니다. [디자인 아이디어] 옵션 창이 나타나면서 다양한 디자인이 표시됩니다. 원하는 디자인을 선택합니다.

✓TIP 이미지를 삽입하면 자동으로 [디자인 아이디어] 옵션 창이 나타날 수 있습니다.

4. 슬라이드에 디자인이 적용됩니다. 다른 이미지도 적용해 보기 위해 새 슬라이드를 추가하겠습니다. 슬라이드 미리 보기 창에서 첫 번째 슬라이드를 선택하고 Enter를 누릅니다.

5. 슬라이드가 추가되면 [삽입] 탭-[이미지] 그룹-[그림]-[이 디바이스]를 클릭합니다. [그림 삽입] 대화상자가 나타나면 이미지 파일을 선택하고 [삽입]을 클릭합니다.

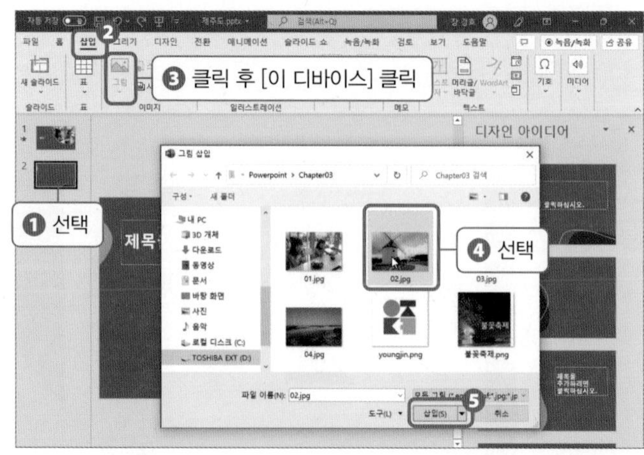

6. [디자인 아이디어] 옵션 창이 나타나면서 원하는 디자인을 선택합니다. 이처럼 다양한 디자인 슬라이드를 완성할 수 있습니다.

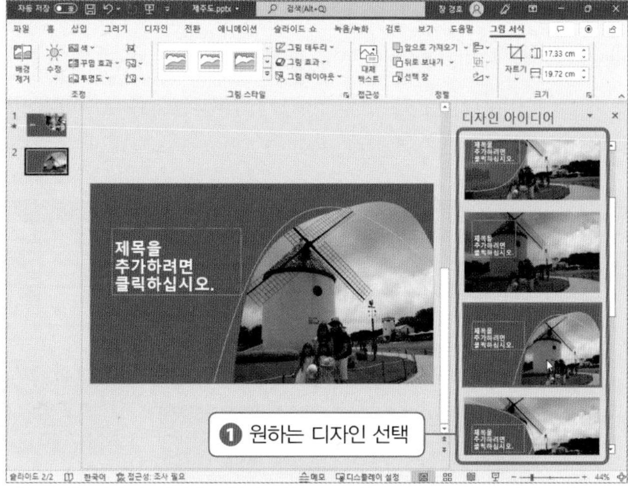

7. 첫 번째 슬라이드를 다시 선택한 후 이번에는 두 장의 이미지를 삽입해 보겠습니다. 슬라이드에서 이미지가 한 장일 때와 두 장일 때 그리고 그 이상일 때 모두 디자인 아이디어를 적용할 수 있습니다. [삽입] 탭-[이미지] 그룹-[그림]-[이 디바이스]를 클릭합니다.

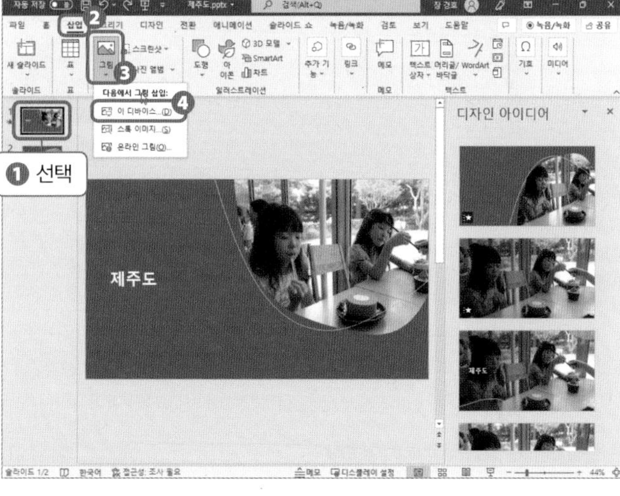

8. [그림 삽입] 대화상자가 나타나면 이미지 파일을 선택하고 [삽입]을 클릭합니다.

9. 원하는 디자인을 선택합니다. 파워포인트가 전문가 수준의 슬라이드 디자인을 보여주기에 편리하긴 하지만, 계속 표시되는 점이 불편할 수 있습니다. 이럴 때는 디자인 아이디가 표시되지 않도록 중지할 수 있습니다. [디자인] 탭-[Designer] 그룹-[디자인 아이디어]를 클릭하여 디자인 아이디어를 중지합니다.

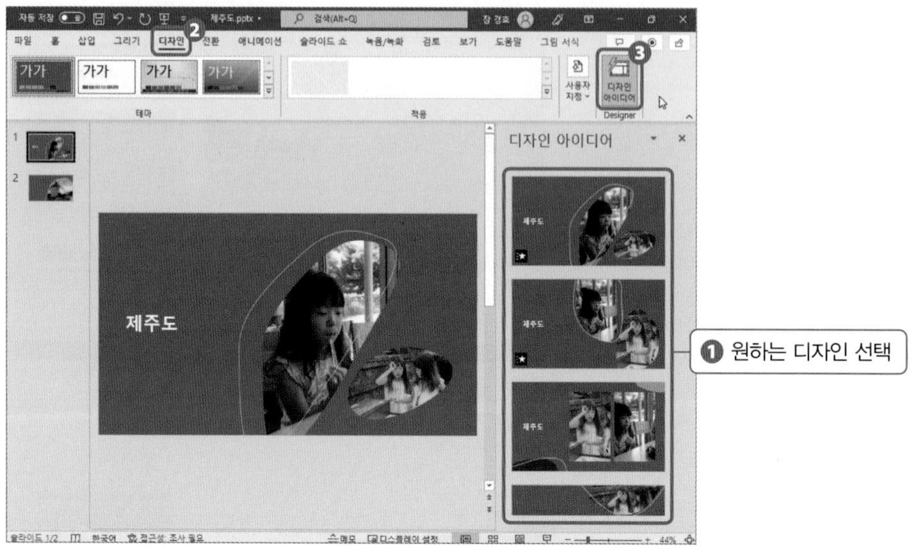

꼭 알고 가세요

디자인 아이디어 자동으로 표시하기

[파일] 탭을 클릭한 후 [옵션]을 클릭합니다. [PowerPoint 옵션] 대화상자가 나타나면 [일반] 탭-[디자인 아이디어를 자동으로 표시]에 체크합니다. 이미지를 삽입할 경우 언제든지 디자인 아이디어를 자동으로 불러올 수 있습니다.

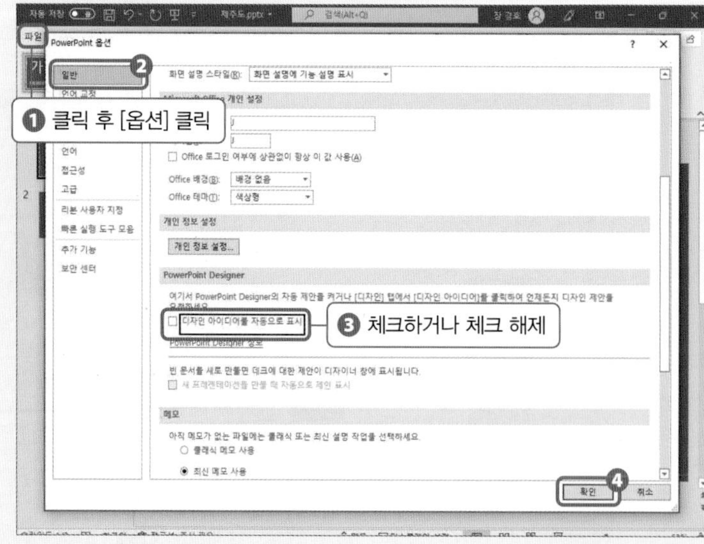

PowerPoint 031

중요도 ★★★★★

Google을 이용하여 이미지 출처나 유사한 이미지 알아내기

최근 저작권이 강화되어 외부로 배포되는 이미지의 경우에는 저작권 등에 문제가 없도록 출처 표시하거나 저작권에 문제가 없는 이미지를 사용하는 것이 중요합니다. 만일, 이미지의 출처를 알지 못한다면 어떨까요? 구글을 통하면 이미지 출처를 파악하는 일도 쉽게 할 수 있습니다.

사용 가능 버전 2010 2013 2016 2019 2021 365
사용한 기능 구글, 이미지 복사, 붙여넣기
예제 파일 Powerpoint\Chapter 03\youngjin.png
완성 파일 없음

1. 먼저 'http://images.google.com'에 접속한 후 [이미지로 검색]을 클릭합니다.

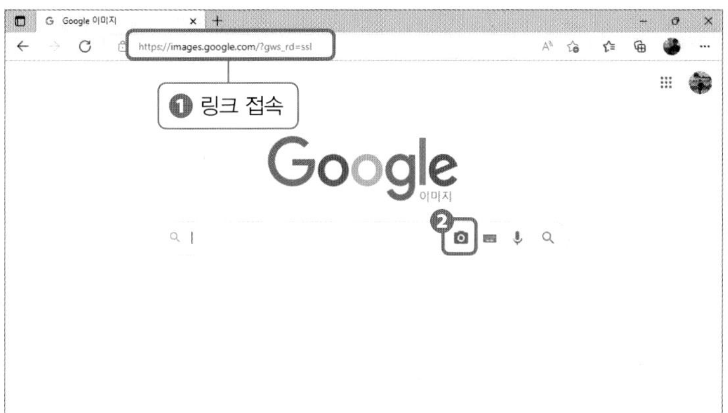

✓ TIP 인터넷에서 다운로드받은 이미지나 내 컴퓨터에 저장된 이미지가 어떤 경로를 가지고 저장되었는지 알고 싶거나, 이미지를 가져온 인터넷 주소를 표시하고 싶을 때 이미지를 검색하는 것만으로도 확인할 수 있습니다.

2. [이미지 업로드]-[파일 선택]을 클릭하여 이미지 출처를 알고 싶은 이미지를 추가합니다. 여기서는 'youngjin.png' 파일을 선택하고 [열기]를 클릭합니다. 잠시 후 유사한 이미지와 함께 이미지가 포함된 링크가 표시됩니다.

파일 : youngjin.png

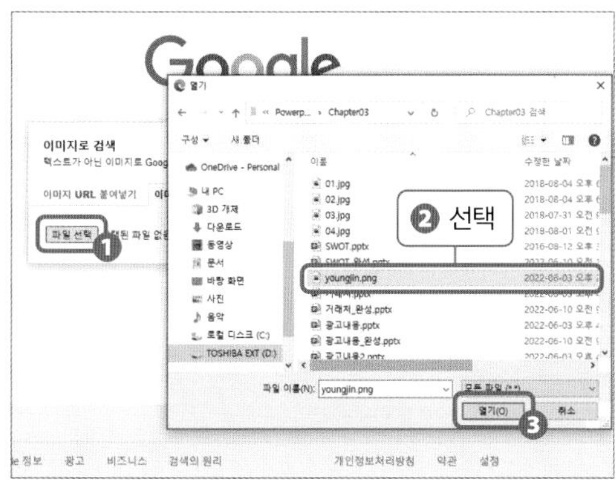

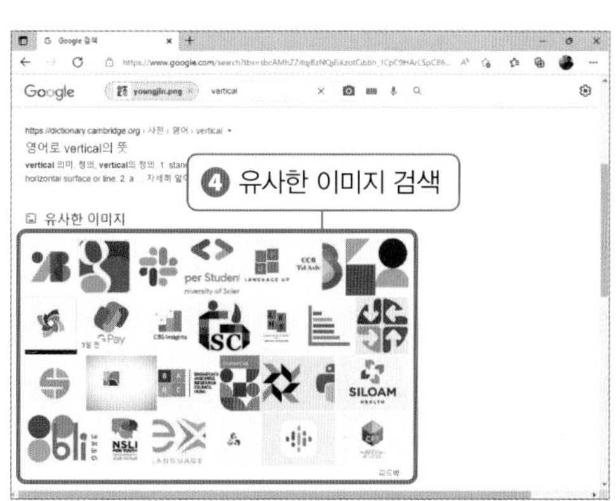

PowerPoint 032

중요도 ★★★★★

파워포인트에서 스토리보드 양식 만들기

스토리보드(StoryBoard)란, 슬라이드를 디자인하기 전에 시나리오를 바탕으로 청중이 알기 쉽도록 슬라이드를 스케치하는 작업으로, 발표할 내용을 실제 슬라이드로 옮기기 직전에 미리 작성해 보는 문서를 말합니다. 사실, 파워포인트에서 스토리보드 양식을 만들 수 있지만 가장 좋은 방법은 별다른 양식 없이 A4 용지 등을 이용해 빠르게 작업하는 것입니다. 하지만 보다 편하게 스토리보드를 활용하고 싶다면 파워포인트의 유인물 기능을 이용하는 것이 좋습니다.

사용 가능 버전 2010 2013 2016 2019 2021 365
사용한 기능 인쇄, 유인물, 3슬라이드

예제 파일 없음
완성 파일 없음

1. 파워포인트를 실행하고 슬라이드 미리 보기 창에서 첫 번째 슬라이드를 선택한 후 Ctrl+D를 여러 번 눌러 빈 슬라이드를 몇 개 생성합니다.

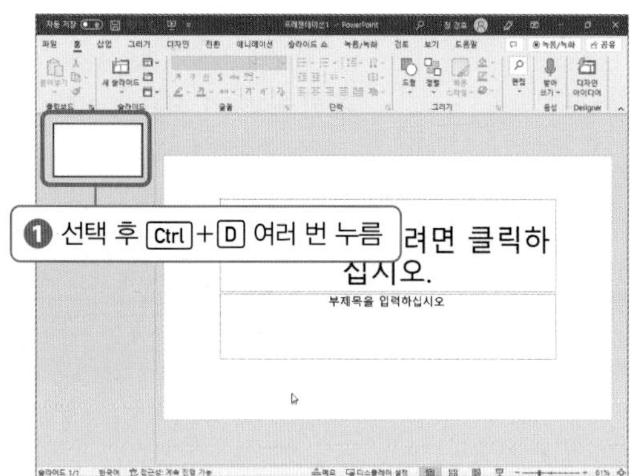

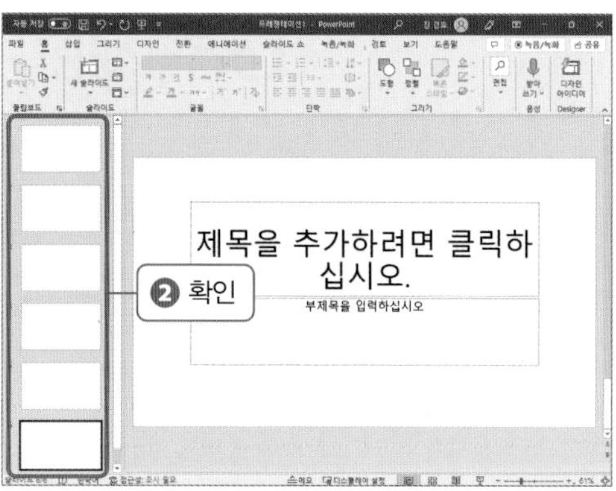

2. [파일] 탭-[인쇄]를 클릭합니다. [인쇄] 창이 나타나면 [전체 페이지 슬라이드]-[유인물]-[3슬라이드]를 클릭합니다.

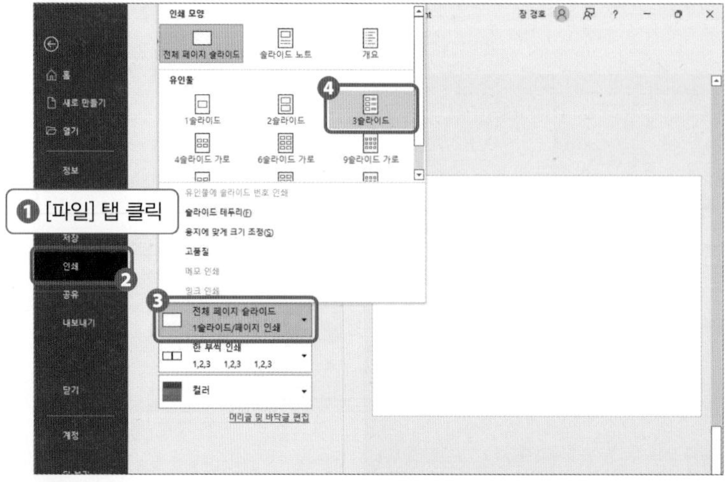

3. 미리 보기 화면에 3장으로 구성된 스토리보드 양식이 완성됩니다. [프린터]를 클릭해 내 컴퓨터에 연결된 프린트를 선택하고 [인쇄]를 클릭합니다.

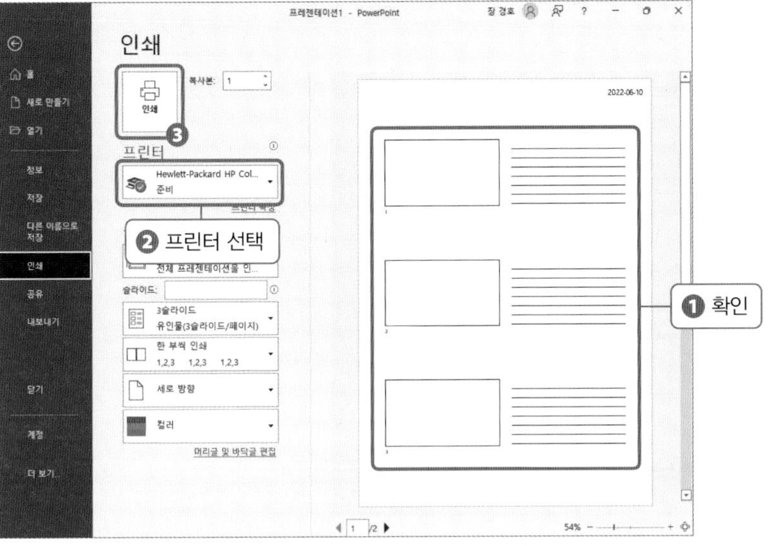

✓ TIP 인쇄 기능은 426페이지에서 자세히 다루고 있습니다.

꼭 알고 가세요

파워포인트로 스토리보드 만들기

스토리보드는 스토리의 내용을 쉽게 이해할 수 있도록 주요 장면을 그림으로 그리고 내용을 정리한 계획표입니다. 프레젠테이션을 진행할 때도 스토리보드를 통해 슬라이드의 전체 윤곽을 잡을 수가 있는 데 그 형식과 용도에 따라 다양한 형식으로 작성할 수 있습니다.

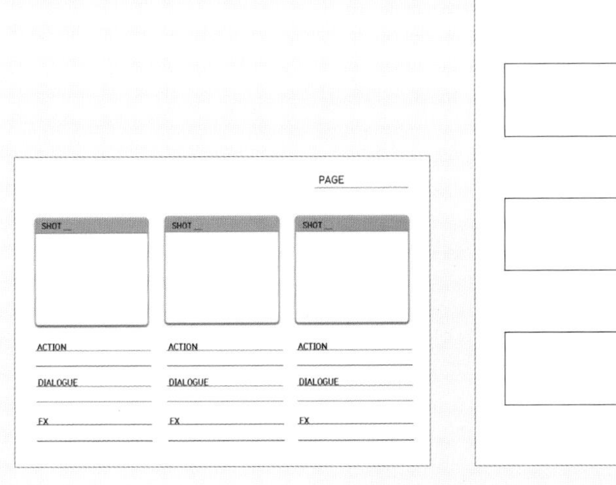

PowerPoint 033

표 삽입하고 셀 추가하기

중요도 ★★★★★

표 삽입에는 '모형대로 표 삽입, 행과 열을 입력하여 표 삽입, 표 그리기, Excel 스프레드시트로 표 작성하기'의 4가지 방법이 있습니다.

사용 가능 버전 2010 2013 2016 2019 2021 365
사용한 기능 표, 표 삽입, 표 그리기, Excel 스프레드시트
예제 파일 Powerpoint\Chapter 03\모집안내.pptx
완성 파일 Powerpoint\Chapter 03\모집안내_완성.pptx

1. 먼저, 모형대로 표 삽입을 해보겠습니다. [삽입] 탭–[표] 그룹–[표]를 클릭합니다. 표 삽입 셀이 나타나면 포인터를 이동하여 원하는 행 및 열 개수를 드래그하여 선택합니다. 슬라이드 편집 창에 표가 표시됩니다.

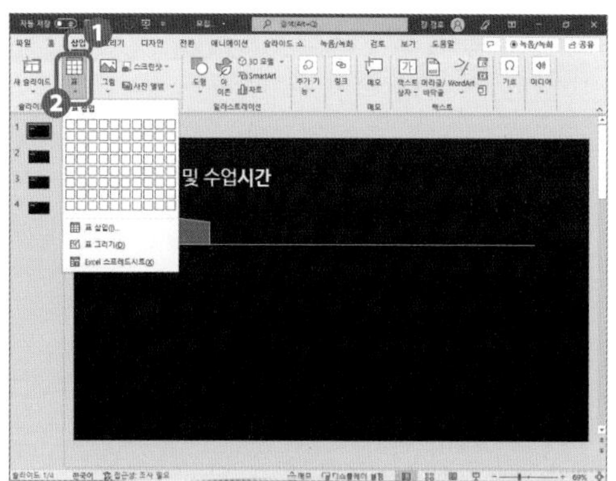

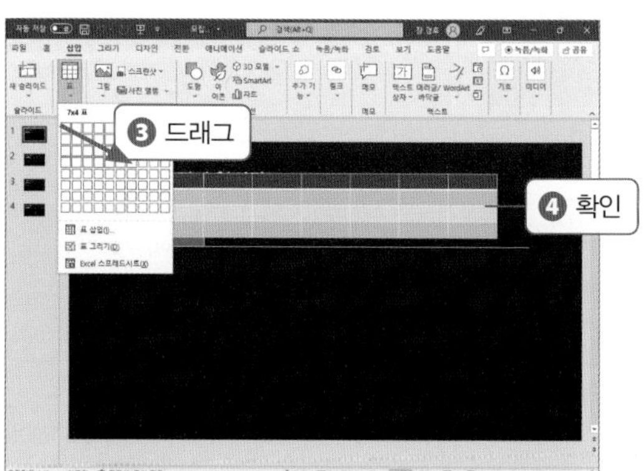

2. 선택한 행과 열 개수로 이루어진 표가 삽입됩니다. 표가 삽입되면 표의 위치와 크기를 조정하여 완성합니다.

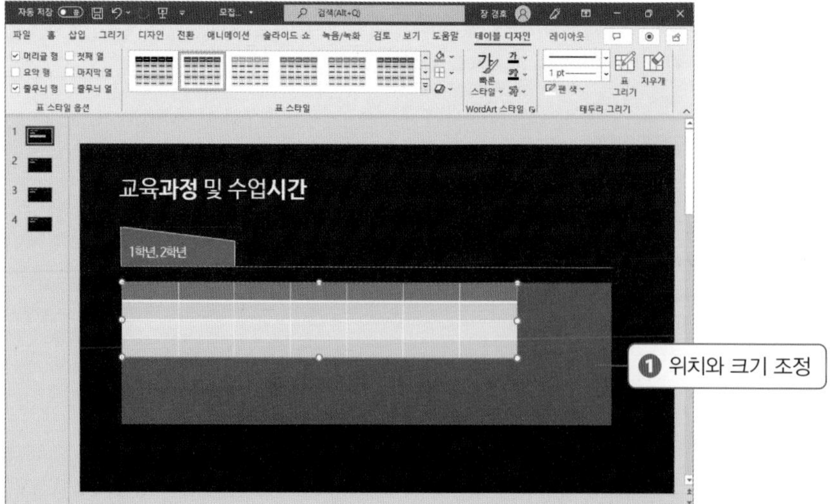

3. 이번에는 행과 열을 입력하여 표 삽입을 해보겠습니다. 두 번째 슬라이드를 선택하고 [삽입] 탭-[표] 그룹-[표]를 클릭하여 나타나는 메뉴 중 [표 삽입]을 클릭하여 [표 삽입] 대화상자를 불러옵니다. 그런 다음 [열 개수] 및 [행 개수]에 숫자를 입력합니다.

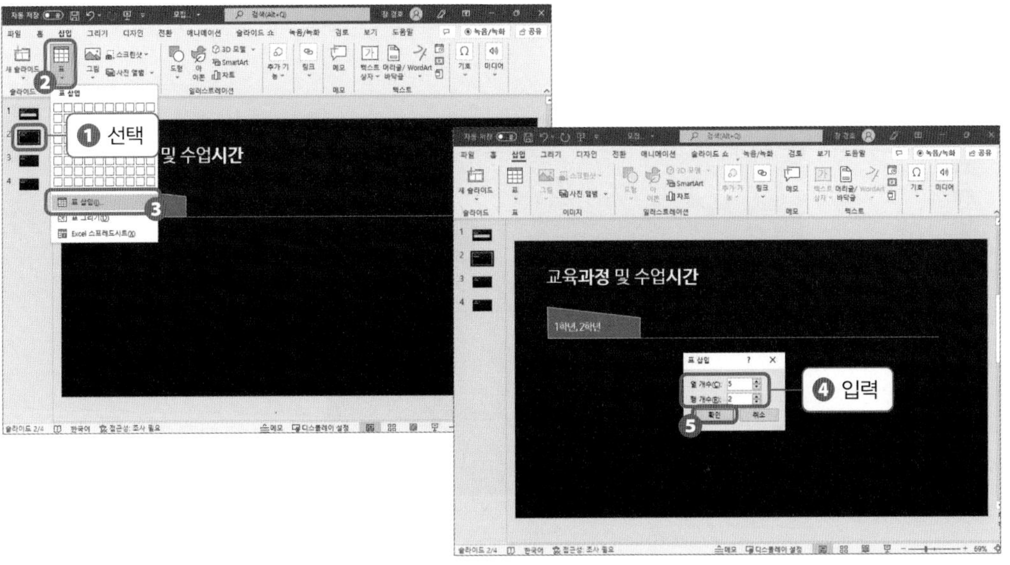

4. 이번에는 표 그리기로 표를 삽입해 보겠습니다. 슬라이드 편집 창에서 그림을 그리듯 마우스를 드래그하여 원하는 크기로 열과 행 개수를 가진 표를 그릴 수 있습니다. 세 번째 슬라이드를 선택하고 [삽입] 탭-[표] 그룹-[표]-[표 그리기]를 클릭합니다. 마우스 포인터가 ✎ 모양으로 변경되면 먼저 표의 전체 윤곽선을 그리기 위해 원하는 표의 크기만큼 드래그합니다. 그리고, 마우스 포인터(✎)를 활용해 그림 그리듯 표를 그려줍니다.

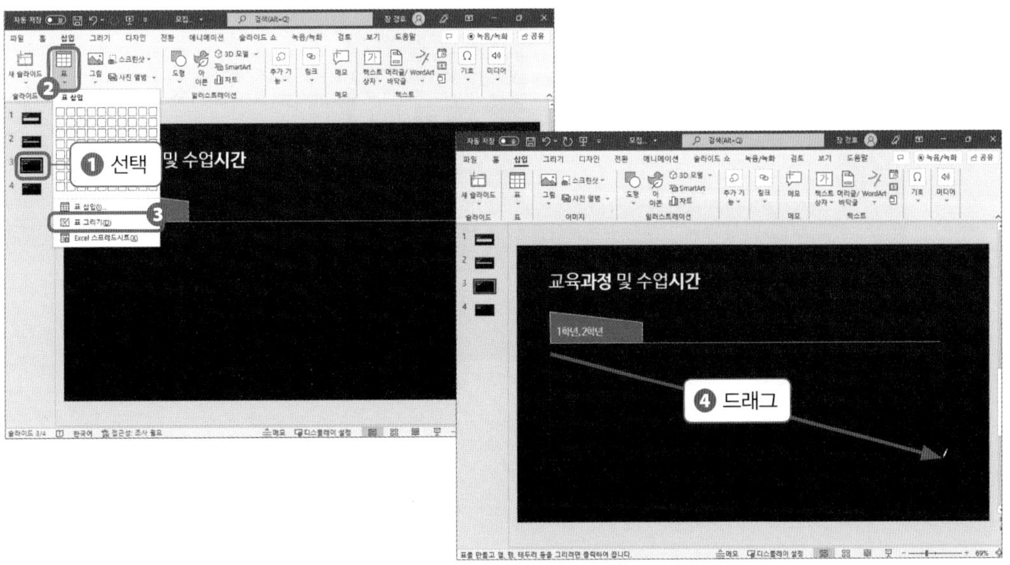

5. 마지막으로 파워포인트에서 엑셀의 워크시트를 이용하여 표를 만들거나 기존에 작성한 표를 복사하여 파워포인트에 넣을 수 있습니다. 네 번째 슬라이드를 선택하고 [삽입] 탭-[표] 그룹-[표]-[Excel 스프레드시트]를 클릭합니다.

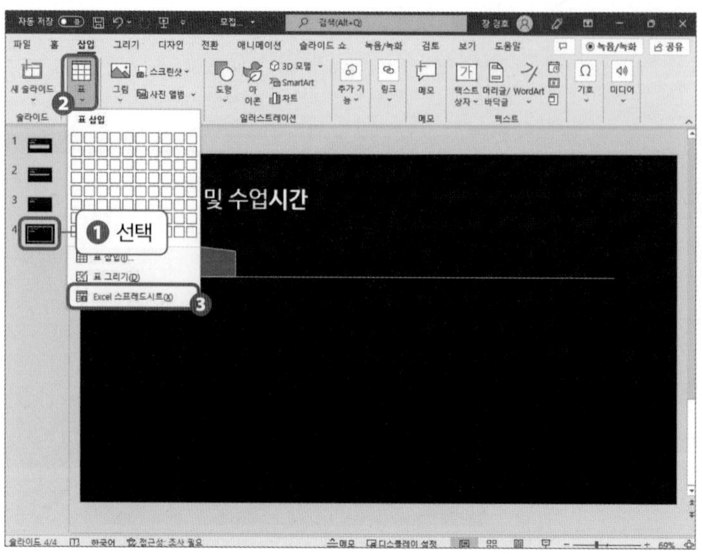

6. 잠시 후 워크시트를 작성할 수 있는 엑셀이 실행됩니다. 엑셀 워크시트를 활용해 원하는 만큼 표를 작성한 후 파워포인트 작업 창 아무 곳이나 클릭하면 됩니다.

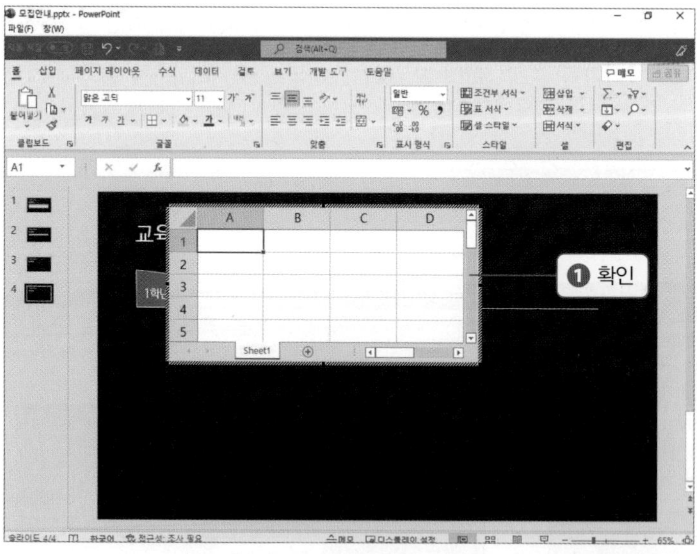

PowerPoint 034

중요도 ★★★

머리글 행, 요약 행 등을 통해 표 스타일 옵션 살펴보기

[표 스타일 옵션] 그룹을 이용하면 머리글 행이나 요약 행 등 행이나 열의 특정 부분을 쉽게 강조할 수 있습니다.

사용 가능 버전 2010 2013 2016 2019 2021 365
사용한 기능 표 스타일 옵션

예제 파일 Powerpoint\Chapter 03\거래처.pptx
완성 파일 Powerpoint\Chapter 03\거래처_완성.pptx

1. [표 스타일 옵션] 그룹을 통해 표 스타일을 새롭게 지정할 수 있습니다. 표를 선택하면 나타나는 [테이블 디자인] 탭–[표 스타일 옵션] 그룹에서 모든 체크 표시를 없앱니다. 참고로, 예제 파일에는 표 스타일 옵션이 지정되어 있지 않습니다.

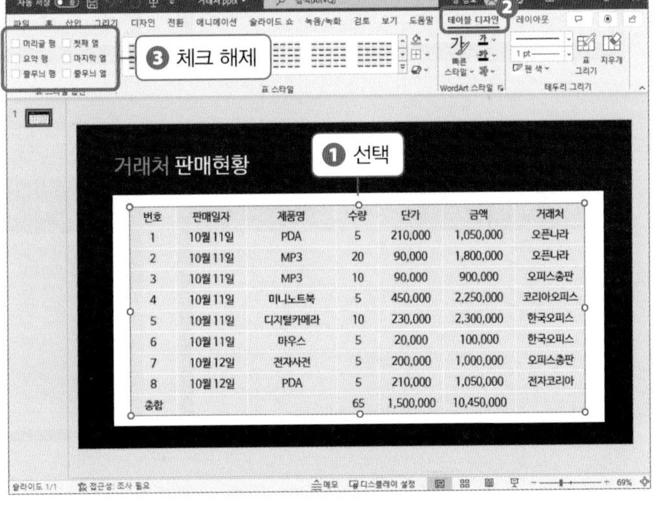

2. [머리글 행]과 [요약 행]에 체크합니다. 그리고, [첫째 열]과 [줄무늬 행]도 체크합니다. 표에 표 스타일이 지정되는 것을 확인할 수 있습니다.

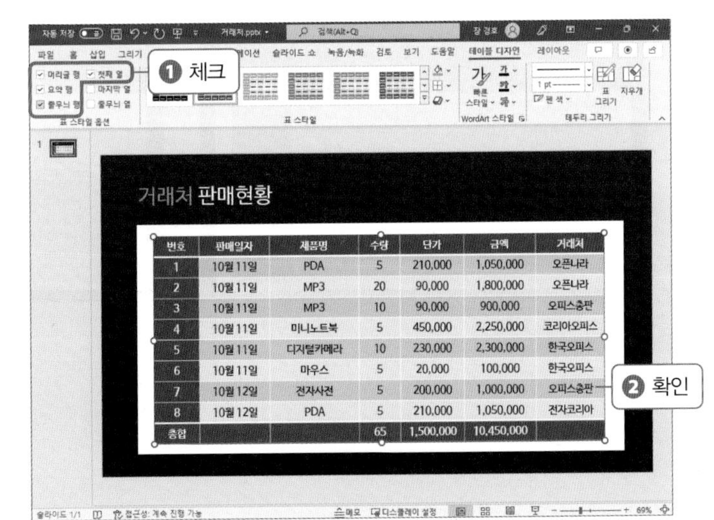

꼭 알고 가세요

표 스타일 옵션

표 스타일 옵션의 머리글 행, 요약 행, 줄무늬 행 등을 통해 표를 간단하게 꾸밀 수 있습니다.

• 머리글 행 : 표의 첫 번째 행을 강조합니다.

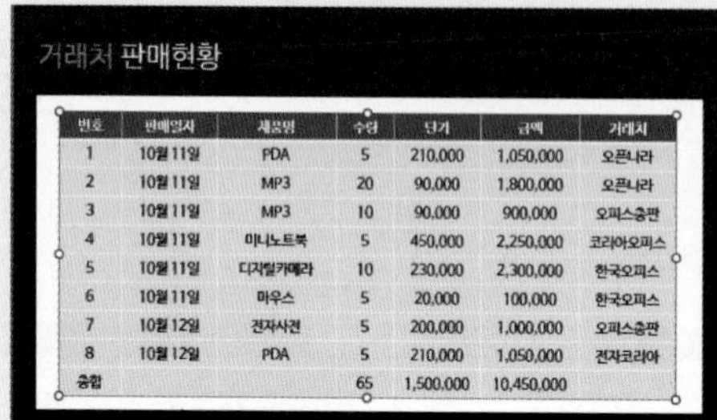

번호	판매일자	제품명	수량	단가	금액	거래처
1	10월 11일	PDA	5	210,000	1,050,000	오픈나라
2	10월 11일	MP3	20	90,000	1,800,000	오픈나라
3	10월 11일	MP3	10	90,000	900,000	오피스총판
4	10월 11일	미니노트북	5	450,000	2,250,000	코리아오피스
5	10월 11일	디지털카메라	10	230,000	2,300,000	한국오피스
6	10월 11일	마우스	5	20,000	100,000	한국오피스
7	10월 12일	전자사전	5	200,000	1,000,000	오피스총판
8	10월 12일	PDA	5	210,000	1,050,000	전자코리아
총합			65	1,500,000	10,450,000	

• 요약 행 : 표의 마지막 행을 강조합니다.

거래처 판매현황

번호	판매일자	제품명	수량	단가	금액	거래처
1	10월 11일	PDA	5	210,000	1,050,000	오픈나라
2	10월 11일	MP3	20	90,000	1,800,000	오픈나라
3	10월 11일	MP3	10	90,000	900,000	오피스총판
4	10월 11일	미니노트북	5	450,000	2,250,000	코리아오피스
5	10월 11일	디지털카메라	10	230,000	2,300,000	한국오피스
6	10월 11일	마우스	5	20,000	100,000	한국오피스
7	10월 12일	전자사전	5	200,000	1,000,000	오피스총판
8	10월 12일	PDA	5	210,000	1,050,000	전자코리아
총합			65	1,500,000	10,450,000	

• 줄무늬 행 : 대체 줄무늬 행을 표시합니다.

거래처 판매현황

번호	판매일자	제품명	수량	단가	금액	거래처
1	10월 11일	PDA	5	210,000	1,050,000	오픈나라
2	10월 11일	MP3	20	90,000	1,800,000	오픈나라
3	10월 11일	MP3	10	90,000	900,000	오피스총판
4	10월 11일	미니노트북	5	450,000	2,250,000	코리아오피스
5	10월 11일	디지털카메라	10	230,000	2,300,000	한국오피스
6	10월 11일	마우스	5	20,000	100,000	한국오피스
7	10월 12일	전자사전	5	200,000	1,000,000	오피스총판
8	10월 12일	PDA	5	210,000	1,050,000	전자코리아
총합			65	1,500,000	10,450,000	

• 첫째 열 : 표의 첫 번째 열을 강조합니다.

거래처 판매현황

번호	판매일자	제품명	수량	단가	금액	거래처
1	10월 11일	PDA	5	210,000	1,050,000	오픈나라
2	10월 11일	MP3	20	90,000	1,800,000	오픈나라
3	10월 11일	MP3	10	90,000	900,000	오피스총판
4	10월 11일	미니노트북	5	450,000	2,250,000	코리아오피스
5	10월 11일	디지털카메라	10	230,000	2,300,000	한국오피스
6	10월 11일	마우스	5	20,000	100,000	한국오피스
7	10월 12일	전자사전	5	200,000	1,000,000	오피스총판
8	10월 12일	PDA	5	210,000	1,050,000	전자코리아
총합			65	1,500,000	10,450,000	

• 마지막 열 : 표의 마지막 열을 강조합니다.

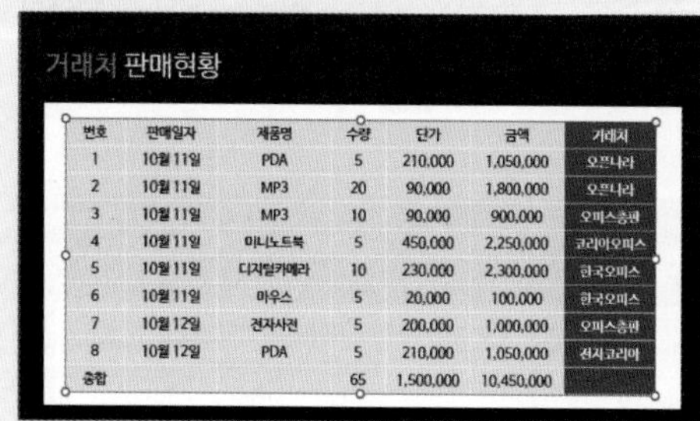

번호	판매일자	제품명	수량	단가	금액	거래처
1	10월 11일	PDA	5	210,000	1,050,000	오픈나라
2	10월 11일	MP3	20	90,000	1,800,000	오픈나라
3	10월 11일	MP3	10	90,000	900,000	오피스총판
4	10월 11일	미니노트북	5	450,000	2,250,000	코리아오피스
5	10월 11일	디지털카메라	10	230,000	2,300,000	한국오피스
6	10월 11일	마우스	5	20,000	100,000	한국오피스
7	10월 12일	전자사전	5	200,000	1,000,000	오피스총판
8	10월 12일	PDA	5	210,000	1,050,000	전자코리아
총합			65	1,500,000	10,450,000	

• 줄무늬 열 : 대체 줄무늬 열을 표시합니다.

거래처 판매현황

번호	판매일자	제품명	수량	단가	금액	거래처
1	10월 11일	PDA	5	210,000	1,050,000	오픈나라
2	10월 11일	MP3	20	90,000	1,800,000	오픈나라
3	10월 11일	MP3	10	90,000	900,000	오피스총판
4	10월 11일	미니노트북	5	450,000	2,250,000	코리아오피스
5	10월 11일	디지털카메라	10	230,000	2,300,000	한국오피스
6	10월 11일	마우스	5	20,000	100,000	한국오피스
7	10월 12일	전자사전	5	200,000	1,000,000	오피스총판
8	10월 12일	PDA	5	210,000	1,050,000	전자코리아
총합			65	1,500,000	10,450,000	

PowerPoint 035

입체 효과가 나는 표 스타일로 변경하기

중요도 ★★★☆☆

여기서는 비주얼한 표를 작성하기 위해 입체 효과를 지정하는 방법에 대해서 살펴보겠습니다.

사용 가능 버전 2010 2013 2016 2019 2021 365
사용한 기능 표 도구, 테이블 디자인

예제 파일 Powerpoint\Chapter 03\광고내용.pptx
완성 파일 Powerpoint\Chapter 03\광고내용_완성.pptx

1. 예제 파일을 열면 스타일이 적용된 표가 나타납니다. 표를 선택하고 [표 도구]–[디자인] 상황별 탭 또는, [테이블 디자인] 탭–[표 스타일] 그룹–[자세히](▼)를 클릭한 후 [스타일 없음, 눈금 없음]을 클릭합니다.

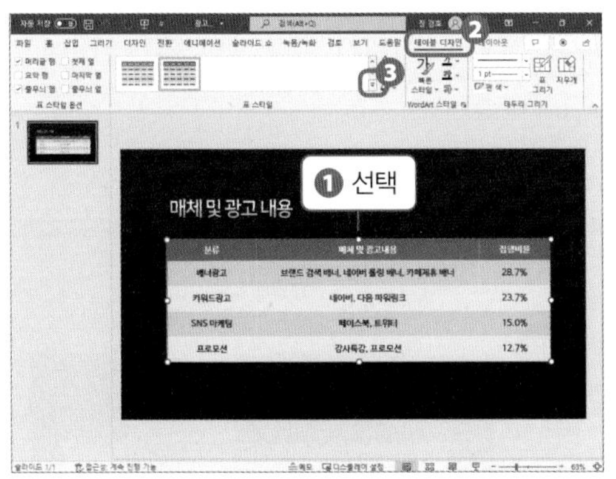

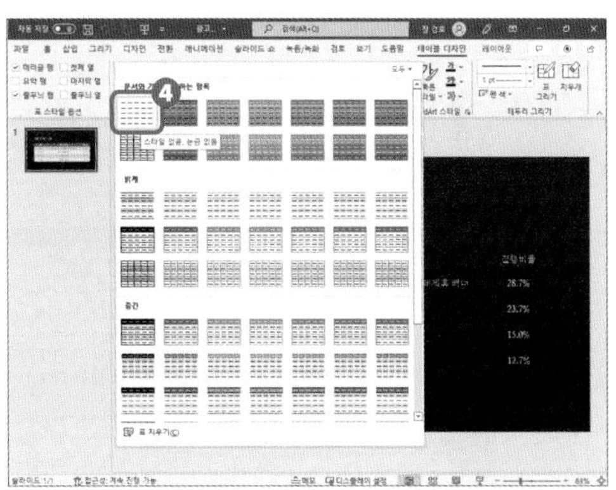

2. [음영]의 화살표를 클릭하고 [밤색, 강조 6, 80% 더 밝게]를 클릭합니다.

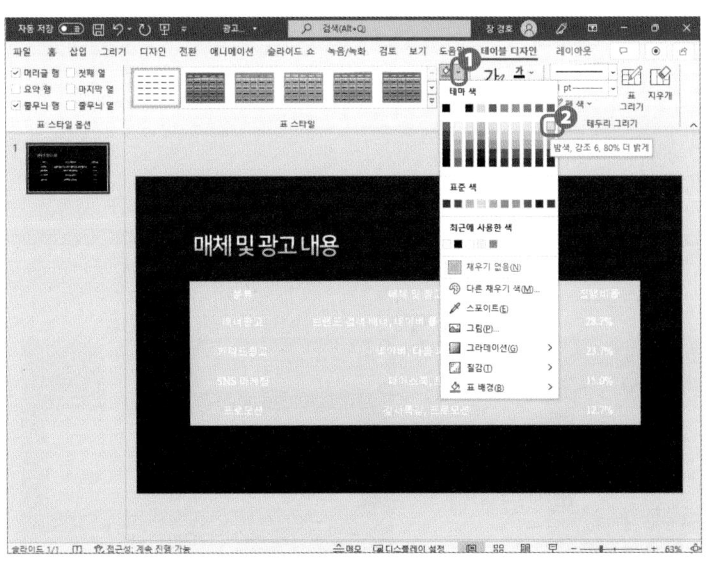

3. [홈] 탭-[글꼴] 그룹-[글꼴]의 화살표를 클릭한 후 [나눔바른고딕]을 클릭합니다. [글꼴 크기]에 『18』을 입력하고 [글꼴 색]의 화살표를 클릭한 후 [검정, 배경 1]을 클릭합니다.

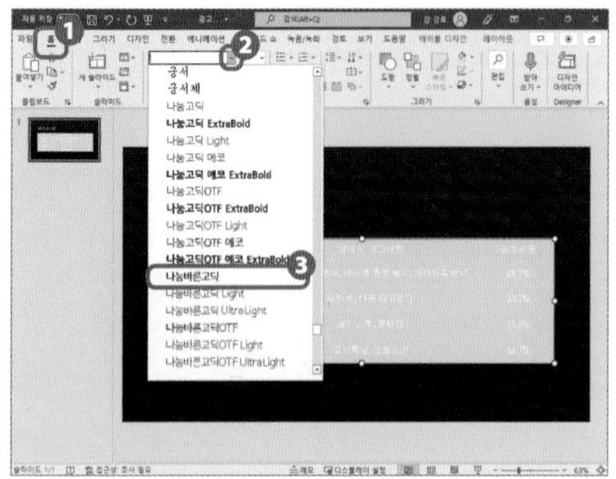

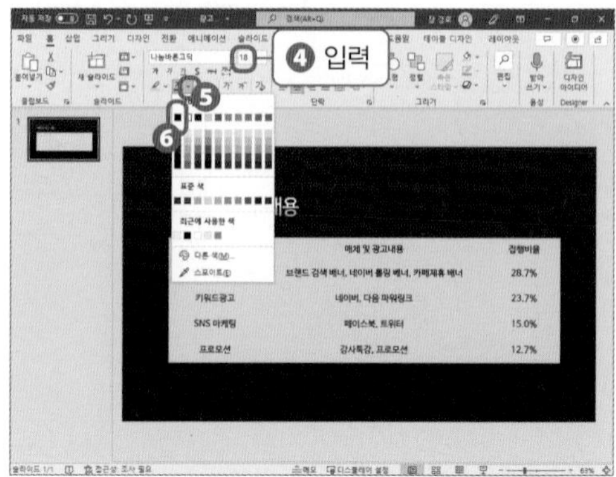

4. [표 도구]-[디자인] 상황별 탭 또는, [테이블 디자인] 탭-[테두리 그리기] 그룹-[펜 색]의 화살표를 클릭한 후 [흰색, 텍스트 1, 50% 더 어둡게]를 클릭합니다. [표 스타일] 그룹-[테두리]의 화살표를 클릭한 후 [모든 테두리]를 클릭합니다.

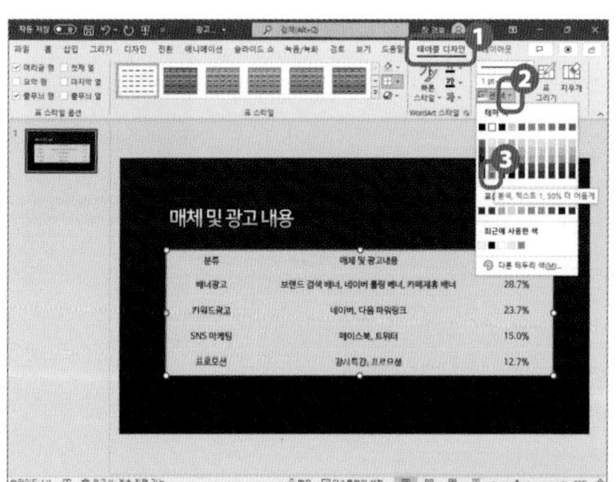

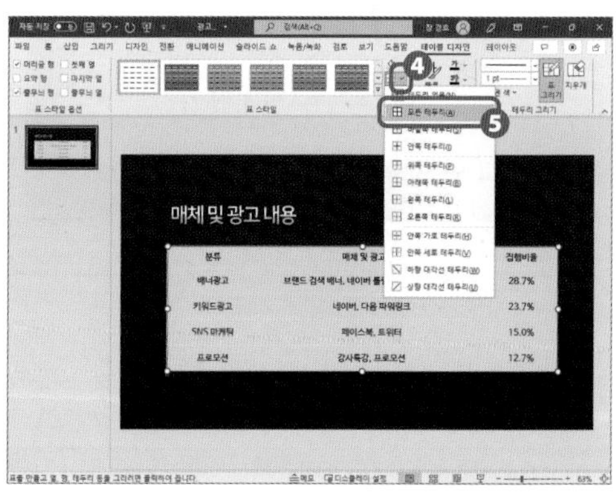

5. 표에 테두리가 새로 적용됩니다. 표에서 첫 번째 행을 드래그하여 선택하고 [테이블 디자인] 탭-[표 스타일] 그룹-[음영] 화살표를 클릭한 후 [흰색, 텍스트 1, 35% 더 어둡게]를 클릭합니다.

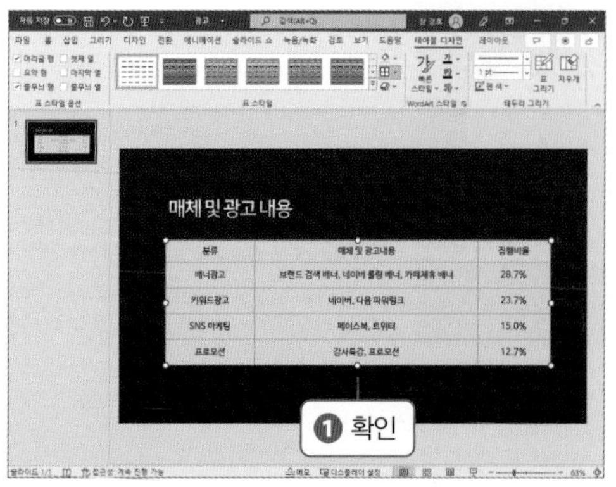

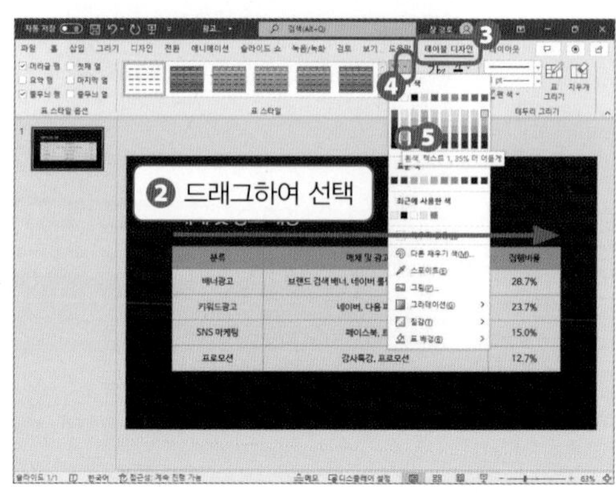

6. 이번에는 표 안의 셀을 강조하기 위해 세 번째 행을 드래그하여 선택하고 [표 스타일] 그룹-[음영] 화살표를 클릭한 후 [흰색, 텍스트 1, 5% 더 어둡게]를 클릭합니다. 마찬가지로 다섯 번째 행을 드래그하여 선택하고 [표 스타일] 그룹-[음영] 화살표를 클릭한 후 [흰색, 텍스트 1, 5% 더 어둡게]를 클릭합니다.

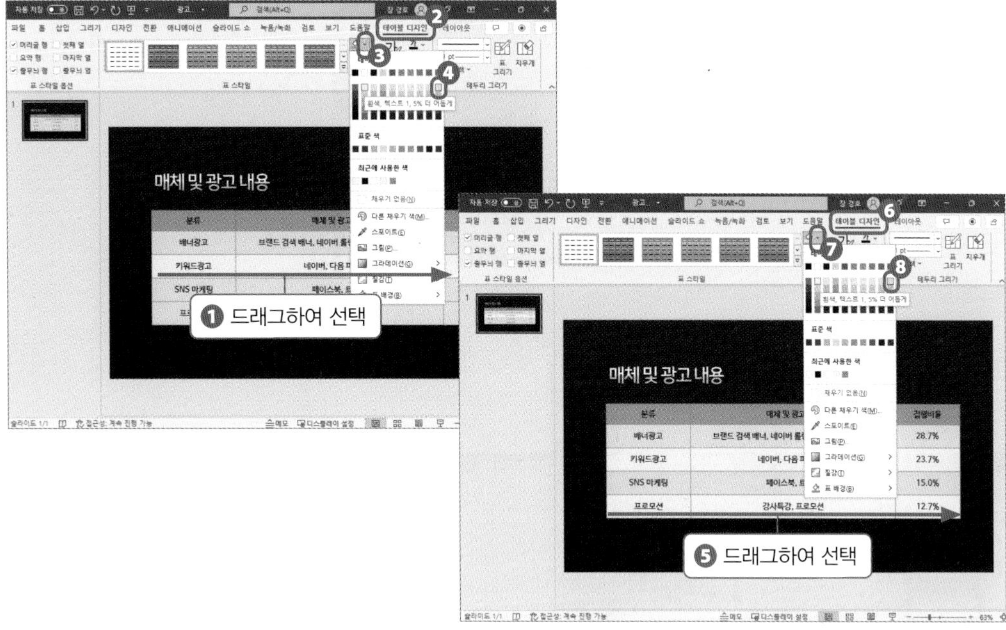

7. 표가 완성되면 입체적인 느낌을 내기 위해 자유형 도형을 삽입하겠습니다. [홈] 탭-[그리기] 그룹-[도형]-[선]-[자유형]을 클릭합니다.

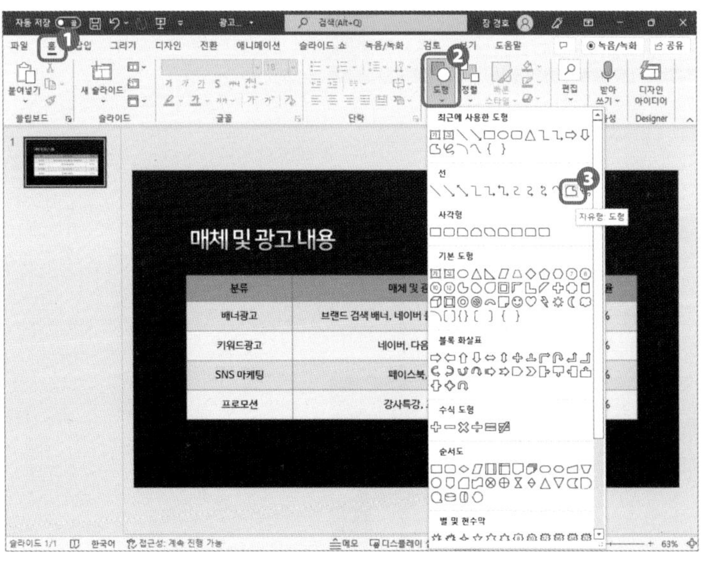

8. 마우스로 표의 상단에 입체 느낌이 날 수 있도록 각 모서리를 클릭하여 도형을 만들어 줍니다.

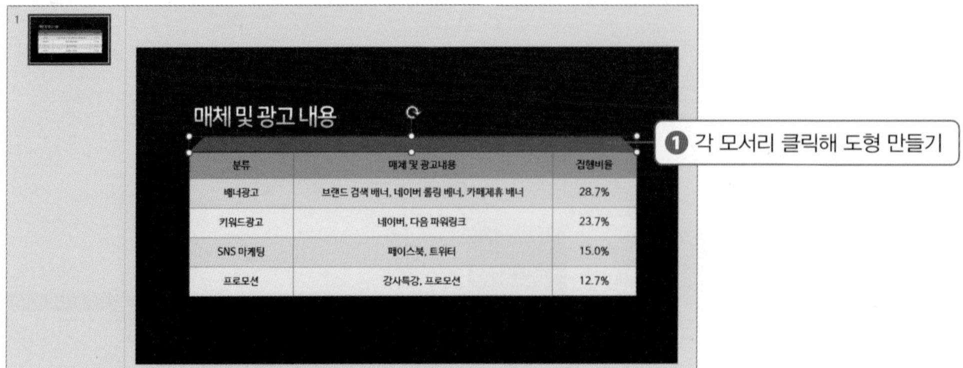

9. [그리기 도구]-[서식] 상황별 탭 또는, [도형 서식] 탭-[도형 스타일] 그룹-[도형 채우기]를 클릭한 후 [밝은 회색, 텍스트 2, 50% 더 어둡게]를 클릭합니다.

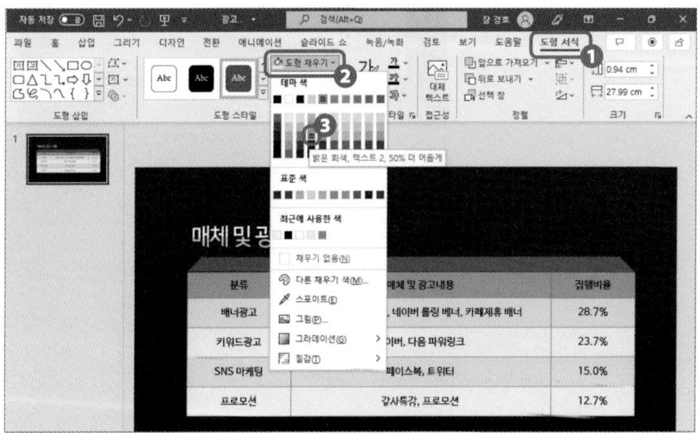

10. 입체 느낌이 나는 표가 완성됩니다.

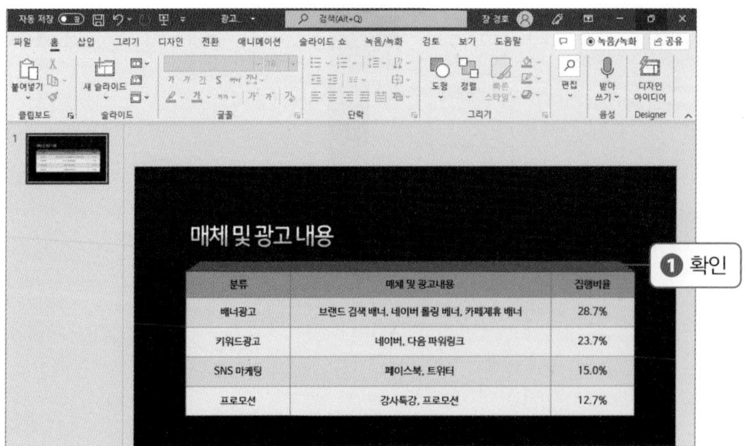

PowerPoint 036

세로 테두리를 오픈하여 개방형 표 만들기

중요도 ★★★★★

표의 세로 테두리를 막을 필요는 없습니다. 하지만, 세로 테두리 선이 많으면 표가 답답해 보일 수 있기에 세로 테두리를 오픈하여 시원하면서도 정돈된 보기 좋은 표를 만들어보기를 바랍니다.

사용 가능 버전 2010 2013 2016 2019 2021 365
사용한 기능 표 도구, 테이블 디자인
예제 파일 Powerpoint\Chapter 03\광고내용2.pptx
완성 파일 Powerpoint\Chapter 03\광고내용2_완성.pptx

1. 표를 선택하고 [표 도구]-[디자인] 상황별 탭 또는, [테이블 디자인] 탭-[테두리 그리기] 그룹-[지우개]를 클릭합니다. 마우스 포인터가 지우개(지우개 아이콘) 모양으로 변경되면 왼쪽 테두리와 오른쪽 테두리를 선택하여 테두리 선을 삭제합니다.

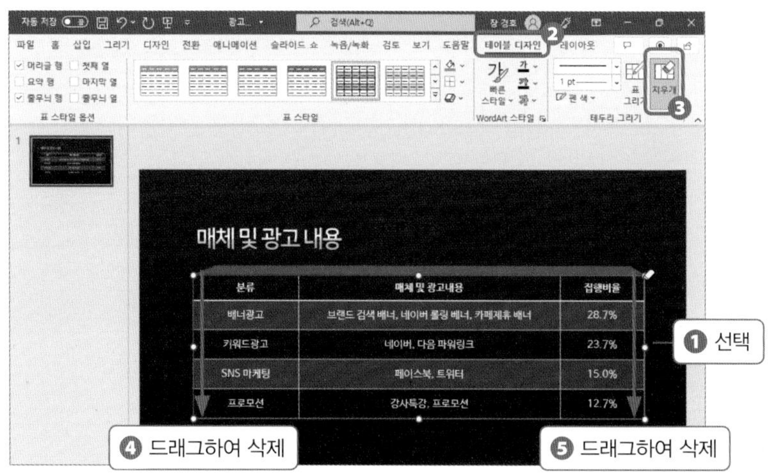

2. 표의 완성도를 높이기 위해 상단과 하단을 굵은 선으로 마무리하겠습니다. 표를 선택한 상태에서 [표 도구]-[디자인] 상황별 탭 또는, [테이블 디자인] 탭-[테두리 그리기] 그룹-[펜 두께]-[6 pt]를 클릭합니다.

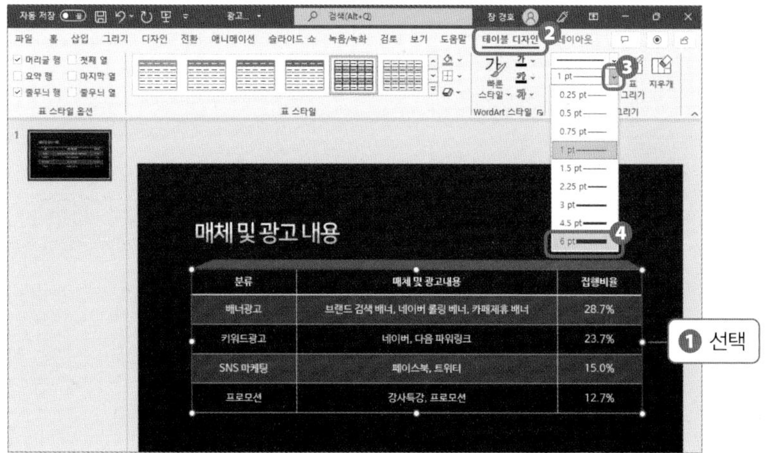

3. [표 스타일] 그룹-[테두리]를 클릭한 후 [위쪽 테두리]를 클릭합니다.

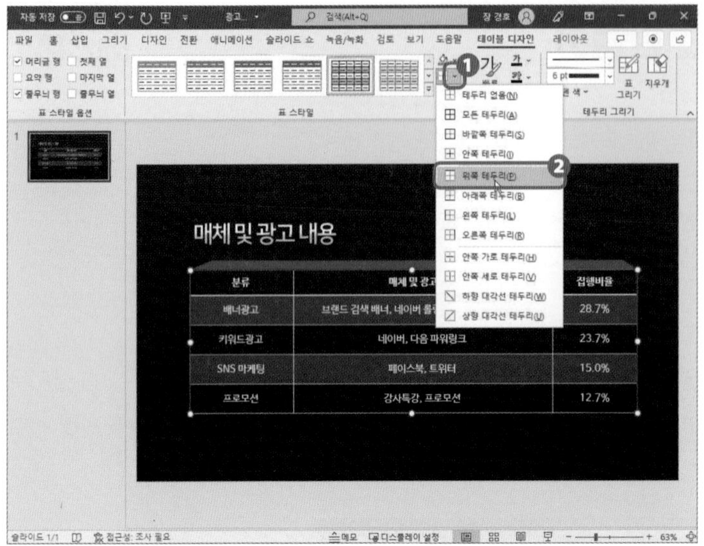

4. 위쪽 테두리가 변경됩니다. 다시 [표 스타일] 그룹-[테두리]-[아래쪽 테두리]를 클릭합니다.

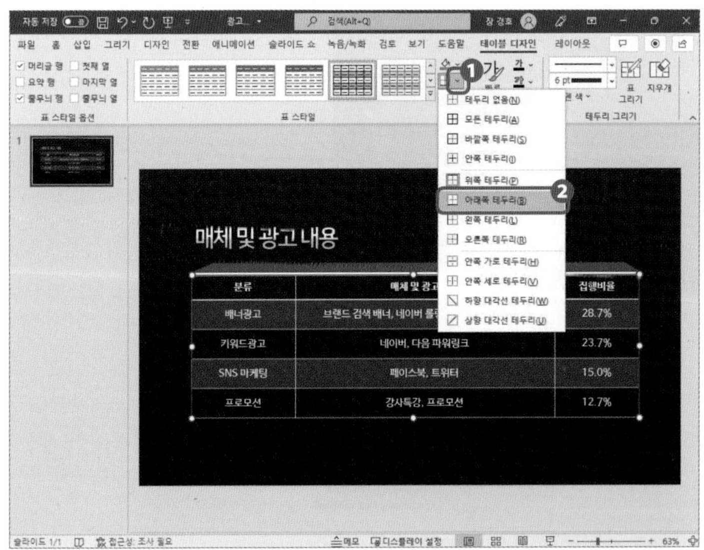

5. 상단과 하단 테두리 굵기가 모두 조정됩니다. 표의 가로 사이즈를 슬라이드 가로 사이즈에 맞추면 보다 안정감이 있는 표 디자인을 완성할 수 있습니다. 표가 선택된 상태에서 슬라이드 편집 창 왼쪽 끝으로 드래그합니다.

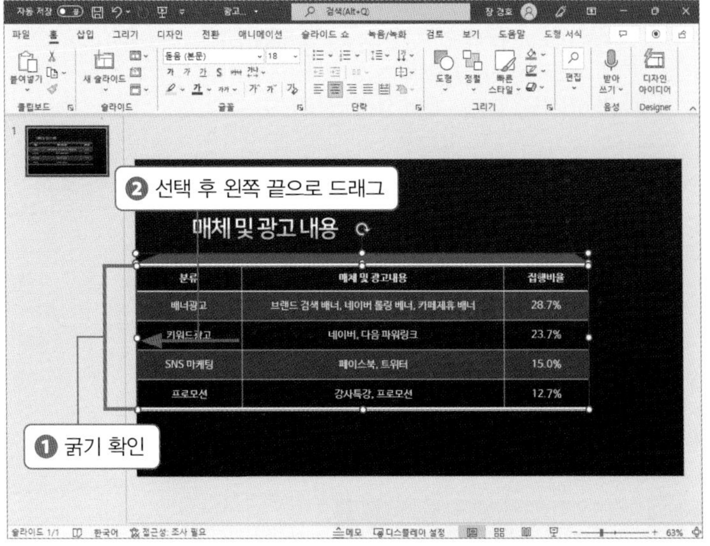

6. 표의 오른쪽 중앙에 있는 크기 조정 핸들을 오른쪽으로 드래그합니다.

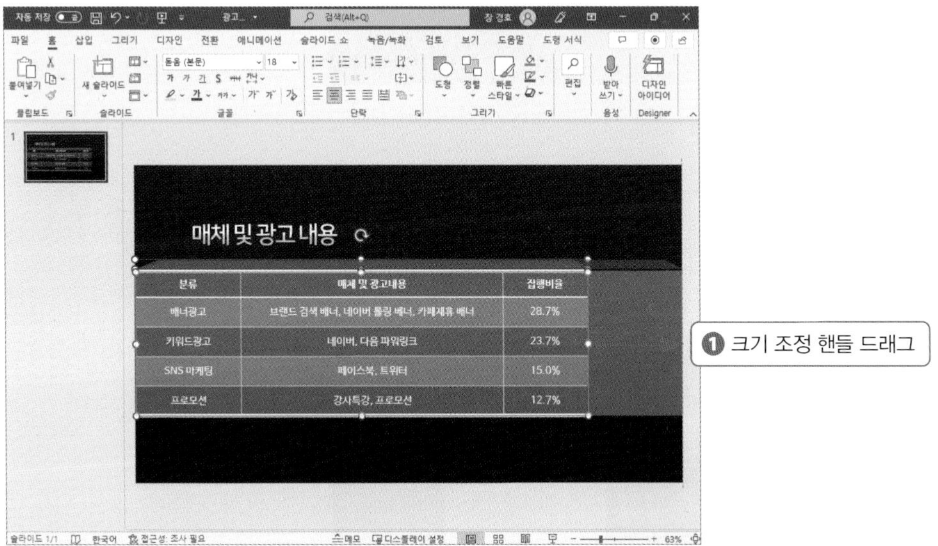

PowerPoint 037

중요도 ★★★★★

엑셀 시트를 활용해 차트 삽입하고 디자인하기

차트는 차트 영역, 그림 영역을 비롯하여 데이터 계열, 데이터 값, 범례 등으로 구성됩니다. 파워포인트에서 비교 대상을 나열할 때는 텍스트보다 차트로 작성하는 것이 효과적입니다. 차트는 시각적으로 데이터를 표현하기에 의사결정을 내리기가 훨씬 쉽기 때문입니다.

사용 가능 버전 2010 2013 2016 2019 2021 365
사용한 기능 차트, 3차원 묶은 세로 막대형

예제 파일 Powerpoint\Chapter 03\사교육비.pptx
완성 파일 Powerpoint\Chapter 03\사교육비_완성.pptx

1. 예제 파일의 두 번째 슬라이드를 선택하고 [삽입] 탭-[일러스트레이션] 그룹-[차트]를 클릭합니다.

2. [차트 삽입] 대화상자가 나타나면 [세로 막대형]-[3차원 묶은 세로 막대형]을 선택하고 [확인]을 클릭합니다.

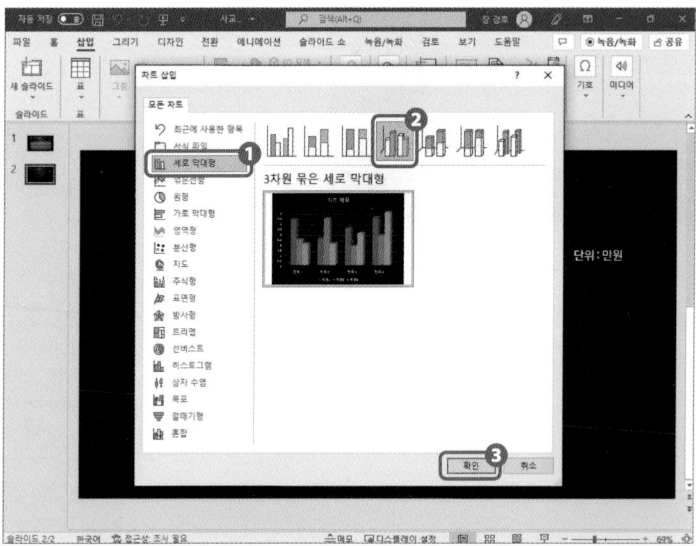

3. [차트 디자인] 탭 – [데이터] 그룹 – [데이터 편집]의 윗부분을 클릭하면 엑셀 시트 창이 열립니다.

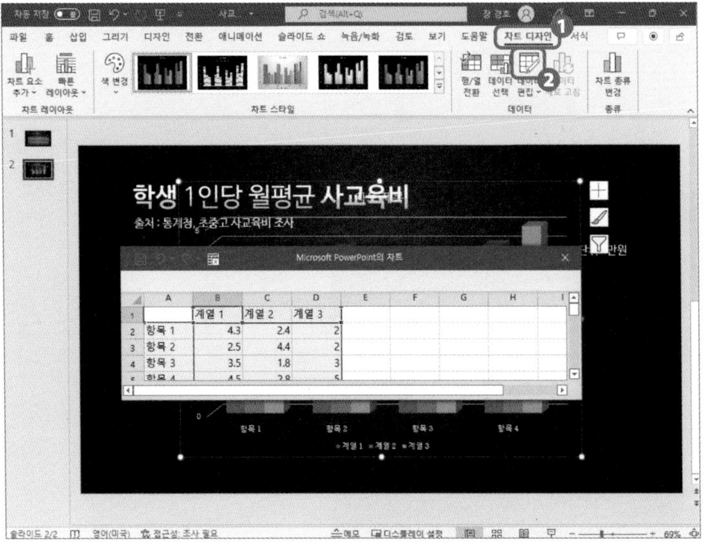

4. 이제 엑셀 시트 창에 첫 번째 슬라이드의 표 내용을 삽입해 보겠습니다. 첫 번째 슬라이드를 선택하고 표 안의 내용을 드래그한 후 Ctrl+C를 눌러 복사합니다. 엑셀 시트 창의 [A1] 셀을 선택하고 Ctrl+V를 눌러 표를 붙여넣고 창을 닫습니다.

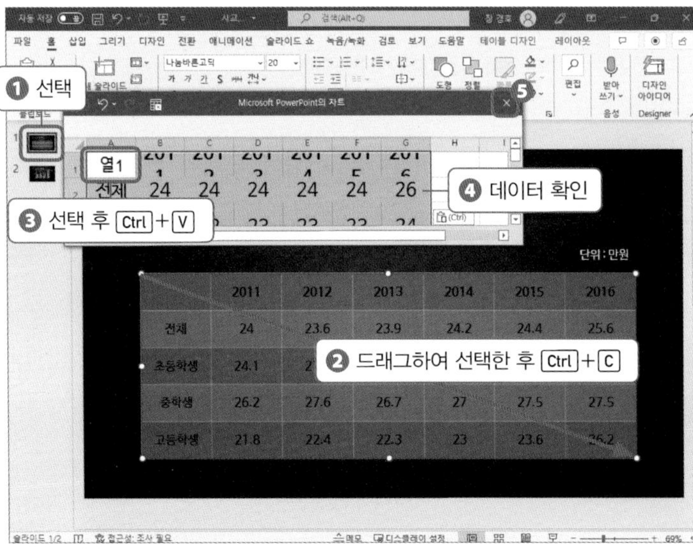

5. 두 번째 슬라이드를 선택하고 차트의 제목을 삭제합니다. 차트의 크기와 위치를 조정하여 완성합니다.

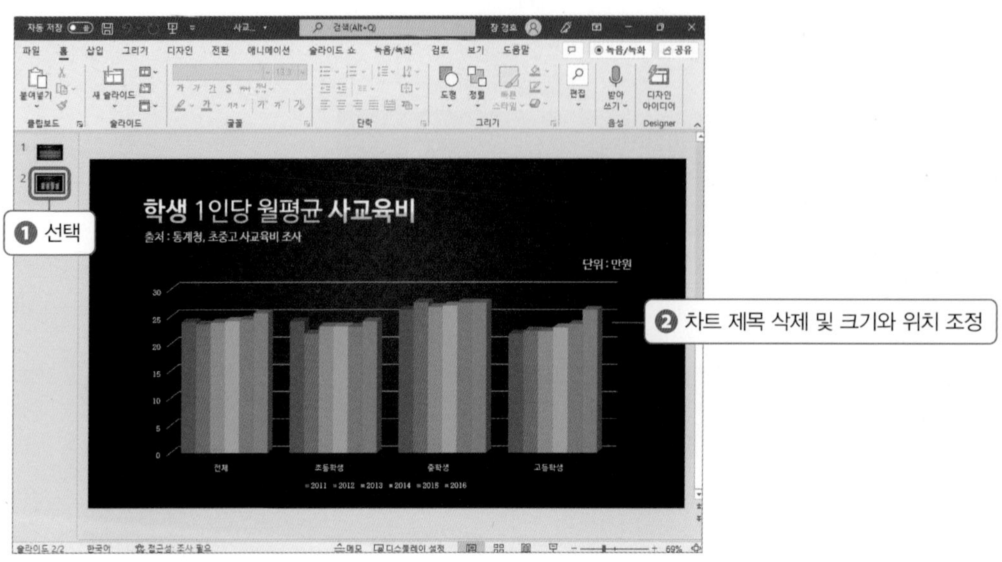

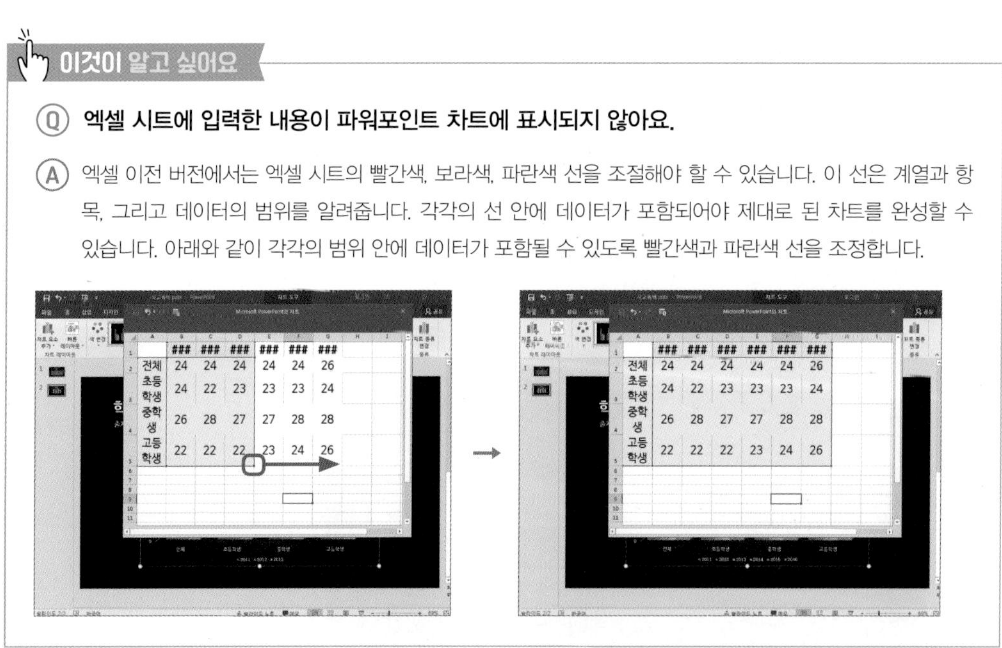

이것이 알고 싶어요

Ⓠ 엑셀 시트에 입력한 내용이 파워포인트 차트에 표시되지 않아요.

Ⓐ 엑셀 이전 버전에서는 엑셀 시트의 빨간색, 보라색, 파란색 선을 조절해야 할 수 있습니다. 이 선은 계열과 항목, 그리고 데이터의 범위를 알려줍니다. 각각의 선 안에 데이터가 포함되어야 제대로 된 차트를 완성할 수 있습니다. 아래와 같이 각각의 범위 안에 데이터가 포함될 수 있도록 빨간색과 파란색 선을 조정합니다.

PowerPoint
038

중요도
★★★☆☆

차트 스타일과 레이아웃, 데이터 요소로 차트 꾸미기

[차트 디자인] 탭의 여러 기능을 이용해 차트 스타일 및 레이아웃을 변경할 수 있습니다. 또한, 설정한 차트 모양은 [차트 레이아웃] 그룹을 통해 축 제목이나 차트 제목 등 차트 요소를 추가하거나 다른 레이아웃으로 변경할 수 있습니다.

사용 가능 버전 2010 2013 2016 2019 2021 365
사용한 기능 차트 디자인, 차트 레이아웃

예제 파일 Powerpoint\Chapter 03\사교육비2.pptx
완성 파일 Powerpoint\Chapter 03\사교육비2_완성.pptx

1. 두 번째 슬라이드를 선택하고 [차트 도구]-[디자인] 상황별 탭 또는, [차트 디자인] 탭을 클릭합니다. [차트 스타일] 그룹-[자세히](▼)를 클릭하고 원하는 스타일을 선택합니다. 여기서는 [스타일 8]을 클릭합니다.

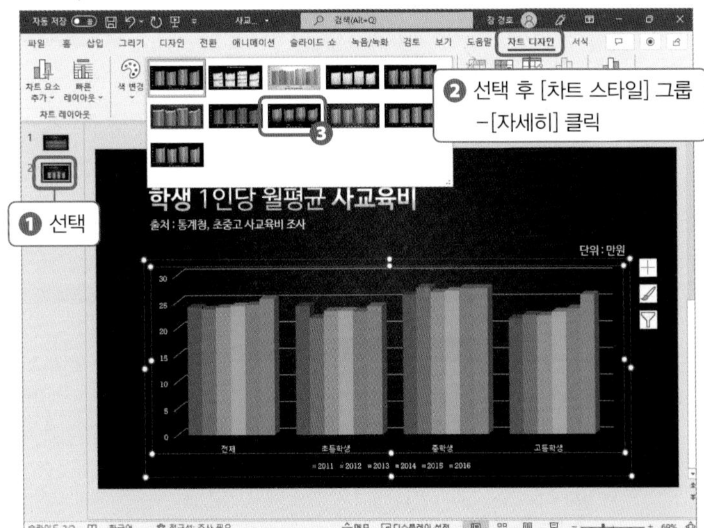

2. [차트 도구]-[디자인] 상황별 탭 또는, [차트 디자인] 탭-[차트 스타일] 그룹-[색 변경]을 클릭하고 다양한 색상 중에 원하는 색상을 선택합니다. 여기서는 [색 3]을 클릭합니다.

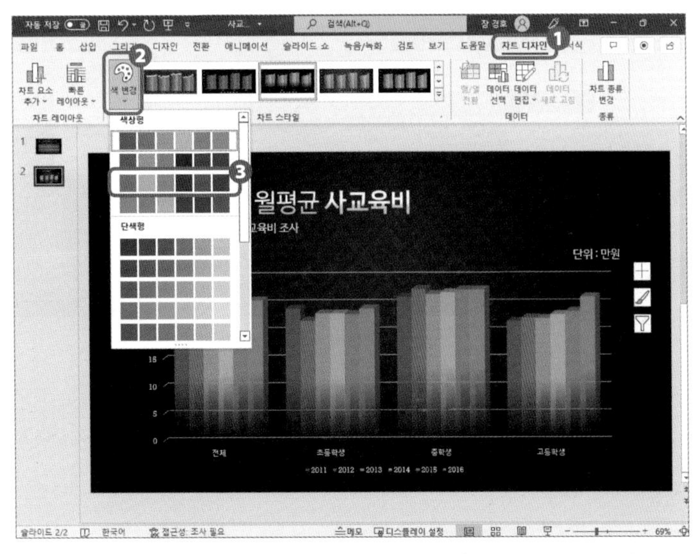

3. 이번에는 범례의 위치를 이동해 보겠습니다. 차트를 선택한 상태에서 [차트 도구]-[디자인] 상황별 탭 또는, [차트 디자인] 탭-[차트 레이아웃] 그룹-[차트 요소 추가]를 클릭합니다. 다양한 차트 요소가 나타나면 [범례]-[오른쪽]을 클릭합니다. 범례의 위치가 하단에서 오른쪽으로 이동합니다.

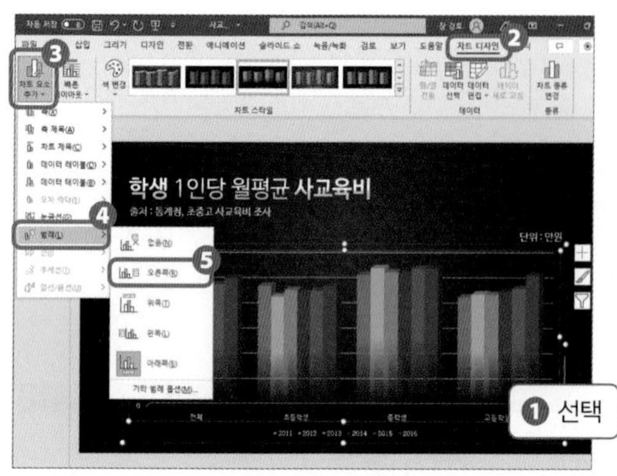

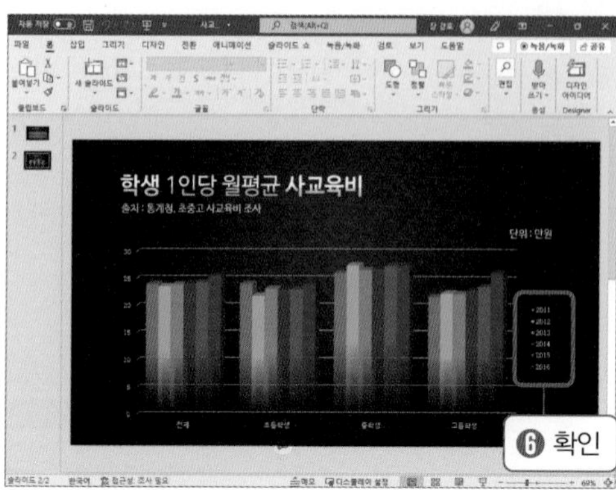

꼭 알고 가세요

■ **차트 스타일**

차트 스타일에서 빠른 스타일을 지정하면 세련된 디자인의 차트로 변경할 수 있습니다.

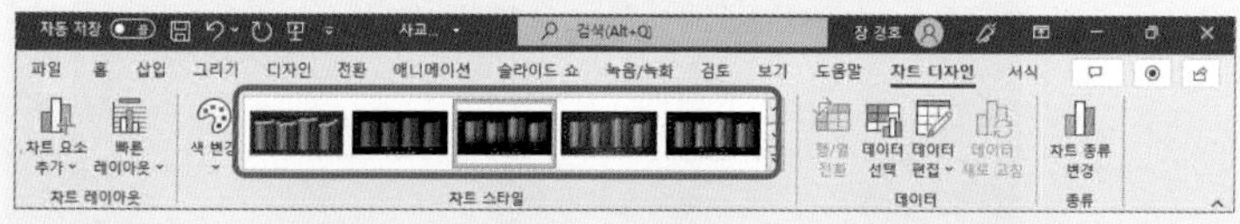

■ **차트 요소 추가와 빠른 레이아웃**

설정한 차트 모양을 [차트 레이아웃] 탭의 차트 요소 추가, 빠른 레이아웃을 통해 다른 차트 모양으로 손쉽게 변경할 수 있습니다. [차트 요소 추가]는 개별적으로 차트 요소 변경이 가능하지만, [차트 레이아웃]은 한 번에 차트 요소를 변경할 수 있습니다.

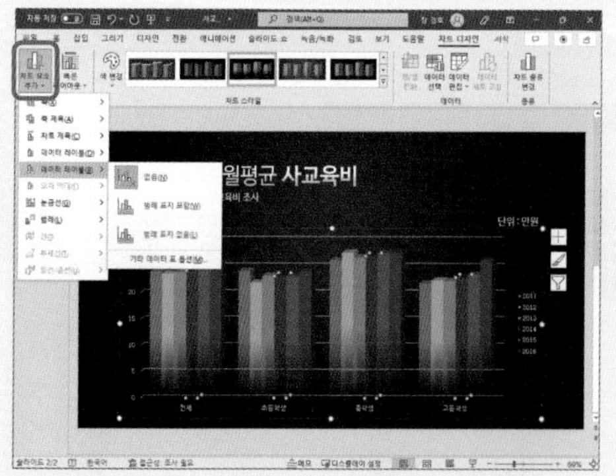

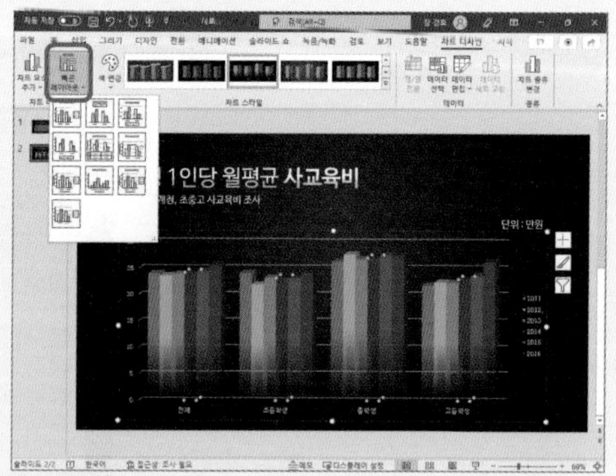

PowerPoint 039

데이터 계열 서식 옵션 창을 통해 막대 모양 변경하기

중요도 ★★★★★

차트에 삽입되는 막대 모양은 직사각형으로 표시됩니다. 직사각형이 무난하지만 이를 원형, 피라미드형 등 원하는 모양으로 변경할 수 있습니다.

사용 가능 버전 2010 2013 2016 2019 2021 365
사용한 기능 도형 스타일, 데이터 계열 서식

예제 파일 Powerpoint\Chapter 03\사교육비3.pptx
완성 파일 Powerpoint\Chapter 03\사교육비3_완성.pptx

1. 예제 파일의 두 번째 슬라이드에서 계열을 선택하고 [서식] 탭-[도형 스타일] 그룹-[도형 서식](⧉)을 클릭합니다. [데이터 계열 서식] 옵션 창이 나타나면 [계열 옵션]-[계열 옵션]-[세로 막대 모양]-[부분 피라미드형]을 클릭합니다.

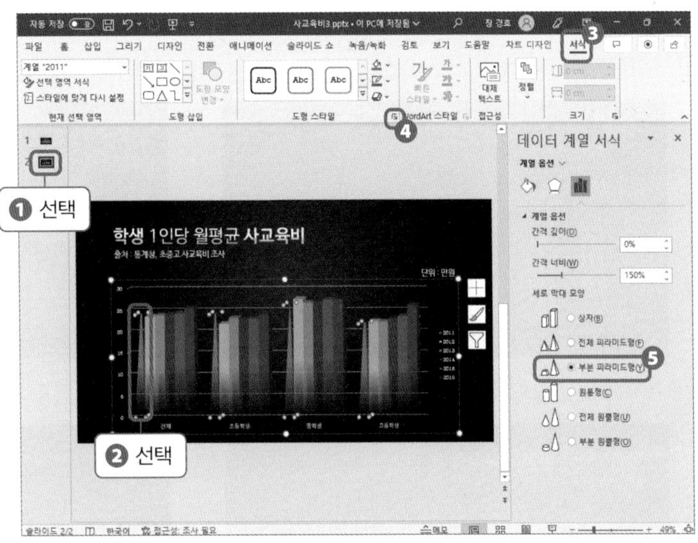

2. 나머지 계열도 동일한 방법으로 부분 피라미드형으로 변경해 줍니다.

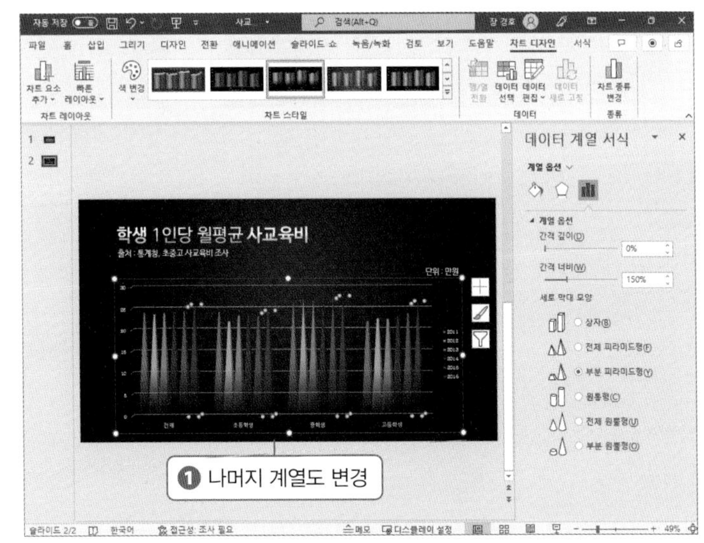

꼭 알고 가세요

차트 막대 모양 살펴보기

계열 옵션을 통해 간격 길이와 너비, 세로 막대 모양 등을 변경할 수 있습니다. 세로 막대 모양의 경우 보편적으로 사용하는 상자형을 비롯해 피라미드형, 원통형, 원뿔형 등 다양한 형식을 선택할 수 있습니다.

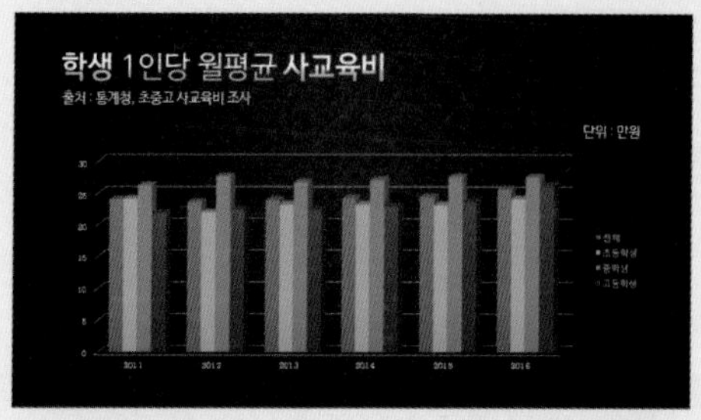

▲ 상자

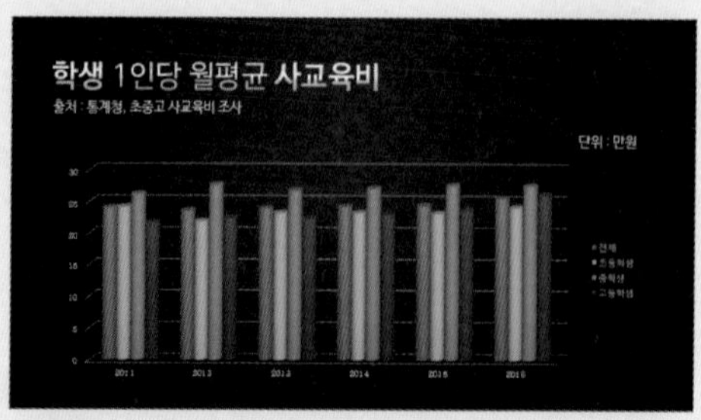

▲ 원통형

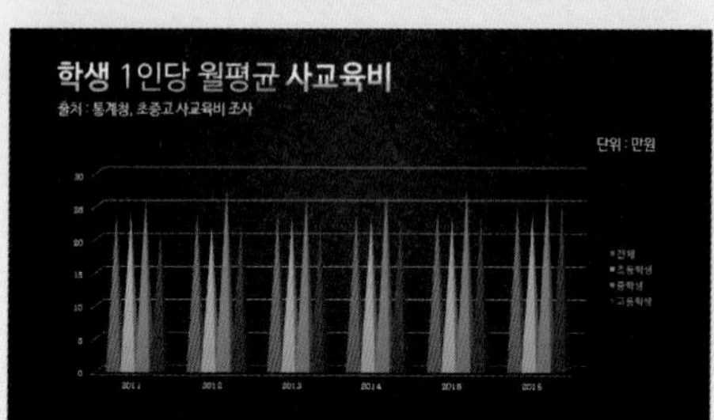

▲ 전체 피라미드형

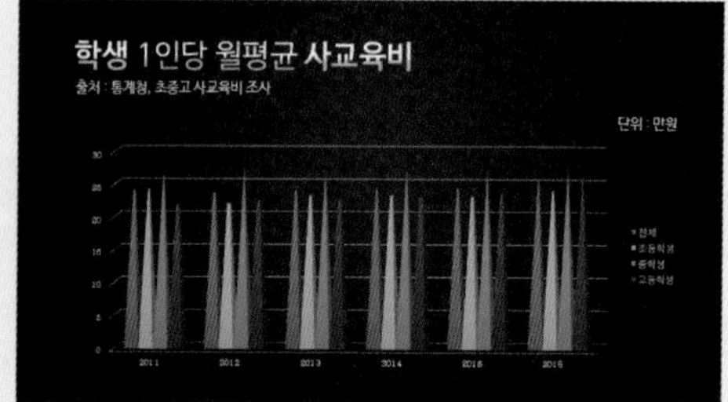

▲ 부분 피라미드형

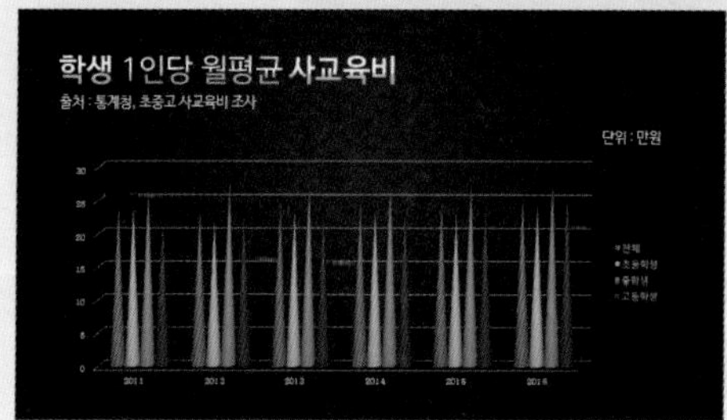

▲ 전체 원뿔형

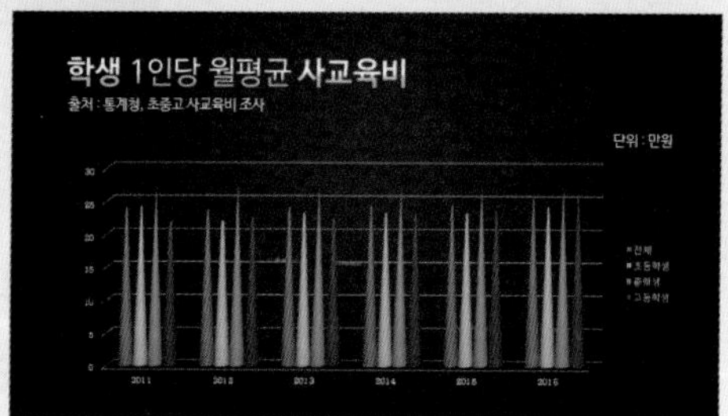

▲ 부분 원뿔형

PowerPoint 040

중요도 ★★★☆☆

차트 요소를 활용해 입체 차트 만들기

차트 삽입 시 차트의 오른쪽 상단에 차트 요소, 스타일 및 색, 차트 필터를 선택할 수 있습니다. 이를 통해 원하는 차트를 빠르고 쉽게 만들 수 있습니다.

사용 가능 버전 ~~2010~~ 2013 2016 2019 2021 365
사용한 기능 차트 스타일, 차트 요소

예제 파일 Powerpoint\Chapter 03\학생.pptx
완성 파일 Powerpoint\Chapter 03\학생_완성.pptx

1. 두 번째 슬라이드의 차트를 선택합니다. 차트 상단 오른쪽에 있는 아이콘 중 [차트 스타일]을 클릭합니다. [차트 스타일]에는 [스타일]과 [색] 중에서 원하는 항목을 선택할 수 있습니다. [색]을 클릭한 후 원하는 색상을 선택합니다. 여기서는 [다양한 색상표 1]을 클릭합니다.

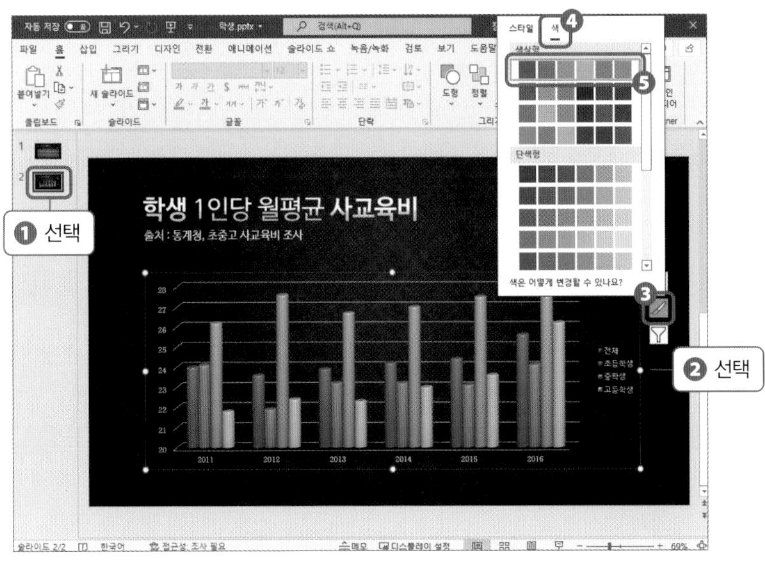

✔ TIP 차트 상단 오른쪽에 있는 아이콘 중 [차트 스타일]을 클릭하면 차트의 스타일 및 색상을 변경할 수 있습니다.

2. '전체' 데이터 계열을 제외하기 위해 [차트 필터]를 클릭하고 [전체]의 체크를 해제한 후 [적용]을 클릭합니다. '전체' 항목이 모두 감춰지면서 차트가 완성됩니다.

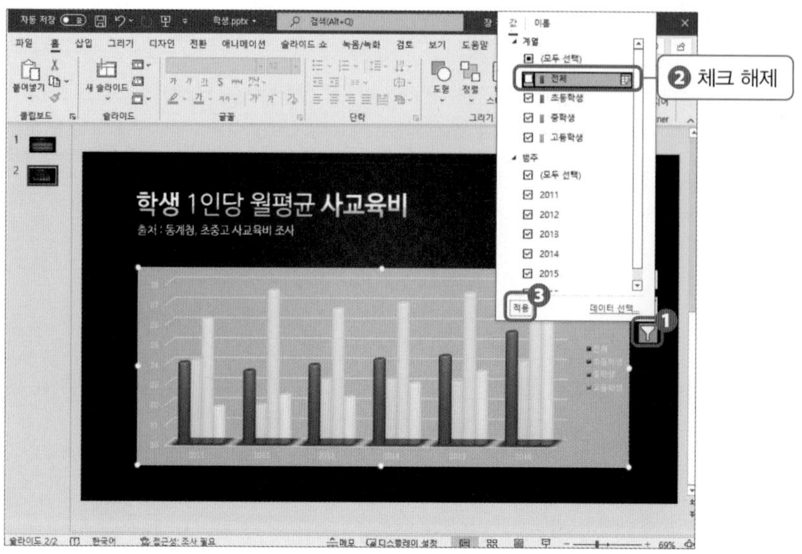

✓TIP 파워포인트 2013에서 처음 추가된 차트 필터 기능은 차트 계열이나 범주를 삭제하지 않더라도 필터를 통해 쉽게 감출 수 있습니다.

3. 이번에는 [차트 요소]-[눈금선]의 화살표를 클릭하고 [기본 주 세로]에 체크한 후 슬라이드를 완성합니다.

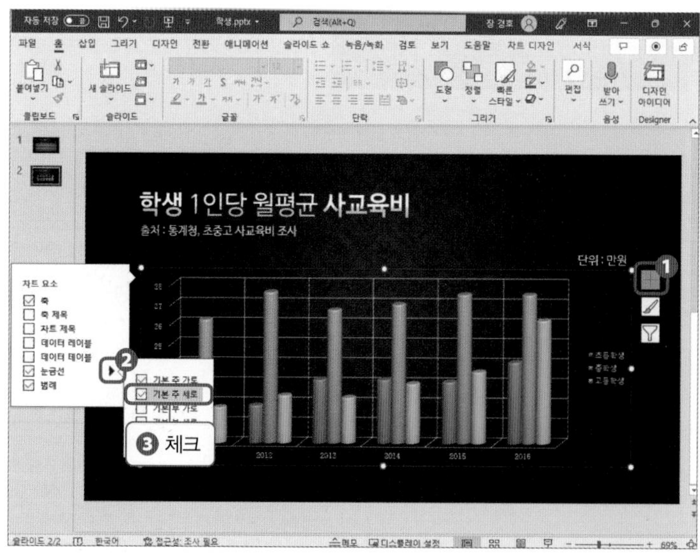

이것이 알고 싶어요

Q 차트 필터를 통해 제거한 부분을 다시 불러올 수는 없나요?

A [차트 필터]를 통해 계열이나 범주를 삭제한다고 해서 차트에 계열이나 범주가 완전히 삭제되는 것은 아닙니다. 차트 필터에서 원하는 항목에 체크하면 다시 표시됩니다.

꼭 알고 가세요

▪ 차트 요소

축 제목, 차트 제목, 데이터 레이블, 데이터 표 또는, 눈금선, 범례 등 차트 구성 요소를 표시하거나 제거할 수 있습니다.

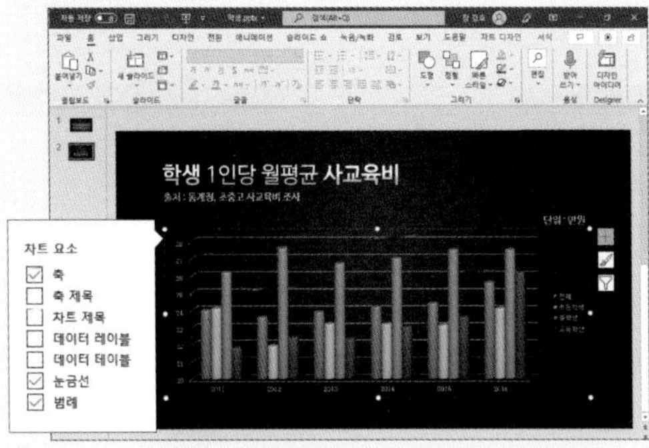

▪ 차트 스타일

차트의 다양한 스타일을 한 번에 변경하거나 색상형, 단색형 등으로 색상을 선택할 수 있습니다.

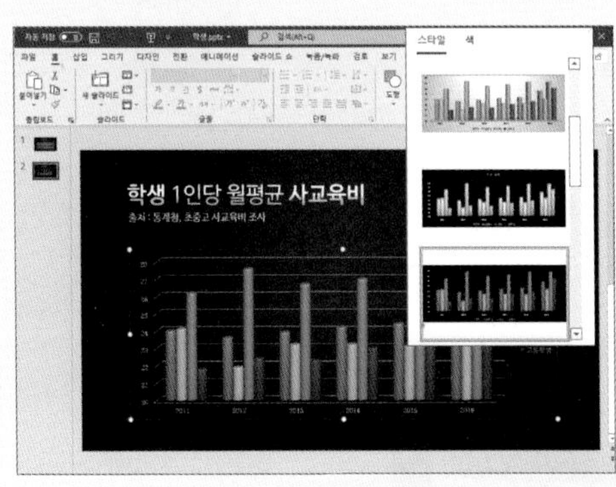

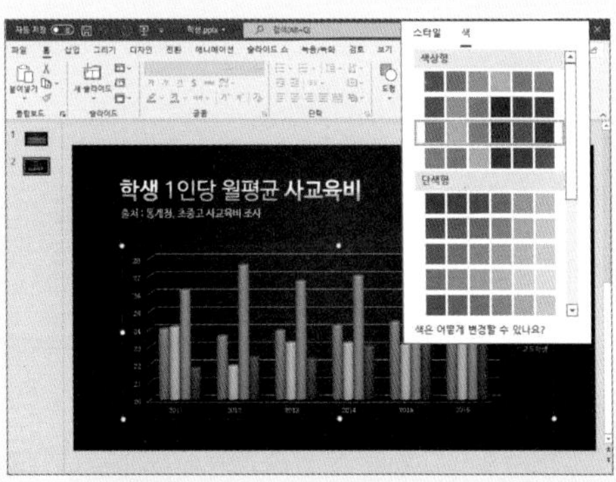

▪ 차트 필터

계열이나 범주의 값이나 이름을 표시하거나 제거할 수 있습니다.

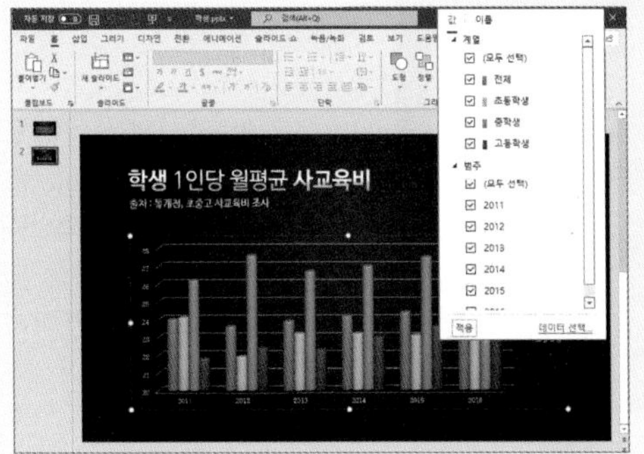

PowerPoint 041

중요도 ★★★★

발표자 도구를 활용해 전문가 수준의 발표하기

컴퓨터를 빔 프로젝터에 연결하거나 멀티 모니터에 연결했을 경우 발표자 보기를 실행할 수 있습니다. 발표자 보기를 사용하면 발표자의 모니터에는 슬라이드 노트를 표시하고, 빔프로젝트나 다른 모니터에서 슬라이드 쇼를 진행할 수 있습니다.

사용 가능 버전 2010 2013 2016 2019 2021 365
사용한 기능 발표자 도구, 발표자 보기
예제 파일 Powerpoint\Chapter 03\발표자도구.pptx
완성 파일 없음

1. [슬라이드 쇼] 탭-[모니터] 그룹-[발표자 보기 사용]에 체크가 되어 있는지 확인합니다. 체크되어 있지 않다면 체크한 후 F5를 눌러 슬라이드 쇼를 진행합니다.

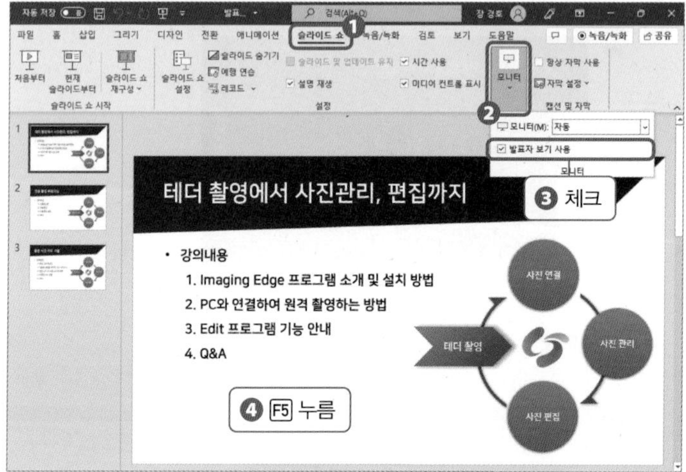

2. 프레젠테이션 발표를 할 때는 두 개의 모니터가 사용될 겁니다. 첫 번째 모니터는 슬라이드 쇼가 실제 진행되는 모니터일 테고, 두 번째 모니터는 아래와 같이 발표자 보기가 표시되는 모니터일 겁니다.

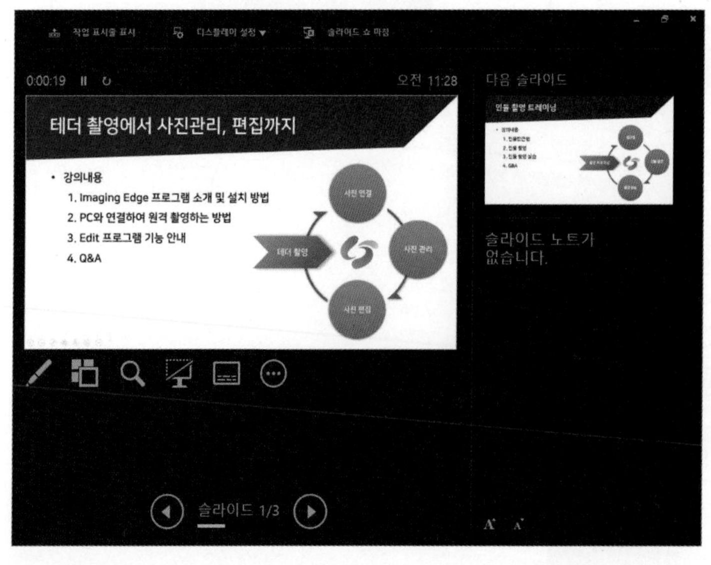

✓TIP 하나의 모니터로만 예제를 따라한다면 슬라이드 쇼에서 마우스 오른쪽 버튼을 클릭하여 [발표자 보기]를 불러올 수 있습니다. 파워포인트 이전 버전의 경우 하나의 모니터에서는 발표자 보기 표시를 진행할 수 없습니다.

꼭 알고 가세요

[발표자 보기] 창 살펴보기

[발표자 보기] 창을 통해 현재 진행되는 슬라이드를 비롯해 전체 슬라이드를 컨트롤할 수 있습니다.

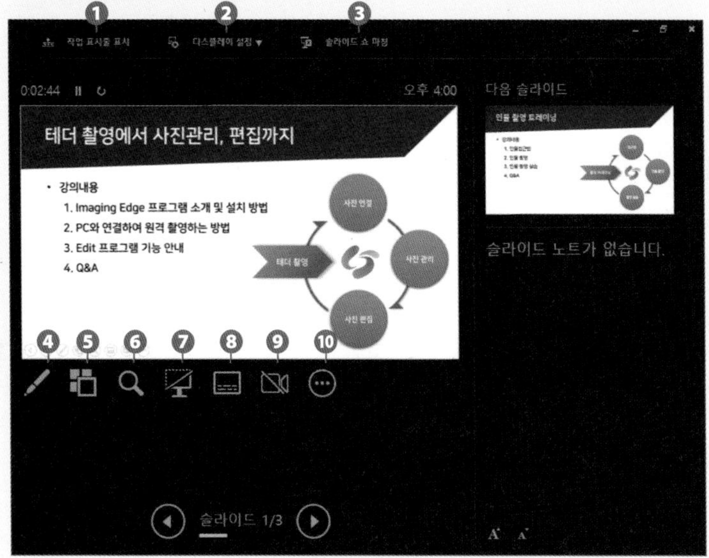

❶ 작업 표시줄 표시 : 하단에 윈도우 작업 표시줄을 표시합니다. 인터넷을 실행하거나 다른 프로그램을 여는 등 윈도우에서 작업 표시줄을 사용하는 것과 동일하게 사용할 수 있습니다. 물론, 청중은 볼 수 없습니다.

❷ 표시 설정 혹은 디스플레이 설정 : 발표자 도구와 슬라이드 쇼 모니터를 서로 변경하거나 슬라이드 쇼를 복제하여 같은 화면을 표시합니다.

❸ 슬라이드 쇼 마침 : 슬라이드 쇼를 종료합니다.

❹ 펜 및 레이저 포인터 도구 : 펜과 레이저 포인트를 설정합니다.

❺ 모든 슬라이드 보기 : 모든 슬라이드를 미리 볼 수 있습니다.

❻ 슬라이드 확대 : 슬라이드의 개체나 영역을 확대하여 표시할 수 있습니다.

❼ 슬라이드 쇼를 검정으로 설정/취소 : 슬라이드 쇼 화면을 검은색으로 설정하거나 취소합니다.

❽ 자막 켜기/끄기 : 삽입된 자막을 표기하거나 끌 수 있습니다.

❾ 카메라 토글 : 카메라를 끄거나 켭니다.

❿ 슬라이드 쇼 옵션 더 보기 : 슬라이드 쇼와 관련된 옵션을 표시합니다.

이것이 알고 싶어요

Q 발표자 보기가 표시되지 않아요.

A [슬라이드 쇼] 탭–[모니터] 그룹–[발표자 보기]에 체크를 했음에도 발표자 보기가 표시되지 않는다면 슬라이드 쇼(F5) 상태에서 마우스 오른쪽 버튼을 클릭해 [발표자 보기 표시]를 선택하세요.

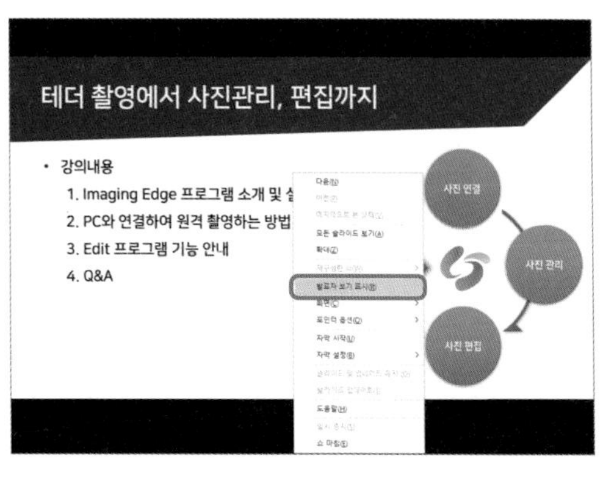

PowerPoint 042

웹 형식으로 슬라이드 쇼 진행하기

중요도 ★★★☆☆

슬라이드 쇼를 진행하면 화면에 도구 모음이 표시되지 않아 초보자의 경우 많이 당황하게 됩니다. 이럴 때는 웹 형식으로 슬라이드 쇼를 진행하는 방법을 활용해 보세요.

사용 가능 버전 2010 2013 2016 2019 2021 365
사용한 기능 슬라이드 쇼, 웹 형식으로 진행

예제 파일 Powerpoint\Chapter 03\발표자도구.pptx
완성 파일 없음

1. [슬라이드 쇼] 탭–[설정] 그룹–[슬라이드 쇼 설정]을 클릭합니다. [쇼 설정] 대화상자가 나타나면 [보기 형식]–[웹 형식으로 진행]을 체크하고 [확인]을 클릭합니다.

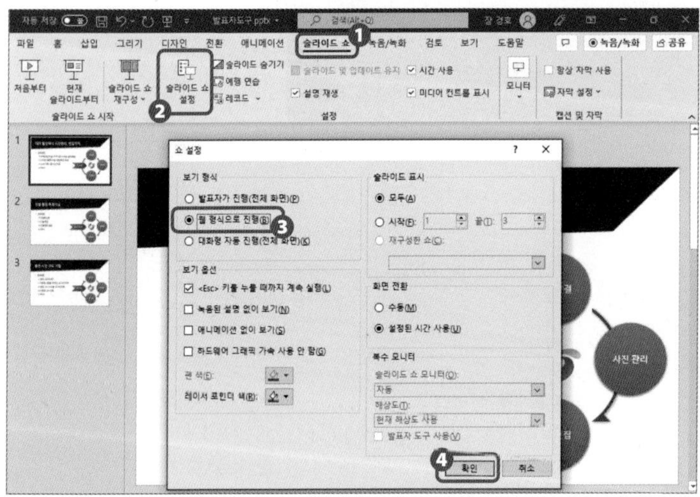

2. [슬라이드 쇼 시작] 그룹–[처음부터]를 클릭해 슬라이드 쇼를 진행합니다.

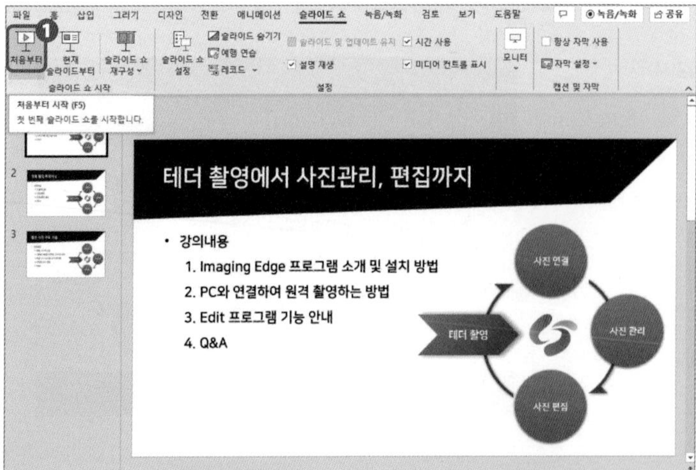

3. 슬라이드 쇼 보기 모드와 다르게 슬라이드 쇼에 몇 가지 옵션이 표시됩니다. 화면 크기를 줄이거나 늘릴 수도 있고 이전과 다음, 그리고 읽기용 보기나 슬라이드 쇼 보기 모드로 변경 등 다양한 옵션을 선택할 수 있습니다.

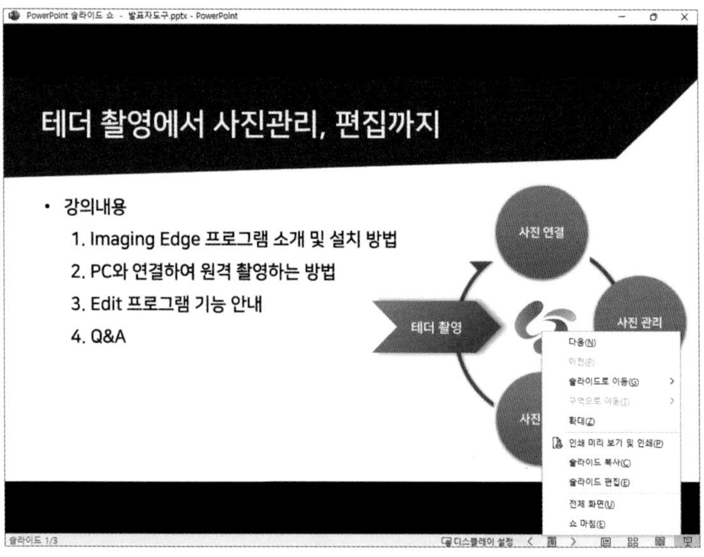

꼭 알고 가세요

슬라이드 쇼 설정하기

[슬라이드 쇼] 탭-[설정] 그룹-[슬라이드 쇼 설정]을 클릭하면 [쇼 설정] 대화상자를 불러올 수 있습니다. [쇼 설정] 대화상자에서 [보기 형식]을 비롯해 [보기 옵션] 등 다양한 슬라이드 쇼 옵션을 지정할 수 있습니다.

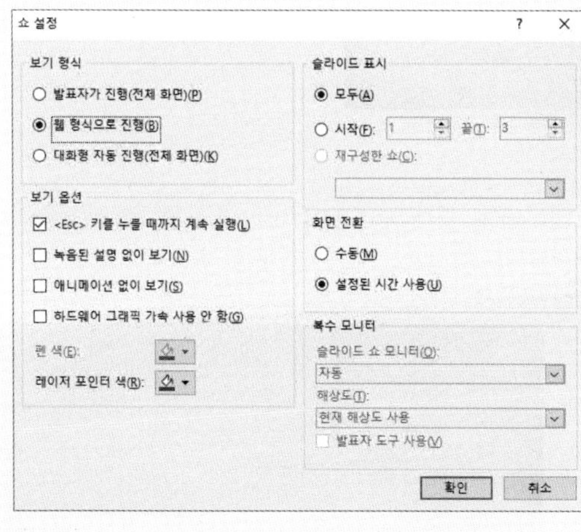

PowerPoint
043

프레젠테이션 스크린에 레이저 기능 표시하기

중요도 ★★★★★

슬라이드 쇼를 진행 시 레이저 빔을 사용해 원하는 부분을 표시해야 하는 경우가 있습니다. 레이저 빔을 미처 준비하지 못했다면 파워포인트의 레이저 기능을 사용하면 됩니다. 또한, 슬라이드 화면에 볼펜으로 낙서하는 것처럼 글자나 그림을 그려 넣을 수도 있습니다.

사용 가능 버전 2010 2013 2016 2019 2021 365
사용한 기능 포인트 옵션, 레이저 포인터, 잉크 색

예제 파일 Powerpoint\Chapter 03\SWOT.pptx
완성 파일 Powerpoint\Chapter 03\SWOT_완성.pptx

1. F5를 눌러 슬라이드 쇼를 진행한 다음 마우스 오른쪽 버튼을 클릭한 후 [포인트 옵션]-[잉크 색]을 선택하여 원하는 색상을 고릅니다.

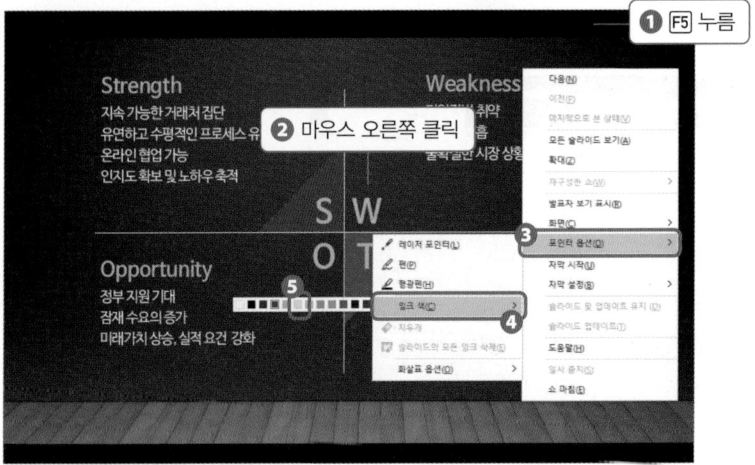

2. 마우스 포인터 모양이 변경됩니다. 다음과 같이 마우스로 드래그하여 그려봅니다. 펜 효과가 슬라이드 쇼에 적용됩니다.

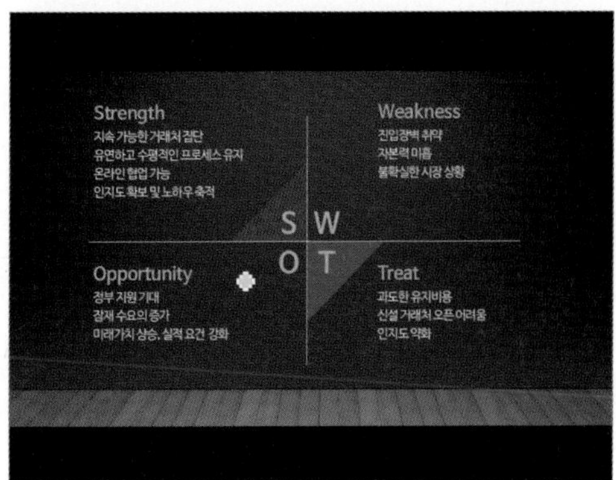

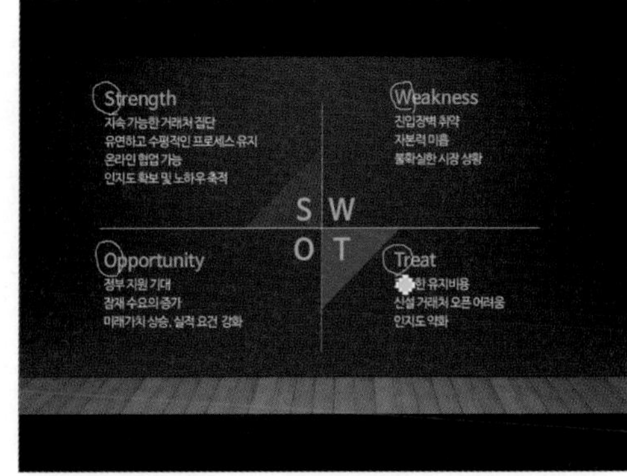

✓TIP [Ctrl]+[P]를 누른 후 마우스를 드래그해도 펜 기능을 실행할 수 있으며, [E]를 누른 후 내용을 삭제할 수 있습니다.

✓TIP 

슬라이드 쇼에서 왼쪽 하단의 아이콘 중 세 번째 아이콘을 클릭해도 레이저 포인터나 펜, 형광펜 등을 선택해 그려 넣을 수 있습니다.

3. [Esc]를 눌러 슬라이드 쇼를 마칩니다. 잉크 주석을 유지하겠냐고 묻는 메시지 창이 나타나면 [예]를 클릭합니다.

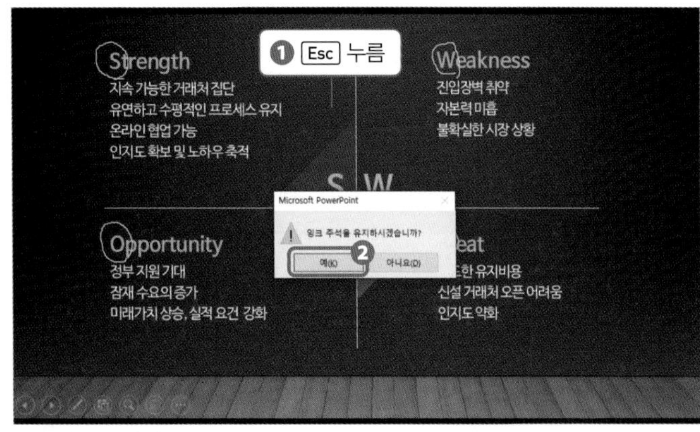

4. 슬라이드 편집 창에 잉크 주석이 유지된 채 저장됩니다. 잉크 주석은 하나의 개체로 인식되기 때문에 삭제를 원할 경우 선택하여 삭제할 수 있습니다.

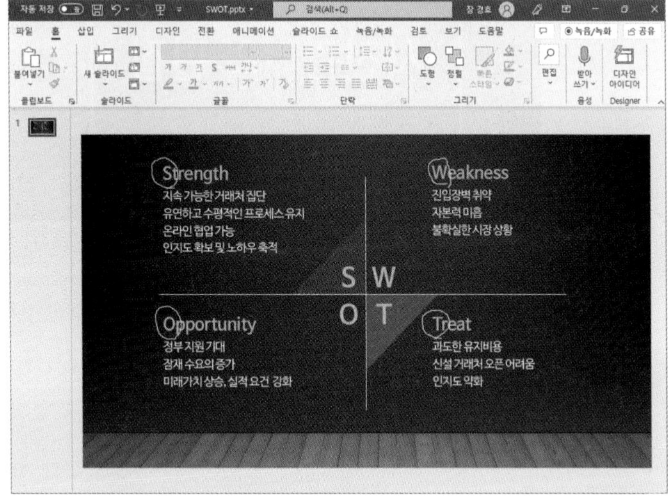

꼭 알고 가세요

레이저 빔 관련 슬라이드 쇼 단축키

레이저 빔 없이도 레이저 빔 효과를 적용할 수 있습니다. 슬라이드 쇼를 진행하다 레이저 빔을 사용할 필요가 있을 경우에는 [Ctrl]을 누른 채 마우스를 드래그하거나 왼쪽 하단의 아이콘 중 세 번째 아이콘을 클릭해서 레이저 포인터를 선택한 후 레이저 포인트를 표시할 수 있습니다.

- 펜 : [Ctrl]+[P]
- 형광펜 : [Ctrl]+[I]
- 지우개 : [Ctrl]+[E]
- 모든 잉크 삭제 : [E]
- 레이저 포인터 : [Ctrl]+[L]

PowerPoint 044

중요도 ★★★

음악 파일 삽입하고 특정 지점을 찾는 책갈피 추가하기

책갈피 추가 기능은 오디오 클립의 특정 지점을 빠르게 찾기 위해 사용합니다. 오디오 재생 시간이 길다면, 책갈피를 추가하여 원하는 지점에 빠르게 접근할 수 있습니다.

사용 가능 버전 2010 2013 2016 2019 2021 365
사용한 기능 오디오 도구, 소리 아이콘, 책갈피, 오디오 재생바
예제 파일 Powerpoint\Chapter 03\사진관리.pptx
완성 파일 Powerpoint\Chapter 03\사진관리_완성.pptx

1. [소리 아이콘]( )을 클릭하면 제어판이 나타납니다. 책갈피를 넣을 부분을 드래그하여 위치를 조정합니다. [재생] 탭 – [책갈피] 그룹 – [책갈피 추가]를 클릭합니다.

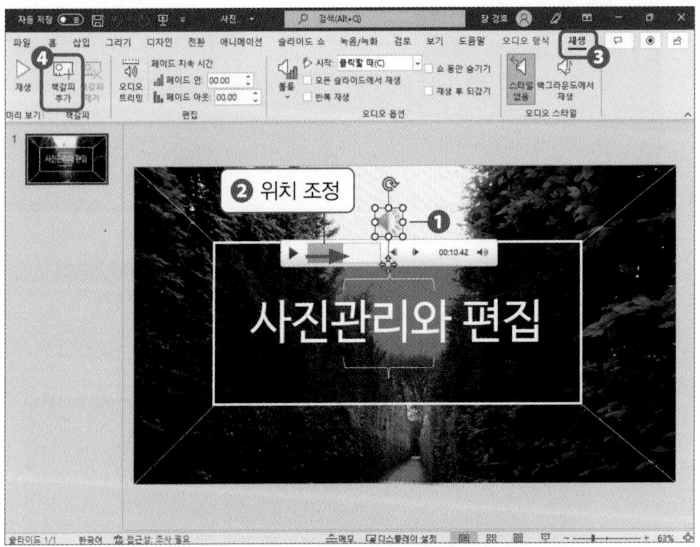

2. 클릭한 지점에 책갈피가 추가되며, 책갈피는 여러 개를 추가할 수 있습니다. 다시 위치를 조정하고 [책갈피] 그룹-[책갈피 추가]를 클릭하면 책갈피가 표시됩니다. F5를 눌러 슬라이드 쇼를 진행한 다음 추가한 책갈피 지점을 클릭하면 원하는 지점부터 오디오를 재생할 수 있습니다.

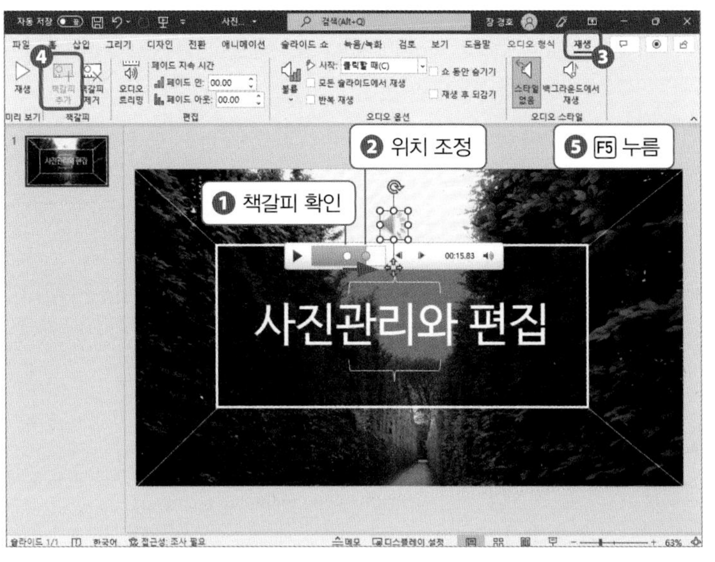

✓TIP 책갈피 추가 기능은 오디오 클립의 특정 지점을 빠르게 찾기 위해 사용됩니다. 파워포인트 이전 버전에서는 오디오 클립은 단 한 개만 추가할 수 있습니다.

꼭 알고 가세요

오디오 재생바

오디오 파일을 삽입하면 슬라이드 편집 창에 소리 아이콘이 생성됩니다. 슬라이드에 삽입된 오디오는 소리 아이콘을 컨트롤하여 조정할 수 있습니다.

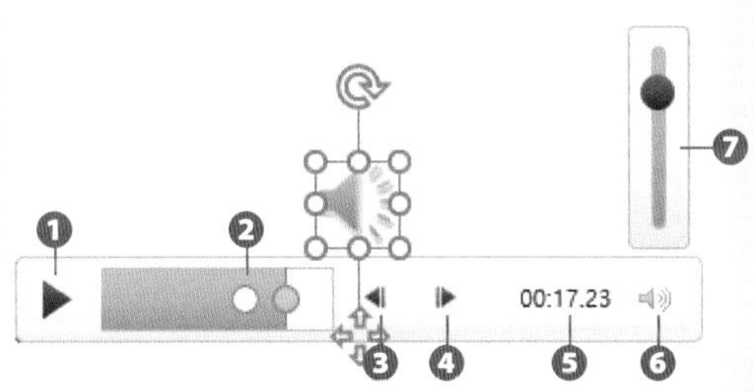

❶ 재생/일시 중지 : 오디오 파일을 실행하거나 일시 중지할 수 있습니다.
❷ 책갈피 : 책갈피를 추가하면 책갈피 아이콘이 표시됩니다.
❸ 빠르게 되돌리기 : 오디오 파일을 이전 부분으로 빠르게 되돌릴 수 있습니다.
❹ 빠르게 진행하기 : 오디오 파일을 이후 부분으로 빠르게 진행할 수 있습니다.
❺ 재생 시간 : 오디오 파일의 재생 시간을 확인할 수 있습니다.
❻ 음소거 : 오디오 파일의 음소거를 할 수 있습니다.
❼ 볼륨 조정 핸들 : 볼륨 조정 핸들을 이용해 볼륨을 조정할 수 있습니다.

PowerPoint 045

중요도 ★★★

동영상 파일 삽입하고 내 마음대로 편집하기

파워포인트에 동영상 파일을 삽입하면 외부 프로그램의 힘을 빌릴 필요없이 [재생] 탭을 이용하여 동영상 파일을 다양한 방법으로 편집할 수 있습니다.

사용 가능 버전 2010 2013 2016 2019 2021 365
사용한 기능 동영상 삽입, 재생, 비디오 트리밍, 미디어 저장

예제 파일 Powerpoint\Chapter 03\할로윈데이.pptx, 할로윈데이.mp4
완성 파일 Powerpoint\Chapter 03\할로윈_완성.pptx

1. 동영상 파일을 삽입하기 위해 [삽입] 탭–[미디어] 그룹–[비디오]–[이 디바이스] 혹은, [내 PC의 비디오]를 클릭합니다. [동영상 삽입] 대화상자가 나타나면 '할로윈데이.mp4' 파일을 선택하고 [삽입]을 클릭합니다.

✓ TIP
- 내 PC의 비디오 혹은 이 디바이스 : 내 컴퓨터에 있는 동영상 파일을 파워포인트에 삽입합니다.
- 스톡 비디오 : 스톡 비디오 라이브러리를 통해 프리미엄 콘텐츠를 활용할 수 있습니다.
- 온라인 비디오 : YouTube 서비스를 통해 동영상을 가져오거나 SlideShare, Vimeo 등을 통해 다양한 동영상을 파워포인트에 가져올 수 있습니다.

2. 슬라이드에 동영상이 삽입됩니다. 크기 및 위치를 조정한 후 비디오 클립 아래에 있는 제어판에서 [재생] 단추를 클릭하여 동영상을 확인합니다.

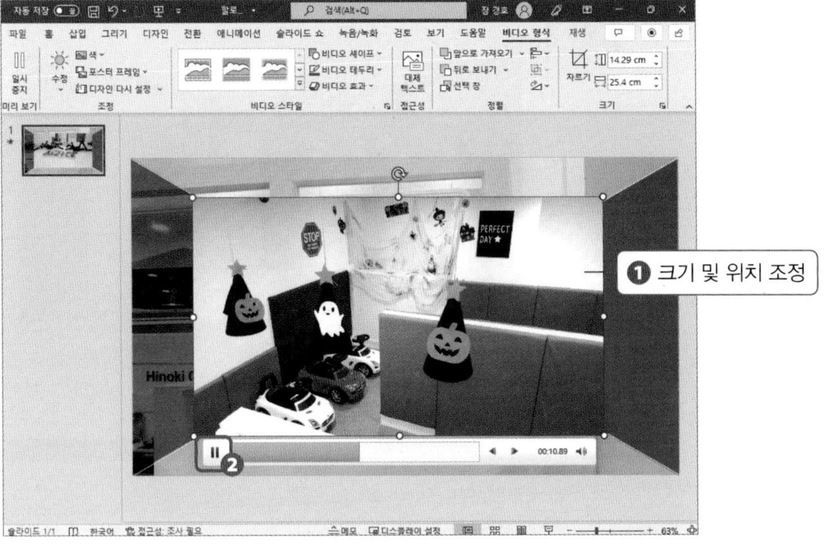

✓ TIP 동영상 파일을 파워포인트 파일에 함께 포함하는 방법은 파워포인트 2010 버전 이상에서만 가능합니다. 파워포인트 2007 버전 이하일 경우 동영상 파일을 파워포인트 파일과 함께 저장할 수 없습니다.

3. 비디오 트리밍을 통해 동영상을 편집해 보겠습니다. [재생] 탭−[편집] 그룹−[비디오 트리밍]을 클릭합니다. [비디오 트리밍] 대화상자가 나타나면 녹색( ) 지점의 위치를 조절하고, 빨간( ) 지점의 위치를 조절한 후 [확인]을 클릭합니다.

4. F5를 눌러 슬라이드 쇼를 실행하거나 [재생] 탭-[미리 보기] 그룹-[재생]을 클릭해 편집한 부분만 재생되는지 확인합니다.

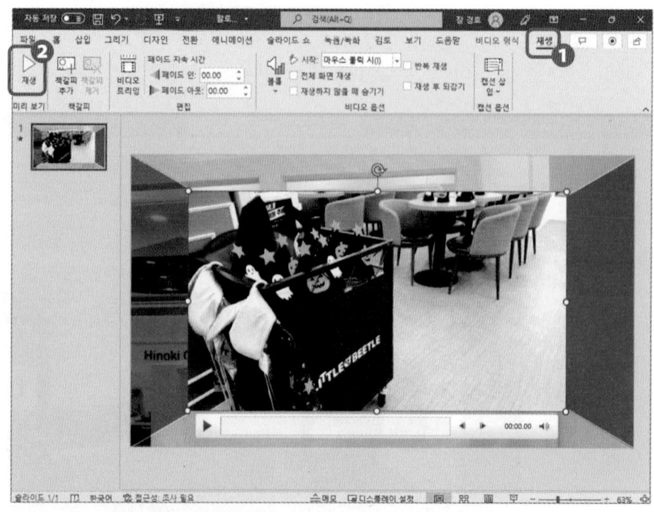

5. 편집한 동영상은 마우스 오른쪽 버튼을 클릭한 후 [다른 이름으로 미디어 저장]을 선택해 따로 저장할 수 있습니다. 다른 동영상 편집 프로그램의 힘을 빌리지 않아도 파워포인트를 통해 동영상을 쉽게 편집할 수 있습니다.

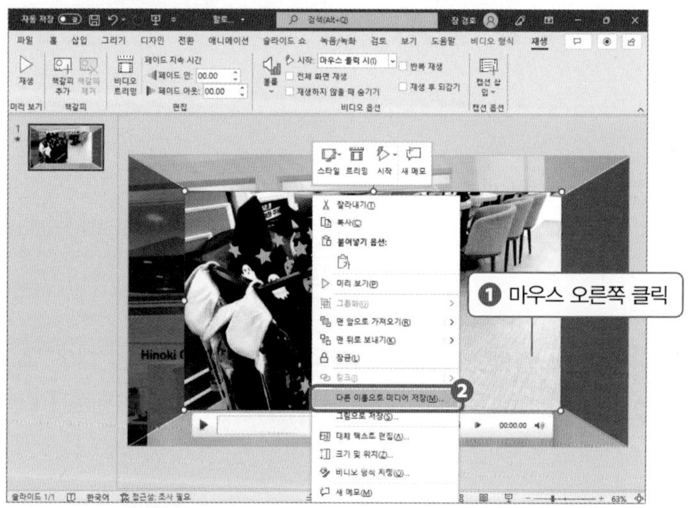

6. [다른 이름으로 미디어 저장] 대화상자가 나타나면 내 컴퓨터에서 저장할 위치와 파일 이름을 입력한 후 [저장]을 클릭합니다.

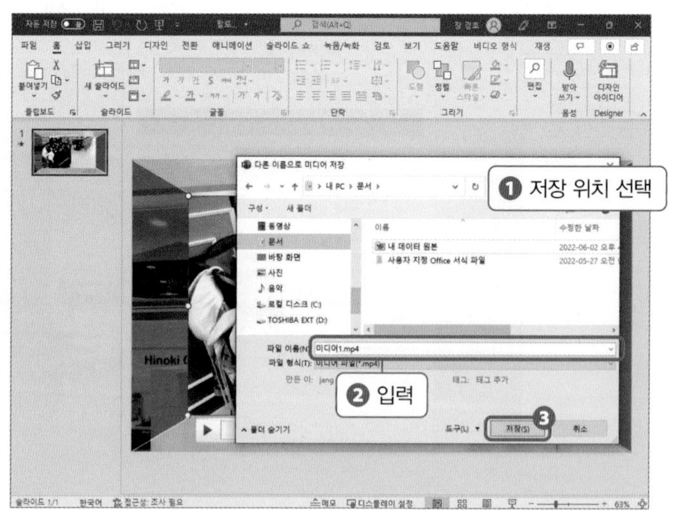

PowerPoint 046

동영상에 표지를 만들어 주는 포스터 프레임

중요도 ★★★☆☆

슬라이드 편집 창이나 슬라이드 쇼를 진행하면 검은색의 화면이 나오면서 동영상이 재생됩니다. 검은색 화면이 보기 싫다면 동영상 표지를 삽입할 수 있습니다.

사용 가능 버전 2010 2013 2016 2019 2021 365
사용한 기능 동영상 삽입, 포스터 프레임

예제 파일 Powerpoint\Chapter 03\불꽃축제.pptx, 불꽃축제.mp4, 불꽃축제.png
완성 파일 Powerpoint\Chapter 03\불꽃축제_완성.pptx

1. 파워포인트에서는 동영상에 표지를 만들어 주는 포스터 프레임 기능을 통해 표지를 만들 수 있습니다. 예제 파일을 불러온 후 [삽입] 탭-[미디어] 그룹-[비디오]-[이 디바이스] 혹은 [내 PC의 비디오]를 클릭합니다. [동영상 삽입] 대화상자가 나타나면 '불꽃축제.mp4' 파일을 선택하고 [삽입]을 클릭합니다.

불꽃 축제.mp4

2. 동영상의 재생바를 드래그하여 표지로 사용하고 싶은 부분을 선택합니다. [비디오 도구]-[서식] 상황별 탭 또는, [비디오 형식] 탭-[조정] 그룹-[포스터 프레임]-[현재 프레임]을 클릭합니다.

3. 재생바에 포스터 틀이 설정되었다는 문구가 나타납니다. 이제 해당 슬라이드를 열면 검은색의 화면이 나타나는 동영상이 아닌 설정한 포스터 틀이 표지로 나타납니다.

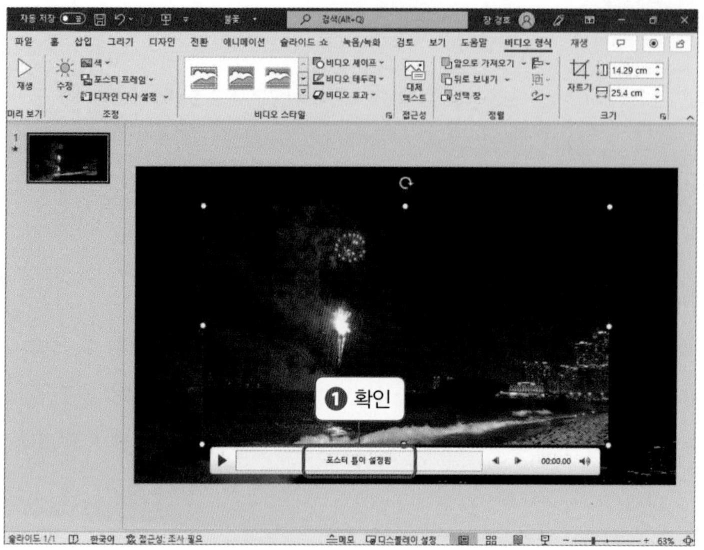

4. 만일, 표지로 사용하고 싶은 이미지가 있다면 [비디오 도구]-[서식] 상황별 탭 또는, [비디오 형식] 탭-[조정] 그룹-[포스터 프레임]-[파일의 이미지]를 클릭합니다.

5. [그림 삽입] 창이 나타나면 [파일에서]–[찾아보기]를 클릭합니다. [그림 삽입] 대화상자가 나타나면 '불꽃축제.png' 파일을 선택하고 [삽입]을 클릭합니다.

불꽃 축제.mp4

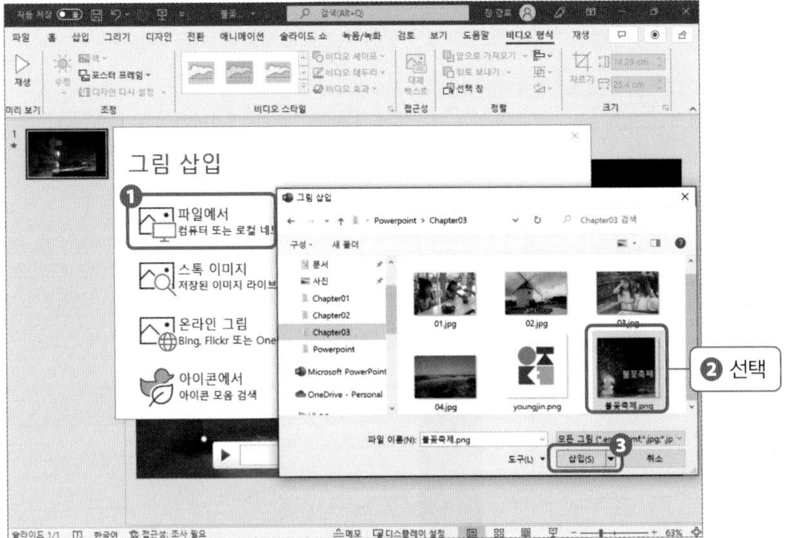

6. 이미지가 동영상의 표지로 지정됩니다.

PowerPoint 047

중요도 ★★★★★

정적인 슬라이드 파일을 동적인 동영상 파일로 만들기

파워포인트로 만든 슬라이드 파일도 AVI 또는, MP4와 같은 동영상 파일로 변경할 수 있습니다. 또한, 동영상의 해상도를 비롯하여 각 슬라이드의 화면 전환 속도도 조정할 수 있습니다.

사용 가능 버전 2010 2013 2016 2019 2021 365
사용한 기능 내보내기, 비디오 만들기

예제 파일 Powerpoint\Chapter 03\해운대.pptx
완성 파일 Powerpoint\Chapter 03\해운대.vod

1. [파일] 탭-[내보내기]-[비디오 만들기]를 클릭합니다. '컴퓨터 및 HD 디스플레이' 또는, 'Full HD'라고 적힌 부분을 클릭한 후 원하는 해상도를 선택합니다. 여기서는 'Full HD'를 선택합니다. [각 슬라이드에 걸리는 시간(초)]에 원하는 시간을 입력하고 [비디오 만들기]를 클릭합니다.

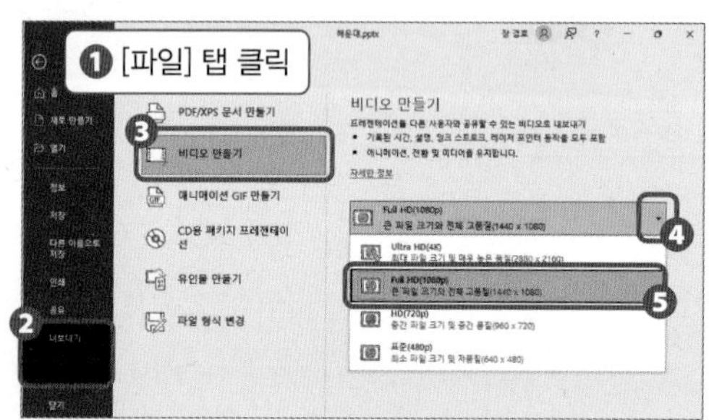

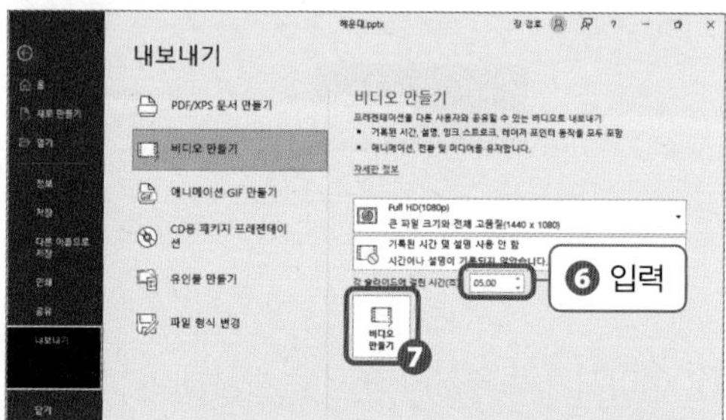

✓ TIP 파워포인트 2010에서는 [저장/내보내기]를 클릭합니다. 파워포인트 2016은 1920 * 1080 해상도의 고품질 비디오도 만들 수 있습니다.

2. [다른 이름으로 저장] 혹은 [비디오 내보내기] 대화상자가 나타나면 [저장 위치]를 설정하고 [파일 이름]을 입력한 후 [저장] 혹은 [내보내기]를 클릭합니다.

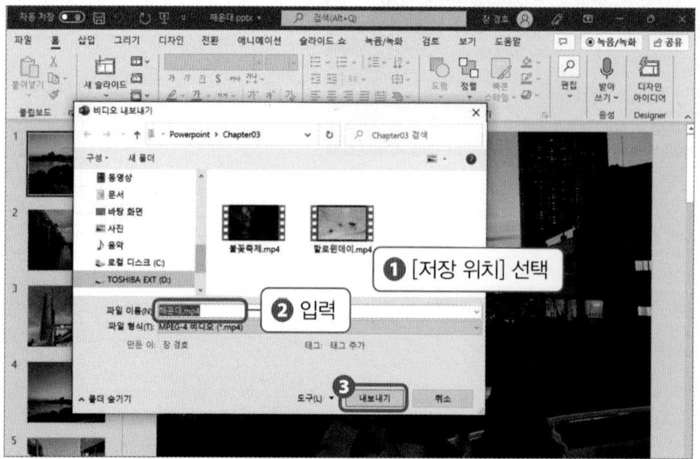

3. 슬라이드가 동영상 파일로 변환됩니다. 저장한 파일을 실행하면 슬라이드가 아닌 동영상이 보여집니다.

꼭 알고 가세요

비디오로 내보내기

파워포인트 최신 버전에는 [비디오로 내보내기]라는 신기능이 업데이트되었습니다. 아쉽게도 파워포인트 이전 버전에는 없는 기능입니다. 하지만 이전 버전에도 [파일] 탭-[내보내기]-[비디오 만들기]를 통해 제작할 수 있습니다.

[녹음/녹화] 탭의 [내보내기] 그룹-[비디오로 내보내기]를 클릭합니다. [비디오로 내보내기] 창이 나타나면 [파일 이름]과 저장할 위치를 지정하고 [비디오 내보내기]를 클릭합니다.

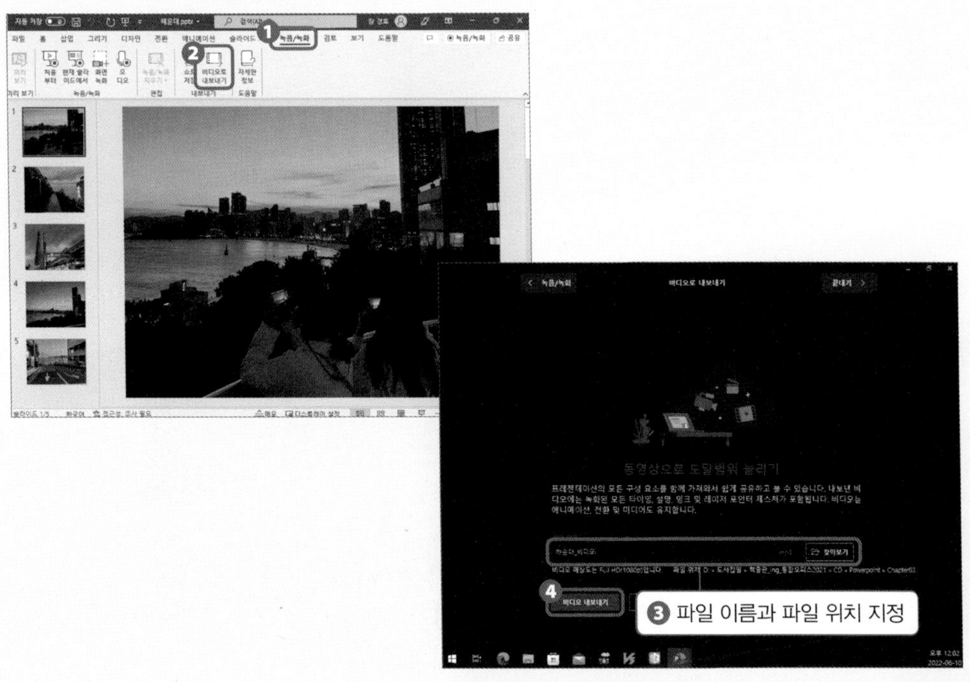

PowerPoint 048

파워포인트에 사용하기 적합한 비디오 호환성 적용하기

중요도 ★★★☆☆

동영상 파일의 용량이 크다면 호환성 최적화를 비롯한 미디어 압축을 선택하는 것이 좋습니다. 같은 동영상이 삽입된 슬라이드 파일임에도 용량에서 많이 차이나는 것을 확인할 수 있습니다.

사용 가능 버전 2010 2013 2016 2019 2021 365
사용한 기능 미디어 압축, 동영상 용량

예제 파일 Powerpoint\Chapter 03\해운대_VOD.pptx
완성 파일 Powerpoint\Chapter 03\해운대_VOD_완성.pptx

1. 예제 파일을 열면 동영상이 포함된 슬라이드 파일이 열립니다. 동영상이 포함된 슬라이드 파일의 용량을 최적화해보겠습니다. [파일] 탭–[정보]를 클릭합니다. 현재 예제 파일의 용량은 144mb입니다. [미디어 압축]을 클릭한 후 원하는 품질을 선택합니다. 여기서는 [저품질] 혹은 [표준(480p)]를 클릭합니다.

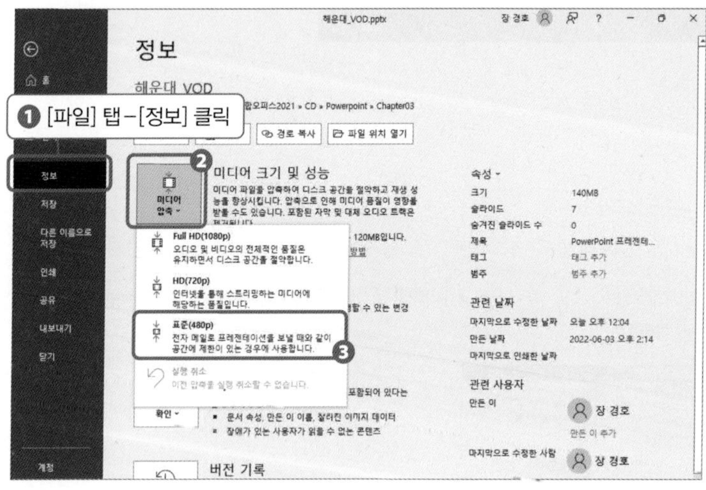

✓TIP 현재 예제 파일의 용량은 144mb입니다. 미디어 압축을 통해 용량을 줄일 수 있습니다.

2. 미디어 압축을 통해 예제 파일의 용량이 줄어든 것을 확인할 수 있습니다.

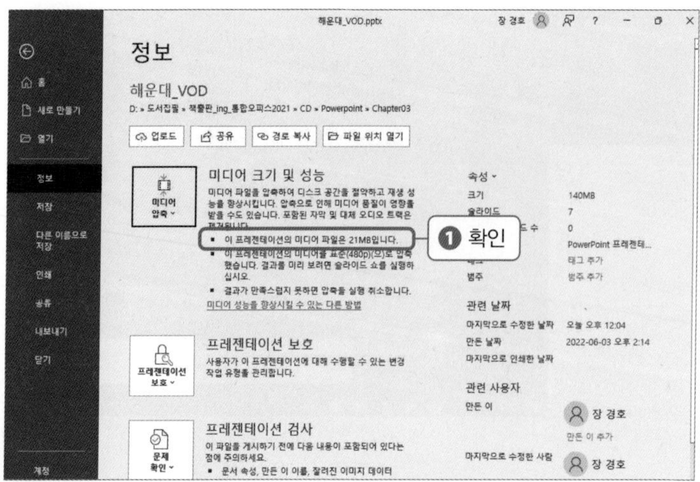

PowerPoint
049

인기 있는 유튜브 영상을 파워포인트에 연결하기

중요도 ★★★★★

파워포인트 2016 이상 버전에서는 유튜브 동영상을 슬라이드에 쉽게 삽입할 수 있습니다. 파워포인트 2010에서는 Embed 태그를 통해서만 파워포인트에 삽입이 가능했지만 파워포인트 2013부터는 Embed 태그 없이 파워포인트에 바로 삽입할 수 있습니다.

사용 가능 버전 ~~2010~~ ~~2013~~ 2016 2019 2021 365
사용한 기능 온라인 비디오, YouTube, 스톡 비디오
예제 파일 없음
완성 파일 없음

1. 새 프레젠테이션을 열어 [홈] 탭-[슬라이드] 그룹-[레이아웃]-[빈 화면]을 클릭합니다. [삽입] 탭-[미디어] 그룹-[비디오]-[스톡 비디오]를 클릭합니다.

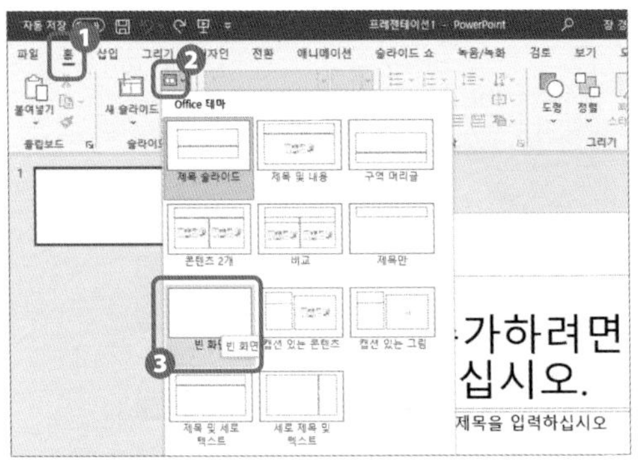

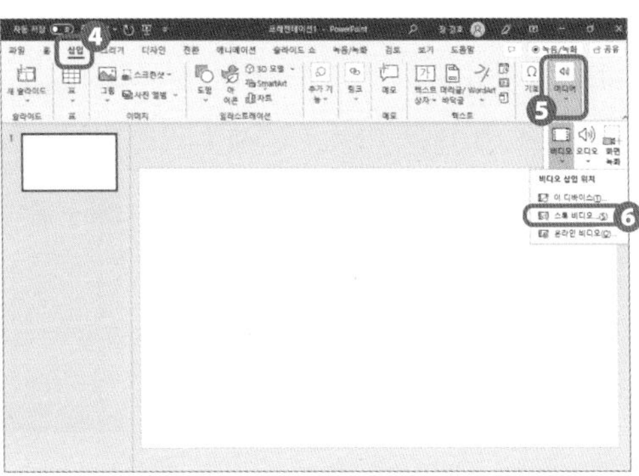

✓TIP 동영상을 추가하기 위해 제목이나 내용을 입력할 수 있는 개체 틀이 없는 빈 화면 슬라이드를 선택합니다.

2. [스톡 비디오] 창이 나타나면 원하는 동영상을 선택하고 [삽입]을 클릭합니다.

✓TIP Microsoft 365 구독자는 스톡 비디오나 이미지를 검색하고 파워포인트에 활용할 수 있습니다.

3. 스톡 비디오에서 검색한 동영상이 파워포인트에 삽입됩니다.

4. 이번에는 유튜브 영상을 파워포인트에 가져와 보겠습니다. 유튜브를 연 다음 영상을 검색합니다. 여기서는 유튜브 검색창에 『microsoft 365』를 입력하여 아래와 같은 페이지를 열었습니다. 주소를 복사합니다.

> 주소 :
> https://www.youtube.com

5. [삽입] 탭–[미디어] 그룹–[비디오]–[온라인 비디오]를 클릭합니다.

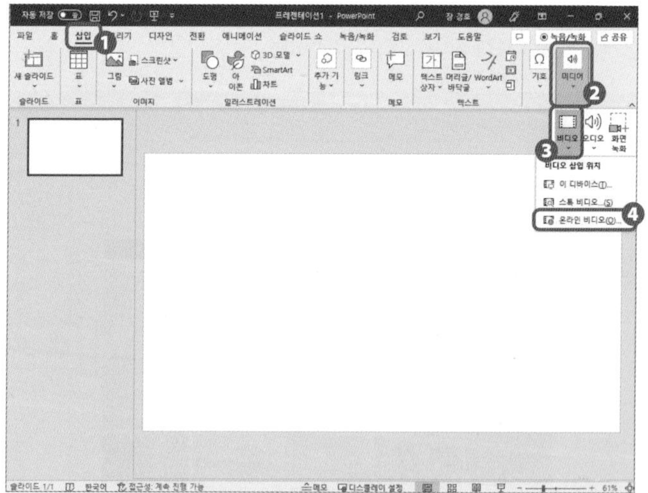

6. '온라인 비디오의 주소를 입력하십시오.' 입력란에 복사한 주소를 붙여 넣습니다.

주소 : https://www.youtube.com/watch?v=GDZDry9X9N8

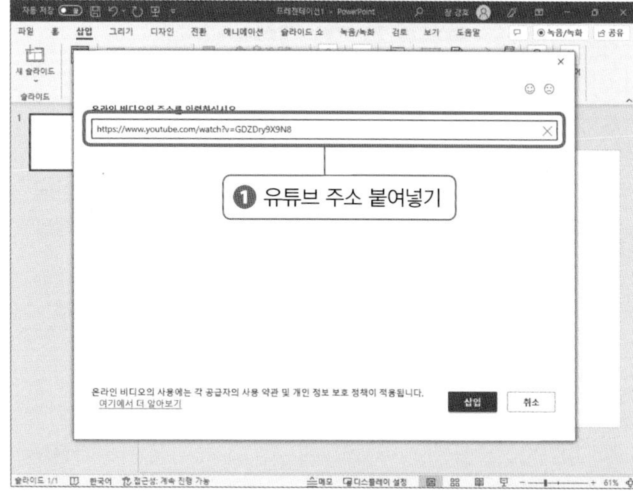

7. 유튜브 동영상이 재생됩니다. [삽입]을 클릭합니다.

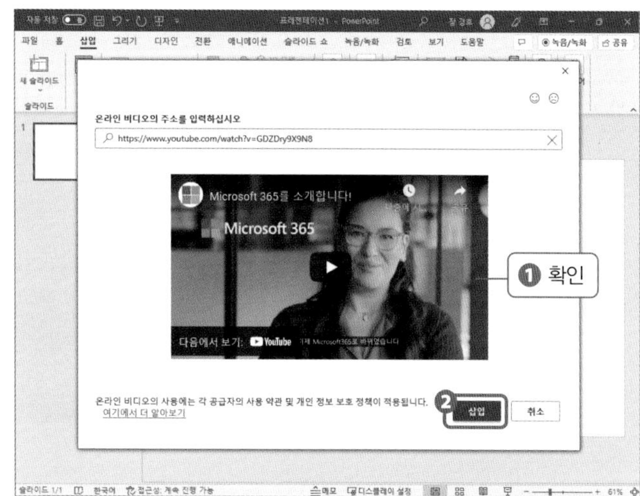

8. 슬라이드 편집 창에 유튜브 동영상이 삽입되면 크기와 위치를 조정합니다.

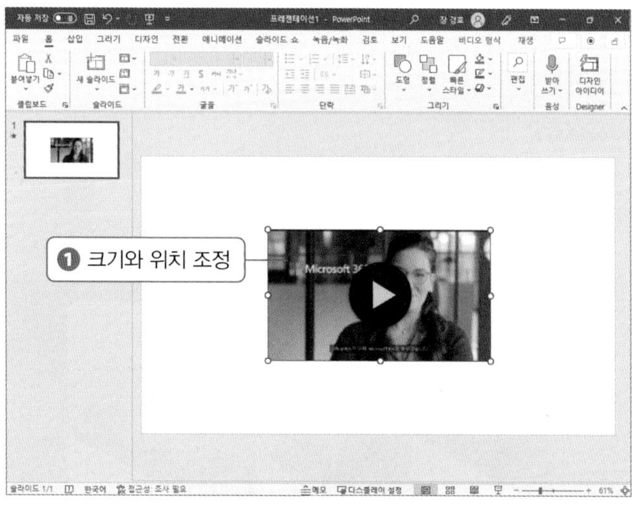

PowerPoint 050

중요도 ★★★★★

화면 녹화 기능으로 슬라이드 화면 녹화하기

파워포인트 2016부터 추가된 기능 중 가장 눈에 띄는 것이 '화면 녹화' 기능입니다. 화면 녹화 기능을 통해 사용자가 직접 화면을 녹화하여 동영상 파일로 생성하거나 파워포인트 슬라이드에 삽입할 수 있습니다.

사용 가능 버전 ~~2010~~ ~~2013~~ 2016 2019 2021 365
사용한 기능 화면 녹화, 기록
예제 파일 Powerpoint\Chapter 03\영도.pptx
완성 파일 없음

1. 파워포인트를 실행하고 [삽입] 탭-[미디어] 그룹-[미디어]-[화면 녹화]를 클릭합니다.

2. 상단 중앙에 작은 옵션 창이 표시됩니다. 동영상으로 만들 범위를 지정하기 위해 [영역 선택]을 클릭합니다. 마우스 커서가 영역 선택 커서로 변경되면 동영상으로 만들 범위를 드래그하여 지정합니다. 빨간색의 테두리가 그려지면 [기록]을 클릭합니다.

✓ TIP 영역 선택이 중요한 이유는 영역 선택된 범위 내에서 동영상이 만들어지기 때문입니다. 영역을 벗어난 부분은 동영상에 포함되지 않습니다.
만일, 오디오를 음소거하고 싶다면 [오디오] 아이콘을 클릭해 비활성화합니다. 또한, 마우스 포인터를 표시하고 싶지 않다면 [레코드 포인터] 아이콘을 클릭해 비활성화합니다.

3. 잠시 후 동영상 녹화가 진행됩니다. 이제 동영상으로 만들 내용을 작업합니다.

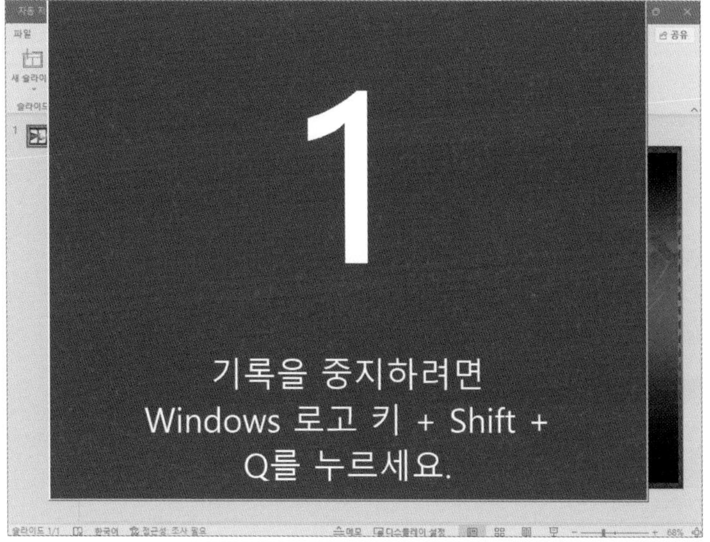

4. 작업이 완료되었다면 ⊞+Shift+Q를 누르거나, 상단 중앙에 마우스를 올려 옵션 창을 불러온 다음 [멈춤]을 클릭합니다.

5. 동영상이 만들어집니다. 재생을 클릭하면 동영상으로 만든 내용을 확인할 수 있습니다.

6. 파워포인트 슬라이드에 동영상이 포함되었지만 이를 파일로 만들고 싶다면 동영상을 마우스 오른쪽 버튼으로 클릭한 후 [다른 이름으로 미디어 저장]을 선택합니다. [다른 이름으로 미디어 저장] 대화상자가 나타나면 원하는 파일 이름과 파일 형식을 지정하고 [저장]을 클릭하면 됩니다.

MEMO

Chapter 04

파워포인트

기타 업무 기술

지금까지 파워포인트의 텍스트 기능을 비롯해, 편집 기능, 멀티미디어 등 다양한 기술에 대해서 다루어보았습니다. 이번 챕터에서는 파워포인트의 인쇄 기능과 함께 앞에서 다루지 못한 기능에 대해서 살펴보겠습니다.

• 학습 내용

사용 기능	중요도	내용
그림 서식, 투명한 색 설정	★★★★★	051 위키미디어에서 세계 지도 검색하고 활용하기
그림 압축	★★★★★	052 용량 큰 그림을 압축해서 파일 용량 줄이기
슬라이드 크기	★★★★★	053 파워포인트를 워드프로세스 대용으로 활용하기
파일 형식 변경, 이미지 저장	★★★★★	054 슬라이드 파일을 이미지 파일로 변환하기
사진 앨범	★★★★★	055 사진 앨범 기능으로 10장의 사진 한 번에 삽입하기
확대, 축소	★★★★★	056 원하는 배율로 확대하고 축소하기
슬라이드 크기, 표준, 와이드 스크린	★★★★★	057 표준과 와이드 스크린으로 전환하기
스마트 조회, 정보 활용	★★★★★	058 스마트 조회로 빠르게 탐색하기
인쇄	★★★★★	059 한 페이지에 여러 슬라이드 인쇄하기
컬러, 흑백, 회색조	★★★★★	060 컬러, 흑백, 회색조로 인쇄하기
유인물, 머리글/바닥글	★★★★★	061 유인물에 머리글/바닥글 인쇄하기
내보내기, PDF	★★★★★	062 여백 없이 파워포인트 파일 인쇄하기

위키미디어에서 세계 지도 검색하고 활용하기

중요도 ★★★☆☆

위키미디어를 활용하면 세계 지도를 손쉽게 검색하고 파워포인트에서 활용할 수 있습니다.

사용 가능 버전 2010 2013 2016 2019 2021 365
사용한 기능 위키미디어, 그림 서식, 투명한 색 설정
예제 파일 Powerpoint\Chapter 04\파견현황.pptx
완성 파일 없음

1. 인터넷 창을 열어 'http://commons.wikimedia.org/wiki'에 접속합니다. 검색 창에 『world map』을 입력하고 [Enter]를 누릅니다.

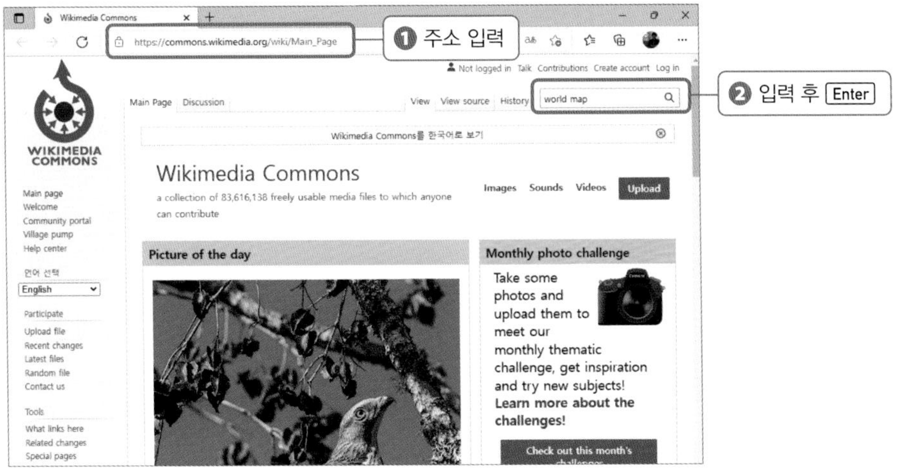

2. 다양한 모양의 세계 지도가 검색됩니다. [License]–[No restrictions]를 선택합니다. 그중 원하는 형식의 세계 지도를 선택합니다.

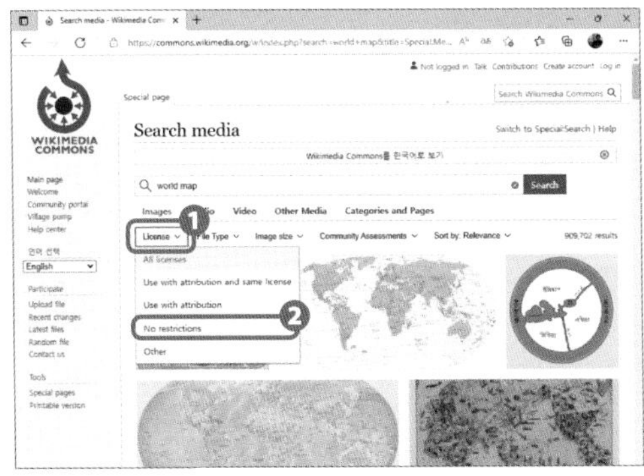

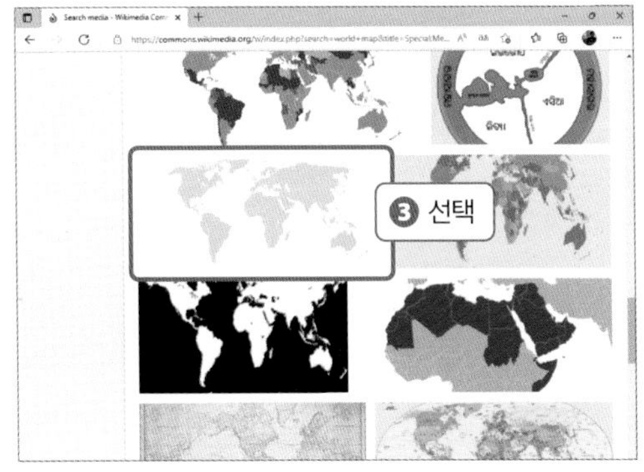

✓TIP 세계 지도 모양을 찾기 어려우면 검색 창에 'BlankMap–World–Compact.svg'를 입력해 본 예제에서 사용한 세계 지도를 찾을 수 있습니다.

3. 지도를 선택하면 새 창으로 지도 이미지가 펼쳐집니다. 마우스 오른쪽 버튼을 클릭한 후 [이미지 복사]를 선택합니다.

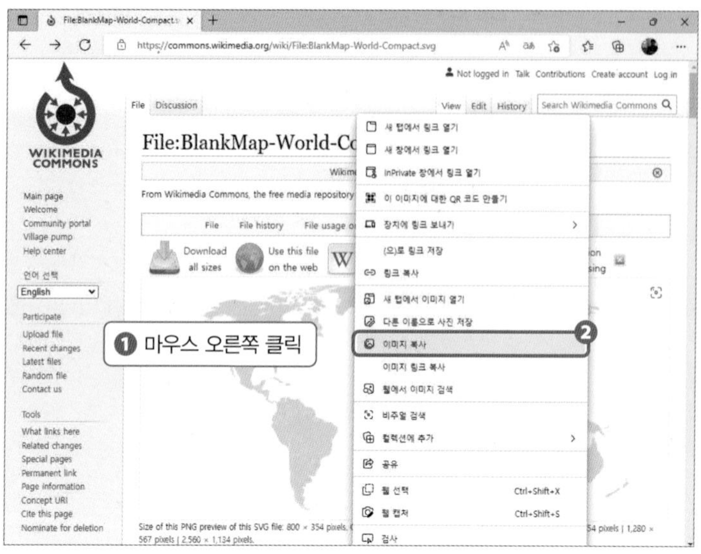

✓ TIP 여기서 사용한 인터넷 브라우저는 구글 크롬입니다. 만일, 익스플로러 등 다른 인터넷 브라우저를 사용할 경우 방법이 조금 다를 수 있습니다.

4. 파워포인트를 열어 Ctrl+V를 누릅니다. 세계 지도가 슬라이드에 붙여넣기 됩니다.

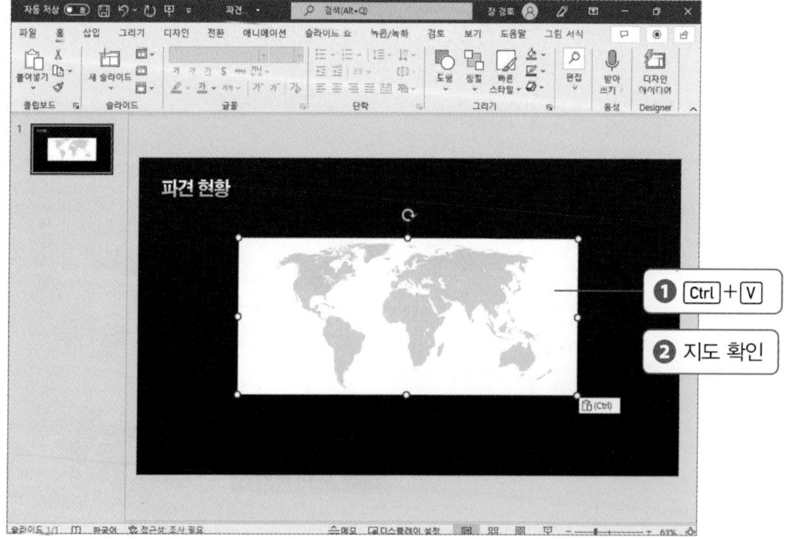

5. 저자가 가져온 세계 지도는 흰색 배경이 있습니다. 이를 제거하기 위해 세계 지도를 선택한 상태에서 [그림 도구]-[서식] 상황별 탭 또는, [그림 서식] 탭-[조정] 그룹-[색]-[투명한 색 설정]을 클릭합니다.

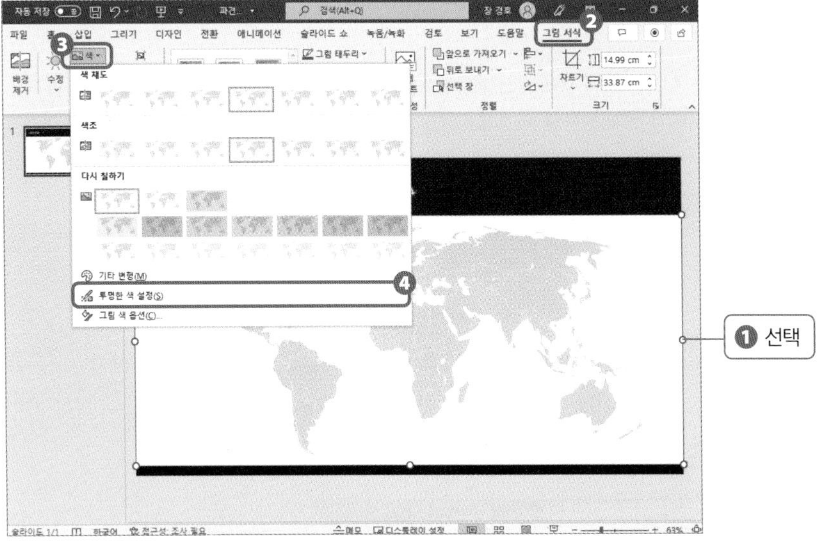

6. 마우스 포인터의 모양이 변경되면 흰색 배경 부분을 클릭하여 투명 배경으로 변경합니다. 이번에는 회색인 세계 지도를 흰색으로 변경해 보겠습니다. 세계 지도를 선택한 상태에서 [그림 도구]-[서식] 상황별 탭 또는, [그림 서식] 탭-[조정] 그룹-[수정]-[밝기/대비]에서 원하는 수준을 선택합니다.

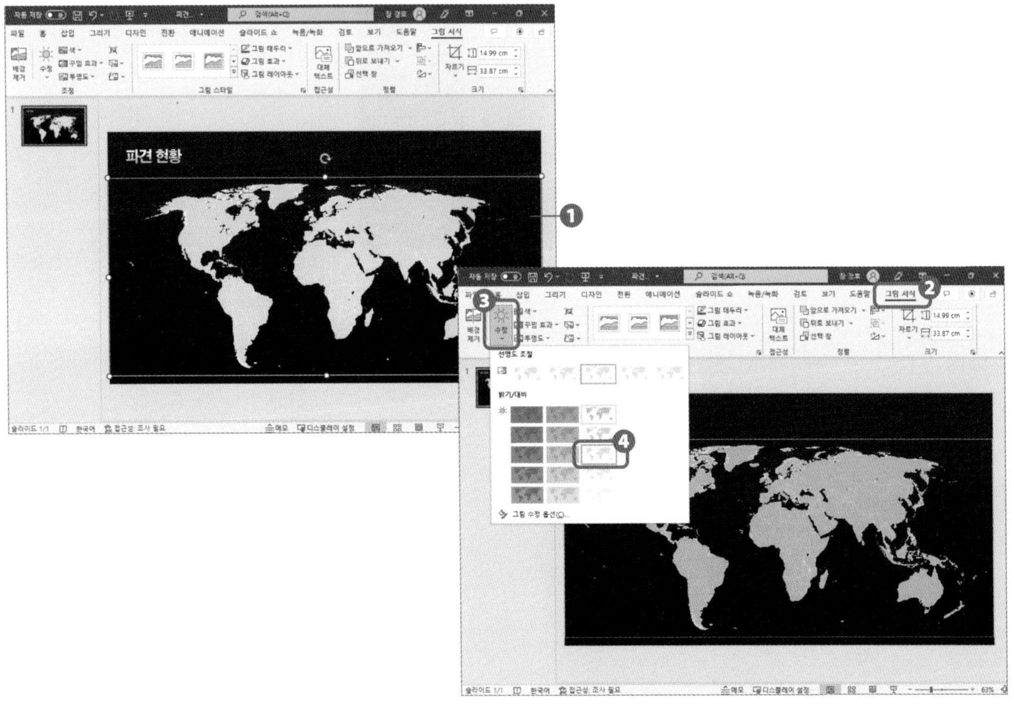

PowerPoint 052

중요도 ★★★☆☆

용량 큰 그림을 압축해서 파일 용량 줄이기

그림 압축을 통해 잘려진 그림 영역을 삭제하거나 인쇄 용도, 화면 용도, 또는, 이메일 용도 등의 원하는 용도로 사용하기 위해 압축할 수 있습니다. 이번 섹션에서는 삽입한 그림을 압축하는 방법에 대해서 살펴보겠습니다.

사용 가능 버전 2010 2013 2016 2019 2021 365
사용한 기능 그림 압축

예제 파일 Powerpoint\Chapter 04\해운대.pptx
완성 파일 Powerpoint\Chapter 04\해운대_완성.pptx

1. [그림 도구]-[서식] 상황별 탭 또는, [그림 서식] 탭-[조정] 그룹-[그림 압축]을 클릭합니다. [그림 압축] 대화상자가 나타나면 [압축 옵션]-[이 그림에만 적용]에 체크를 해제합니다. [해상도]-[전자 메일(96ppi) : 공유할 문서 크기를 최소화합니다]를 체크한 후 [확인]을 클릭합니다.

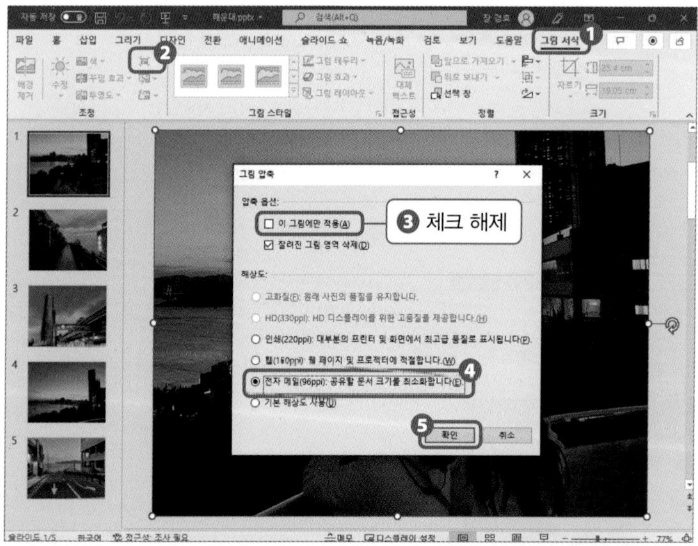

✓TIP [그림 압축] 대화상자에서 [이 그림에만 적용]에 체크를 해제하면 전체 슬라이드의 그림을 압축할 수 있어 프레젠테이션 전체 문서 용량을 많이 줄일 수 있습니다.

2. 그림 압축 전과 압축 후의 용량을 비교하면 많은 부분 용량을 줄일 수 있는 것을 확인할 수 있습니다.

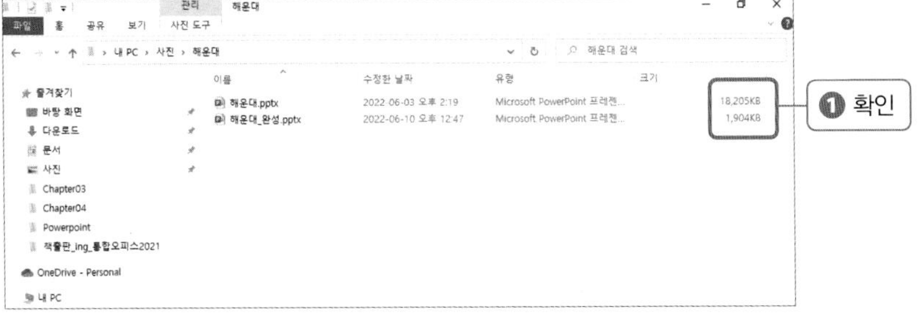

✓ TIP **[그림 압축] 대화상자**

[그림 압축] 대화상자를 통해 압축 옵션을 지정하거나 인쇄, 화면, 전자 메일 등의 그림 압축 옵션을 지정할 수 있습니다.

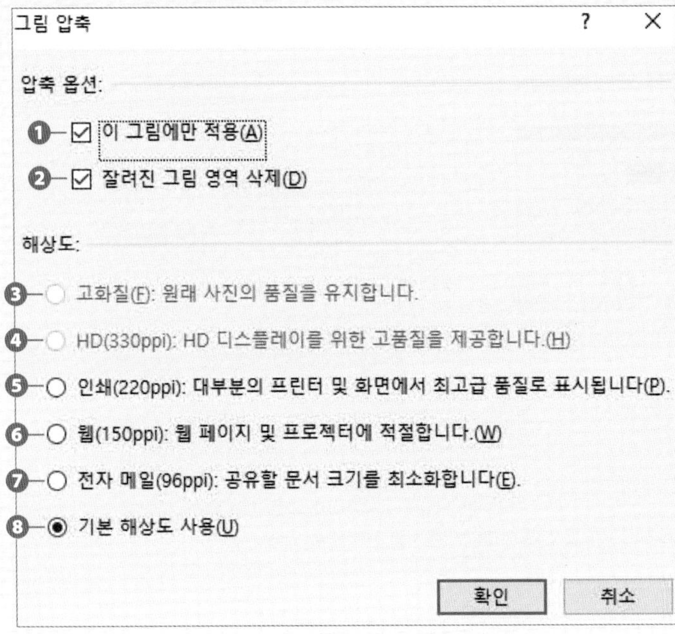

❶ 이 그림에만 적용 : 전체 슬라이드가 아닌 선택한 슬라이드에 적용된 그림만 압축을 진행합니다.
❷ 잘려진 그림 영역 삭제 : 그림 자르기를 통해 자른 그림 영역을 다시 조정할 수 없도록 완전히 삭제합니다.
❸ 고화질 : 원래 사진의 품질을 유지합니다.
❹ HD(330ppi) : HD 디스플레이를 위한 고품질을 재공합니다.
❺ 인쇄(220ppi) : 대부분의 프린터나 화면에서 가장 좋은 품질로 인쇄할 수 있도록 조정합니다.
❻ 웹(150ppi) : 웹 페이지나 프로젝터로 볼 때 최적화될 수 있도록 조정합니다.
❼ 전자 메일(96ppi) : 공유할 슬라이드 파일의 크기를 최소화합니다.
❽ 기본 해상도 사용 : 현재 문서 해상도를 유지합니다.

PowerPoint 053

중요도 ★★★☆☆

파워포인트를 워드프로세스 대용으로 활용하기

가끔 파워포인트를 워드나 한글처럼 사용하고 싶은 경우가 있습니다. 특히, 각종 도형이나 이미지가 많이 포함되는 문서의 경우 마우스로 편하게 위치 조정이 가능한 파워포인트가 아무래도 편집이 쉽기 때문이지요. 여기서는 슬라이드를 A4 용지 크기로 설정하여 워드프로세서로 활용하는 방법에 대해서 살펴보겠습니다.

사용 가능 버전 2010 2013 2016 2019 2021 365 | **예제 파일** 없음
사용한 기능 슬라이드 크기, 사용자 지정 슬라이드 크기 | **완성 파일** 없음

1. [디자인] 탭-[사용자 지정]-[사용자 지정 슬라이드 크기]를 클릭합니다. [슬라이드 크기] 대화상자에서 가로 방향을 세로 방향으로 변경하기 위해 [세로]로 체크합니다. [슬라이드 크기]를 [A4 용지 (210*297mm)로 선택한 후 [확인]을 클릭합니다.

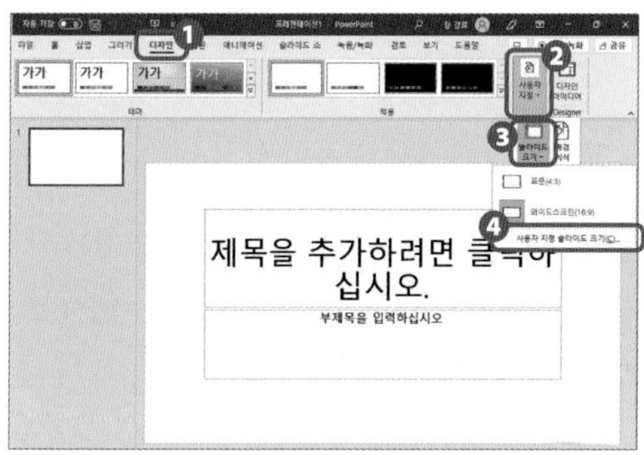

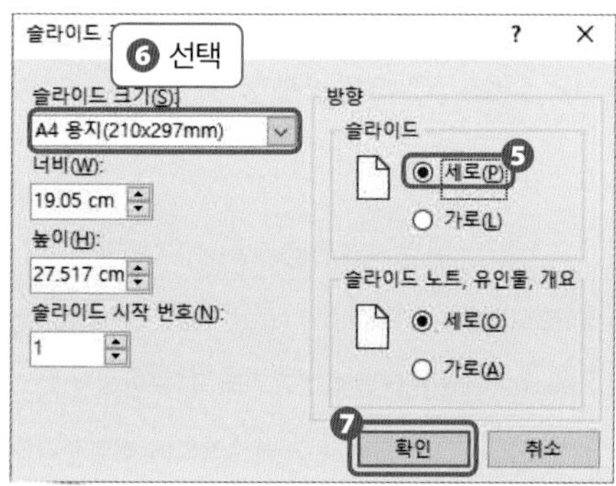

✓ TIP [슬라이드 크기] 화살표를 클릭하면 A3 용지를 비롯해 다양한 용지를 선택할 수 있습니다.

2. 슬라이드 크기 조정을 묻는 [Microsoft PowerPoint] 대화상자가 나타나면 [맞춤 확인]을 클릭합니다. 슬라이드 크기가 A4 용지 크기로 변경됩니다. 슬라이드를 A4 용지 크기로 설정하고 가로가 아닌 세로로 방향을 변경하면 워드프로세서와 동일하게 활용할 수 있습니다.

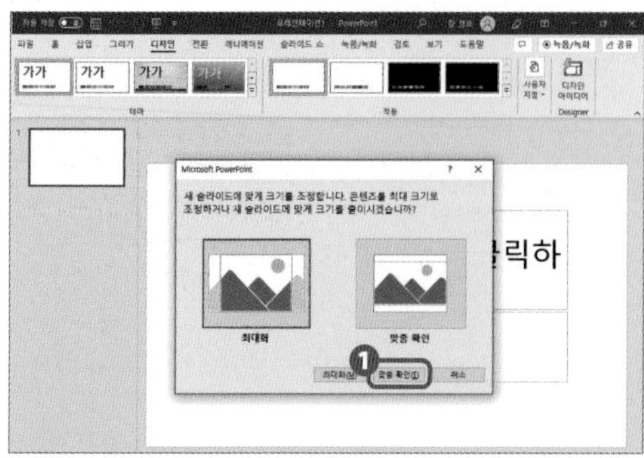

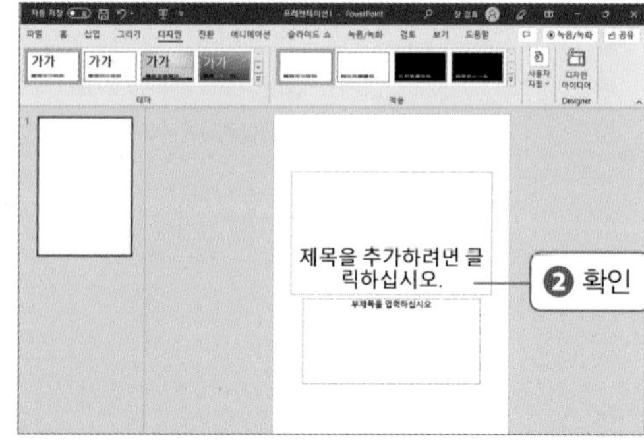

슬라이드 파일을 이미지 파일로 변환하기

중요도 ★★★★★

슬라이드를 이미지 파일로 저장하면 파워포인트가 없어도 내용을 확인하고 간편하게 공유할 수 있습니다. 한 장씩, 원하는 페이지만 이미지 파일로 저장하거나 전체 슬라이드를 한 번에 이미지 파일로 저장할 수 있습니다.

사용 가능 버전 2010 2013 2016 2019 2021 365
사용한 기능 파일 형식 변경, 이미지로 저장

예제 파일 Powerpoint\Chapter 04\부산소개.pptx
완성 파일 Powerpoint\Chapter 04\'부산소개' 폴더

1. [파일] 탭–[내보내기]를 클릭하여 [파일 형식 변경]을 선택합니다. [PNG(이동식 네트워크 그래픽)(*.png)]를 선택한 후 [다른 이름으로 저장]을 클릭합니다.

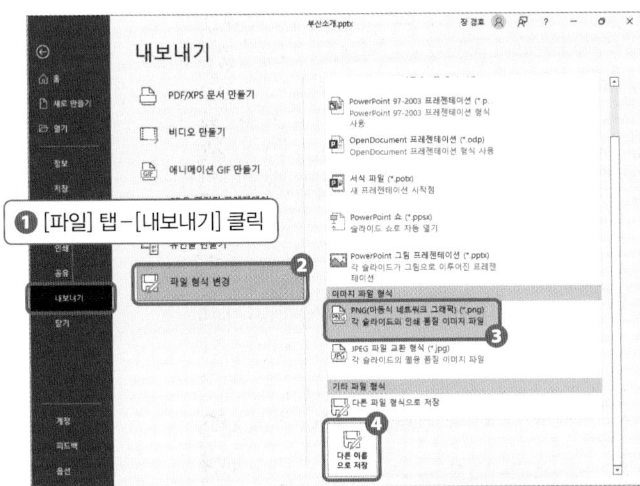

✓TIP [파일] 탭–[다른 이름으로 저장]–[컴퓨터]–[찾아보기]를 클릭한 후 [다른 이름으로 저장] 대화상자에서 [파일 형식]–[PNG 형식 (*.png)]를 선택해도 됩니다.

2. [다른 이름으로 저장] 대화상자가 나타나면 저장할 폴더를 지정하고 파일 이름을 입력한 후 [저장]을 클릭합니다.

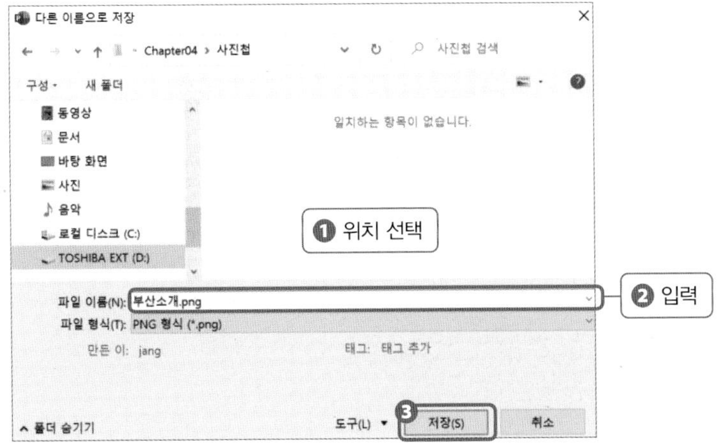

3. [모든 슬라이드]를 저장할 것인지 [현재 슬라이드만]을 저장할 것인지를 묻는 창이 나타나면 [모든 슬라이드]를 클릭합니다.

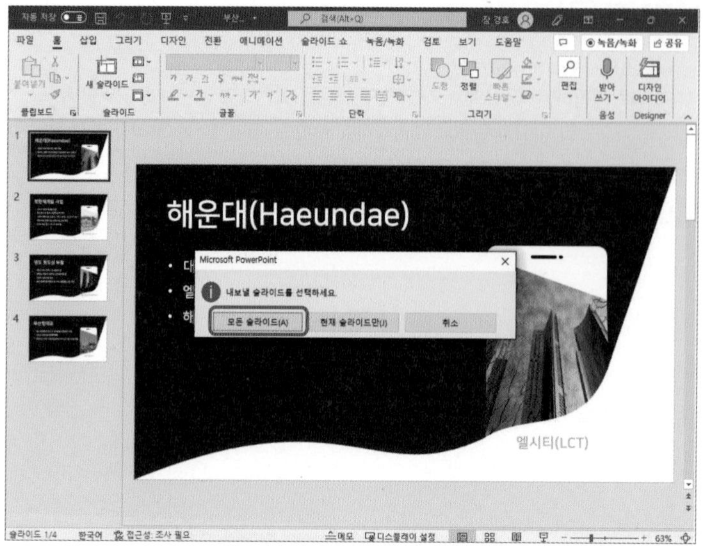

✓ TIP 파워포인트 이전 버전의 경우 경고 창이 나타날 수 있습니다. 경고 창이 나타나면 [확인]을 클릭합니다.

4. 내 컴퓨터의 파일 탐색기를 엽니다. 파워포인트 슬라이드 파일이 각각의 이미지 파일로 저장된 것을 확인할 수 있습니다.

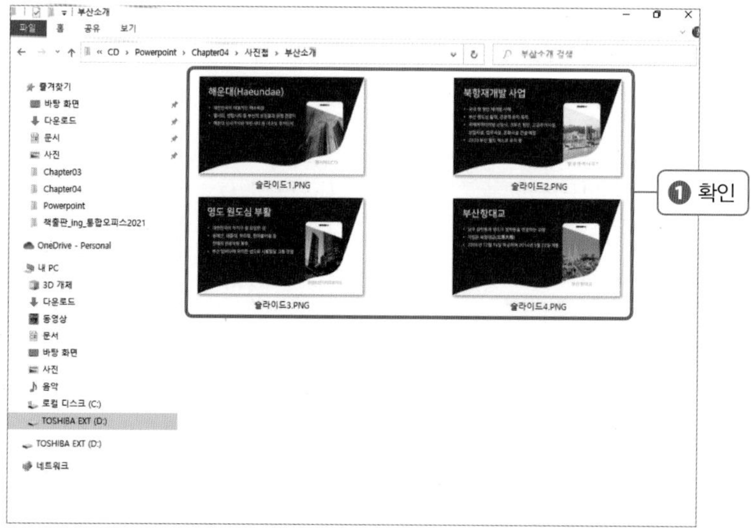

PowerPoint 055

중요도 ★★★★★

사진 앨범 기능으로 10장의 사진 한 번에 삽입하기

사진 앨범은 내 컴퓨터나 디지털 카메라 등의 개인용 사진이나 업무용 사진을 한 번에 업로드하여 슬라이드에서 볼 수 있는 기능입니다. 여기서는 사진 앨범을 이용해 사진을 한 번에 업로드해보고 캡션을 추가하고 레이아웃을 조정하여 멋진 슬라이드를 만들어 보겠습니다.

사용 가능 버전 2010 2013 2016 2019 2021 365
사용한 기능 사진 앨범
예제 파일 Powerpoint\Chapter 04\'사진첩' 폴더
완성 파일 Powerpoint\Chapter 04\사진첩_완성.pptx

1. 새 슬라이드를 연 다음 [삽입] 탭-[이미지] 그룹-[사진 앨범]의 상단을 클릭하거나 하단을 클릭해 [새 사진 앨범]을 클릭합니다. [사진 앨범] 대화상자가 나타나면 [파일/디스크]를 클릭합니다. [새 그림 삽입] 대화상자가 나타나면 '사진첩' 폴더의 모든 사진을 선택하고 [삽입]을 클릭합니다.

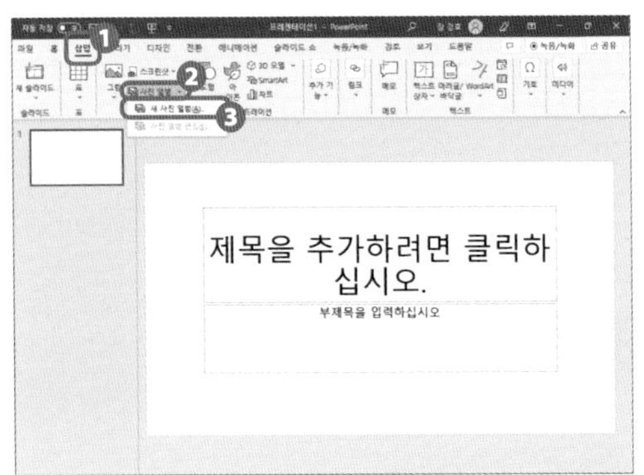

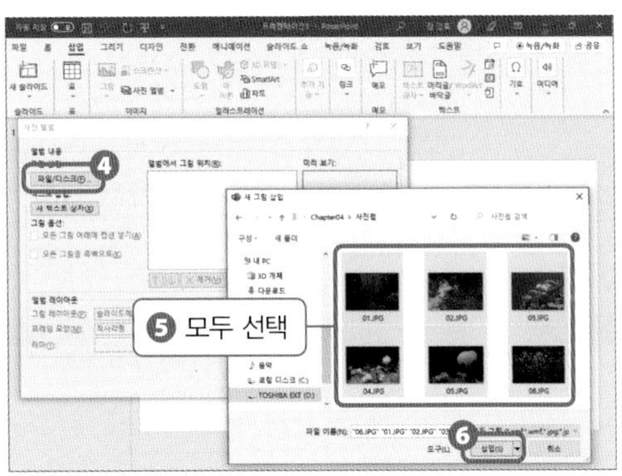

2. [사진 앨범] 대화상자가 나타나면 [앨범에서 그림 위치]에서 원하는 그림을 체크합니다. [미리 보기] 화면에 사진이 미리 보기됩니다. [미리 보기] 하단에 여러 가지 그림 속성 단추가 나타납니다. 그림의 대비 및 밝기 등을 적절히 조정한 후 [앨범에서 그림 위치] 하단에 위, 아래 단추를 이용해 순서를 조정합니다.

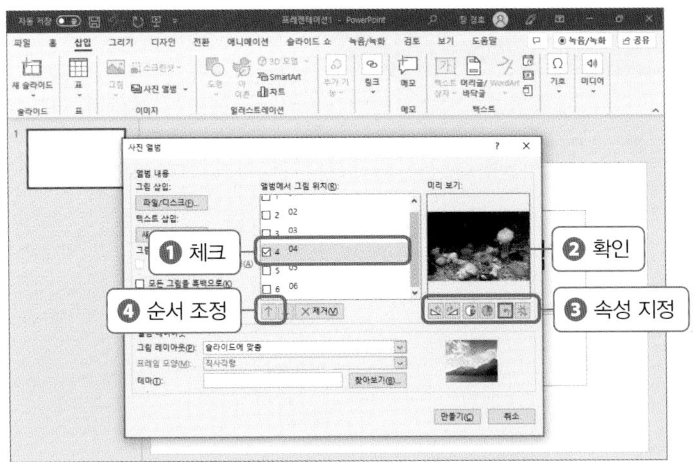

3. [그림 레이아웃]-[그림 1개], [프레임 모양]-[단순형 프레임, 흰색]을 선택하고 [만들기]를 클릭합니다.

4. [사진 앨범] 대화상자에서 선택한 그림 레이아웃을 비롯해 프레임과 테마가 적용된 슬라이드가 완성됩니다.

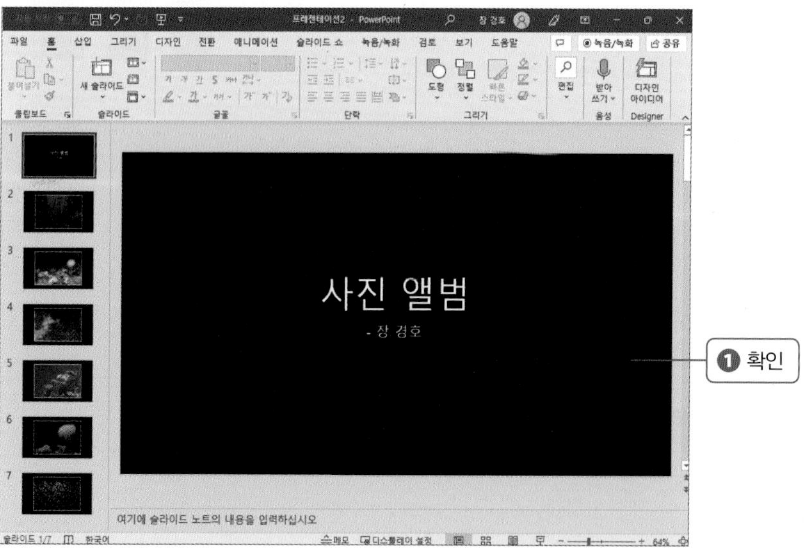

PowerPoint 056

중요도 ★★★★★

원하는 배율로 확대하고 축소하기

슬라이드 편집 창의 크기는 사용자가 원하는 크기로 확대하거나 축소할 수 있습니다.

사용 가능 버전 2010 2013 2016 2019 2021 365
사용한 기능 확대, 축소

예제 파일 Powerpoint\Chapter 04\영도.pptx
완성 파일 없음

1. 확대를 원하는 개체를 선택합니다. 여기서는 'CENTRAL'이라고 적힌 텍스트 개체 틀을 선택합니다. [보기] 탭-[확대/축소] 그룹-[확대/축소]를 클릭합니다. [확대/축소] 대화상자에서 [200%]에 체크한 후 [확인]을 클릭합니다.

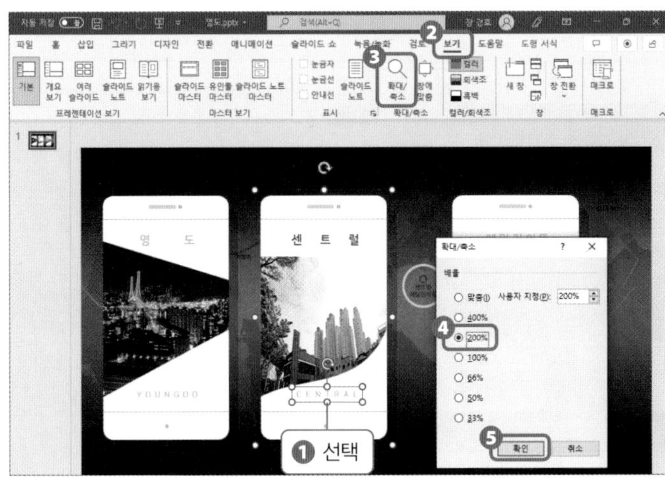

✓TIP 하단의 상태 표시줄에 있는 [확대/축소](200%) 단추를 이용하여도 슬라이드 편집 창의 크기를 조절할 수 있습니다.

2. 슬라이드 편집 창이 '200%'으로 확대되어 표시됩니다. 슬라이드 편집 창에 맞게 다시 조절하기 위해 상태 표시줄의 [창에 맞춤]()을 클릭합니다.

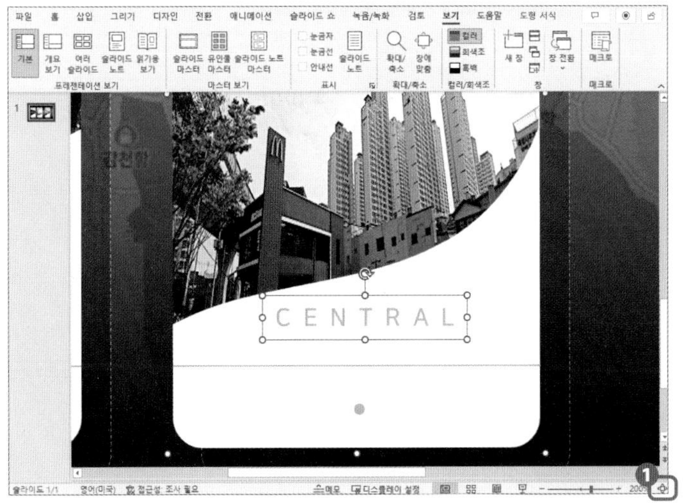

✓TIP 상태 표시줄의 [창에 맞춤]()을 클릭하면 슬라이드 편집 창에 맞게 자동 조절됩니다.

PowerPoint 057

중요도 ★★★★★

표준과 와이드 스크린으로 전환하기

파워포인트 2016부터 슬라이드 기본 크기는 16:9의 와이드 화면입니다. 하지만, 파워포인트 2007이나 2010처럼 4:3의 표준 화면으로 변경할 수 있습니다.

사용 가능 버전 2010 2013 2016 2019 2021 365
사용한 기능 슬라이드 크기, 표준, 와이드 스크린

예제 파일 Powerpoint\Chapter 04\영도.pptx
완성 파일 Powerpoint\Chapter 04\영도_완성.pptx

1. [디자인] 탭-[사용자 지정]-[슬라이드 크기]-[표준 (4:3)]을 클릭합니다.

✓ TIP 파워포인트 2007 이나 2010 버전의 슬라이드 크기는 전형적인 4:3 비율을 가지고 있지만 와이드 스크린과 HD 형식을 파워포인트 2016부터 채택하고 있습니다. 하지만 와이드 화면이 불편하거나, 빔프로젝터가 와이드를 지원하지 않는다면 슬라이드 화면을 4:3 비율로 변경하여 사용하는 것이 좋습니다.

2. 경고 창이 나타납니다. 콘텐츠를 최대 크기로 조정하거나 새 슬라이드에 맞게 크기를 줄일 수 있습니다. 여기서는 [맞춤 확인]을 클릭합니다.

3. 슬라이드에 포함되어 있는 개체는 원래의 크기를 유지한 채 축소됩니다. 이번에는 [맞춤 확인]이 아닌 [최대화]를 선택해 보겠습니다.

4. [뒤로]를 클릭한 후 [디자인] 탭–[사용자 지정]–[슬라이드 크기]를 클릭합니다. 다시 [표준 (4:3)]을 클릭하고, 이번에는 [최대화]를 클릭합니다.

5. 슬라이드에 포함되어 있는 개체의 크기는 그대로이면서 슬라이드의 크기만 4:3 비율로 축소됩니다.

꼭 알고 가세요

최대화와 맞춤 확인

와이드 슬라이드 크기를 표준 슬라이드 크기로 변경 시 [최대화], [맞춤 확인] 중에서 선택할 수 있습니다.

▲ 최대화

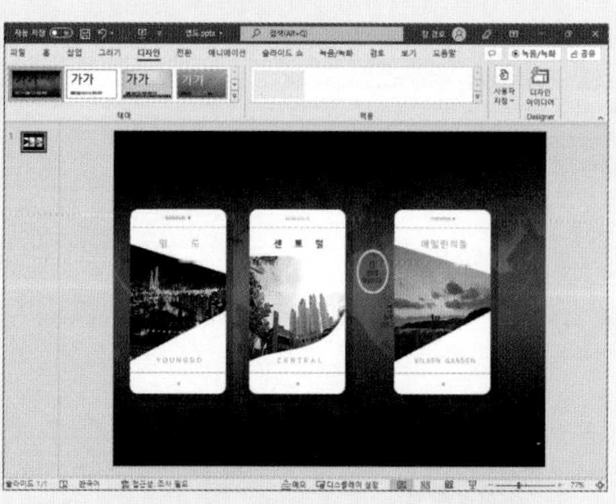

▲ 맞춤 확인

- 최대화 : 슬라이드 크기가 4:3 비율을 가진 표준 모드로 변경되면서 축소되지만, 슬라이드에 포함되어 있는 개체는 원래의 크기를 유지합니다.
- 맞춤 확인 : 슬라이드 크기가 4:3 비율을 가진 표준 모드로 변경되면서 슬라이드에 포함되어 있는 개체도 함께 축소되어 표시됩니다.

PowerPoint
058

스마트 조회로 빠르게 탐색하기

중요도 ★★★☆☆

스마트 조회는 파워포인트 2016부터 추가된 기능으로 파워포인트 2013의 리서치 기능이 조금 더 업그레이드된 기능이라고 할 수 있습니다. 스마트 조회를 이용하면 Wiki 문서 등 인터넷에서 가장 연관이 있는 내용을 파워포인트에 바로 표시해 줍니다.

사용 가능 버전 ~~2010~~ ~~2013~~ 2016 2019 2021 365
사용한 기능 스마트 조회, 정보 활용
예제 파일 Powerpoint\Chapter 04\스마트조회.pptx
완성 파일 없음

1. 두 번째 슬라이드를 선택한 다음 원하는 키워드를 드래그하여 선택합니다. 마우스 오른쪽 버튼을 클릭한 후 [스마트 조회]를 선택하거나, [검토] 탭–[정보 활용] 그룹–[검색]을 클릭합니다.

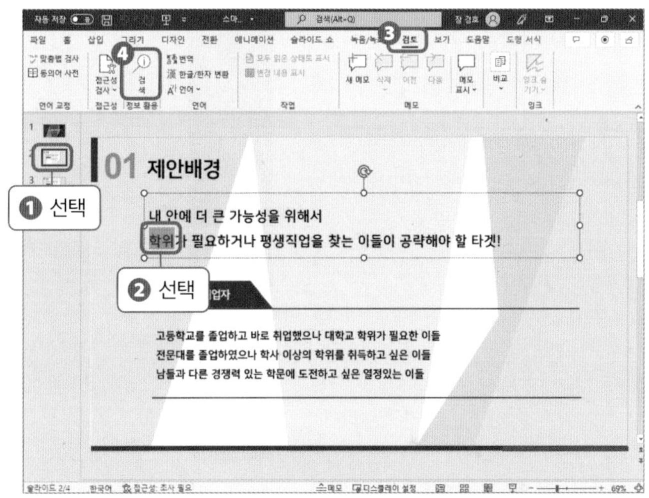

2. 스마트 조회나 정보 활용은 파워포인트 버전에 따라 이름이 다를 수 있으나 기능은 동일합니다. 검색 창을 통해 정의, Wiki 문서, 웹에서 가장 관련성이 높은 검색 결과가 표시됩니다.

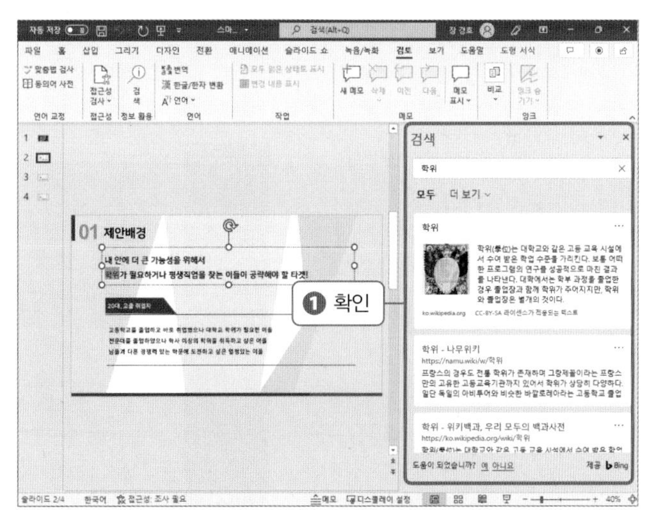

PowerPoint 059

중요도 ★★★★

한 페이지에 여러 슬라이드 인쇄하기

검토용으로 슬라이드를 인쇄하거나 유인물 형태에 인쇄를 하기 위해서는 한 페이지에 여러 슬라이드를 인쇄하는 것이 효율적입니다.

사용 가능 버전 2010 2013 2016 2019 2021 365 | **예제 파일** Powerpoint\Chapter 04\광고타겟.pptx
사용한 기능 인쇄, 유인물 인쇄 | **완성 파일** 없음

1. [파일] 탭-[인쇄]를 클릭한 후 한 페이지에 두 개의 슬라이드를 인쇄하기 위해 [설정]-[전체 페이지 슬라이드]를 클릭한 다음 [2슬라이드]를 선택합니다.

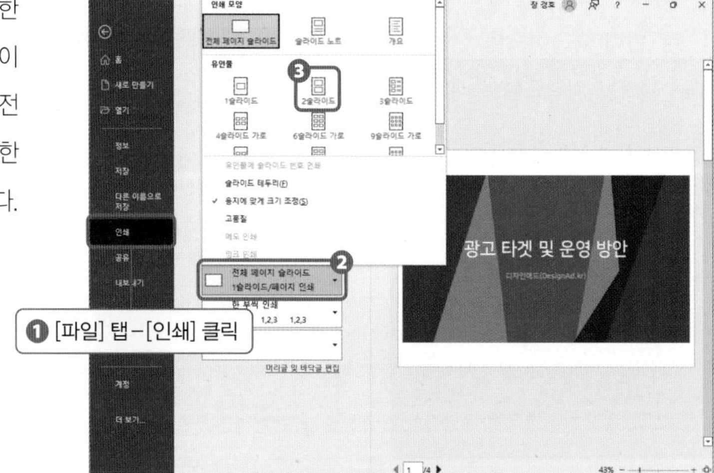

✔ TIP 한 페이지에 여러 장의 슬라이드를 인쇄하는 것을 유인물 인쇄라고 하며, 유인물로 먼저 설정이 되어야 한 페이지에 넣을 페이지 수를 지정할 수 있습니다.

2. 하나의 페이지에 두 장의 슬라이드가 표시됩니다.

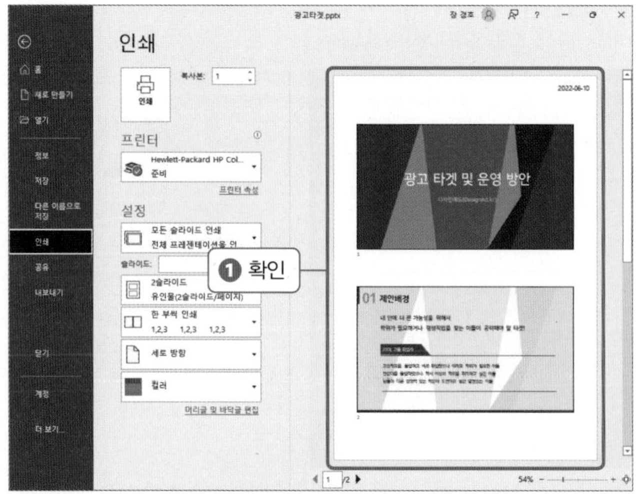

PowerPoint 060

중요도 ★★★

컬러, 흑백, 회색조로 인쇄하기

파워포인트는 컬러 인쇄뿐 아니라 회색조나 흑백으로 인쇄할 수 있습니다.

사용 가능 버전 2010 2013 2016 2019 2021 365
사용한 기능 컬러, 흑백, 회색조
예제 파일 Powerpoint\Chapter 04\광고타겟.pptx
완성 파일 없음

1. [파일] 탭-[인쇄]를 클릭한 후 [컬러]-[회색조]를 선택합니다.

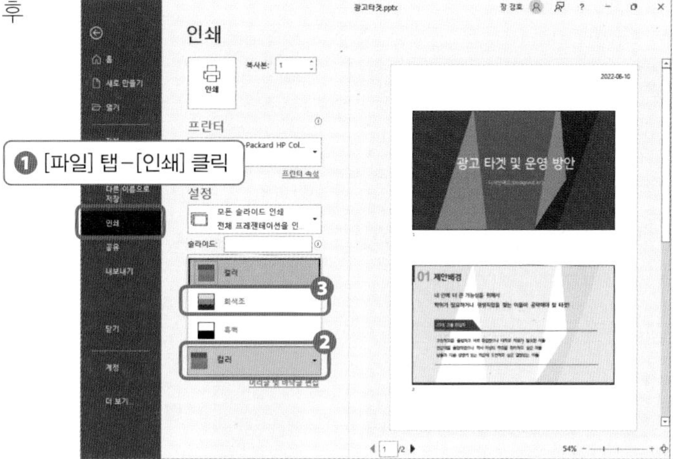

2. 컬러에서 회색조로 변경됩니다.

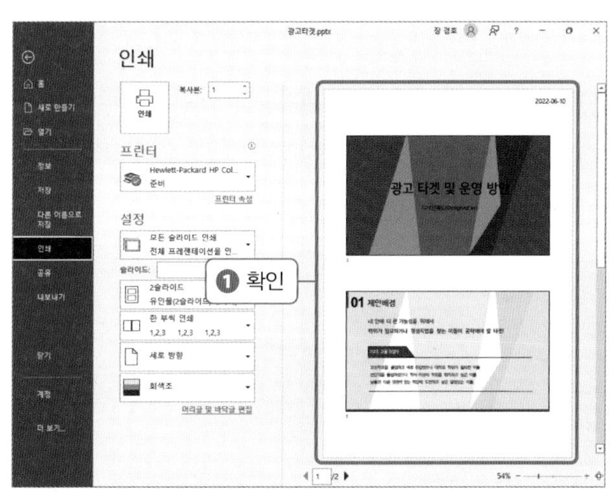

✔TIP 회색조나 흑백으로 인쇄 시 이미지나 텍스트가 자동으로 회색조와 흑백으로 전환되어 표시됩니다. 만일, 그라데이션 색상이나 다른 프로그램에서 만든 이미지나 아이콘의 경우 제대로 표시되지 않을 수 있습니다.

이것이 알고 싶어요

Ⓠ [인쇄]-[설정]-[컬러]로 지정해도 미리 보기 화면에 흑백으로 표시됩니다.

Ⓐ 프린터를 체크해 보세요. 프린터가 컬러 프린터인지 흑백 프린터인지에 따라 표시되는 미리 보기 화면도 달라집니다. 즉, 연결된 프린터가 흑백 프린터일 경우 [설정]-[컬러]로 지정해도 미리 보기 화면은 흑백으로 표시됩니다.

PowerPoint 061

유인물에 머리글/바닥글 인쇄하기

중요도 ★★★☆☆

머리글/바닥글을 슬라이드에 포함하여 인쇄할 수 있습니다. 여기서는 유인물에 머리글/바닥글을 인쇄하는 방법에 대해서 살펴보겠습니다.

사용 가능 버전 2010 2013 2016 2019 2021 365 | **예제 파일** Powerpoint\Chapter 04\광고타겟.pptx
사용한 기능 머리글, 바닥글 | **완성 파일** 없음

1. [파일] 탭-[인쇄]-[머리글 및 바닥글 편집]을 클릭합니다. [머리글/바닥글] 대화상자에서 [슬라이드 노트 및 유인물] 탭-[페이지 번호], [바닥글]에 체크하고, [바닥글]에 『〈인쇄물〉』를 입력한 후 [모두 적용]을 클릭합니다.

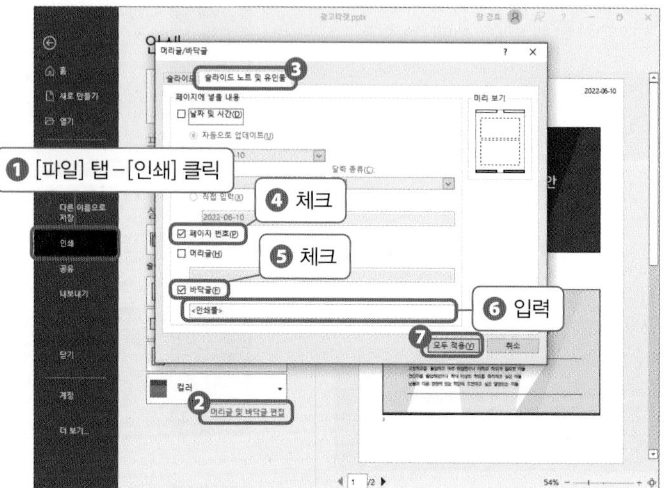

2. 인쇄 미리 보기 화면에는 바닥글이 적용되지 않았습니다. 왜냐하면 위에서 [슬라이드 노트 및 유인물]에 바닥글을 지정했기 때문이죠. [인쇄 모양]을 클릭한 후 [슬라이드 노트]를 선택합니다. 바닥글에 지정한 내용이 표시됩니다.

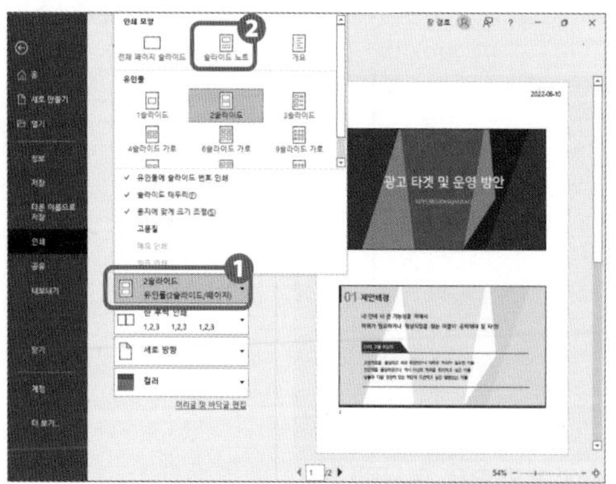

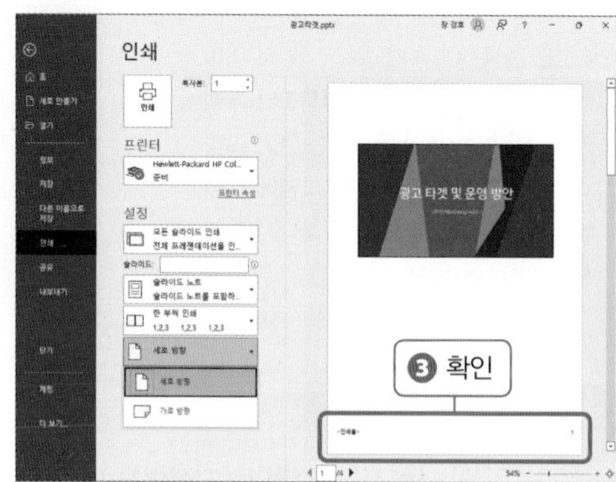

PowerPoint
062

여백 없이 파워포인트 파일 인쇄하기

중요도 ★★★★★

PDF(Portable Document Format) 파일은 전자문서 파일 형태를 말하는데 어떤 운영체제에서도 전송과 읽기가 가능해 문서를 출판할 때 주로 사용하는 형태입니다. 특히, 변환 전의 파일보다 용량을 많이 줄여주고 뷰어 프로그램만 있어도 내용을 볼 수 있어 많이 사용하고 있습니다. 파워포인트 파일을 PDF 파일로 한 번에 변환할 수 있습니다.

사용 가능 버전 2010 2013 2016 2019 2021 365
사용한 기능 내보내기, PDF
예제 파일 Powerpoint\Chapter 04\광고타겟.pptx
완성 파일 없음

1. 예제 파일을 불러온 후 [파일]–[내보내기]–[PDF/XPS 문서 만들기]를 클릭한 다음 [PDF/XPS 만들기]를 선택합니다.

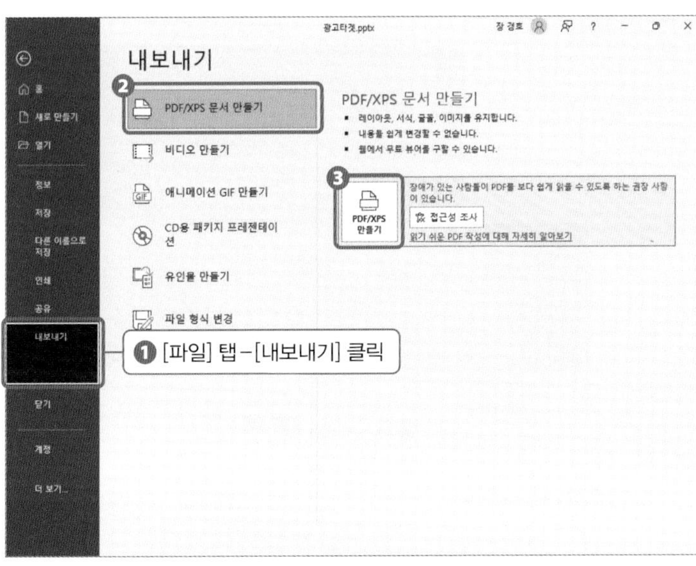

✓TIP PDF(Portable Document Format)는 공유를 목적으로 하는 전자문서 파일 형식으로 리눅스, 윈도우, 매킨토시 등 어떤 운영체제에서도 전송과 읽기가 가능합니다.

2. [PDF 또는 XPS로 게시] 대화상자가 나타나면 원하는 위치를 선택하고, [파일 이름]에 『광고타겟』을 입력한 후 [게시]를 클릭합니다.

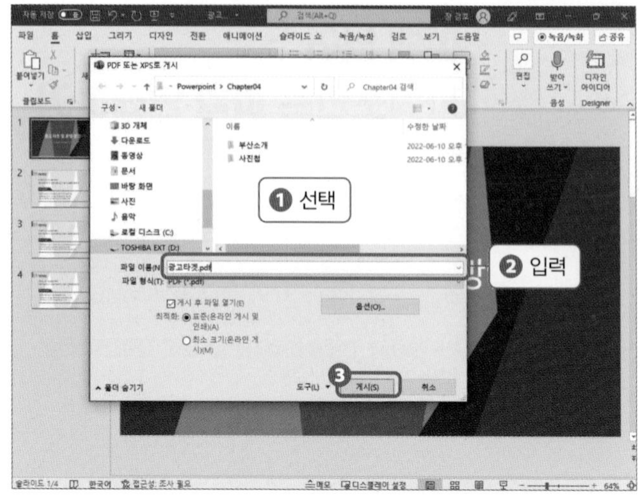

3. 내 컴퓨터에 설치된 PDF 프로그램을 실행합니다. 여기서는 '알PDF' 프로그램 기준으로 설명합니다. 알PDF가 열리면 [파일]–[인쇄]를 클릭합니다.

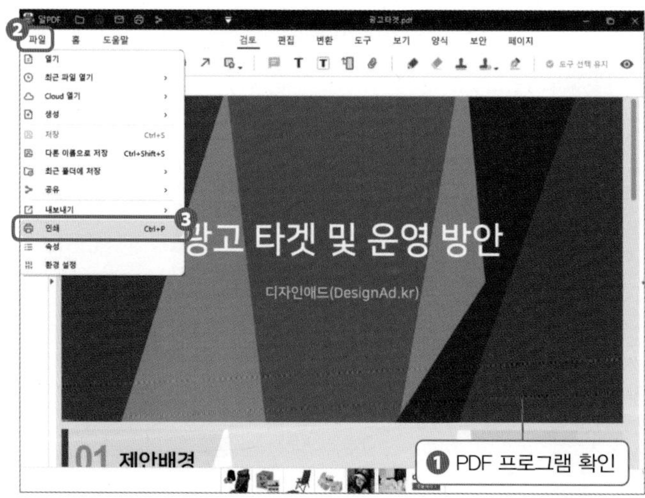

4. [인쇄] 창에서 [방향]–[가로]로 변경하고 [더 보기]를 클릭합니다.

5. [인쇄 모드]-[사이즈]-[사용자 지정 배율]에 크기를 늘려줍니다. 여기서는 『112』로 설정했습니다. 흰 여백 없이 화면에 꽉 차게 표시되면 문서를 인쇄합니다.

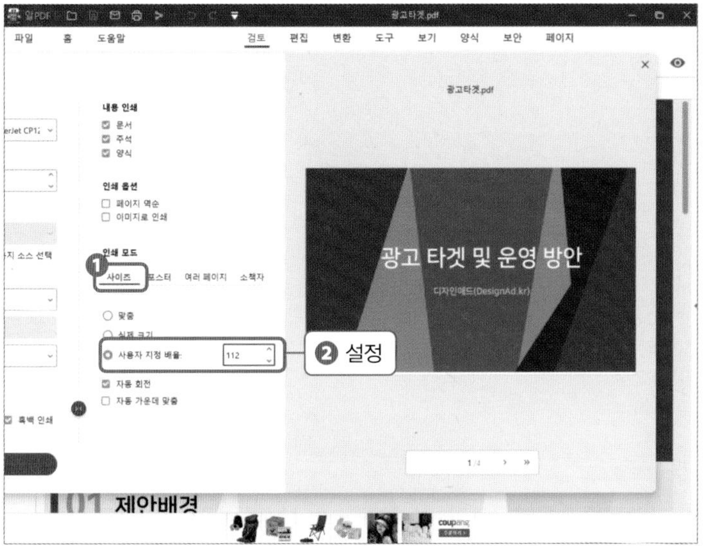

Ⓠ **파워포인트에 출력하는 것과 PDF 프로그램에서 출력하는 것은 여백 차이가 많이 나나요?**

Ⓐ 파워포인트는 프레젠테이션을 활용하기 위한 프로그램이다 보니 인쇄 시 여백이 출력됩니다. 하지만 PDF 프로그램은 출력을 하기 위한 프로그램이다 보니 출력 시 여백을 조절하기 쉽습니다. 파워포인트 출력과 PDF 출력은 아래 정도의 여백 차이가 납니다.

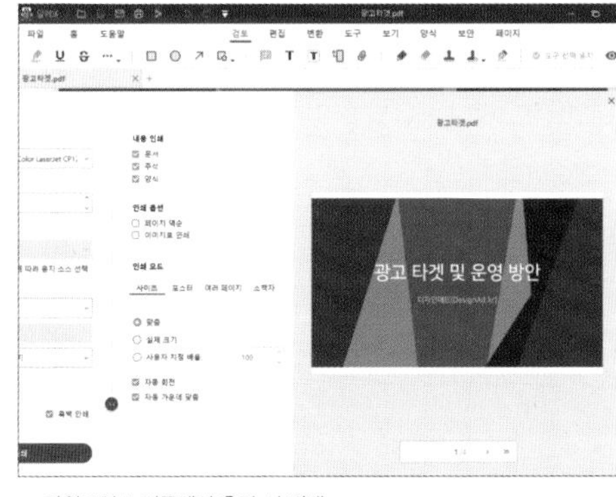

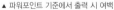

▲ 파워포인트 기준에서 출력 시 여백

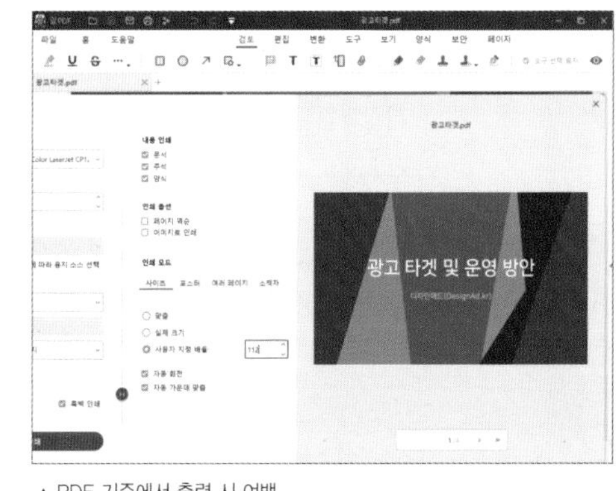

▲ PDF 기준에서 출력 시 여백

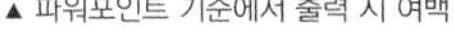

워드

워드는 시중에 출시된 가장 강력한 문서 작성 프로그램입니다. 효율적인 문서 작성을 위해 기업이나 가정, 관공서 등에서 많이 사용하고 있으며, 국내에서는 한글과컴퓨터의 '한글'이라는 문서 작성 프로그램도 많이 사용되고 있기에 본 도서에서는 한글의 내용도 간략하게 알아보겠습니다.

Word

Chapter 01 문서 편집 기술

Chapter 02 문서 완성 기술

워드

문서 편집 기술

워드는 전문화된 문서 편집 프로그램입니다. 지속적인 업데이트로 완성도가 높으며, 전 세계에서 가장 많은 사용자를 보유한 문서 편집 프로그램입니다. 이번 챕터에서는 워드를 사용하기 위해 반드시 숙지하고 있어야 하는 기능부터 다양한 스타일과 편집 기술에 대해서 살펴보겠습니다. 또한, 워드와 비슷한 기능을 갖고 있는 대한민국 토종 프로그램인 한글과컴퓨터의 한글에 대해서도 함께 다뤄보겠습니다.

• 학습 내용

사용 기능	중요도	내용
화면 구성	★★★★★	001 워드의 시작 화면과 화면 구성 살펴보기
문서 서식, 스타일	★★★★★	002 원하는 형식의 문서 스타일 선택하기
새 페이지, 페이지 나누기	★★★★★	003 새 페이지와 페이지 나누기
레이아웃, 구역 나누기, 용지 방향	★★★★★	004 하나의 문서에서 가로, 세로 다른 문서 만들기
스타일, 스타일 목록	★★★★★	005 글자 스타일 지정하기
목차, 자동 목차, 페이지 나누기	★★★★★	006 자동 목차 기능으로 목차 만들기
목차 업데이트	★★★★★	007 수정된 목차를 자동으로 업데이트하기
페이지 설정, 단, 다단	★★★★★	008 신문이나 잡지처럼 다단으로 문단 설정하기
글머리 기호, 번호 매기기, 문자 코드	★★★★★	009 글머리 기호나 번호 넣어 스타일 적용하기
위 첨자, 아래 첨자	★★★★★	010 첨자, 원 문자, 강조점 입력하기
문서 검색, 메모	★★★★★	011 탐색 창을 이용하여 문서 검색하고 메모 찾기
찾기 및 바꾸기	★★★★★	012 텍스트 찾기 및 바꾸기로 오류 수정하기
불러오기, PDF 만들기	★★★★★	013 PDF 파일을 워드로 변환하고 PDF 파일로 저장하기
새 수식 삽입	★★★★★	014 수식 기능을 이용하여 수식 생성하기
도움말, 명령어	★★★★★	015 업그레이드된 도움말, 더 편하게 기능 실행하기
자동 고침 옵션	★★★★★	016 자꾸 바뀐다면 한/영 자동 고침 옵션 해제하기
자동 복구, 저장 간격	★★★★★	017 자동 저장으로 예상치 못한 오류에서 문서를 빠르게 복구하기

Word 001

워드의 시작 화면과 화면 구성 살펴보기

중요도 ★★★★★

워드를 실행하면 내 컴퓨터에서 최근에 사용한 워드 문서와 다양한 온라인 서식 파일 목록이 나타납니다. 이미 만들어진 서식 파일을 사용하거나 [새 문서]를 클릭해 빈 화면의 문서를 불러올 수 있습니다.

시작 화면

워드를 실행하면 가장 먼저 만나는 화면입니다. [새로 만들기]를 클릭하여 새 문서를 열 수 있으며, [열기]를 클릭하여 내 컴퓨터에서 워드 문서를 찾아서 열 수도 있습니다.

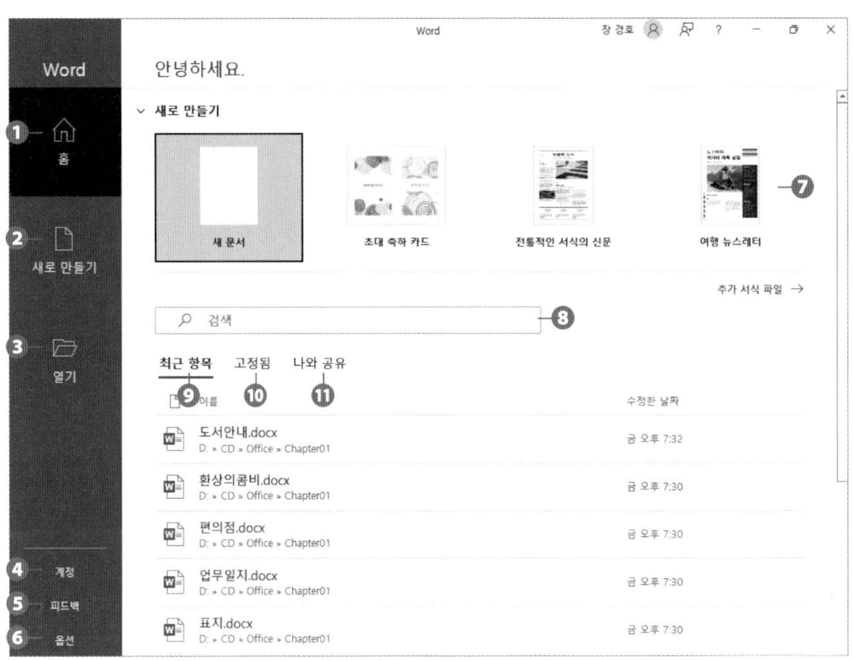

❶ **홈** : 워드의 시작 화면을 엽니다. 리본 메뉴로 구성된 워드 본 화면에서는 시작 화면을 열 수 있는 기능을 담당합니다.

❷ **새로 만들기** : 새 문서를 만들거나 다양한 서식 파일을 엽니다.

❸ **열기** : 최근 워드에서 실행한 문서를 열거나 내 컴퓨터나 OneDrive에 있는 워드 문서를 열 수 있습니다.

❹ **계정** : OneDrive 계정을 연결하거나 오피스 제품 라이선스를 비롯해 오피스 업데이트를 할 수 있습니다.

❺ **피드백** : 워드 프로그램을 사용하다가 발생하는 다양한 문제점을 피드백할 수 있습니다.

❻ **옵션** : [Word 옵션] 대화상자를 열어 언어 교정을 비롯해 설정을 변경할 수 있습니다.

❼ **[새로 만들기]와 서식 파일** : 새 문서를 열거나 서식 파일을 엽니다.

❽ **검색** : 다양한 워드 서식을 검색하고 불러올 수 있습니다.

❾ **최근 항목** : 최근에 열어본 파일이 순서대로 표시됩니다.

❿ **고정됨** : 나중에 쉽게 찾을 수 있도록 핀 아이콘으로 고정된 문서가 표시됩니다.

⓫ **나와 공유** : 사용자와 공유된 문서가 표시됩니다.

화면 구성

시작 화면에서 [새로 만들기]를 클릭하거나 서식 파일을 불러왔을 때 실제 워드 작업을 진행하는 화면입니다.

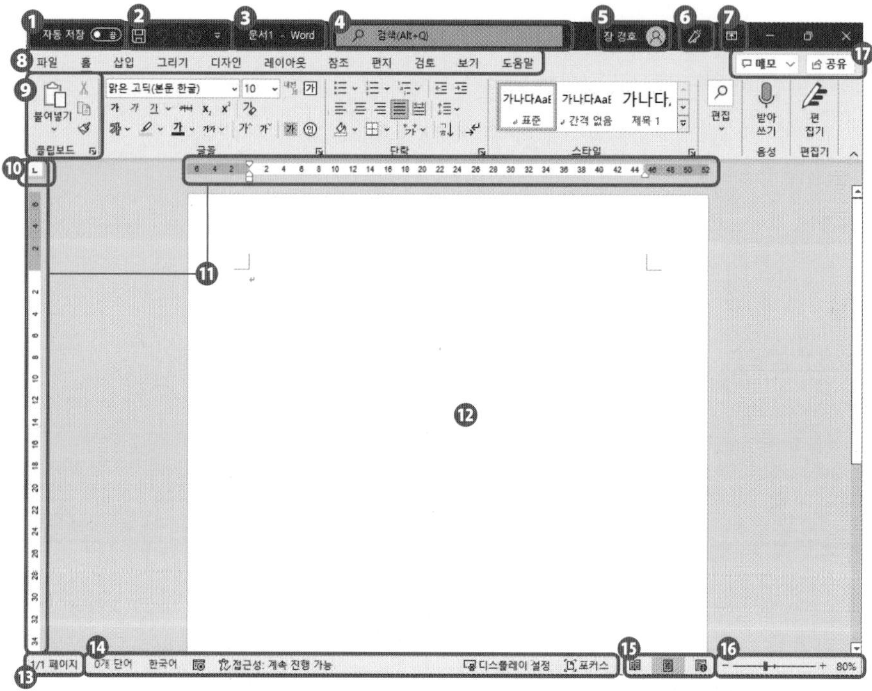

❶ **자동 저장** : 마이크로소프트 365의 경우 작업 중 변경 사항을 자동으로 저장하는 기능입니다. 끄거나 켤 수 있습니다.

❷ **빠른 실행 도구 모음** : 자주 사용하는 워드 명령어를 모아 놓은 곳입니다.

❸ **제목 표시줄** : 워드 문서의 파일명이 표시됩니다.

❹ **검색** : 워드 기능에 대한 도움말을 검색하거나 워드 명령어를 입력하여 빠르게 기능을 실행할 수 있습니다.

❺ **사용자 계정** : 로그인한 사용자의 계정이 표시됩니다.

❻ **출시 예정 기능** : 마이크로소프트 365의 경우 출시 예정인 기능을 미리 확인할 수 있습니다.

❼ **리본 메뉴 표시 옵션** : 리본 메뉴나 탭 메뉴를 표시하거나 숨길 수 있습니다.

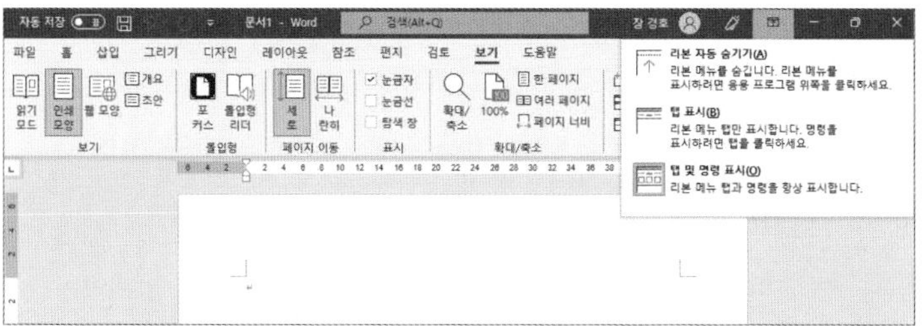

▲ 리본 메뉴 표시 옵션

❽ **리본 메뉴의 [탭]** : 다양한 워드 기능이 포함된 카테고리입니다. 비슷한 기능이 묶여 있습니다.

❾ **리본 메뉴의 [그룹]** : 리본 메뉴에서 [탭]을 선택하면 [그룹]이라는 이름으로 다양한 기능이 표시됩니다. [글꼴] 그룹, [단락] 그룹, [스타일] 그룹 등 원하는 기능을 손쉽게 찾고 실행할 수 있습니다.

❿ **탭 선택기** : 왼쪽 탭, 오른쪽 탭 등으로 탭 종류를 변경할 수 있습니다.

⓫ **눈금자** : 가로 눈금자, 세로 눈금자를 통해 개체의 위치를 맞추는 등 문서를 정렬할 수 있습니다. 눈금자는 [보기] 탭-[표시] 그룹-[눈금자]를 통해 보이게 하거나 가릴 수 있습니다.

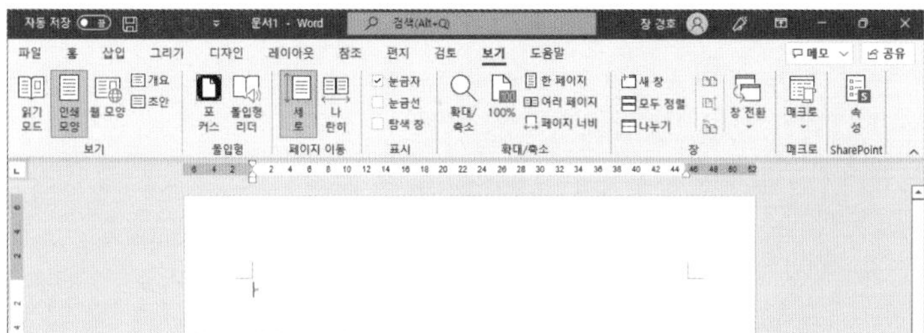

▲ 눈금자

⓬ **편집 화면** : 워드의 작업이 실제 이뤄지는 공간입니다.

⓭ **페이지 번호** : 페이지 번호를 표시합니다. [페이지 번호]를 클릭하면 [탐색] 창이 열리면서 문서를 검색할 수 있습니다.

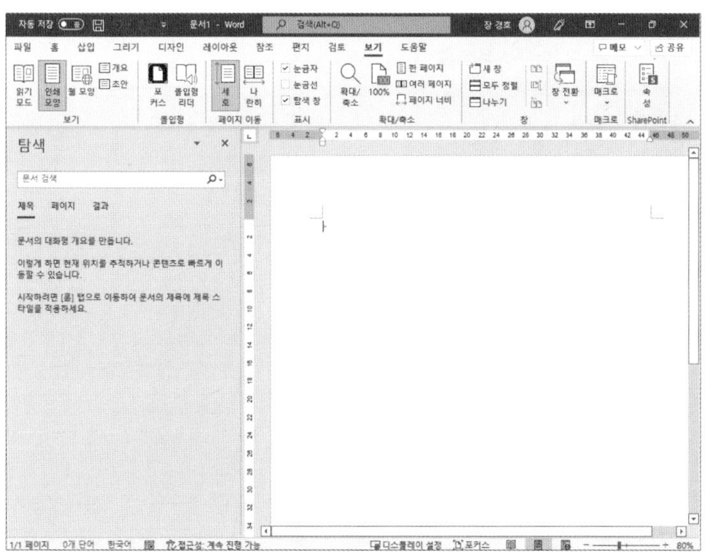

▲ [탐색] 창

⑭ **상태 표시줄** : 단어 수를 비롯해 언어 선택, 접근성, 디스플레이 설정 등 다양한 워드 부속 기능을 실행할 수 있습니다.

⑮ **화면 보기 모드** : 읽기 모드, 인쇄 모양, 웹 모양 등 다양한 화면 보기 상태를 선택할 수 있습니다.

⑯ **확대/축소** : 워드 화면을 확대하거나 축소할 수 있습니다.

⑰ **공유와 메모** : 문서를 OneDrive 또는, 이메일 등으로 공유하거나 PDF 파일로 변환하여 공유할 수 있습니다. 또한 메모를 삽입해 공동 작업자 간에 의견을 공유할 수 있습니다.

[읽기 모드] 보기

[보기] 탭-[보기] 그룹-[읽기 모드]를 클릭하거나, 상태 표시줄에서 [읽기 모드](📖)를 클릭합니다.

읽기 모드는 문서를 읽을 때 큰 화면으로 내용을 확인할 수 있는 편리한 모드입니다. [도구]나 [보기]를 클릭해 빠르게 페이지를 찾아가거나, 메모를 표시해 의견을 공유하거나 소리 내어 읽기를 통해 문서 내용을 읽을 수도 있습니다.

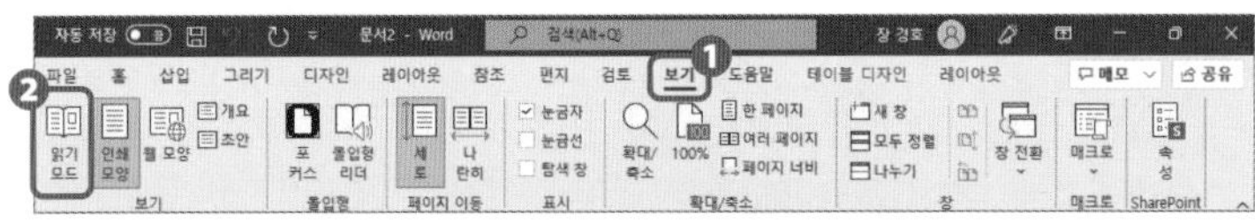

[인쇄 모양] 보기

기본 편집 화면으로 [보기] 탭-[보기] 그룹-[인쇄 모양]을 클릭하거나, 상태 표시줄에서 [인쇄 모양]( )을 클릭합니다.

워드에서 편집하는 대부분의 작업은 [인쇄 모양] 모드에서 진행합니다. 대부분 이 화면에서 작업이 이루어진다고 보면 됩니다.

[웹 모양] 보기

[보기] 탭-[보기] 그룹-[웹 모양]을 클릭하거나, 상태 표시줄에서 [웹 모양]( )을 클릭합니다.

[웹 모양] 보기 모드는 웹 페이지에 보이는 모습 그대로를 보고 싶을 때 선택합니다. 창의 가로 폭에 맞춰 텍스트를 정렬하여 표시합니다.

[개요] 보기

[보기] 탭–[보기] 그룹–[개요]를 클릭합니다. [개요] 탭이 나타나며 [개요 도구] 그룹과 [마스터 문서] 그룹을 이용하여 개요를 편집할 수 있습니다.

글머리 기호로 표시되는 개요 형식으로 문서를 표시합니다. 개요 보기를 통해 문서의 구조 및 제목을 관리할 수 있으며, 제목을 이동하거나 편집하고, 수준을 변경하고 싶을 때 유용하게 사용합니다. [개요 보기]에서 개요 수준을 정하면 해당하는 제목 스타일이 적용됩니다.

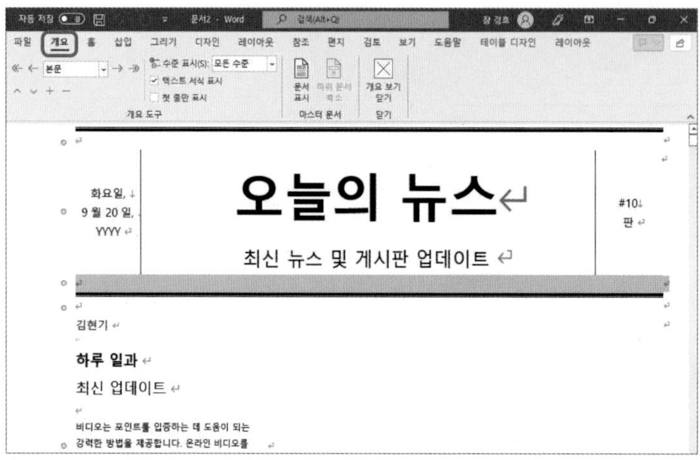

[초안] 보기

[보기] 탭–[보기] 그룹–[초안]을 클릭합니다.

문서에서 텍스트만 표기하여 빠르게 내용을 완성하거나 초안을 편집할 때 유용하게 사용합니다. 그림 등의 개체는 표시되지 않기에 문서를 빠르게 편집할 때 사용하는 것이 좋습니다.

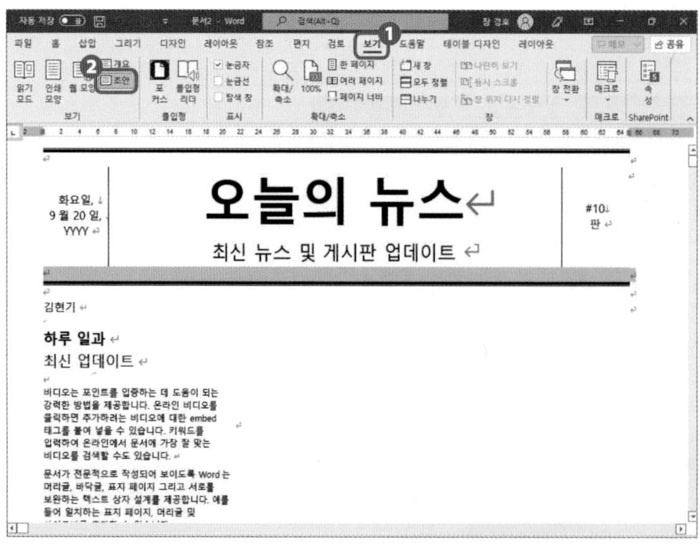

이것이 알고 싶어요

Ⓠ **저는 이런 기능이 안 보여요.**

Ⓐ 본 도서에서 설명하는 화면은 Microsoft 365 구독에서 제공되는 워드의 최신 버전입니다. 이 시간에도 다른 기능이 추가되어 있을 수 있습니다.

워드는 Microsoft 365의 워드를 비롯해 이전 버전으로는 워드 2016, 워드 2013, 워드 2010, 워드 2007 및 워드 2003이 있습니다. 본 도서에서는 워드 2010 이상이라면 대부분 사용할 수 있는 공통 기능 위주로 설명하고 있습니다.

워드의 새로운 기능이 궁금하다면 아래 링크의 [Word의 새로운 기능] 카테고리를 참고하세요. 그리고 저자의 블로그에도 워드의 기능을 정리하고 있으니 참고하세요.

- **Microsoft Word** : https://www.microsoft.com/ko-kr/microsoft-365/word
- **저자 블로그** : http://blog.naver.com/yuriblue

Word 002

원하는 형식의 문서 스타일 선택하기

중요도 ★★★★

워드는 버전이 변경될 때마다 미세하게 스타일 차이가 발생합니다. 버전별로 줄 간격이나 단락 서식에서 차이가 발생하는 것이 대표적인 예입니다. 여기서 설명하는 [문서 서식] 기능을 통해 스타일을 정해 준다면 버전에 따른 문제점을 보완할 수 있습니다.

사용 가능 버전 2010 2013 2016 2019 2021 365
사용한 기능 문서 서식, 스타일

예제 파일 Word\Chapter 01\환상의콤비.docx
완성 파일 Word\Chapter 01\환상의콤비_완성.docx

1. 예제 파일은 워드 2010, 워드 2013 등 이전 버전의 워드를 활용해 작성한 문서입니다. 이전 버전의 워드에서 작성한 문서는 제목 표시줄에 '호환성 모드'라는 문구가 나타납니다. 예제 파일을 불러온 후 [디자인] 탭–[문서 서식] 그룹–[문서 서식]–[자세히](▼)를 클릭합니다.

✓ TIP 워드 2013에서는 [홈] 탭–[스타일 변경]에서 사용할 버전을 선택합니다.

2. [기본 제공]을 보면 워드 2003, 워드 2010에서 사용하던 문서 서식을 비롯해 다양한 서식이 열립니다. 원하는 문서 서식을 선택합니다.

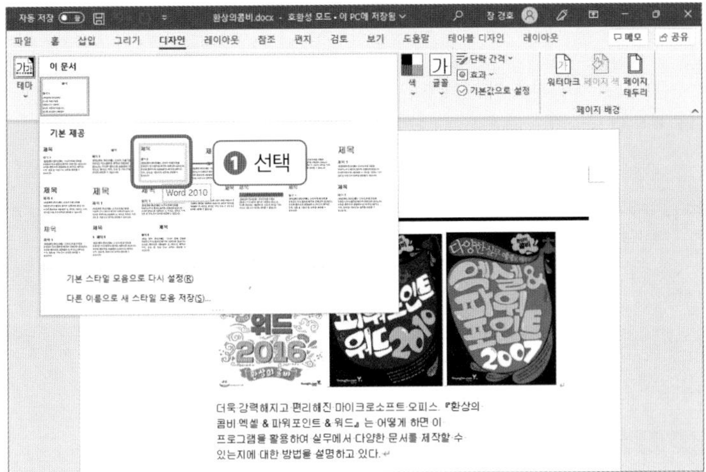

3. 문서 서식이 지정됩니다. 스타일을 단락별, 문장별로 변경할 필요 없이 해당 버전에 맞는 문서 스타일로 한 번에 형식이 변경됩니다.

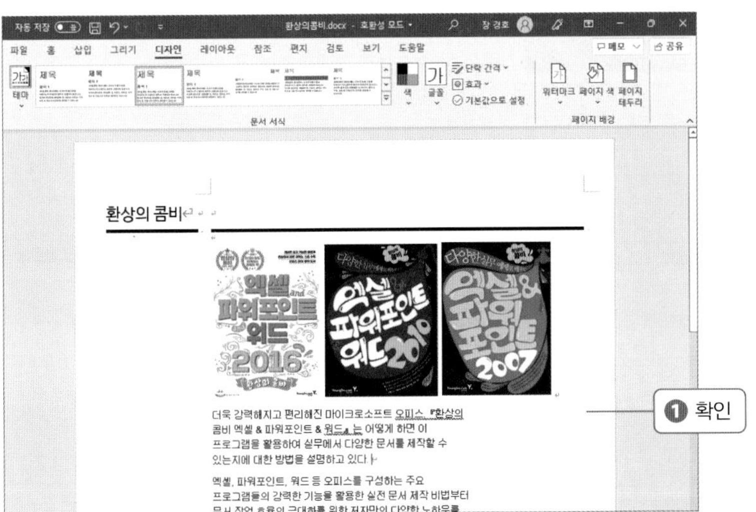

한글에서는...

스타일

자주 사용하는 글자 모양이나 문단 모양을 미리 정해 놓고 해당 문단의 글자 모양이나 문단 모양을 한꺼번에 바꿀 수 있습니다. 일관성 있는 문단 모양을 유지하면서 편집 작업하는 데 꼭 필요한 기능으로 한글에서는 [서식] 탭–[스타일]을 클릭하거나 단축키 F6을 눌러 지정할 수 있습니다.

Word
003

새 페이지와 페이지 나누기

중요도 ★★★★

문서 작업을 하다 보면 새 페이지를 만들거나 임의의 단락에서 페이지를 나누어야 할 경우가 발생합니다. [새 페이지]와 [페이지 나누기] 기능을 이용하면 새 페이지를 만들거나 페이지를 나눌 수 있습니다.

사용 가능 버전 2010 2013 2016 2019 2021 365
사용한 기능 새 페이지, 페이지 나누기

예제 파일 Word\Chapter 01\편의점.docx
완성 파일 Word\Chapter 01\편의점_완성.docx

1. 문서의 페이지를 나눠 보겠습니다. 페이지를 나눌 위치에 커서를 위치시킨 다음 [삽입] 탭-[페이지] 그룹-[페이지 나누기]를 클릭합니다.

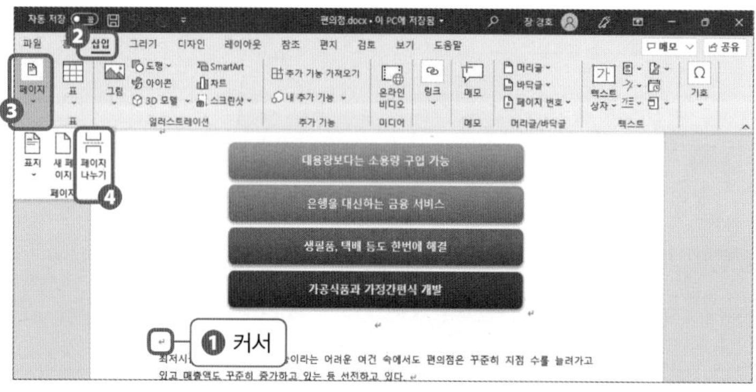

✓TIP Ctrl+Enter를 눌러도 페이지 나누기를 할 수 있습니다.

2. 커서가 위치했던 부분부터 한 장의 페이지가 두 장으로 나누어 나타납니다. 이번에는 페이지 나누기가 아닌 새 페이지를 만들어 보겠습니다. 커서를 새 페이지로 나눌 위치에 놓은 다음 [삽입] 탭-[페이지] 그룹-[새 페이지]를 클릭합니다.

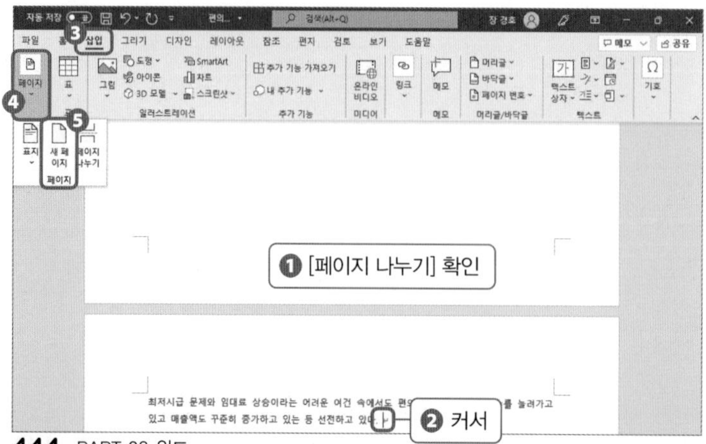

Ⓠ **새 페이지 기능과 페이지 나누기 기능의 차이점은 무엇인가요?**

Ⓐ 새 페이지는 문서에서 새로운 페이지(빈 페이지)를 한 장 추가하는 기능이며, 페이지 나누기는 마우스 커서가 있는 곳을 중심으로 한 장의 페이지를 두 장으로 분리시켜 주는 기능입니다.

3. 커서가 위치했던 부분 다음으로 새 페이지가 한 장 생성됩니다.

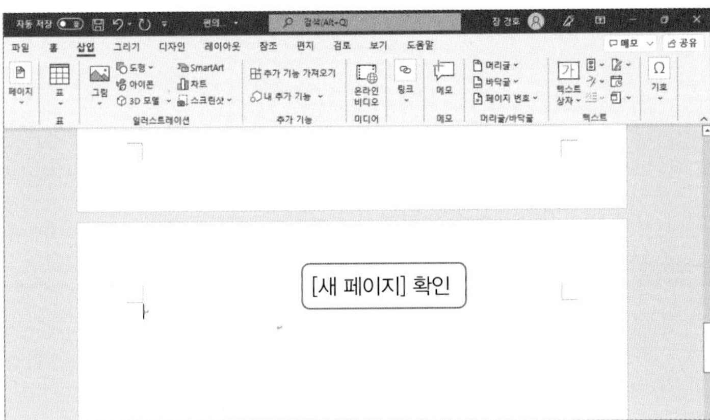

꼭 알고 가세요

편집 기호 표시/숨기기(↵)

[홈] 탭-[단락] 그룹-[편집 기호 표시/숨기기](↵)를 클릭하면 편집한 워드 문서의 편집 기호를 표시할 수 있습니다.

- 단축키 : Ctrl+*

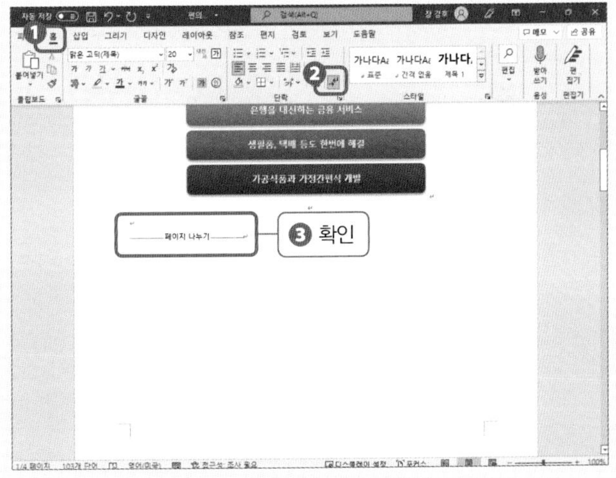

한글에서는...

페이지 나누기

[쪽] 탭-[쪽 나누기]를 클릭합니다. 단축키는 워드와 마찬가지로 Ctrl+Enter를 눌러 쪽 나누기(페이지 나누기)를 할 수 있습니다.

Word
004
중요도
★★★★★

하나의 문서에서 가로, 세로 다른 문서 만들기

하나의 문서이지만 다른 문서가 포함된 것처럼 문서 모양을 편집할 수 있습니다. 이를 [구역 나누기]라고 하는데 구역별로 가로 문서, 세로 문서를 다르게 지정하거나 머리글, 바닥글 등도 다르게 표시할 수 있습니다.

사용 가능 버전 2010 2013 2016 2019 2021 365
사용한 기능 레이아웃, 페이지 나누기, 구역 나누기, 용지 방향, 확대/축소, 여러 페이지

예제 파일 Word\Chapter 01\불면증.docx
완성 파일 Word\Chapter 01\불면증_완성.docx

1. 구역을 나눌 단락 앞에 커서를 위치시킵니다. [레이아웃] 탭–[페이지 설정] 그룹–[나누기]–[구역 나누기]에서 원하는 방식을 선택합니다. 여기서는 [이어서]를 선택합니다.

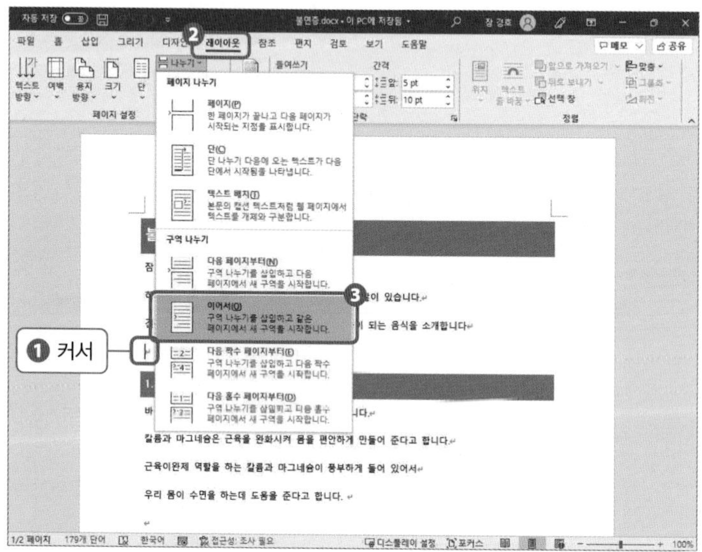

✓ TIP [페이지 설정] 그룹–[나누기]–[이어서]를 클릭하면 한 페이지에서 다른 구역을 나눌 수 있습니다.

✓ TIP
- 다음 페이지부터 : 커서가 위치한 곳에서부터 페이지를 나눈 다음 구역을 설정합니다.
- 이어서 : 커서가 위치한 곳에서 구역을 나눕니다. 즉, 하나의 페이지에서 두 종류의 구역을 설정합니다.
- 다음 짝수 페이지부터 / 다음 홀수 페이지부터 : 커서가 위치한 곳에서 다음 짝수 페이지 또는, 홀수 페이지부터 구역을 설정합니다. 짝수, 홀수 페이지를 구분할 때 유용합니다.

2. 구역이 나누어지면 다른 방식으로 페이지를 설정할 수 있습니다. 여기서는 '세로'로 된 문서를 나눠진 구역부터 '가로'로 변경해 보겠습니다. [레이아웃] 탭-[페이지 설정] 그룹-[용지 방향]-[가로]를 클릭합니다.

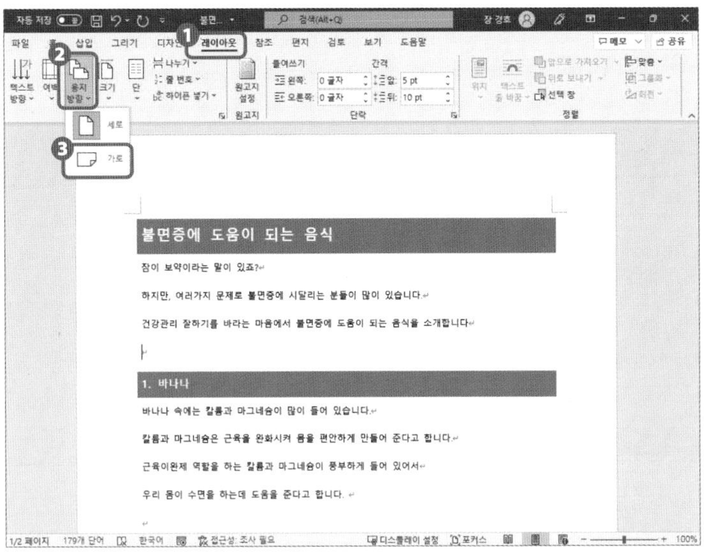

3. 하나의 문서에서 페이지 방향이 '세로', '가로'로 다르게 설정됩니다.

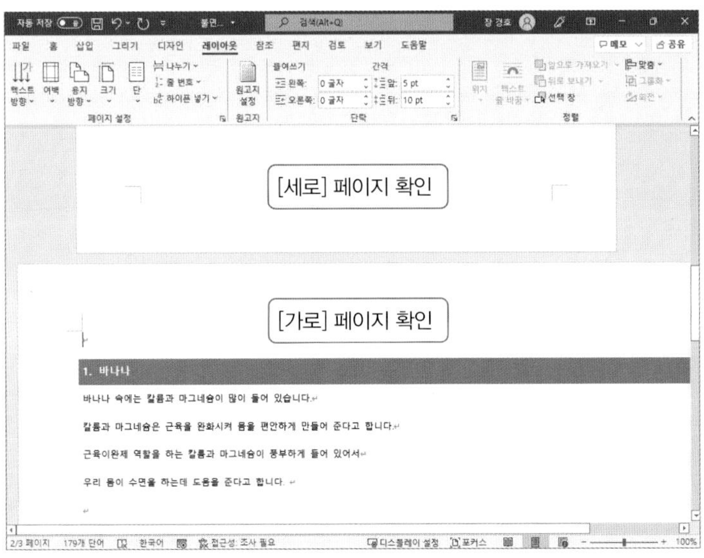

4. 이번에는 [레이아웃] 탭-[페이지 설정] 그룹-[나누기]-[다음 페이지부터]를 클릭합니다.

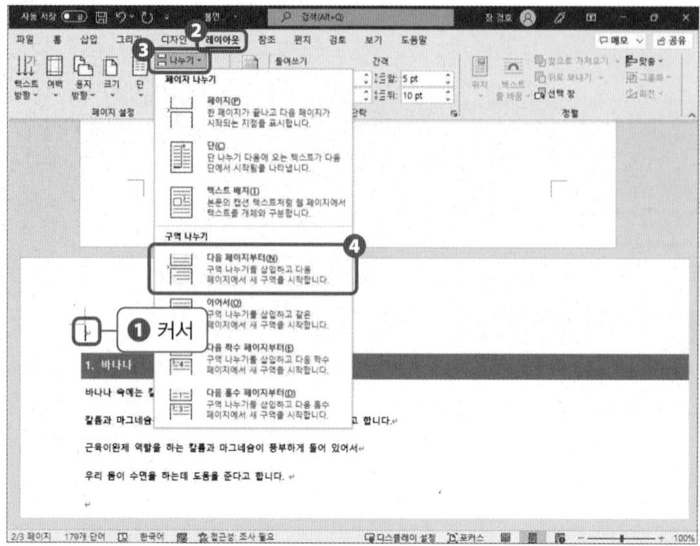

5. 커서가 있는 부분부터 다음 페이지로 넘어가면서 페이지가 구분됩니다. 여기서는 용지의 크기를 다르게 변경해 보겠습니다. [레이아웃] 탭-[페이지 설정] 그룹-[크기]-[A5]를 클릭합니다.

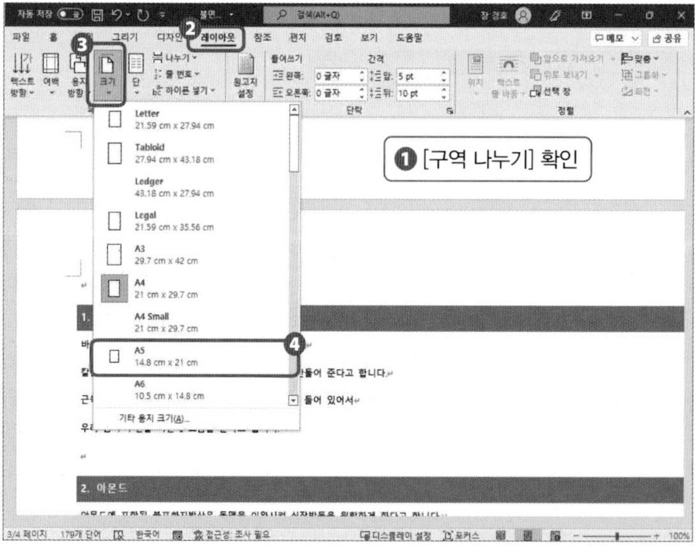

6. 나누기한 부분부터 문서의 크기가 A4가 아닌 A5 사이즈로 변경됩니다.

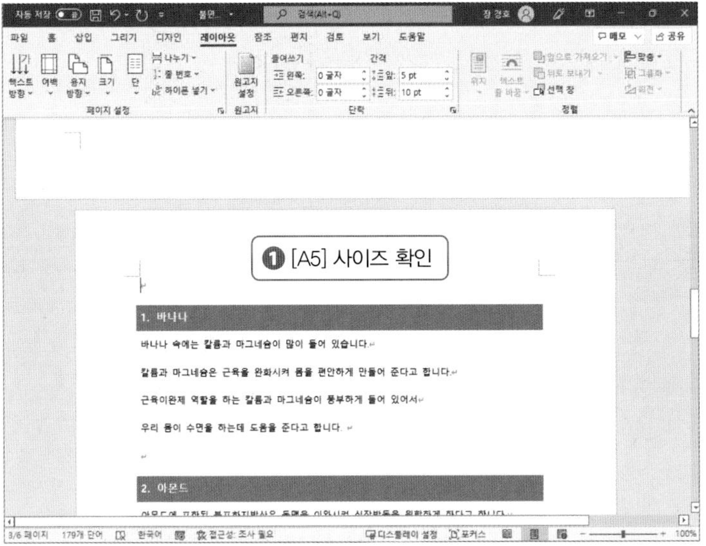

7. 지금까지 설정한 부분을 미리 보기로 확인해 보겠습니다. [보기] 탭–[확대/축소] 그룹–[여러 페이지]를 클릭합니다. 여러 페이지의 문서가 화면에 표시됩니다.

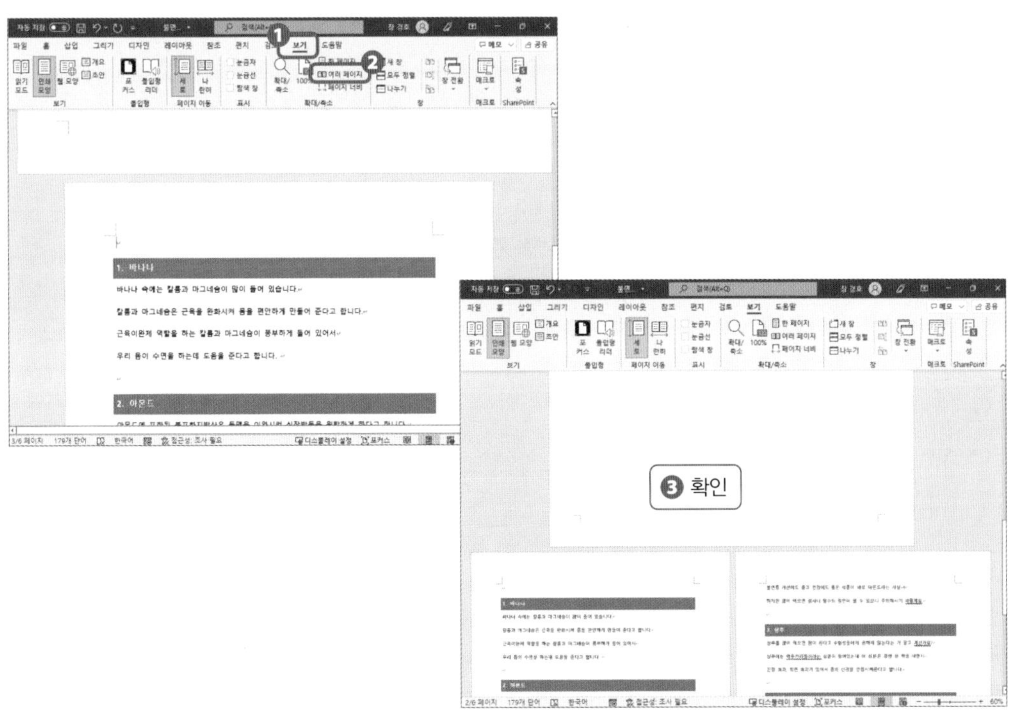

8. [보기] 탭-[확대/축소] 그룹-[확대/축소]를 클릭합니다. [확대/축소] 대화상자가 나타나면 [백분율]에 『20』을 입력하고 [확인]을 클릭합니다.

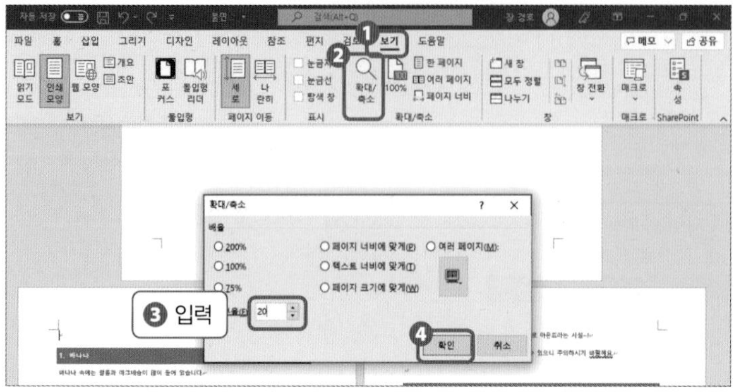

9. 하나의 문서에서 '가로', '세로'를 비롯해 '용지'도 변경되는 것을 확인할 수 있습니다.

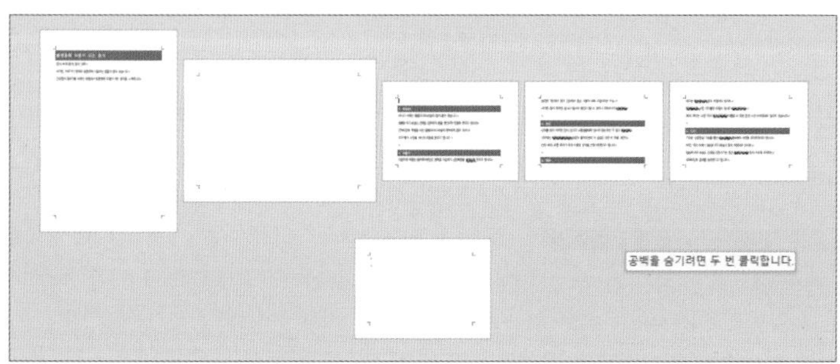

한글에서는...

구역 나누기

하나의 문서를 여러 개의 구역으로 나누고, 구역마다 편집 용지를 다르게 설정하고 세 개요 번호 모양을 만들 수 있습니다. 한글은 [쪽] 탭-[구역 설정], [구역 나누기]를 통해 구역을 나눌 수 있으며, 커서 위치부터 새로운 구역이 나누어집니다. [구역 설정] 대화상자의 [종류]에서 '이어서, 홀수, 짝수, 사용자' 중 원하는 구역을 선택합니다.

Word **005** 중요도 ★★★★☆

글자 스타일 지정하기

워드에는 자동으로 목차를 만들어주는 기능이 있습니다. 자동으로 목차를 만들기 위해서는 먼저 글자 스타일을 지정해야 합니다. 여기서는 글자 스타일을 먼저 지정하는 방법을 배워보겠습니다.

사용 가능 버전 2010 2013 2016 2019 2021 365
사용한 기능 스타일, 스타일 목록
예제 파일 Word\Chapter 01\이용약관.docx
완성 파일 Word\Chapter 01\이용약관_완성.docx

1. 1페이지 상단의 '제 1 장 총칙'을 마우스로 드래그하여 선택합니다. [홈] 탭-[스타일] 그룹-[자세히](▿)를 클릭한 후 스타일 목록 중 [제목]을 선택합니다. '제 1 장 총칙'에 제목 스타일이 적용됩니다.

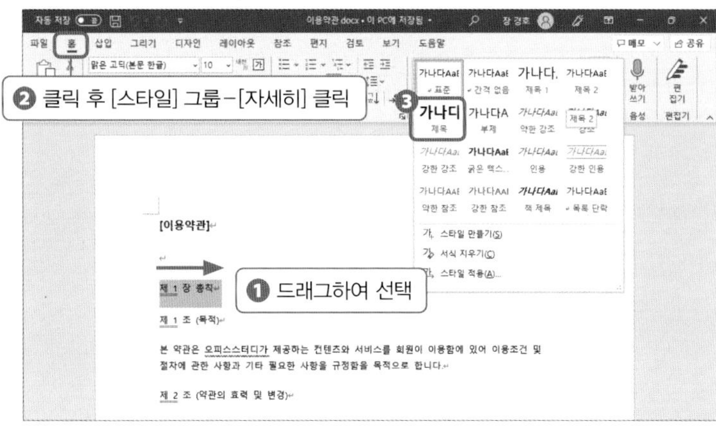

✓TIP 여기서는 마우스로 단락을 드래그하여 선택했습니다. 하지만 스타일을 선택할 때 굳이 단락을 드래그하여 선택할 필요는 없습니다. 스타일을 적용하고 싶은 단락에 커서만 위치시켜도 스타일을 변경할 수 있습니다.

2. '제 2 장 서비스 이용계약'을 마우스로 드래그하여 선택합니다. [홈] 탭-[스타일] 그룹-[자세히](▿)를 클릭한 후 스타일 목록 중 [제목]을 선택합니다.

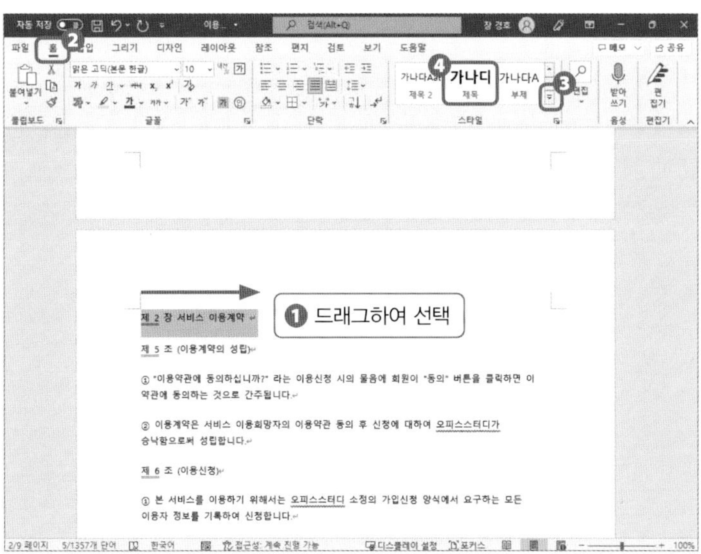

3. '제 2 장 서비스 이용계약'에 제목 스타일이 적용됩니다. 같은 방법으로 '제 5 장 기타'까지 '제목' 스타일을 적용합니다.

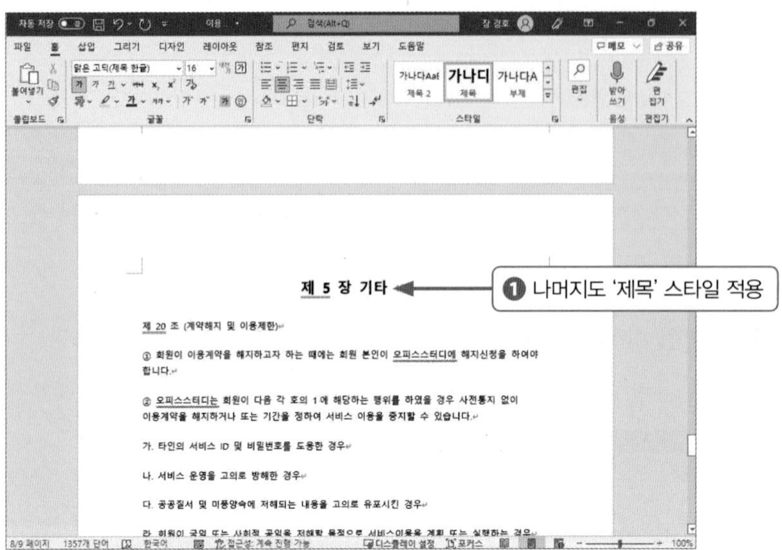

4. 이번에는 첫 페이지의 '제 1 조 (목적)'을 마우스로 드래그하여 선택하고, [홈] 탭–[스타일] 그룹–[자세히](▿)를 클릭한 후 [부제]를 선택합니다.

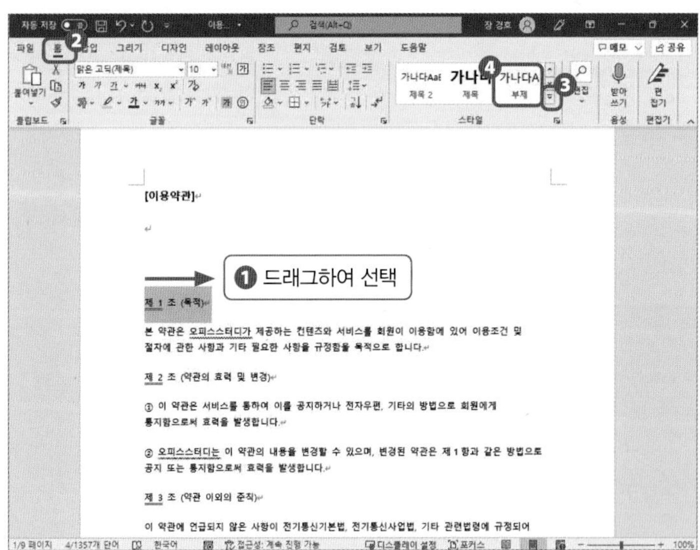

5. '제 2 조 (약관의 효력 및 변경)'을 마우스로 드래그하여 선택하고, [홈] 탭-[스타일] 그룹-[자세히](⊡)를 클릭한 후 [부제]를 선택합니다. '제 23 조 (관할법원)'까지 '부제' 스타일을 적용합니다. 같은 방법으로 단락이나 문구에 스타일을 지정할 수 있습니다.

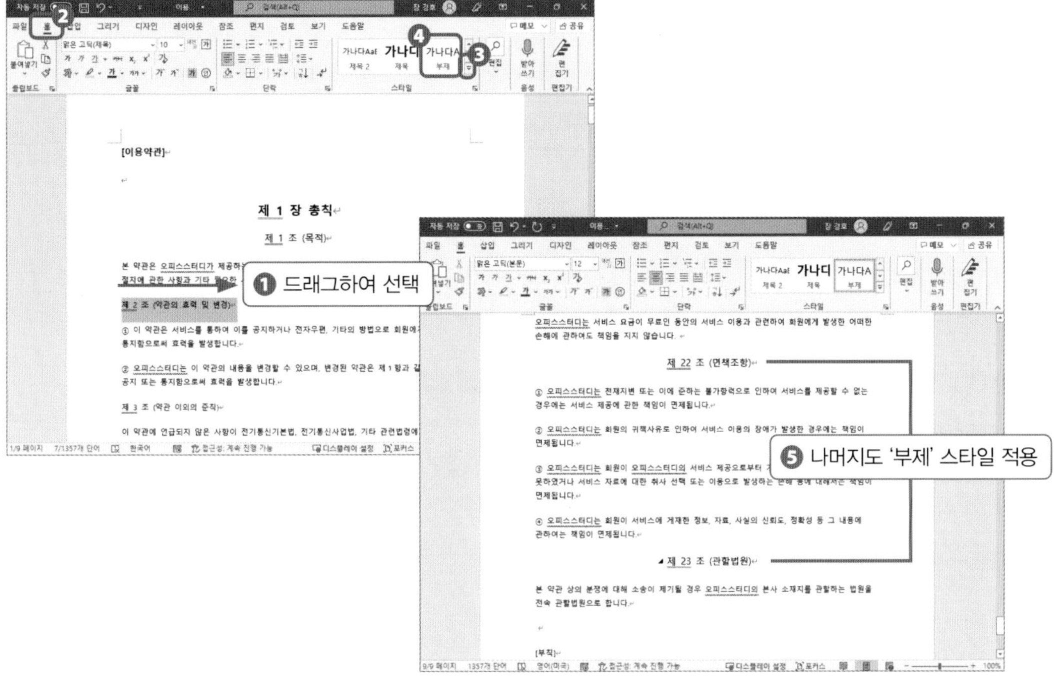

한글에서는...

스타일

[편집] 탭-[스타일] 화살표를 클릭해 원하는 스타일을 선택할 수 있습니다. [스타일] 대화상자를 불러온 후 보다 세부적으로 스타일을 지정하거나 추가하여 활용할 수 있습니다.

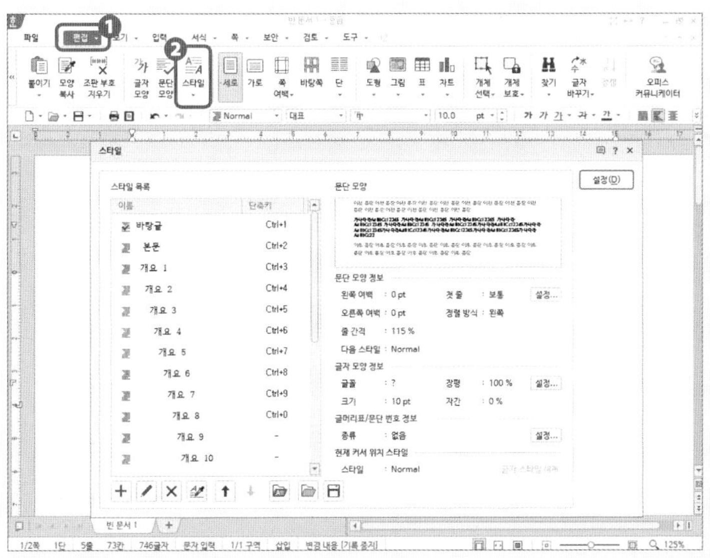

Word 006

자동 목차 기능으로 목차 만들기

중요도 ★★★★☆

글자 스타일을 지정했다면 자동 목차를 만들 수 있습니다. 많은 분량의 보고서를 만들거나 리포트를 작성한다면 글자 스타일을 지정하여 자동 목차 기능을 사용해 보세요.

사용 가능 버전 2010 2013 2016 2019 2021 365
사용한 기능 목차, 자동 목차, 페이지 나누기

예제 파일 Word\Chapter 01\이용약관2.docx
완성 파일 Word\Chapter 01\이용약관2_완성.docx

1. 자동 목차를 만들기 위해 첫 페이지의 최상단에 커서를 둔 다음 [참조] 탭-[목차] 그룹-[목차]-[자동 목차 2]를 클릭합니다.

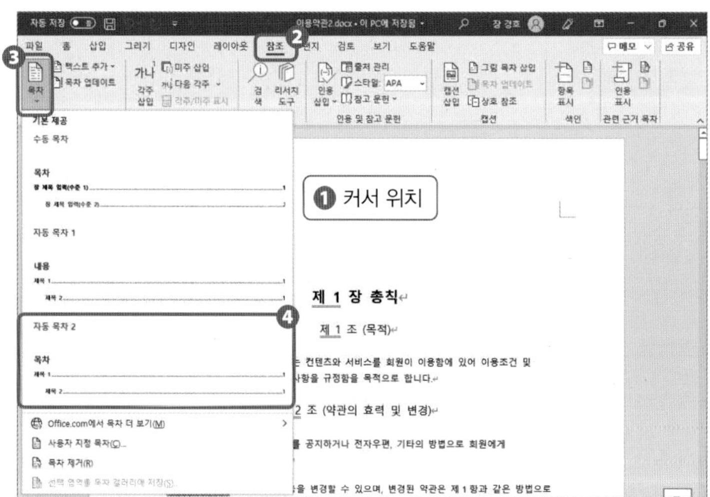

✓TIP 자동 목차를 적용하면 각 제목 및 부제 스타일에 따라 목차와 페이지 번호가 자동으로 만들어집니다.

2. 스타일로 지정한 제목과 부제 스타일에 해당하는 목차가 만들어집니다. '[이용약관]' 앞에 커서를 위치한 다음 [삽입] 탭-[페이지] 그룹-[페이지 나누기]를 클릭합니다.

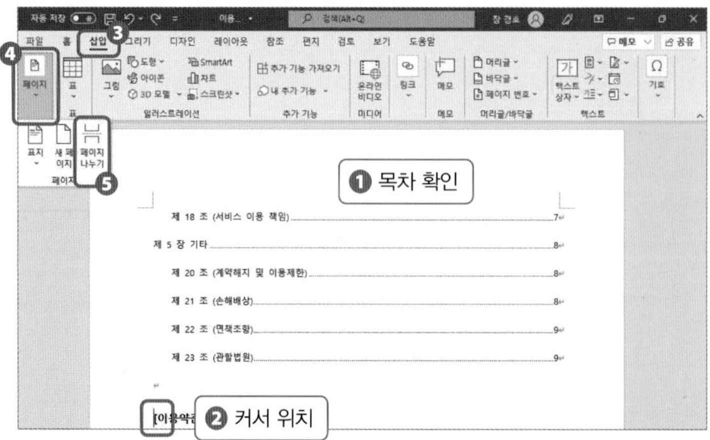

3. 목차 페이지와 내용 페이지가 페이지 나누기 됩니다.

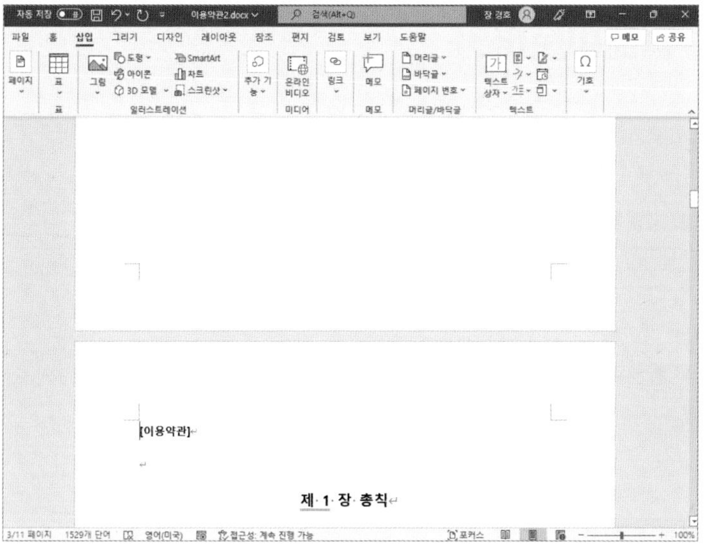

한글에서는...

제목 차례

[도구] 탭-[제목 차례] 화살표를 클릭해 제목 차례(자동 목차)를 만들 수 있습니다. 또한 [도구] 탭-[제목 차례]-[차례 만들기]를 클릭하면 차례 형식을 비롯해 차례 스타일을 지정할 수 있습니다. [제목 차례]-[스타일로 모으기]에 체크한 후 목차로 만들고 싶은 스타일을 체크합니다. 예를 들어, [스타일] 기능으로 [개요 1]을 활용해 제목을 만들었다면 [개요 1]에만 체크합니다. 한글은 표나 그림, 수식도 목차로 만들 수 있는데 필요 없다면 체크를 모두 해제하면 됩니다.

Word 007

수정된 목차를 자동으로 업데이트하기

중요도 ★★★

자동 목차 기능을 이용하여 완성한 목차의 경우 목차 제목이 변경되거나 페이지 위치가 변경되면, 자동으로 업데이트를 할 수 있습니다.

사용 가능 버전 2010 2013 2016 2019 2021 365
사용한 기능 목차, 목차 업데이트

예제 파일 Word\Chapter 01\이용약관3.docx
완성 파일 Word\Chapter 01\이용약관3_완성.docx

1. '제 1장 총칙'을 '제 1장 서비스 총칙'으로 목차 제목을 변경합니다. [참조] 탭–[목차] 그룹–[목차 업데이트]를 클릭합니다. [목차 업데이트] 대화상자가 나타나면 [목차 전체 업데이트]를 체크한 후 [확인]을 클릭합니다.

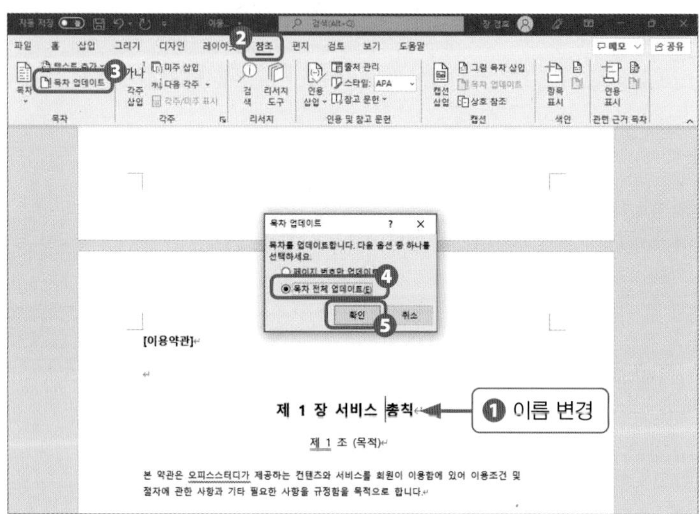

2. 목차를 확인해 봅니다. 목차의 제목이 자동으로 업데이트된 것을 확인할 수 있습니다.

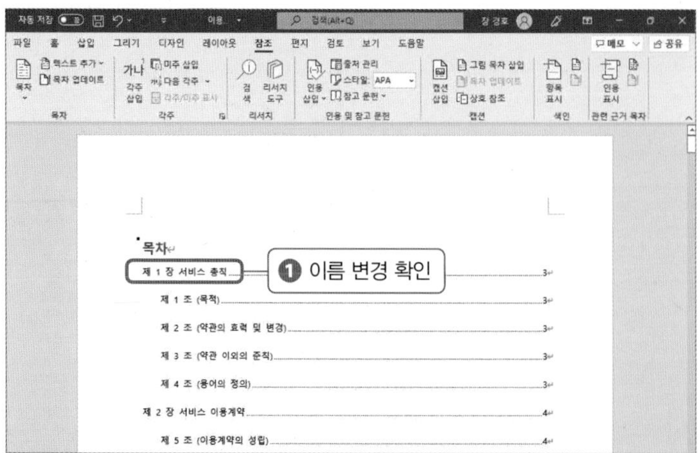

'페이지 번호만 업데이트'와 '목차 전체 업데이트'

[목차 업데이트]를 클릭하면 페이지 번호 또는, 목차 전체를 업데이트할 수 있습니다.

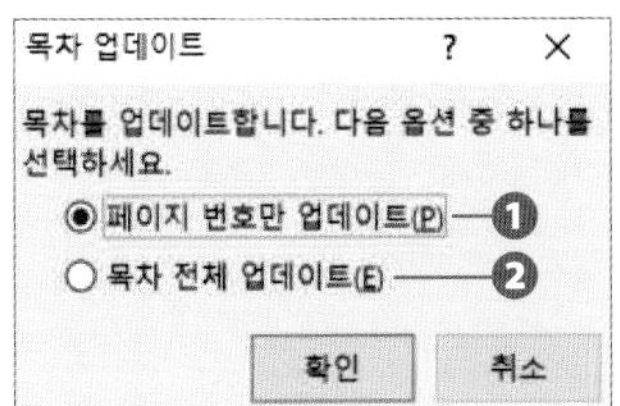

❶ 페이지 번호만 업데이트 : 본문 내용에 페이지가 추가되어 페이지 번호만 업데이트할 때 사용합니다.

❷ 목차 전체 업데이트 : 본문 페이지 번호뿐 아니라 제목까지 모두 업데이트할 때 사용합니다.

한글에서는...

차례 새로 고침

[도구] 탭–[제목 차례]–[차례 새로 고침]을 클릭합니다. 차례만 새로 고침하거나 모든 차례를 새로 고침할 수 있습니다.

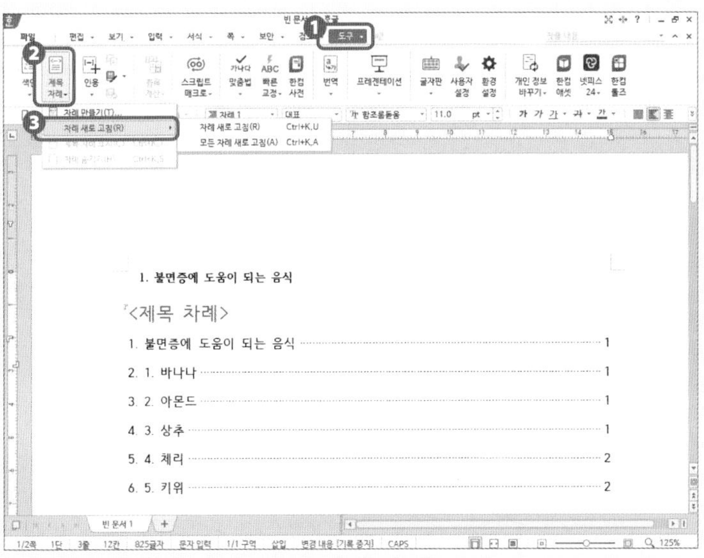

- 차례 새로 고침 : 선택한 차례 필드를 업데이트합니다.
- 모든 차례 새로 고침 : 문서에 포함된 모든 차례 필드를 업데이트합니다.

Word 008

신문이나 잡지처럼 다단으로 문단 설정하기

중요도 ★★★☆☆

많은 내용을 입력해야 하거나, 보다 읽기 편하게 만들기 위해 텍스트를 둘 이상의 열로 변경할 수 있습니다. 또한, 지정한 문서의 일부만을 활용해 다단으로 나눌 수도 있습니다.

사용 가능 버전 2010 2013 2016 2019 2021 365
사용한 기능 페이지 설정, 단, 다단

예제 파일 Word\Chapter 01\미세먼지.docx
완성 파일 Word\Chapter 01\미세먼지_완성.docx

1. 다단은 영역을 지정하여 원하는 부분만 단을 나눌 수 있고, 아니면 전체를 한 번에 나눌 수도 있습니다. 여기서는 원하는 부분만 다단으로 설정해 보겠습니다. 원하는 부분을 드래그하여 선택하고 [레이아웃] 탭-[페이지 설정] 그룹-[단]-[셋]을 클릭합니다.

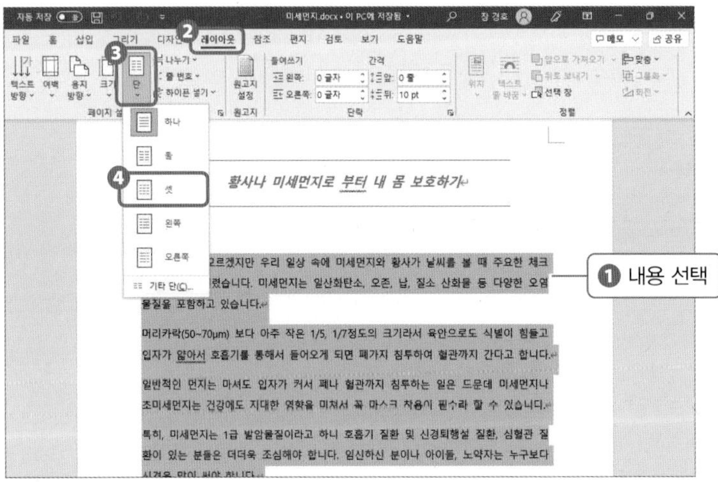

2. 단이 나눠지면 단을 설정하기 위해 [레이아웃] 탭-[페이지 설정] 그룹-[단]-[기타 단]을 클릭합니다.

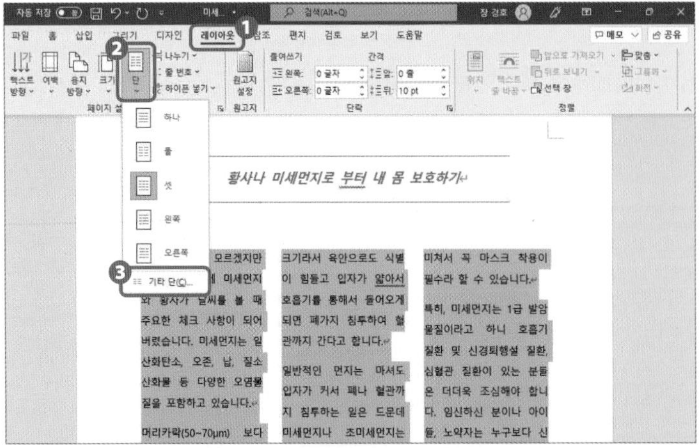

3. [단] 대화상자에서 경계선을 삽입하거나 너비 및 간격을 조정할 수 있습니다. [단] 대화상자가 나타나면 [경계선 삽입]에 체크한 후 단의 너비나 간격을 설정하고 [확인]을 클릭합니다.

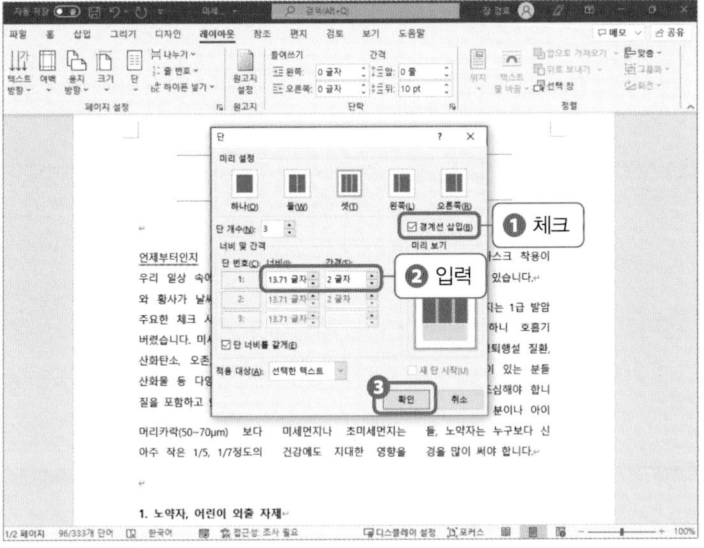

4. 다단 편집이 된 문서를 확인합니다.

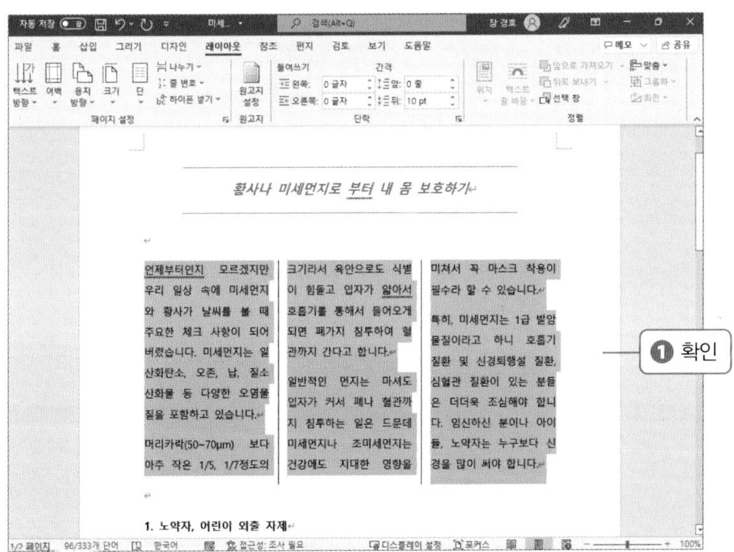

한글에서는...

다단 나누기

새로운 단 모양으로 시작하고 싶은 곳에 커서를 위치시키고 [쪽] 탭-[단] 화살표를 클릭하여 다단을 지정합니다. [다단 설정 나누기]를 이용하면 앞단과 관계없이 독립적인 새로운 단 모양을 정의할 수 있으며, 한 쪽(페이지) 안에서 단 수를 몇 번이고 다르게 지정할 수 있습니다.

Word
009

중요도 ★★★★★

글머리 기호나 번호 넣어 스타일 적용하기

글머리 기호나 번호를 가져와서 원하는 스타일대로 적용할 수 있습니다. 단계에 따라 들여쓰기, 내어쓰기도 이용해 보세요.

사용 가능 버전 2010 2013 2016 2019 2021 365
사용한 기능 글머리 기호, 번호 매기기, 문자 코드

예제 파일 Word\Chapter 01\미세먼지2.docx, 글머리기호.png
완성 파일 Word\Chapter 01\미세먼지2_완성.docx

1. 마지막 페이지로 이동합니다. 글머리 기호를 삽입하기 위해 다음과 같이 내용을 드래그하여 선택합니다. [홈] 탭–[단락] 그룹–[글머리 기호]–[글머리 기호 라이브러리]에서 원하는 기호를 선택하면, 글머리 기호가 삽입됩니다.

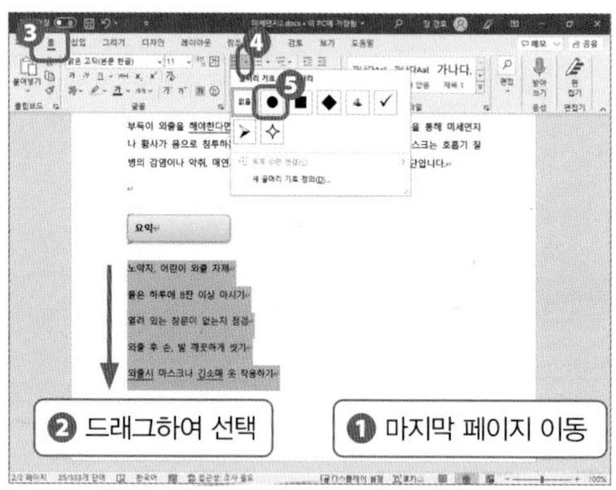

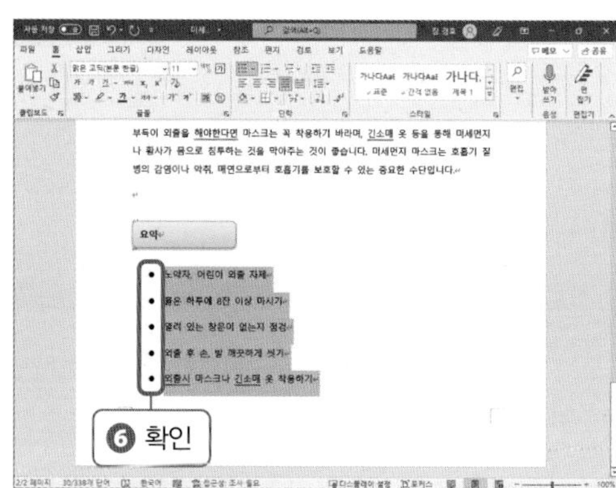

2. 원하는 기호가 없다면 [새 글머리 기호 정의]를 통해 글머리 기호를 넣을 수 있습니다. [홈] 탭–[단락] 그룹–[글머리 기호]–[새 글머리 기호 정의]를 클릭합니다. [새 글머리 기호 정의] 대화상자가 나타나면 [기호]를 클릭합니다. [기호] 대화상자에서 원하는 글머리 기호를 선택하고 [확인]을 클릭합니다.

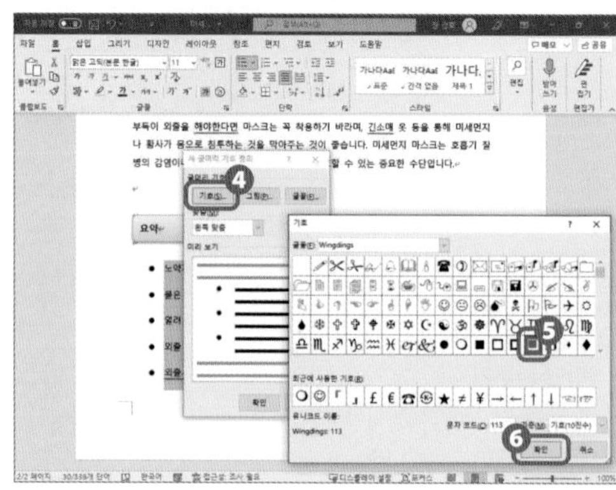

3. 내 컴퓨터에 저장된 그림으로 글머리 기호를 선택해 보겠습니다. [홈] 탭-[단락] 그룹-[글머리 기호]-[새 글머리 기호 정의]를 클릭하고, [새 글머리 기호 정의] 대화상자에서 [그림]-[파일에서]-[찾아보기]를 클릭합니다.

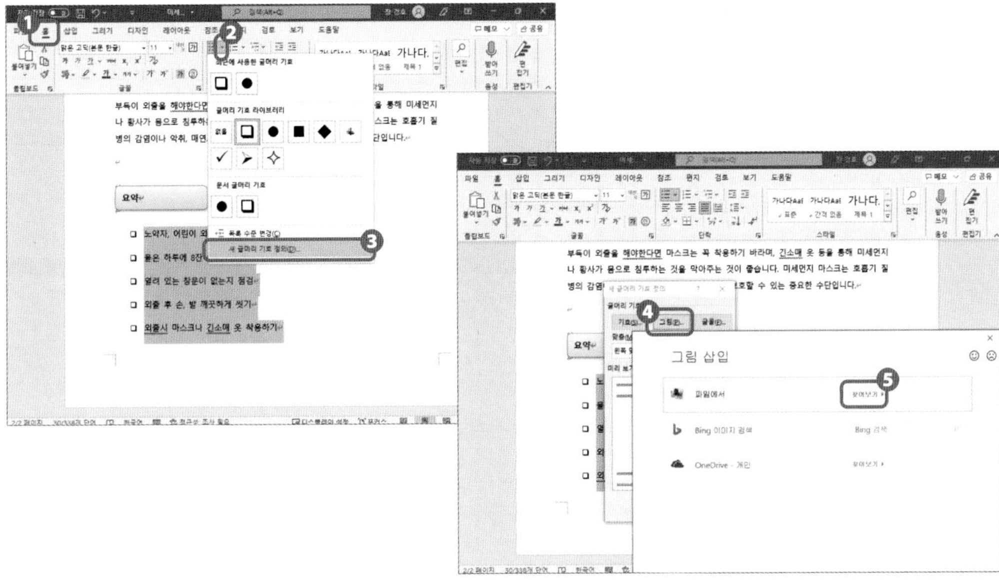

4. [그림 삽입] 대화상자가 나타나면 '글머리기호.png' 파일을 선택하고 [삽입]을 클릭합니다. [새 글머리 기호 정의] 대화상자에서 [확인]을 클릭합니다.

파일 : 글머리기호.png

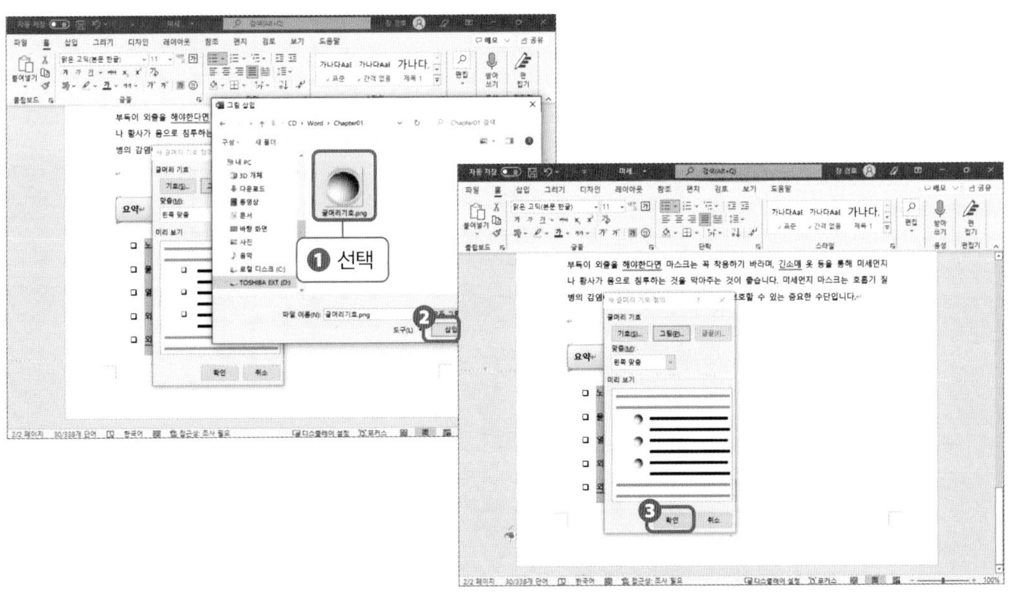

5. 글머리 기호가 삽입됩니다. 단락에 번호를 매기는 방법도 동일합니다. 번호를 매길 범위를 드래그하여 선택하고 [홈] 탭-[단락] 그룹-[번호 매기기]의 화살표를 클릭한 후 원하는 번호 형식을 선택합니다.

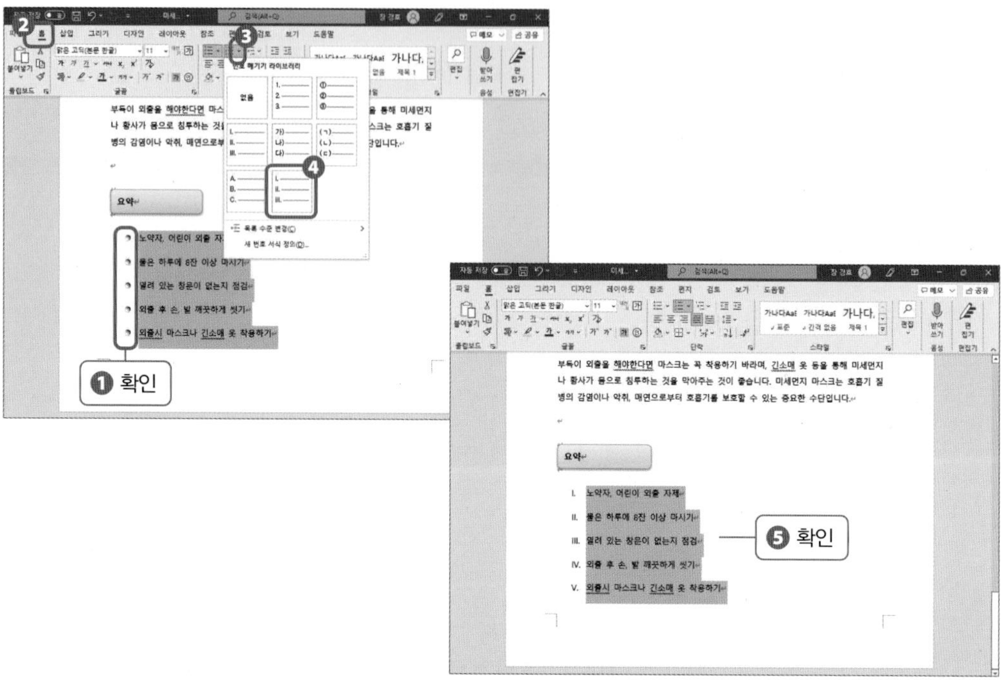

꼭 알고 가세요

문자 코드로 기호 불러오기

[새 글머리 기호 정의] 대화상자의 [글머리 기호]-[기호]를 클릭하면 다양한 기호가 표시됩니다. 이곳에서 원하는 글머리 기호를 선택할 수 있지만, 글머리 기호의 문자 코드를 알고 있으면 빠르게 글머리 기호를 선택할 수도 있습니다. [기호] 대화상자의 [문자 코드]에서 문자 코드를 입력해 보세요.

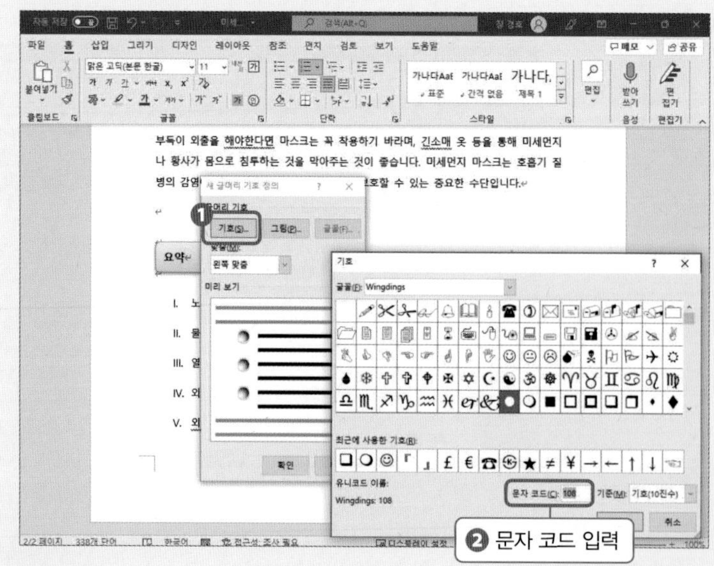

Q 글머리 기호를 번호로 할 때 번호는 자유롭게 변경할 수 있나요?

A 번호는 1단위, 100단위 등 자유롭게 변경할 수 있습니다. [홈] 탭-[단락] 그룹-[번호 매기기]의 화살표를 클릭한 후 [새 번호 서식 정의]를 클릭합니다. [새 번호 서식 정의] 대화상자가 나타나면 [번호 서식]에서 음영으로 설정된 부분이 변경되는 번호의 단위입니다. 1단위, 100단위 등 시작되는 번호를 자유롭게 변경해 보세요.

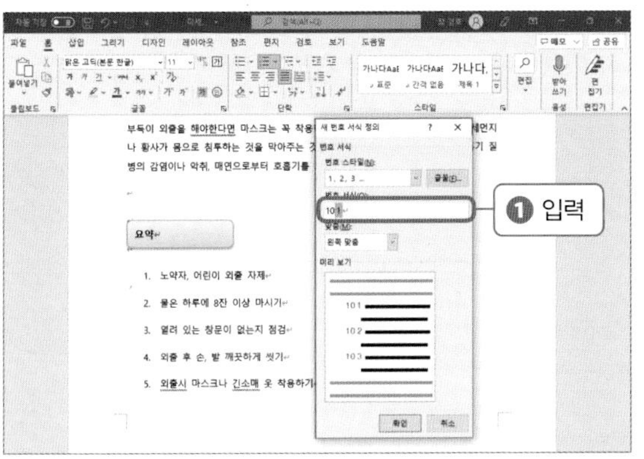

한글에서는...

글머리표 및 문단 번호

각각의 문단 앞에 글머리표(글머리 기호)나 문단 번호(번호 매기기)를 지정할 수 있습니다. [서식] 탭-[글머리표]를 클릭하거나, [그림 글머리표], [문단 번호]를 통해 지정할 수 있습니다. 또한, [문단 번호 새 번호로 시작]은 선택한 문단부터 새로운 번호로 다시 문단 번호를 시작할 수 있습니다.

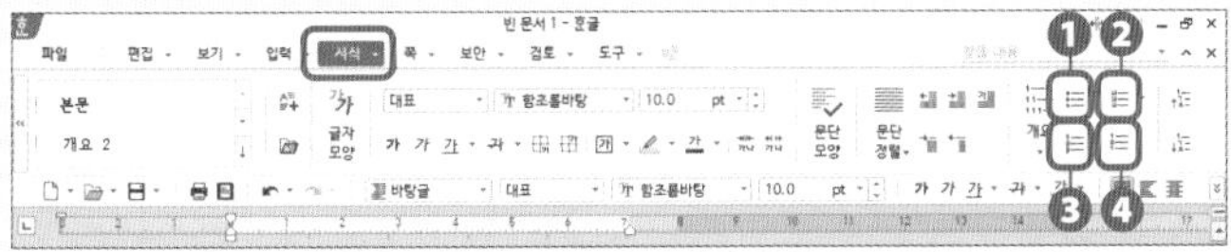

❶ 글머리표
❷ 그림 글머리표
❸ 문단 번호
❹ 문단 번호 새 번호로 시작

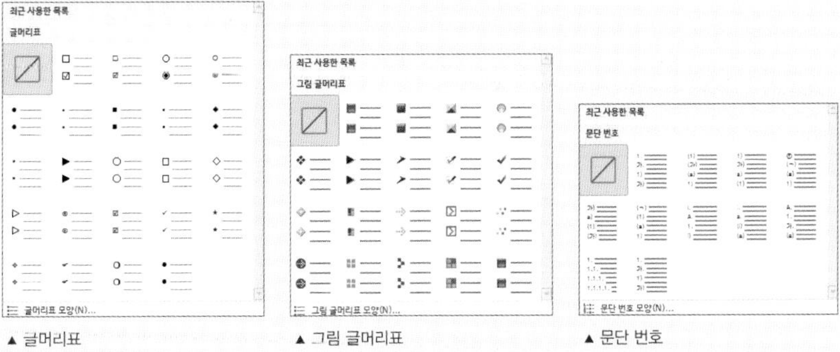

▲ 글머리표 ▲ 그림 글머리표 ▲ 문단 번호

참고로, [글머리표 및 문단 번호] 대화상자의 [그림 글머리표] 탭에서는 그림 글머리표 모양을 선택할 수 있으며, [사용자 정의]를 클릭하면 그림 글머리표 모양을 직접 지정할 수도 있습니다.

Word
010

첨자, 원 문자, 강조점 입력하기

중요도 ★★★★★

텍스트를 위 첨자나 아래 첨자로 변환할 수 있습니다. 참고로, 위 첨자나 아래 첨자를 이용하면 독음이나 성조 기호, 강조점 등도 입력할 수 있습니다.

사용 가능 버전 2010 2013 2016 2019 2021 365
사용한 기능 위 첨자, 아래 첨자, 텍스트 효과, 그라데이션

예제 파일 Word\Chapter 01\업무일지.docx
완성 파일 Word\Chapter 01\업무일지_완성.docx

1. 먼저 텍스트를 위 첨자나 아래 첨자로 변환해 보겠습니다. 텍스트를 드래그하여 선택하고 [홈] 탭-[글꼴] 그룹-[글꼴] 표시 아이콘(⧅)을 클릭합니다. [글꼴] 대화상자가 나타나면 [효과]-[위 첨자] 또는, [아래 첨자]에 체크합니다. 여기서는 [위 첨자]를 체크합니다. 위 첨자 또는, 아래 첨자에도 다양한 텍스트 효과를 지정할 수 있습니다. [텍스트 효과]를 클릭합니다.

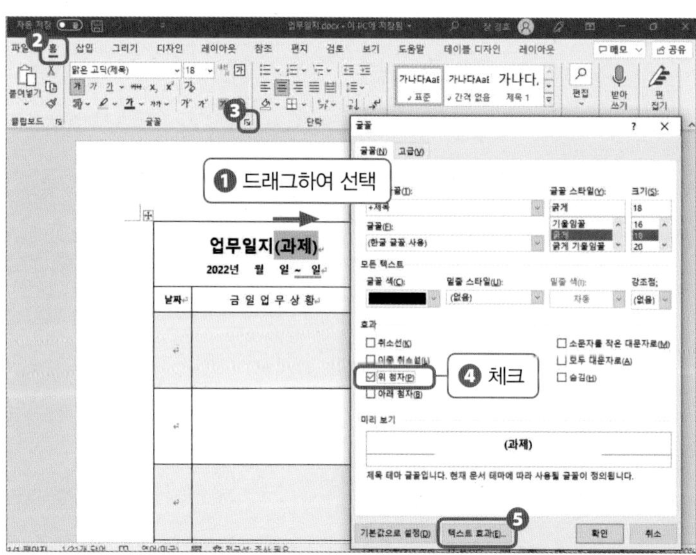

2. [텍스트 채우기]에서 원하는 효과를 지정합니다. 여기서는 [그라데이션 채우기]로 다양한 텍스트 효과를 지정한 후 [확인]을 클릭합니다. [글꼴] 대화상자에서도 [확인]을 클릭합니다.

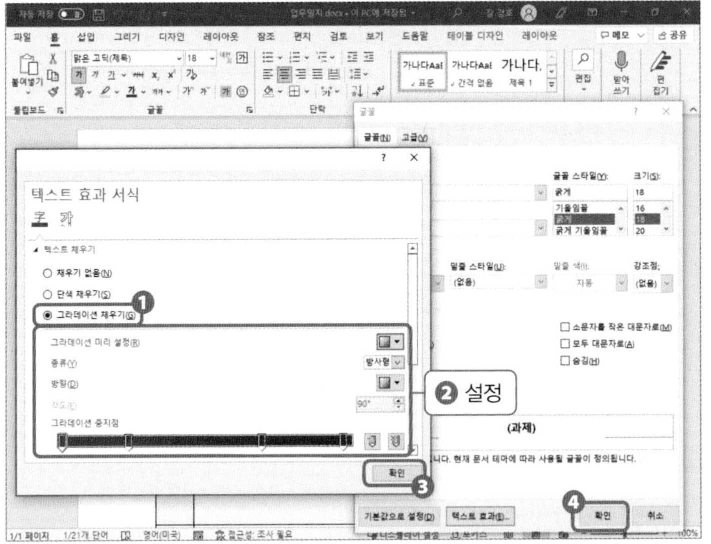

3. 이번에는 원 문자를 추가해 보겠습니다. 원 문자를 만들고 싶은 단어를 선택하고 [홈] 탭–[글꼴] 그룹–[원 문자]를 클릭합니다. [원 문자] 대화상자가 나타나면 원하는 스타일과 모양을 선택한 후 [확인]을 클릭합니다.

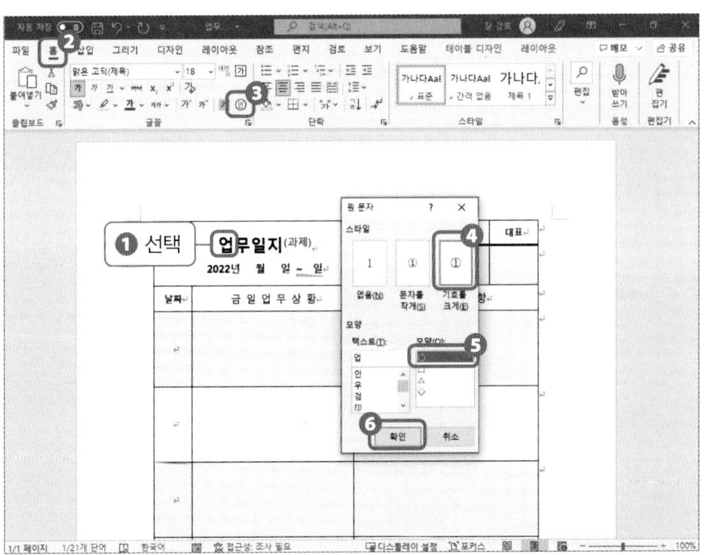

✓ TIP 여기서는 한글에 원 문자를 지정했지만, 숫자나 기호 등에도 원 문자를 지정할 수 있습니다.

4. '무'에는 네모 모양의 원 문자를 지정해 보겠습니다. '무를 선택하고 [홈] 탭–[글꼴] 그룹–[원 문자]를 클릭합니다. [원 문자] 대화상자가 나타나면 네모 모양의 원 문자를 선택한 후 [확인]을 클릭합니다.

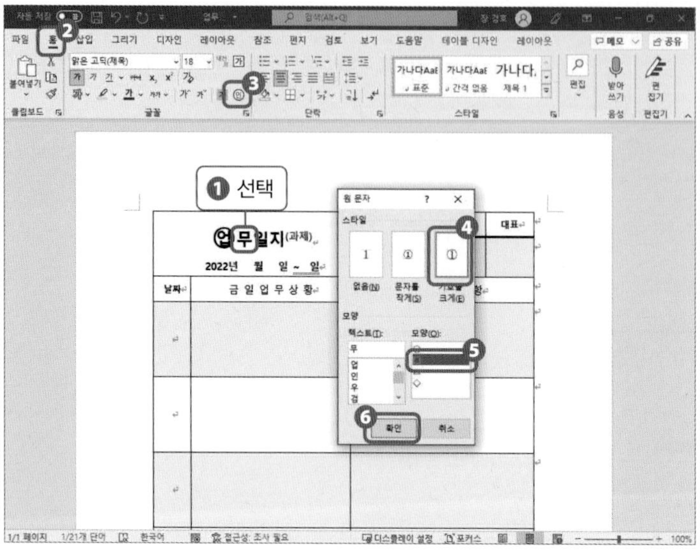

5. 이번에는 '일'에 강조점을 지정해 보겠습니다. '일'을 선택하고 [홈] 탭–[글꼴] 그룹–[글꼴] 표시 아이콘(⧉)을 클릭합니다. [글꼴] 대화상자가 나타나면 [강조점]의 화살표를 클릭하고 원하는 강조점을 선택한 후 [확인]을 클릭합니다.

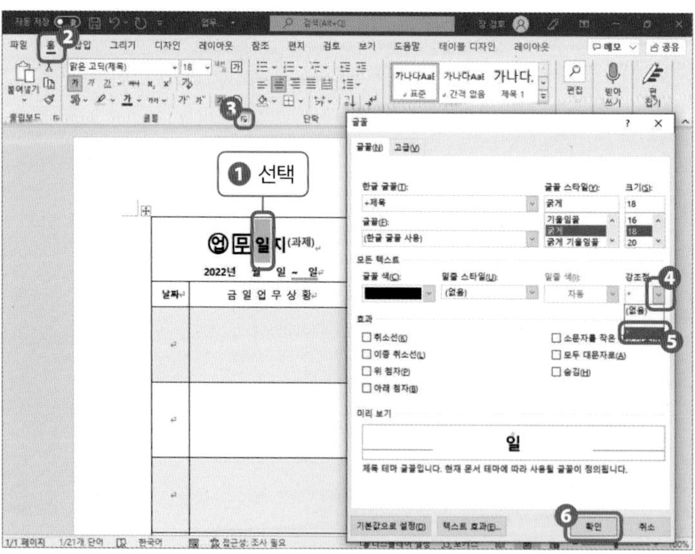

6. 이번에는 '지'를 선택하고 [홈] 탭-[글꼴] 그룹-[글자 테두리]를 클릭해 글자에 글자 테두리를 지정합니다.

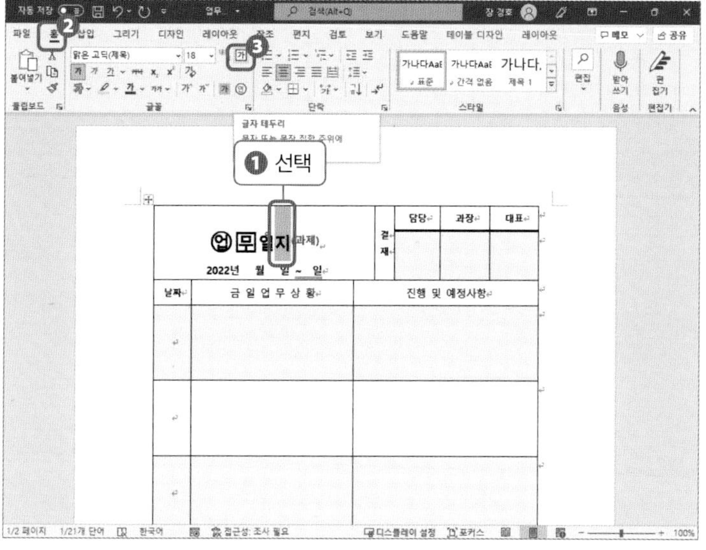

한글에서는...

원 문자 겹치기, 위 첨자나 아래 첨자, 강조점

• 원 문자, 사각형 문자 겹치기

일반 글자판으로 입력할 수 없는 원 문자나 사각형 문자는 [입력] 탭-[입력 도우미]-[글자 겹치기]를 통해 입력할 수 있습니다.

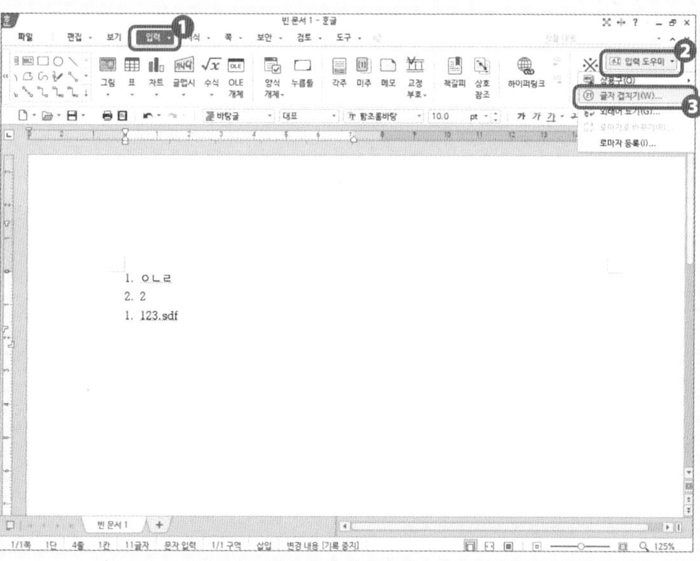

• 위 첨자나 아래 첨자

[편집] 탭-[글자 모양]에서 적용할 수 있습니다. [글자 모양] 대화상자의 [기본] 탭에서는 오른쪽으로 기운 글씨(기울임꼴), 두꺼운 글씨(진하게), 밑줄, 취소선, 외곽선, 그림자, 양각, 음각, 첨자 등 다양한 속성을 적용할 수 있습니다.

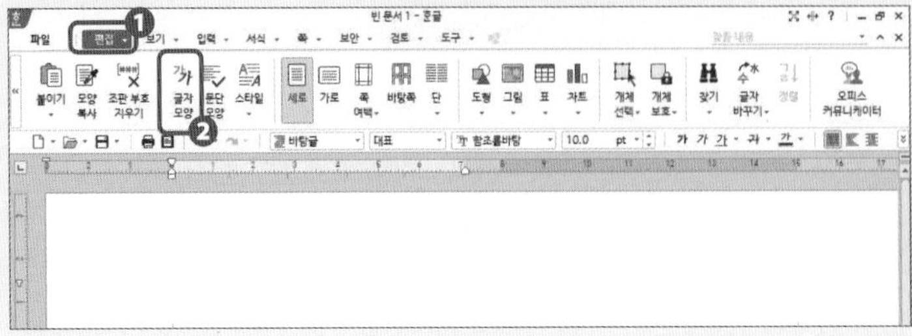

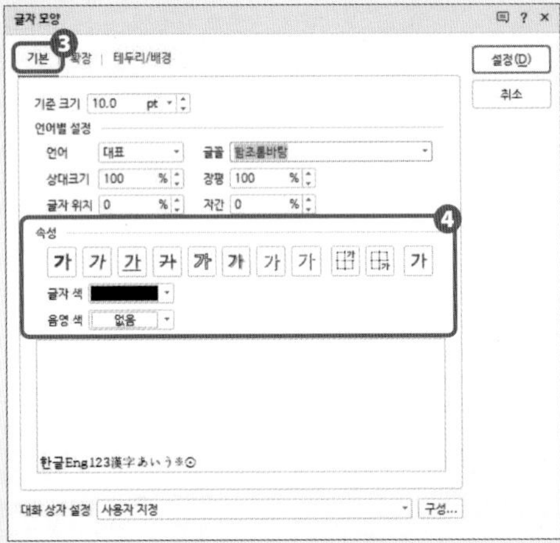

• 강조점

현재 글자의 위쪽 중앙 또는, 글자 사이에 점을 찍어 문자열을 강조할 수 있습니다. 강조점을 지정할 텍스트를 드래그하여 선택한 후 [서식] 탭-[글자 모양]을 실행합니다. [글자 모양] 대화상자에서 [확장] 탭-[강조점] 화살표를 클릭하여 강조점을 선택합니다.

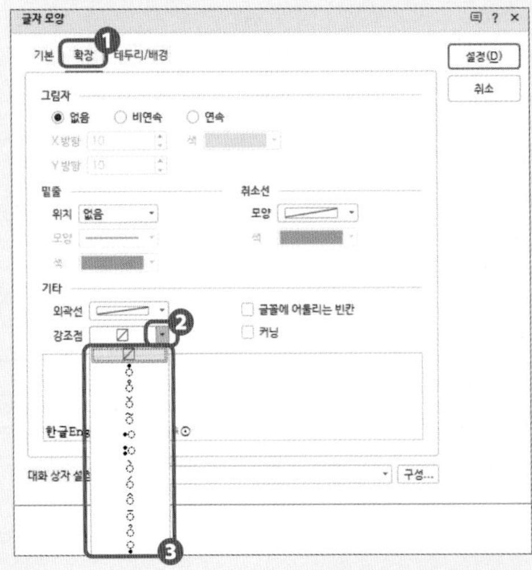

Word 011

중요도 ★★★★★

탐색 창을 이용하여 문서 검색하고 메모 찾기

탐색 창이란, 편집 화면의 왼쪽에 열리는 창으로써 스타일이나 개요 등을 알려주고 변경할 수 있는 옵션 창입니다. 탐색 창을 이용하면 문서를 다시 구성할 수 있으며, 문서 내용을 간단한 검색을 통해 쉽게 찾을 수도 있습니다.

사용 가능 버전 2010 2013 2016 2019 2021 365 | **예제 파일** Word\Chapter 01\인증서.docx

사용한 기능 탐색 창, 문서 검색, 메모 | **완성 파일** 없음

1. [보기] 탭-[표시] 그룹-[탐색 창]에 체크하면 [탐색] 창이 나타납니다. [문서 검색] 입력란에 원하는 키워드를 입력해 문서의 내용을 검색할 수 있습니다. [문서 검색]에 『디자인애드』를 입력합니다.

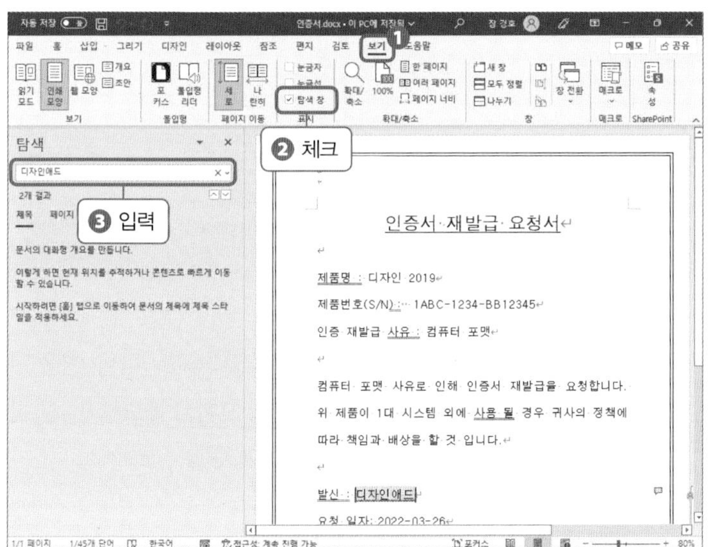

✓TIP
- 제목 : 개요 수준이 포함된 제목 스타일과 개요 수준을 적용한 단락을 표시합니다.
- 페이지 : 페이지 모양을 인쇄될 모양대로 확인할 수 있으며, 클릭하여 해당 페이지로 이동할 수도 있습니다.
- 결과 : [탐색] 창 상단의 [문서 검색]에 검색한 내용을 찾아 결과값을 표시합니다.

2. '디자인애드'라는 키워드가 있는 부분이 노란색 형광색으로 표기됩니다. [결과] 탭을 클릭하면 검색한 키워드의 문서 내용을 확인할 수 있습니다. 내용 검색을 완료했다면 키워드를 삭제하거나 [취소]를 클릭합니다.

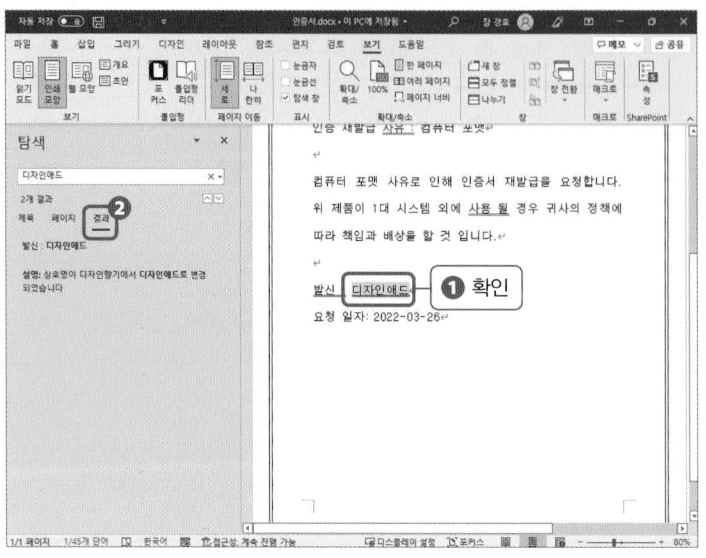

✓TIP 키워드 검색 후 [취소]를 클릭하지 않으면 [탐색] 창의 [제목 및 페이지], [결과] 탭의 내용이 계속 표시됩니다.

3. [탐색] 창에서는 [제목, 페이지, 결과] 탭을 통해 문서를 열람하고 확인할 수 있습니다. [탐색] 창을 이용하여 그래픽이나 표 등 특정 콘텐츠를 찾을 수도 있습니다. 여기서는 문서에 포함된 메모를 한 번 찾아보겠습니다. [탐색] 창의 [다른 내용 검색] 단추를 클릭한 후 [메모]–[모든 검토자]를 선택합니다.

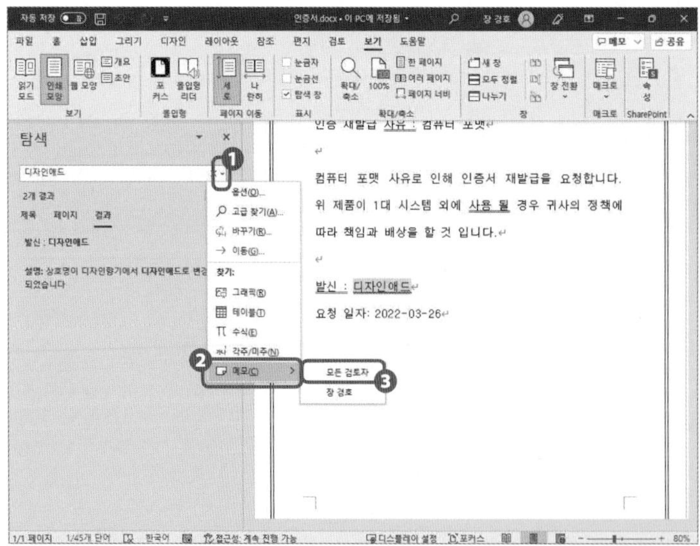

4. 메모가 포함된 페이지가 열리며 메모 내용을 확인할 수 있습니다. 확인한 후 [메모] 창의 [닫기]를 클릭합니다. [탐색] 창을 종료하기 위해 [닫기]를 클릭하거나, [보기] 탭–[표시] 그룹–[탐색 창]의 체크를 해제합니다.

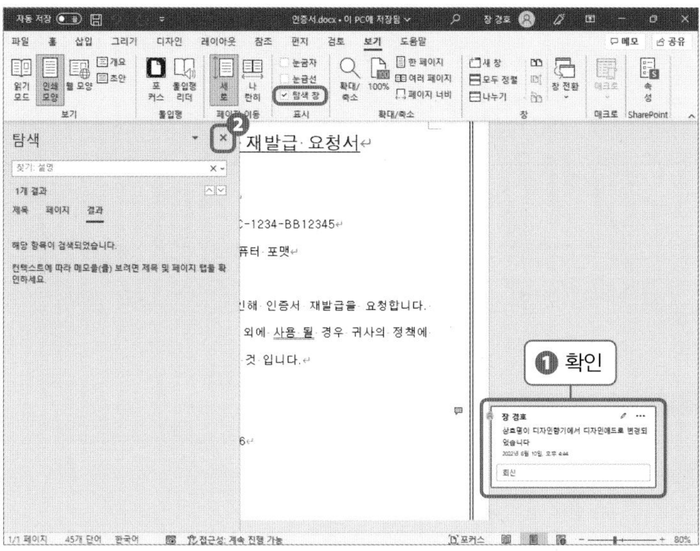

한글에서는...

새 메모와 메모 모양

[입력] 탭–[메모]를 클릭하여 현재 입력 중인 문서에서 특정 단어나 문자열에서 간단히 메모를 넣을 수 있습니다. [메모 모양]은 메모 글상자의 크기나 색상, 테두리 모양, 테두리 굵기, 테두리 색상을 설정할 수 있습니다.

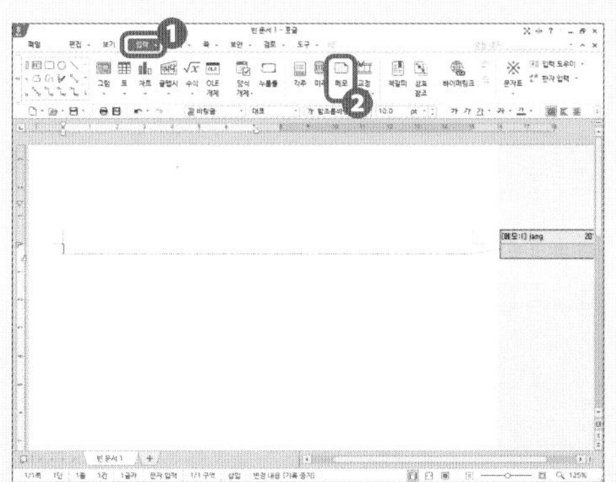

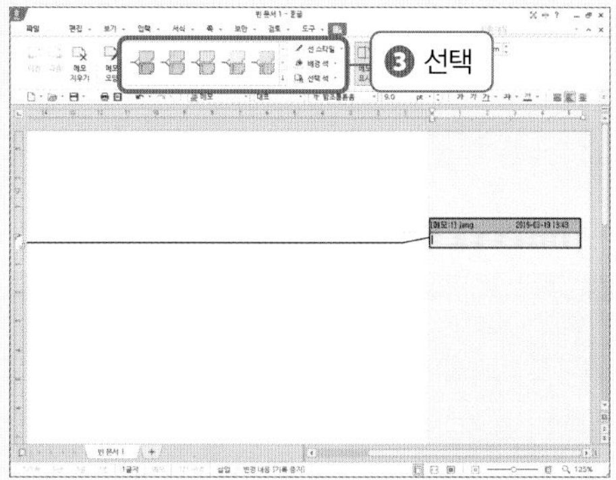

참고로, [검토] 탭–[메모]–[메모 내용 보기]를 클릭하면 편집 문서 아래에 메모 내용 창이 나타나, 내용을 확인할 수 있습니다.

Word 012

중요도 ★★★★★

텍스트 찾기 및 바꾸기로 오류 수정하기

[탐색] 창과 [찾기 및 바꾸기] 대화상자를 이용하여 원하는 텍스트를 찾고 다른 텍스트로 변경할 수 있습니다.

사용 가능 버전 2010 2013 2016 2019 2021 365
사용한 기능 탐색 창, 찾기 및 바꾸기

예제 파일 Word\Chapter 01\인증서.docx
완성 파일 Word\Chapter 01\인증서_완성.docx

1. [탐색] 창은 Ctrl+F를 눌러 불러올 수도 있습니다. Ctrl+F를 눌러 [탐색] 창이 나타나면 다시 한번 『디자인애드』를 입력합니다. '디자인애드'와 연관된 모든 텍스트가 검색되면 [다른 내용 검색] 단추를 클릭하고 [바꾸기]를 선택합니다.

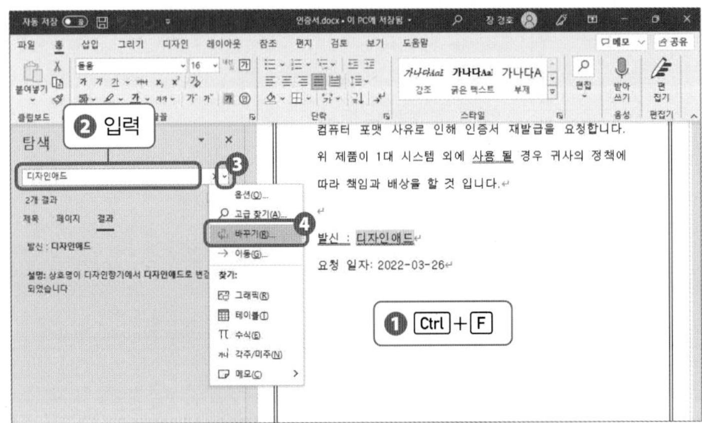

> ✓TIP [탐색] 창 입력란에 단어를 입력하지 않고 [바꾸기]를 바로 클릭해도 됩니다.

2. [찾기 및 바꾸기] 대화상자가 나타나면 [바꾸기] 탭-[찾을 내용]에 『디자인애드』가 입력된 것을 확인하고 [바꿀 내용]에 『DesignAD』를 입력한 후 [바꾸기]를 클릭합니다.

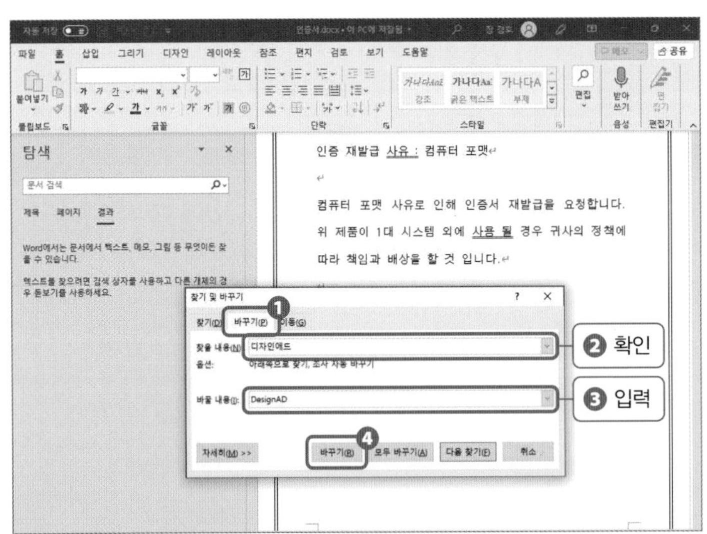

> ✓TIP [홈] 탭-[편집] 그룹-[바꾸기]를 클릭하여 [찾기 및 바꾸기] 대화상자를 불러올 수도 있습니다.

3. 경고 창이 나타나면서 바뀐 내용을 표시해 줍니다. [예]를 클릭합니다.

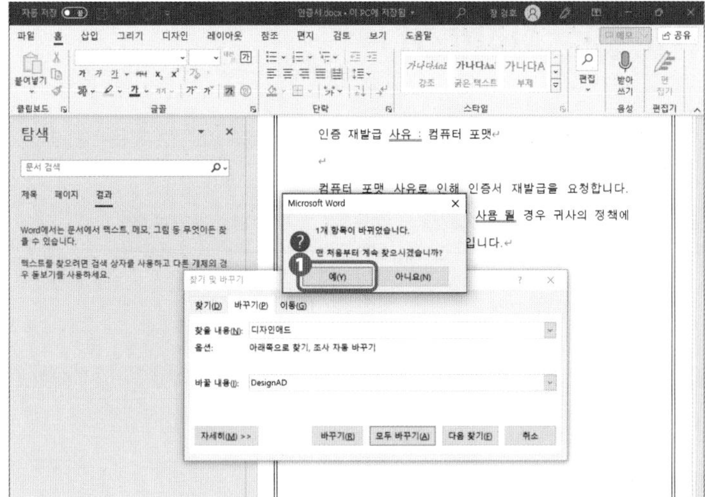

✓ TIP [모두 바꾸기]를 클릭하면 한 번에 모든 단어를 변경할 수 있습니다. [바꾸기]를 클릭하면 단어 하나하나 확인하면서 단어를 변경할 수 있습니다.

한글에서는...

찾기

[편집] 탭–[찾기] 화살표를 클릭합니다. [찾기]를 비롯해 [찾아 바꾸기], [다시 찾기], [찾아가기]를 선택할 수 있습니다.

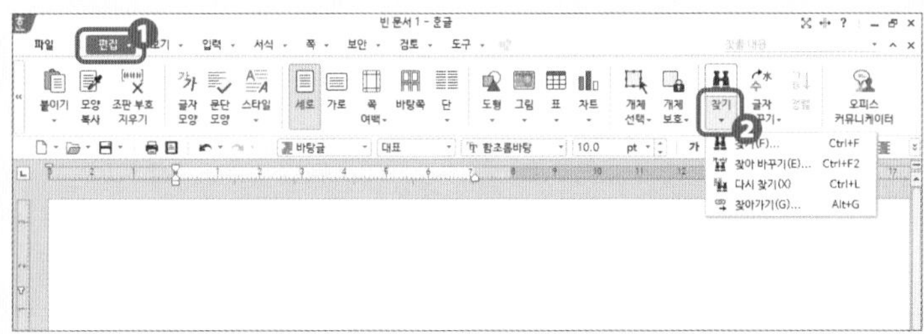

[찾기] 대화상자의 [찾기]를 클릭하면 글자 모양이나 문단 모양, 스타일도 찾을 수 있습니다. 예를 들어, [찾을 스타일]의 경우 현재 편집하는 문서에 저장해둔 전체 스타일 목록을 보여 주고, 원하는 스타일이 적용된 위치로 쉽게 이동할 수 있습니다.

Word 013

PDF 파일을 워드로 변환하고 다시 PDF 파일로 저장하기

중요도 ★★★★★

워드는 PDF 파일을 불러와서 워드 파일로 변환할 수 있습니다. 워드 파일로 변환한 후 문서를 편집한 후 다시 PDF 파일로 저장해 보겠습니다.

사용 가능 버전 2010 2013 2016 2019 2021 365
사용한 기능 불러오기, PDF/XPS 만들기

예제 파일 Word\Chapter 01\슬라임.pdf
완성 파일 Word\Chapter 01\슬라임_완성.pdf

1. PDF 파일로 작성된 문서도 워드로 불러와 편집한 후 다시 PDF 파일로 저장할 수 있습니다. 여기서는 '슬라임.pdf' 파일을 워드로 불러와 보겠습니다.

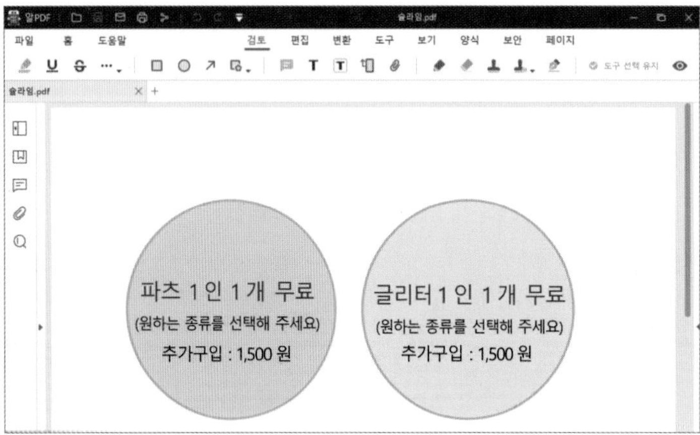

2. 워드를 실행하고 [파일] 탭-[열기]를 클릭한 후 [찾아보기]를 선택합니다. [열기] 대화상자가 나타나면 PDF 파일(슬라임.pdf)을 선택하고 [열기]를 클릭합니다.

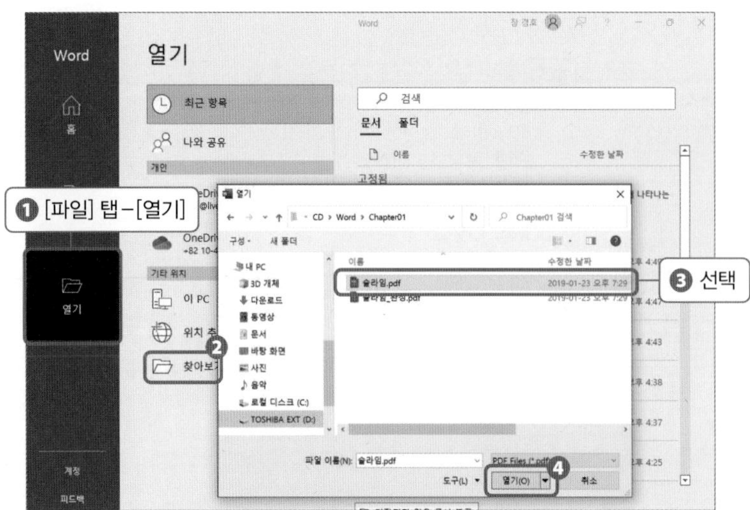

3. 경고 창이 나타나면 [확인]을 클릭합니다.

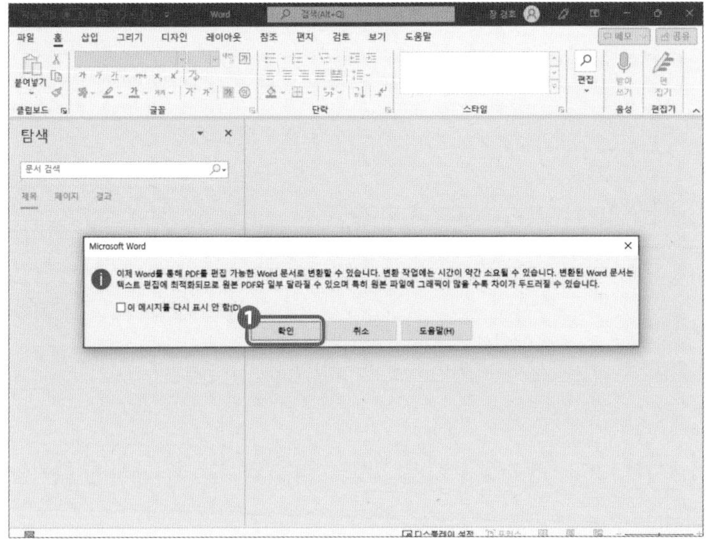

4. PDF 파일이 워드 파일로 변환되어 열립니다. 이처럼 워드만 있으면 PDF 파일도 수정할 수 있습니다. 워드에서 PDF 파일의 내용을 수정합니다.

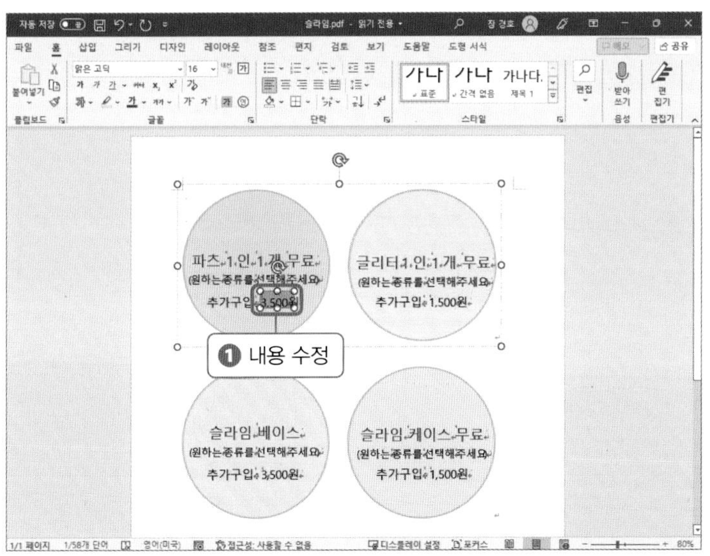

✔ TIP PDF 파일과 워드 파일은 제작 환경이 달라서 100% 동일하게 변환되지는 않습니다. PDF 파일은 원본 파일을 수정하는 것이 가장 바람직하며, 원본 파일이 없을 경우에 워드를 사용하는 것이 좋습니다.

5. 워드로 불러와서 편집을 마쳤으면 다시 PDF 파일로 저장해 보겠습니다. [파일] 탭-[내보내기]를 클릭하고, [PDF/XPS 문서 만들기]-[PDF/XPS 만들기]를 클릭합니다.

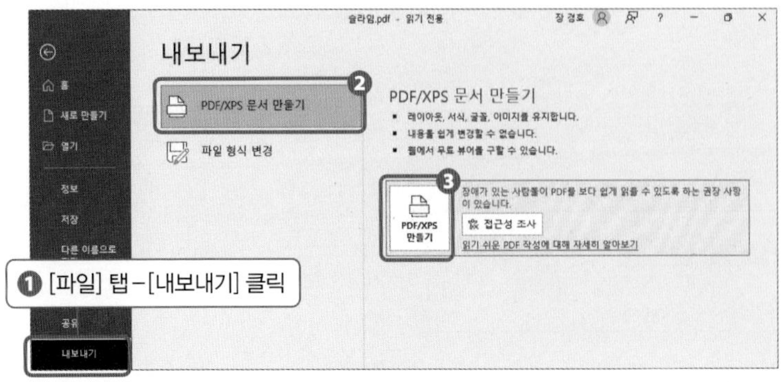

6. [PDF 또는 XPS로 게시] 대화상자가 나타나면 저장 위치 및 파일 이름을 입력한 후 [게시]를 클릭합니다. PDF 파일을 다시 열어 봅니다.

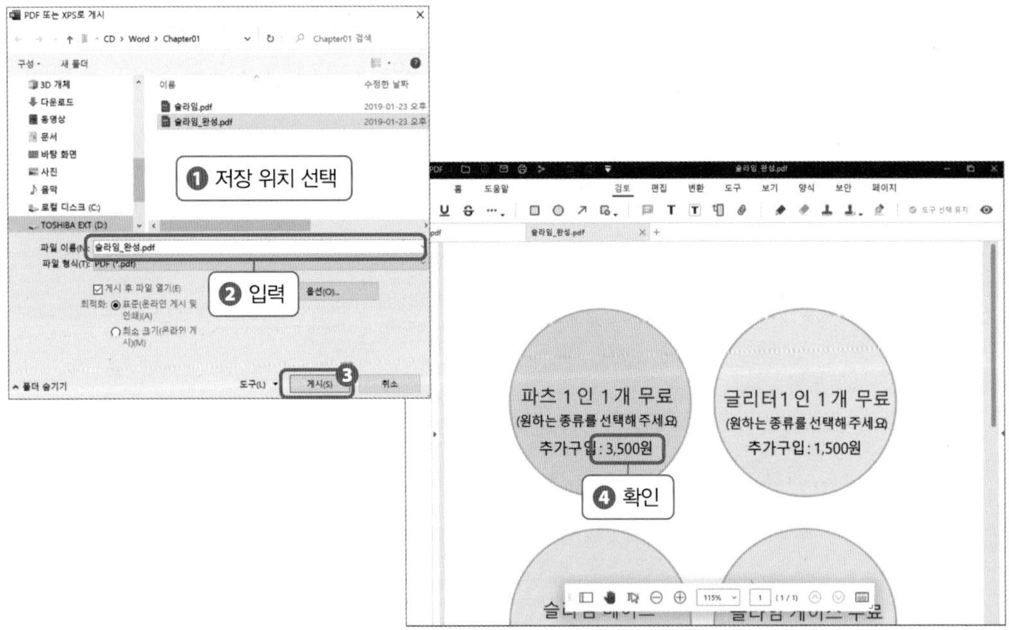

한글에서는...

PDF 파일을 한글 문서로 변환하기

[파일] 탭-[PDF를 오피스 문서로 변환하기]를 실행합니다. [PDF를 오피스 문서로 변환하기] 대화상자가 나타나면 [찾는 위치]에서 원하는 파일을 선택한 후 [열기]를 클릭합니다.

한글 문서를 PDF 파일로 변환하기

PDF 파일로 저장할 문서를 불러옵니다. [파일] 탭-[PDF로 저장하기]를 실행합니다. [PDF로 저장하기] 대화상자가 나타나면 PDF 파일을 저장할 위치와 파일 이름을 지정한 다음 [저장]을 클릭합니다.

Word
014

중요도
★★★★★

수식 기능을 이용하여 수식 생성하기

워드 2007 이하에서는 Microsoft Equation 3.0 추가 기능 또는, Math Type 추가 기능을 설치해야만 수식을 사용할 수 있었지만, 워드 2010부터는 수식 기능이 기본으로 제공됩니다. 또한, 워드 2016부터는 잉크 수식을 통해 수식을 더욱 쉽게 작성할 수 있습니다.

사용 가능 버전 2010 2013 2016 2019 2021 365
사용한 기능 수식, 새 수식 삽입, Ctrl+Shift+=, 새 수식 저장
예제 파일 Word\Chapter 01\수식.docx
완성 파일 Word\Chapter 01\수식_완성.docx

1. 여기서는 피타고라스의 정리에 관한 수식을 입력해 보겠습니다. [삽입] 탭-[기호] 그룹-[수식]을 클릭합니다. 다양한 수식 갤러리가 나타나면 '피타고라스의 정리'를 선택하면 쉽게 수식을 입력할 수 있습니다. 근의 공식, 삼각 함수, 테일러 전개식을 비롯해 다양한 수식이 포함되어 있기에 편하게 선택할 수 있습니다.

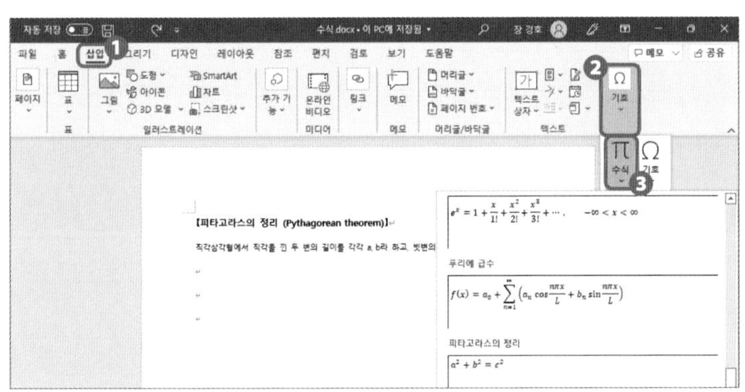

✓TIP [삽입] 탭-[기호] 그룹-[수식]의 화살표를 클릭하면 미리 정의된 일반 수학 수식을 손쉽게 삽입할 수 있습니다.

2. 만약, 직접 수식을 만들고 싶다면 [삽입] 탭-[기호] 그룹-[수식]-[새 수식 삽입]을 클릭합니다.

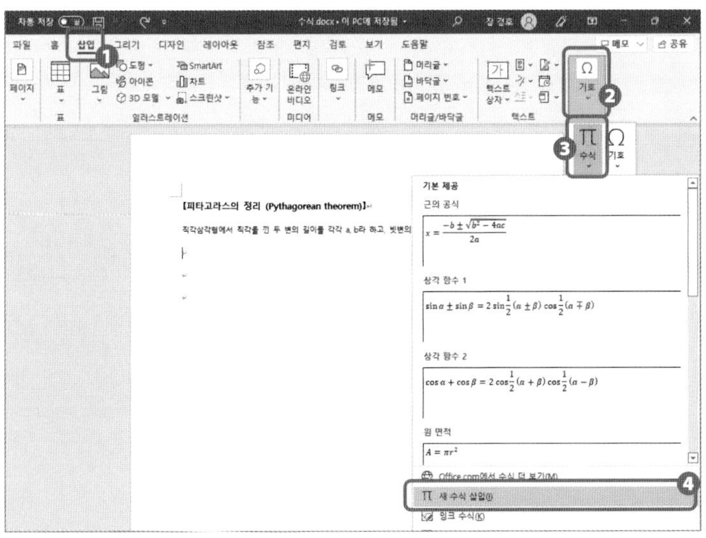

3. 수식 입력 틀이 화면에 나타납니다. [수식 도구]-[디자인] 상황별 탭 또는, [수식] 탭-[구조] 그룹-[첨자]를 클릭한 후 수식을 선택합니다.

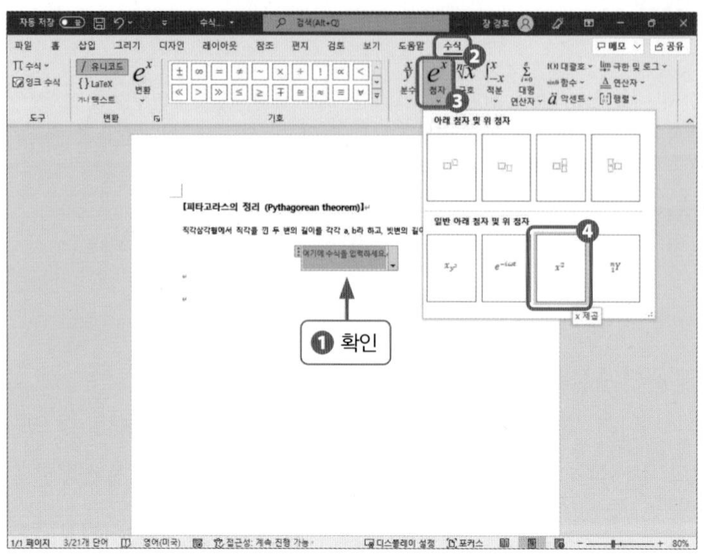

4. 수식이 입력되면 'x'를 'a'로 수정합니다. '+'를 입력한 다음 다시 [수식 도구]-[디자인] 상황별 탭 또는, [수식] 탭-[구조] 그룹-[첨자]를 클릭한 후 수식을 선택합니다. 같은 방법으로 수식을 완성합니다.

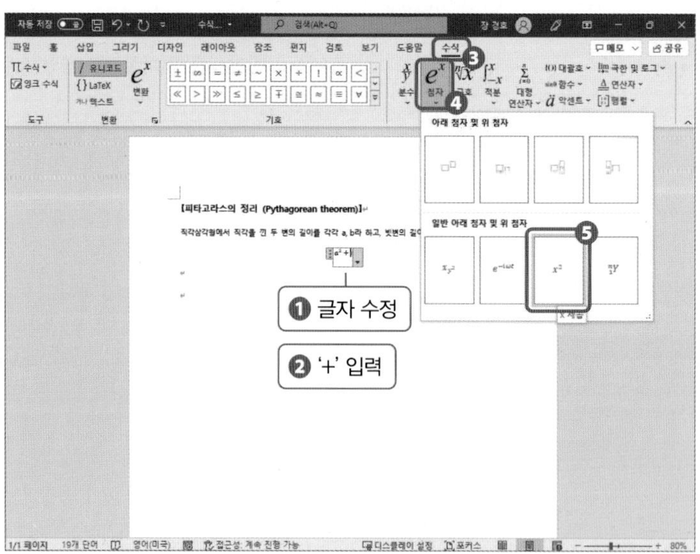

5. 완성한 수식을 드래그하여 선택하고 Ctrl+Shift+>를 여러 번 눌러 수식을 크게 확대합니다.

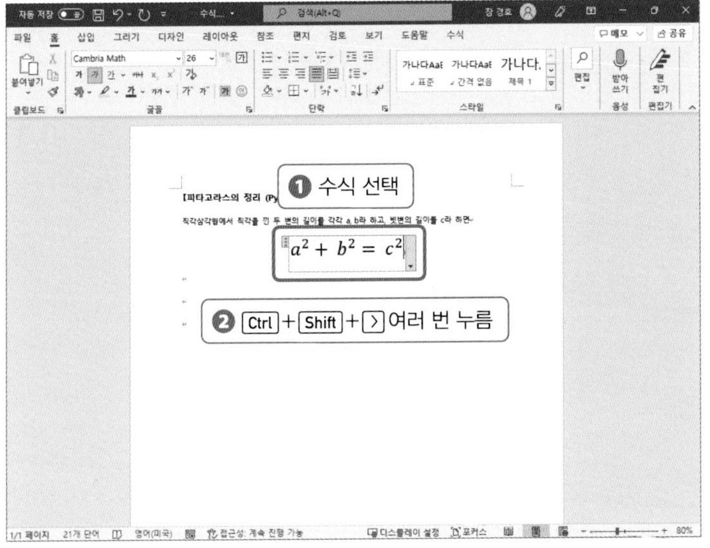

✓ TIP Ctrl+Shift+>를 누르면 텍스트의 크기를 확대할 수 있으며, Ctrl+Shift+<를 누르면 텍스트의 크기를 축소할 수 있습니다.

꼭 알고 가세요

새 수식으로 저장

삽입한 수식을 마우스 오른쪽 버튼으로 클릭한 후 [새 수식으로 저장]을 선택하여 자주 사용하는 수식 목록에 추가하면 계속 사용할 수 있습니다.

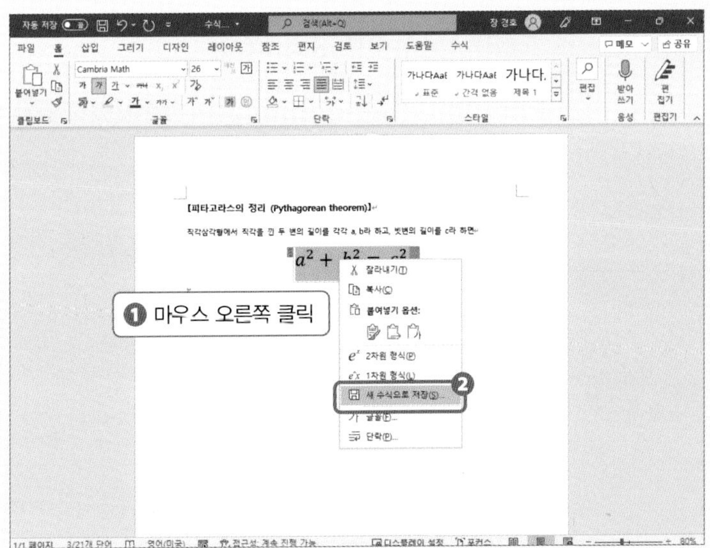

한글에서는...

수식 편집기(Equation Editor)

한글에서 지원하는 [수식 편집기]는 비주얼 에디팅(Visual Editing) 수식 입력 방식과 스크립트 수식 입력 방식을 모두를 지원합니다. [수식 편집기]를 이용하면 간단한 산술식을 비롯해 복잡한 수식까지 손쉽게 작성할 수 있습니다. [입력] 탭–[수식] 화살표를 클릭합니다.

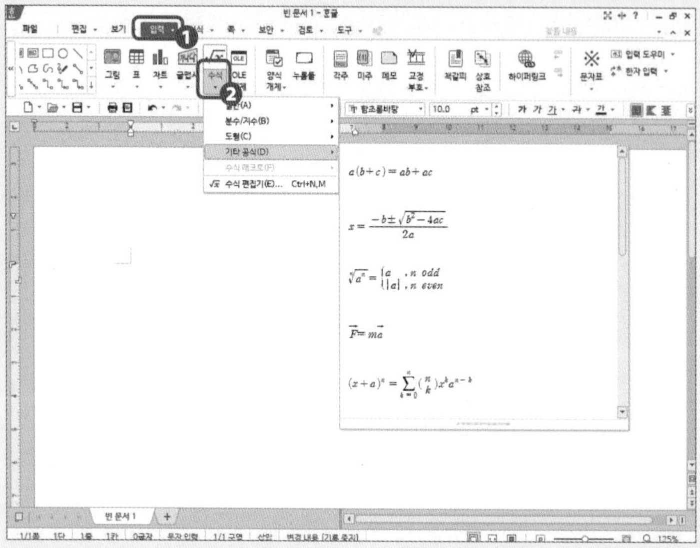

[수식 편집기]를 클릭하면 수식 도구 상자와 수식 편집 창, 스크립트 입력 창이 표시됩니다. ❶ 수식 도구 상자를 통해 다양한 함수 기호와 수식 템플릿, 수식 기호 및 수식용 명령어를 지정할 수 있으며, ❷ 수식 편집 창을 통해 필요한 값을 입력해 간편하게 수식을 작성할 수 있습니다. 또한, ❸ 스크립트 입력 창에서는 수식 명령어를 직접 입력하여 수식을 만들 수 있습니다.

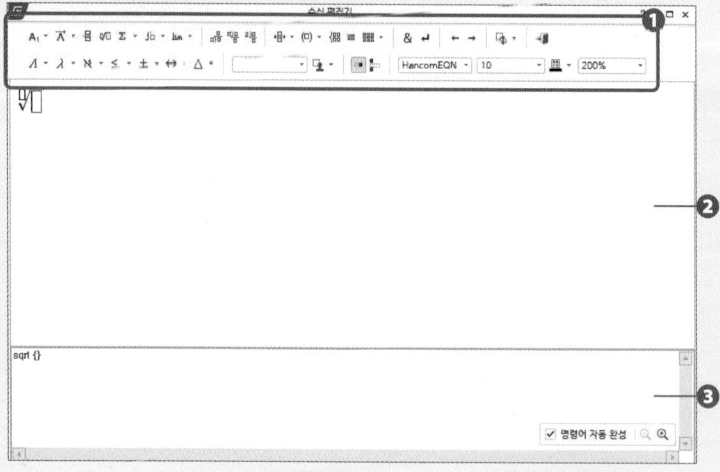

Word 015

업그레이드된 도움말, 더 편하게 기능 실행하기

중요도 ★★★★★

워드의 버전이 업데이트되면서 편리한 기능이 많아졌습니다. 예전에는 '도움말' 기능을 통해 하나하나씩 원하는 내용이나 기능을 찾았다면 이제는 원하는 단어를 입력하는 것만으로도 기능을 바로 실행하거나 원하는 항목을 바로 찾을 수 있습니다.

사용 가능 버전 ~~2010~~ ~~2013~~ 2016 2019 2021 365
사용한 기능 도움말, 명령어

예제 파일 Word\Chapter 01\수식2.docx
완성 파일 Word\Chapter 01\수식2_완성.docx

1. 문서의 특정 부분을 클릭하고 리본 메뉴의 [검색] 창에 『잉크』를 입력합니다. '잉크'에 관련된 다양한 기능과 도움말이 나타나면 여기서는 [잉크를 수학식으로 변환]을 클릭합니다.

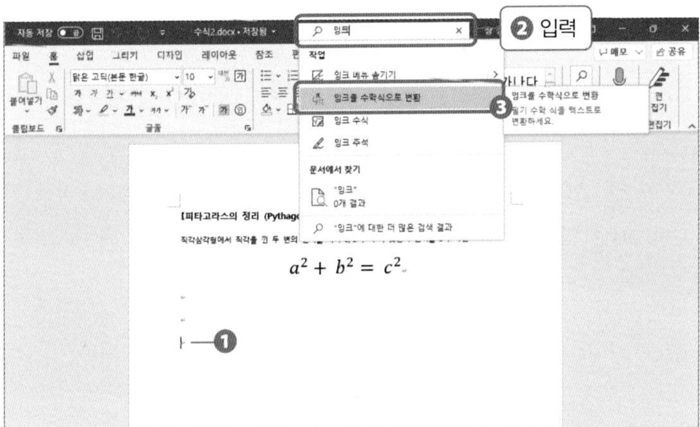

✔TIP
- 본 기능은 워드 2016에 새롭게 등장한 기능입니다. 버전에 따라서 '수행할 작업을 알려주세요' 등 다른 이름으로 표기될 수 있습니다.
- 버전에 따라서 『잉크』를 입력한 후 Space Bar를 눌러 [잉크 수식] 명령어를 클릭해야 할 수도 있습니다.

2. [수학 식 입력 컨트롤] 창이 나타나면 원하는 수식을 손글씨로 씁니다. 손글씨가 변환되어 나타나면 [삽입]을 클릭합니다.

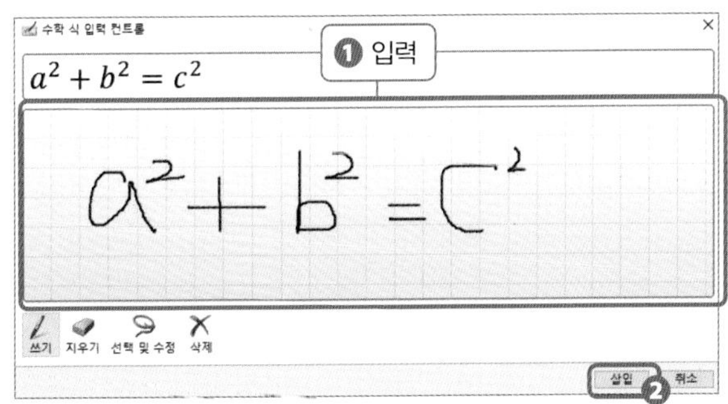

한글에서는...

도움말

F1을 누르거나 도움말 아이콘(?)을 클릭하여 [도움말]을 활용할 수 있습니다. 보다 다양한 한글 도움말을 원한다면 아래 링크를 통해 확인해 보세요.

http://help.hancom.com/hoffice100/ko-KR/Hwp/index.htm#t=hwp%2Fhwp(intro).htm

Word
016

자꾸 바뀐다면, 한/영 자동 고침 옵션 해제하기

중요도
★★★★★

텍스트를 입력하다 보면 자동으로 단어가 변경되는 경우가 있습니다. 특히, 영문으로 입력해야 하는데 자동으로 한글이 바뀌는 경험은 누구나 있을 겁니다. 편한 기능이기는 하지만 가끔 불편할 때가 있습니다.

사용 가능 버전 2010 2013 2016 2019 2021 365
사용한 기능 옵션, 자동 고침 옵션, 한/영 자동 고침

예제 파일 없음
완성 파일 없음

1. [파일] 탭–[더 보기]–[옵션]을 클릭하여 [Word 옵션] 대화상자를 불러옵니다.

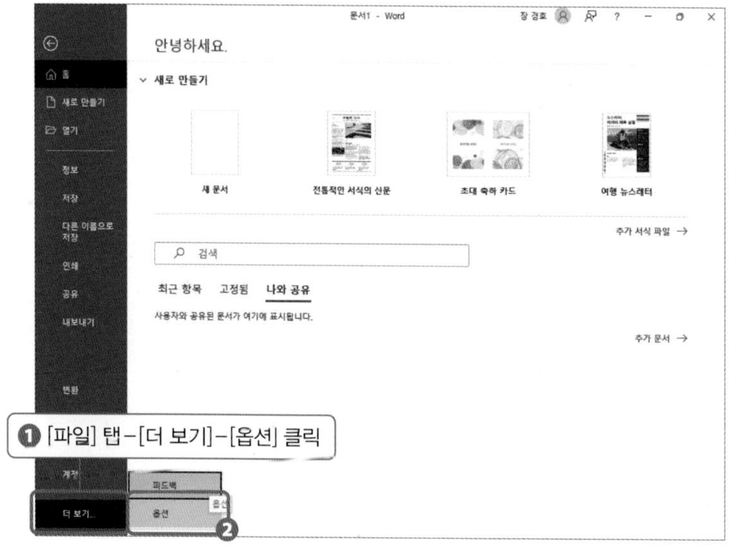

2. [언어 교정]–[자동 고침 옵션]을 클릭한 후 [자동 고침] 대화상자에서 [자동 고침] 탭–[한/영 자동 고침]의 체크를 해제합니다.

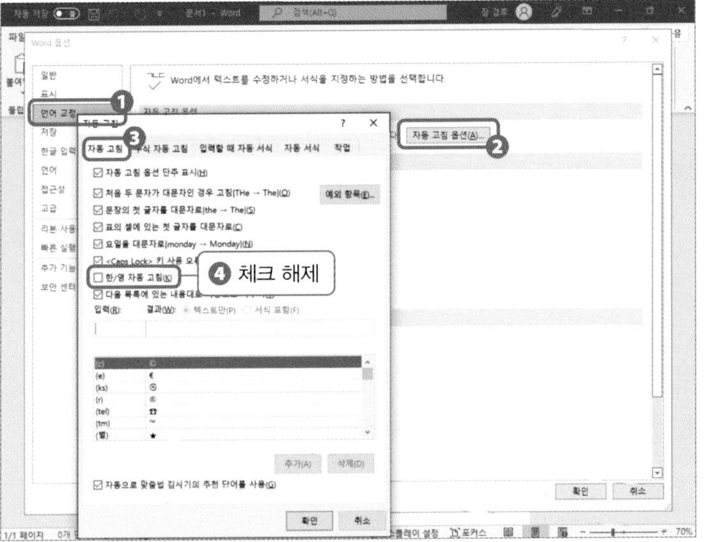

3. 자동으로 글머리 기호나 번호가 입력되는 것이 불편하거나 텍스트 자동 맞춤 등이 불편할 경우에는 [입력할 때 자동 서식] 탭을 클릭한 후 필요 없는 옵션의 체크를 해제합니다. [자동으로 글머리 기호 넣기] 또는, [자동으로 번호 매기기]의 체크를 해제하면 글머리 기호나 번호 매기기가 자동으로 적용되지 않습니다. [자동 고침] 대화상자에서 [확인]을 클릭한 후 [Word 옵션] 대화상자에서 [확인]을 클릭합니다.

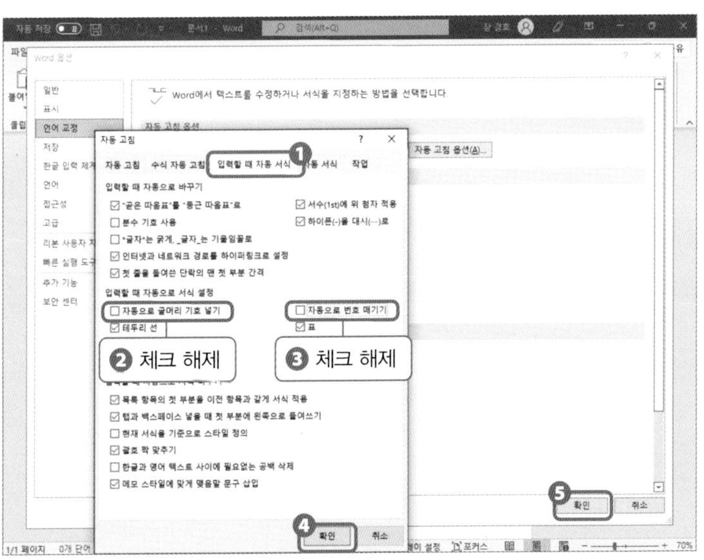

Word 017

자동 저장으로 예상치 못한 오류에서 문서를 빠르게 복구하기

중요도 ★★★★★

컴퓨터 시스템 오류나 다양한 문제로 인해 워드가 강제로 종료되었을 경우 자동 저장 간격을 설정하거나 자동 복구 기능으로 작업한 내용을 되살릴 수 있습니다.

사용 가능 버전 2010 2013 2016 2019 2021 365
사용한 기능 자동 복구 정보 저장 간격, 자동 복구 파일 위치

예제 파일 없음
완성 파일 없음

1. [파일] 탭–[옵션]을 클릭하여 [Word 옵션] 대화상자가 나타나면 [저장]을 클릭합니다. [통합 문서 저장]–[자동 복구 정보 저장 간격]의 입력란에 원하는 시간을 입력합니다.

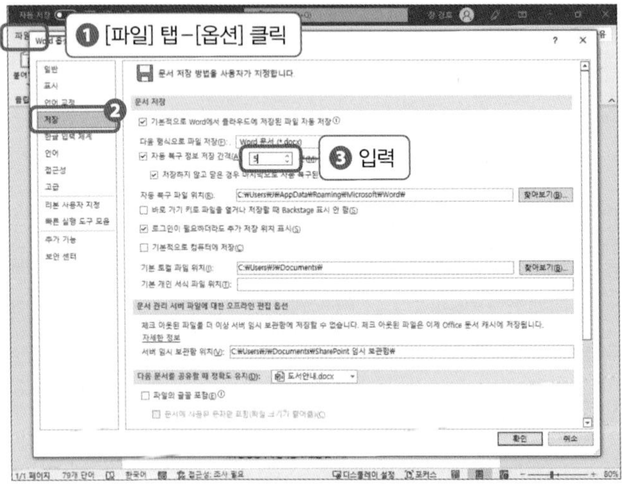

2. [Word 옵션] 대화상자의 [저장]–[자동 복구 파일 위치]를 통해 자동 복구된 파일의 저장 위치를 확인하거나 변경할 수 있습니다. 설정이 완료되면 [확인]을 클릭하여 변경 사항을 적용합니다.

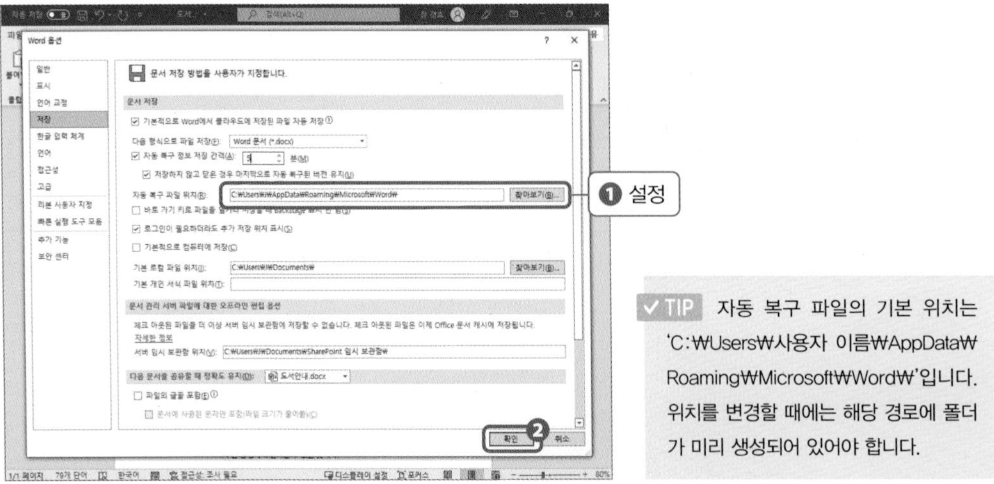

✓TIP 자동 복구 파일의 기본 위치는 'C:₩Users₩사용자 이름₩AppData₩Roaming₩Microsoft₩Word₩'입니다. 위치를 변경할 때에는 해당 경로에 폴더가 미리 생성되어 있어야 합니다.

MEMO

Chapter 02

워드

문서 완성 기술

워드에서 문서를 편집할 때 사용자의 작업 환경에 맞춰 원하는 서식이나 양식을 설정할 수 있습니다. 자주 사용하는 글꼴이나 양식을 추가해보고 문서를 업데이트해 보겠습니다. 또한, 워드는 문서 편집 프로그램이다보니 인쇄 기능도 중요합니다. 다양한 인쇄 관련 기능도 이번 챕터에서 다뤄보겠습니다.

• 학습 내용

사용 기능	중요도	내용
서식	★★★★★	018 자주 사용하는 글꼴을 기본 서식으로 설정하기
표지 갤러리	★★★★★	019 자주 사용하는 표지 양식을 갤러리에 추가하기
빠른 문서 요소	★★★★★	020 자주 사용하는 내용을 빠른 문서 요소로 설정하기
스타일, 새 스타일	★★★★★	021 자주 사용하는 서식을 새 스타일로 설정하고 문서 업데이트하기
문서 보호, 최종본으로 표시	★★★★★	022 문서를 최종본으로 표시하여 문서 보호하기
한글, 텍스트 변환기	★★★★★	023 한글과컴퓨터의 한글(HWP) 문서 열기
문서 번역	★★★★★	024 한국어를 영어나 일어로 번역하기
인쇄, 용지 크기	★★★★★	025 용지 한 면에 두 페이지 인쇄하기
머리글, 바닥글, 짝수/홀수 페이지	★★★★★	026 홀수, 짝수 페이지별로 머리글 지정하기
워터마크, 페이지 배경	★★★★★	027 워터마크 삽입하여 대외비 문서 표시하기
여백, 페이지 설정	★★★★★	028 제본용 여백 설정하기
레이아웃, 원고지	★★★★★	029 워드를 원고지로 활용하기

Word 018

중요도 ★★★★★

자주 사용하는 글꼴을 기본 서식으로 설정하기

자주 사용하는 서식을 기본 서식으로 저장해 놓으면 새로운 문서를 작성할 때마다 서식을 변경해야 하는 번거로운 과정을 생략할 수 있습니다.

사용 가능 버전 2010 2013 2016 2019 2021 365 | **예제 파일** 없음
사용한 기능 기본 서식, 기본값으로 설정 | **완성 파일** 없음

1. 먼저 서식을 설정해 보겠습니다. [홈] 탭-[글꼴] 그룹-[글꼴] 표시 아이콘(⧉)을 클릭합니다. [글꼴] 대화상자가 나타나면 [한글 글꼴]의 화살표를 클릭한 후 원하는 글꼴을 선택합니다. [크기]에서는 원하는 글꼴 크기를 지정합니다. [글꼴] 대화상자의 하단에 있는 [기본값으로 설정]을 클릭합니다.

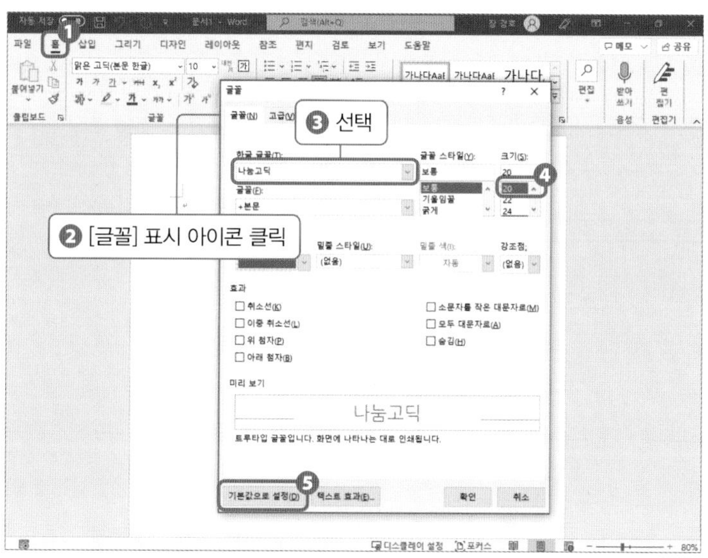

✓TIP 기본값 설정을 원래대로 되돌리기

기본값은 'normal.dotm' 파일에 저장됩니다. 변경된 기본값 설정을 원래대로 되돌리고 싶다면 파일 탐색기를 열어"AppData₩Roaming₩Microsoft₩Templates" 폴더에서 normal.dotm 파일을 삭제합니다. 참고로, normal.dotm 파일에는 매크로나 서식, 상용구 등도 함께 저장되어 있을 수 있기 때문에 신중하게 삭제하세요.

2. 경고 창이 나타나면 [이 문서만]에 체크한 후 [확인]을 클릭합니다.

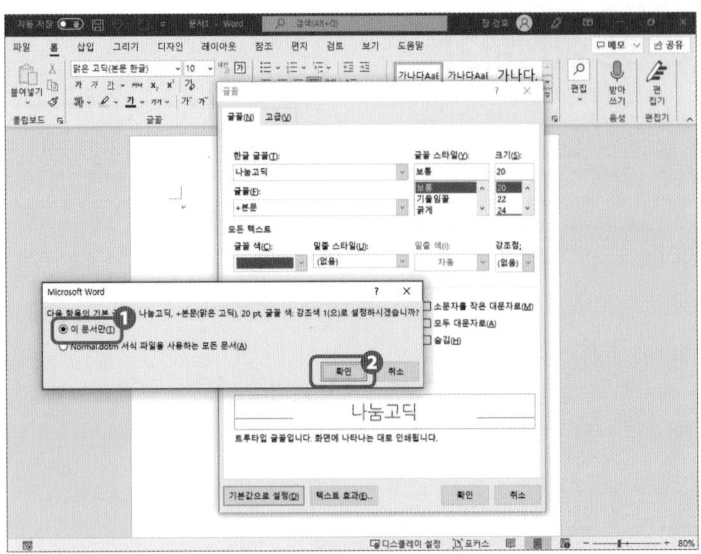

3. 텍스트를 입력해 봅니다. [글꼴] 대화상자에서 기본값으로 설정한 서식이 적용되는 것을 확인할 수 있습니다.

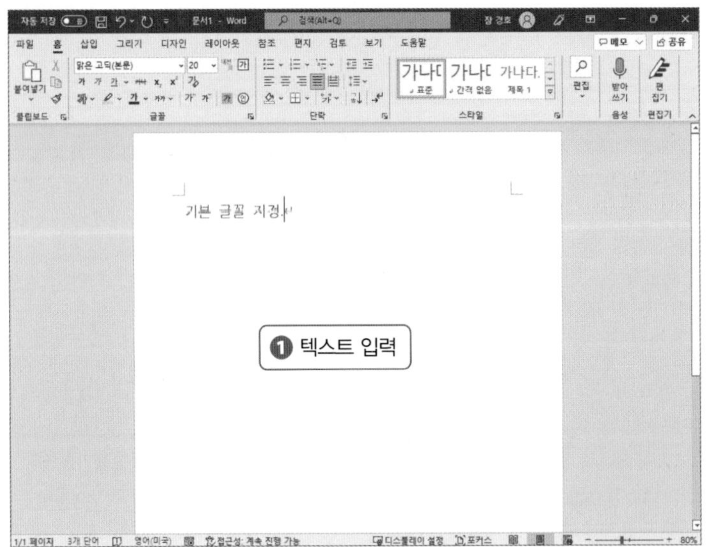

한글에서는...

자주 사용하는 글꼴

[도구] 탭-[환경 설정]을 클릭하면 나타나는 [환경 설정] 대화상자의 [글꼴] 탭-[최근에 사용한 글꼴 보이기]를 체크한 다음 글꼴 개수를 설정하면 [글꼴] 목록에 최근에 사용한 글꼴이 항상 맨 위쪽에 나타나게 됩니다. 또한, [글꼴] 탭-[글꼴 목록]-[글꼴 목록 설정]을 클릭한 후 [글꼴 목록 추가하기]를 클릭해 자주 사용하는 글꼴을 설정할 수도 있습니다.

Word 019

중요도 ★★★

자주 사용하는 표지 양식을 갤러리에 추가하기

자주 사용하는 표지 양식이 있다면 표지 갤러리에 추가하여 필요할 때마다 편하게 사용할 수 있습니다.

사용 가능 버전 2010 2013 2016 2019 2021 365
사용한 기능 표지, 표지 갤러리

예제 파일 Word\Chapter 02\표지.docx
완성 파일 Word\Chapter 02\표지_완성.docx

1. [삽입] 탭-[페이지] 그룹-[표지]를 클릭하고 갤러리에서 원하는 표지를 선택합니다.

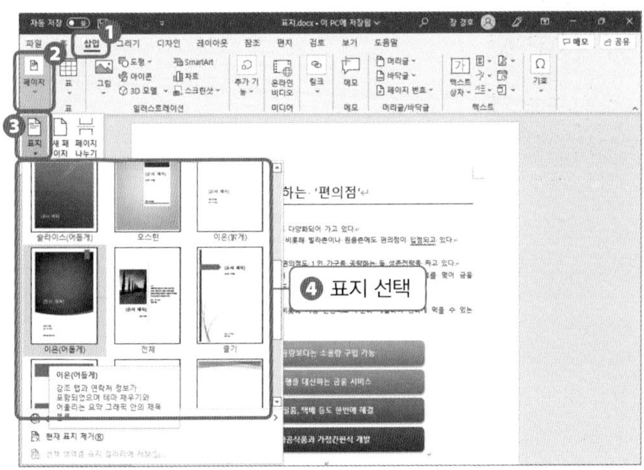

✓TIP 표지는 어느 위치에서 삽입해도 문서의 첫 번째 페이지에 삽입됩니다. '표지' 갤러리에서 고르지 않고 본인이 직접 표지를 만들어도 됩니다.

2. 표지에 제목을 비롯해 내용을 입력하여 표지를 완성합니다. 이번에는 표지를 갤러리에 추가해 보겠습니다. 표지로 사용할 내용을 선택하고 [삽입] 탭-[페이지] 그룹-[표지]-[선택 영역을 표지 갤러리에 저장]을 클릭합니다.

✓TIP 표지로 사용하고 싶은 부분을 드래그하여 모두 선택해야 [선택 영역을 표지 갤러리에 저장]이 활성화됩니다.

3. [새 문서 블록 만들기] 대화상자에서 [이름]에 표지 이름을 입력합니다. [갤러리] 화살표를 클릭하고 [표지]를 선택한 후 [확인]을 클릭합니다.

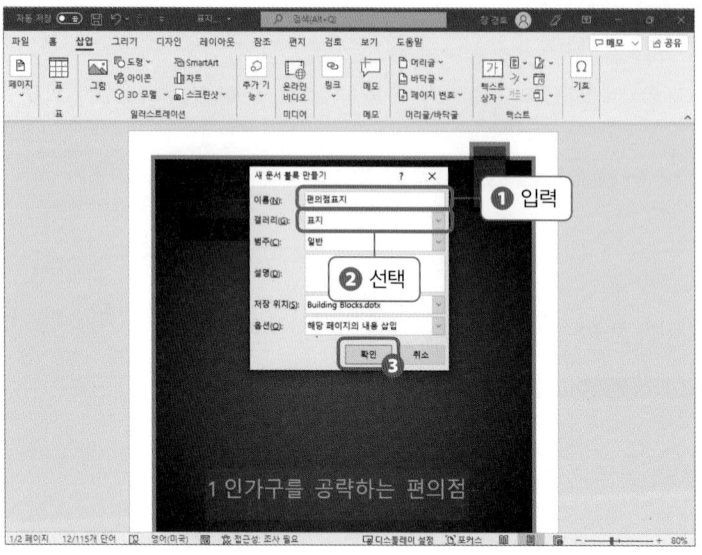

✓ TIP 이름, 갤러리 이외에 범주와 설명, 저장 위치 등을 별도로 지정할 수 있습니다.

4. 새 문서를 연 다음 [삽입] 탭–[페이지] 그룹–[표지]를 클릭합니다. [표지] 갤러리에 표지 양식이 추가된 것을 확인할 수 있습니다. 표지를 선택하고 제목을 비롯해 내용을 입력하면 본인이 만든 서식 등이 그대로 적용된 표지를 재사용할 수 있습니다.

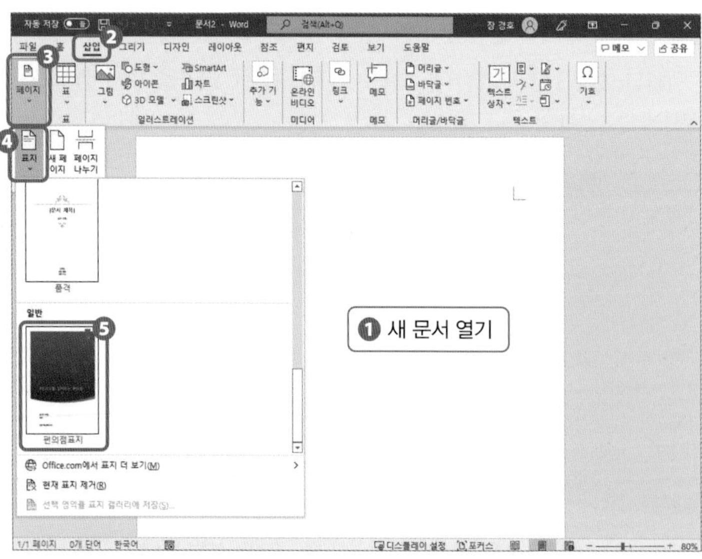

✓ TIP 표지를 제거하고 싶다면 [삽입] 탭-[페이지] 그룹-[표지]-[현재 표지 제거]를 클릭합니다.

한글에서는...

문서 마당에서 표지 가져오기

한글에서는 표지를 따로 설정할 수 없습니다. 다만, 더 강력한 문서 마당이 존재합니다. [파일] 탭-[문서 마당]을 클릭해 원하는 디자인을 가진 문서를 불러올 수 있습니다. 따로 표지 형식으로 편집하고 싶다면 [쪽] 탭-[쪽 테두리/배경]을 클릭하고 [배경] 탭에서 문서의 배경이나 색상, 무늬 등을 지정할 수 있습니다.

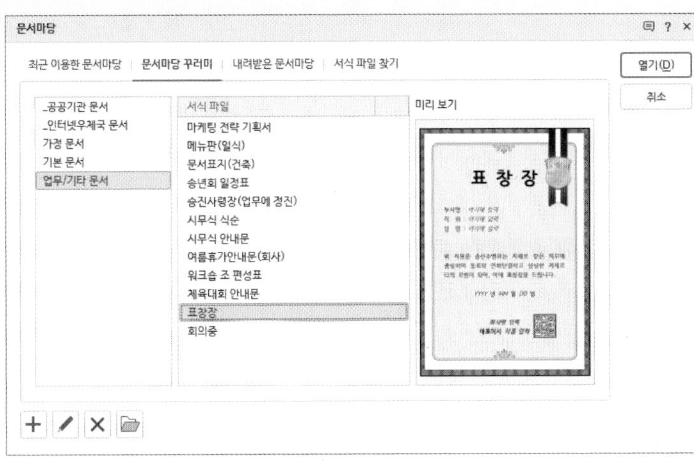

Word
020

중요도 ★★★

자주 사용하는 내용을 빠른 문서 요소로 설정하기

자주 사용하는 내용이나 이미지 등을 빠른 문서 요소에 저장하면 언제든지 편하게 불러올 수 있습니다.

사용 가능 버전 2010 2013 2016 2019 2021 365
사용한 기능 빠른 문서 요소, 빠른 문서 요소 갤러리

예제 파일 Word\Chapter 02\오피스.docx
완성 파일 없음

1. 자주 사용하는 내용을 드래그하여 선택합니다. 여기서는 텍스트가 아닌 이미지를 자주 사용하는 내용으로 저장해 보겠습니다. [삽입] 탭–[텍스트] 그룹–[빠른 문서 요소]–[선택 영역을 빠른 문서 요소 갤러리에 저장]을 클릭합니다.

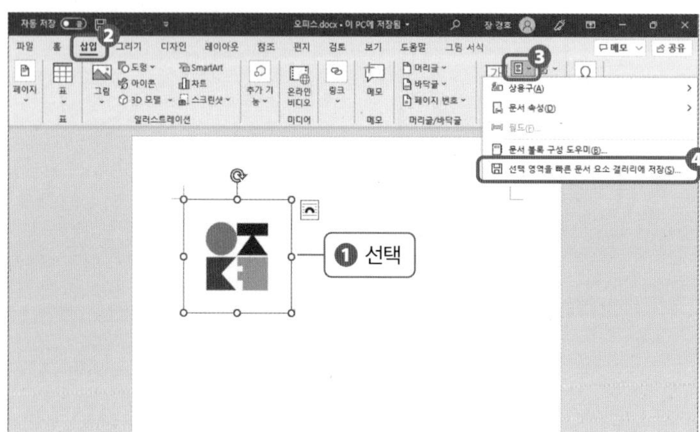

✓ TIP 자주 사용하는 내용이 텍스트라면 [상용구]를 클릭해 자주 사용하는 텍스트로 저장할 수 있습니다.

2. [새 문서 블록 만들기] 대화상자가 나타나면 [이름]에 『영진닷컴』을 입력하고 [확인]을 클릭합니다.

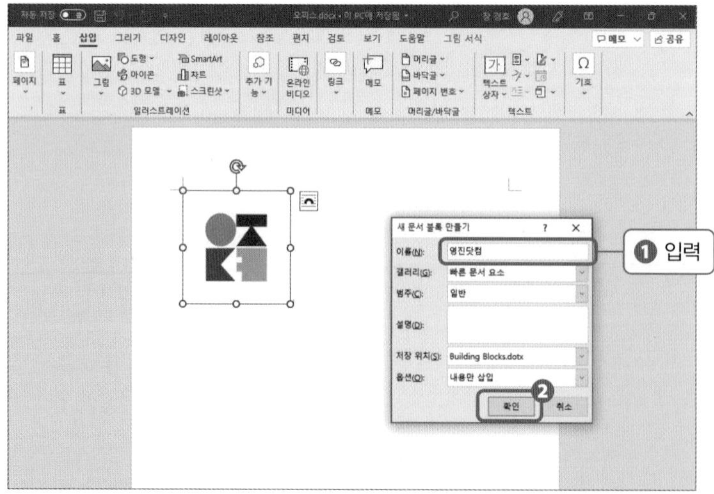

3. [빠른 문서 요소] 갤러리에 해당 내용이 추가된 것을 확인합니다. 이를 클릭하면 언제든지 편하게 자주 사용하는 내용을 불러올 수 있습니다.

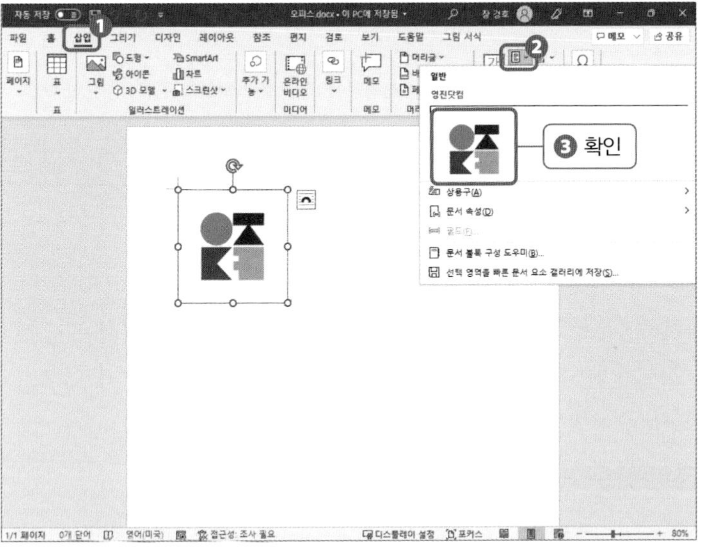

한글에서는...

상용구 등록하기

원하는 문서의 내용을 드래그하여 선택한 후 [입력] 탭-[입력 도우미]-[상용구]-[상용구 등록]을 클릭합니다.

[상용구 등록] 대화상자가 나타나면 글자 속성을 그대로 유지하거나 글자 속성을 제거하고 문자만 상용구에 등록할 수 있습니다.

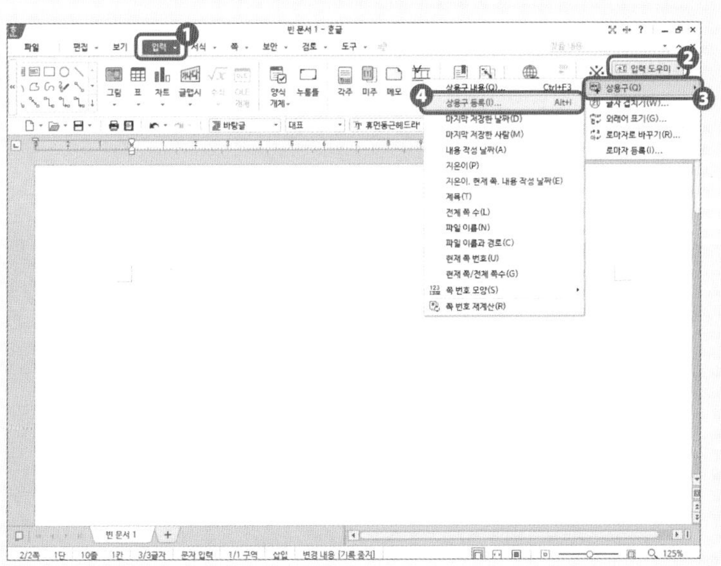

Word
021

자주 사용하는 서식을 새 스타일로 설정하고 문서 업데이트하기

중요도 ★★★

워드에서 제공하는 스타일뿐 아니라 자주 사용하는 서식을 스타일 갤러리에 저장하면 필요할 때마다 사용할 수 있습니다.

사용 가능 버전 2010 2013 2016 2019 2021 365
사용한 기능 스타일, 새 스타일, 스타일 업데이트

예제 파일 Word\Chapter 02\주유.docx
완성 파일 Word\Chapter 02\주유_완성.docx

1. 문서에 서식을 지정합니다. 여기서는 밑줄과 워드아트를 활용해서 스타일을 만들어 보았습니다. 스타일을 만든 곳에 커서를 위치시키고, [홈] 탭-[스타일] 그룹-[스타일] 표시 아이콘(⧉)을 클릭합니다. [스타일] 옵션 창이 나타나면 [새 스타일]을 클릭합니다.

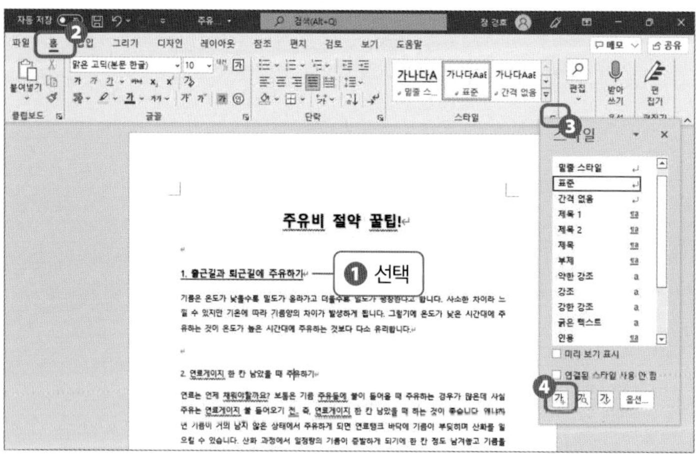

2. [서식에서 새 스타일 만들기] 대화상자가 나타나면 적용된 서식을 확인한 후 [확인]을 클릭합니다.

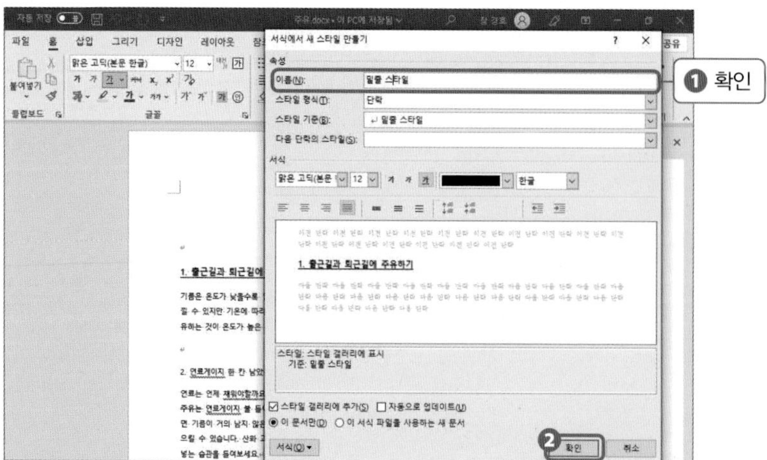

3. 스타일을 다른 단락에 적용하기 위해 '2. 연료게이지 한 칸 남았을 때 주유하기'에 커서를 위치시키고, [스타일] 옵션 창에서 [밑줄 스타일]을 선택합니다.

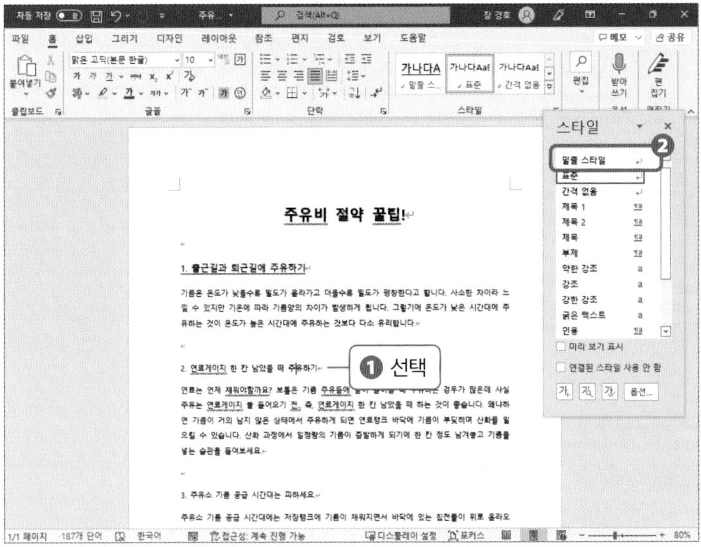

4. '연료게이지 한 칸 남았을 때 주유하기'에도 스타일이 적용됩니다.

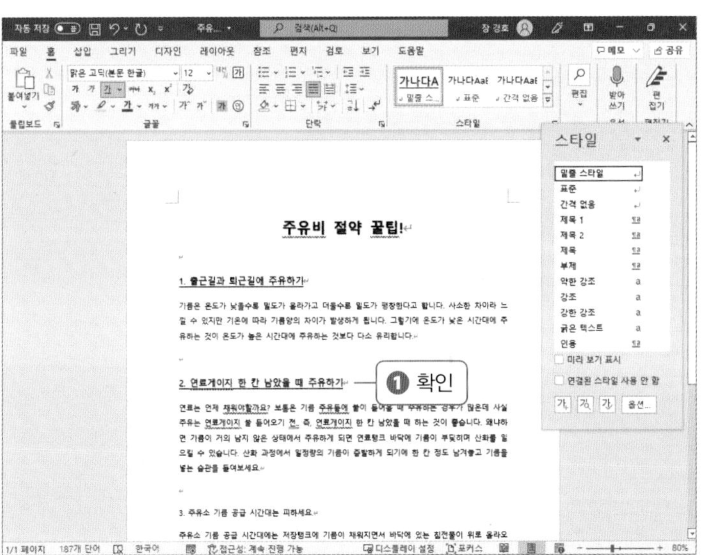

5. 나머지 단락에도 같은 방법으로 새롭게 생성한 스타일을 지정합니다. 스타일로 지정하면 한 번에 스타일을 변경할 수 있다는 장점이 있습니다.

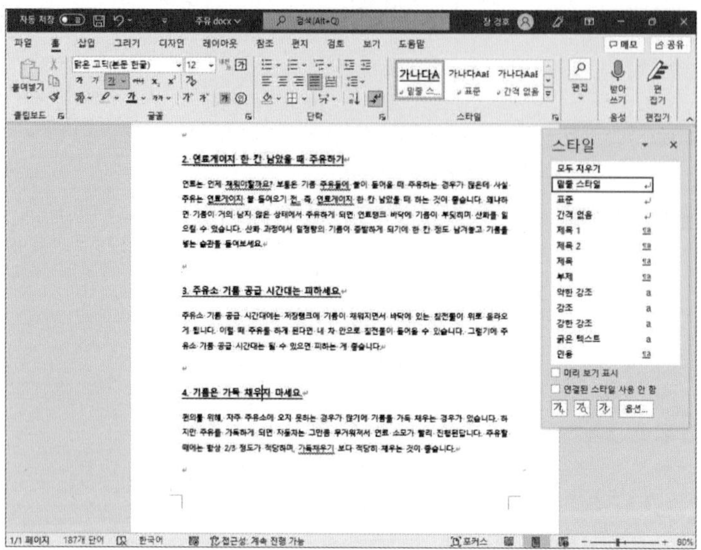

6. '출근길과 퇴근길에 주유하기' 부분에 다른 스타일을 지정해 봅니다. 여기서는 색상을 변경해 보았습니다. [스타일] 옵션 창에서 밑줄 스타일의 화살표를 누른 다음 [선택 영역과 일치하도록 밑줄 스타일 업데이트]를 클릭합니다.

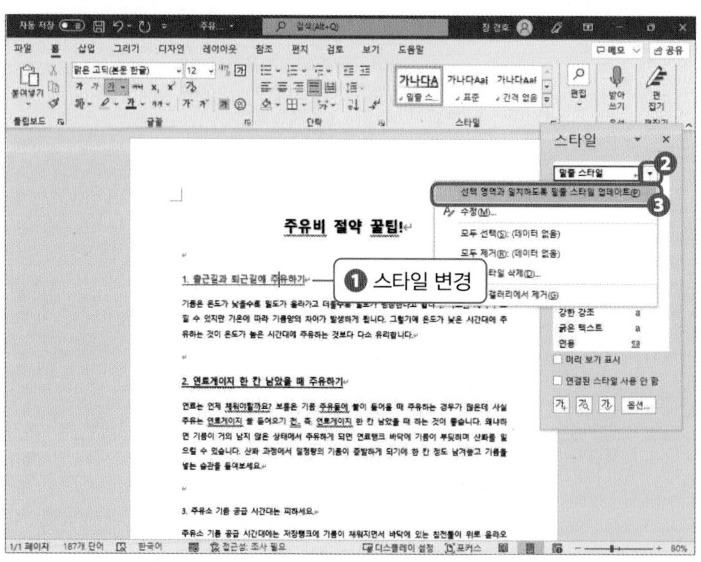

✓ TIP 이미 적용된 스타일도 [수정]을 클릭해 스타일을 수정할 수 있습니다.

7. '밑줄 스타일'로 지정했던 모든 영역이 한 번에 변경되는 것을 확인할 수 있습니다.

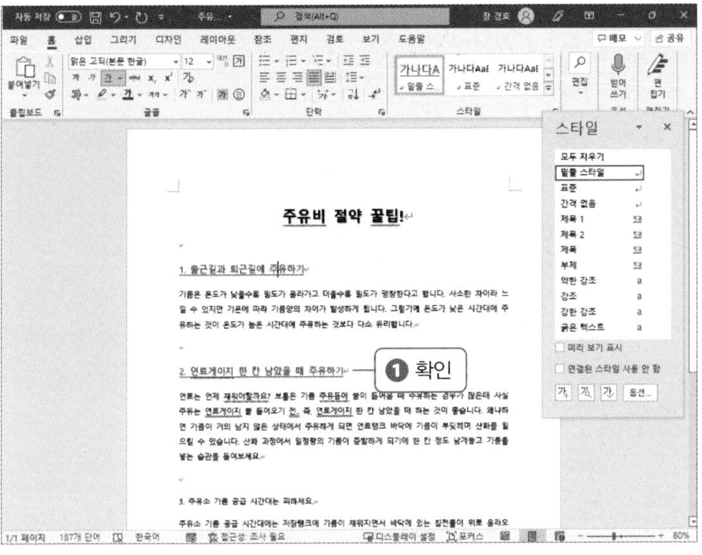

한글에서는...

스타일 추가하고 업데이트하기

스타일은 단순히 글자 모양이나 문단 모양을 간단히 변경하기 위한 기능이라기 보다는 일관성 있는 문단 모양을 유지하면서 편집 작업을 하는 데 꼭 필요한 기능이라고 할 수 있습니다. 우선, 문서에서 주로 사용할 서식을 텍스트에 지정한 후 텍스트를 드래그하여 선택합니다. [서식] 탭-[자세히]-[스타일 작업 창]을 클릭합니다. [스타일] 작업 창이 나타나면 [스타일 추가]를 클릭하여 스타일을 추가합니다.

위에서 다룬 워드 예제처럼 스타일 모양을 수정한 후 스타일이 지정된 모든 문서를 업데이트하고 싶다면 텍스트의 스타일을 변경한 후 드래그하여 선택합니다. [스타일] 작업 창에서 해당 스타일을 마우스 오른쪽 버튼으로 클릭한 후 [스타일 현재 모양으로 바꾸기]를 선택합니다.

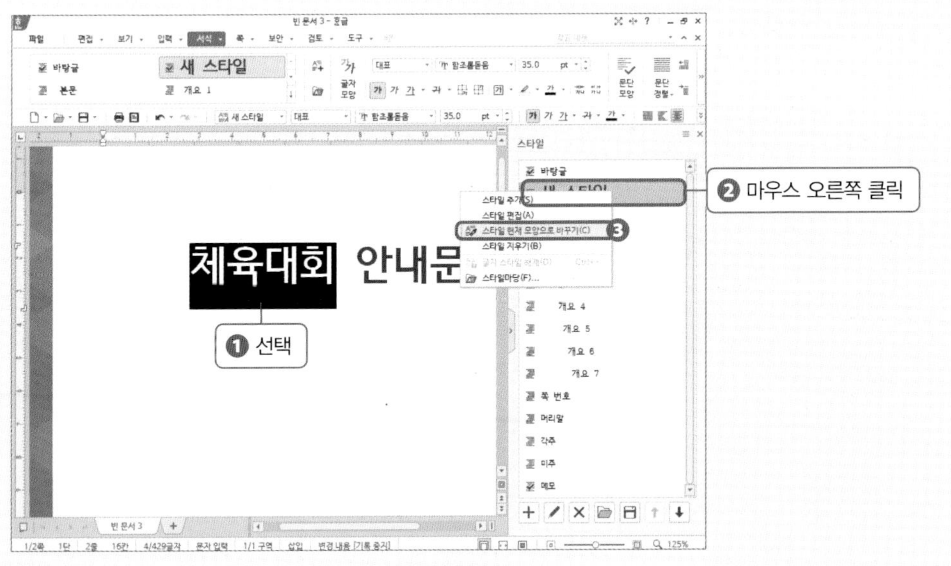

Word
022
중요도 ★★★★★

문서를 최종본으로 표시하여 문서 보호하기

문서를 최종본으로 표시하면 다른 사람이 문서를 수정할 수 없습니다. 보고서가 최종본이라면 최종본 표시를 하는 것이 좋습니다.

사용 가능 버전 2010 2013 2016 2019 2021 365
사용한 기능 문서 보호, 최종본으로 표시
예제 파일 Word\Chapter 02\주유2.docx
완성 파일 Word\Chapter 02\주유2_완성.docx

1. [파일] 탭-[정보]를 클릭한 다음 [문서 보호]-[최종본으로 표시]를 클릭합니다.

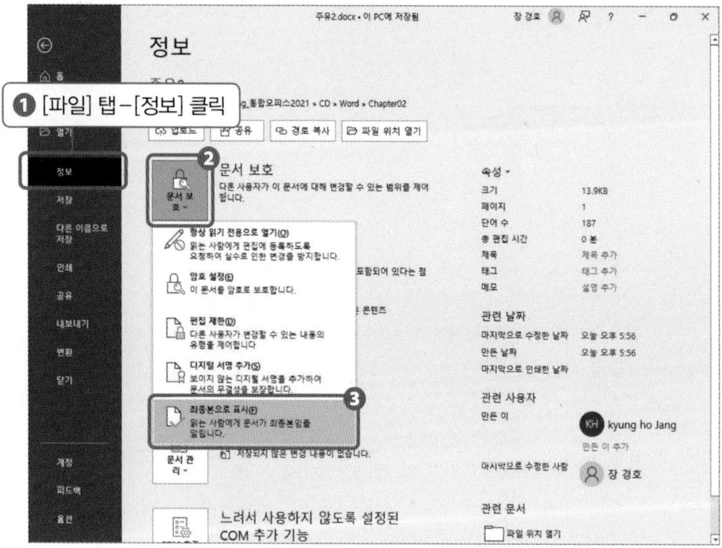

✓TIP 문서를 최종본으로 표시하면 문서를 수정할 수 없게 '읽기 전용'으로 설정됩니다. [최종본으로 표시]를 사용하면 문서가 최종본이라는 것을 다른 사용자들에게 쉽게 알릴 수 있습니다.

2. 경고 창이 나타나면 [확인]을 클릭합니다. 다시 최종본을 표시한다는 경고 창이 나타나면 [확인]을 클릭합니다.

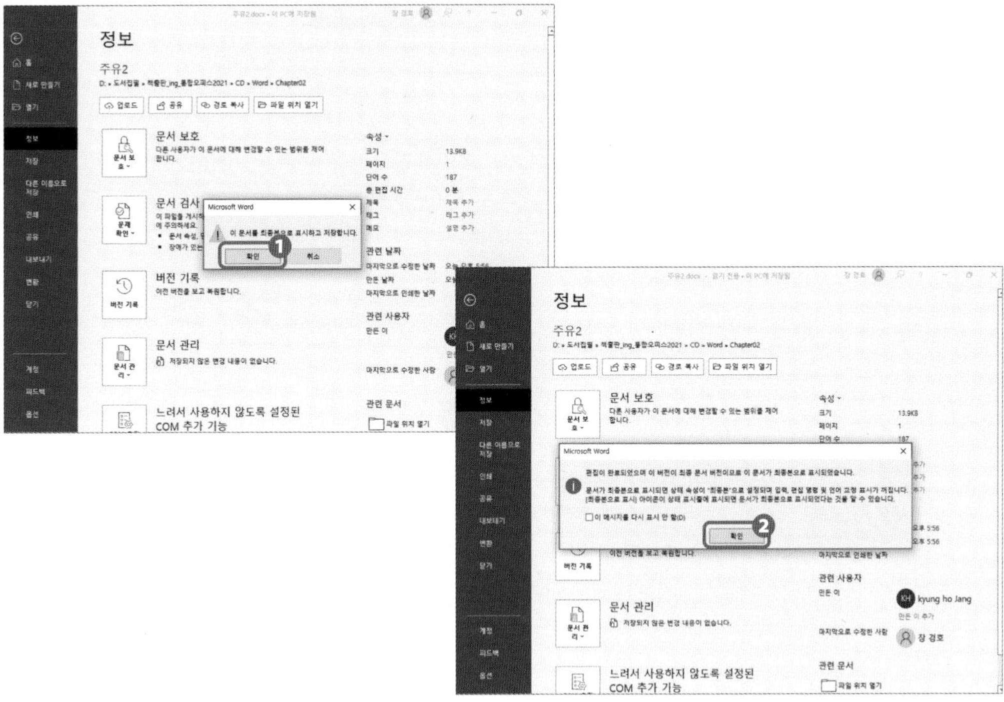

3. [문서 보호]에 '이 문서는 더 이상 편집하지 않도록 최종본으로 표시되었습니다.'라는 메시지가 나타납니다. [뒤로] 단추를 클릭합니다.

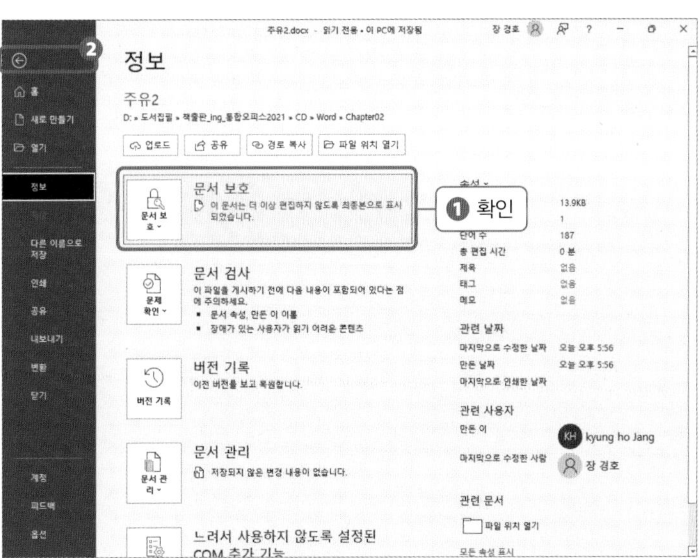

4. 탭 메뉴 아래에 '최종본으로 표시됨'이라는 노란색의 메시지 창이 나타나며, 제목 표시줄에는 '[읽기 전용]'이라는 글자가 나타납니다.

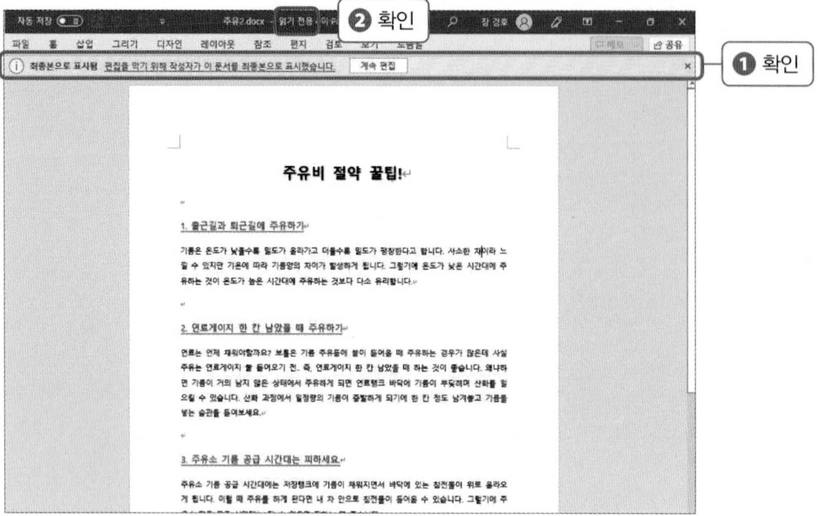

✓ TIP 최종본임에도 문서를 편집하고 싶다면 [계속 편집]을 클릭해 최종본 표시를 해제할 수 있습니다.

✓ TIP 최종본 표시를 삭제하려면 [파일] 탭-[정보]-[문서 보호]-[최종본으로 표시]를 다시 클릭합니다

Word 023

중요도 ★★★

한글과컴퓨터의 한글(HWP) 문서 열기

국내에서 워드만큼 많이 사용하는 문서 편집 프로그램은 한글과컴퓨터의 한글입니다. 워드에서는 한글과컴퓨터의 한글 문서를 자유롭게 열고 편집할 수 있습니다.

사용 가능 버전 2010 2013 2016 2019 2021 365
사용한 기능 아래아 한글, 텍스트 변환기
예제 파일 Word\Chapter 02\견적서.hwp
완성 파일 Word\Chapter 02\견적서_완성.docx

1. [파일] 탭-[열기]를 클릭하고 [기타 위치]-[찾아보기]를 클릭합니다. [열기] 대화상자가 나타나면 [파일 형식]을 클릭하고 [아래아 한글 2.0-97 (*.hwp)]를 선택합니다. 한글 파일을 선택한 후 [열기]를 클릭합니다.

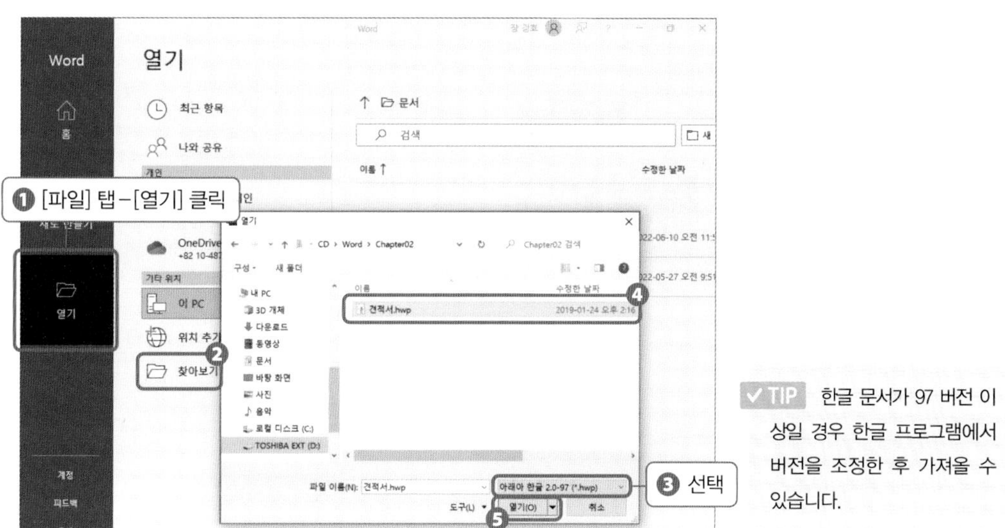

✓TIP 한글 문서가 97 버전 이상일 경우 한글 프로그램에서 버전을 조정한 후 가져올 수 있습니다.

2. 경고 창이 나타나면 [예]를 클릭합니다. 한글 문서가 워드에서 열리며 편집할 수 있게 됩니다.

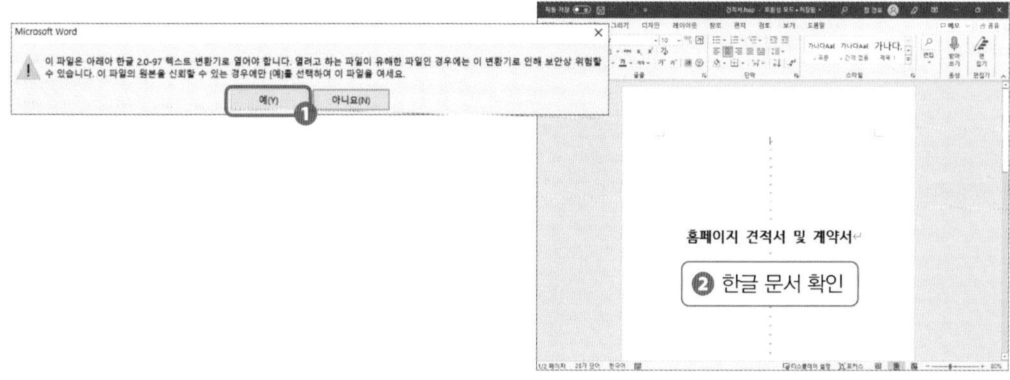

Word
024
중요도 ★★★

한국어를 영어나 일어로 번역하기

워드에서는 한국어로 된 문서를 영어나 일본어로 번역할 수 있습니다.

사용 가능 버전 2010 2013 2016 2019 2021 365
사용한 기능 문서 번역
예제 파일 Word\Chapter 02\번역.docx
완성 파일 Word\Chapter 02\번역_완성.docx

1. [검토] 탭–[언어] 그룹–[번역]–[문서 번역]을 클릭합니다.

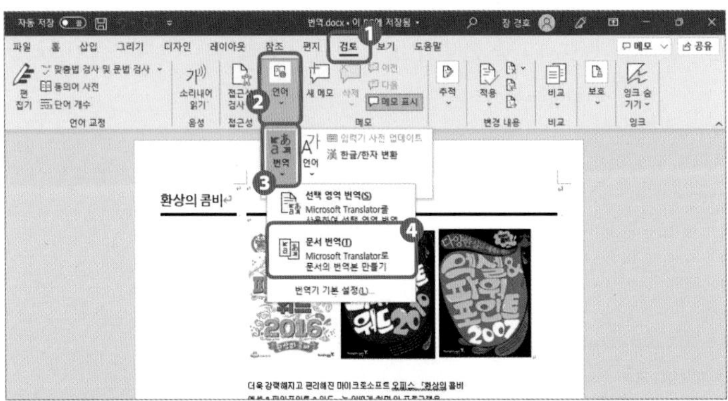

✓TIP 문서 번역을 선택하면 'Microsoft Translator'로 문서가 번역됩니다. 완벽하지 않기에 반드시 언어 교정을 보기 바랍니다.

2. [번역기] 옵션 창이 나타나면 [대상]–[일본어]를 선택하고 [번역]을 클릭합니다. 번역된 문서를 확인할 수 있습니다.

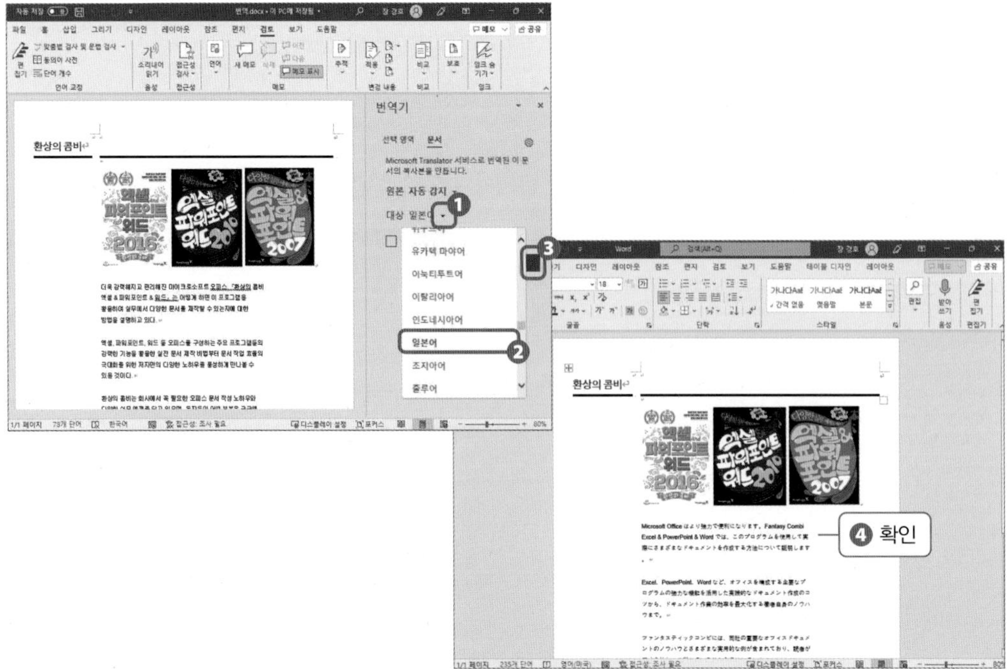

Word 025

용지 한 면에 두 페이지 인쇄하기

중요도 ★★★★

용지 한 면에 한 페이지를 인쇄하는 것이 보통이지만 참조용 페이지나 배포용 문서의 경우 용지 한 면에 여러 페이지를 모아서 인쇄할 수 있습니다.

사용 가능 버전 2010 2013 2016 2019 2021 365
사용한 기능 인쇄, 용지 크기
예제 파일 Word\Chapter 02\인쇄.docx
완성 파일 없음

1. [파일] 탭–[인쇄]를 클릭한 다음 [용지 한 면에 한 페이지]–[용지 한 면에 두 페이지]를 클릭합니다.

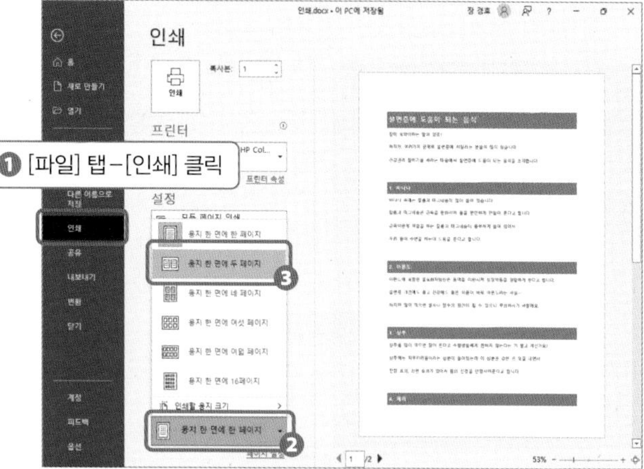

2. 용지 한 면에 두 페이지가 인쇄됩니다. 용지 한 면에 총 16페이지까지 인쇄할 수 있으며, [인쇄할 용지 크기]를 선택해 원하는 용지 크기를 선택할 수 있습니다.

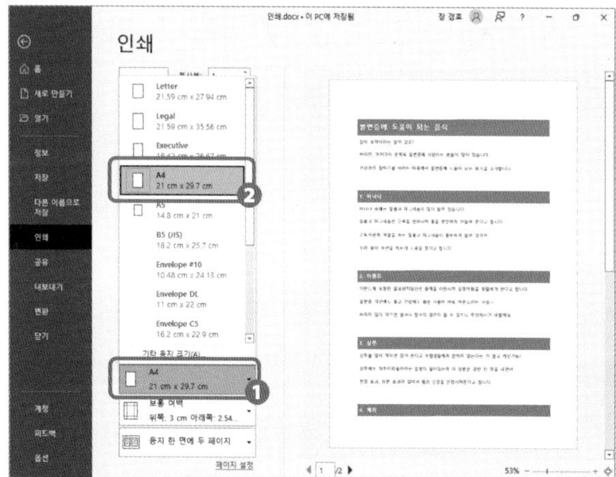

한글에서는...

페이지 모아 찍기(인쇄하기)

[파일] 탭–[인쇄]를 클릭해 [인쇄] 대화상자가 나타나면 [인쇄 방식]–[모아 찍기]를 클릭해 원하는 형식을 선택합니다. 2쪽씩부터 16쪽씩까지 모아 한 장에 인쇄할 수 있습니다.

Word 026

홀수, 짝수 페이지별로 머리글 지정하기

중요도 ★★★★

머리글이나 바닥글을 문서에 삽입할 때 홀수 페이지와 짝수 페이지에 각기 다른 머리글이나 바닥글을 넣고 싶은 경우가 있습니다. 여기서는 홀수, 짝수 페이지별로 머리글을 지정하는 방법에 대해서 살펴보겠습니다.

사용 가능 버전 2010 2013 2016 2019 2021 365
사용한 기능 머리글, 바닥글, 짝수 페이지, 홀수 페이지

예제 파일 Word\Chapter 02\머리글바닥글.docx
완성 파일 Word\Chapter 02\머리글바닥글_완성.docx

1. [삽입] 탭 – [머리글/바닥글] 그룹 – [머리글] – [머리글 편집]을 클릭합니다.

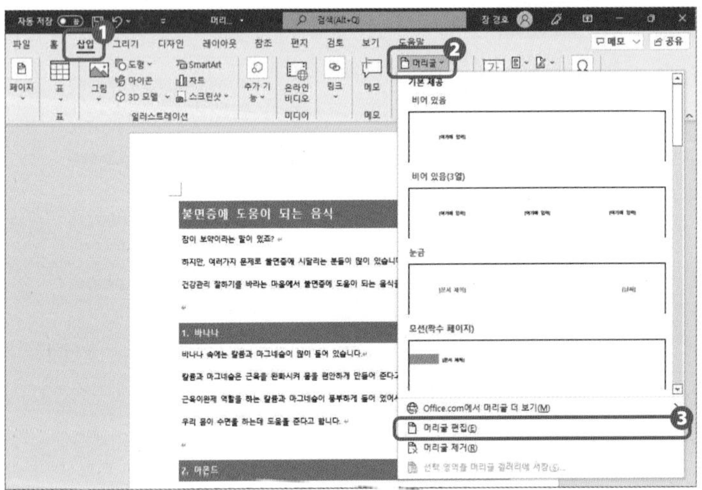

2. 머리글이 활성화되면, [머리글/바닥글] 탭 – [옵션] 그룹 – [짝수와 홀수 페이지를 다르게 지정]에 체크합니다. 그러면 홀수 페이지에는 '홀수 페이지 머리글'이라는 문구가 표시되며, 짝수 페이지에는 '짝수 페이지 머리글'이라는 문구가 표시됩니다. '홀수 페이지 머리글'에 『불면증에』를 입력합니다.

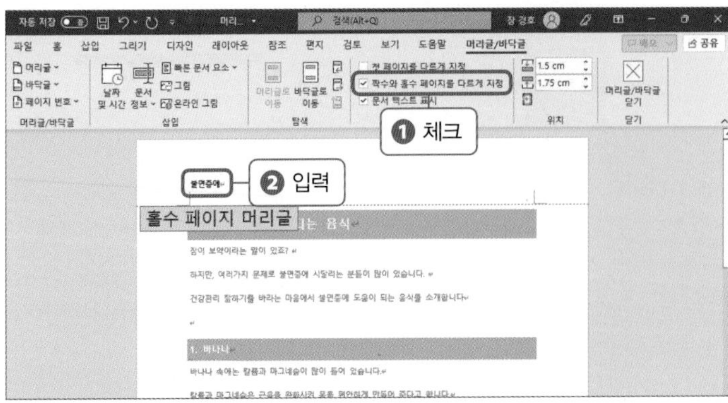

3. '짝수 페이지 머리글'에 『도움이 되는 음식』을 입력합니다. 입력이 마무리되면 [머리글/바닥글] 탭-[닫기] 그룹-[머리글/바닥글 닫기]를 클릭합니다.

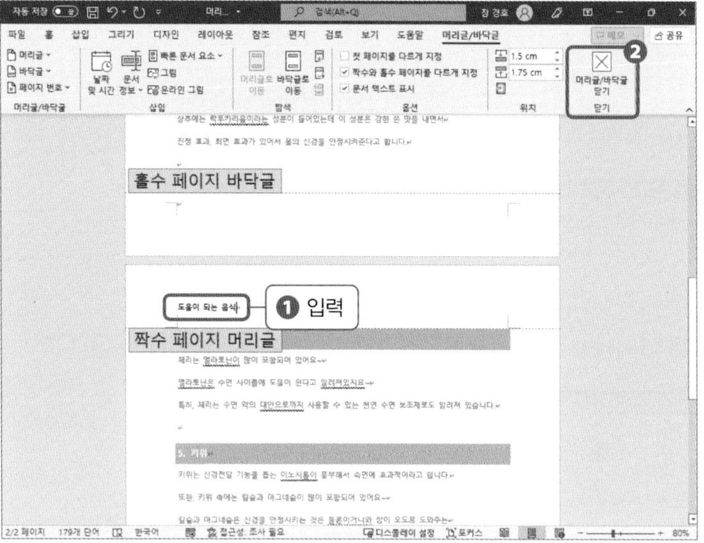

한글에서는...

홀수 쪽과 짝수 쪽에 각기 다른 모양 적용하기

책이 펼쳐진 모양에 따라 홀수 쪽과 짝수 쪽에 각각 다른 모양의 테두리와 배경을 적용할 수 있습니다. [쪽] 탭-[쪽 테두리/배경]을 클릭합니다. [쪽 테두리/배경] 대화상자에서 [테두리] 탭-[테두리/배경 종류]-[짝수 쪽], [홀수 쪽]을 체크하여, 테두리나 배경을 각각 다르게 만듭니다.

머리말과 꼬리말에서 홀수 쪽과 짝수 쪽에 각기 다른 모양 적용하기

[쪽] 탭-[머리말/꼬리말]을 클릭한 후 [머리말/꼬리말] 대화상자가 나타나면 [종류]-[머리말] 또는, [꼬리말]을 체크하고, [위치]-[홀수 쪽], 또는, [짝수 쪽]을 체크해 각각 다른 모양을 적용합니다.

Word
027

중요도 ★★★☆☆

워터마크 삽입하여 대외비 문서 표시하기

문서의 텍스트나 개체 뒤에 들어가는 장식으로 회사 로고나 학교 마크, 또는 대외비 등의 보안 등급 등을 삽입하여 문서의 성격을 나타낼 수 있습니다.

사용 가능 버전 2010 2013 2016 2019 2021 365
사용한 기능 페이지 배경, 워터마크

예제 파일 Word\Chapter 02\대외비.docx
완성 파일 Word\Chapter 02\대외비_완성.docx

1. [디자인] 탭－[페이지 배경] 그룹－[워터마크]를 클릭합니다. [사용자 지정 워터마크]를 클릭합니다.

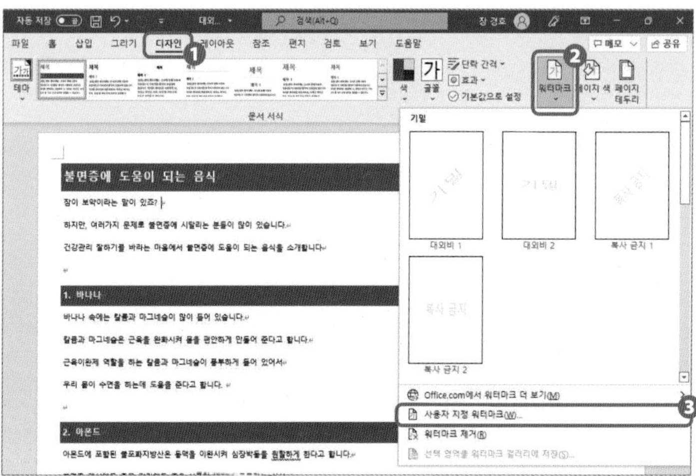

2. [워터마크] 대화상자가 나타나면 [텍스트 워터마크]를 체크한 다음 [언어]는 '한국어', [텍스트]는 '초안', [글꼴]은 '나눔스퀘어 Bold'를 선택합니다. [색]은 '주황'을 선택하고 [반투명]에 체크합니다. [확인]을 클릭합니다.

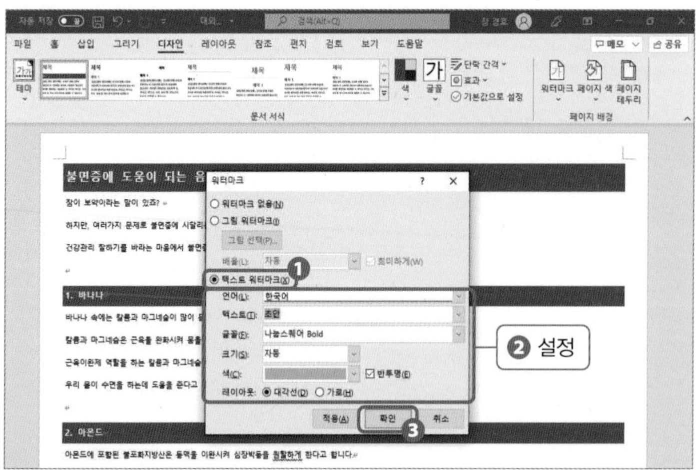

3. 문서에 워터마크가 표시됩니다.

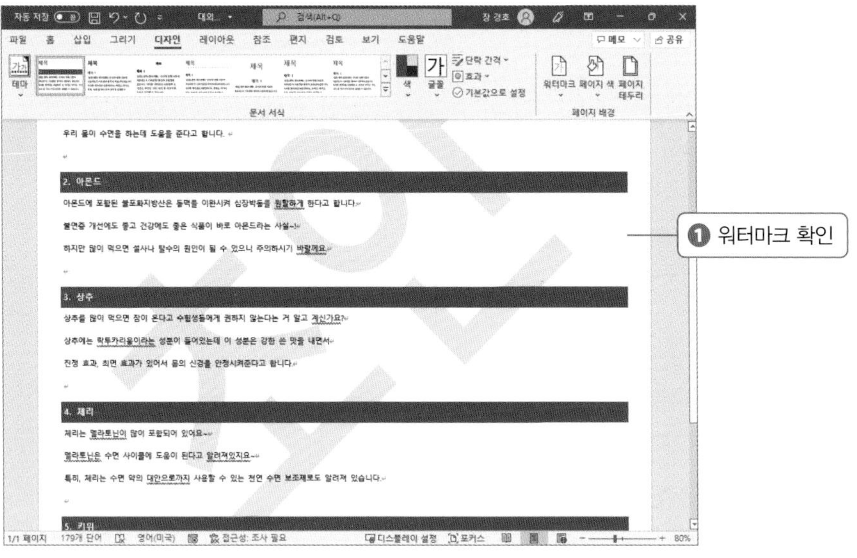

4. 워터마크를 삭제하려면 [디자인] 탭–[페이지 배경] 그룹–[워터마크]–[워터마크 제거]를 클릭합니다.

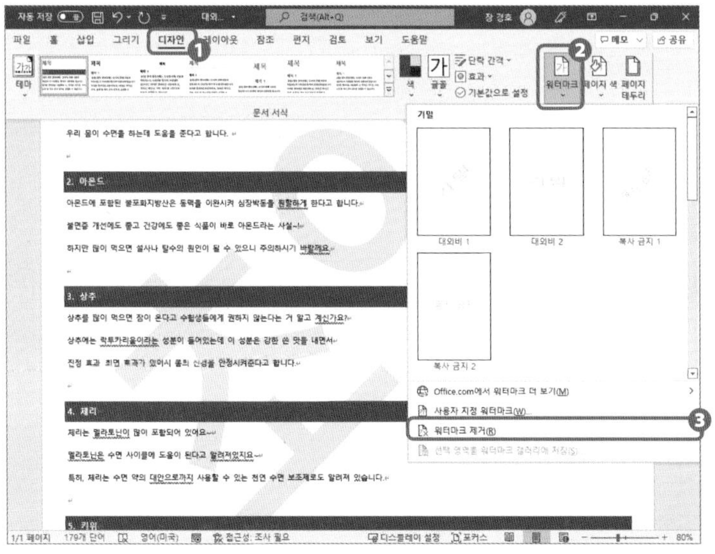

한글에서는...

그림 워터마크 및 글자 워터마크 적용하기

[파일] 탭–[인쇄]를 클릭합니다. [인쇄] 대화상자의 [워터마크] 탭에서 그림 워터마크 및 글자 워터마크를 설정할 수 있습니다. [미리 보기] 단추를 클릭하여 미리 보기 화면에서 워터마크가 바르게 표기되었는지 확인할 수도 있습니다.

Word
028
중요도
★★★★★

제본용 여백 설정하기

워드는 문서 편집 프로그램이다 보니 인쇄를 위해 여백을 조절해야 하는 경우가 있습니다. 제본용 여백은 말 그대로 인쇄할 경우 제본을 설정하는 부분입니다.

사용 가능 버전 2010 2013 2016 2019 2021 365
사용한 기능 페이지 설정, 여백, 사용자 지정 여백, 제본용 여백
예제 파일 Word\Chapter 02\스트레스.docx
완성 파일 Word\Chapter 02\스트레스_완성.docx

1. [레이아웃] 탭-[페이지 설정] 그룹-[여백]을 클릭하면 다양한 여백을 설정할 수 있습니다. 지금 필요한 것은 인쇄를 위한 제본 여백이기에 [사용자 지정 여백]을 선택합니다.

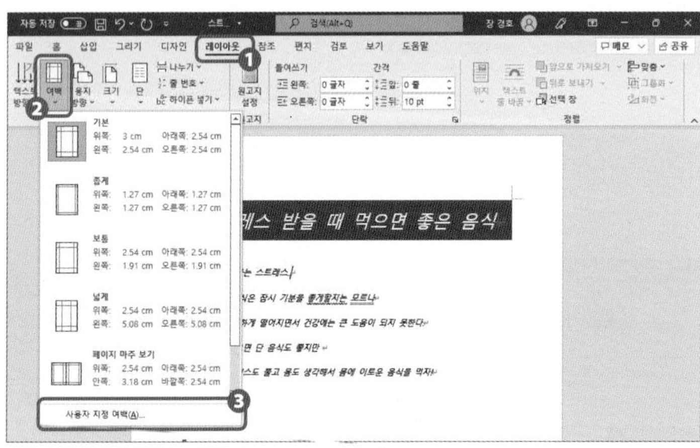

2. [페이지 설정] 대화상자가 나타나면 [여백] 탭의 [여백]-[제본용 여백]에서 여백을 설정할 수 있습니다. [제본용 여백]에 『2』를 입력하고 [확인]을 클릭합니다.

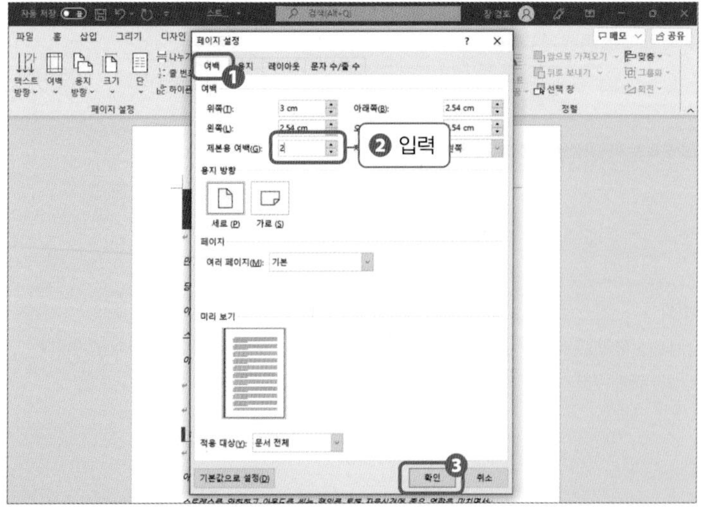

이것이 알고 싶어요

Q 일반 여백과 제본용 여백의 차이점은 무엇인가요?

A 제본용 여백은 말 그대로 인쇄할 경우 제본을 설정하는 부분입니다. 일반 여백 조정과 제본 여백 조정의 차이점은 일반 여백의 경우 페이지 번호나 파일명 등 원하는 글을 입력할 수 있지만, 제본 여백에는 글을 입력할 수 없다는 점입니다. 그렇기에 제본해야 한다면 일반 여백을 늘려 조정하는 것이 아니라, 지금처럼 제본 여백을 조정해야 합니다.

한글에서는...

제본용 여백 설정하기

[쪽] 탭-[쪽 여백]-[쪽 여백 설정]을 클릭합니다. [편집 용지] 대화상자가 나타나면 [제본] 항목에서 [한 쪽], [맞쪽], [위로] 중에서 해당하는 제본을 선택할 수 있습니다. [한 쪽]을 지정한 경우에는 용지 끝에서 왼쪽 여백 시작 부분까지의 여백이고, [맞쪽]을 지정한 경우에는 용지 끝에서 안쪽 여백 시작 부분까지의 여백을 의미합니다.

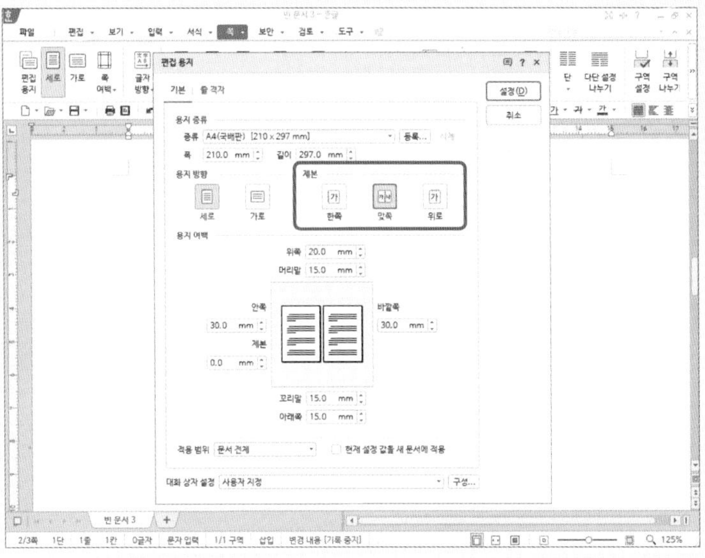

Word
029

중요도
★★★★★

워드를 원고지로 활용하기

워드 문서를 원고지로 활용할 수 있습니다. 200자나, 400자, 또는, 1000자 원고지 중에서 작성할 원고지 종류를 선택하여 문서를 작성할 수 있고, 기존에 작성한 문서를 원고지 형식으로 변환할 수도 있습니다.

사용 가능 버전 2010 2013 2016 2019 2021 365
사용한 기능 레이아웃, 원고지

예제 파일 Word\Chapter 02\슈퍼씨앗.docx
완성 파일 Word\Chapter 02\슈퍼씨앗_완성.docx

1. [레이아웃] 탭-[원고지] 그룹-[원고지 설정]을 클릭합니다. [원고지 설정] 대화상자가 나타나면 [스타일]-[눈금 원고지], [행 x 열]-[10 x 20], [용지 방향]-[가로]를 선택한 후 [확인]을 클릭합니다.

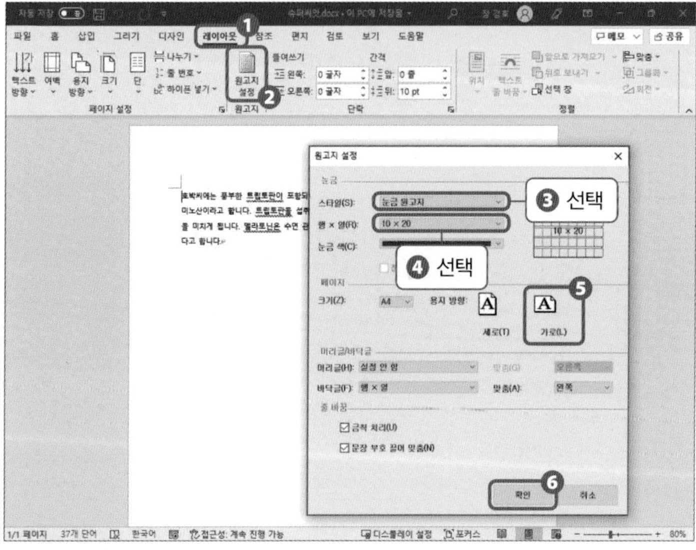

2. 문서 내용이 원고지 형식으로 변환되어 나타납니다.

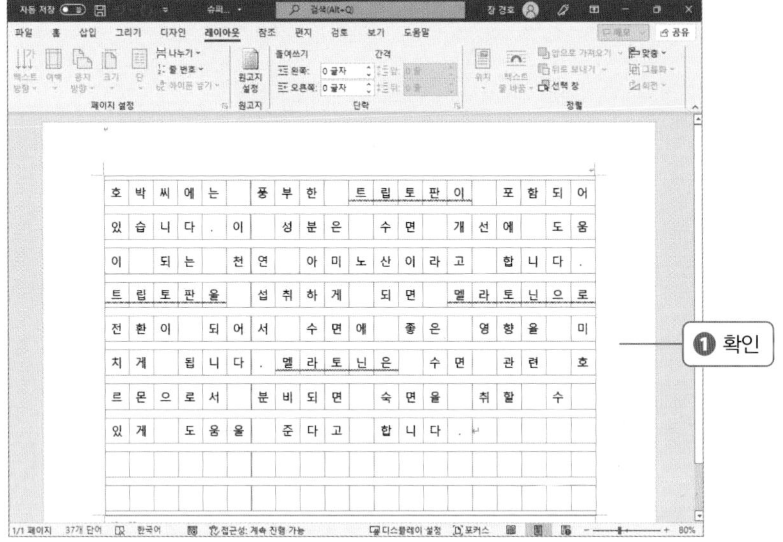

한글에서는...

원고지 실행하기

[쪽] 탭-[원고지]를 클릭합니다. [원고지] 대화상자가 나타나면 [원고지 목록]에서 원하는 원고지를 선택합니다. 참고로, B5 용지 크기의 200자 원고지와 A4 용지 크기의 200자 원고지, A4 용지 크기의 400자 원고지, A3 용지 크기의 1000자 원고지 중에서 사용할 원고지 종류를 선택할 수 있습니다.

윈도우 11

빠르게 변화하고 마구 쏟아져 나오는 새로운 IT 환경의 인터넷 서비스, 클라우드 서비스 등을 충족하기 위한 플랫폼이 필요하고, 이렇게 변화하고 있는 상황에서 사용자들의 보안을 강화하기 위하여 플랫폼에서 최소를 제공하여 방어할 수 있는 기능을 제공하고 지속적으로 대응을 할 수 있는 윈도우 11이 제공합니다. 윈도우 11 처음 만나게 되면 지금까지 윈도우 시작 메뉴의 위치의 변화가 크게 눈에 띄게 되고, 기본적으로 제공하는 윈도우 추가된 앱들의 변화를 확인하게 되는데 사용자 환경의 시각적의 변화뿐 아니라 윈도우 11은 보안 강화 기능을 통해 사용자 편의성과 보안성을 확인할 수 있습니다.

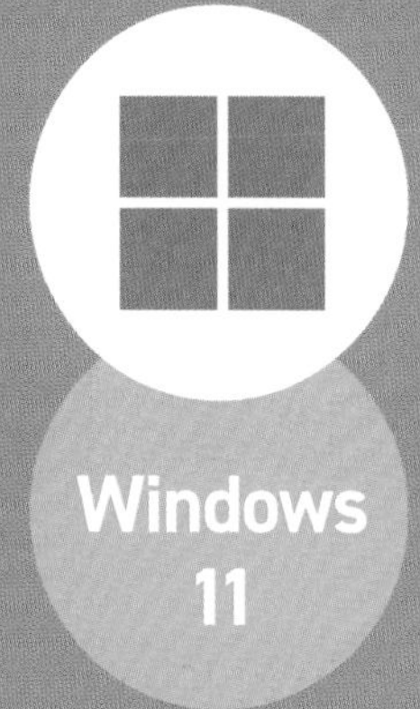

Windows 11

Chapter 01

윈도우 11

윈도우 11 알아보기

윈도우 11을 설치하기 전에 체크해야 하는 PC 환경에 대해 알아보고, 윈도우 11 설치 시 새로운 PC 환경에서 처음부터 설치하는 방법, 기존의 윈도우 환경에서 윈도우 11을 설치하는 방법에 대하여 알아봅니다.

• 학습 내용

사용 기능	중요도	내용
윈도우 11	★★★★★	001 윈도우 11 설치 준비 사항 확인하기
윈도우 11 설치	★★★★★	002 윈도우 11 설치하기
화면 구성	★★★★★	003 윈도우 11 새로운 인터페이스 알아보기
시작 단추	★★★★★	004 윈도우 11 시작 메뉴

윈도우 11 설치 준비 사항 확인하기

중요도 ★★★

하드웨어가 사전 요구 사항을 충족해야만 윈도우 11을 설치할 수 있습니다. 현재 사용 중인 PC 또는, 새롭게 구매할 PC에 윈도우 11을 설치할 수 있는지를 미리 확인하는 시간을 갖습니다.

윈도우 11 설치 시스템 최소 요구 사항

마이크로소프트에서 공식적으로 제공하는 윈도우 11 설치 요구 사항에 대하여 확인할 수 있습니다. 다음 표를 참고하여 간단하게 살펴볼 수 있고, 마이크로소프트에서 제공하는 윈도우 11 사전 체크 툴을 사용하여 결과를 확인할 수도 있습니다.

구분	내용
프로세서	2개 이상의 코어가 장착된 64비트 프로세스, SoC(System on a Chip)
메모리	4GB 이상
저장소	64GB 이상의 저장 장치
시스템 펌웨어	UEFI, 보안 부팅 가능
TPM칩	TPM(신뢰할 수 있는 플랫폼 모듈) 버전 2.0 이상
그래픽 카드	DirectX 12 이상(WDDM 2.0 드라이버 포함)과 호환
디스플레이	대각선으로 9인치보다 큰 HD(720p) 디스플레이, 컬러 채널당 8비트
인터넷 연결 및 마이크로소프트 계정	윈도우 11 홈 버전을 사용하려면 인터넷에 연결할 수 있는 마이크로소프트 계정이 있어야 합니다. 윈도우 11 홈 S 모드에서 다른 모드로 디바이스를 전환할 때도 인터넷에 연결이 가능해야 합니다.

✓ TIP

- TPM 버전 2.0 : 윈도우 11에서는 TPM 2.0을 통해 데이터 실행 방지, Bitlocker 드라이브 암호화 및 보안 부팅 등의 디바이스 상태 증명을 지원하게 되고, TPM 2.0에는 UEFI 펌웨어가 필요하기 때문에 기존의 레거시 BIOS 및 낮은 버전의 TPM인 경우는 컴퓨터가 정상적으로 동작하지 않을 수 있습니다.
- 윈도우 11 S모드 : 윈도우 11 S모드는 윈도우 환경을 제공하지만, 일반적인 윈도우 11에 비해 기능이 간소화되었으며 동일한 보안을 갖춘 버전으로 Microsoft Store 앱만 허용하고, Microsoft Edge 기능을 제공하게 됩니다.

윈도우 11 기능별 요구 사항

윈도우 11 설치를 위한 시스템 최소 요구 사항 이외에도 더 높은 수준의 요구 사항이 필요한 기능이 있어, 다음과 같은 사양을 요구합니다.

기능	내용
5G 지원	5G 가용 지역에서 5G 가능 모뎀 필요
자동 HDR	HDR 모니터가 필요합니다.
BitLocker to Go	USB 플래시 드라이브가 필요(윈도우 11 프로 이상의 버전에 사용 가능)
클라이언트 Hyper-V	SLAT(두 번째 수준 주소 변환) 기능이 있는 프로세서가 필요(윈도우 11 프로 이상의 버전에 사용 가능)
코타나(Cortana)	마이크와 스피커가 필요하며, 현재 지원 언어는 미국, 영국, 오스트레일리아, 브라질, 캐나다, 중국, 프랑스, 독일, 인도, 이탈리아, 일본, 멕시코, 스페인에서 사용 가능
DirectStorage	Standard NVM Express Controller 드라이버 및 DirectX 12 Ultimate GPU를 사용하는 게임 저장 및 실행용 NVMe SSD(1TB 이상)이 필요
DirectX 12 Ultimate	지원되는 게임과 그래픽 칩이 필요
현재 상태	디바이스에서 사람까지의 거리 또는, 다른 디바이스와 상호 작용할 수 있도록 감지할 수 있는 센서
Microsoft Teams	비디오 카메라, 마이크 및 스피커 필요
화면 레이어	3열 레이아웃을 설정하기 위한 화면 너비가 1920 유효 픽셀 이상
2단계 인증	PIN 또는, 생체 인식(지문 판독기 또는, 적외선 카메라)을 사용하거나, WI-Fi 또는 Bluetooth 기능이 있는 스마트폰 필요
Windows Hello	생체 인식 인증용 IR(적외선) 촬영 또는, 지문 판독기용으로 구성된 카메라가 필요합니다. 생체 인식 센서가 없는 경우는 PIN이나 휴대용 마이크로소프트 호환 보안키를 통해 Windows Hello를 사용할 수 있습니다.
Windows Projection	WDDM(Windows Display Driver Model) 2.0을 지원하는 디스플레이 어댑터와 Wi-Fi Direct를 지원하는 Wi-Fi 어댑터가 필요

윈도우 11 업그레이드 가능 경로

기존 PC에 윈도우가 설치되어 있는 사용자라면, 바로 윈도우 11을 업그레이드 설치하기 위해 확인해야 하는 경로는 윈도우 10 버전 2004 이상을 실행 중이어야만 합니다. 업그레이드는 인터넷을 통해 무료로 제공됩니다.

1. ⊞+R을 누른 후 'winver'을 입력하여 실행합니다.

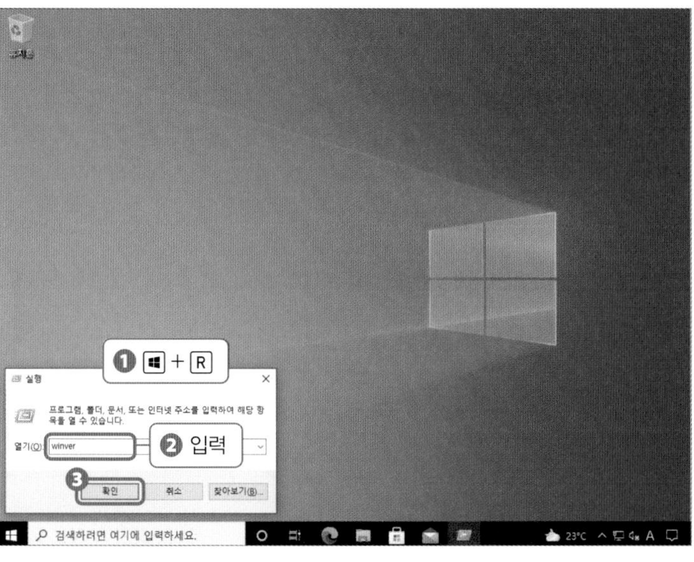

2. 현재 사용 중인 윈도우 10의 빌드 버전을 확인할 수 있습니다.

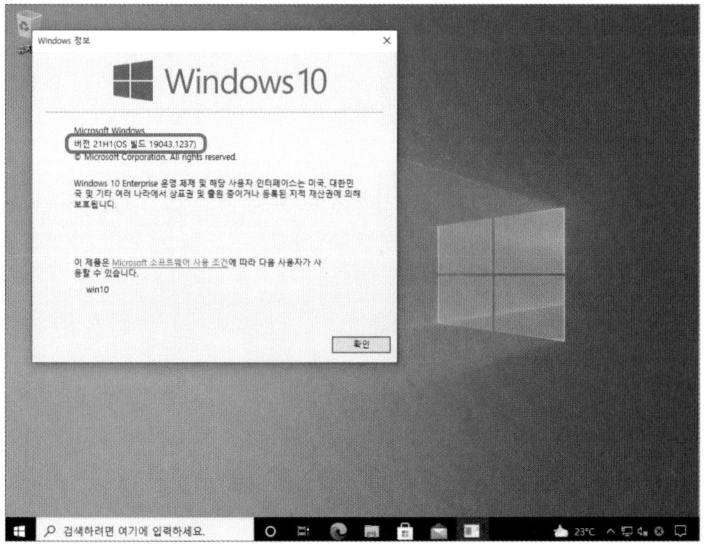

윈도우 11 설치 사전 체크 툴 사용하기

윈도우 11을 설치하기 전에 마이크로소프트에서 제공하는 PC 상태 검사 툴을 사용하여 설치 가능 여부와 준비해야 하는 하드웨어 등의 요구 사항을 확인할 수 있습니다.

1. 다음 URL을 통해 PC 상태 검사 툴을 다운로드합니다. 다운로드 시 윈도우 환경에 따라 32비트, ARM, 64비트, S 모드 중에 선택적으로 다운로드할 수 있습니다.

```
https://www.microsoft.com/en-us/software-download/windowsinsiderpreviewpchealth
```

2. 다운로드한 파일을 실행하고, 설치가 완료되면 [Windows PC 상태 검사 열기]를 체크한 후 [마침]을 클릭합니다.

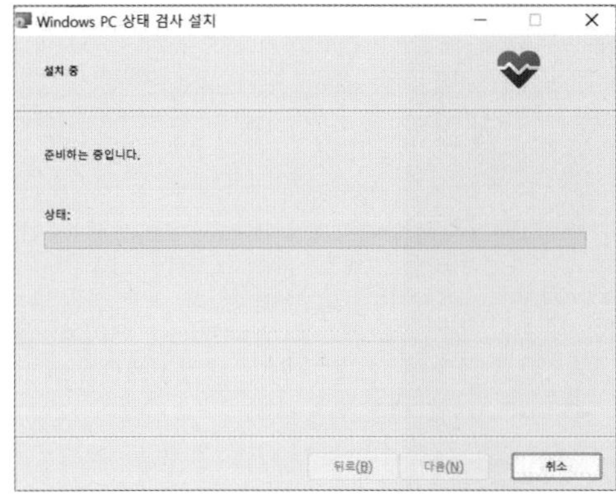

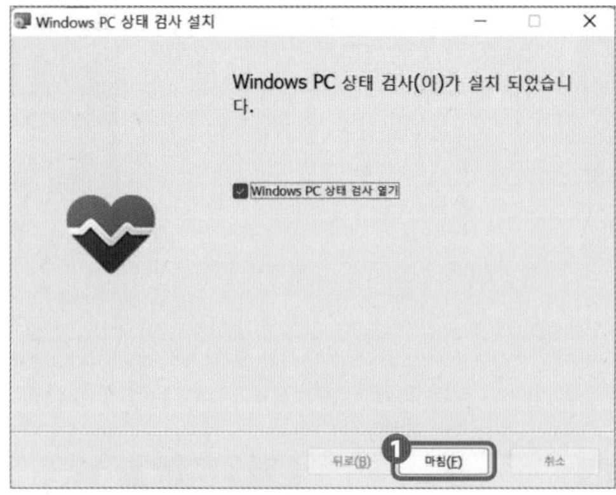

3. [PC 상태 한 눈에 보기] 창이 실행되면 [지금 확인]을 클릭합니다.

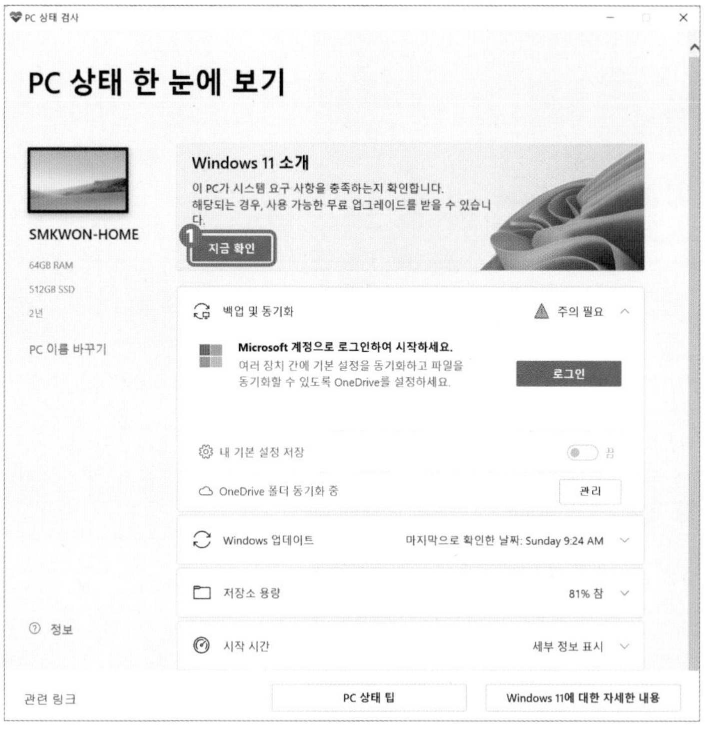

4. 윈도우 11 설치 가능 여부 결과 창이 나타납니다. '이 PC는 Windows 11 요구 사항을 충족합니다.' 라는 메시지가 나타나면 윈도우 11로 새롭게 또는, 업그레이드 설치할 수 있습니다.

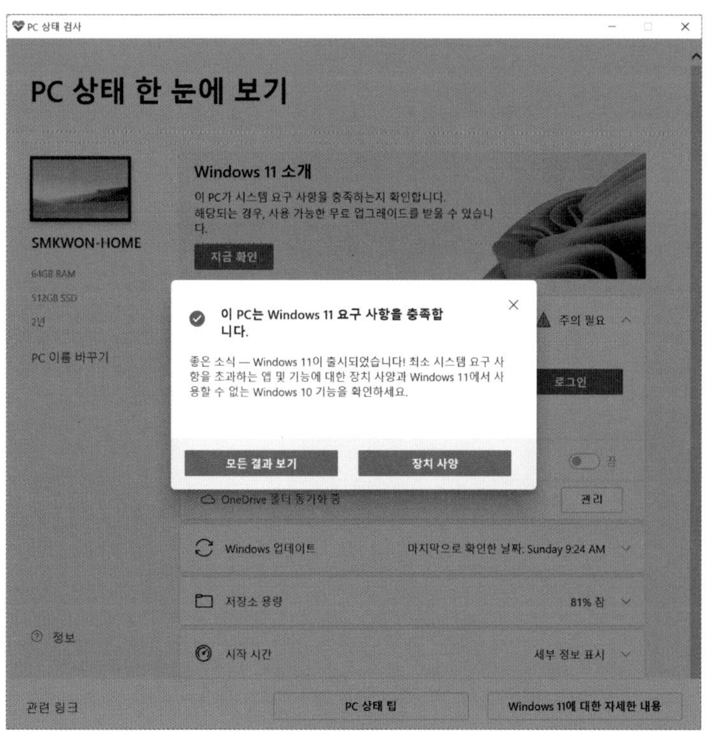

5. 검사 결과의 [모든 결과 보기]/[모든 결과 숨기기]를 클릭하여 세부 사항을 확인할 수도 있습니다.

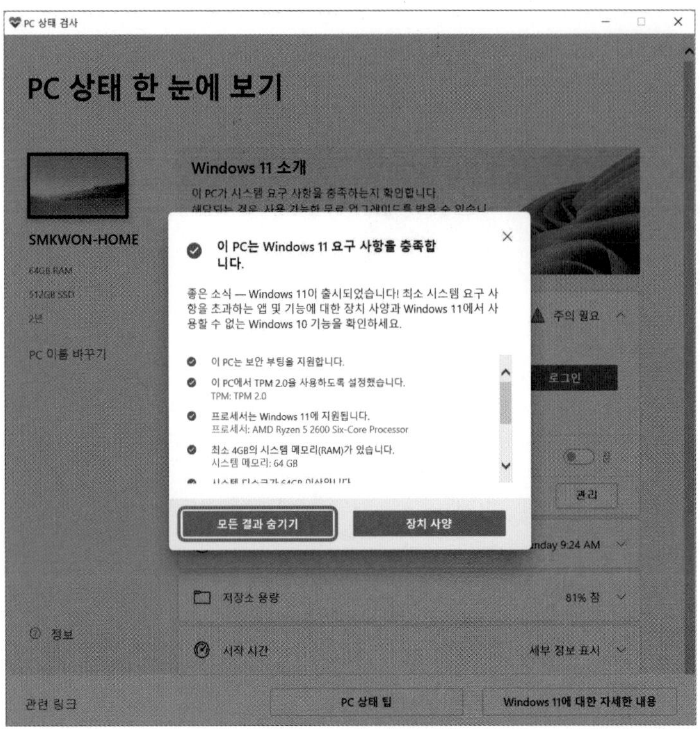

✓ TIP 윈도우 11 설치 조건을 충족하지 못하는 경우에는 다음과 같은 메시지가 나타납니다. 내용을 확인한 후 하드웨어 업그레이드를 고려해야 합니다.

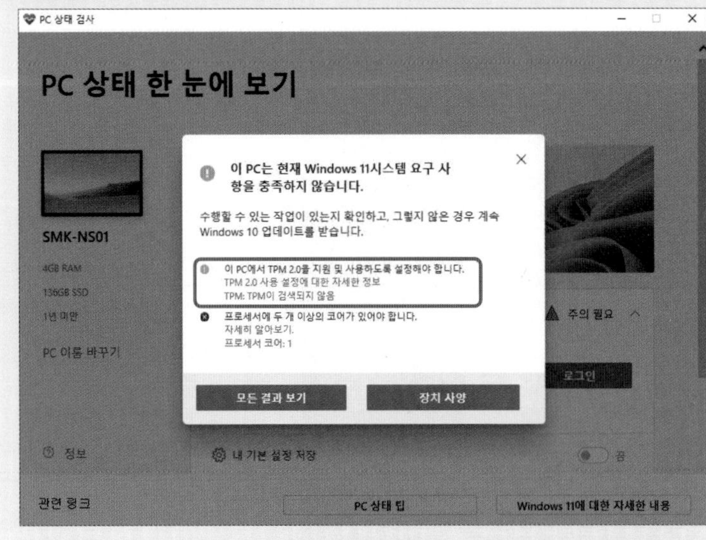

윈도우 11 설치하기

중요도 ★★★★★

윈도우 11 설치는 크게 두 가지 방법으로 나누어 집니다. 현재 윈도우 10이 설치되어 있는 환경에서 바로 업그레이드하는 방법과 데이터를 백업하거나 또는, 새로운 장치를 구매하여 새롭게 설치하는 방법이 있습니다. 윈도우 11을 설치하는 방법에 대하여 알아봅니다.

윈도우 10에서 업그레이드 설치하기

윈도우 10이 설치되어 있는 환경에서 윈도우 11로 업그레이드하는 방법에 대하여 알아봅니다.

1. 윈도우 10에서 [시작] 〉 [설정]을 실행한 후 [업데이트 및 보안]을 클릭합니다.

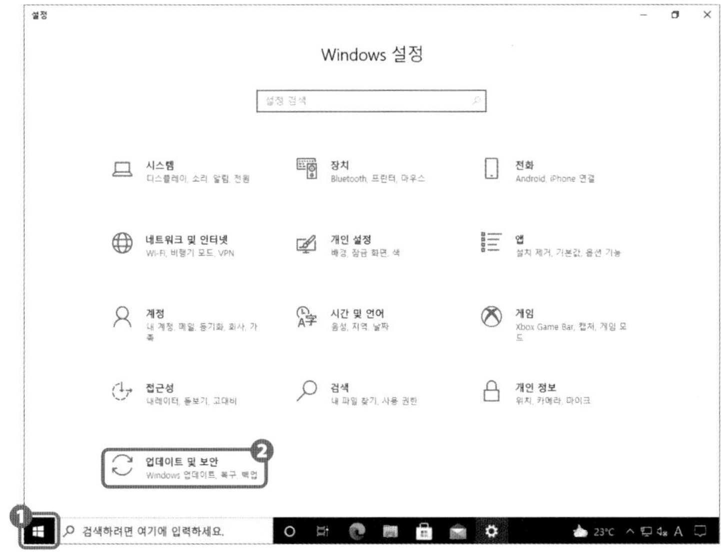

✓ TIP 윈도우 11 설치를 위한 임시 저장 공간으로 윈도우 10이 설치되어 있는 저장소의 공간에 10GB 정도의 여유 공간을 더 확보해야 합니다.

2. [업데이트 및 보안] 〉 [Windows 업데이트]에서 [업데이트 확인]을 클릭하면 윈도우 11 설치 파일의 다운로드가 진행됩니다.

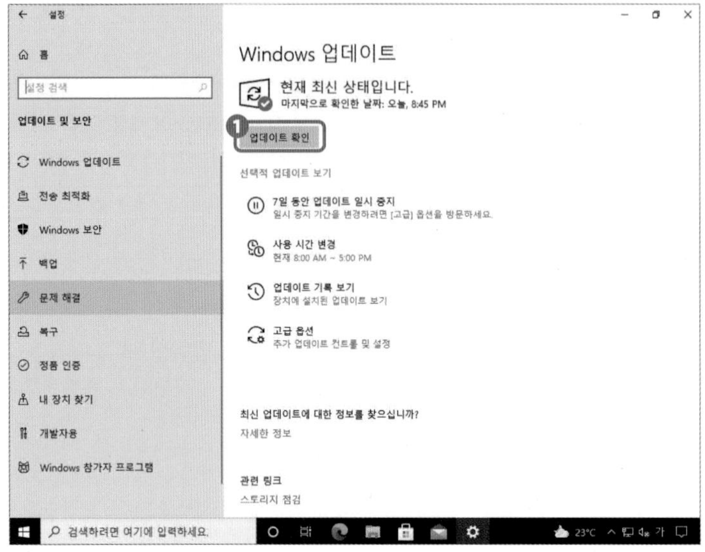

3. 다운로드가 완료되면 윈도우 11 설치가 진행됩니다.

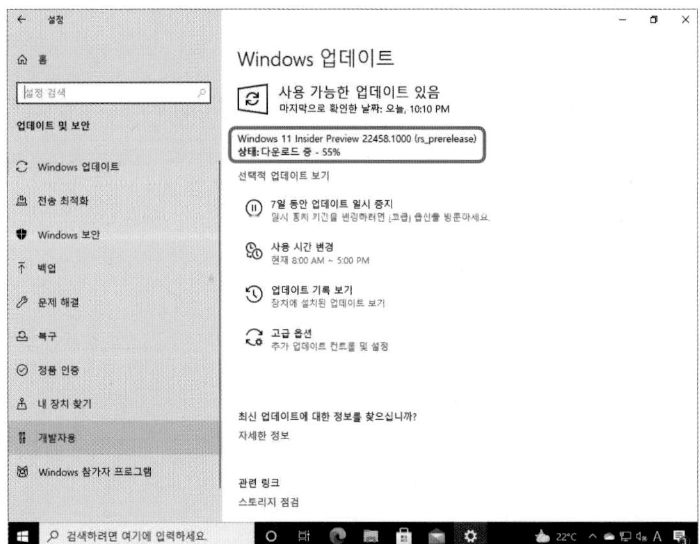

4. 설치가 완료되면 [지금 다시 시작]을 클릭하면, PC가 재부팅됩니다.

5. 업데이트가 진행되면 자동으로 재부팅되고, 윈도우 11 업그레이드가 완료되면 나타나는 로그인 화면에서 로그인합니다.

윈도우 11 설치 미디어 만들기

기존 또는, 새로운 PC에서 윈도우 11을 다시 설치하거나 새로 설치하려는 경우 윈도우 11 설치 미디어 만들기를 사용하여 부팅 가능한 USB 또는, DVD로 윈도우 11을 설치할 수 있습니다.

1. 다음 사이트에서 윈도우 11 설치 미디어 툴을 다운로드합니다.

다운로드 링크 : https://www.microsoft.com/ko-kr/software-download/windows11

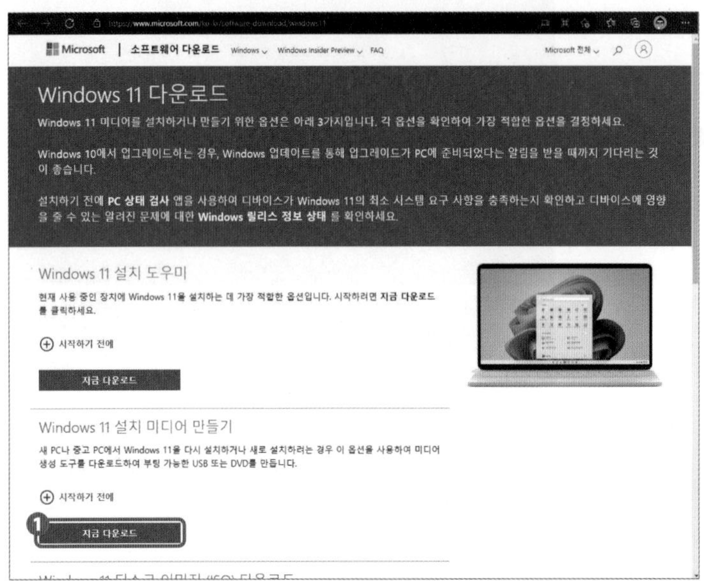

2. 다음에는 [Windows 11 디스크 이미지(ISO)]에서 [다운로드]를 클릭하면 사용할 제품 언어를 선택한 후 [확인]을 클릭하여 ISO 파일을 다운로드합니다.

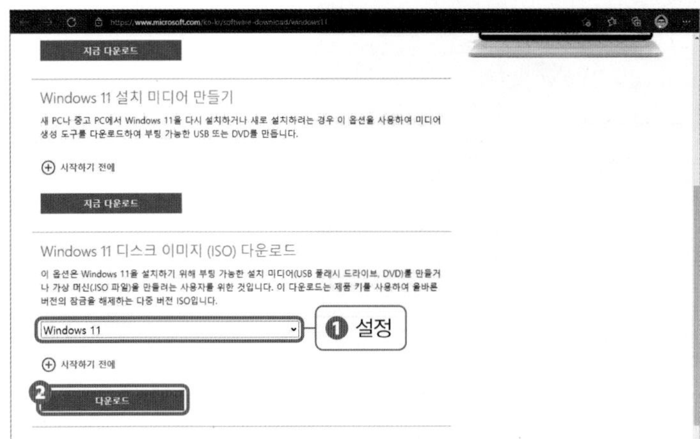

3. 다운로드 받은 윈도우 11 설치 미디어 툴 파일을 실행하면 마법사가 실행됩니다. [관련 통지 및 사용 조건] 창에서 [동의]를 클릭합니다.

4. [언어 및 버전 선택] 창에서 윈도우 11 설치 미디어를 생성할 언어와 에디션을 선택한 후 [다음]을 클릭합니다.

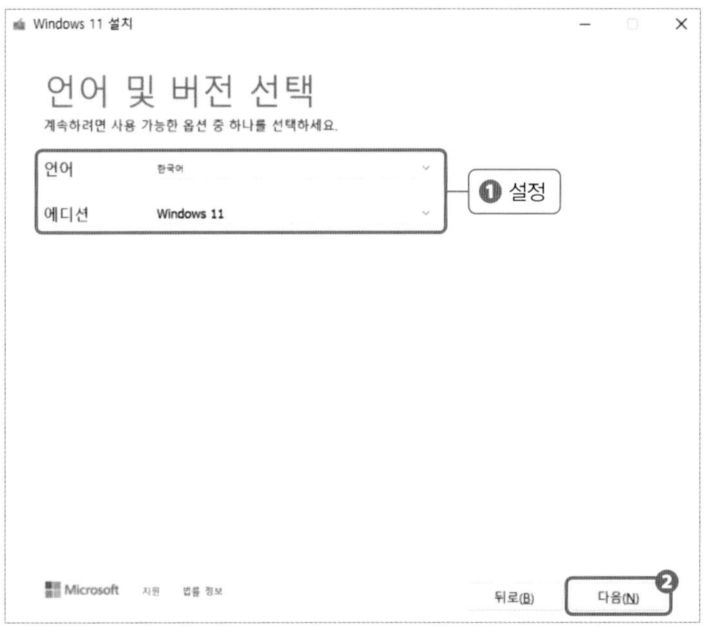

5. [사용할 미디어 선택] 창에서 [USB 플래시 드라이브] 또는, [ISO 파일]을 선택합니다. 이곳에서는 [USB 플래시 드라이브]를 선택합니다.

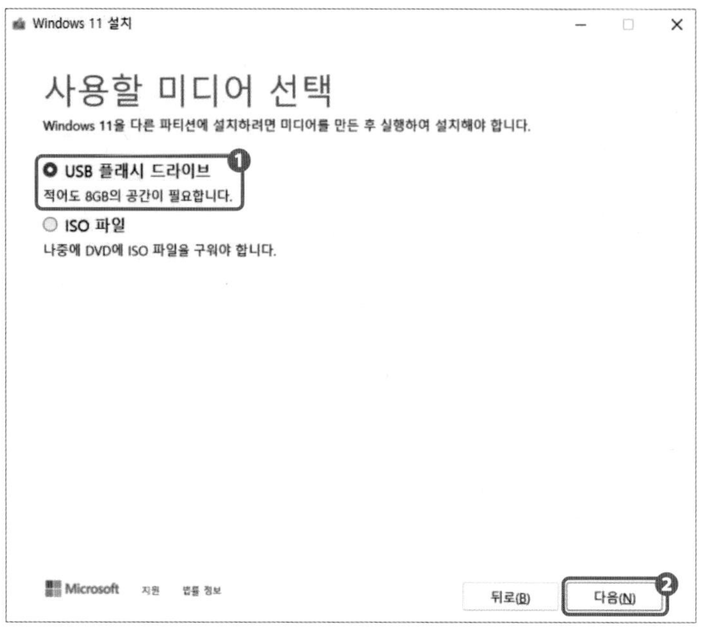

✓ TIP 만약, ISO 파일로 생성하게 되면 추후 DVD 레코딩으로 굽는 작업이 필요할 수 있습니다.

6. 윈도우 11 설치 미디어를 생성할 USB 플래시 드라이브를 목록에서 선택한 후 [다음]을 클릭합니다.

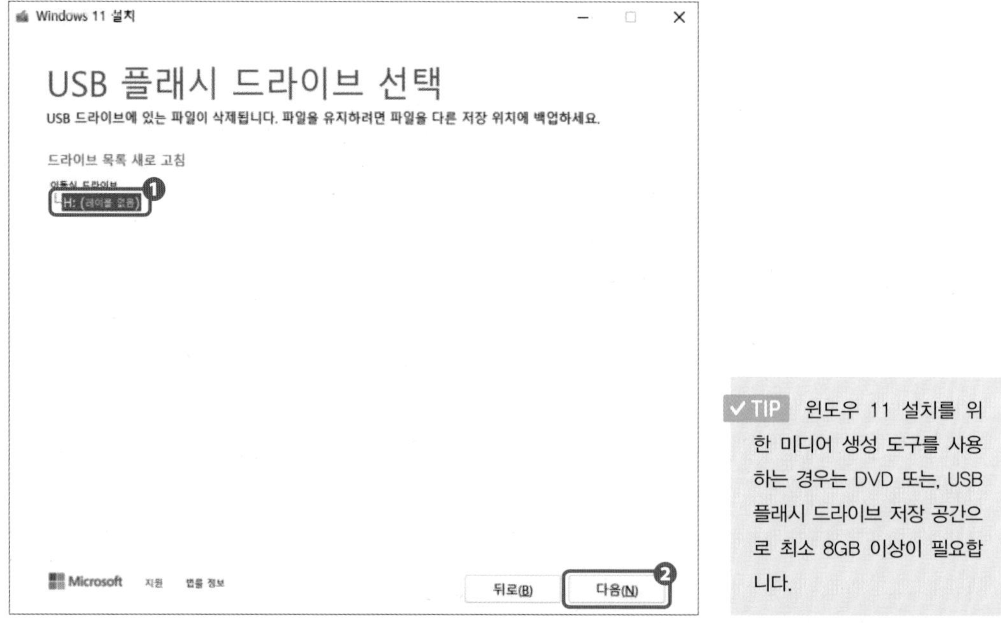

✓ TIP 윈도우 11 설치를 위한 미디어 생성 도구를 사용하는 경우는 DVD 또는, USB 플래시 드라이브 저장 공간으로 최소 8GB 이상이 필요합니다.

7. [Windows 11 다운로드 중] 창에서 다운로드가 진행되면서 미디어 생성이 진행됩니다.

8. 다운로드하면서 윈도우 11 설치 미디어가 완료된 메시지를 확인한 후 [마침]을 클릭합니다. USB 부팅을 사용하여 설치 가능한 미디어 생성을 완료하고 USB 부팅을 통해 윈도우 11을 새롭게 설치할 수 있습니다.

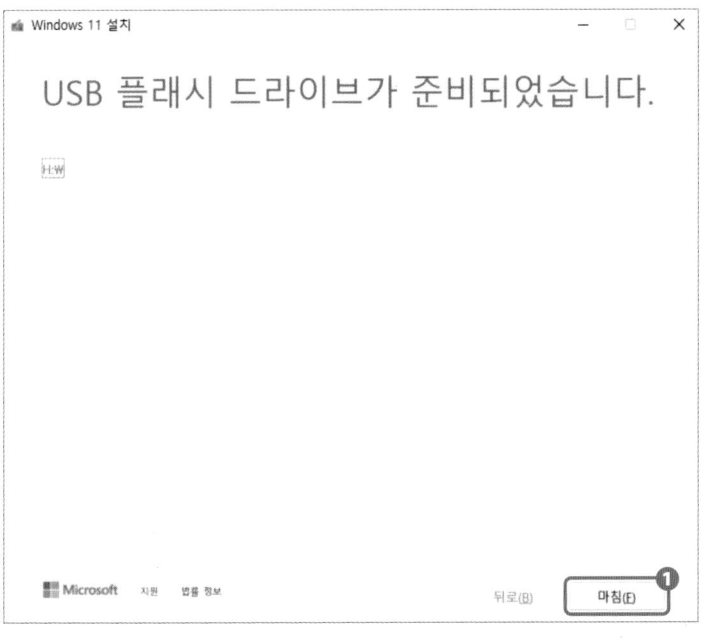

Windows 11
003

윈도우 11 새로운 인터페이스 알아보기

중요도 ★★★★★

윈도우 11 새롭게 변화된 시작 메뉴, 바탕 화면 구성과 작업 표시줄 설정에 대하여 알아봅니다.

변화된 인터페이스 살펴보기

윈도우 11 기본 화면 구성에 대하여 알아봅니다.

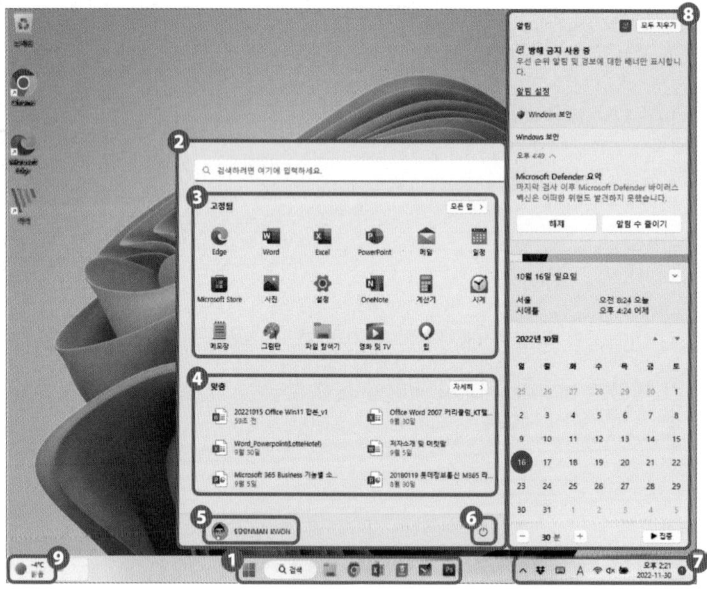

❶ **작업 표시줄** : 빠른 실행 아이콘과 실행 중인 앱을 아이콘 형식으로 관리합니다.

❷ **시작 메뉴** : 설치된 프로그램 및 앱을 확인하고 실행할 수 있으며, 윈도우 11을 절전, 다시 시작, 종료할 수 있습니다.

❸ **고정됨** : 사용자가 임의로 지정한 고정 앱 목록이 나타납니다.

❹ **맞춤** : 최근에 실행된 앱 또는, 문서를 표시합니다.

❺ **로그인 계정** : 윈도우 11 사용 중인 계정을 표시하고, 다른 사용자로 전환하거나 계정의 잠금을 설정합니다.

❻ **전원 단추** : 시스템을 종료, 다시 시작, 절전 모드로 설정할 수 있습니다.

❼ **트레이 아이콘** : 시스템의 상태나 앱의 알림 표시를 설정할 수 있습니다.

❽ **알림 창** : 윈도우 업데이트, 메일, 일정 및 경고 등의 사항을 표시합니다.

❾ **위젯** : 위젯 기능을 통해 현재 날씨가 기본적으로 작업 표시줄에 나타나게 되며, 뉴스, 일정 및 할 일 등에 여러 관심 정보를 설정하여 한 곳에서 확인이 가능합니다.

배경 화면 변경하기

윈도우 11에서 기본적으로 제공하는 배경 화면 외에 사용자가 지정한 이미지로 배경 화면을 변경할 수 있습니다. 이미지의 크기에 따라 맞춤 설정을 통해 배경 화면 이미지의 크기나 배치를 설정할 수 있게 됩니다.

1. 바탕 화면에서 마우스 오른쪽 버튼을 클릭하여 나타나는 메뉴에서 [개인 설정]을 선택합니다.

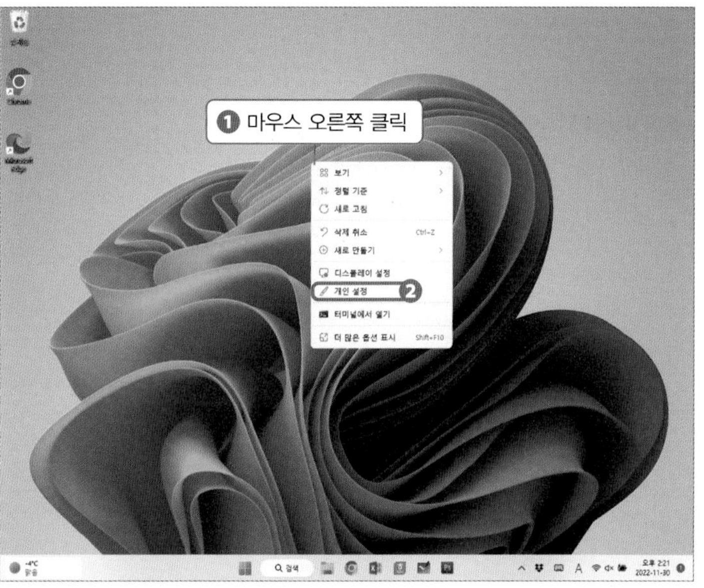

2. [개인 설정] 화면에서 [배경]을 클릭합니다

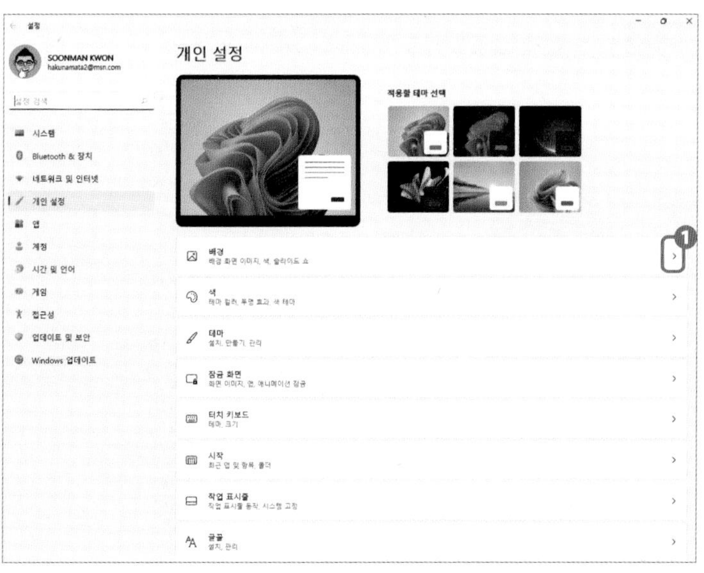

3. [배경 개인 설정] 〉 [최근 이미지]를 클릭하여 변경하거나, [사진 찾아보기]를 클릭하여 원하는 개인 배경 이미지로 설정할 수 있습니다.

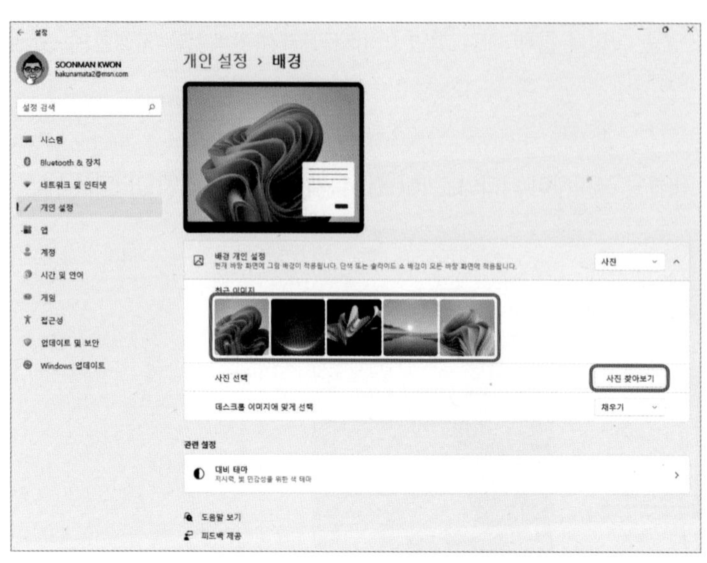

✔ TIP **데스크톱 이미지에 맞게 선택 옵션**

- 채우기 : 배경 화면을 해상도에 맞게 모두 채움 형태로 적용합니다.
- 맞춤 : 설정한 이미지를 해상도에 맞춥니다.
- 확대 : 해상도에 비해 작은 이미지를 크게 합니다.
- 바둑판식 배열 : 해상도에 비해 작은 이미지를 반복하여 바둑판식으로 배열합니다.
- 가운데 : 이미지를 가운데에 배치합니다.
- 스팬 : 파노라마 이미지를 사용하는 경우 스팬 옵션을 사용합니다.

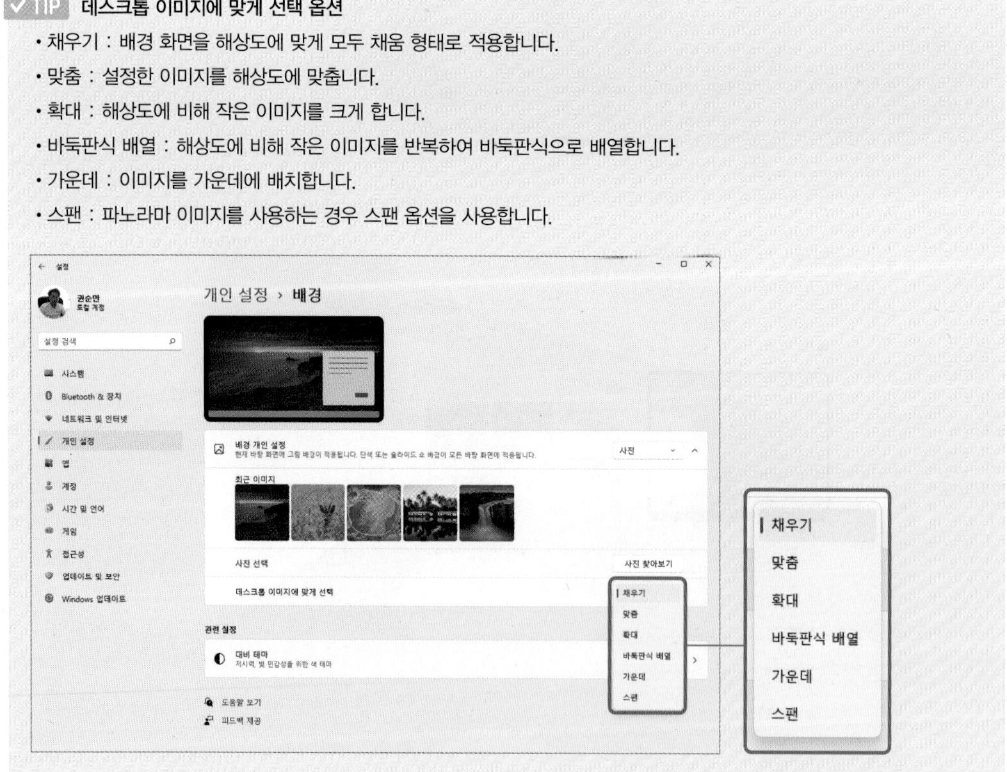

테마 다운로드하여 설정하기

윈도우 11에서는 기본적으로 제공하는 테마 및 Microsoft Store에서 제공하는 테마를 가져와서 윈도우 바탕 화면, 색, 소리 및 마우스 커서의 설정을 한 번에 변경할 수 있는 테마를 적용할 수 있습니다.

1. [개인 설정] 화면에서 [테마] 〉 [Microsoft Store에서 더 많은 테마 가져오기]의 [테마 찾기]를 클릭합니다.

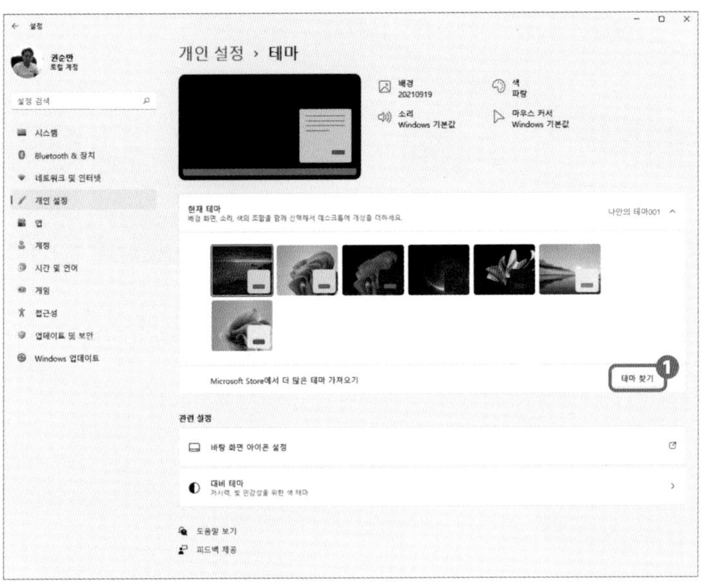

2. Microsoft Store가 실행되면서 테마들이 나열됩니다. 추가할 테마를 선택합니다.

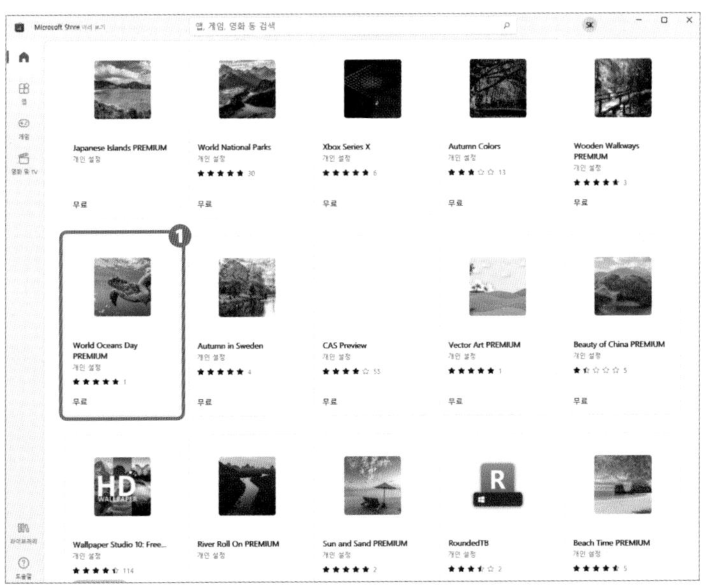

✓TIP 만약, Microsoft 계정으로 로그인되어 있지 않다면, Microsoft 계정을 사용하여 로그인 후 Microsoft Store를 사용합니다.

3. 선택한 테마 내용을 확인한 후 [무료]를 클릭하여 설치를 진행합니다. 테마 설치가 완료되면 [열기]를 클릭합니다.

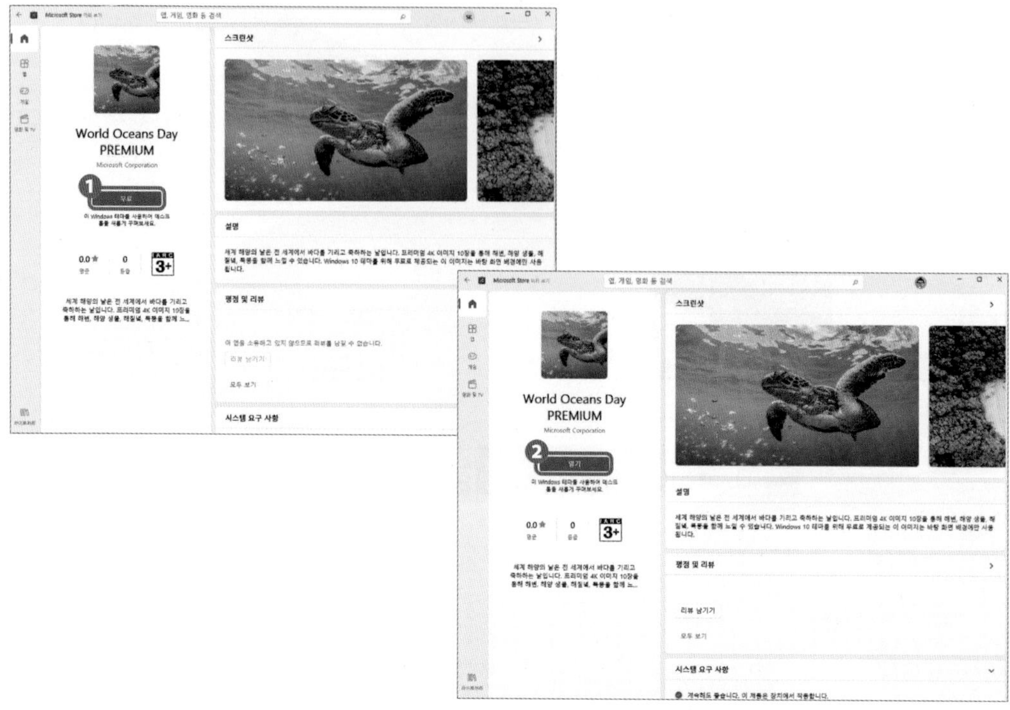

4. Microsoft Store에서 다운로드 받은 테마가 추가된 것을 확인할 수 있고, 선택하여 테마를 적용합니다.

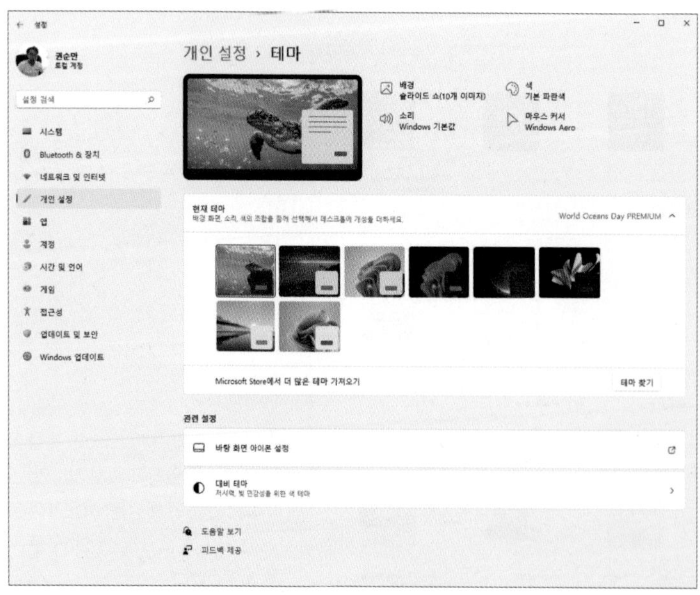

바탕 화면 아이콘 설정하기

바탕 화면에 기본적으로 제공하는 아이콘을 설정하는 방법에 대하여 알아봅니다

1. [개인 설정] 화면에서 [현재 테마] 〉 [관련 설정]의 [바탕 화면 아이콘 설정]을 클릭합니다.

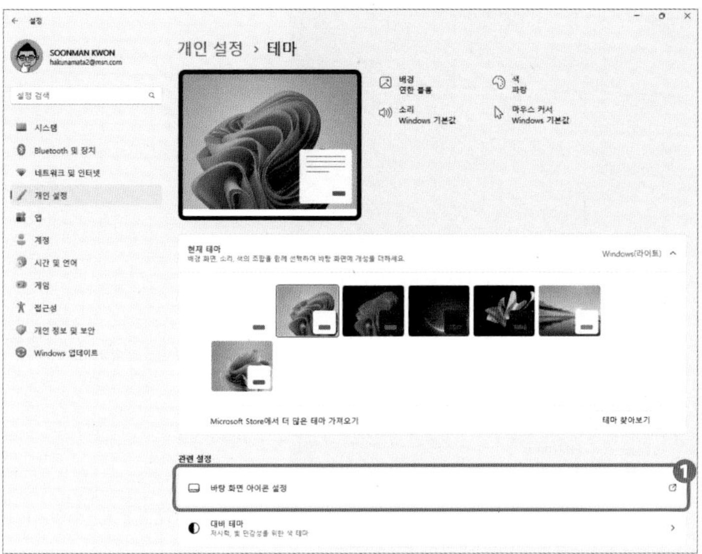

2. [바탕 화면 아이콘 설정] 창이 나타나면 바탕 화면에 표시하려는 아이콘을 선택하고 [적용]과 [확인]을 클릭합니다.

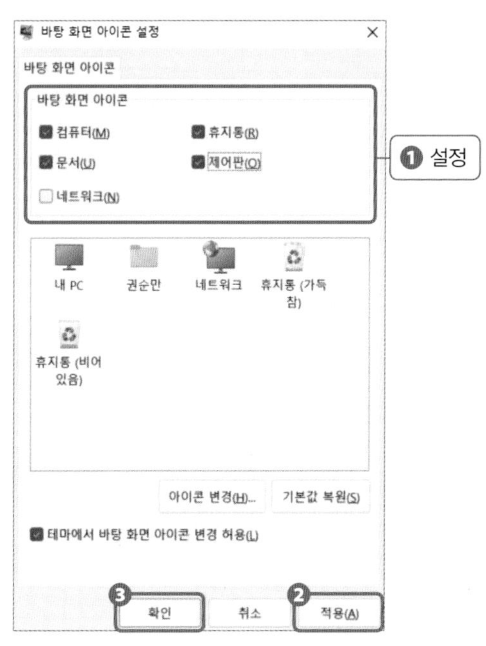

✓TIP 바탕 화면의 아이콘 보기, 정렬 및 제거하기

파일 탐색기에서 보기 메뉴를 통해 설정할 수 있는 방법처럼 윈도우 11 바탕 화면에서도 아이콘 보기를 '큰 아이콘, 보통 아이콘, 작은 아이콘 및 아이콘 정렬 옵션'을 선택하여 빠르게 정렬할 수 있습니다.

아이콘을 이름, 형식, 날짜 또는 크기순으로 정렬하려면 바탕 화면의 빈 영역을 마우스 오른쪽 버튼으로 클릭한 후 [정렬 기준]을 선택하여 정렬할 수 있습니다. 정렬 기준은 '이름, 크기, 항목 유형, 수정한 날짜' 기준으로 선택하면 아이콘이 원하는 대로 정렬됩니다.

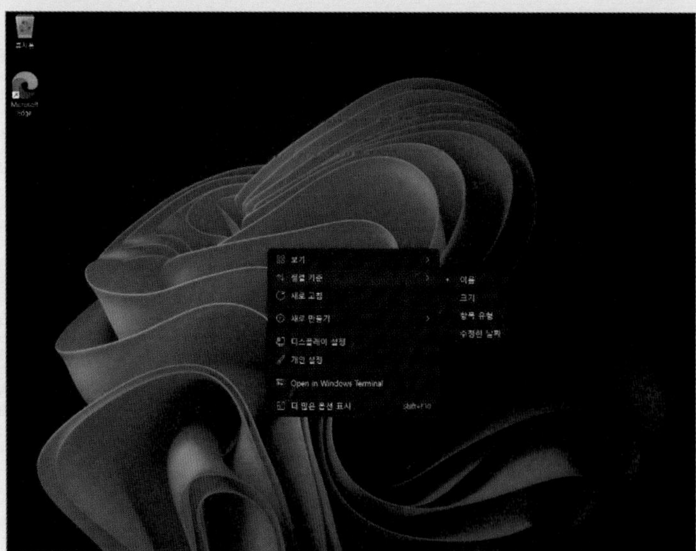

일부 아이콘은 컴퓨터의 프로그램에 대한 바로가기 아이콘입니다. 일반적으로 바로가기 아이콘의 왼쪽 아래 모서리에 화살표가 있고, 바탕 화면에 바로 가기가 필요하지 않으면 아이콘을 클릭한 다음 휴지통으로 끌어 제거하거나 아이콘을 마우스 오른쪽 버튼으로 클릭한 다음 [삭제]를 선택하여 바탕 화면에서 삭제할 수도 있습니다. 바탕 화면에 나열되어 있는 아이콘 중에 윈도우 11에서 기본적으로 제공하는 바로 가기 아이콘인 '내 네트워크 위치, 휴지통' 등의 일부 아이콘은 삭제할 수 없고 앞선 방법으로 설정해야 합니다.

작업 표시줄 메뉴 알아보기

작업 표시줄 항목의 위치, 항목 나타내기 및 트레이 아이콘을 설정하는 방법에 대하여 알아봅니다.

1. 작업 표시줄에서 마우스 오른쪽 버튼을 클릭한 후 [작업 표시줄 설정]을 선택합니다.

2. [작업 표시줄] 화면의 [작업 표시줄 항목]에서 '검색, 작업 보기, Widget, 채팅' 메뉴를 표시할지 설정합니다.

A 작업 표시줄 모서리 아이콘 메뉴 : 작업 표시줄 모서리(트레이 아이콘)에 있는 펜 메뉴, 터치 키보드, 가상 터치 패드 아이콘에 대한 설정입니다.

B 작업 표시줄 모서리 오버플로 메뉴 : 앱을 설치하면 제공되는 작업 표시줄 모서리 아이콘 표시 설정을 할 수 있습니다.

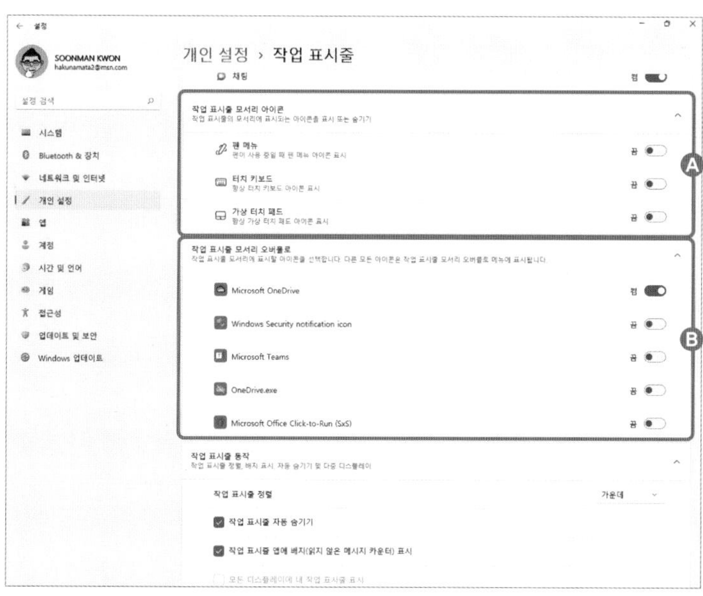

3. [작업 표시줄 동작]은 '작업 표시줄 정렬, 작업 표시줄 배치, 표시, 숨기기 및 다중 디스플레이'에서 설정할 수 있는 옵션을 통해 작업 표시줄 설정이 가능합니다.

A 작업 표시줄 자동 숨기기 : 작업 표시줄을 화면에서 숨깁니다. 마우스 포인터를 이동하거나 [시작] 단추를 클릭하면 작업 표시줄이 나타납니다.

B 작업 표시줄 앱에 배지(읽지 않은 메시지 카운터) 표시 : 메일 같은 앱의 경우 읽지 않은 메시지를 숫자로 표시합니다.

C 모든 디스플레이에 내 작업 표시줄 표시 : 디스플레이 장치 2대 이상 사용 시에 확장된 디스플레이 장치에도 작업 표시줄의 표시 여부를 설정합니다.

D 작업 표시줄의 맨 모서리를 선택하여 바탕 화면 표시 : 작업 표시줄 모서리 부분을 클릭하면 바탕 화면이 나타나게 됩니다.

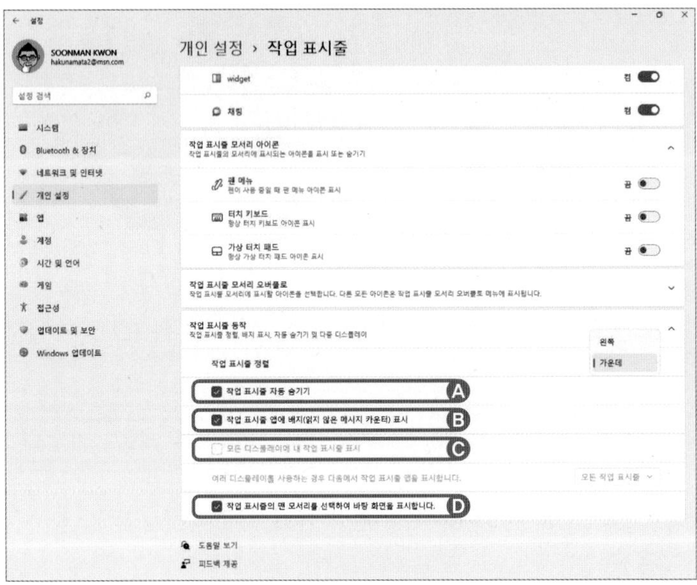

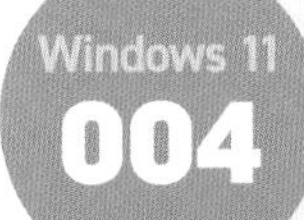

윈도우 11 시작 메뉴

중요도 ★★★★★

윈도우 10에서 제공하던 라이브 타일 기반의 윈도우 시작 메뉴가 변경되었습니다. 변화된 윈도우 11 시작 단추 메뉴에 대한 구성과 나만의 윈도우 11 시작 메뉴를 구성하는 방법에 대하여 알아봅니다.

윈도우 11 시작 화면 살펴보기

윈도우 11 시작 메뉴에는 검색 바, 고정된 앱, 맞춤, 사용자 전환 및 시스템 종료 단추로 화면이 구성되어 있습니다.

검색 바

명령어, 앱 및 문서를 검색합니다. 검색 바를 클릭하면 검색 앱으로 전환됩니다.

고정됨

윈도우 11에서 제공하거나 설치된 앱을 지정하여 시작 메뉴에 고정시킬 수 있습니다. [모든 앱]을 클릭하여 실행할 수 있는 모든 앱 목록을 확인할 수도 있습니다.

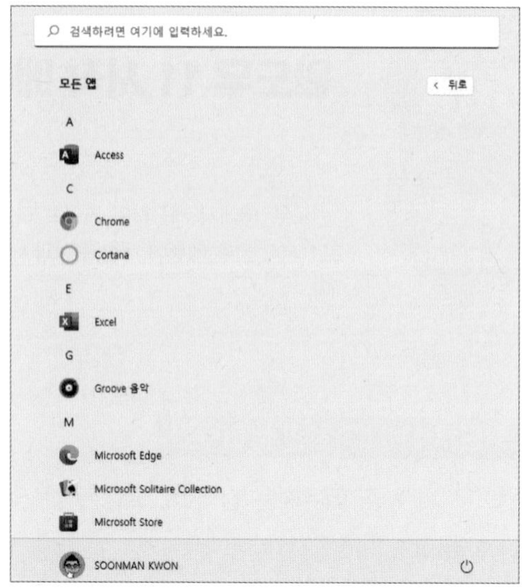

맞춤

최근에 실행했던 앱 또는, 문서가 나타납니다. [자세히]를 클릭하여 더 많은 최근 문서 작업 목록을 확인할 수 있습니다.

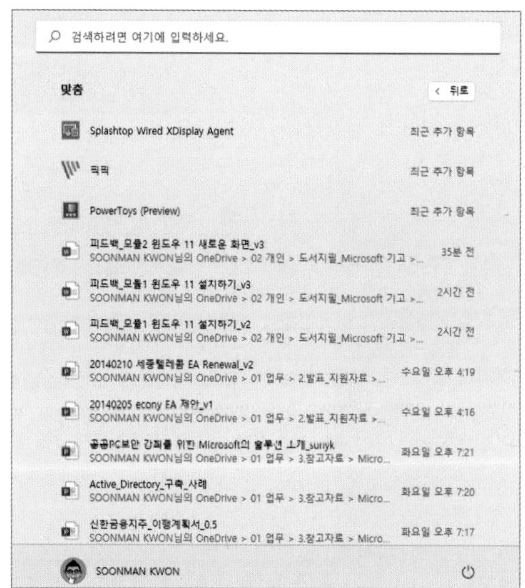

사용자 계정

- 계정 설정 변경 : 사용자 계정 설정 메뉴로 이동합니다.
- 잠금 : 윈도우 화면을 잠금 설정됩니다.
- 로그아웃 : 로그인된 사용자 계정을 윈도우에서 로그아웃합니다.
- 다른 사용자 계정 : 다른 사용자로 로그인하여 전환합니다.

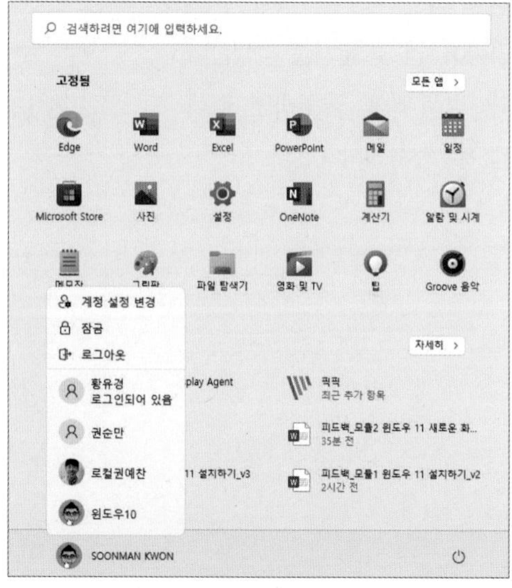

전원 단추

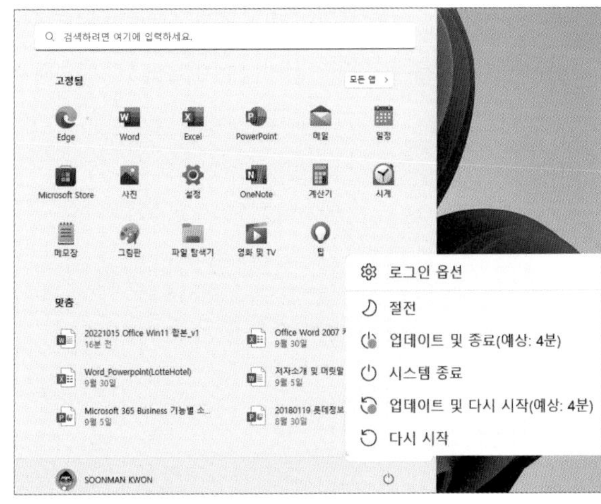

- 로그인 옵션 : 로그인 화면에 대한 세부 설정이 가능하게 됩니다.
- 절전 : PC를 절전 모드로 설정합니다.
- 업데이트 및 종료 : 윈도우 업데이트를 진행한 후 윈도우 11 시스템을 종료합니다.
- 시스템 종료 : 윈도우 11 시스템을 종료합니다.
- 업데이트 및 다시 시작 : 윈도우 업데이트를 진행한 후 윈도우 11 시스템을 다시 시작합니다.
- 다시 시작 : 윈도우 11 시스템을 다시 시작합니다.

윈도우 11 시작 앱 고정하기

윈도우 11 시작 메뉴에 자주 사용하는 앱의 고정 및 위치를 지정하여 빠르게 앱을 실행할 수 있습니다. 또한, 앱을 작업 표시줄에 고정하여 작업 표시줄에서 앱을 바로 실행할 수 있도록 설정할 수도 있습니다.

1. [시작] 단추를 클릭하고, 시작 메뉴 창의 [고정됨] 〉 [모든 앱]을 클릭합니다.

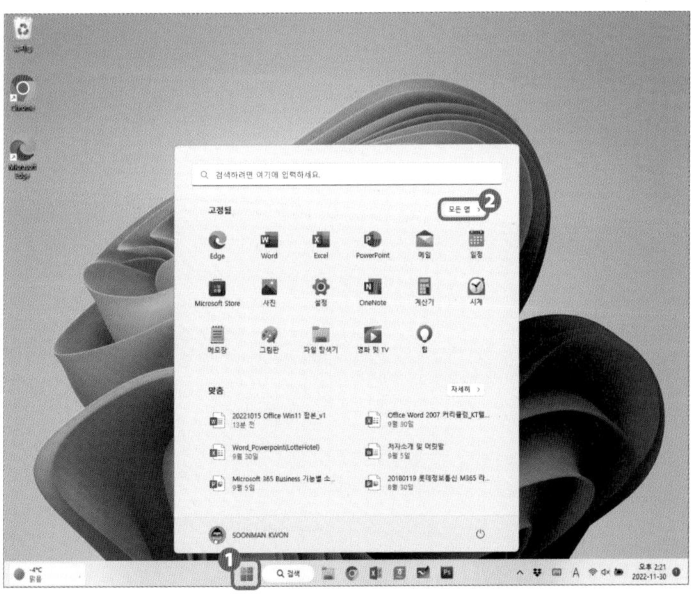

2. 윈도우 11에서 기본 제공하거나 추가 설치한 앱 목록이 나타납니다. 고정 위치로 지정할 앱에서 마우스 오른쪽 버튼을 클릭하면 나타나는 메뉴에서 [시작 화면에 고정]을 선택합니다.

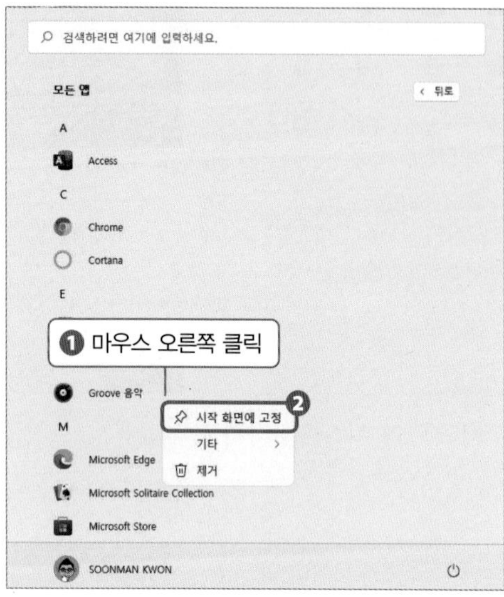

3. [고정됨]에 실행 아이콘이 추가된 것을 확인할 수 있습니다. 만약, 제거가 필요한 경우는 마우스 오른쪽 버튼을 클릭하여 [시작 화면에서 제거]를 선택하면 됩니다.

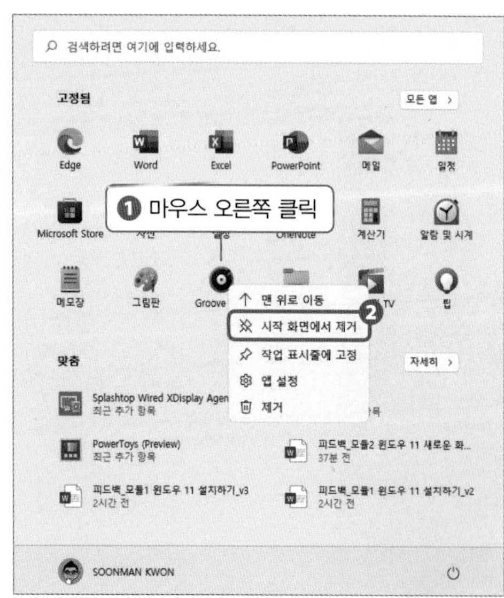

4. 추가적으로 시작 화면의 [고정됨] 화면이 아닌 작업 표시줄에 앱을 추가하는 방법은 마우스 포인터를 앱에 위치하고 마우스 오른쪽 버튼을 클릭하여 나타난 메뉴에서 [작업 표시줄에 고정]을 선택합니다.

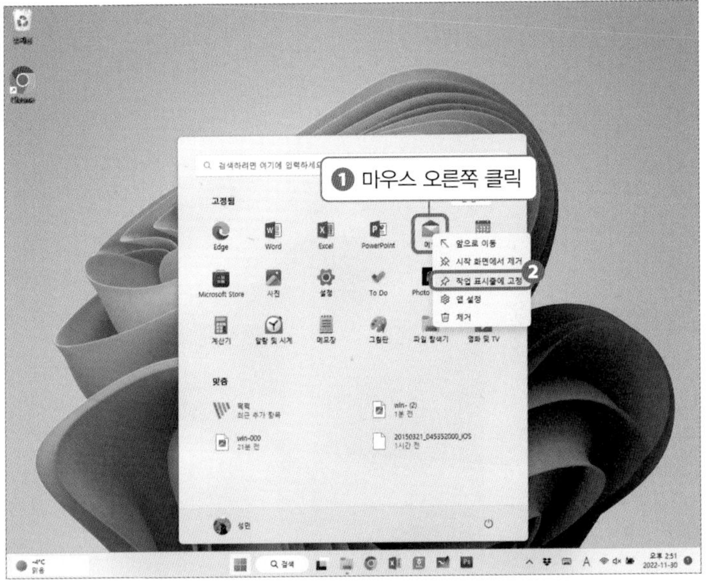

5. 작업 표시줄에 추가된 앱을 바로 실행할 수 있고, 작업 표시줄에 추가된 아이콘을 마우스 오른쪽 버튼을 클릭하면 나오는 메뉴에서 제거할 수도 있습니다.

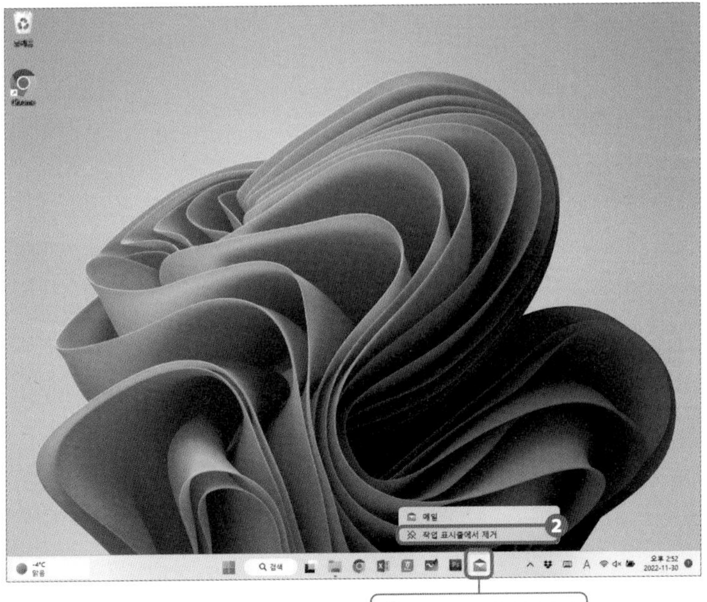

윈도우 11 시작 메뉴의 맞춤 활용하기

윈도우 11 시작 메뉴의 맞춤 기능을 사용하면 최근에 열어본 파일 목록이 나열되고, 나열된 문서를 클릭하여 바로 실행하거나 파일의 위치를 확인할 수 있습니다.

1. [시작] 단추를 클릭하고, 시작 메뉴 창의 [맞춤] 화면으로 마우스 포인터를 이동하면 파일의 위치를 확인할 수 있습니다.

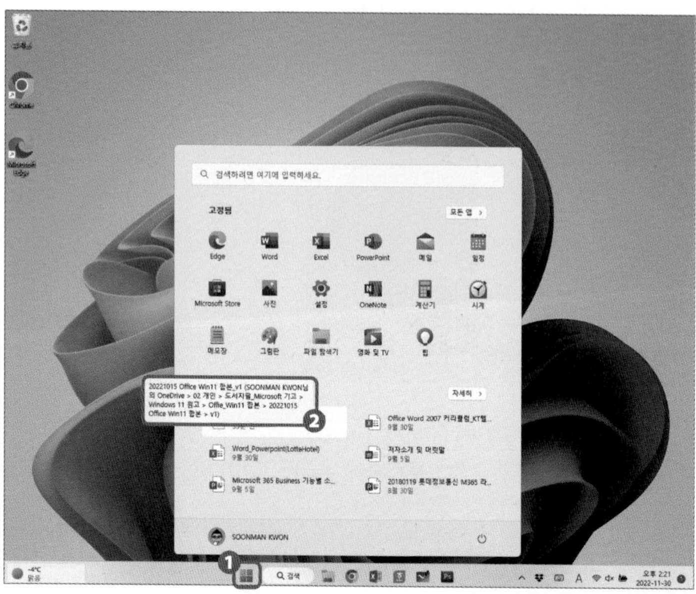

2. 마우스 포인터를 위치한 파일에서 마우스 오른쪽 버튼을 클릭하고 [파일 위치 열기]를 선택합니다.

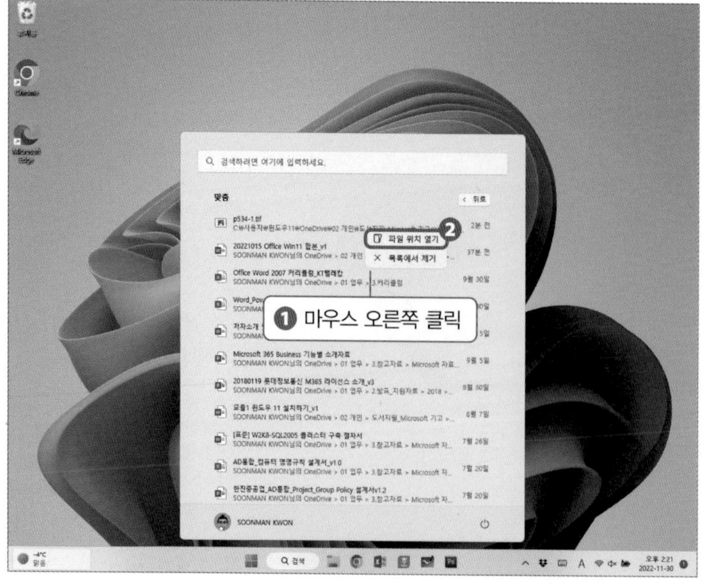

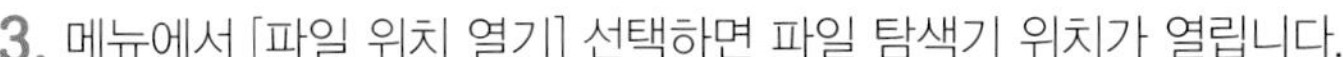

3. 메뉴에서 [파일 위치 열기] 선택하면 파일 탐색기 위치가 열립니다.

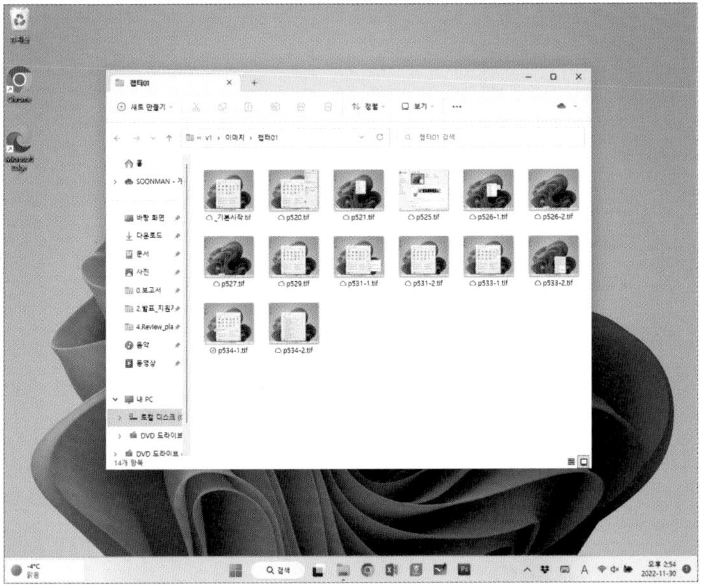

4. 참고로 [맞춤]에 나열되는 파일 또는, 폴더 목록에서 마우스 오른쪽 버튼을 클릭했을 때 나타나는 메뉴가 다음과 같이 나타날 수 있는데, 이런 경우는 컴퓨터 로컬에 파일이 있는 것이 아닌 Onedrive 클라우드에 존재하고 있는 파일의 경우가 그러합니다. 이때 다음과 같이 [웹 브라우저 열기]를 클릭하면 웹 브라우저를 통해서 파일 확인이 가능합니다.

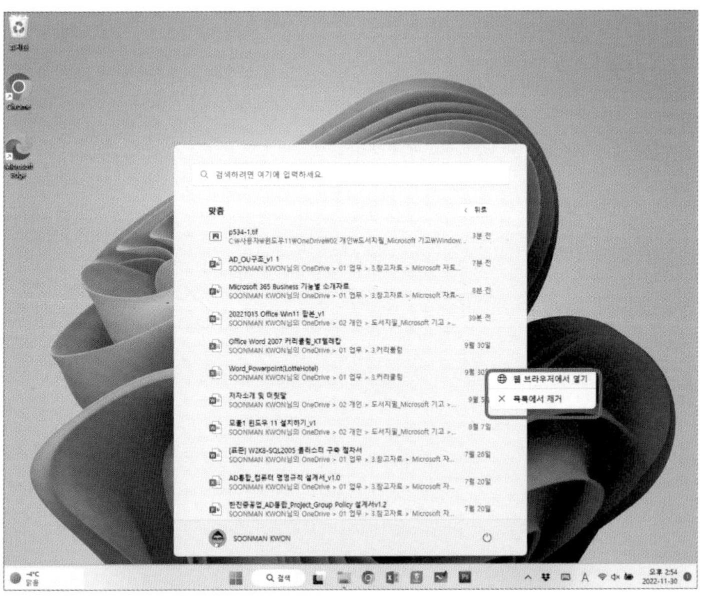

Chapter 02

윈도우 11 기본 & 설정 살펴보기

윈도우 11을 설치하면 기본적으로 제공하는 윈도우 11 기본 설정에 대해서 알아봅니다. 윈도우 11에서 기본적으로 제공하는 앱으로는 시작 메뉴에 위치하여 사용할 수 있는 앱, 바탕 화면을 멀티로 사용할 수 있는 새 데스크톱 기능, 위젯을 통해 간단하게 정보를 나타나게 할 수 있고, 파일 및 폴더를 관리할 수 있는 파일 탐색기는 사용자 인터페이스 변화와 다양한 기능을 제공합니다.

• 학습 내용

사용 기능	중요도	내용
파일 탐색기	★★★★☆	005 파일 탐색기
검색, 유해 정보 차단	★★★☆☆	006 검색 기능
작업 환경, 시스템	★★★☆☆	007 윈도우 11 설정(시스템)
블루투스, 장치 연결	★★★☆☆	008 윈도우 11 설정(Bluetooth & 장치)
네트워크 설정	★★★☆☆	009 윈도우 11 설정(네트워크 및 인터넷)
폰트, 개인 설정	★★★☆☆	010 윈도우 11 설정(개인 설정 및 기타)

Windows 11
005
중요도 ★★★★

파일 탐색기

파일 탐색기는 파일의 생성, 수정, 이동 및 복사 등 빈번히 이루어지는 작업을 편리하게 도와주는 기능을 제공합니다. 윈도우 11에서는 파일 탐색기의 사용자 인터페이스가 새롭게 변경되었는 데 핵심적으로 일반 사용자들이 많이 사용하는 기능을 배치하고, 세부적인 기능을 숨겨 놓아 단순한 화면 구성으로 되어 있습니다. 파일 탐색기를 활용하는 방법에 대하여 알아봅니다.

파일 탐색기 구성 살펴보기

파일 탐색기의 메뉴 구성과 각 기능에 대해서 알아봅니다.

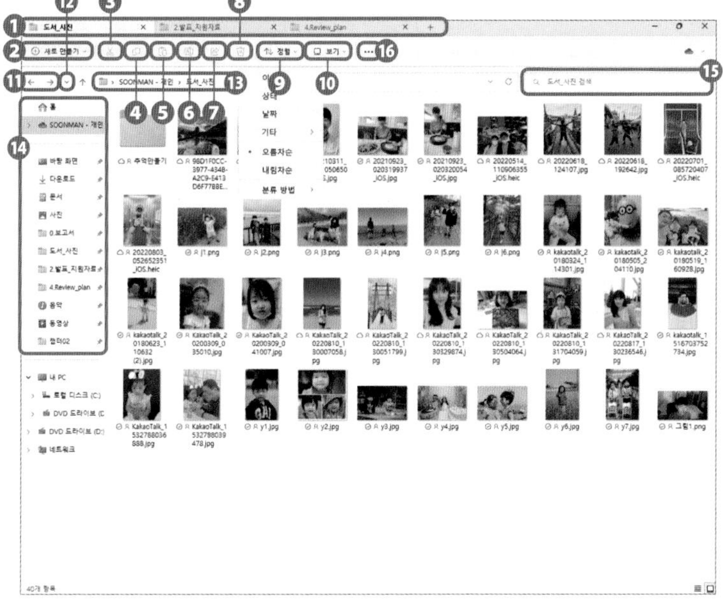

❶ **탭 기능** : 윈도우 11(22H2) 버전에서는 파일 탐색기 상단에 탭 형태로 파일 탐색기 위치를 추가할 수 있습니다.

❷ **새로 만들기** : 새 폴더, 문서, 텍스트, 이미지 등의 파일을 생성할 수 있습니다.

❸ **잘라내기** : 파일 및 폴더를 현 위치 또는, 다른 위치로 이동하기 위한 명령을 실행합니다.

❹ **복사** : 파일 및 폴더를 현 위치 또는, 다른 위치로 복사하는 명령을 실행합니다.

❺ **붙여넣기** : 복사 또는, 잘라내기한 파일 및 폴더를 선택한 위치로 붙여넣기 합니다.

❻ **이름 바꾸기** : 선택한 파일 및 폴더의 이름을 변경합니다.

❼ **공유** : 홈 그룹 또는, 특정 사용자 권한으로 폴더를 공유하거나 공유를 중지할 수 있습니다.

❽ **삭제** : 선택한 파일 및 폴더를 휴지통 또는, 완전히 삭제합니다.

❾ **정렬** : 이름, 날짜, 유형 등을 통해 오름/내림차순으로 파일 및 폴더를 정렬합니다.

⑩ **보기** : 파일 또는, 폴더를 아이콘 형태, 목록, 자세히, 타일 등의 형태로 보여주기 설정이 가능합니다.

⑪ **뒤로, 앞으로 단추** : 이전에 열어 보았던 폴더의 위치나 라이브러리로 바로 이동하거나 [뒤로], [앞으로]를 실행하여 이전의 위치로 이동할 수 있습니다.

⑫ **최근 위치** : 파일 실행 또는, 탐색했던 최근 위치로 이동할 수 있습니다.

⑬ **주소 표시줄** : 현재 파일 탐색 경로를 나타냅니다.

⑭ **탐색 창** : 폴더를 트리 구조의 형태로 나타내어 폴더에서 폴더로 빠른 이동할 수 있습니다.

A 탐색 창 : 폴더를 트리 구조의 형태로 나타내어 폴더에서 폴더로 빠른 이동할 수 있습니다.

B 세부 정보 창 : 파일 및 폴더의 세부적인 속성 정보를 확인할 수 있는 창을 나타나게 합니다.

C 미리 보기 창 : 파일과 관련된 앱을 실행하지 않고 파일 탐색기에서 직접 확인할 수 있는 미리 보기 창을 나타나게 합니다.

D 항목 확인란 : 파일 및 폴더 앞에 선택할 수 있는 항목 확인 옵션을 추가/제거할 수 있습니다.

E 파일 확장명 : 파일의 확장자를 나타내거나 숨길 수 있습니다.

F 숨긴 항목 : 숨긴 항목을 나타내거나 숨길 수 있습니다.

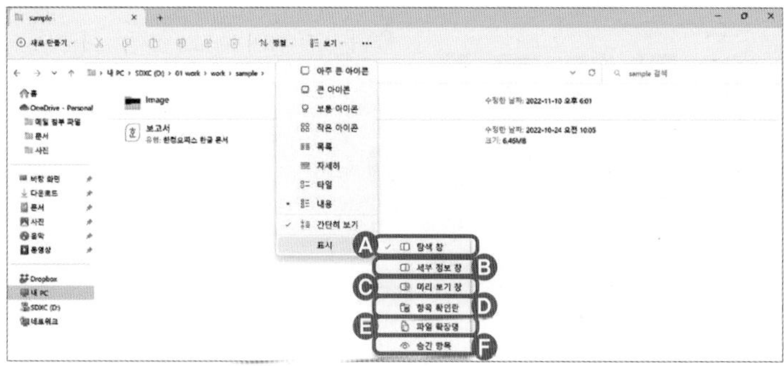

⑮ **검색 창** : 입력된 키워드를 통하여 빠르게 검색 결과를 확인할 수 있습니다.

⑯ **자세히 보기** : 파일 선택 시에 나타나는 메뉴로 파일에 추가 작업이 가능한 메뉴가 확장됩니다.

A 실행 취소 : 파일 탐색기에서 실행한 작업 취소합니다.

B 즐겨찾기에 고정 : 즐겨찾기에 폴더를 고정합니다.

C 모두 선택 : 현 위치의 파일 및 폴더를 모두 선택합니다.

D 선택 안 함 : 현 위치의 파일 및 폴더 선택을 취소합니다.

E 선택 영역 반전 : 선택한 파일과 폴더를 선택하지 않은 파일과 폴더로 한 번에 반대로 선택할 수 있습니다.

F 속성 : 파일 및 폴더의 속성을 확인할 수 있습니다.

G 옵션 : 세부적인 폴더 옵션을 설정할 수 있습니다.

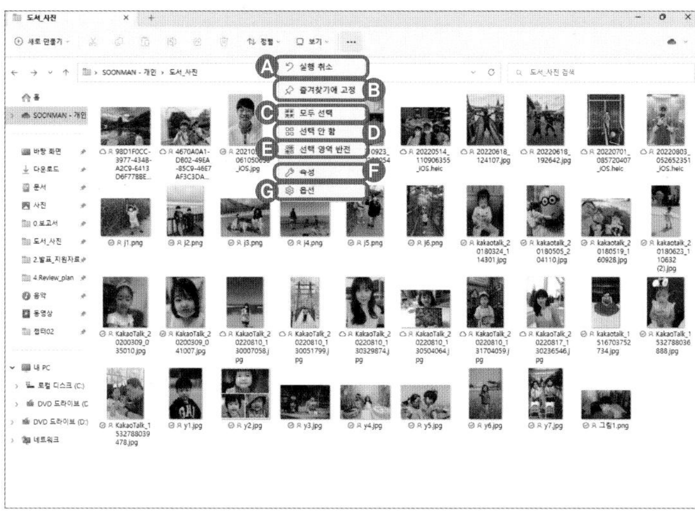

파일 탐색기의 검색 사용하기

파일 탐색기에서 검색 결과 옵션을 사용하여 검색하는 방법에 대하여 알아봅니다. 검색 결과를 통해 존재하는 파일 위치로 바로 이동할 수 있습니다.

1. 파일 탐색기 검색 창에 검색 키워드를 입력하면 먼저 검색되는 파일이 나열됩니다.

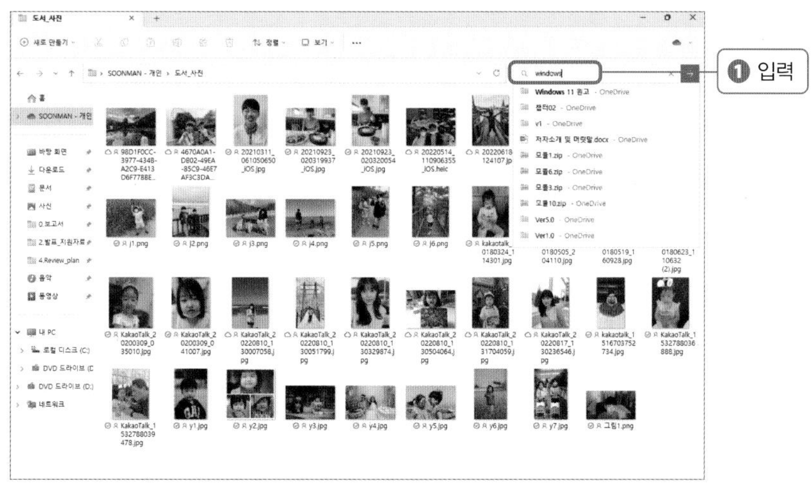

2. 키워드를 입력한 후 Enter 를 누르면 검색 결과와 함께 키워드에 대하여 노란색으로 표시된 결과로 나타납니다.

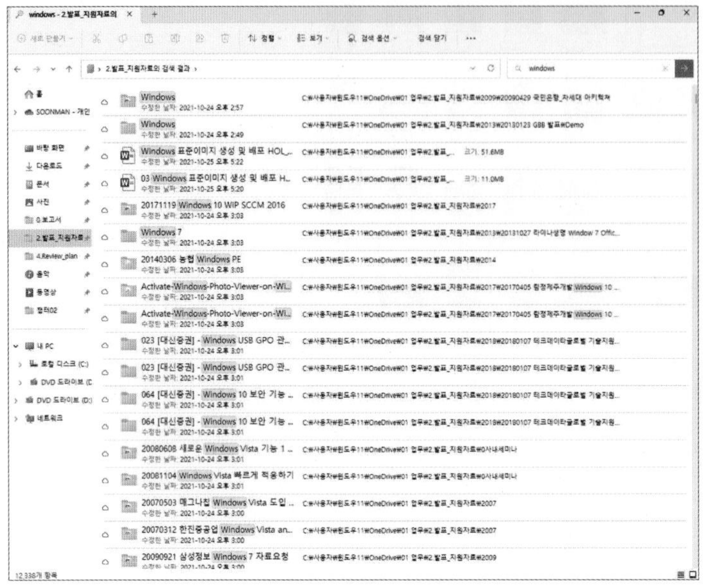

3. 검색 결과에서 세부적으로 필터링하기 위해서는 [검색 옵션]을 클릭하여 '위치, 수정한 날짜, 종류, 크기' 등을 기준으로 추가 필터링하여 많은 결과에서 정확하게 일치하는 결과를 확인할 수 있습니다.

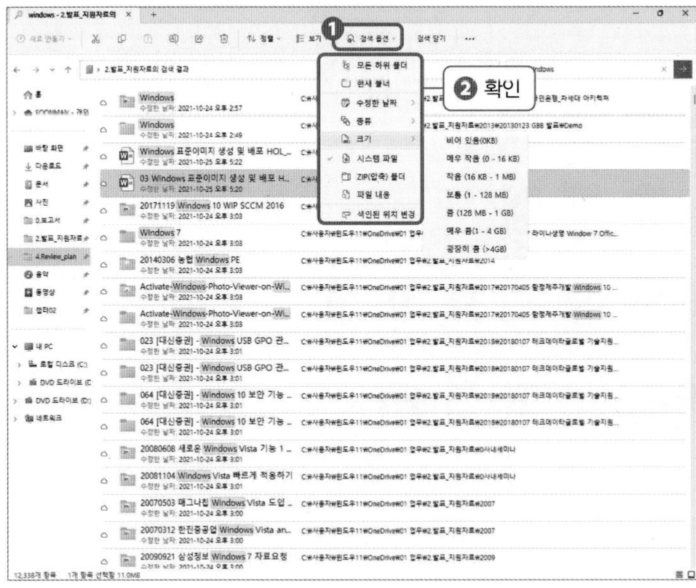

4. 찾으려는 파일 또는, 폴더의 위치로 이동하려는 경우는 선택 후 마우스 오른쪽 버튼을 클릭하여 나타나는 메뉴에서 [파일 위치 열기]를 선택하면 검색한 결과 또는, 폴더 위치로 이동합니다.

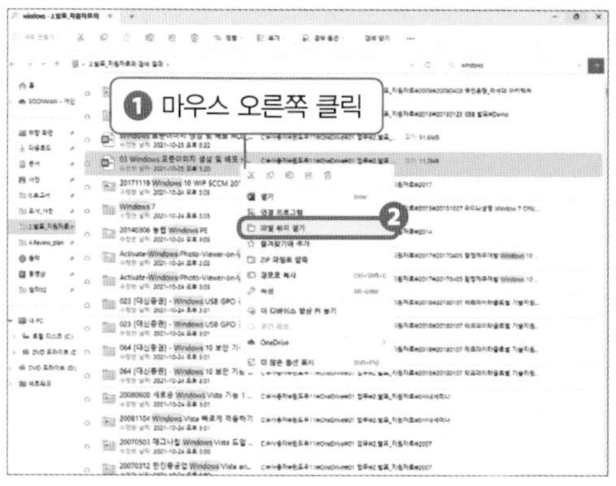

자주 사용하는 폴더 즐겨찾기로 관리하기

특정 위치에서 자주 작업을 하는 경우에 그 위치를 단계별로 찾는 것보다는 파일 탐색기의 즐겨찾기를 사용하여 바로 이동할 수 있습니다.

1. 파일 탐색기에서 폴더를 선택한 후 마우스 오른쪽 버튼을 클릭하면 나타나는 메뉴에서 [즐겨찾기에 고정]을 선택합니다.

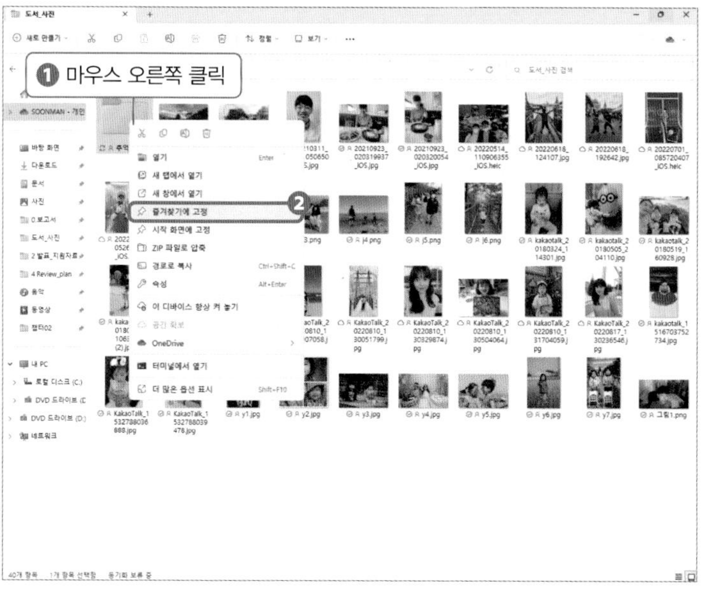

2. 파일 탐색기의 [즐겨찾기]에 지정한 폴더가 추가되고, 더블클릭하면 바로 그 위치로 이동할 수 있습니다. 즐겨찾기에 고정된 폴더는 작업 표시줄의 파일 탐색기 아이콘에서 마우스 오른쪽 버튼을 클릭하면 동일하게 나타나게됩니다.

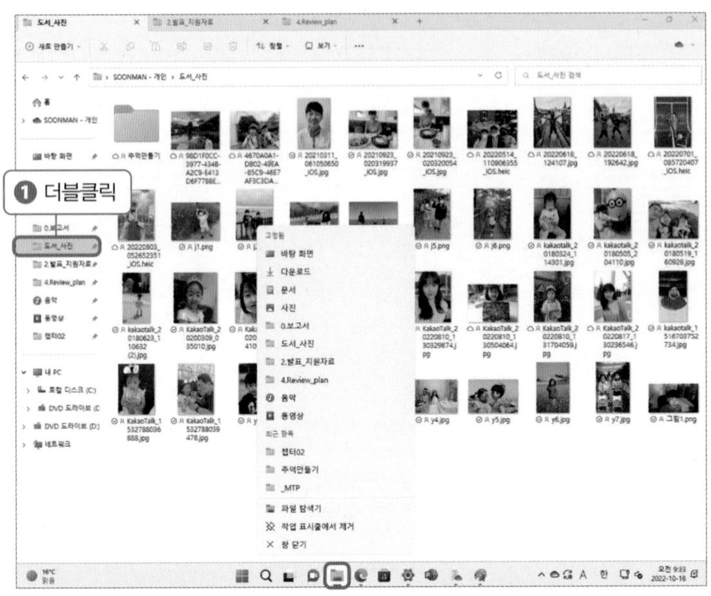

✓TIP 여러 파일 선택하여 복사하기

파일 탐색기에서 여러 파일을 복사하는 경우 파일이 정렬되어 있는 순서대로 복사하거나, 파일을 각각 선택하여 한 번에 복사 또는, 이동 작업을 할 수 있습니다. 이와 같은 작업할 때는 Ctrl/Shift를 활용하여 선택하면 빠르게 복사 또는, 이동할 파일을 선택할 수 있습니다.

- Ctrl : 파일 탐색기에서 복사 또는, 이동하려는 파일/폴더가 순서대로 정렬이 안 되어 있는 경우에는 Ctrl을 누른 상태에서 해당 파일/폴더를 선택하여 파일을 선택한 후 해당하는 파일을 복사 또는, 이동할 수 있습니다.

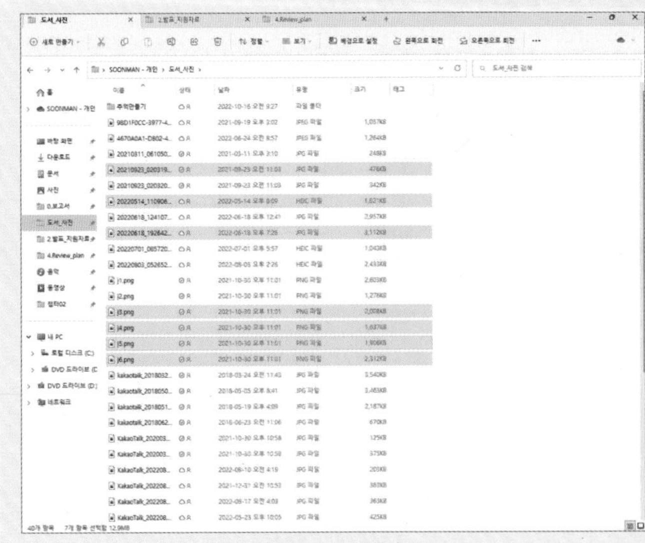

- Shift : 파일 탐색기에서 복사 또는, 이동하려는 파일/폴더가 순차적으로 정렬되어 있는 경우는 하나의 파일/폴더를 클릭하여 선택한 상태에서 Shift 를 누른 상태로 파일/폴더를 선택하면 처음 선택한 파일/폴더에서 마지막으로 선택한 파일/폴더까지 모두 선택되어 복사 또는, 이동 작업이 가능합니다.

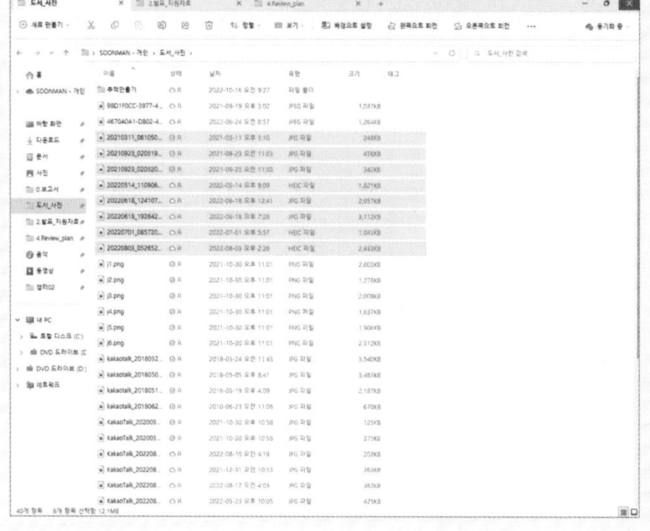

휴지통 설정하기

파일이나 폴더를 삭제하는 경우 휴지통에 저장되는데, 삭제 전에 경고 메시지 창을 나타나게 하고, 휴지통의 용량 설정에 대하여 알아봅니다.

1. [휴지통] 아이콘을 마우스 오른쪽 버튼을 클릭하면 나타나는 메뉴에서 [속성]을 선택합니다.

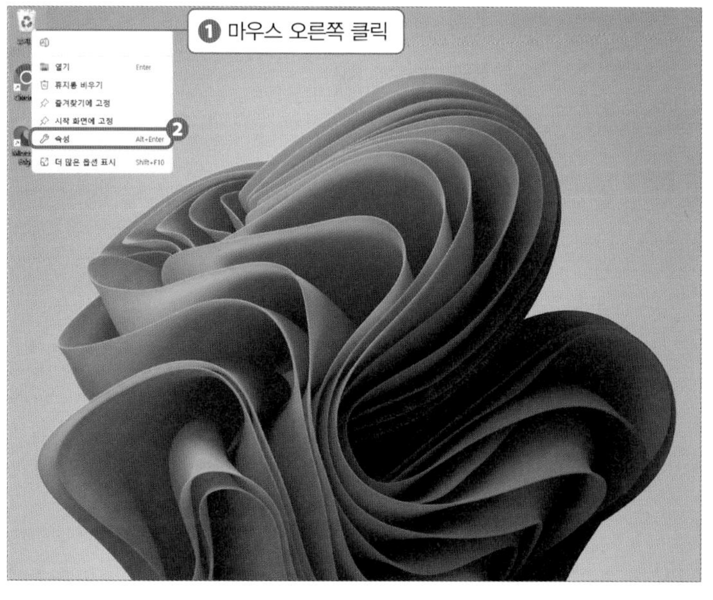

2. [휴지통 속성] 창에서 [사용자 지정 크기] 〉 [최대 크기]를 설정하고, [삭제 확인 대화 상자 표시]를 체크한 후 [확인]을 클릭합니다.

3. 파일 또는, 폴더를 파일 탐색기에서 삭제 시 휴지통으로 바로 삭제되는 것이 아닌 삭제 여부를 묻는 메시지 창이 나타나는 것을 확인할 수 있습니다.

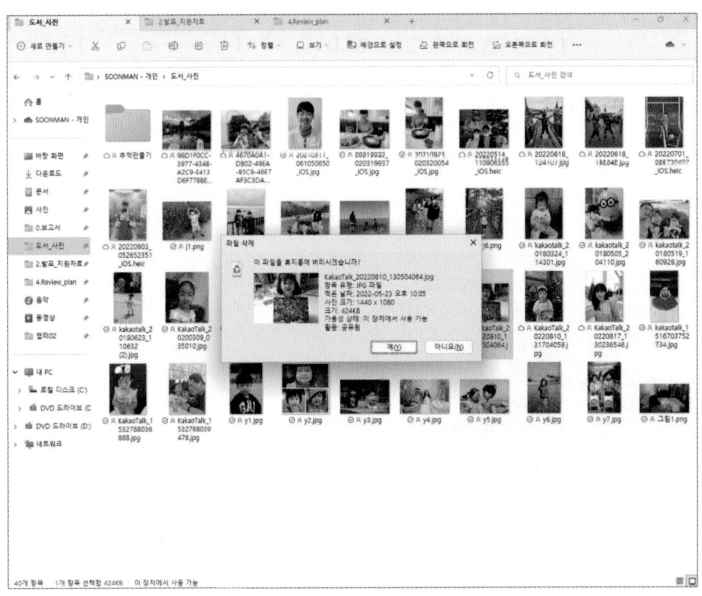

✓TIP 파일을 삭제하는 경우 휴지통에 유지하지 않고, 완전히 삭제하는 방법은 파일을 선택한 후 Shift + Delete 를 누르면 됩니다.

검색 기능

PC, 온라인 저장소 및 웹에서 얻은 결과를 찾을 수 있습니다. 검색 결과 맨 위에 있는 탭을 선택하여 결과를 특정 형식으로 필터링할 수 있습니다.

검색 기능 사용하기

검색 앱을 통해 키워드를 입력하면, 앱, 문서, 웹 등의 검색 결과를 확인할 수 있으며, 추가적인 옵션을 선택하여 동영상, 사람, 사진, 설정, 음악, 이메일 및 폴더 형태로 구분하여 결과를 확인할 수 있습니다.

1. 작업 표시줄의 [검색] 아이콘을 클릭하고, 검색란에 '언어' 입력하면 앱, 문서, 웹 등의 결과가 모두 나타납니다.

2. 특정 카테고리를 지정하여 검색하고자 할 때는 키워드 앞에 '앱: , 문서:' 형태로 입력한 후 키워드 검색을 입력하면 해당 영역에 해당하는 검색 결과가 나타납니다.

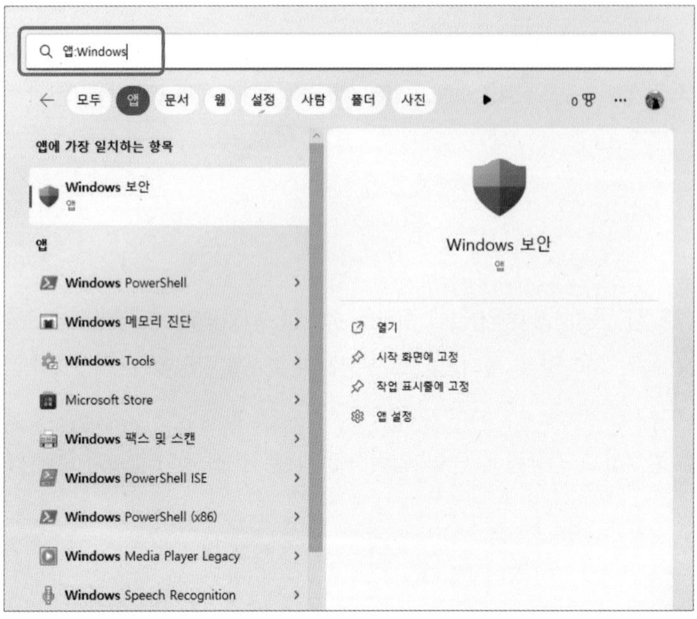

검색 유해 정보 차단 설정하기

검색 기능을 통해 나타나는 검색 결과에서 유해 정보 차단, 클라우드 콘텐츠 검색 및 검색 기록에 대한 관리가 가능합니다. 검색 결과에 유해 정보 차단을 설정하여 안전한 검색 환경을 제공할 수 있습니다.

1. 작업 표시줄의 [검색] 아이콘을 클릭하고, [검색] 화면에서 [⋯] 〉 [검색 설정]을 클릭합니다.

2. [사용 권한 검색] 화면의 [유해 정보 차단] 〉 [엄격 – 내 웹 결과에서 성인용 텍스트, 이미지 및 동영상을 필터링]을 체크합니다.

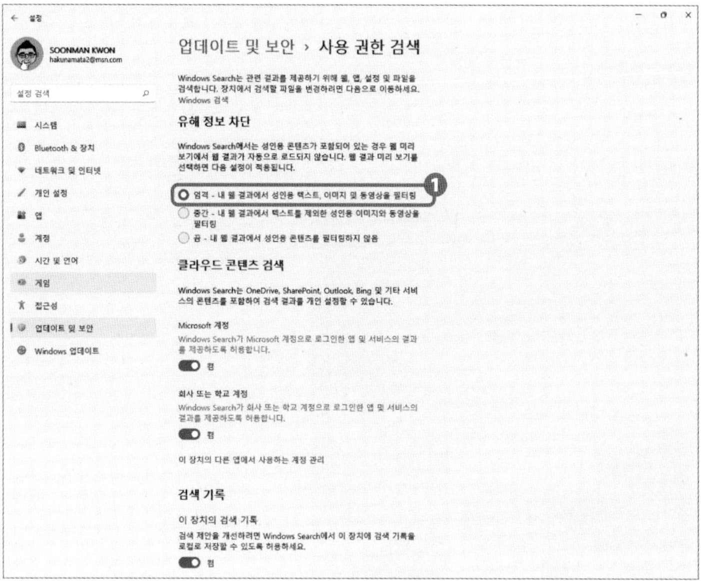

3. 검색 결과가 나타나서 웹으로 연계되면 추가 인증을 요청합니다.

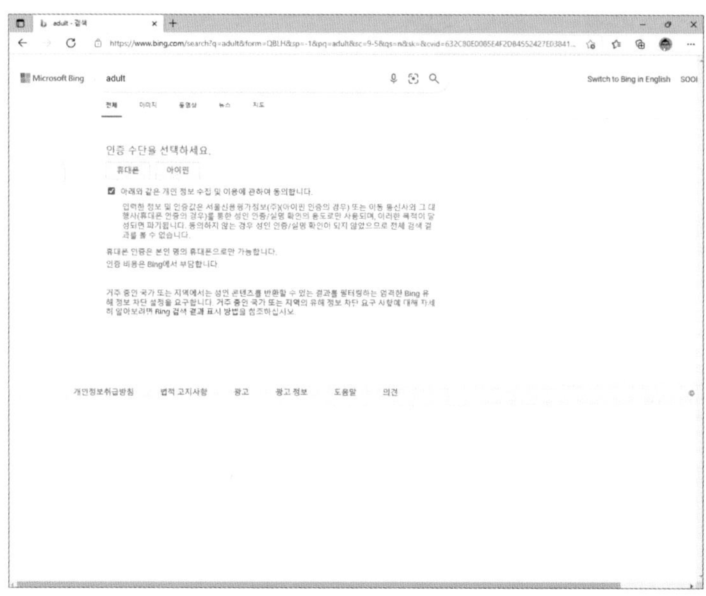

검색 기록 지우기

윈도우 검색은 검색 기록을 사용자의 장치에 저장하여 더 빠르게 찾을 수 있도록 합니다. 이전에 특정 키워드를 검색한 경우가 있다면 기존에 키워드를 검색 결과가 우선순위로 표시됩니다. 이전의 검색 기록을 지우고 싶다면 다음 작업을 진행합니다.

1. 작업 표시줄의 [검색] 아이콘을 클릭하고, [검색] 화면에서 [···] 〉 [검색 설정]을 클릭합니다.

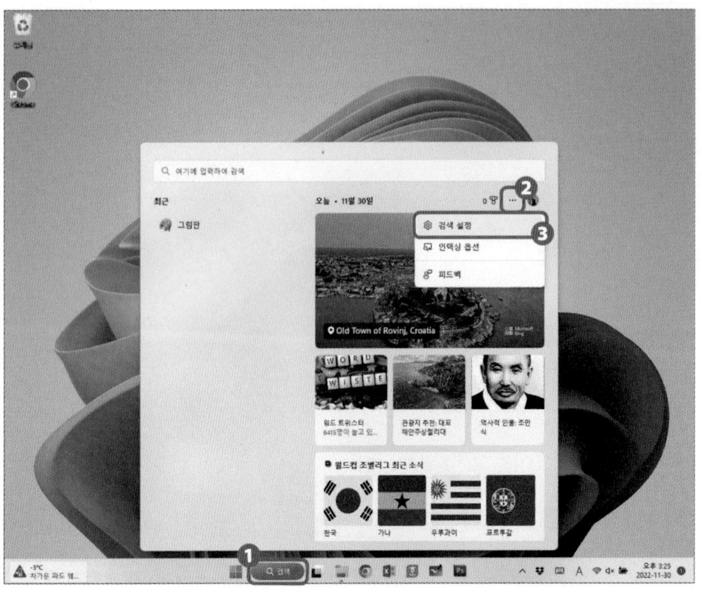

2. [사용 권한 검색] 화면의 [검색 기록] 〉 [내 장치 검색 기록 지우기]를 클릭합니다.

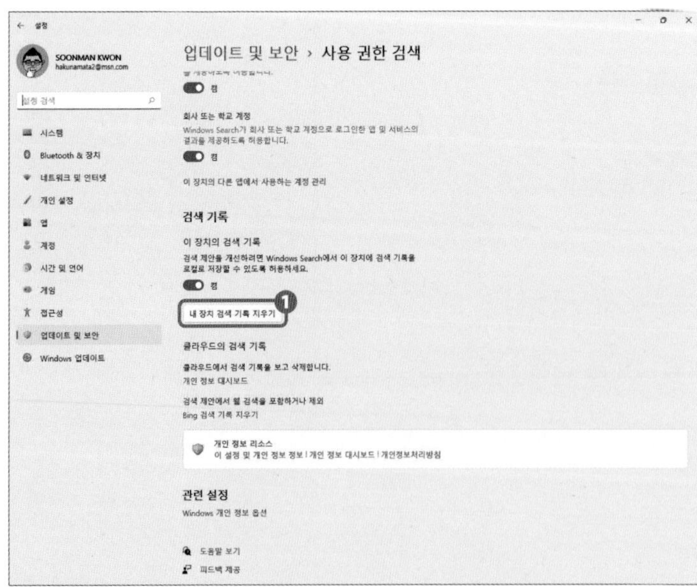

3. 내 장치 검색 기록을 지운 이후에도 기록을 원하지 않는다면 [이 장치의 검색 기록]을 '끔'으로 설정하면 됩니다.

인덱싱 고급 옵션 설정하기

인덱싱 옵션을 사용하면 원하는 결과를 더욱 빠르게 찾을 수 있습니다. 하지만, 인덱싱 검색을 사용하는 경우는 전원이나 배터리 상태에 따라 인덱싱 방법 및 시기 등을 변경할 수 있으며, 인덱싱에 포함되는 폴더도 설정이 가능하게 됩니다.

1. 작업 표시줄에서 [검색] 아이콘을 클릭하고, [검색] 화면에서 [···] 〉 [인덱싱 옵션]을 클릭합니다.

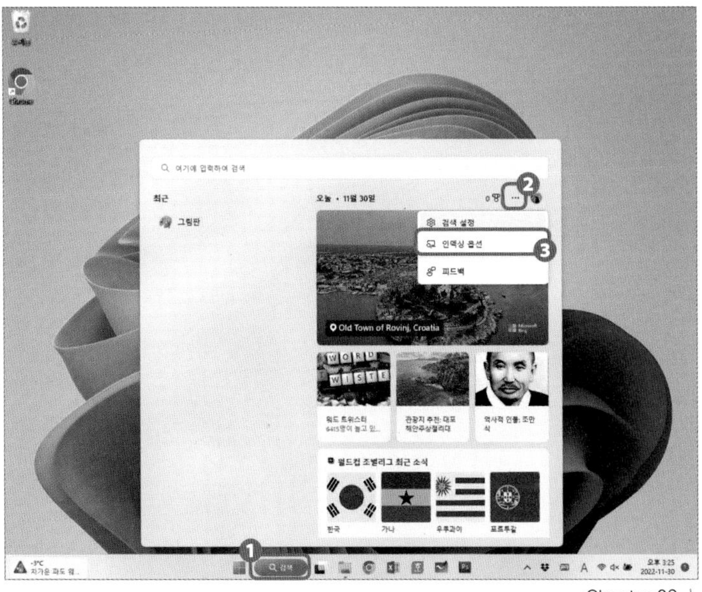

2. [Windows 검색] 화면에서 인덱싱 상태를 확인할 수 있습니다. [내 파일 찾기] 〉 [고급]으로 설정합니다.

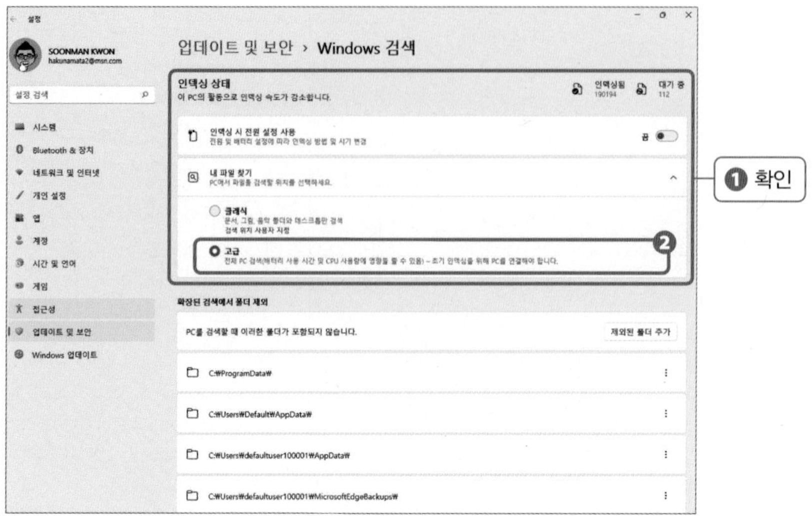

✓ TIP 기본적으로 파일 이름과 전체 파일 경로를 포함하여 파일의 모든 속성이 인덱싱됩니다. 텍스트가 포함된 파일의 경우, 콘텐츠가 인덱싱되기 때문에 파일 내의 단어를 검색할 수도 있습니다. 또한, 설치된 앱은 인덱스에 자체 정보를 추가하여 검색 속도를 높일 수 있습니다. 예를 들면, Outlook, OneNote에서 사용되는 콘텐츠도 함께 인덱싱 설정을 할 수 있습니다.

3. 추가적으로 인덱싱이 불필요한 폴더는 [확장된 검색에서 폴더 제외] 〉 [제외된 폴더 추가]를 클릭하고 폴더를 선택하여 설정합니다.

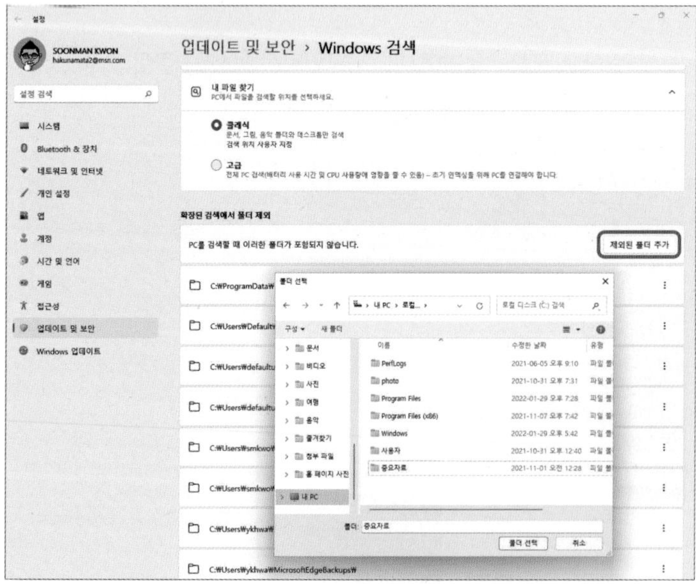

Windows 11
007

중요도
★★★★★

윈도우 11 설정 – 시스템

시스템 설정을 통해 윈도우 11 기본 환경에 대한 디스플레이, 소리, 알림, 집중 지원, 전원 관리, 저장소 공간 등의 관리 설정이 가능합니다.

메일 알림 최우선 순위 설정하기

일정의 시작, 메일 전송, 설정 변경 등이 발생 시 사용자에게 알림을 보낼 수 있습니다. 이런 알림이 너무 많아 불편한 경우는 알림을 끄거나 제한할 수도 있습니다.

1. [⊞]+[I]를 누른 후 [시스템] 화면에서 [알림]을 클릭합니다.

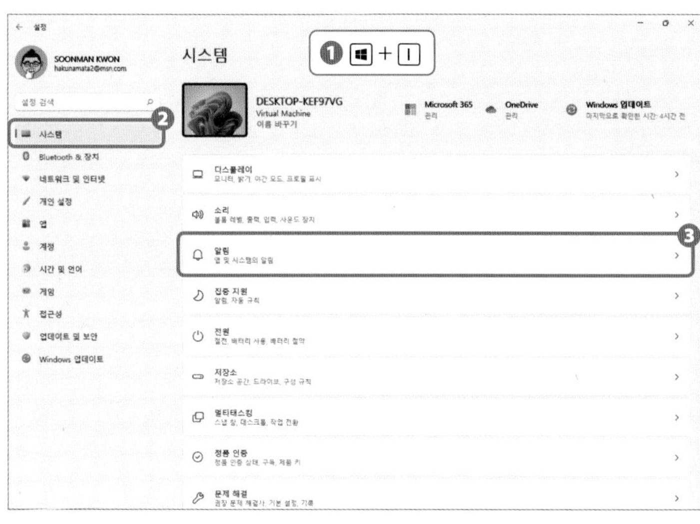

2. [알림] 화면의 [앱 및 기타 보낸 사람이 전송한 알림] 〉 [메일]을 클릭합니다.

3. 새로운 메일이 도착하면 알리는 메일 알림 동작에 대하여 다음과 같이 세부 설정이 가능합니다.

〈알림 센터 알림 우선 순위〉

A 위쪽 : 즐겨 사용하는 앱의 알림을 최고 우선 순위로 설정하여 알림 센터 상단에서 항상 새 알림을 확인할 수 있습니다.

B 높음 : 최고 우선 순위 정도 수준이 아니지만 일반 알림 설정보다는 위에서 알림을 확인할 수 있습니다.

C 보통 : 일반적인 알림 설정 옵션으로 높음 알림보다는 하위에서 알림을 확인할 수 있습니다.

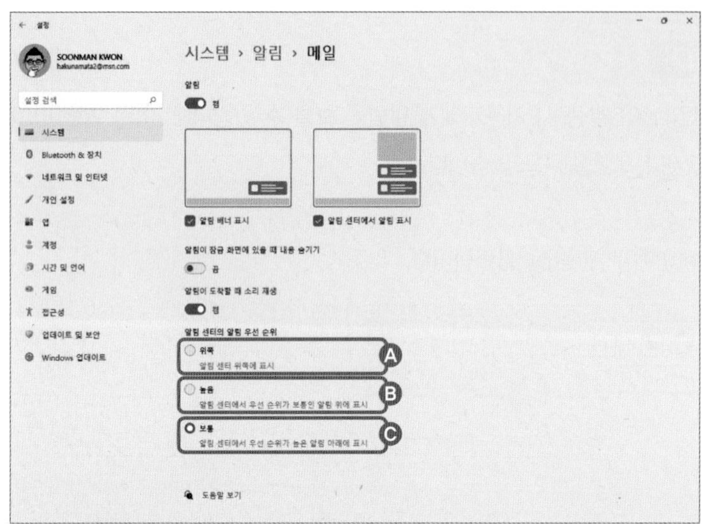

4. 새로운 메일이 도착하면 다음과 같이 화면 왼쪽에 토스트 창이 발생하여 인지할 수 있게 됩니다.

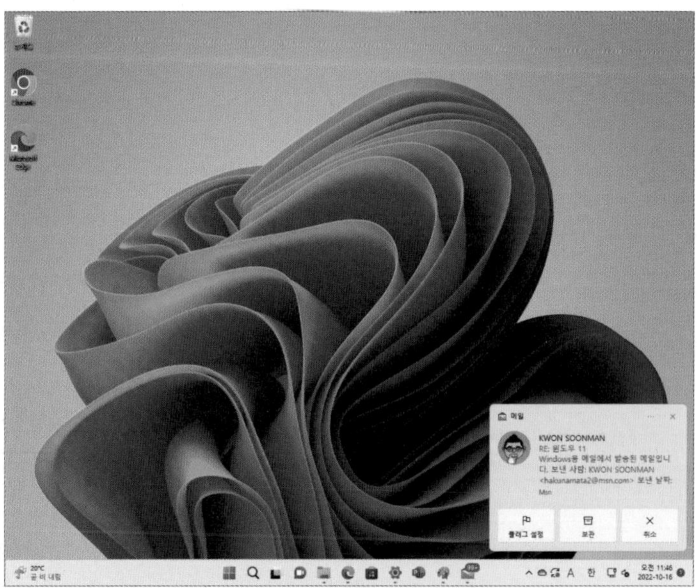

저장소 상태 확인하기

저장소 관리를 통해 현재 저장소가 사용되고 있는 환경을 한눈에 파악할 수 있습니다.

1. [⊞]+[I]를 누른 후 [시스템] 화면에서 [저장소]를 클릭합니다.

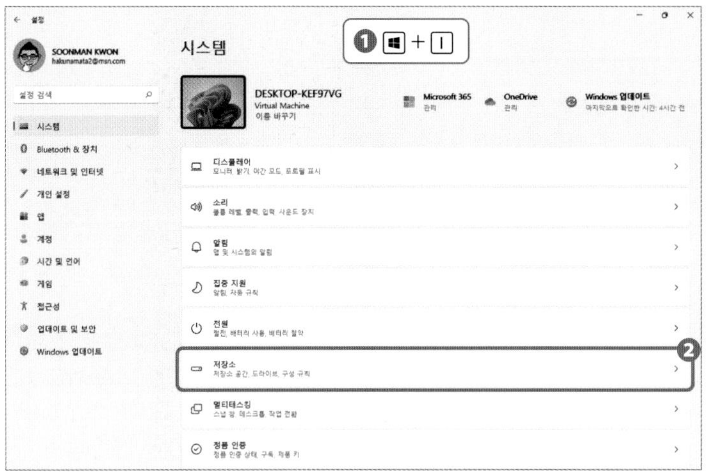

2. [저장소] 화면에서 현재 사용되는 앱, 기능, 문서, 임시 파일이 사용하고 있는 저장소의 용량을 확인할 수 있습니다. [더 많은 범주 표시]를 클릭하면, 더 확장된 구분으로 저장소를 사용하고 있는 부분을 세부적으로 확인할 수 있습니다.

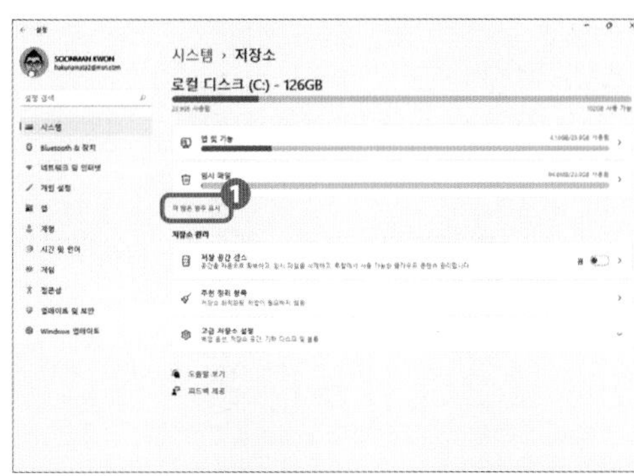

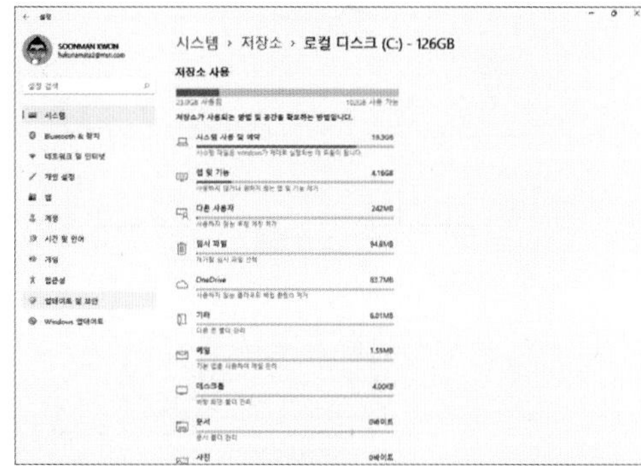

✓TIP 확장되어 분류된 항목을 선택하면 세부적인 앱 목록을 확인할 수 있게 되며, 나열된 앱 중에서 불필요한 앱을 선택하여 바로 제거할 수 있게 됩니다.

✓TIP 저장 공간 센스 사용하기

설정한 저장소 관리 정책을 통해 저장소 공간을 자동으로 확보하고, 임시 파일, 클라우드 등의 파일을 관리합니다. ⊞+I를 누른 후 [시스템] 화면에서 [저장소] 〉 [저장 공간 센스]를 클릭합니다.

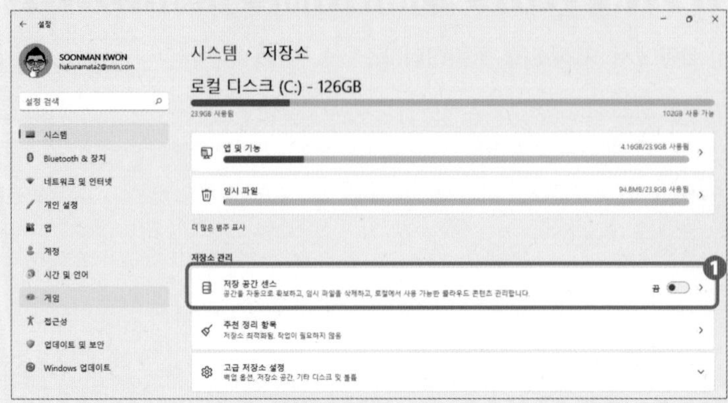

[저장 공간 센스] 화면의 [임시 파일 정리] 〉 [임시 시스템 및 앱 파일을 자동으로…]를 체크하고, [자동 사용자 콘텐츠 정리]를 '켬'으로 설정합니다. 추가적으로 [정리 일정 구성]에서 '저장 공간 센스 실행(매주), 다음 기간 이상 휴지통에 있는 파일 삭제(30일)', '다음 기간 이상 열어보지 않은 내 다운로드 파일 삭제(30일)'를 설정합니다. [OneDrive] 설정은 일정 기간 열지 않을 경우는 자동적으로 온라인 파일로 변경하는 기간을 설정합니다. [저장 공간 센스 지금 실행]을 클릭하여 정의한 기간 전에 바로 저장 공간 센스 기능을 실행할 수도 있습니다.

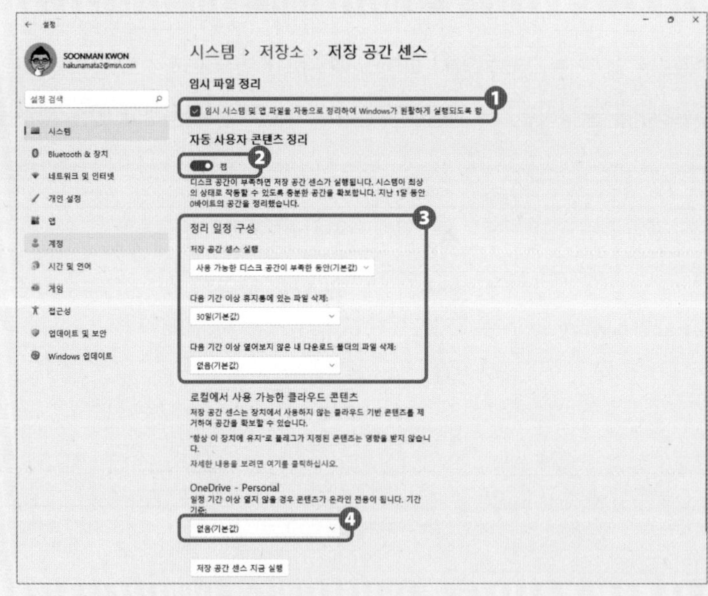

드라이브 최적화하기

이전의 디스크 조각 모음 기능이라고 할 수 있고, PC에 탑재된 HDD 또는, SSD 상관없이 최적화해주는 기능입니다. 기본적으로 스케줄링을 통해 최적화가 진행되지만, 수동으로도 진행할 수 있습니다.

1. [⊞]+[I]를 누른 후 [시스템] 화면에서 [저장소] 〉 [고급 저장소 설정]의 [드라이브 최적화]를 클릭합니다.

2. 장착되어 있는 저장소 드라이브가 나열되고 최적화하기 위한 드라이브를 선택한 후 [최적화]를 클릭합니다.

드라이브 최적화
드라이브를 최적화하여 컴퓨터를 더 효율적으로 실행하거나, 드라이브를 분석하여 최적화해야 할지 여부를 확인할 수 있습니다. 컴퓨터에 있거나 컴퓨터에 연결된 드라이브만 표시됩니다.
상태(T)

드라이브	미디어 유형	마지막 분석 또는 ...	현재 상태
(C:)	씬 프로비저닝된 드라...	실행한 적 없음	확인

고급 보기(D) 분석(A) 최적화(O)
예약된 최적화
설정 설정 변경(S)
예약된 흐름에서 드라이브를 분석 하고 필요에 따라 최적화합니다.
주기: 매주
닫기(C)

3. 드라이브 최적화가 진행됩니다. 이번에는 최적화 작업을 예약하기 위해 [설정 변경]을 클릭합니다.

드라이브 최적화
드라이브를 최적화하여 컴퓨터를 더 효율적으로 실행하거나, 드라이브를 분석하여 최적화해야 할지 여부를 확인할 수 있습니다. 컴퓨터에 있거나 컴퓨터에 연결된 드라이브만 표시됩니다.
상태(T)

드라이브	미디어 유형	마지막 분석 또는 ...	현재 상태
(C:)	씬 프로비저닝된 드라...	2021-10-30 오후 ...	확인(100% 공간 효율)

고급 보기(D) 분석(A) 최적화(O)
예약된 최적화
설정 설정 변경(S)
예약된 흐름에서 드라이브를 분석 하고 필요에 따라 최적화합니다.
주기: 매주
닫기(C)

4. [최적화 일정] 창에서 [예약 실행]을 선택하고 예약 일정을 설정한 후 [확인]을 클릭합니다.

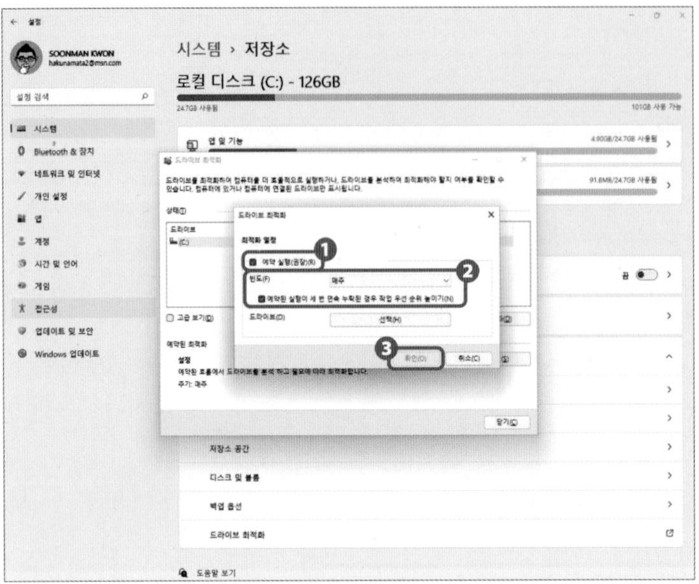

5. 드라이브 최적화 일정을 확인한 후 [닫기]를 클릭하여 완료합니다.

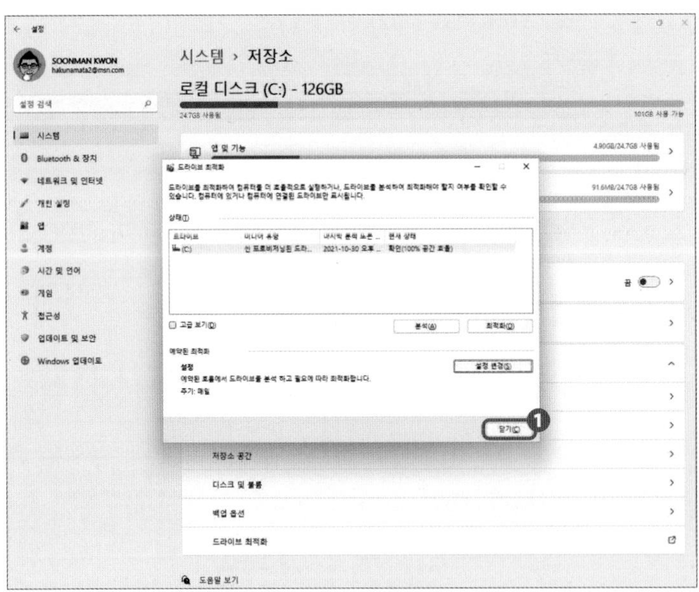

Windows 11
008
중요도 ★★★★★

윈도우 11 설정 – Bluetooth & 장치

Bluetooth & 장치 설정에서는 윈도우 11 환경에서 사용되는 PC 외에 연계되는 외부 장치를 추가하거나 제거 등의 관리를 할 수 있습니다.

장치 추가하기

Bluetooth & 장치 설정에서는 윈도우 11 환경에서 사용되는 PC 외에 연계되는 외부 장치를 추가하거나 제거 등의 관리를 할 수 있습니다.

1. [⊞]+[I]를 누른 후 [Bluetooth & 장치] 화면에서 [장치 추가]를 클릭합니다.

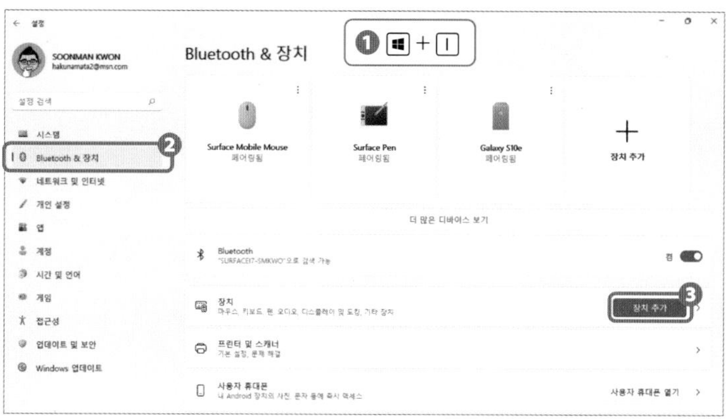

✓TIP 작업 표시줄의 아이콘을 선택하여 Bluetooth 장치 [설정 열기]를 선택하면 빠르게 설정 화면을 불러올 수 있습니다.

2. [디바이스 추가] 창에서 연결하려는 장치에 맞게 선택합니다. 여기서는 [Bluetooth]를 클릭합니다.

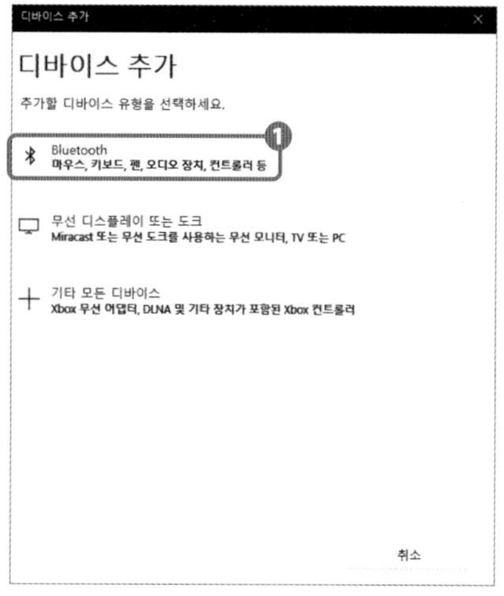

3. 디바이스 검색이 진행되면서 Bluetooth 장치 목록이 나열되면 연결할 장치를 선택합니다. 여기서는 나열된 여러 Bluetooth 장치 중 Bluetooth 헤드폰을 연결합니다. '디바이스를 사용할 준비가 되었습니다.'라는 메시지와 '연결됨'을 확인하고 [완료]를 클릭하여 작업을 완료합니다.

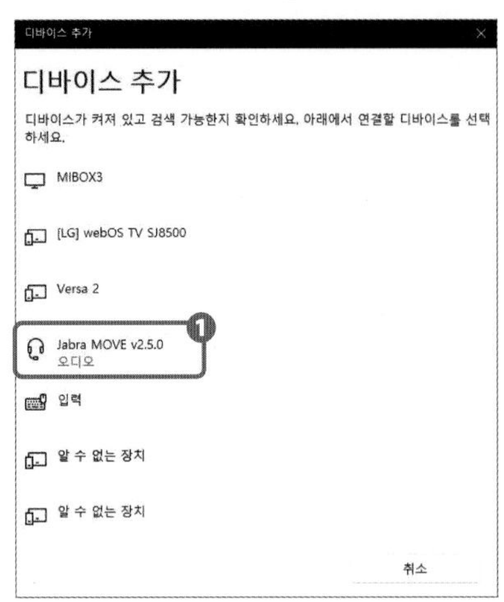

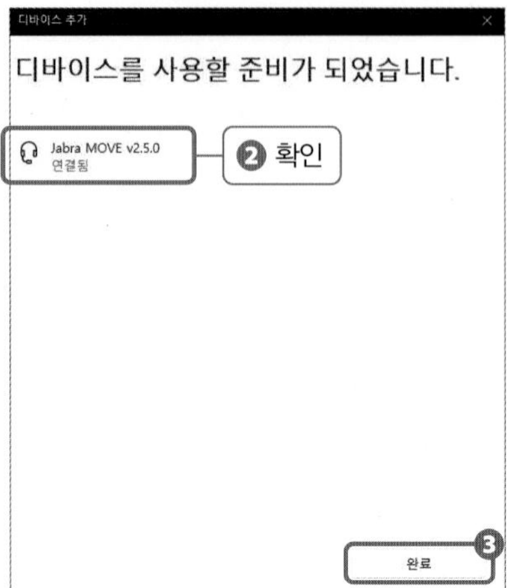

4. [Bluetooth & 장치] 목록에 추가한 장치가 나열되며, 장치의 상태도 확인이 가능합니다.

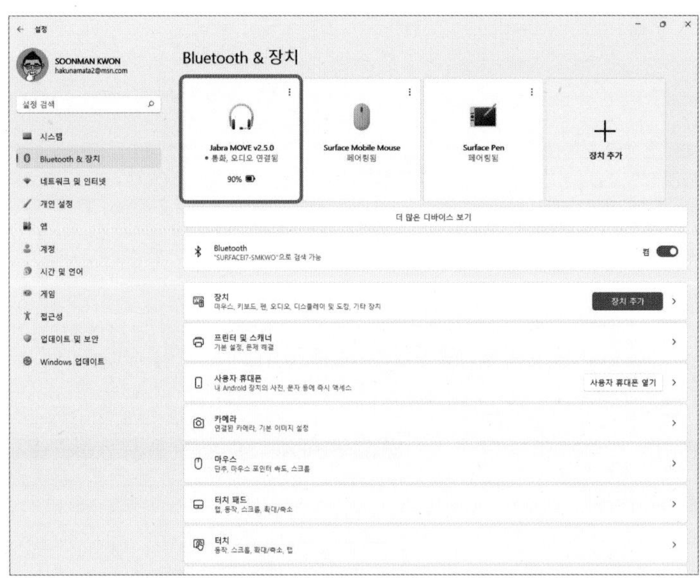

스마트폰과 연결하기

Android 장치를 연동하게 되면 PC에서 스마트폰 화면이 미러링되어 스마트폰의 사진, 문자 등을 확인할 수 있습니다.

1. [Win]+[I]를 누른 후 [Bluetooth & 장치] 화면에서 [사용자 휴대폰 열기]를 클릭합니다.

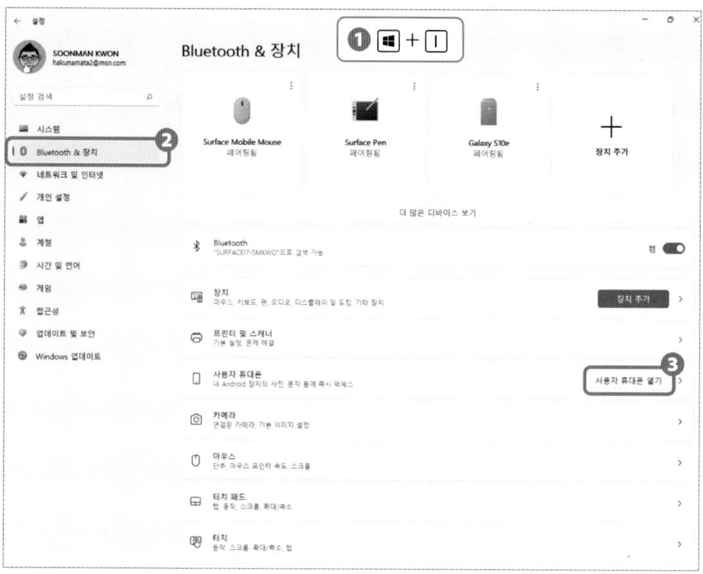

2. PC의 [Android 휴대폰 사용 연결 마법사] 화면에서 [시작]을 클릭합니다.

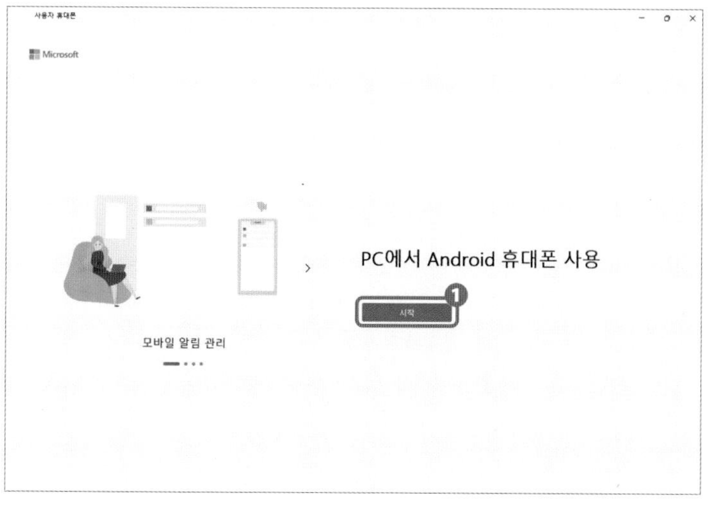

✓TIP Android 계열(예, 갤럭시)의 스마트폰에서만 활용이 가능합니다. 단, 일부 제조사 및 Android 버전에 따라 스마트폰 연결이 제한될 수 있고, iOS를 사용하는 아이폰는 활용이 불가능합니다.

3. [사용자 휴대폰 도우미]를 체크하고 [수동 연결]을 클릭한 후 [PIN으로 장치 연결] 화면에서 [PIN코드 만들기]를 클릭하여 PIN 코드를 생성합니다.

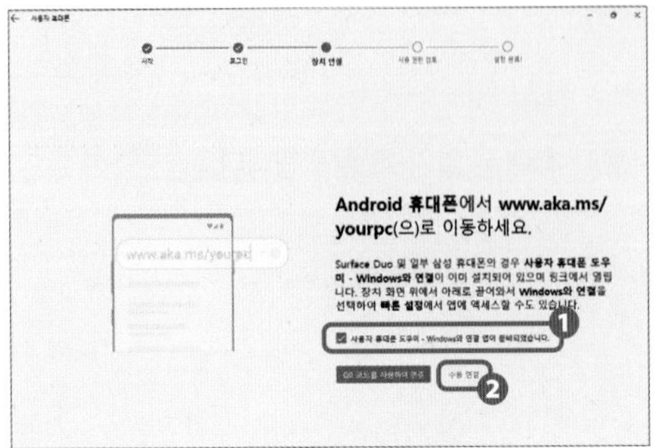

4. 연결하려는 안드로이드 스마트폰의 설정 화면에서 [Windows와 연결]을 터치합니다.

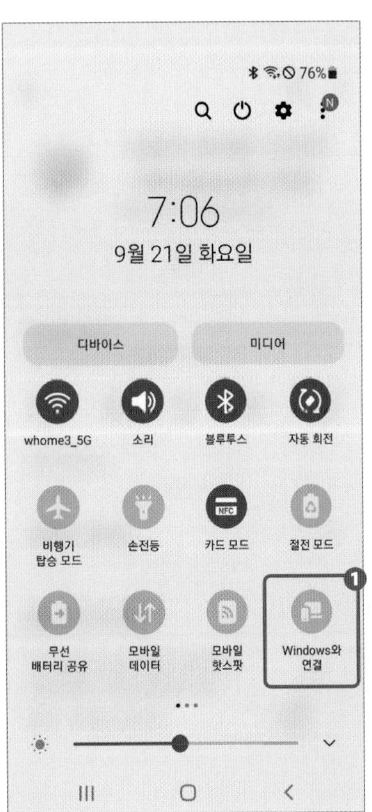

5. [Windows와 연결] 화면에서 [컴퓨터 추가]를 터치합니다.

✔TIP 윈도우 11에서 스마트폰을 연결할 때는 제조사 장비별로 차이가 있을 수 있습니다. 대부분 Android 장치의 경우는 사용자 휴대폰 도우미 앱을 사용하고, 삼성전자 스마트폰의 경우는 사전에 설치되어 있는 [Windows와 연결]을 사용합니다. 또한, 이 앱을 사용하려면 Android 7.0 이상 사용과 함께 컴퓨터와 동일한 Wi-Fi에 연결되어 있어야 합니다.

6. 나타난 메시지와 같이 Microsoft 계정으로 로그인 완료 후 [계속]을 터치합니다.

7. PC에서 생성한 [PIN 코드] 9자리를 입력한 후 터치합니다.

8. PC와의 연결 작업이 진행되고, PC와 연결 완료 메시지를 확인 후 [완료]를 터치합니다.

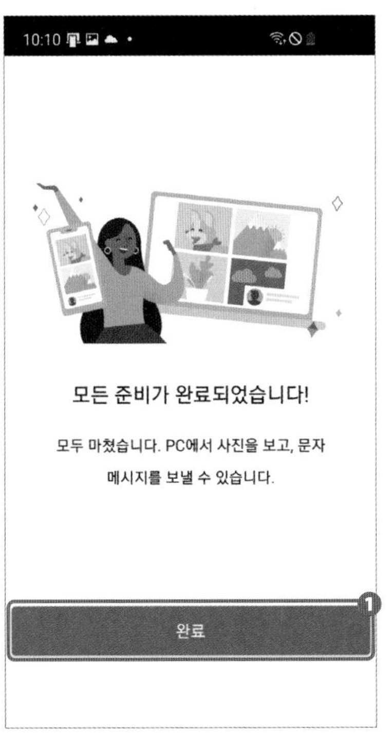

9. [Windows와 연결] 화면에서 연결한 PC 이름과 함께 연결된 상태를 확인할 수 있습니다.

10. PC에서도 연동이 완료된 메시지를 확인하고 [계속]을 클릭합니다.

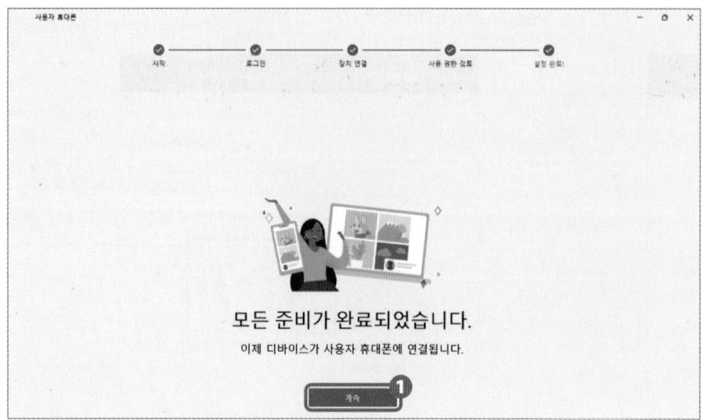

11. 사용자 휴대폰 앱 환영 메시지를 확인한 후 [시작]을 클릭하고, [작업을 선택하여 탐색 시작] 화면에서 [건너뛰기]를 클릭합니다.

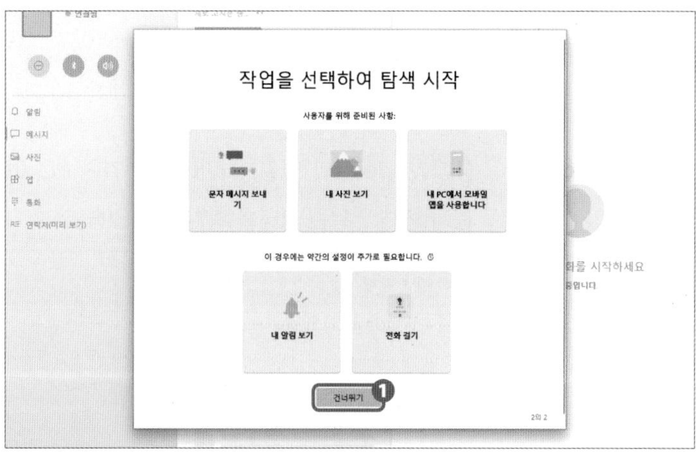

12. PC와 연결된 안드로이드 스마트폰이 연결된 장치 목록에 나타납니다.

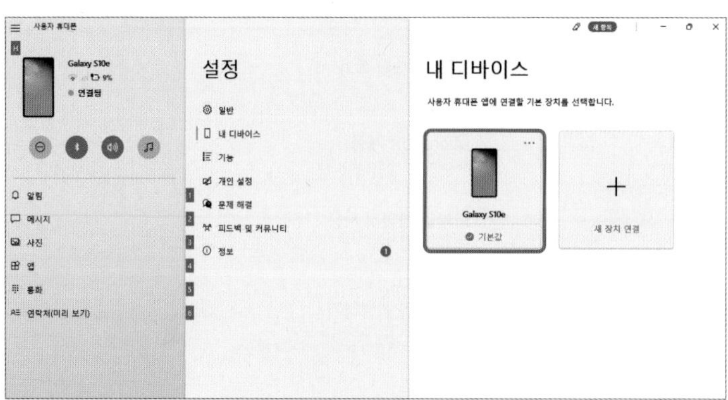

13. 연결된 스마트폰의 '알림, 메시지, 사진, 앱, 통화, 연락처'에 접근하여 사용할 수 있습니다.

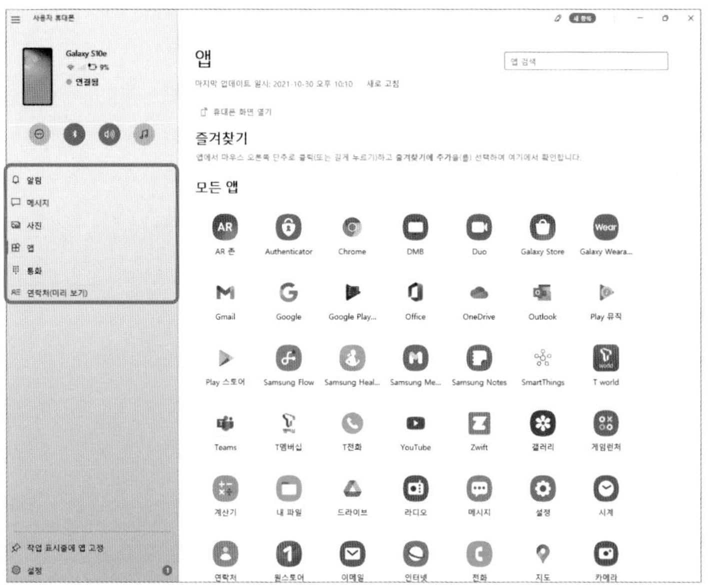

14. 스마트폰이 미러링되어 PC 화면에 나타나고 원격으로 사용이 가능합니다.

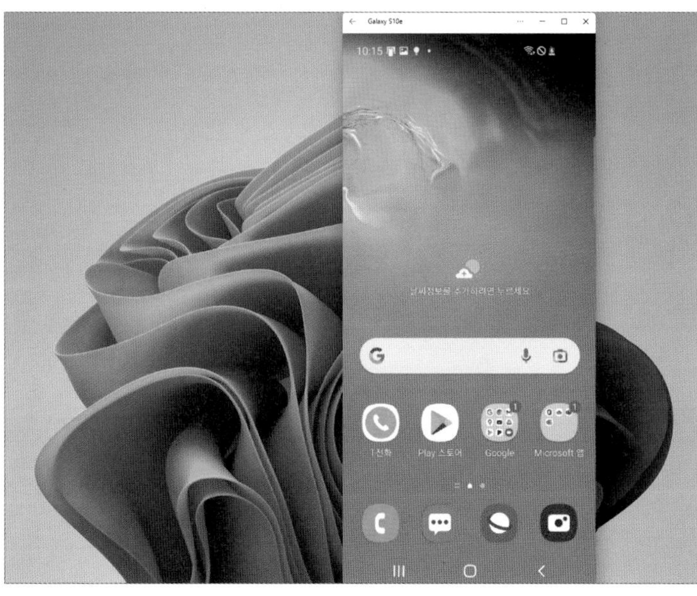

✓TIP 프린터 및 스캐너 연결하기

PC에 연결되어 있는 프린터 및 스캐너를 관리할 수 있습니다. 새로운 프린터 및 스캐너를 추가하거나 프린터의 기본 설정을 통해 여러 프로그램에서도 공통적으로 관리하여 사용할 수 있습니다.

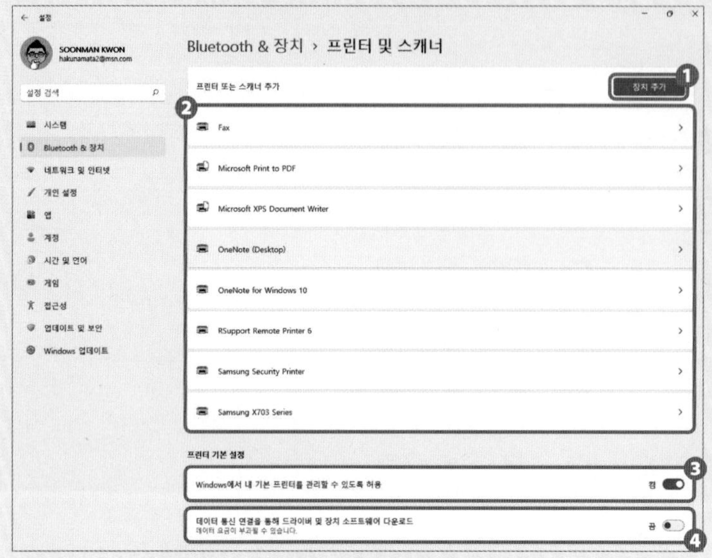

❶ 장치 추가 : 프린터 또는, 스캐너 추가 마법사를 실행합니다.
❷ 장치 목록 : 연결되어 있는 프린터 또는, 스캐너의 목록과 각 장치별 관리 설정을 할 수 있습니다.
❸ 프린터 기본 설정 : 윈도우에서 내 기본 프린터를 관리할 수 있도록 허용 여부를 설정합니다.
❹ 드라이버 업데이트 : 데이터 통신을 사용하는 경우에 드라이버 및 장치 관련 소프트웨어 다운로드 허용 여부를 설정합니다.

✓TIP 마우스 설정하기

PC에 연결되어 있는 마우스의 단추, 포인터 움직이는 속도 및 스크롤 기능에 대한 세부 설정이 가능합니다.

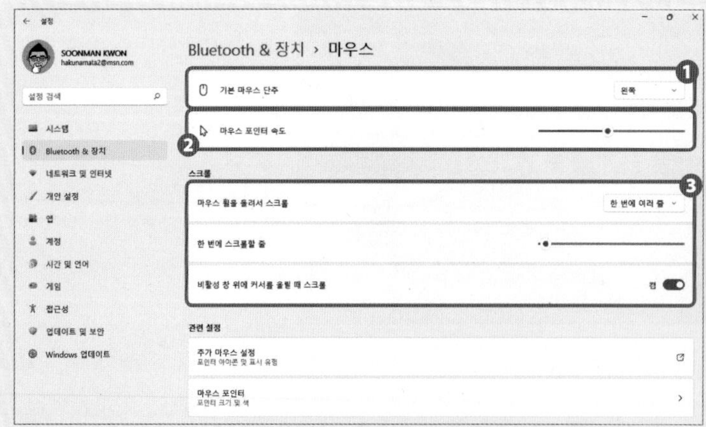

❶ 기본 마우스 단추 : 마우스 오른쪽/왼쪽 버튼을 설정합니다.
❷ 마우스 포인터 속도 : 마우스를 이동할 때 마우스 포인트의 속도를 설정합니다.
❸ 스크롤 : 마우스 휠 기능이 있을 때 마우스 휠이 스크롤되는 범위를 지정하거나, 비활성 창 위에 커서를 위치할 때 스크롤 여부를 설정합니다.

✓TIP 자동 실행 설정하기

자동 실행을 설정하면 이동식 드라이브, 메모리 카드 등의 모든 미디어 및 장치가 PC에 연결되면 자동으로 실행되는 동작을 설정할 수 있습니다. 예를 들어, 이동식 드라이브를 연결하는 경우에 바로 파일 탐색기를 열어 파일을 나타나게 할 수 있습니다.

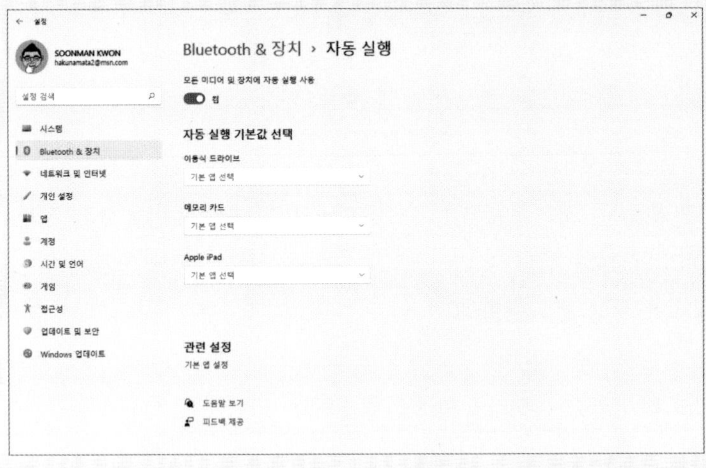

✓TIP 윈도우 시작 프로그램 제거하기

윈도우 11 부팅 후 로그인 시 자동으로 실행되는 프로그램을 제어할 수 있기 때문에 불필요하게 실행되는 프로그램을 제어하여 빠르게 컴퓨터를 사용할 수 있습니다.

[Ctrl]+[Shift]+[Esc]를 실행하면 나타나는 [작업 관리자] 창의 [시작 프로그램] 탭으로 이동하여 나열되는 시작 프로그램 목록 중에서 윈도우 시작 시 실행을 금지하려는 앱을 선택한 후 [사용 안 함]으로 설정할 수 있습니다. 반대로 [사용 함]으로 설정할 수도 있습니다.

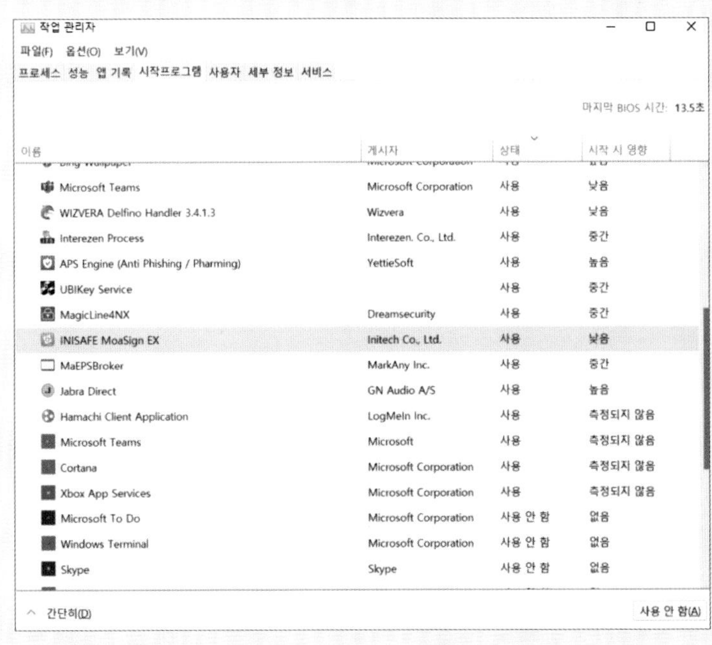

Windows 11
009

중요도 ★★★

윈도우 11 설정 – 네트워크 및 인터넷

네트워크 및 인터넷에 대한 옵션 및 설정 방법을 알아봅니다.

모바일 핫스팟 설정하기

Wi-Fi로 다른 장치와 인터넷 연결을 공유하여 윈도우 11 PC를 모바일 핫스팟으로 만들 수 있으며, Wi-Fi, 이더넷 또는, 셀룰러 데이터 연결을 공유할 수 있게 됩니다. PC에 셀룰러 데이터 연결이 있는 경우, 이를 공유하면 데이터 요금제의 데이터를 사용합니다.

1. ⊞+I를 누른 후 [네트워크 및 인터넷] 〉 [모바일 핫스팟]을 클릭합니다.

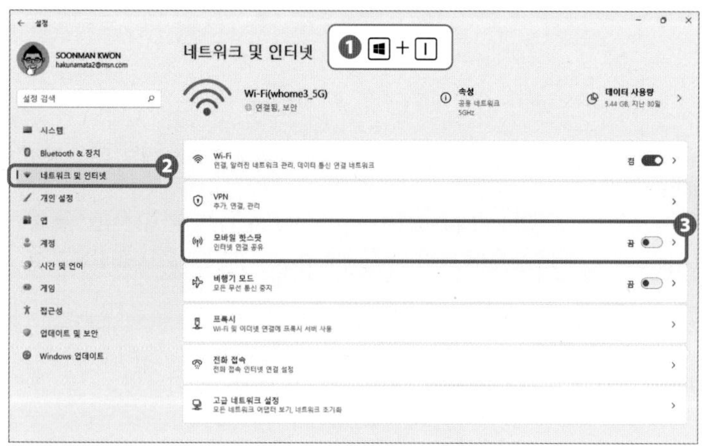

✓TIP 모바일 핫스팟 설정 시 현재 연결되어 있는 Wi-Fi 대역폭에 따라서 연결 가능한 디바이스에 표시되지 않을 수 있습니다. 예를 들어, 윈도우 11 PC가 5Ghz 네트워크 대역으로 연결을 공유하고 있는 경우에는 2.4Ghz 대역을 통해서만 연결할 수 있는 디바이스의 Wi-Fi 목록에서는 나타나지 않습니다.

2. [모바일 핫스팟] 화면에서 '켬'으로 설정하고 [속성] 〉 [편집]을 클릭하여 '이름, 암호'를 설정합니다.

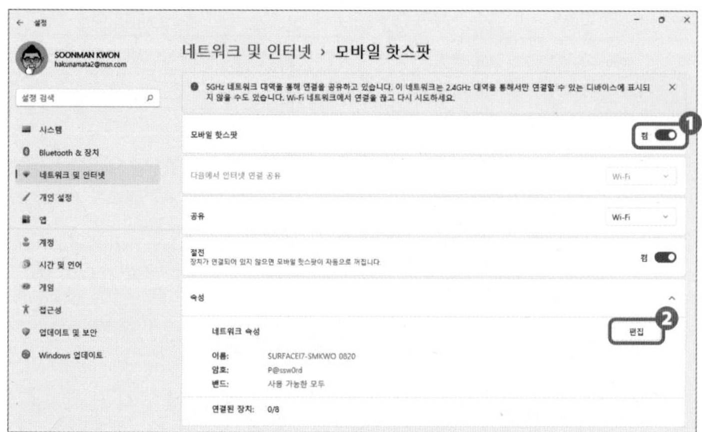

3. 모바일 장치의 Wi-Fi 설정에서 공유한 모바일 핫스팟을 선택하고 암호를 입력하여 연결하면 다음과 같이 연결된 장치가 추가된 것을 확인할 수 있습니다. 최대 8대까지 연결하여 사용이 가능합니다.

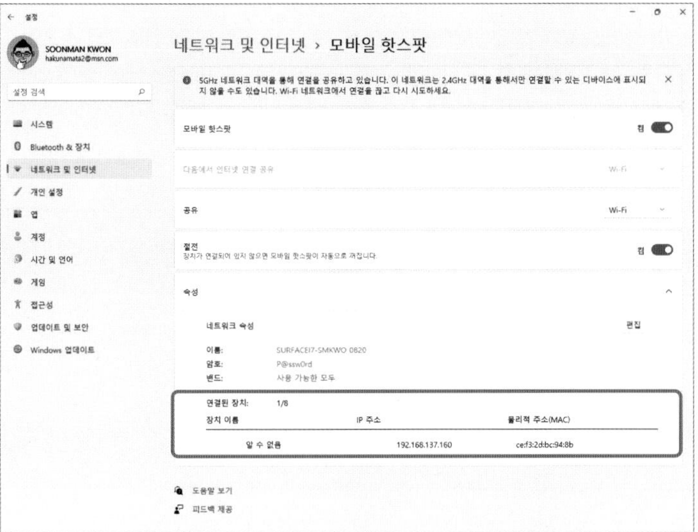

TIP 비행기 모드

비행기 모드는 모든 무선 연결을 끄므로 비행기 통신에 간섭을 일으킬 수 있는 휴대전화의 신호 송신을 방지합니다. [Windows]+[I]를 누른 후 [네트워크 및 인터넷] 〉 [비행기 모드]를 클릭하고, [무선 장치]인 [Wi-Fi], [Bluetooth]를 설정합니다.

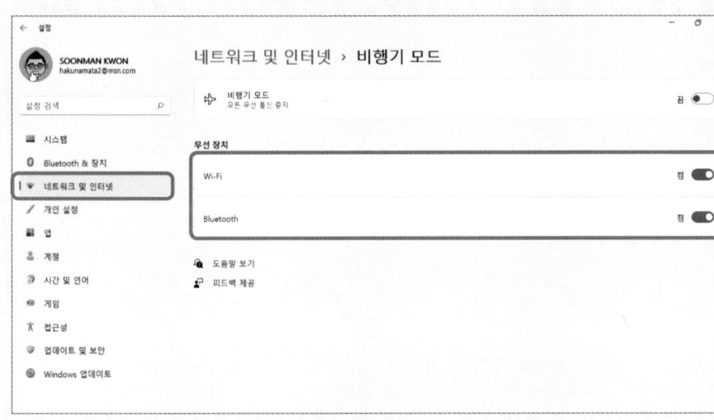

✓ TIP **VPN 설정하기**

윈도우 11의 VPN 설정 기능을 사용하면 업무용 또는, 개인적으로 PC의 가상 사설망(VPN)에 연결할 수 있습니다. VPN 연결을 사용하면 회사 네트워크와 인터넷에 보다 안전하게 연결 및 액세스할 수 있습니다(예: 커피숍 또는, 그와 유사한 공공 장소에서 작업하는 경우). 업무의 경우 회사에 있을 때 회사 인트라넷 사이트에서 VPN 설정 또는, VPN 앱을 찾을 수 있는지 확인하거나 회사의 지원 담당자에게 문의해야 하고, 개인적으로 구독하는 VPN 서비스인 경우 Microsoft Store를 방문하여 해당 서비스용 앱이 있는지 확인한 다음, VPN 서비스의 웹 사이트로 이동하여 사용할 VPN 연결 설정 목록이 있는지 확인합니다.

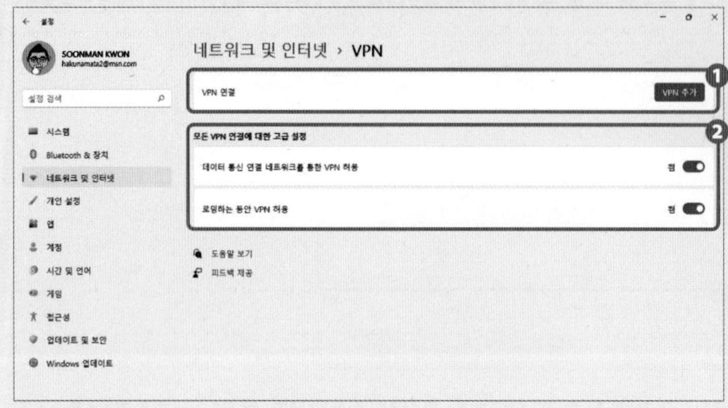

❶ VPN 연결 : VPN 마법사를 실행하여 설정합니다.

❷ 모든 VPN 연결에 대한 고급 설정 : 데이터 통신 및 로밍 등으로 연결 네트워크를 통한 VPN 허용 여부를 설정합니다.

고급 네트워크 설정하기

고급 네트워크 설정을 통해 네트워크 어댑터에 대한 사용 설정과 초기화 등을 진행할 수 있습니다.

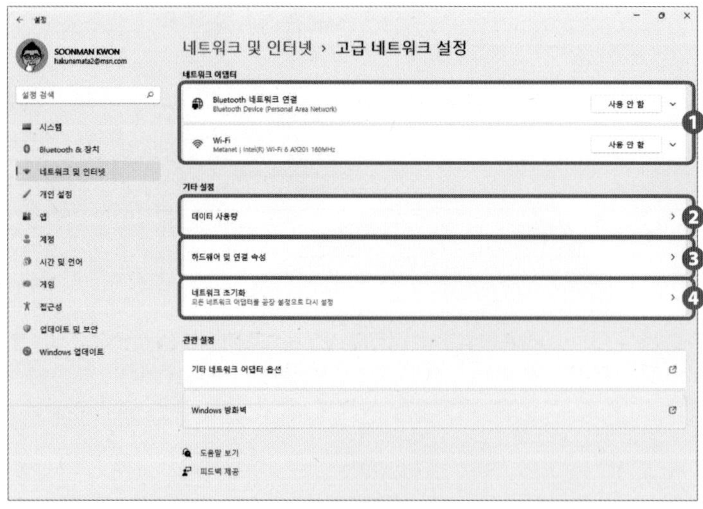

❶ **네트워크 어댑터** : Bluetooth 네트워크 및 WI-Fi를 통한 네트워크 연결 사용 여부를 설정합니다.

❷ **데이터 사용량** : 네트워크 데이터 사용량을 확인하고 설정합니다.

❸ **하드웨어 및 연결 속성** : 네트워크에 연결되어 있는 장치의 속성값을 확인할 수 있습니다.

❹ **네트워크 초기화** : 모든 네트워크 어댑터를 공장 초기화 상태로 설정합니다.

✓TIP **스마트폰을 이용해 핫스팟을 사용하는 경우 데이터 사용 제한 설정하기**

[설정] 〉 [네트워크 및 인터넷] 〉 [고급 네트워크 설정] 〉 [기타 설정] 〉 [데이터 사용량] 화면에서 상단 메뉴에 있는 연결되어 있는 핫스팟을 선택하고 [한도 입력]을 클릭하면 나타나는 데이터 제한 설정 창에서 기간, 시작일 및 데이터 제한 용량을 설정합니다.

이렇게 설정이 완료되면 데이터 한도를 넘지 않도록 윈도우에서 데이터 사용량 추적을 지원하게 되며, 한도에 근접되면 경고 알림을 나타내어 데이터 사용량이 초과되는 것을 방지할 수 있습니다.

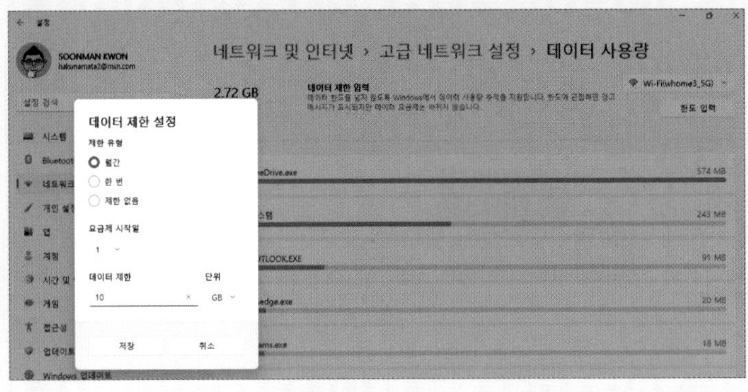

윈도우 11 설정 - 개인 설정 및 기타

개인 설정에서는 배경, 색, 테마, 잠금 화면, 터치 키보드, 시작, 작업 표시줄, 글꼴 및 디바이스 사용 현황에 대한 설정을 할 수 있습니다.

Microsoft Store를 사용하여 글꼴 추가하기

Microsoft Store에서 제공되는 여러 나라의 언어별 글꼴을 다운로드 받아 사용할 수 있습니다.

1. ⊞+I를 누른 후 [개인 설정] 화면에서 [글꼴]을 클릭합니다.

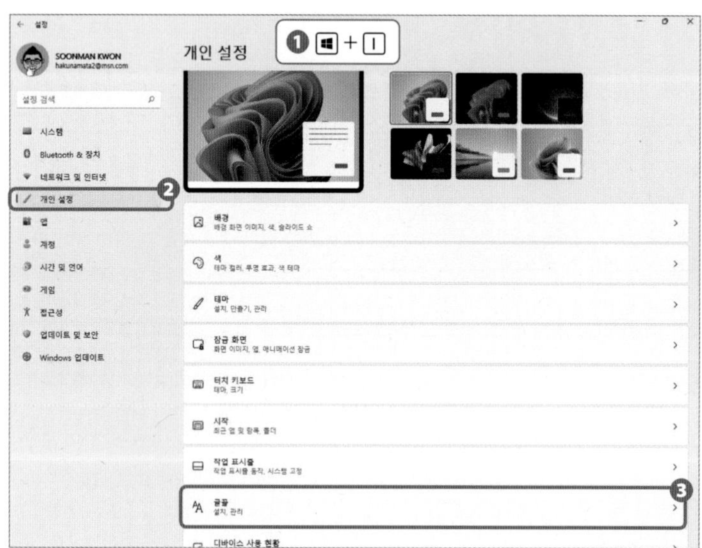

2. [글꼴] 화면에서 [Microsoft Store에서 더 많은 글꼴 가져오기]를 클릭합니다. Microsoft Store가 실행되고 설치 가능한 글꼴이 나타나면 선택합니다.

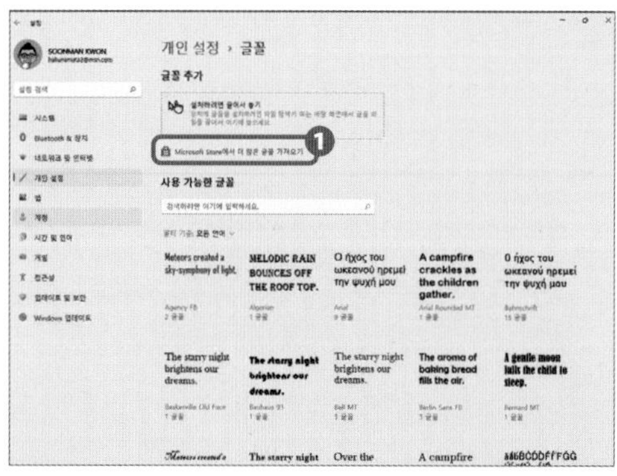

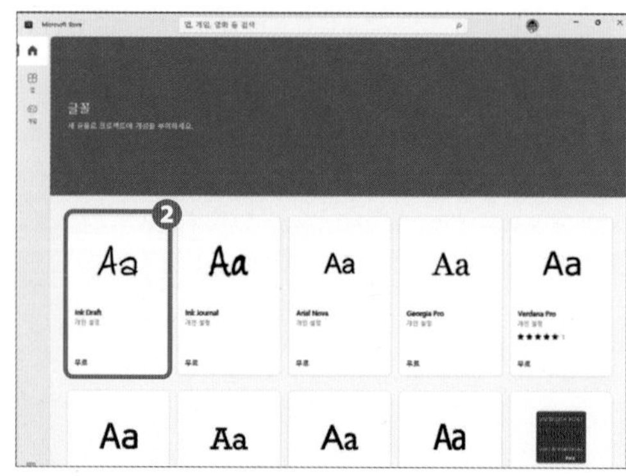

3. 선택한 글꼴을 확인한 후 [다운로드]를 클릭하고, 글꼴 설치가 완료되면 [열기]를 클릭합니다.

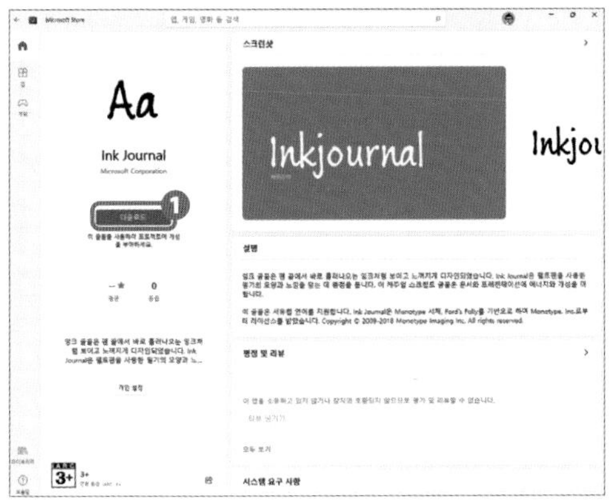

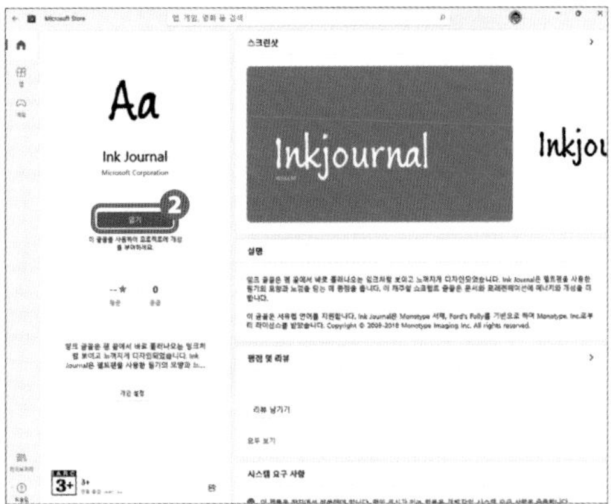

4. [글꼴] 화면에서 글꼴이 정상적으로 설치된 것을 확인할 수 있습니다. 글꼴이 추가되면 윈도우에서 제공하는 프로그램 또는, 추가 Office 문서 편집기 등의 글꼴 목록에서 추가된 글꼴이 나타나는 것을 확인할 수 있습니다.

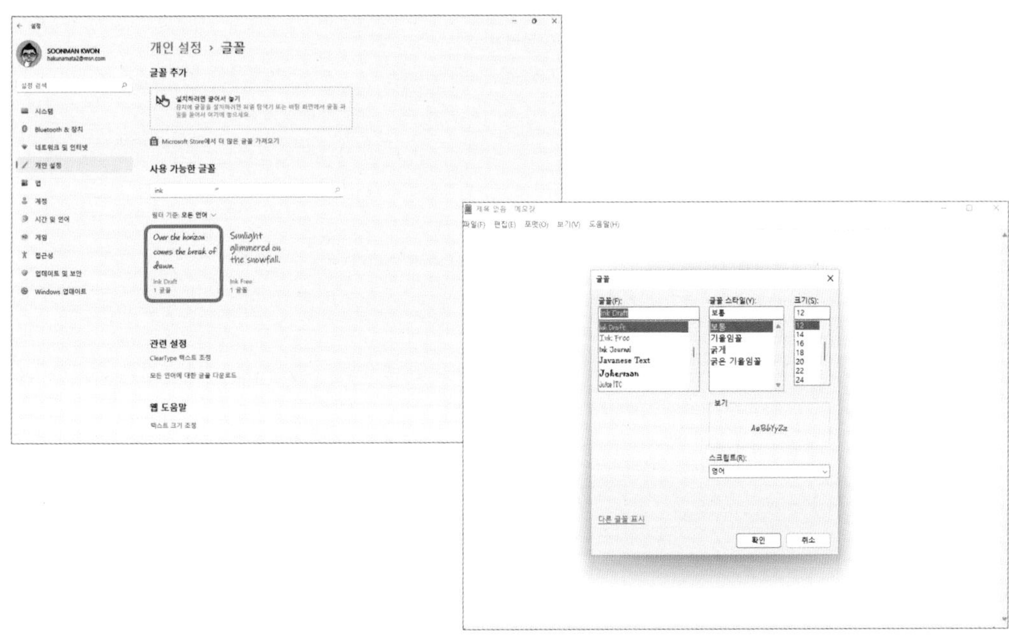

✓ TIP 폰트를 제작하여 서비스하는 곳이나, 포털 사이트에서 제공하는 무료 폰트를 다운로드받아 수동으로 설치하면 윈도우 11에서 사용할 수 있습니다.

✓TIP 잠금 화면 설정하기

PC의 잠금 상태에서 나타나는 정보를 설정할 수 있습니다. 설정된 일정 이벤트, 소셜 네트워크 업데이트와 기타 앱 및 시스템 알림을 표시하는 간단한 상태 알림과 자세한 상태 알림을 원하는 대로 설정할 수 있습니다.

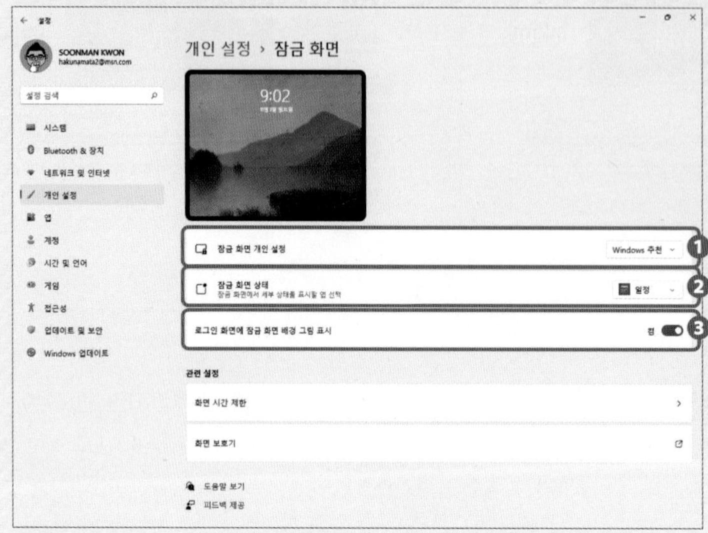

❶ 잠금 화면 개인 설정 : 잠금 화면에서 보이는 이미지를 설정합니다.
❷ 잠금 화면 상태 : 잠금 화면에서 세부 상태 정보를 표시할 앱을 선택합니다.
❸ 로그인 화면에 잠금 화면 배경 그림 표시 : 로그인 화면에 표시할 배경 그림 허용 여부를 설정합니다.

✓TIP 시작 설정하기

윈도우 11 시작 화면에서 표시할 앱 또는, 항목에 대한 표시 설정을 할 수 있습니다.

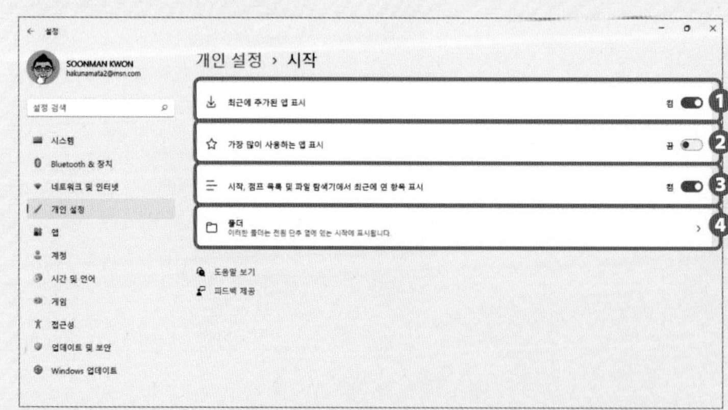

❶ 최근에 추가된 앱 표시 : 최근에 설치된 앱을 시작 화면에 나타나게 설정합니다.
❷ 가장 많이 사용하는 앱 표시 : 사용자가 자주 사용하는 앱을 시작 화면에 나타나게 설정합니다.
❸ 최근 항목 표시 : 시작, 점프 목록 및 파일 탐색기에서 사용한 항목을 시작 화면에 나타나게 설정합니다.
❹ 폴더 : 전원 단추 옆에 있는 시작에 표시되는 폴더를 선택하여 설정할 수 있습니다.

기본 앱 설정하기

파일 및 링크 형식의 기본값으로 앱과 연계 설정하여 실행되도록 합니다. PC에 비슷한 역할을 하는 앱을 여러 개 설치했을 때 특정 앱이 기본적으로 동작할 수 있도록 설정합니다. 예를 들어, Edge, Chrome, Firefox 브라우저가 설치되어 있는 경우에 하이퍼링크를 클릭하거나 HTML 파일 실행 시 어떤 브라우저로 열리게 할지를 설정할 수 있습니다.

1. [⊞]+[I]를 누른 후 [앱] 화면에서 [기본 앱]을 클릭합니다.

2. [기본 앱] 화면의 [응용 프로그램의 기본값 설정]에서 변경하려는 앱을 선택합니다. 'Chrome'을 선택하면 기본적으로 파일 유형 또는, 링크 유형으로 Microsoft Edge가 설정되어 있는데 변경하려는 파일 유형을 클릭합니다.

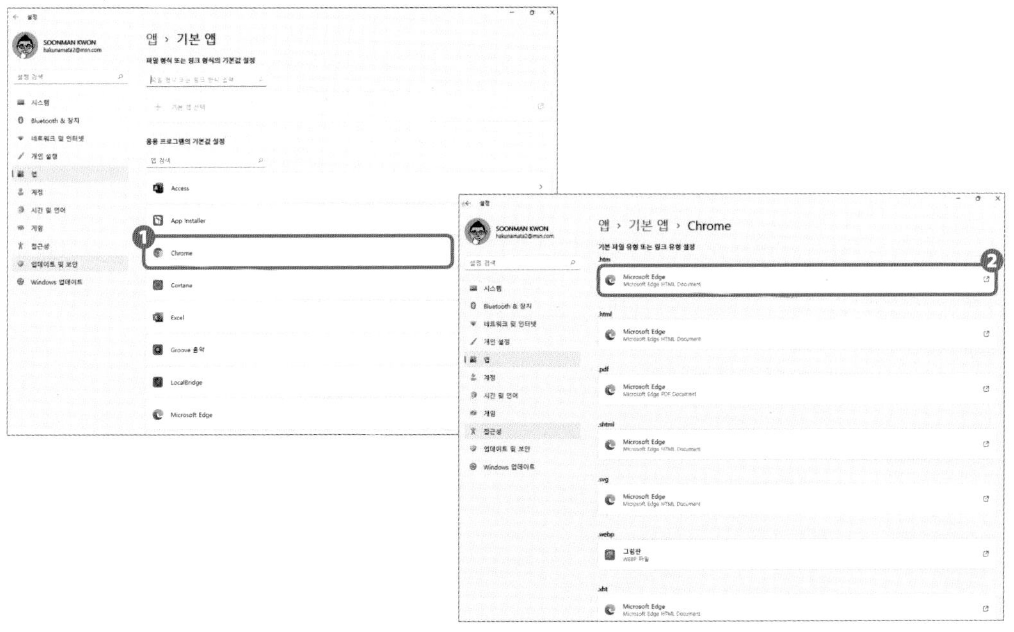

3. 선택한 파일 유형을 실행할 응용 앱이 제시되면 선택합니다. 선택한 파일 유형의 기본 앱 설정이 변경되었습니다.

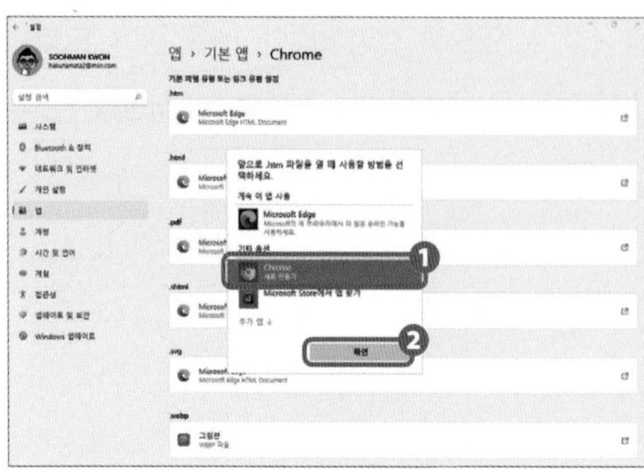

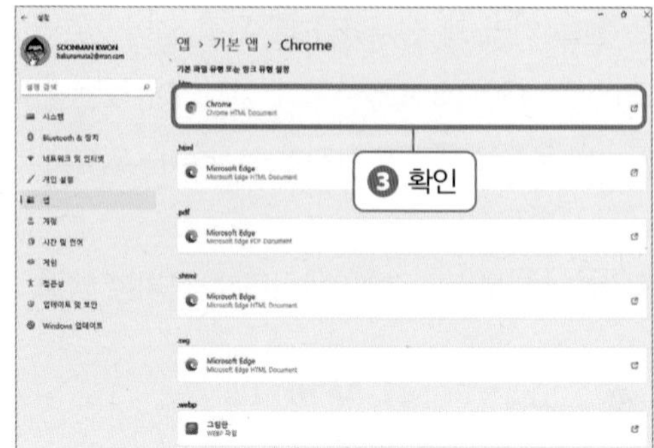

시작 프로그램 설정하기

PC를 켜고 윈도우 11이 시작 될 때 자동으로 실행되는 프로그램을 관리할 수 있습니다.

1. ⊞+I를 누른 후 [앱] 화면에서 [시작 프로그램]을 클릭합니다.

2. [시작 프로그램] 화면에서 로그인 시 실행되는 프로그램 목록이 나타나게 되고 '켬/끔'으로 설정할 수 있습니다.

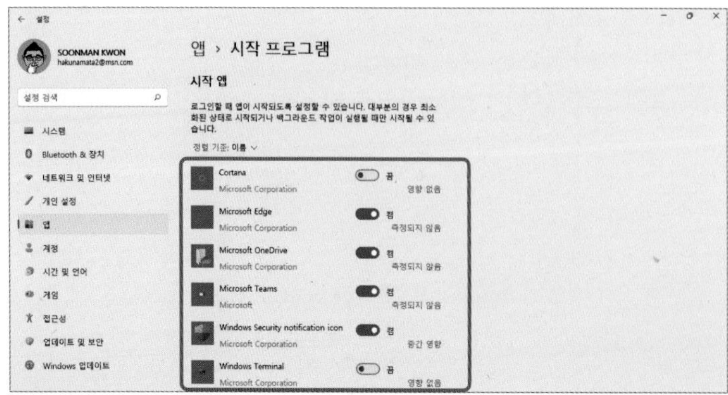

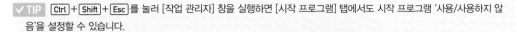

✔TIP Ctrl+Shift+Esc를 눌러 [작업 관리자] 창을 실행하면 [시작 프로그램] 탭에서도 시작 프로그램 '사용/사용하지 않음'을 설정할 수 있습니다.

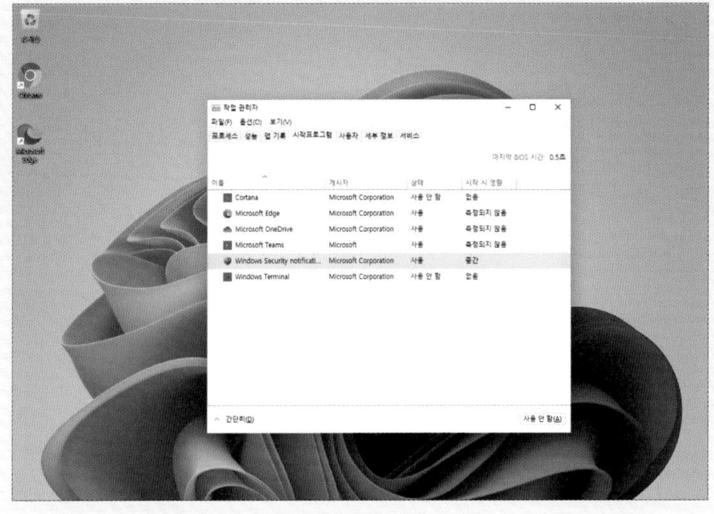

윈도우 11 언어 변경하기

윈도우 11은 설치한 언어 버전으로 기본 언어가 설정되지만, 다른 언어로 윈도우 11 환경 변경 시에 언어 추가 팩을 설치하여 변경할 수 있습니다.

1. ⊞+I를 누른 후 [시간 및 언어] 화면에서 [날짜 및 시간]을 클릭합니다.

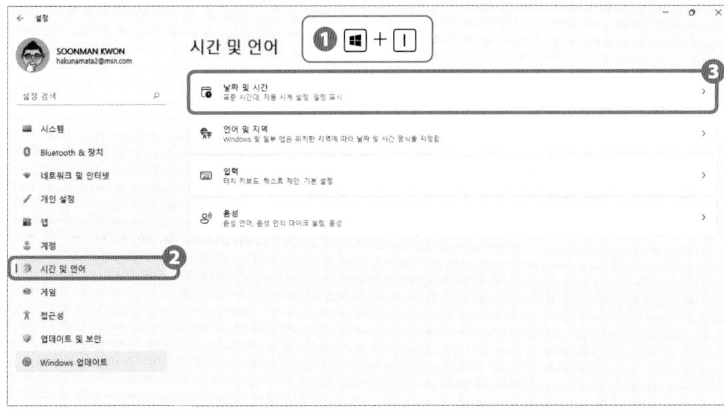

✓ TIP 윈도우 11에서 단일 언어 버전

윈도우 11에서 '하나의 언어 팩만 허용' 또는, '사용자 Windows 하나의 표시 언어만 지원'이라는 메시지를 받는 경우는 다중 언어 버전으로 설정이 불가능하기에 윈도우 11 홈 또는, 윈도우 11 Pro로 업그레이드해야 합니다.

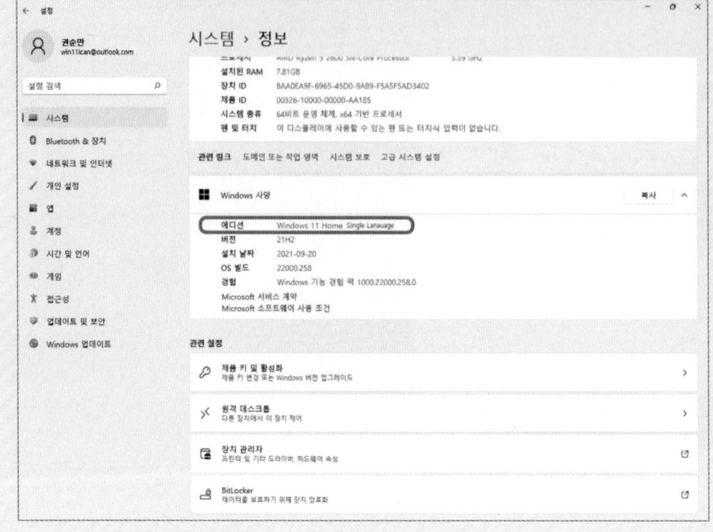

2. [언어 및 지역] 화면에서 [언어 추가]를 클릭합니다. [설치할 언어 선택] 화면에서 설치할 언어를 선택하고 [다음]을 클릭합니다.

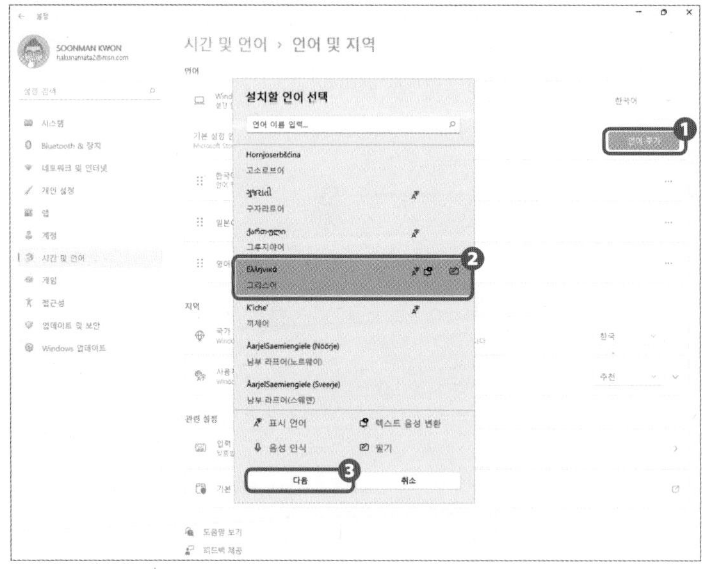

3. [언어 기능 설치] 화면에서 [선택적 언어 기능]을 선택하고, [언어 기본 설정] 〉 [내 Windows 표시 언어로 설정]을 선택한 후 [설치]를 클릭합니다.

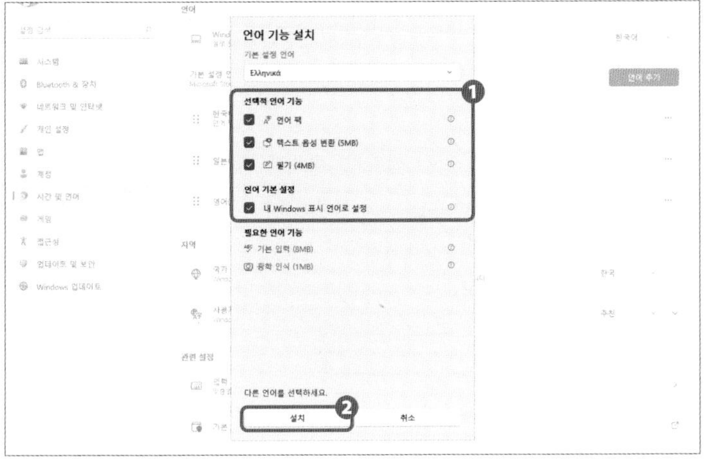

4. 언어 팩 설치가 진행됩니다. 선택한 언어 팩 설치가 완료되면 정상적으로 표시하기 위하여 로그아웃을 합니다.

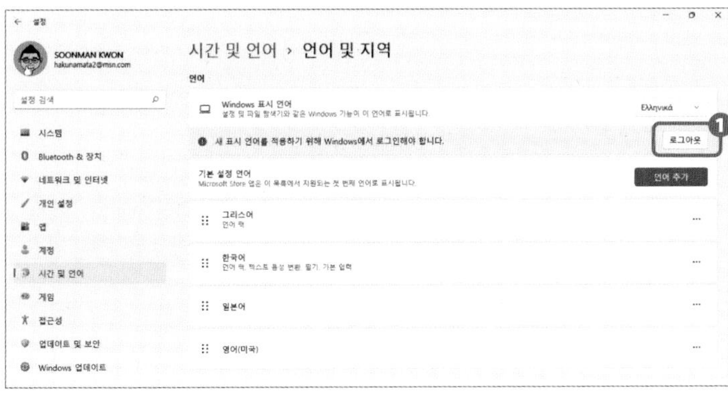

5. 다시 로그인하면 윈도우 11이 설정한 언어로 변경된 것을 확인할 수 있습니다.

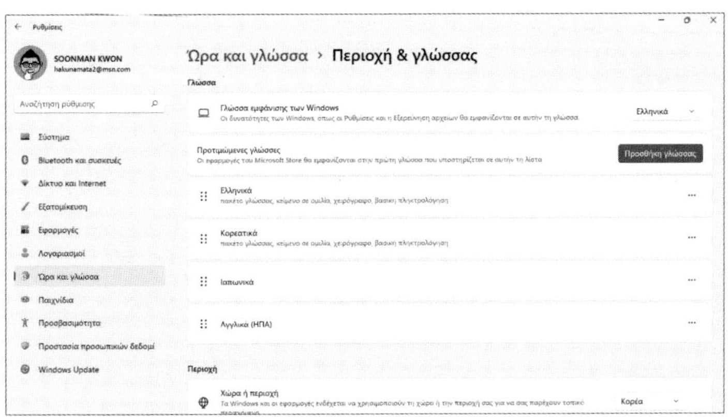

내 장치 찾기

내 장치 찾기는 PC를 분실하거나 도난당한 경우 쉽게 찾을 수 있도록 돕는 기능입니다. 해당 기능을 사용하려면 Microsoft 계정으로 장치에 로그인합니다. 장치를 찾으려고 하면 장치를 사용하는 사용자에게 알림 영역에서 알림이 표시됩니다.

1. [⊞]+[I]를 누른 후 [개인 정보 및 보안] 화면에서 [내 장치 찾기]를 클릭합니다.

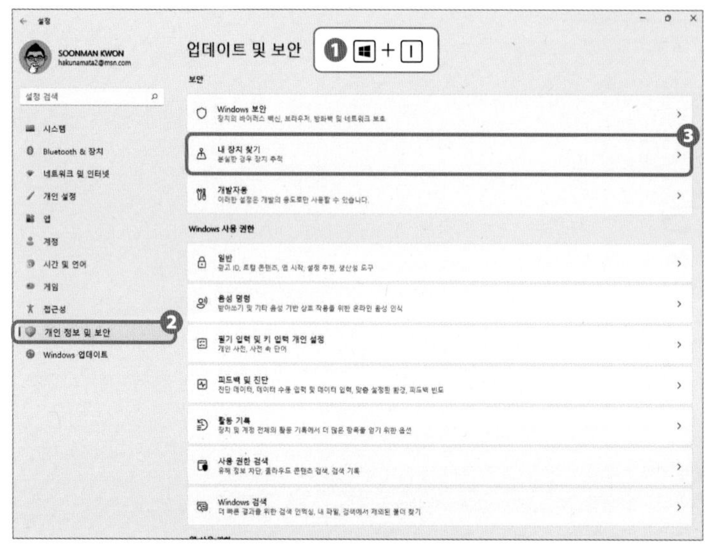

✓ TIP 분실한 장치 설정은 데스크탑, 노트북, Surface 또는 Surface 펜 같은 모든 Windows 장치에서 동작하며, 이 기능을 사용하기 위해서는 사전에 기능이 활성화되어 있어야 합니다. 직장 또는 학교 계정에서 이 설정을 사용하기 위해서는 별도의 Microsoft 365 라이선스 구성이 필요할 수 있습니다. 그리고, iOS 장치, Android 장치 또는, Xbox One 콘솔에는 작동하지 않습니다.

2. [개인 정보 및 보안] 화면에서 [내 디바이스 찾기]가 설정되어 있는지 확인합니다. 내 디바이스 찾기가 설정되어 있으면 [계정에 연결된 모든 장치 보기]를 클릭합니다.

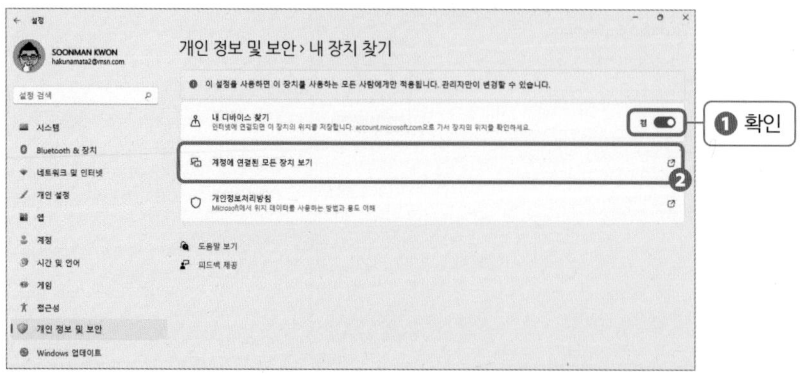

3. 인터넷 브라우저가 실행되고, 'Microsoft 계정'과 '암호'를 입력하여 사이트에 접속합니다.

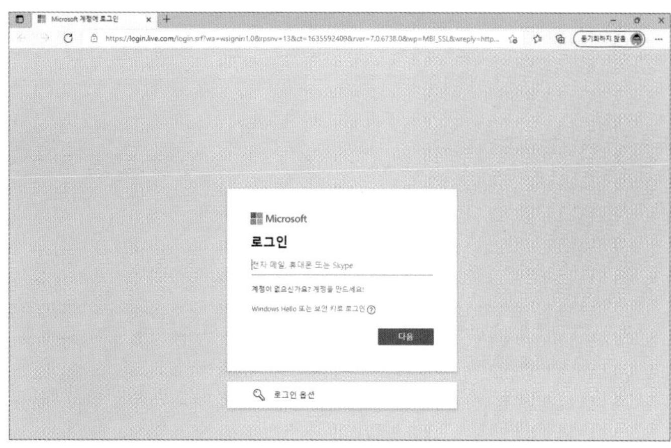

4. 장치 관리 웹 사이트(https://account.microsoft.com/devices)에서 등록되어 있는 디바이스가 나열됩니다. [내 장치 찾기]를 클릭합니다.

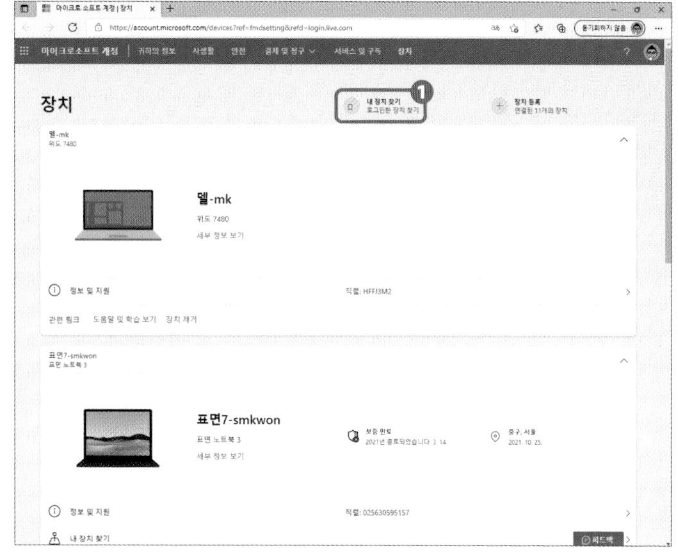

5. 선택한 디바이스의 상태와 위치가 나타나게 됩니다. [찾기]를 클릭하면 최신의 위치 상태 요청이 진행되고, 찾는 디바이스에 팝업 창이 나타나게 되며, 그 위치 정보를 업데이트하게 됩니다.

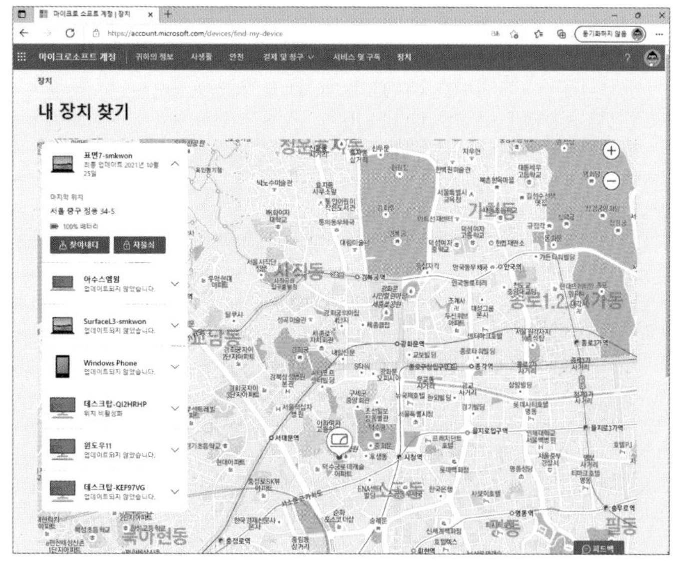

Chapter 03

윈도우 11

윈도우 11 사용자 관리 및 보안 기능

하나의 PC를 여러 사용자가 사용하는 경우에 사용자 계정을 생성하여 개별적 PC를 사용할 수 있습니다. 필요한 경우 사용자 계정을 생성할 때 관리자 권한이 부여될 수는 있지만, 가능하면 로컬 사용자 계정만 만드는 것이 좋습니다. 계정을 만들 때는 암호를 설정하고, 안전하게 보관해야 합니다. 암호를 잊거나 분실할 경우 Microsoft에서 암호를 모르기 때문에 복구할 수 없습니다.

• 학습 내용

사용 기능	중요도	내용
계정 관리	★★★★★	011 사용자 관리하기
암호 설정	★★★★★	012 사용자 암호 관리히기
시스템 복원 및 복구	★★★★★	013 시스템 복원 및 복구하기
보안 및 업데이트	★★★★★	014 최신의 보안 상태 유지하기

Windows 11
011

사용자 관리하기

중요도
★★★★★

관리자 계정으로 새로운 사용자 계정을 추가 생성하고 권한을 관리할 수 있습니다. 이번에는 윈도우 사용자 계정의 정보, 사진 등을 업데이트하는 방법과 사용자 계정의 암호를 분실하는 경우 암호를 관리하는 방법에 대하여 알아봅니다.

사용자 계정 유형 알아보기

윈도우 11에서 사용하는 사용자 계정의 유형에 대하여 알아봅니다.

- **표준 사용자 계정** : 표준 사용자는 일상적인 PC를 사용하는 사용자로서, 설치되어 있는 앱을 실행하고 사용할 수 있습니다.
- **관리자 계정** : 관리자 계정은 PC의 설정, 앱 설치 및 변경 등의 작업을 제어할 수 있는 권한을 가진 계정입니다.
- **Microsoft 계정** : Microsoft 계정을 통해 Microsoft 클라우드 서비스, 메일, 일정, OneDrive 등을 사용하고 동기화할 수 있습니다.
- **게스트 계정** : PC를 임시로 사용하는 사용자로서, 최소한의 권한이 주어진 계정입니다.

윈도우 비스타 이후부터 사용자 계정 컨트롤이라는 기능을 통해 관리자 권한을 가진 사용자 계정으로 로그인하더라도 기본적으로 표준 사용자 권한으로 로그인되어 관리자 권한이 요구되는 설정이나 명령을 실행했을 때 다음 이미지처럼 추가적인 실행 여부를 묻는 윈도우 창이 나타날 때 차이점이 있습니다.

로그인한 사용자 계정이 관리자 계정일 때와 일반 표준 사용자 계정일 때 차이가 있는 것을 볼 수 있습니다. 관리자 그룹에 속한 사용사 계정인 경우는 '예/아니오' 형태이며, 관리자 그룹에 속하지 않은 일반 사용자 계정인 경우는 관리자의 계정과 암호까지 입력하는 윈도우 창을 확인할 수 있습니다. 이처럼 윈도우에서는 계정의 권한을 처음부터 가장 높은 상태가 아닌 낮은 상태로 유지하면서 사용할 수 있도록 설계되어 있어 보안을 강화할 수 있는 기능을 제공하고 있습니다.

로컬 사용자 계정 추가하기

윈도우 로컬 사용자 계정을 추가하는 방법에 대하여 알아봅니다.

1. ⊞+I를 누른 후 [계정] 화면에서 [다른 사용자]를 클릭합니다.

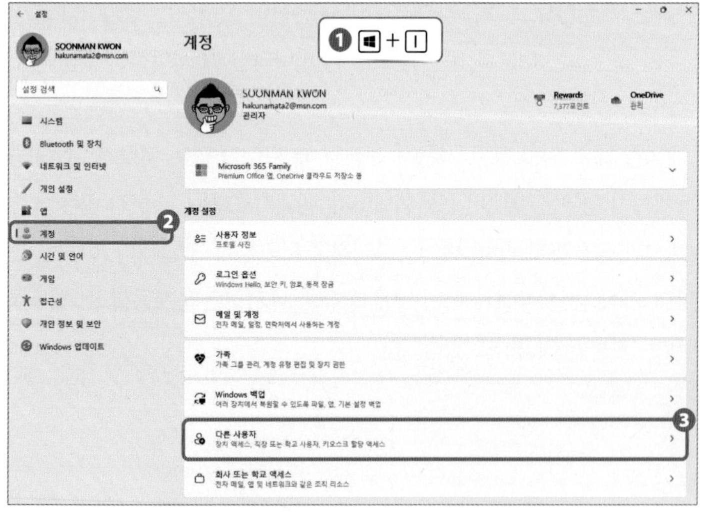

2. [기타 사용자] 화면에서 [기타 사용자] 〉 [계정 추가]를 클릭하면 나타나는 팝업 창에서 '개인 정보를 수집 및 이용합니다.'와 'Microsoft에서 서비스를 제공할 수 있도록 제3자에게 개인 정보를 제공합니다.'의 [자세히]를 클릭하여 내용을 모두 확인한 후 활성화되는 [동의]를 클릭합니다.

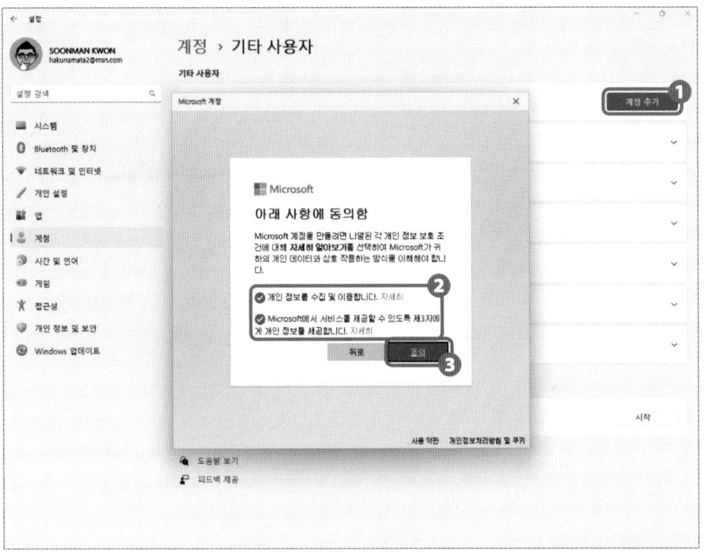

3. '이 사람은 어떻게 로그인합니까?' 화면에서 [이 사람의 로그인 정보를 가지고 있지 않습니다.]를 클릭합니다.

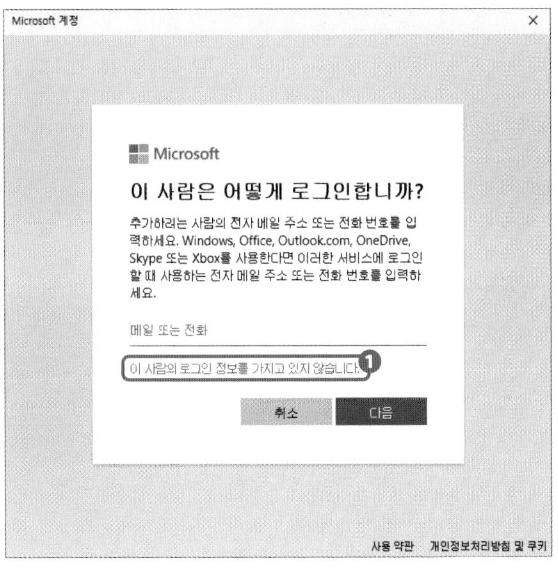

4. 로컬 사용자 계정을 생성하기 위해서는 [계정 만들기] 화면에서 [Microsoft 계정 없이 사용자 추가]를 클릭합니다.

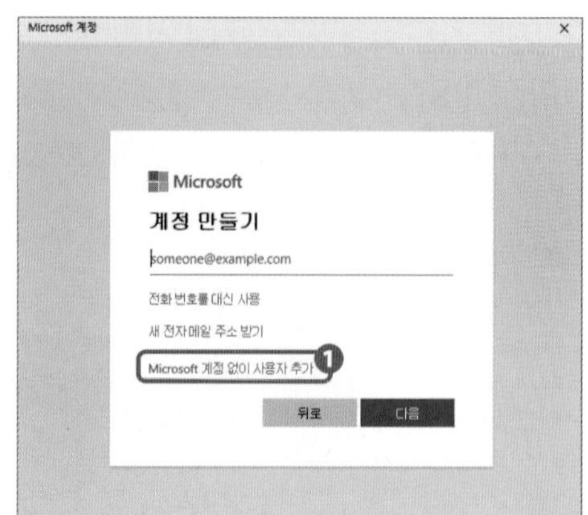

✓ TIP [전화번호를 대신 사용]을 선택하여 계정 만들기를 선택하면, 추가적으로 문자 인증을 통해 계정을 생성할 수도 있습니다.

5. [이 PC의 사용자 만들기] 화면에서 [사용자 이름], [암호]를 입력하고, 비밀번호를 잊어버린 경우 찾을 수 있는 비밀번호 분실 질문을 선택한 후 답을 입력하고 [다음]을 클릭합니다.

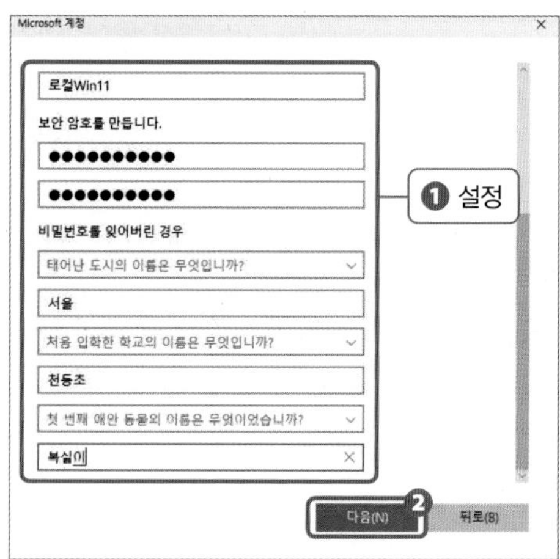

6. [기타 사용자] 화면의 [기타 사용자]에 생성한 계정이 추가됩니다.

Microsoft 사용자 계정 추가하기

Microsoft 사용자 계정을 추가하는 방법에 대하여 알아봅니다.

1. ⊞+I를 누른 후 [계정] 화면에서 [가족]을 클릭하면 나타나는 화면에서 [가족] 〉 [다른 사용자 추가]를 클릭합니다.

2. [사용자 추가] 창에서 [자녀의 계정 만들기]를 클릭합니다. 만약 이전에 Microsoft 계정이 있다면 메일 주소를 입력하여 추가할 수도 있습니다.

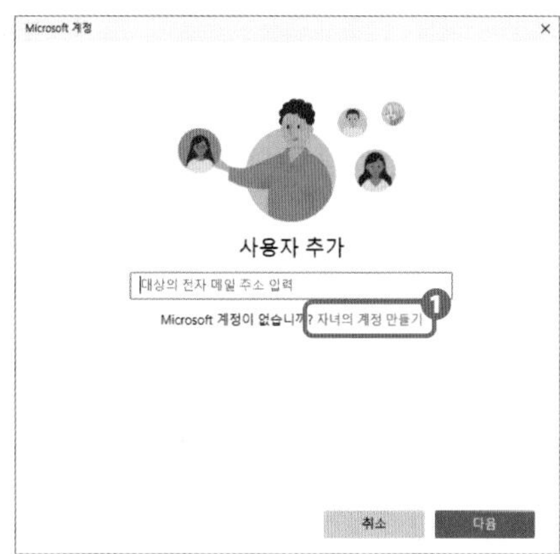

3. [계정 만들기] 창에서 생성할 계정 주소를 입력한 후 [다음]을 클릭합니다. [암호 만들기] 창에서 [암호]를 입력한 후 [동의하고 계정 만들기]를 클릭합니다.

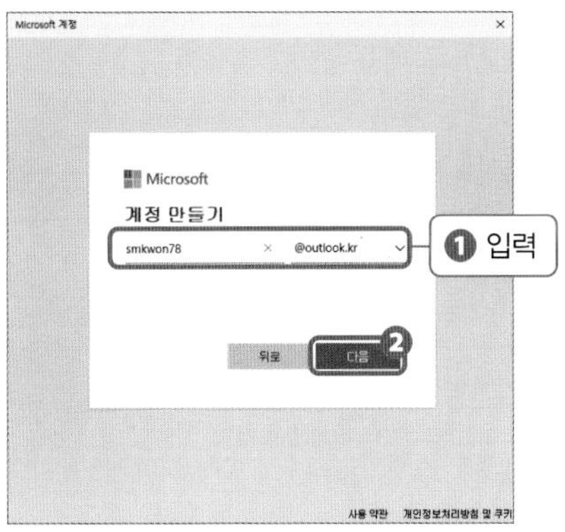

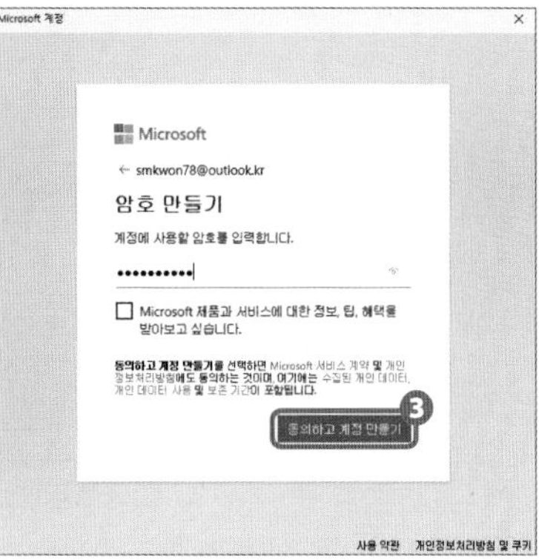

✓TIP 새로운 Microsoft 계정을 만들 때, 다음과 같이 'Outlook.kr, Outlook.com, Hotmail.com' 세 개의 도메인 중에 선택하여 계정을 생성할 수 있습니다. 만약에서 원하는 계정 아이디가 이미 존재하고 있다면, 제공되는 도메인을 변경하여 생성을 시도하면 됩니다.

4. [이름을 입력하세요] 창에서 [성], [이름]을 입력한 후 [다음]을 클릭합니다. [생년월일을 입력하세요] 창에서 [국적], [생년월일]을 입력한 후 [다음]을 클릭합니다.

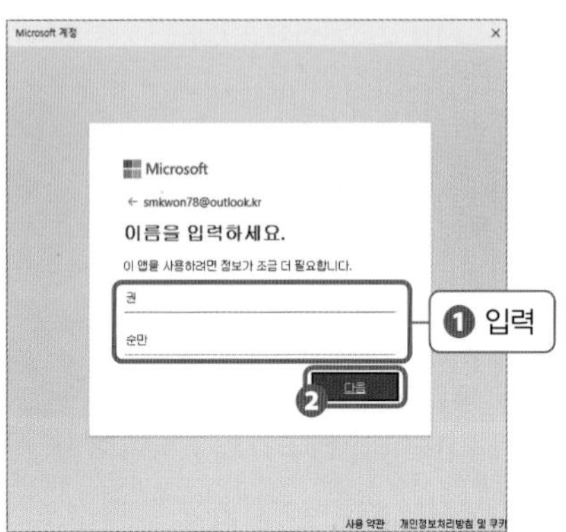

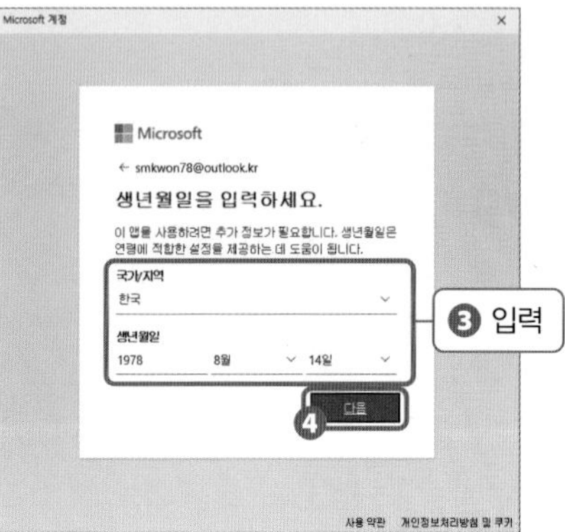

5. Microsoft 계정 생성이 완료된 메시지를 확인한 후 [닫기]를 클릭하면, [가족] 화면에 생성한 Microsoft 계정이 추가됩니다.

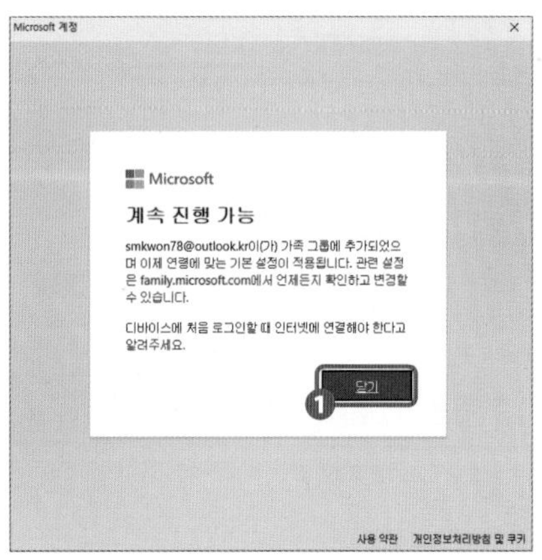

✓TIP **Microsoft Family Safe란?**

Microsoft 계정을 통해 가족 그룹에 계정이 포함되면 구성원의 역할에 따라 안전한 컴퓨터 환경을 제공합니다. 제공되는 기능은 화면 시간 제한(앱 및 게임 제한, 디바이스 제한, 화면 시간 요청, 활동 요약), 콘텐츠 필터(앱 및 게임 필터, 웹 및 검색 필터, 콘텐츠 요청), 위치 인식(위치 공유, 저장된 장소, 위치 알림) 등으로 관리할 수 있게 됩니다. 모바일 앱을 통해서도 관리가 가능합니다.

- iOS 다운로드 : https://apps.apple.com/app/microsoft-family-safety/id1489209093
- Android 다운로드 : https://play.google.com/store/apps/details?id=com.microsoft.familysafety

사용자 계정을 관리자 계정으로 바꾸기

일반 사용자 계정을 관리자 권한의 계정으로 변경하는 방법에 대하여 알아봅니다.

1. [⊞]+[I]를 누른 후 [계정] 화면의 [기타 사용자]에서 권한을 수정할 계정을 선택하면 나타나는 [계정 유형 변경]을 클릭합니다.

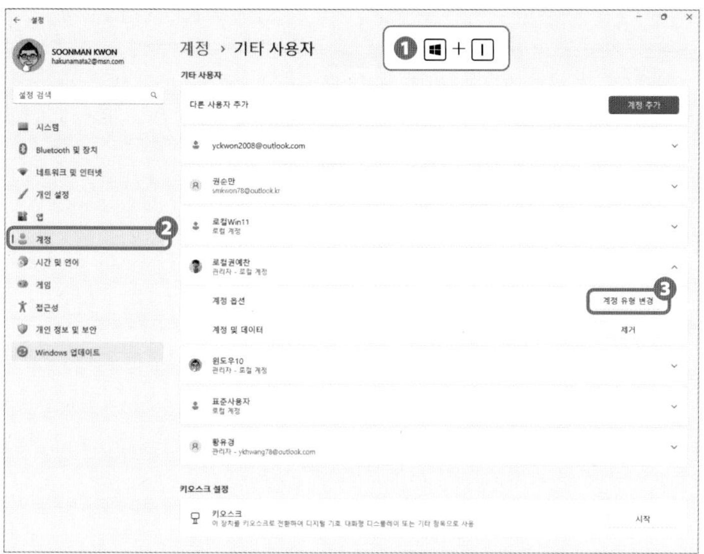

2. [계정 유형 변경] 화면에서 [계정 유형 [관리자]] 또는, [표준 사용자]를 선택한 후 [확인]을 클릭하여 계정 유형을 변경합니다.

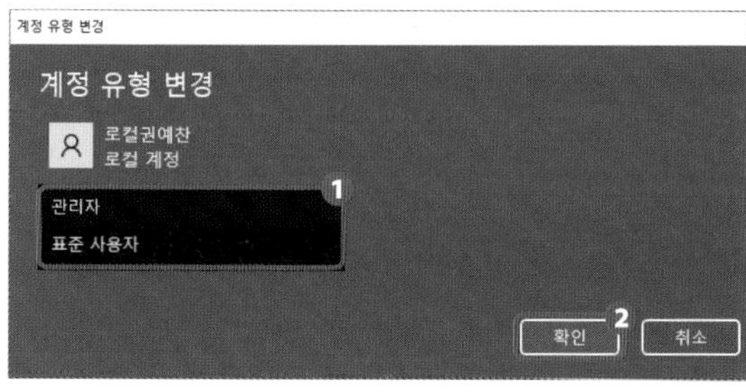

✓TIP 관리자 계정이 있는 사용자는 시스템의 모든 항목에 액세스할 수 있으며, 악성 소프트웨어를 사용하게 될 경우 관리자 권한을 통해 시스템의 모든 파일을 감염 또는, 손상시킬 잠재적 가능성이 있습니다. 반드시 필요한 경우에만 해당 수준의 액세스 권한을 부여하세요.

사용자 계정 삭제하기

사용자 계정을 윈도우 11에서 제거하는 방법에 대하여 알아봅니다.

1. [⊞]+[I]를 누른 후 [계정] 화면에서 [기타 사용자] 〉 [제거]를 클릭합니다.

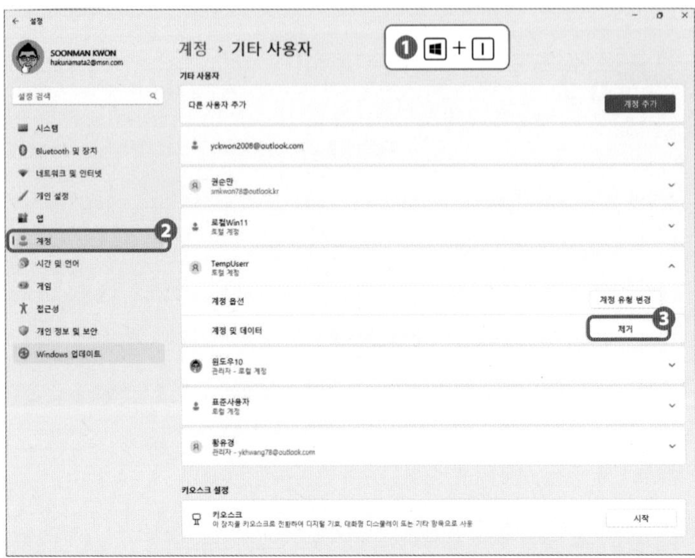

2. [계정 및 데이터를 삭제] 창에서 내용을 확인한 후 [계정 및 데이터 삭제]를 클릭하면, 사용자 계정과 프로필 데이터가 모두 삭제됩니다.

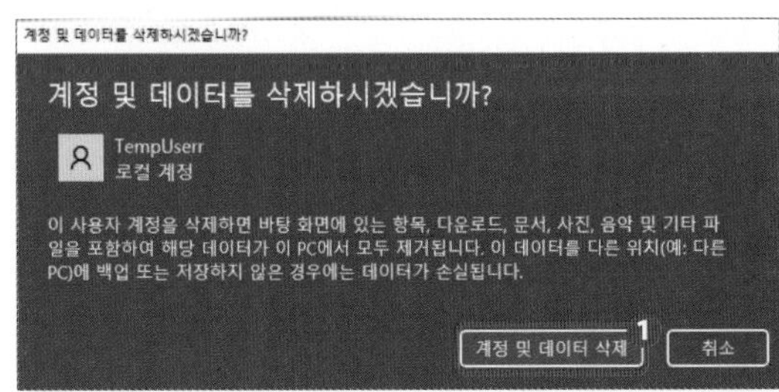

Windows 11
012

사용자 암호 관리하기

중요도 ★★★★★

사용자 암호를 관리하고, 윈도우 11에서 제공하는 여러 방식의 로그인 방식을 사용하여 암호를 설정하는 방법에 대하여 알아봅니다.

사용자 계정 암호 설정과 변경하기

사용자 계정을 분실하거나 초기화가 필요한 경우 사용자 계정 암호 설정과 변경하는 방법에 대하여 알아봅니다.

1. [⊞]+[I]를 누른 후 [계정] 화면에서 [로그인 옵션]을 클릭합니다.

✓TIP 윈도우 설정 화면에서 사용자 암호 변경하는 방법은 Microsoft 계정이 아닌 PC 로컬에서 생성된 계정만 가능합니다.

✓TIP **암호 복잡성**

암호의 복잡성을 두면 보안을 강화하는 데 도움이 됩니다. 암호 생성 시에는 다음과 같이 문자를 조합하여 사용하는 것을 권장합니다. 암호의 복잡성을 충족할 때 예를 들어, 8자로 조합이 되었다면 암호의 개수는 218,340,105,584,896개 이상의 가능성이 있습니다. 이 설정을 사용하면 암호 무차별 대입 공격을 최소한 방어할 수 있게 됩니다.

- 대문자(A에서 Z까지의 대문자(발음 부호, 그리스어 및 키릴 자식 문자)
- 소문자(a–z, sharp–s, 분음 부호, 그리스어 및 키릴 자식 문자)
- 기본 10자리 숫자(0–9)
- 특수 문자 : (~!@#$%^&*_– +='| ()   []:;" 〈〉,.? /)

2. [로그인 옵션] 화면에서 [로그인하는 방법] 〉 [암호]를 클릭하면 나타나는 [변경]을 클릭합니다.

3. [암호 변경] 창이 나타나면 [현재 암호]를 입력한 후 [다음]을 클릭합니다.

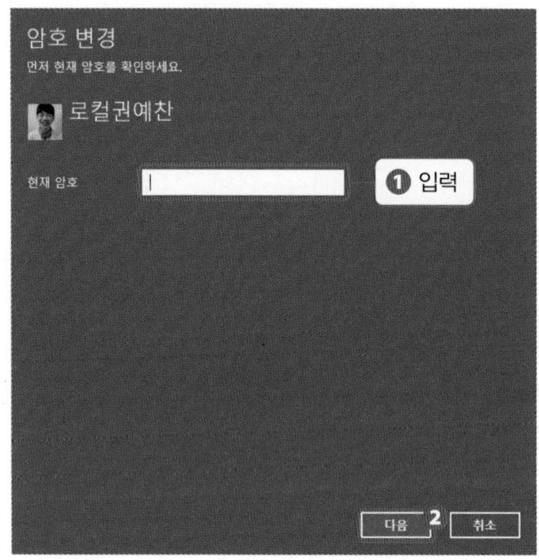

4. [새 암호], [비밀번호 확인], [암호 힌트]를 입력한 후 [다음]을 클릭하고, 암호 변경 완료 메시지를 확인한 후 [마침]을 클릭합니다.

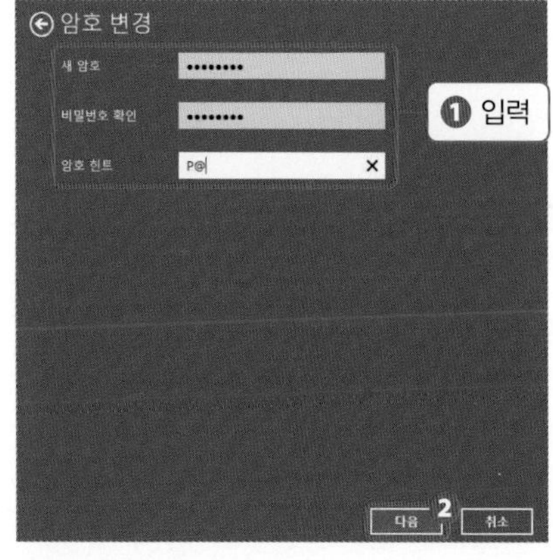

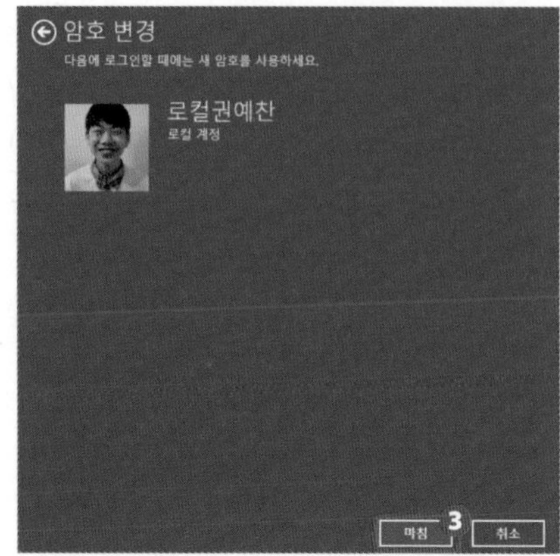

로그인 PIN 암호 설정하기

PIN 암호를 설정하면, 간단한 숫자 암호로 암호를 설정할 수 있지만, 기존 일반적인 암호에 대비 강력한 암호를 가지게 됩니다.

1. ⊞+I를 누른 후 [계정] 화면에서 [로그인 옵션]을 클릭합니다. [로그인 옵션] 화면에서 [PIN]을 클릭하면 나타나는 [설정]을 클릭합니다.

2. [Windows 보안] 창에서 [암호]를 입력한 후 [확인]을 클릭하고, [PIN 설정] 창에서 [PIN 암호]를 입력한 후 [확인]을 클릭합니다.

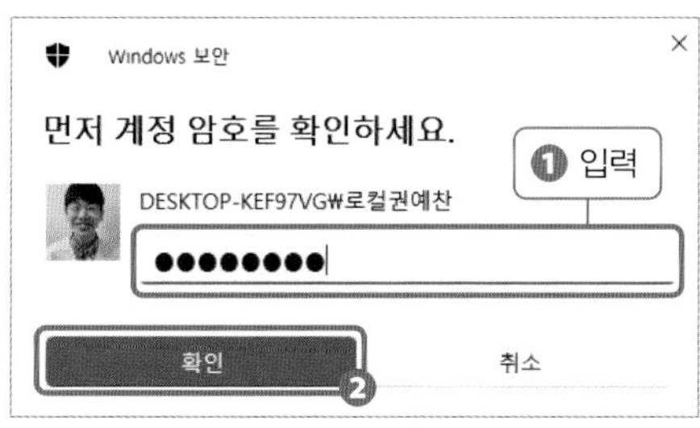

3. 로그인 화면에서 다음과 같이 [PIN 암호]를 입력하는 로그인 옵션이 추가되었습니다.

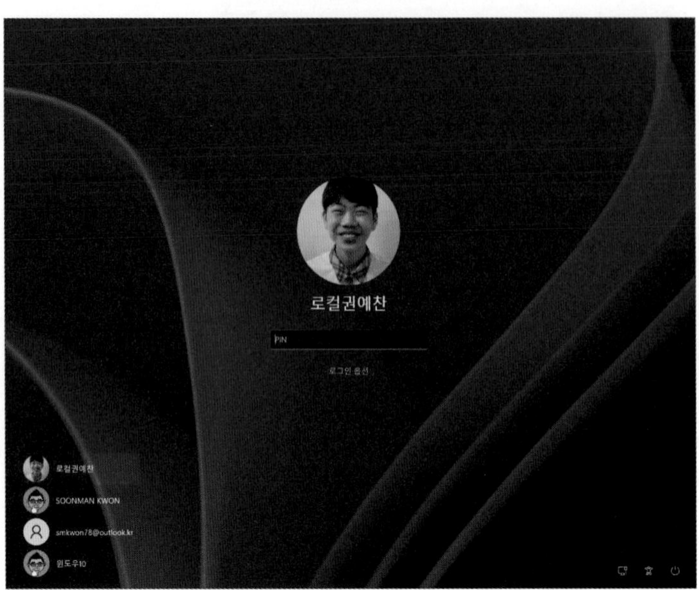

✓ TIP [로그인 옵션] 〉 [PIN 암호]가 설정되었습니다. 필요하지 않으면 [제거]를 클릭하여 제거할 수 있습니다.

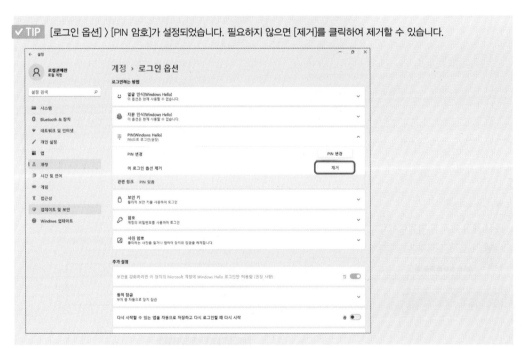

동적 잠금 설정하기

PC와 페어링된 장치를 사용하면 자리를 비우는 경우를 감지하고 페어링된 장치가 Bluetooth 범위를 벗어난 직후에 자동으로 PC를 잠금 상태로 전환할 수 있습니다. 이로 인해 PC에서 멀리 이동한 후 PC를 잠그는 것을 잊어버린 경우, 다른 사람이 장치에 액세스 불가하게 할 수 있습니다.

1. ⊞+I를 누른 후 [계정] 화면에서 [로그인 옵션]을 클릭합니다. [추가 설정] 〉 [동적 잠금]에서 [자리를 비울 때 Windows가 자동으로 장치를 잠그도록 허용]을 선택합니다.

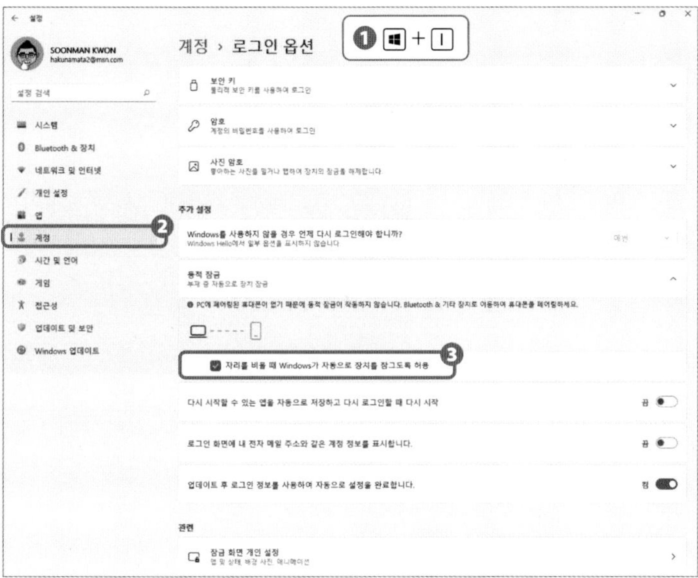

2. PC와 스마트폰이 Bluetooth로 페어링 장치를 찾기 위하여 [Bluetooth & 장치] 〉 [장치 추가]를 클릭합니다.

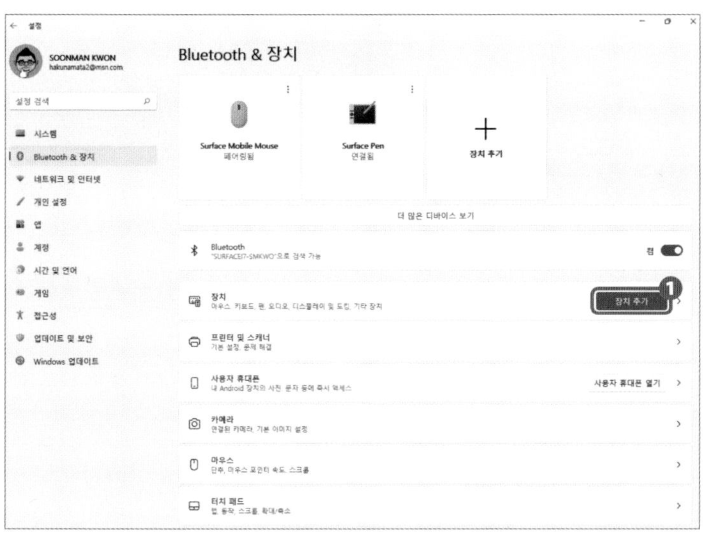

3. [디바이스 추가] 화면에서 [Bluetooth]를 클릭합니다.

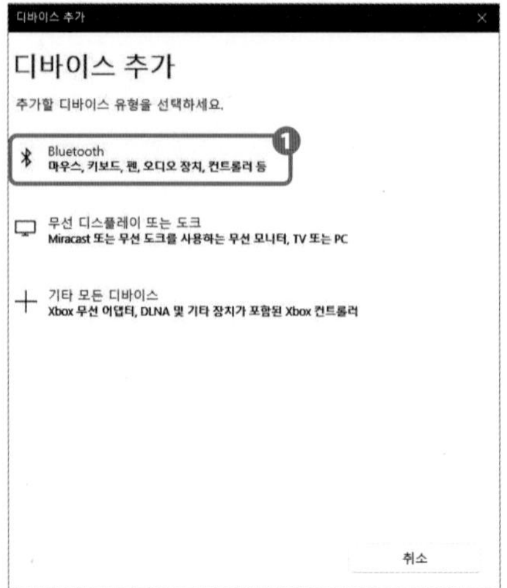

4. 스마트폰에서 Bluetooth 찾기를 하여 PC와 연결을 진행하면 PC 화면에서 '장치를 연결할까요?' 창의 [허용]을 클릭합니다.

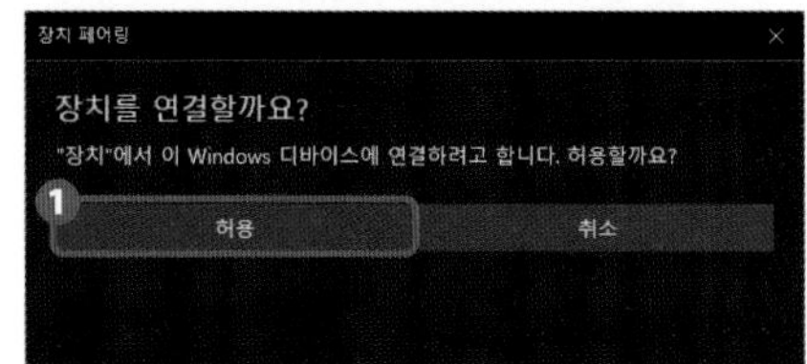

✓ TIP **동적 잠금 신호 강도**

동적 잠금을 사용하면 Bluetooth 페어링 장치 신호가 최대 RSSI(수신 신호 강도 표시기) 값 아래로 떨어질 때 자동으로 잠기도록 윈도우 디바이스를 구성할 수 있게 됩니다. 기본적으로 RSSI 최소 속성값 신호는 장치가 '범위 내'로 간주되는 데 필요한 강도를 나타냅니다.
기본값인 '–10'으로 설정되어 있는데, 이 값은 일반적인 사무실의 칸막이를 이동했을 때의 수신 강도이며, 이 설정값이 약해지면 윈도우 디바이스를 잠그도록 지시하게 됩니다.

5. 동적 잠금 장치 연결이 완료되면 [닫기]를 클릭하여 연결을 완료합니다.

6. [Bluetooth & 장치]에 스마트폰이 연결된 상태를 확인할 수 있습니다.

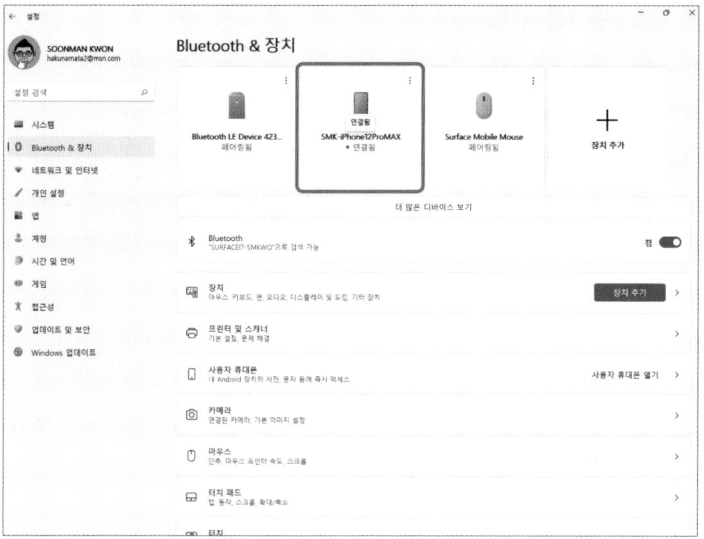

7. PC와 스마트폰의 페어링이 완료되면 장치 이름이 나타납니다. PC와 연결된 장치가 멀어지거나 연결이 끊어지는 현상이 발생되면 자동으로 윈도우 화면이 잠김 상태로 변경됩니다.

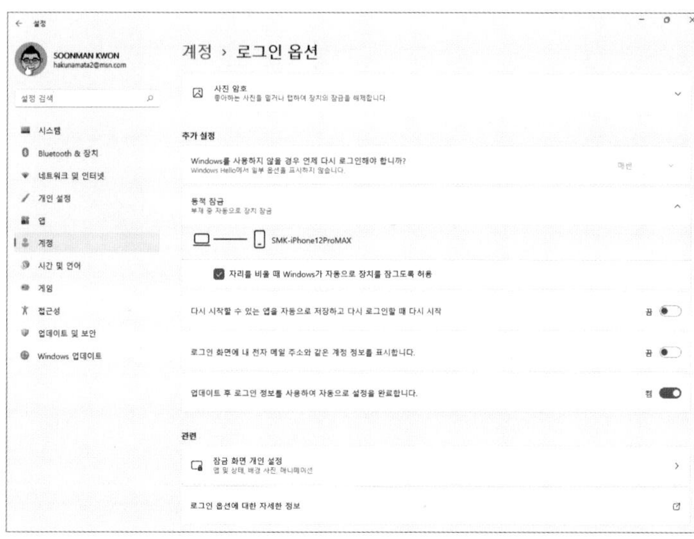

✓TIP 동적 잠금 해제 방법

동적 잠금을 해제하는 방법으로 Bluetooth로 연결된 장치를 제거할 수 있지만, 일시적으로 동적 잠금을 사용하지 않을 때는 [자리를 비울 때 Windows가 자동으로 장치를 잠그도록 허용]의 체크를 해제합니다.

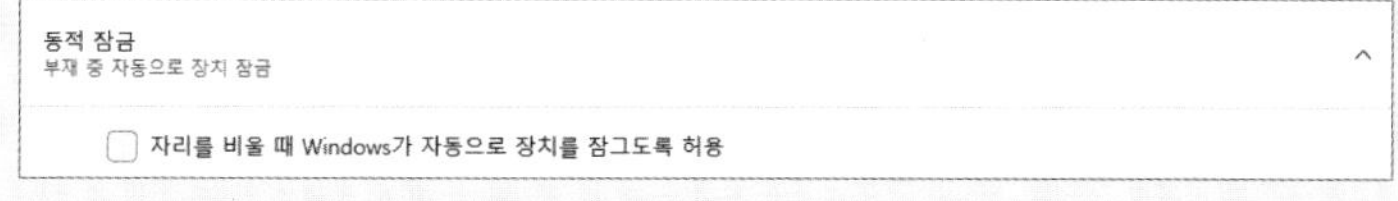

Windows 11

013

시스템 복원 및 복구하기

중요도
★★★★★

윈도우 11에 문제가 발생하여 이전의 상태로 전환하기 위해서는 시스템 복원 시점 등을 자동 또는, 임의적으로 생성해 놓아야만 복원이 가능합니다.

PC 복원 시점 만들기

PC 복원 시점은 프로그램 설치, 업데이트, 장치 드라이브 설치 및 변경 시에 자동으로 PC를 복원할 수 있는 시점이 생성되거나 관리자가 사전에 PC 복원 시점을 생성하여 문제가 발생하기 전으로 윈도우를 복원할 수 있습니다.

1. 창에 '복원 지점 만들기'의 검색 결과를 확인하고 [복원 지점 만들기]를 실행합니다.

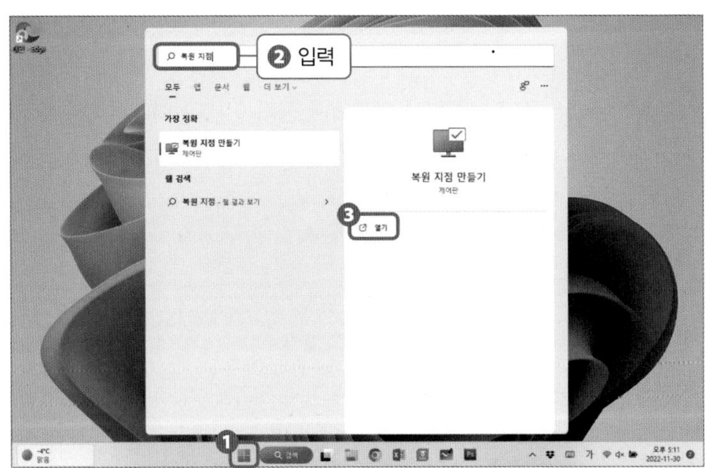

✓ TIP **시스템 복원 자동/수동**

윈도우 복원 시점을 설정하게 되면 다음과 같이 윈도우 업데이트, 장치 드라이버 및 프로그램 설치에 따른 복원 시점이 자동적으로 생성되고, 임의로 관리자가 복원 시점을 생성하여 관리할 수 있습니다.

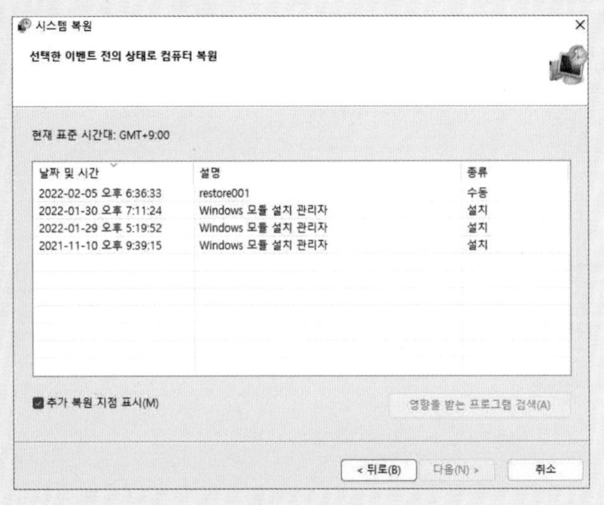

2. [시스템 속성] 창에서 [시스템 보호] 탭 〉 [구성]을 클릭합니다.

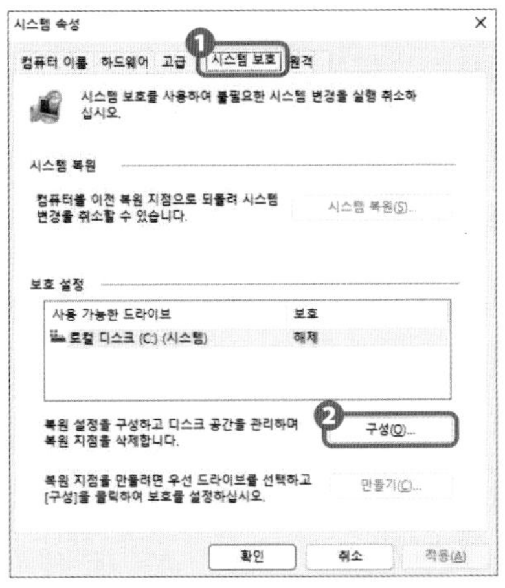

3. [복원 설정] 〉 [시스템 보호 사용]을 활성화하고 보호 공간의 용량을 설정한 후 [적용]을 클릭합니다. 시스템 복원 시점을 생성할 때는 지정한 파티션 공간에 지정되기 때문에 디스크 공간을 설정할 때는 사용 중인 여유 공간을 고려하여 지정하는 것을 권장합니다. 물론 디스크 저장 공간이 충분한 경우는 이전의 복원 시점을 더 많이 유지할 수 있습니다.

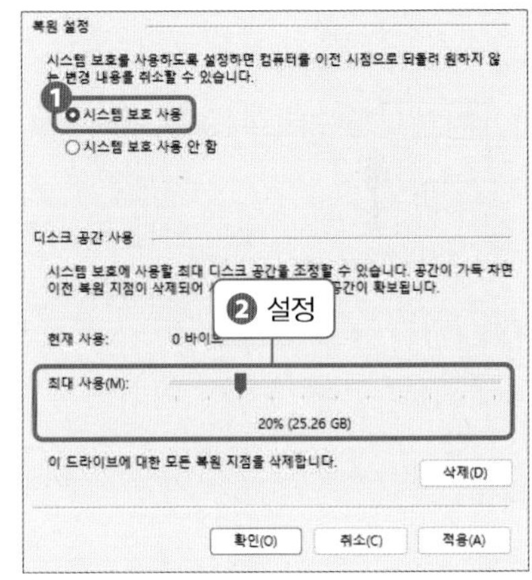

✔ TIP 복원 시점은 설정한 디스크 공간만큼 유지됩니다. 만약, 복원 시점이 생성되어야 할 때 설정된 공간보다 부족하다면 가장 오래 전의 복원 시점이 자동으로 제거되고 새로운 복원 지점이 생성되는 점을 유의해야 합니다.

4. [만들기]를 클릭하여 복원 지점 만들기의 이름을 입력한 후 [만들기]를 클릭합니다. 복원 지점 생성이 진행되고, 완료되면 복원 지점 만들기 완료 메시지를 확인한 후 [닫기]를 클릭하여 완료합니다.

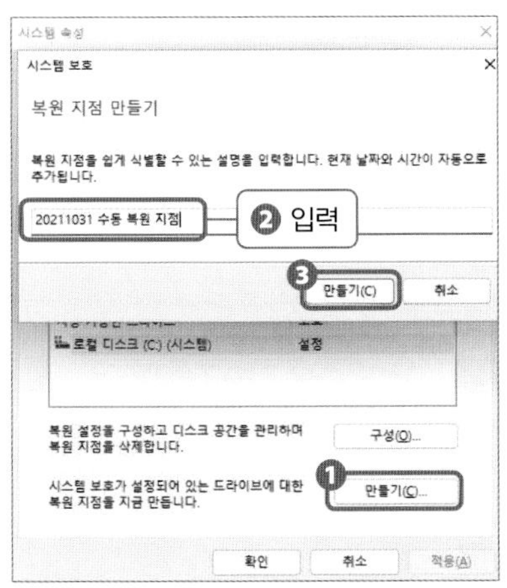

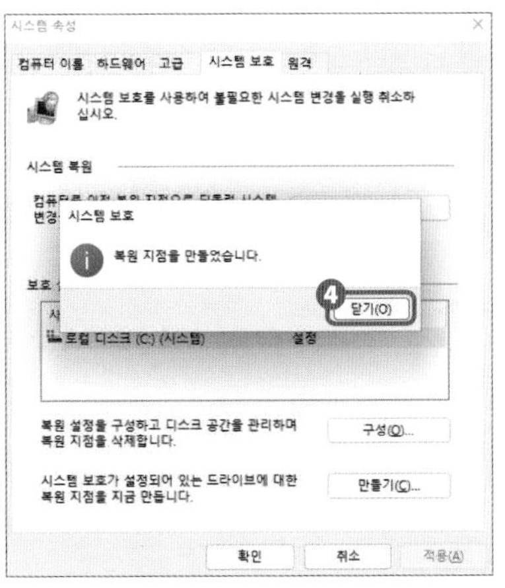

✓ TIP **PC 복원하기**

시스템에 문제가 발생한 경우 자동 또는, 수동으로 설정된 컴퓨터 복구 지점을 사용하여 PC를 복원할 수 있습니다. [시스템 속성] 창에서 [시스템 보호] 탭 〉 [시스템 복원]을 클릭하면 적절한 과정을 통해 작업을 진행할 수 있습니다. 다만, 복원 시점을 사용하여 복원하는 경우에 영향을 받는 프로그램을 검색하는 작업은 매우 중요합니다. 만약, 이 검증 절차를 진행하지 않고 이전 시점으로 복원 시 프로그램, 장치 드라이버 등의 충돌로 정상적인 부팅이 불가할 수 있기 때문에 사전에 꼭 확인한 후 복원을 진행해야 합니다.

PC 초기화하기

시스템에 문제가 발생한 경우 개인의 파일은 유지한 상태 또는, 완전하게 앱과 설정을 초기화하는 방법에 대하여 알아봅니다.

1. [⊞]+[I]를 누른 후 [설정] 화면에서 [시스템] 〉 [복구]를 클릭합니다.

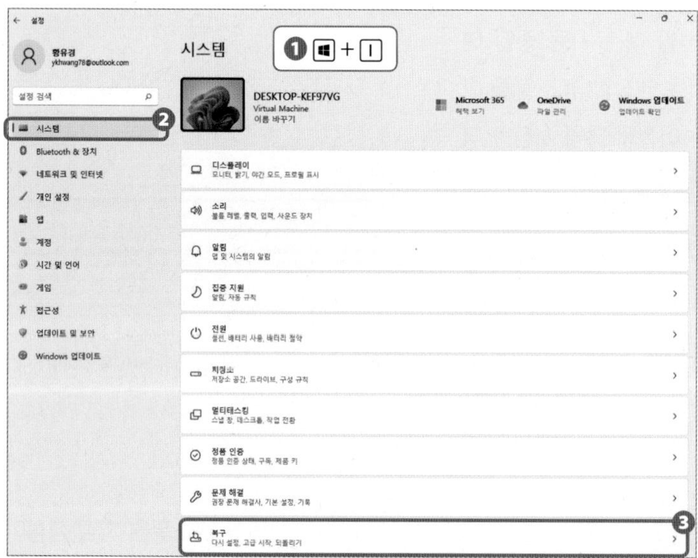

2. [복구] 화면에서 [복구 옵션] 〉 [이 PC 초기화]의 [PC 초기화]를 클릭합니다.

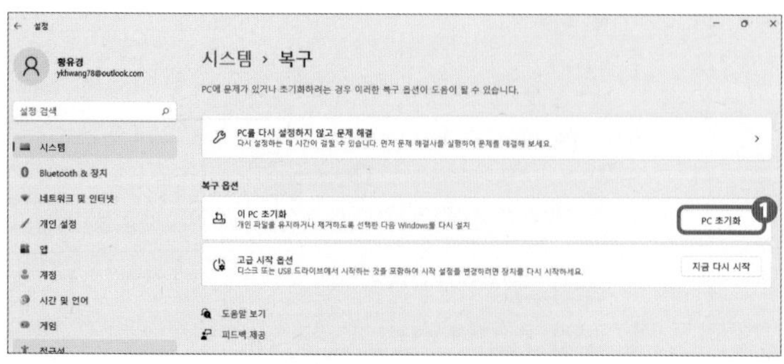

3. [옵션 선택] 화면에서 옵션을 선택합니다.

A 내 파일 유지 : 앱 및 설정을 제거하지만 개인적인 파일은 유지하는 옵션입니다.

B 모든 항목 제거 : 앱 및 설정뿐 아니라 개인 파일까지 모두 제거하는 초기화 옵션입니다.

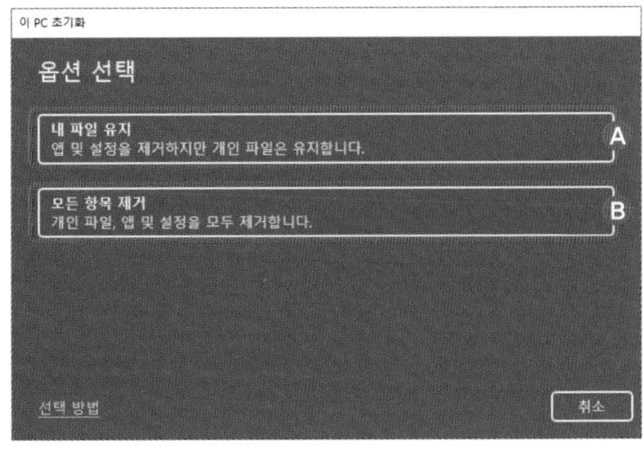

4. [Windows를 다시 설치하는 방법을 선택하세요] 창에서 [클라우드 다운로드/로컬 다시 설치] 중에 선택합니다.

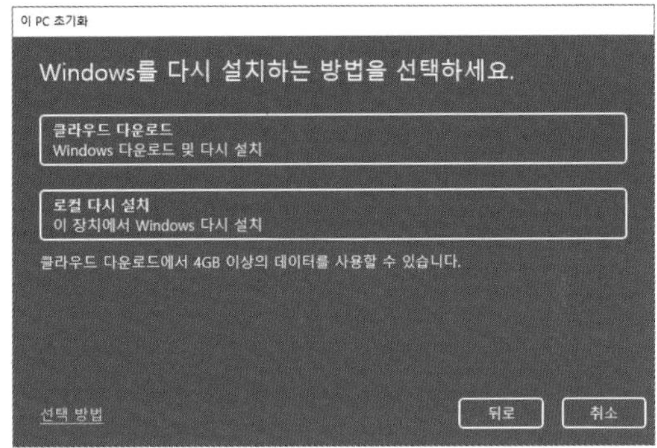

5. [추가 설정] 창에서 현재 설정한 초기화를 확인한 후 [다음]을 클릭합니다.

6. [이 PC를 초기화할 준비 완료] 창의 내용을 확인한 후 [다시 설정]을 클릭합니다.

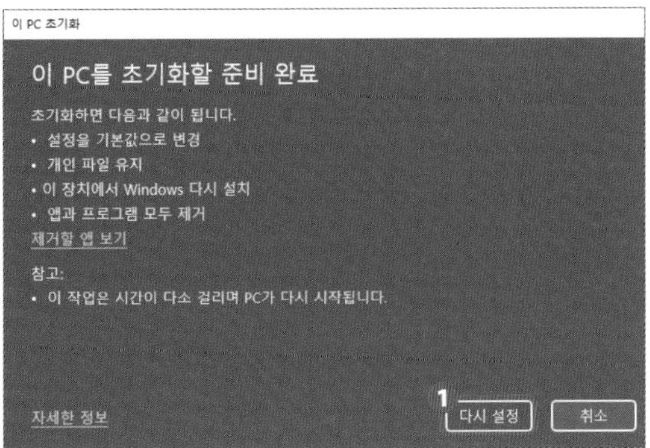

7. 다시 PC를 초기화하기 위한 설정 준비를 한 후 '이 PC를 초기화하는 중' 메시지와 함께 초기화가 진행됩니다.

8. 초기화가 완료된 후 로그인하면 바탕 화면에 제거된 앱 파일을 클릭하여 확인합니다.

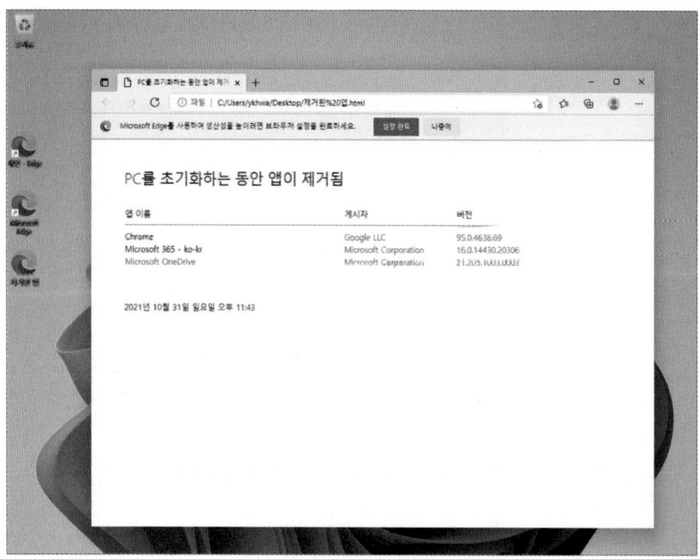

최신의 보안 상태 유지하기

중요도 ★★★★

윈도우 11에서 기본적으로 제공하는 멜웨어 방지 기능인 Microsoft Defender를 최신 상태로 유지함으로써 악성 소프트웨어부터 PC를 보호할 수 있습니다. Microsoft Defender는 안티바이러스 관련 평판 사이트에서 상위를 차지하고 있어 신뢰성이 높은 안티바이러스 소프트웨어입니다. 윈도우 보안 상태를 최신의 상태로 유지하고, 관리하는 방법에 대하여 알아봅니다.

보안 상태 설정하기

윈도우 11의 보안 상태를 한 눈에 확인하고 필요한 작업을 바로 설정하여 보안 위협으로부터 안전한 환경을 유지할 수 있습니다.

1. [⊞]+[I]를 누른 후 [설정] 화면에서 [개인 정보 및 보안] 〉 [Windows 보안]을 클릭합니다.

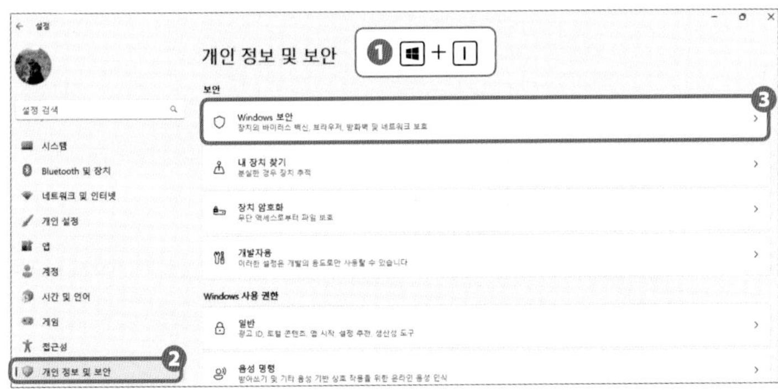

2. [Windows 보안] 화면에서 [바이러스 및 위협 방지]를 클릭하면 나타나는 [검사 옵션]에서 현재 시스템에 대하여 [빠른 검사, 전체 검사, 사용자 지정 검사, Microsoft Defender 오프라인 검사] 중 선택한 후 [지금 검사]를 클릭하면 검사가 진행됩니다.

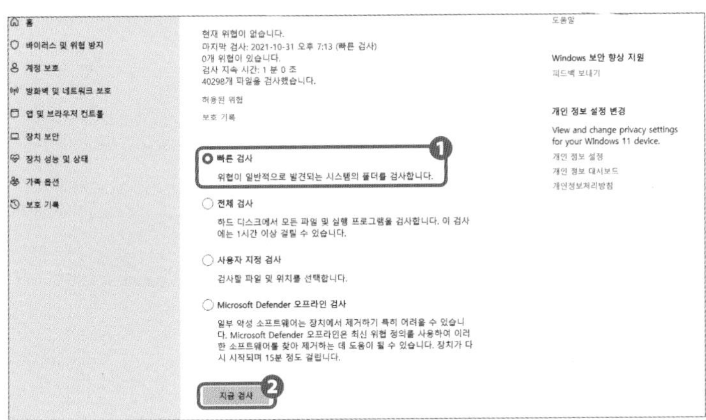

3. 검사 진행이 완료되면 위협에 대한 결과 내용을 확인받습니다.

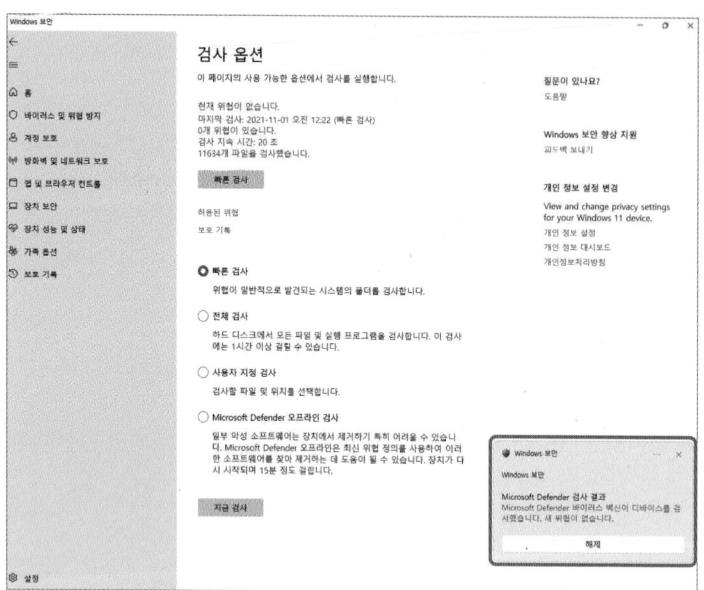

랜섬웨어 방지 설정하기

랜섬웨어의 위험으로부터 파일을 보호하고 공격이 발생하는 경우 파일을 복원하는 방법을 확인합니다.

1. [⊞]+[I]를 누른 후 [설정] 화면에서 [개인 정보 및 보안] 〉 [Windows 보안]을 클릭한 후 [Windows 보안] 화면에서 [Windows 보안 열기]를 클릭합니다.

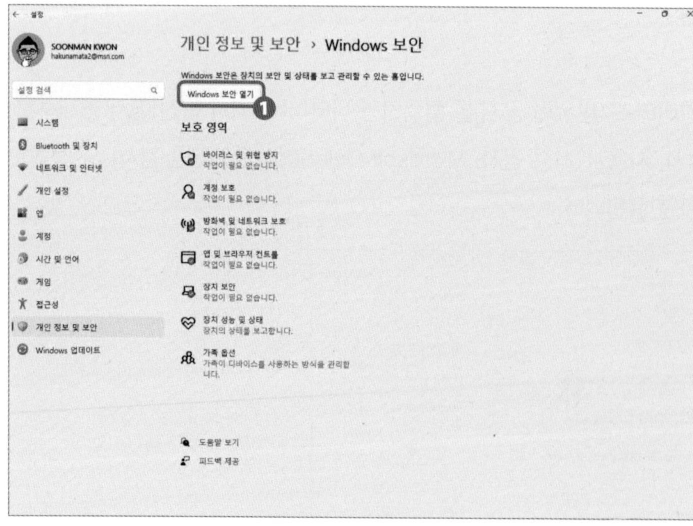

2. [바이러스 및 위협 방지] 화면에서 [랜섬웨어 방지 관리]를 클릭합니다.

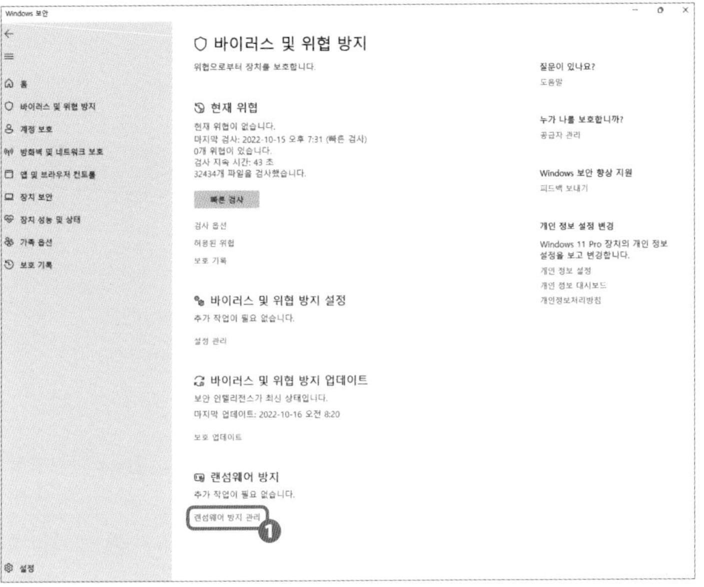

✓ TIP 랜섬웨어(Ransomware)란?

랜섬웨어는 몸값을 뜻하는 'Ransom'과 'Software'가 더해진 합성어입니다. 컴퓨터 시스템을 감염시켜 접근을 제한하고 일종의 몸값을 요구하는 악성 소프트웨어의 한 종류입니다. 렌섬웨어에 걸리게 되면, 다음과 같은 형태의 팝업 창이 나타나면서 컴퓨터의 접근이 제한되고, 제한을 없애려면 해당 악성 프로그램을 개발한 해커에게 암호 화폐를 제공하여 파일 복구를 유도하게 됩니다.

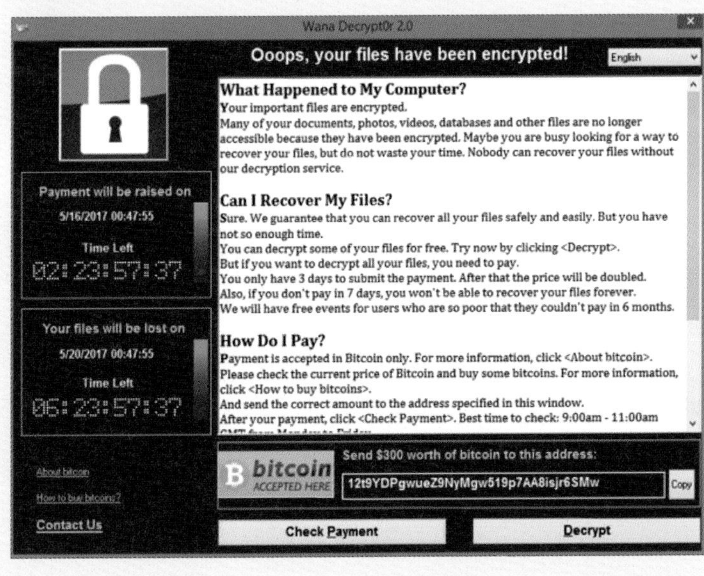

3. [랜섬웨어 방지] 화면에서 [제어된 폴더 액세스]를 '켬'으로 설정하고, [보호된 폴더]를 클릭합니다.

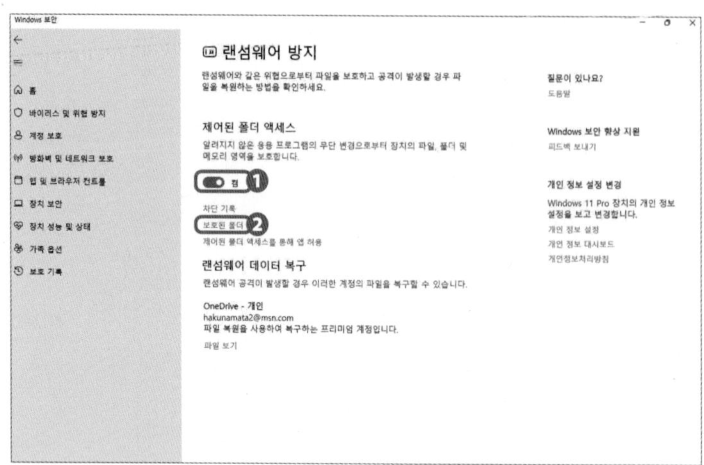

4. 보호된 폴더 목록을 확인할 수 있고, 추가적으로 보호하기 위하여 [보호된 폴더 추가]를 클릭한 후 보호할 폴더를 선택합니다.

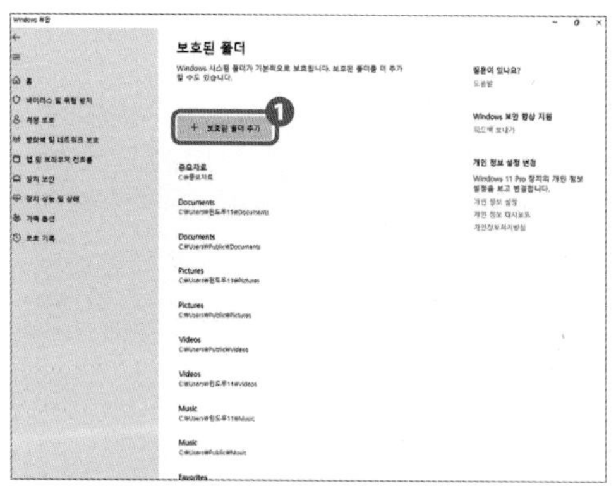

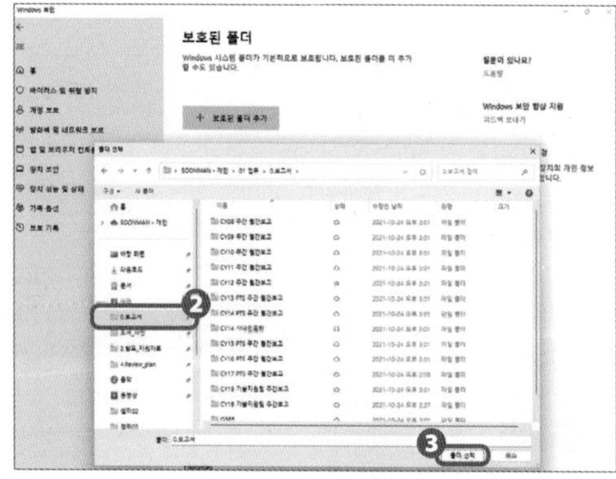

✓ TIP 보호된 폴더 목록에 추가됩니다. 만약, 보호할 필요가 없다면 [제거]를 클릭하여 삭제하면 됩니다.

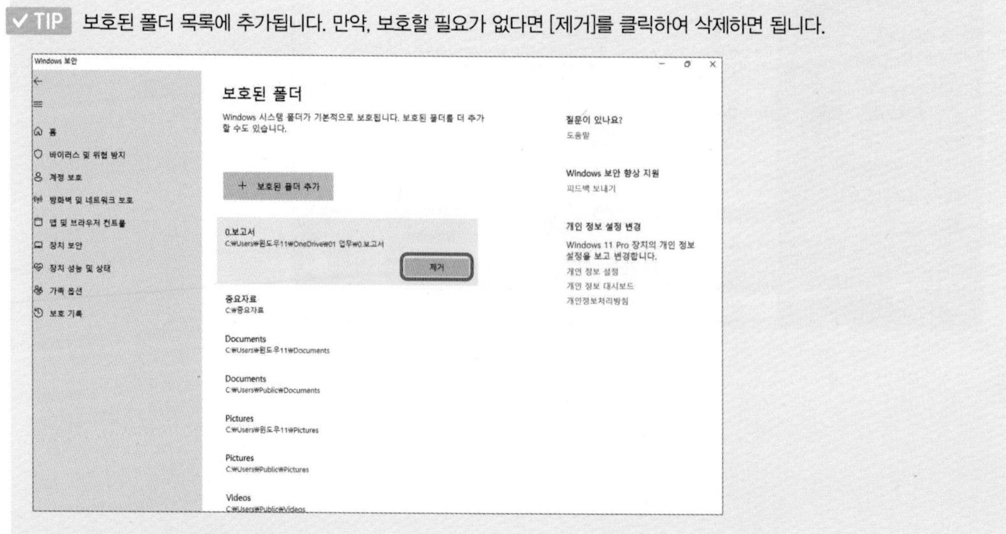

윈도우 방화벽 설정하기

윈도우 방화벽을 사용하면 네트워크를 통해 무분별하게 들어오는 공격에 대하여, 사용자를 제한하거나 접속을 못하게 할 수 있습니다. 윈도우 11에서 기본적으로 제공하는 클라이언트 방화벽의 설정 및 보안 기능에 대하여 알아봅니다.

1. [⊞]+[I]를 누른 후 [설정] 화면에서 [개인 정보 및 보안] 〉 [Windows 보안]을 클릭합니다. [Windows 보안] 화면에서 [Windows 보안 열기]를 클릭합니다.

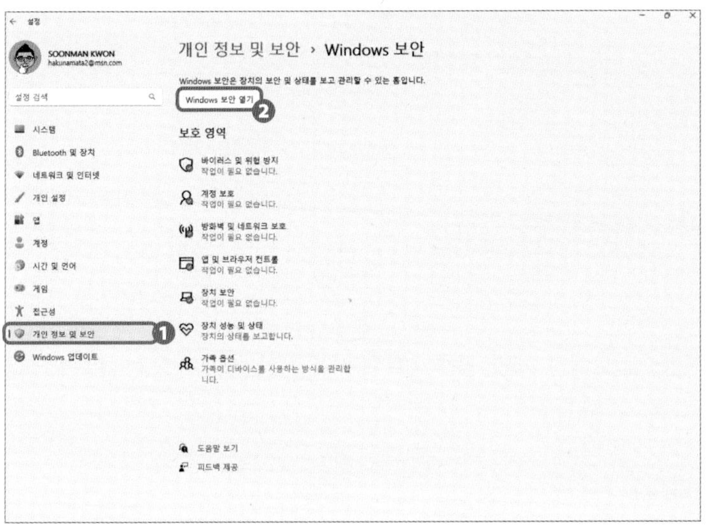

2. [Windows 보안] 화면에서 [방화벽 및 네트워크 보호] 메뉴를 클릭한 후 [방화벽에서 앱 허용]을 클릭합니다.

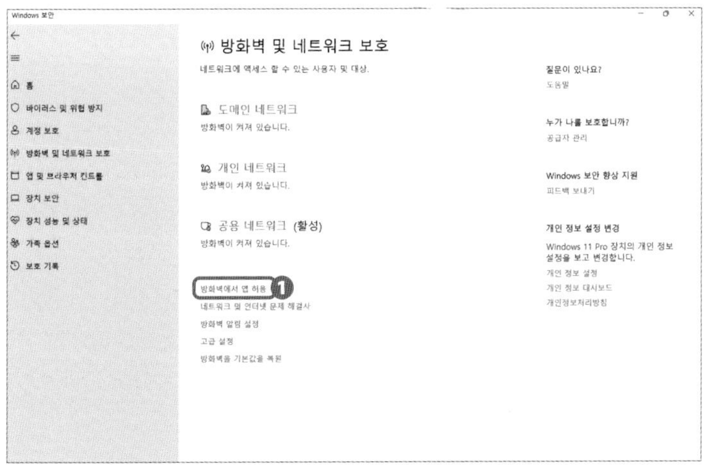

3. [앱이 Windows Defender 방화벽을 통해 통신하도록 허용] 목록이 나열되고, 허용/예외할 항목을 설정한 후 [확인]을 클릭합니다.

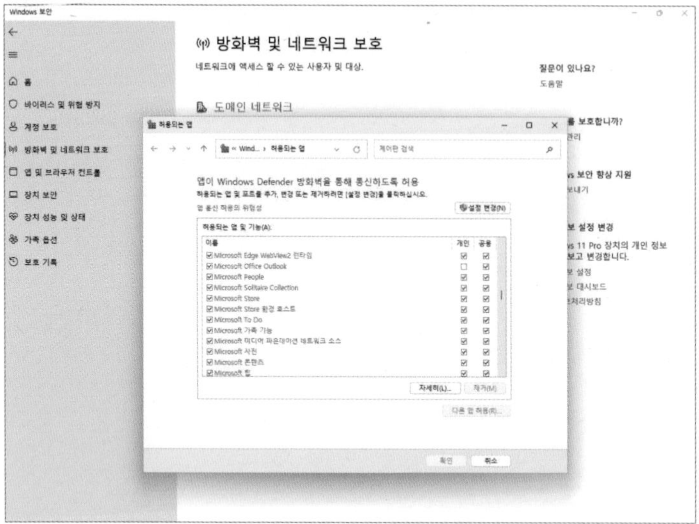

4. [방화벽 및 네트워크 보호] 화면에서 [도메인, 개인, 공용 네트워크]에서 활성화되어 있는 네트워크를 클릭합니다.

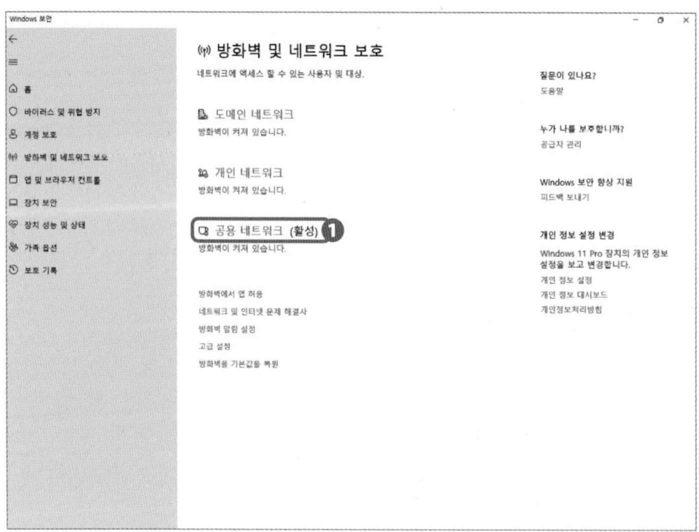

5. 선택한 네트워크 화면에서 [Microsoft Defender 방화벽]과 [들어오는 연결]을 모두 선택하고, 설정하여 외부에서 들어오는 네트워크 연결을 제한합니다.

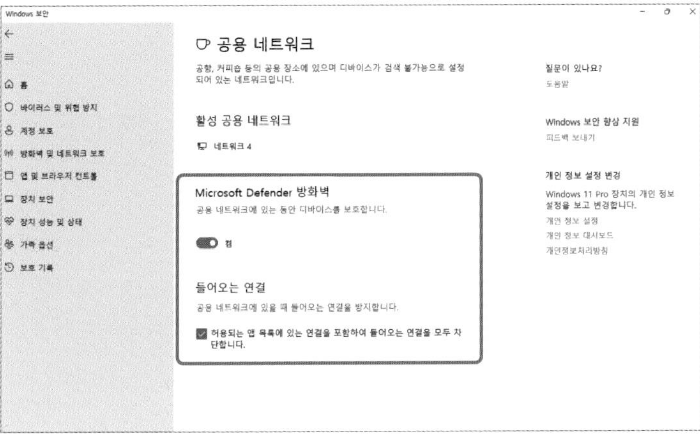

윈도우 11 업데이트 일시 중지

Windows 업데이트를 적용할 준비가 되어 있지 않은 경우에는 임의로 업데이트를 지연 설정할 수 있습니다.

1. [윈도우 키]+[I]를 누른 후 [Windows 업데이트] 화면에서 [1주 동안 일시 중지]를 클릭합니다.

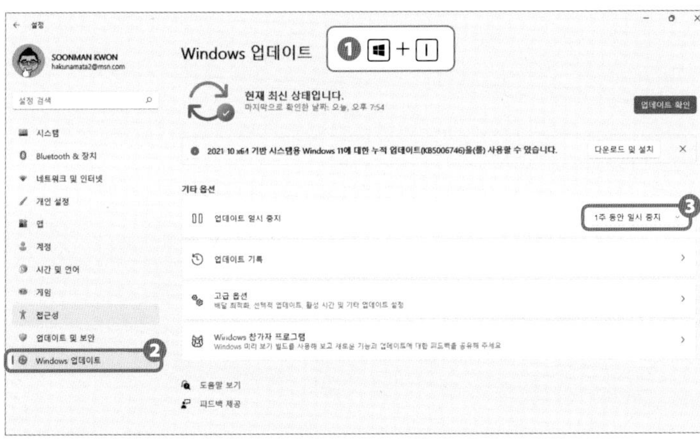

✓ TIP 윈도우 업데이트 릴리즈 정보

윈도우 11은 연간 기능 업데이트 주기 정책이 있습니다. 윈도우 11 기능 업데이트는 매년 하반기에 출시될 예정이며, 윈도우 11 에디션별로 지원하는 기간이 다릅니다. Home, Pro 경우는 24개월, Education, Enterprise는 36개월 기간으로 업데이트 지원이 됩니다. 새로운 기능, 통합 보안된 보안을 위해서는 최대한 빠르게 배포된 업데이트를 사용하는 것을 권장합니다. 월별 보안 업데이트의 경우 윈도우 11은 매월 둘째 주 화요일에 누적 업데이트 프로세스가 진행됩니다. 월별 보안 업데이트를 통해 디바이스를 보호할 수 있게 됩니다.

2. 설정한 일정으로부터 1주 동안 Windows 업데이트가 중지 상태로 됩니다. 만약, 도중에 업데이트를 해야 한다면, [업데이트 계속하기]를 클릭하여 해제할 수 있습니다.

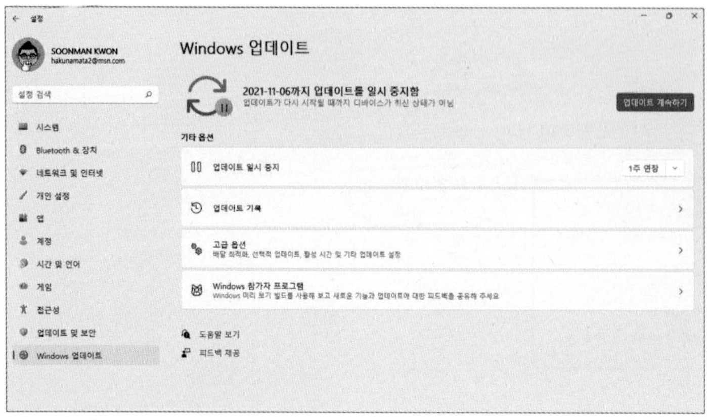

업데이트 재시작 시간 설정

사용 시간을 통해 윈도우 사용자가 일반적으로 PC를 사용하는 시간대를 인지하게 됩니다. 이 정보를 이용하여 사용자가 PC를 사용하지 않을 때 업데이트 및 다시 시작을 예약합니다.

1. ⊞+I를 누른 후 [Windows 업데이트] 화면에서 [고급 옵션]을 클릭하고, [사용 시간]을 클릭합니다.

2. 윈도우가 사용 패턴을 보고 자동으로 설정되어 있는데, '수동'을 선택하고 [시작 시간], [종료 시간]을 설정합니다.

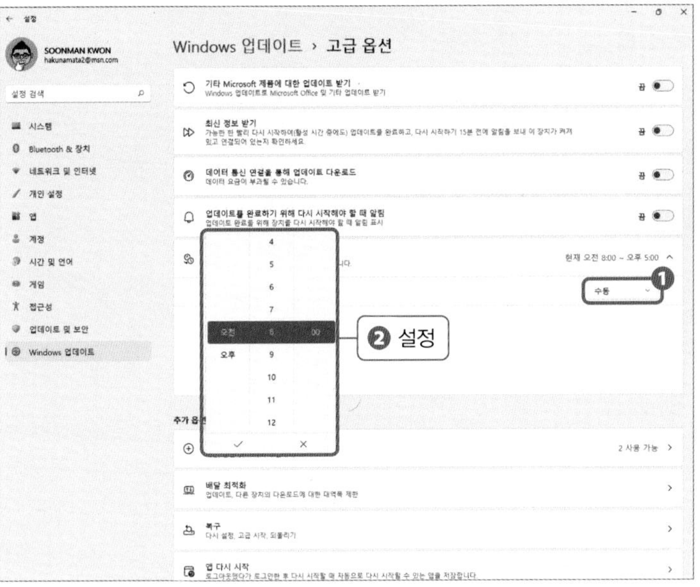

✓ TIP 윈도우 업데이트를 위한 공간 확보

윈도우 11 업데이트는 PC를 최신 상태로 유지하고 보안을 유지하는 데 도움이 되는 최신 기능과 보안 개선 사항을 제공합니다. 이 업데이트 설치 프로세스가 시작되기 전에 PC에 충분한 저장 공간이 있는지 확인합니다. 필요한 추가 공간은 10GB 이상의 여유 공간이 필요합니다.

디스크 공간이 부족하면 최신 윈도우 11 기능과 보안 개선 기능을 PC에 설치할 수 없습니다. 다만, 별도의 외부 저장 장치를 사용하여 10GB 이상의 여유 공간을 생성하면 해결할 수 있습니다.

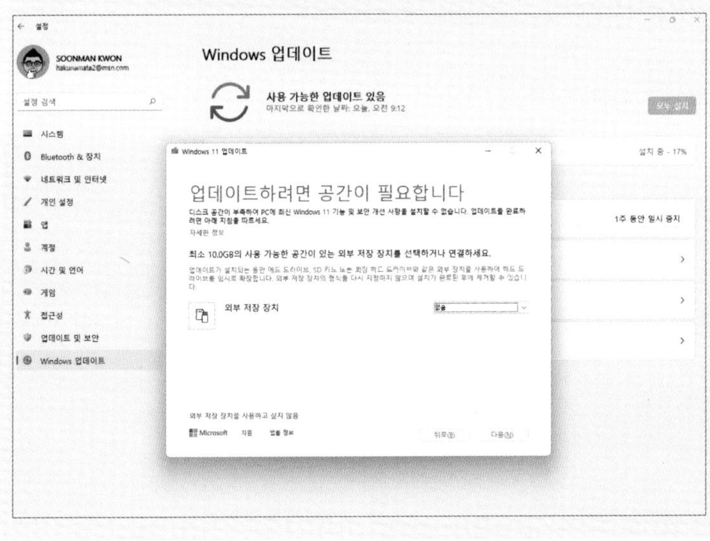

Microsoft 계정과 서비스

Microsoft 계정을 사용하면 Microsoft에서 제공하는 무료 또는, 유료 서비스를 활용할 수 있습니다. 대표적인 예로 Microsoft 계정을 활용하면 클라우드 서비스를 이용하여 한 장치에 국한되지 않고 여러 장치에서 작업이나 설정 등이 동기화되어 사용할 수 있기 때문에 사용자는 위치나 장치에 상관없이 동일한 환경에서 작업이 가능하게 됩니다.

• 학습 내용

사용 기능	중요도	내용
메일	★★★★★	015 메일 서비스 사용하기
일정, 할 일	★★★★★	016 일정과 To-do 앱 사용하기
OneDrive	★★★★★	017 클라우드 서상소 OneDrive 사용하기
인터넷, Edge	★★★★★	018 Microsoft Edge 알아보기

Windows 11
015
중요도
★★★☆☆

메일 서비스 사용하기

Microsoft 계정을 생성하면 기본적으로 메일 서비스, 일정, 연락처, 클라우드 저장소 등을 제공합니다. 각 서비스는 무료로 제공되지만, 추가적으로 광고 제거나 기능, 용량 확장 등이 필요한 경우에는 유료로 전환하여 사용할 수 있습니다.

메일 앱 화면 구성 알아보기

메일 계정을 설정한 후 사용하기 위한 메일 앱의 화면 구성과 각 기능에 대하여 알아봅니다.

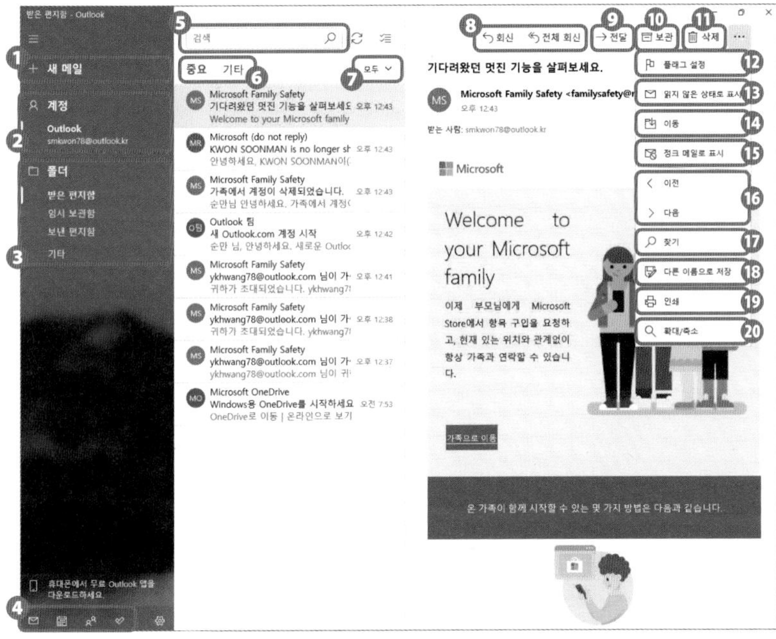

❶ **[+새 메일]** : 새로운 메일을 작성하는 창이 나타납니다.

❷ **계정** : [메일] 앱에 설정되어 있는 계정 목록입니다. 메일 계정을 선택하여 쉽게 메일 계정을 변경하고 메일을 확인할 수 있습니다.

❸ **폴더** : 선택된 메일 계정의 메일 폴더 목록입니다.

❹ **앱 모음** : 메일, 일정, 연락처, To-do 및 설정 도구 모음입니다.

❺ **검색** : 메일을 검색합니다.

❻ **중요/기타** : 사용자가 중요도에 따라 분류된 메일을 확인할 수 있습니다.

❼ **필터/정렬** : 메일을 모두, 읽지 않음, 플래그 있음, 멘션 형태로 필터링하여 나타내거나, 날짜순 정렬, 이름순 정렬하여 목록을 보여줍니다.

❽ **회신/전체 회신** : 메일을 보낸 사람 또는, 참조된 모든 사람에게 메일을 보낼 수 있습니다.

⑨ **전달** : 받은 메일을 그대로 입력하여 전달합니다.

⑩ **보관** : 메일을 별도의 저장 폴더에 보관합니다.

⑪ **삭제** : 메일이 삭제되면서 지운 편지함에 저장됩니다.

⑫ **플래그 설정** : 메일에 플래그를 지정합니다.

⑬ **읽지 않은 상태로 표시** : 읽은 메일을 읽지 않은 상태로 변경합니다.

⑭ **이동** : 메일 사서함의 특정 폴더로 이동합니다.

⑮ **정크 메일로 표시** : 정크 메일로 필터링되지 못한 메일을 사용자가 강제로 정크 메일로 설정합니다.

⑯ **이전/다음** : 현재 메일을 기준으로 이전과 다음 메일로 이동합니다.

⑰ **찾기** : 메일에서 검색합니다.

⑱ **다른 이름으로 저장** : 메일을 하나의 파일 형태로 저장합니다.

⑲ **인쇄** : 메일을 인쇄합니다.

⑳ **확대/축소** : 메일의 본문을 확대/축소합니다.

메일 앱 설정하기

윈도우에서 기본적으로 제공하는 메일 앱을 통해 Outlook.com, Live, Hotmail 또는, MSN 주소가 있는 Microsoft 계정으로 로그인하면 해당 계정이 메일 및 일정 앱에 설정됩니다. Microsoft 계정뿐 아니라 기타 다른 메일 서비스 계정을 메일 및 일정 앱에 추가하여 전자 메일 보내기, 받기 및 일정을 한 곳에서 관리할 수 있습니다.

1. [시작] 단추를 클릭하고 [메일] 앱을 실행한 후, [계정 추가] 창에서 로그인된 계정을 선택합니다.

✓ TIP Microsoft 계정 외에도 다른 메일 서비스 계정을 간편하게 추가할 수 있습니다.

2. 추가 설정없이 바로 [메일] 앱 설정이 완료되어 메일을 사용할 수 있습니다.

✓ TIP PC에서 메일 설정을 완료한 후 나타나는 팝업 창처럼 [앱 다운로드]를 클릭하면 해당하는 스마트폰에서 바로 Outlook 모바일 앱을 다운로드 받을 수 있는 링크 또는, QR 코드를 스캔하여 빠르고 쉽게 설정이 가능합니다.

멀티 메일 계정 설정하기

메일 앱을 통해 Microsoft 계정뿐 아니라 다른 메일 서비스를 연결하여 사용할 수 있습니다.

1. [메일] 앱 왼쪽 하단의 [설정]을 클릭하면 나타나는 메뉴에서 [계정 관리]를 선택합니다. [계정 관리]에서 [+계정 추가]를 클릭하면, 계정을 추가할 수 있는 메일 서비스들이 나타납니다. 여기서는 [Gmail]을 선택합니다.

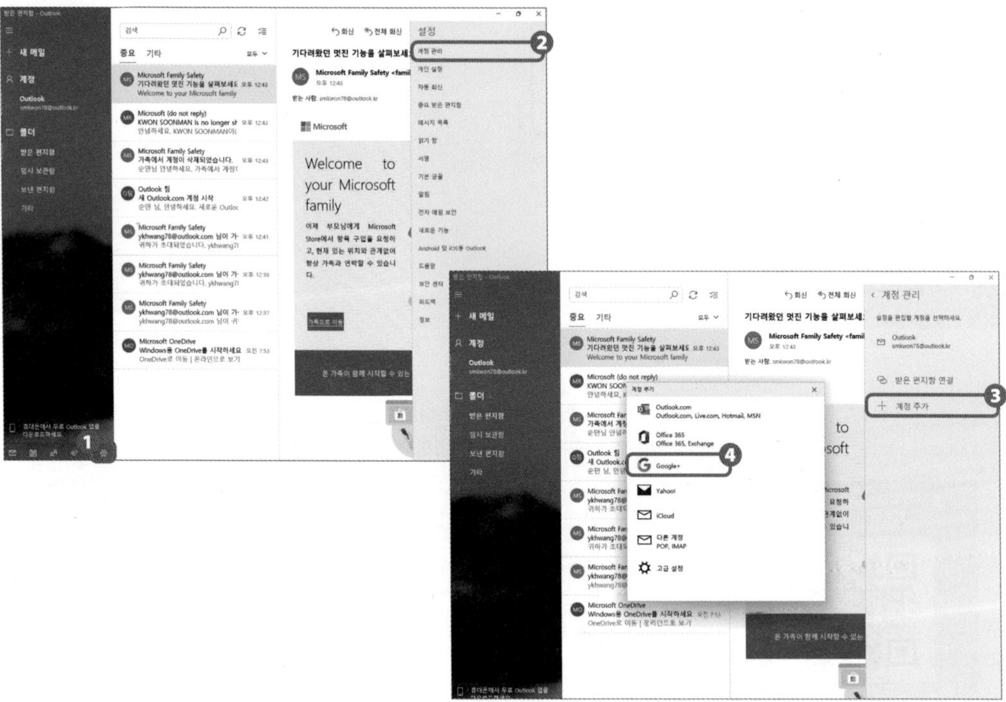

2. Gmail 계정과 암호를 입력한 후 [다음]을 클릭하고, Gmail 계정과 인증이 완료되면 [메일] 앱에서 Gmail을 사용할 수 있습니다.

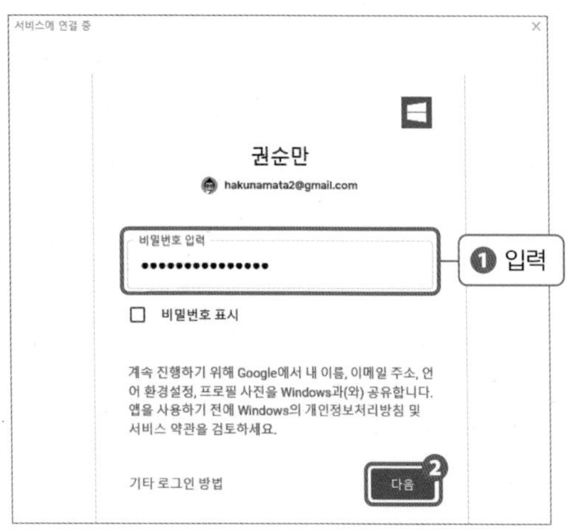

3. 왼쪽 작업 창에서 Outlook 메일과 Gmail 메일 계정이 추가된 것을 확인할 수 있습니다.

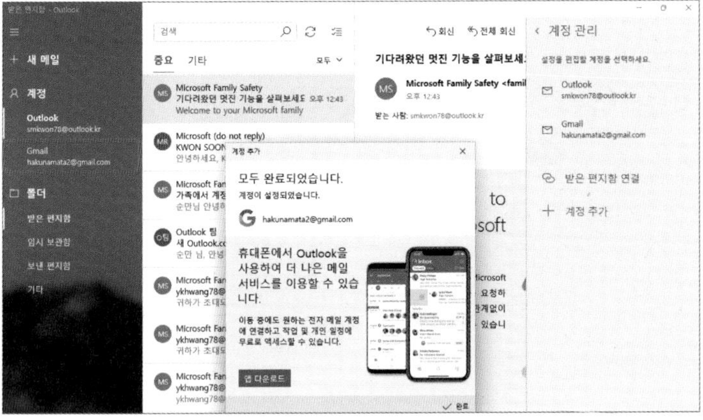

✓ TIP 부재 시 메일 자동으로 회신 설정하기

메일 앱의 부재중 회신 기능으로 휴가나 메일을 회신하기 어려운 상황에 있을 때 자동적으로 메일을 보낸 사람에게 설정해 놓은 메시지를 회신할 수 있습니다.

[메일] 앱 왼쪽 하단의 [설정]을 클릭하면 나타나는 메뉴에서 [자동 회신]을 선택합니다.

[자동 회신]에서 [자동 회신 보내기]를 설정한 후 자동으로 회신할 메시지를 입력하면, 메일이 전송되면 바로 입력한 부재중 메시지로 회신하게 됩니다.

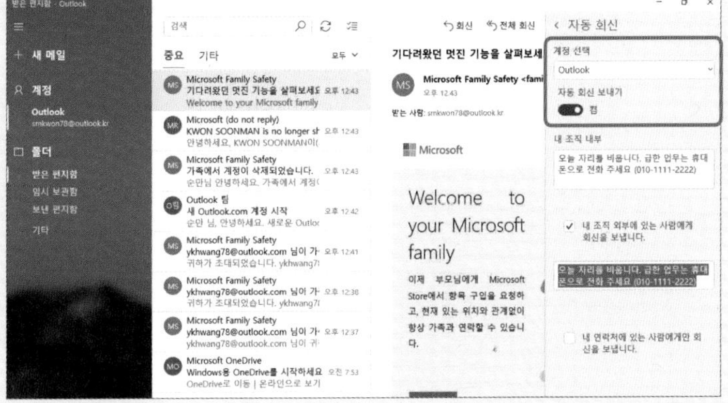

✓ TIP 연락처 앱 화면 구성 알아보기

연락처 앱을 사용하면, 메일 작성 시 메일 주소를 직접 입력하지 않고 간단한 검색으로 추가할 수 있고, 스마트폰과 연계하여 전화번호 등을 동기화하여 사용할 수도 있습니다.

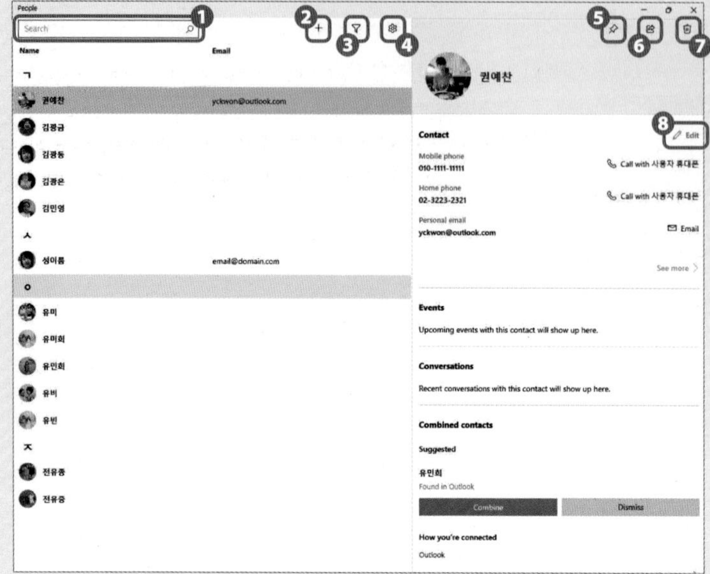

❶ 검색 : 연락처를 검색합니다.
❷ [+] : 새로운 연락처를 추가합니다.
❸ 필터 : 연락처를 필터링합니다.
❹ 연락처 설정 : 연락처가 나열될 때 표시되는 성, 이름 형태로 정렬합니다.
❺ 고정 : 연락처를 고정합니다.
❻ 공유 : 연락처를 공유할 수 있습니다.
❼ 삭제 : 선택한 연락처를 제거합니다.
❽ 편집 : 선택한 연락처의 정보를 업데이트합니다.

Windows 11
016

일정과 TO - do 앱 사용하기

중요도
★★★★★

윈도우 11에서 기본적으로 제공하는 일정 앱을 사용하면 PC뿐 아니라 스마트폰과 연계되어 일정을 공유할 수 있습니다. 일정 앱의 기본적인 화면 구성과 사용법에 대하여 알아봅니다.

일정 앱 화면 구성 알아보기

윈도우 11에서 기본적으로 제공하는 일정 앱의 화면 구성과 각 기능에 대하여 알아봅니다.

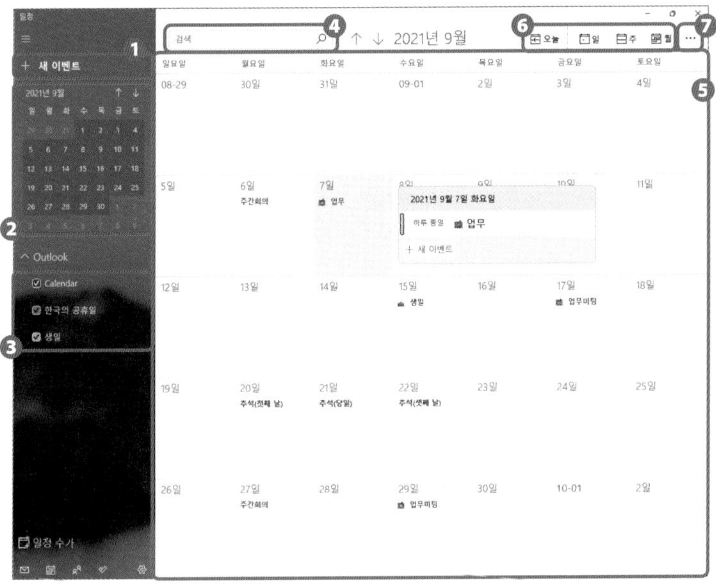

❶ **새 이벤트** : 새로운 일정을 생성합니다.

❷ **달력** : 달력을 사용하여 원하는 일자로 빠르게 이동할 수 있습니다.

❸ **일정** : 일정, 한국의 공휴일 및 생일 등과 같이 여러 일정을 그룹 단위로 설정합니다.

❹ **검색** : 키워드를 입력하여 일정을 검색합니다.

❺ **일정 화면** : 생성한 일정이 있는 내용을 확인할 수 있습니다.

❻ **보기** : 오늘, 일, 주, 연도별 일정을 확인할 수 있습니다.

❼ **인쇄, 동기화** : 일정을 인쇄하거나, 강제로 동기화를 진행합니다.

일정 생성하기

메일 앱에서 일정을 생성하고 관리하는 방법에 대하여 알아봅니다.

1. [메일] 앱 왼쪽 하단의 [일정으로 전환]을 클릭합니다. [일정] 앱이 실행되고, 추가할 일정의 날짜를 클릭하면 간단히 [이벤트 이름], [시간], [위치] 등의 정보를 입력 후 [저장]을 클릭하여 일정을 추가할 수 있습니다. 만약에 세부적인 내용이 추가한다면 [세부 정보]를 클릭합니다.

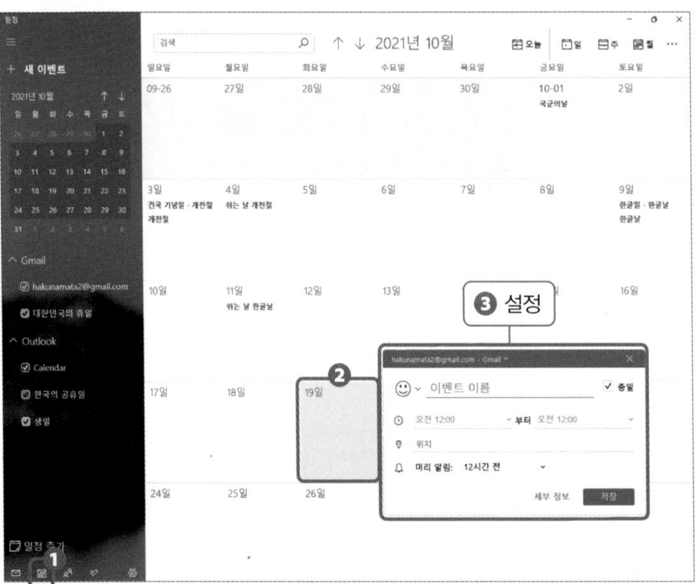

2. 앞에서 [세부 정보]를 글릭하면 다음과 같이 이벤트의 세부적인 내용을 입력할 수 있고, [다른 사람 초대]에 메일 주소를 입력하여 일정 메일을 보낼 수 있으며, 입력이 완료되면 [저장]을 클릭하여 일정 생성을 완료합니다.

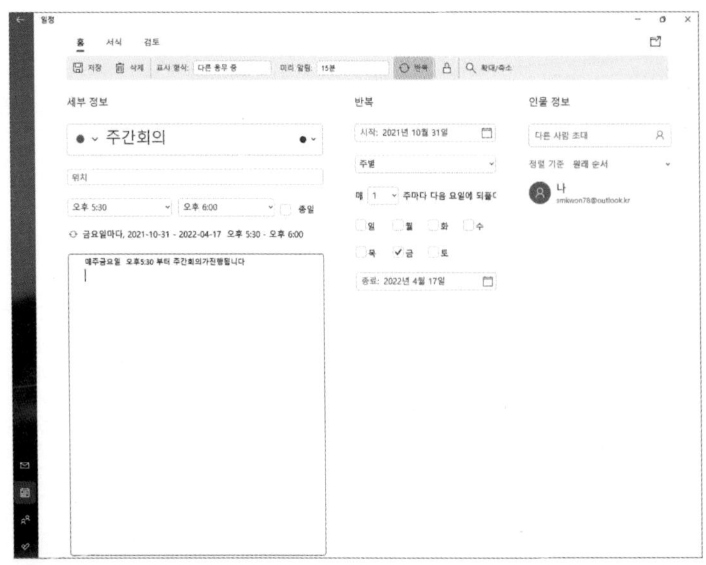

✓ TIP [일정] 앱에서 [새 이벤트]를 클릭하면 나타나는 [일정 생성] 화면에서 [반복]을 클릭하면, 주, 월 또는 연 단위로 되풀이되는 일정을 생성할 수 있습니다.

Microsoft To-do 앱 화면 구성 알아보기

Microsoft To-do 앱의 화면 구성과 각 기능에 대하여 알아봅니다.

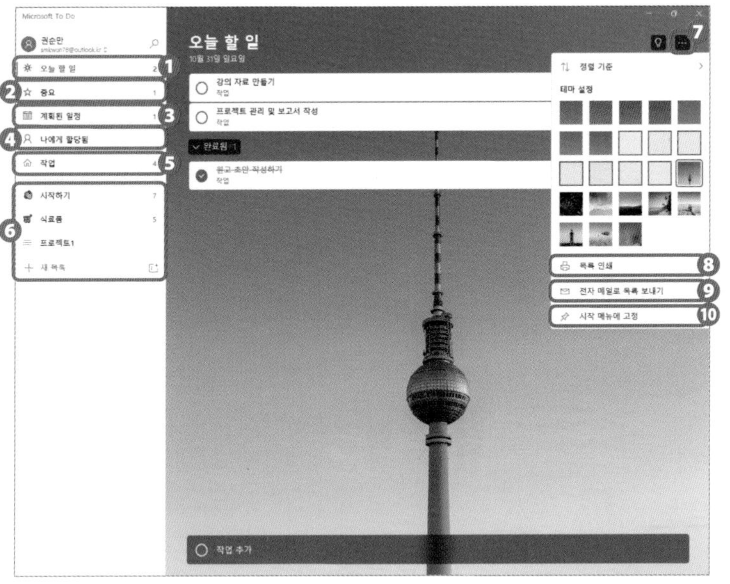

❶ **오늘 할 일** : 오늘 해야 할 일의 목록 리스트와 완료된 할 일 목록이 나타나고, 직접 오늘 할 일을 추가 및 완료할 수 있습니다.

❷ **중요** : 중요 카테고리로 할 일을 관리합니다.

❸ **계획된 일정** : 일정 앱과 연계되어 할 일이 나열됩니다.

❹ **나에게 할당됨** : 누군가가 나에게 할 당한 일이 나열됩니다.

❺ **작업** : 모든 할 일에 대한 작업 목록이 나열됩니다.

❻ **목록** : 새 목록을 추가하여 목록별로 할 일을 관리합니다.

❼ **목록 옵션** : 할 일 앱의 테마를 설정합니다.

❽ **목록 인쇄** : 할 일 목록을 인쇄합니다.

❾ **전자 메일로 목록 보내기** : 할 일의 내용을 전자 메일 형태로 보냅니다.

❿ **시작 메뉴에 고정** : [Microsoft To-do] 앱을 시작 메뉴에 고정합니다.

오늘 할 일(To - do) 추가하기

메일 앱을 통해 Microsoft에서 제공하는 오늘 할 일 기능에 대하여 알아봅니다.

1. [메일] 앱 왼쪽 하단의 [To Do로 전환]을 클릭합니다.

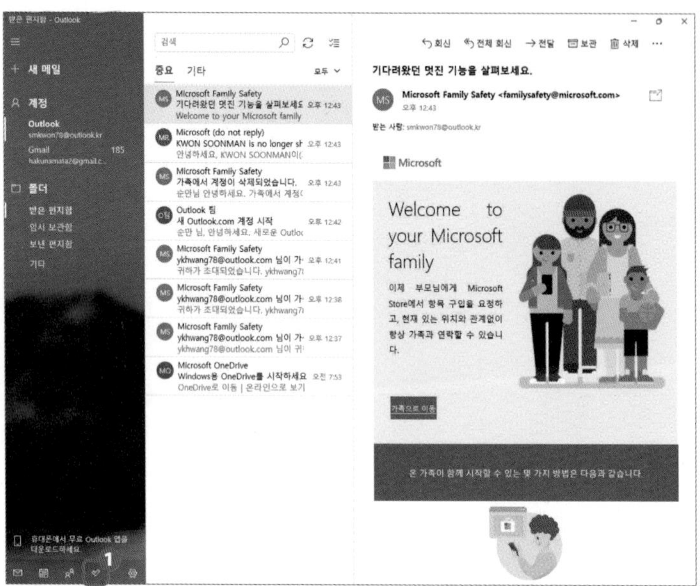

2. [Microsoft To-do] 앱이 실행되면 [작업 추가]를 클릭하여 해당되는 영역에 할 일을 추가하고 관리할 수 있습니다. 작업의 생성, 할 일의 진행 상태 및 완료됨으로 구분되어 작업 관리가 가능합니다.

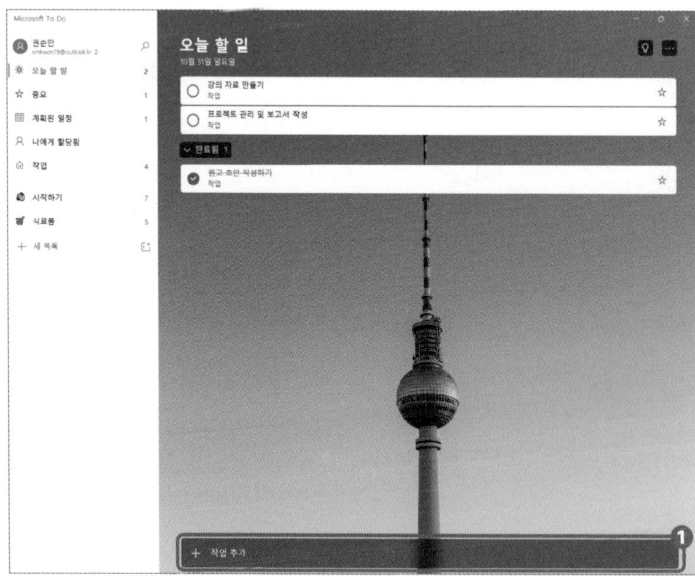

✓TIP 오늘 할 일(To-do) 목록 관리하기

오늘 할 일(To-do)의 [시작하기] 메뉴에서 마우스 오른쪽 버튼을 클릭하여 나타나는 메뉴를 통해 그룹화한 형태로 할 일을 목록으로 관리할 수 있습니다.

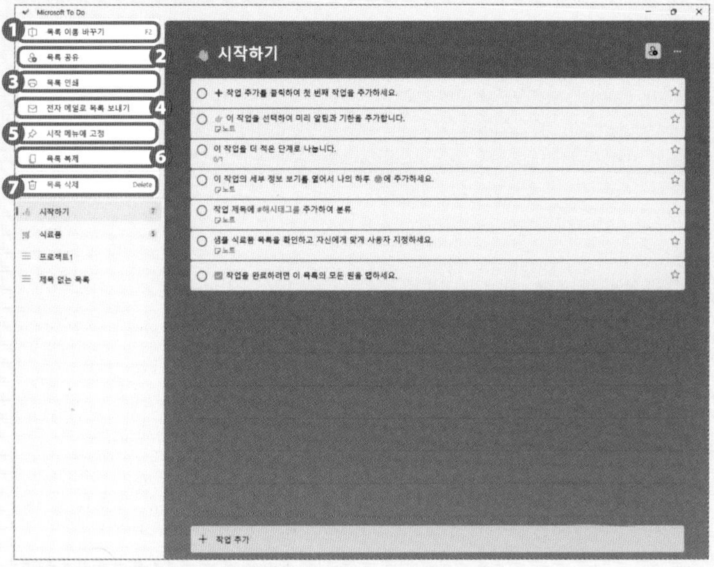

❶ 목록 이름 바꾸기 : 생성한 목록의 이름을 수정합니다.
❷ 목록 공유 : 선택한 할 일 목록을 다른 사용자에게 공유합니다.
❸ 목록 인쇄 : 목록은 인쇄합니다.
❹ 전자 메일로 목록 보내기 : 할 일의 내용을 전자 메일 형태로 보냅니다.
❺ 시작 메뉴에 고정 : 오늘 할 일(To-do) 앱을 시작 메뉴에 고정합니다.
❻ 목록 복제 : 선택한 목록을 동일한 목록으로 복제합니다.
❼ 목록 삭제 : 목록을 삭제합니다.

✓TIP 할 일(To-do) 공유

초대 링크를 생성하여 다른 사람과 함께 할 일(To-do) 목록을 공유할 수 있습니다. To-do 화면에서 공유 아이콘을 클릭하면 나타나는 윈도우 창에서 초대 링크를 메일 또는, 메신저 등을 통해 작업 내용을 공유할 수 있습니다. 만약, 공유를 허용하지 않으려면 [액세스 관리]에서 [공유 중지]로 설정하면 됩니다.

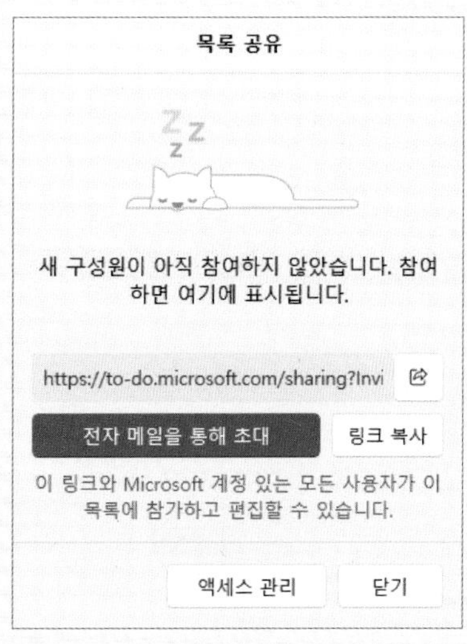

Windows 11

017

클라우드 저장소 OneDrive 사용하기

중요도
★★★★★

Microsoft 계정을 생성하면 기본적으로 제공하는 클라우드 저장소인 OneDrive를 사용하는 방법에 대하여 알아봅니다. OneDrive를 사용하면 PC와 PC 또는, PC와 스마트 장치 간에 콘텐츠를 동기화하여 사용할 수 있어 간편하게 파일을 실시간으로 공유하면서 사용할 수 있게 됩니다. 또한 보안적으로도 랜섬웨어 같은 이슈 발생 시 손상된 파일을 복원할 수 있습니다.

OneDrive 동기화하기(로컬 계정 사용자)

Microsoft 계정을 사용하여 윈도우 11에 로그인한 상태에서는 간편하게 처음 로그인 시 자동으로 OneDrive 동기화가 설정되며, 윈도우 11의 로컬 계정을 사용하여 로그인한 경우에는 Microsoft 계정 또는, Microsoft 365 계정을 통하여 OneDrive 설정을 단계별로 진행해야 합니다. 로컬 계정 로그인 상태에서 OneDrive 동기화하는 방법에 대하여 알아봅니다.

1. [시작] 단추를 클릭하고 검색 창에 'OneDrive'를 입력한 결과에서 [열기]를 클릭하면, [OneDrive 설치] 화면에서 Microsoft 계정을 입력한 후 [로그인]을 클릭합니다.

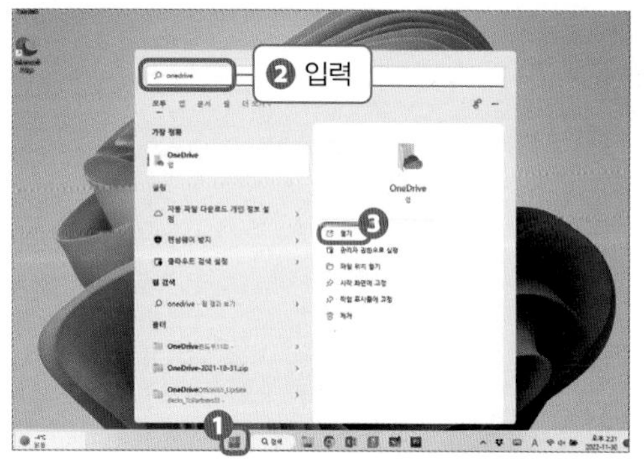

2. [암호 입력] 창이 나타나면 암호를 입력한 후 [로그인]을 클릭하면, Microsoft 사용자 계정 정보 메시지를 확인한 후 [다음]을 클릭합니다.

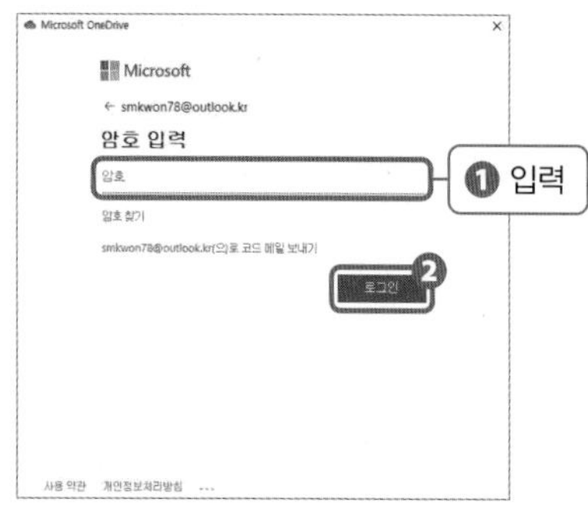

3. 효율적인 공동 작업 메시지를 확인한 후 [수락]을 클릭하고, [OneDrive 폴더] 창에서 OneDrive 폴더를 PC에 동기화할 폴더 위치를 지정합니다. 위치를 변경하려면 [위치 변경]을 클릭하여 설정합니다.

4. [폴더를 백업합니다] 창에서 '바탕 화면, 문서, 사진' 각 폴더의 동기화 여부를 선택한 후 [계속]을 클릭합니다. [OneDrive에 대해 알아보세요] 창에서 내용을 확인한 후 [다음]을 클릭합니다.

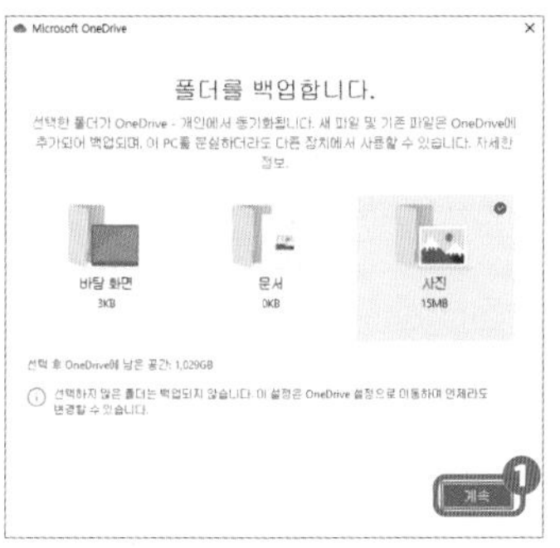

✓ TIP 유료로 OneDrive 저장소를 구독하여 사용 중에 구독이 만료될 때 잔여 저장소 공간을 초과하게 되면 현재 OneDrive 저장소에 있는 파일을 확인하거나 공유 및 다운로드는 가능하지만, 구독을 갱신하여 추가 공간을 확보하기 전까지는 업로드가 불가능합니다.

5. [파일 및 폴더 공유] 창에서 내용을 확인한 후 [다음]을 클릭합니다. [모든 파일, 준비 및 요청 시] 창에서 내용을 확인한 후 [다음]을 클릭합니다.

6. [모바일 앱 가져오기] 창에서 내용을 확인한 후 [나중에]를 클릭합니다. 'OneDrive 가 준비되었습니다.' 메시지를 확인하고 [내 OneDrive 폴더 열기]를 클릭합니다.

7. OneDrive와 동기화된 파일 탐색기가 실행되면서 파일이 동기화됩니다. 파일의 개수와 용량이 큰 파일은 동기화 시간에 영향을 미칠 수 있습니다.

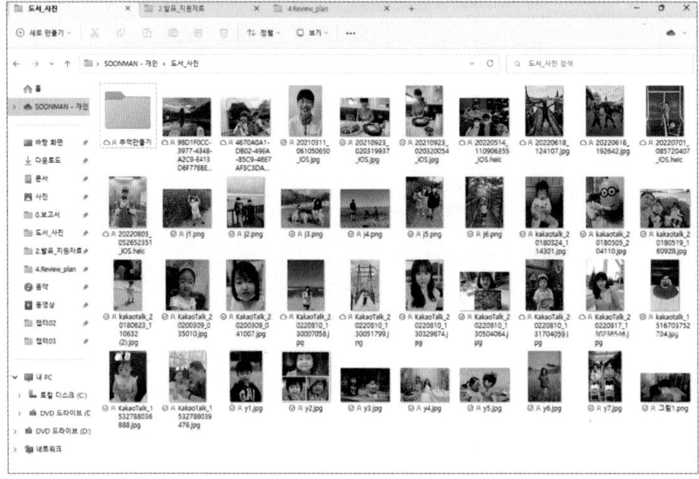

✓TIP OneDrive 사용 용량 확인 방법

Microsoft 계정 생성과 함께 기본적으로 제공되는 OneDrive는 5GB를 제공하며, 추가 유료 구독을 통해 확장된 저장소 공간을 확인할 수 있습니다. 작업 표시줄 [OneDrive] 아이콘을 마우스 오른쪽 버튼으로 클릭한 후 메뉴에서 [설정] 〉 [계정]을 통해 확인할 수 있습니다.

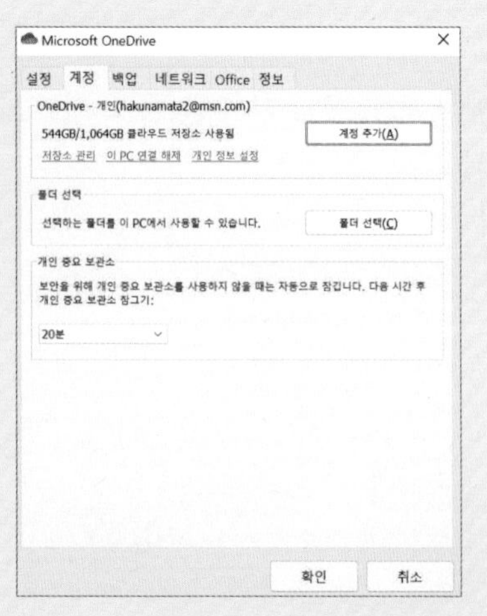

OneDrive 파일 공유하기

OneDrive에 있는 파일을 다른 사람에게 공유하는 방법에 대하여 알아봅니다. 이 방법은 메일의 첨부 파일 제한으로 큰 파일을 첨부하지 못하는 경우에 링크를 통해 공유된 사용자가 다운로드 받아 사용할 수 있습니다.

1. OneDrive에서 공유할 폴더 또는, 파일을 선택한 후 마우스 오른쪽 버튼을 클릭하면 나타나는 메뉴에서 [OneDrive] 〉 [공유]를 선택합니다. [링크 보내기] 창이 나타나고 [편집]을 클릭하면 나타나는 메뉴에서 [링크 설정]을 클릭합니다.

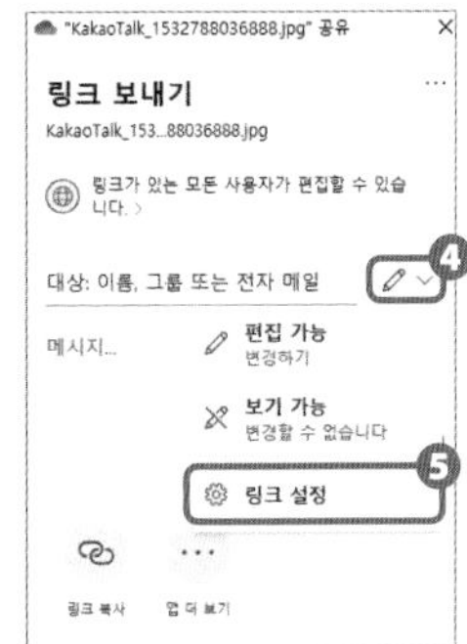

2. 공유 폴더 및 파일에 대하여 [기타 설정]에서 [편집 권한], [만료 날짜], [암호 설정]을 한 후 [적용]을 클릭합니다. 공유할 수 있는 공유 링크를 복사하여 메신저 또는, 메일로 링크를 전달하면 OneDrive에 접근할 수 있게 됩니다.

✓TIP 공유 만료 일정

OneDrive 공유 링크를 모든 사용자 또는, 특정 메일 계정을 사용하여 공유하는 경우에 만료일을 설정하게 되면, 링크를 공유 받은 사용자가 만료 이후에 액세스 불가하다는 메시지를 받게 되며 공유해 준 사용자에게 재공유 요청을 해야 합니다.

3. 앞의 방법은 모든 링크가 있는 사용자 대상이었는데 특정 사용자만 접근을 제어하려는 경우는 [이메일], [메시지 내용]을 입력한 후 [보내기]를 클릭합니다. 만약에 메일 설정이 안되어 있는 경우는 메일 설정에 대한 부분이 나타날 수 있습니다. 메일로 링크를 전송했다는 메시지 창이 나타납니다.

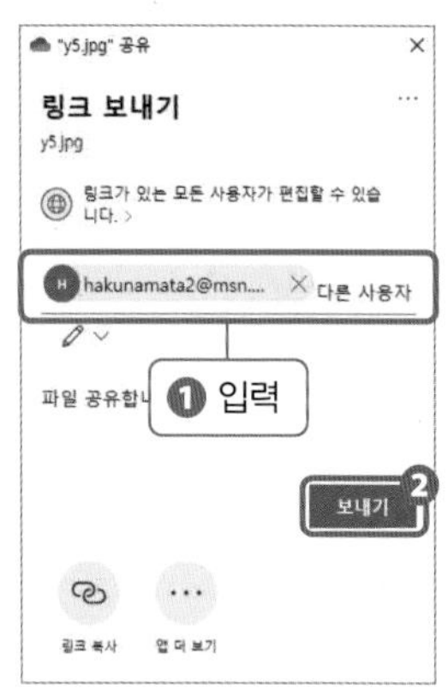

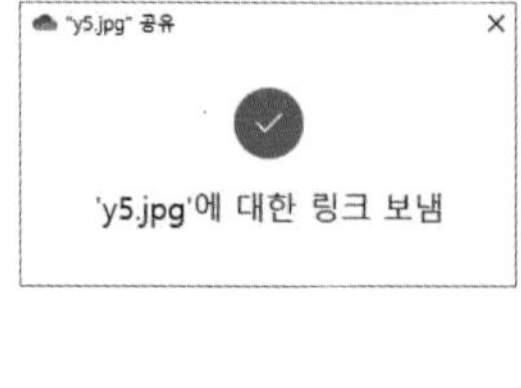

✓ TIP 공유되어 있는 폴더 또는, 파일을 일괄적으로 한 번에 공유 해제하는 방법은 현재 제공되지 않습니다. 그렇기 때문에 개별적으로 공유된 폴더 또는, 파일에 대해서 공유 링크를 해제해야 합니다. 공유 시에는 만료 일정을 설정하여 공유 기간을 제한하는 형태로 OneDrive 파일을 공유하는 방법을 권장합니다.

4. 지정한 메일 사용자에 다음과 같이 접근할 수 있는 링크 형태로 메일이 전송됩니다.

✓ TIP **OneDrive 개인 중요 보관소 사용하기**

OneDrive의 개인 중요 보관소는 ID 검증으로 안전하게 보호되므로 언제 어디서나 간편하게 액세스하는 편리함을 잃지 않으면서도 클라우드에 중요한 파일을 보관할 수 있습니다. 여권, 운전면허증과 같은 중요한 문서 사본을 개인 중요 보관소에 보관하세요. ID 검증으로 파일을 안전하게 보호하고 디바이스에 간편하게 액세스할 수 있게 됩니다. 참고로 무료로 제공되는 OneDrive의 개인 중요 보관소는 제한이 있기에 4개 이상의 파일을 저장하려면 Microsoft 365 구독이 필요할 수 있습니다.

OneDrive 연결 해제하기

PC에 연결되어 있는 OneDrive의 연결을 해제하는 방법에 대하여 알아봅니다.

1. 작업 표시줄의 [OneDrive] 〉 [도움말 & 설정]에서 [설정]을 클릭합니다.

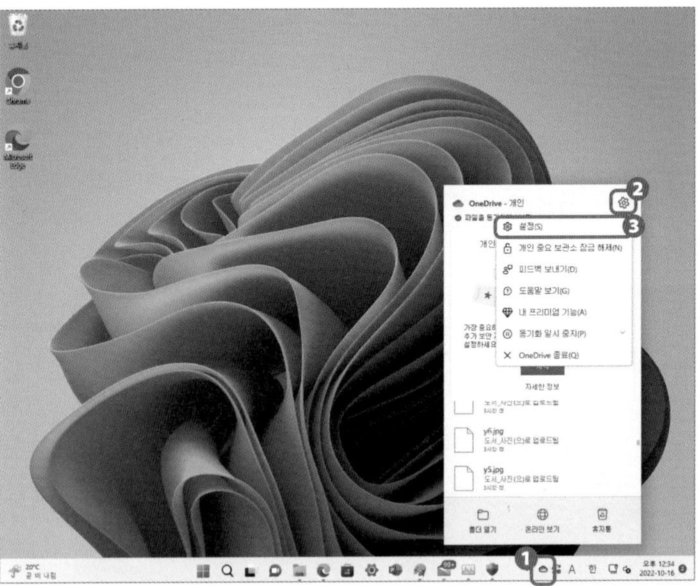

2. [OneDrive 설정] 창의 [계정] 탭에서 연결된 계정을 확인할 수 있습니다. [이 PC 연결 해제]를 클릭합니다. '이 PC에서 계정 연결을 해제하시겠습니까?' 메시지 창에서 [계정 연결 해제]를 클릭하면 OneDrive 연결이 해제됩니다.

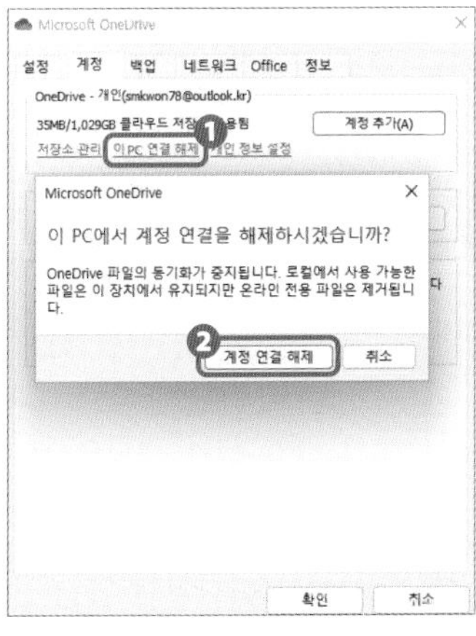

Windows 11
018 Microsoft Edge 알아보기

중요도 ★★★★★

Microsoft Edge는 윈도우 10부터 선보였으며, 지속적으로 기능 추가와 호환성을 업그레이드하는 인터넷 브라우저입니다. Internet Explorer 11에서 불가했던 기능이 가능하게 되었고, 지속적으로 확장된 기능으로 사용자의 편의성이 높아졌습니다.

Microsoft Edge의 화면 구성 알아보기

Microsoft Edge 전체 화면 구성 요소들에 대하여 알아봅니다.

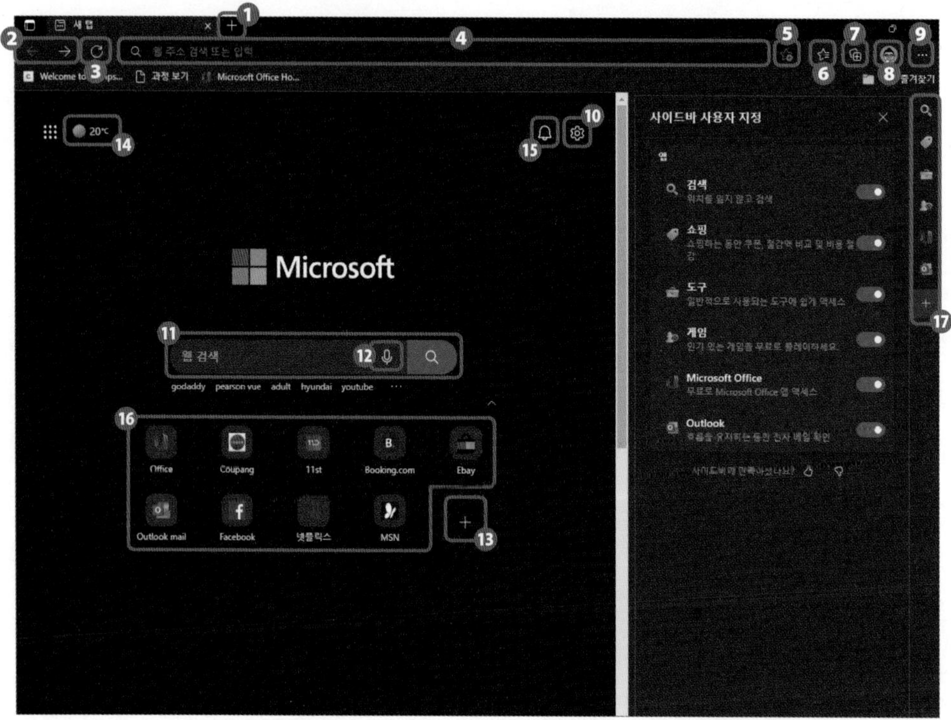

❶ **새 탭** : 하나의 Microsoft Edge에서 탭 기능을 사용하면 여러 웹 페이지를 추가하여 나타나게 할 수 있습니다.

❷ **앞/뒤로 가기** : 현재 웹 사이트 화면에서 이전에 접속한 웹 사이트로 이동할 수 있습니다.

❸ **새로 고침** : 현재 나타난 웹 사이트를 새로 고쳐 최신 상태의 웹 페이지 내용을 확인할 수 있습니다.

❹ **URL 입력 또는, 검색** : 웹 주소를 입력하거나 검색어를 입력하면, 설정되어 있는 검색 포탈을 통한 결과를 얻을 수 있습니다.

❺ **즐겨찾기 페이지 추가** : 즐겨찾기 및 읽기 목록을 추가할 수 있습니다.

⑥ **즐겨찾기 메뉴 열기** : 즐겨찾기 메뉴를 엽니다.

⑦ **컬렉션 열기** : 설정된 컬렉션을 엽니다.

⑧ **프로필 액세스** : Microsoft Edge에 Microsoft 계정 또는, 회사 계정과 동기화할 수 있도록 설정할 수 있습니다.

⑨ **설정 및 기타** : Microsoft Edge 세부 설정을 할 수 있습니다.

⑩ **페이지 설정** : 새 탭을 추가할 때 표시할 내용에 대한 설정이 가능합니다.

⑪ **온라인 검색** : Bing 사이트 검색 엔진을 사용하여 검색합니다.

⑫ **음성 검색** : 마이크를 사용하여 검색어를 음성으로 실행합니다.

⑬ **사이트 추가** : 자주 이용하는 웹 사이트를 고정으로 추가하여 빠르게 액세스할 수 있습니다.

⑭ **날씨** : 위치를 지정하여 날씨 정보를 확인할 수 있습니다.

⑮ **알림** : 웹 사이트의 관심 정보를 설정하면 새로운 정보 알림을 받아볼 수 있습니다.

⑯ **빠른 링크** : 빠른 링크를 화면에 나타내거나 숨길 수 있습니다.

⑰ **사이드바** : 현재 웹 사이트를 떠나지 않고 검색을 하거나, 오피스 365, 아웃룩 등의 기능을 이용할 수 있습니다.

Microsoft Edge의 설정 메뉴

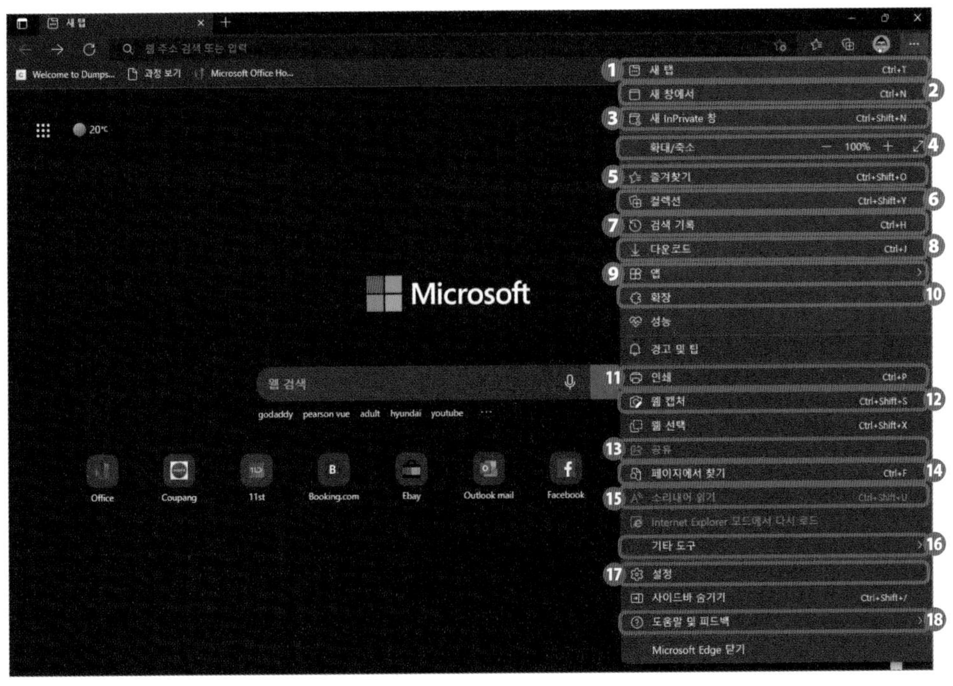

① **새 탭** : 새로운 탭을 추가합니다.

② **새 창에서** : Microsoft Edge의 새로운 창을 띄웁니다.

③ **새 InPrivate 창** : InPrivate한 인터넷 브라우저 창을 실행합니다.

❹ **페이지 확대 또는, 전체 화면 표시** : 웹 페이지를 확대/축소합니다.

❺ **즐겨찾기** : 웹 사이트 즐겨찾기를 관리합니다.

❻ **컬렉션** : 컬렉션을 관리합니다.

❼ **검색 기록** : Microsoft Edge에서 검색한 검색 기록이 남아 있고, 검색 기록을 관리합니다.

❽ **다운로드** : 인터넷에서 다운로드 받은 파일에 대한 설정합니다.

❾ **앱** : Microsoft Edge에 추가된 앱을 관리합니다.

❿ **확장** : Microsoft Edge에 확장 기능을 추가하고 관리할 수 있습니다.

⓫ **인쇄** : 웹 페이지를 인쇄합니다.

⓬ **웹 캡처** : 웹 페이지를 캡처합니다.

⓭ **공유** : 웹 페이지를 페이스북, 트위터, 메일 등으로 공유할 수 있습니다.

⓮ **페이지에서 찾기** : 웹 페이지에서 키워드 검색을 합니다.

⓯ **소리내어 읽기** : 웹 페이지 내용을 읽어주는 서비스입니다.

⓰ **기타 도구** : 웹 페이지를 고정하거나 개발자 도구 등을 제공합니다.

⓱ **설정** : Microsoft Edge 세부 옵션 및 설정을 할 수 있습니다.

⓲ **도움말 및 피드백** : Microsoft Edge 도움말 확인과 피드백을 제공합니다.

프로필 설정하기

Microsoft Edge에서는 여러 프로필을 설정하여 수행 중인 작업별로 각각 다른 검색 환경을 사용할 수 있습니다.

1. [프로필 액세스]를 클릭하면 나타나는 메뉴에서 [프로필 추가]를 클릭합니다.

2. [프로필 추가] 창에서 [추가]를 클릭하고, [로그인]을 클릭합니다.

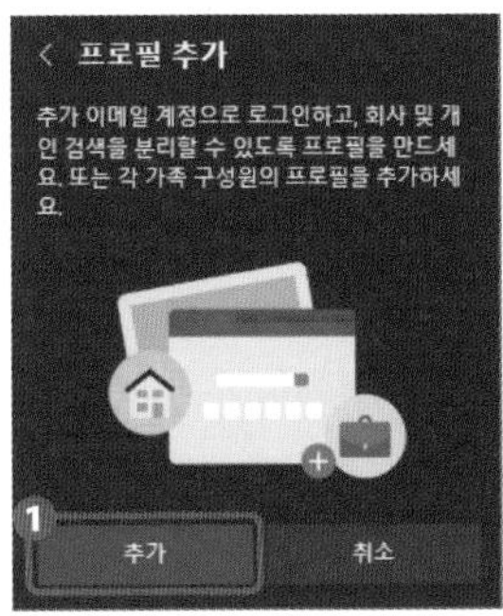

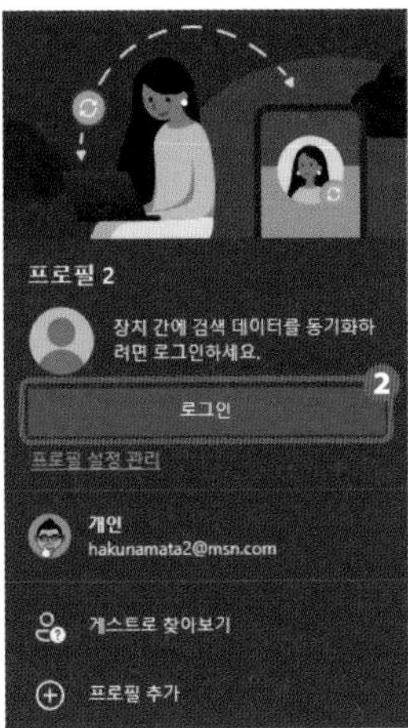

3. [로그인] 창에서 추가할 계정의 유형을 선택합니다. 여기서는 [회사 또는 학교 계정]을 선택하고 [계속]을 클릭합니다. [계정], [암호]를 입력하여 인증 과정을 진행합니다.

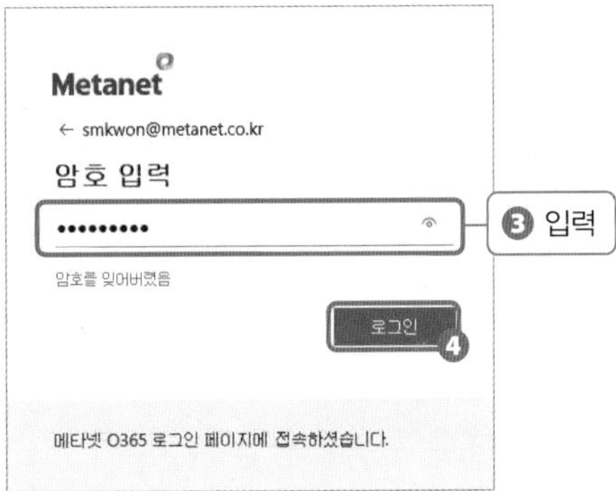

4. [모든 앱에서 로그인 상태 유지] 창에서 [아니오, 이 앱에만 로그인합니다]를 클릭합니다. 프로필 동기화 여부를 선택합니다.

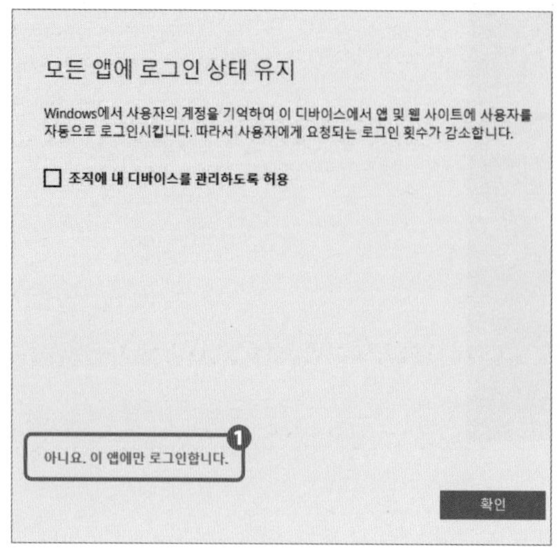

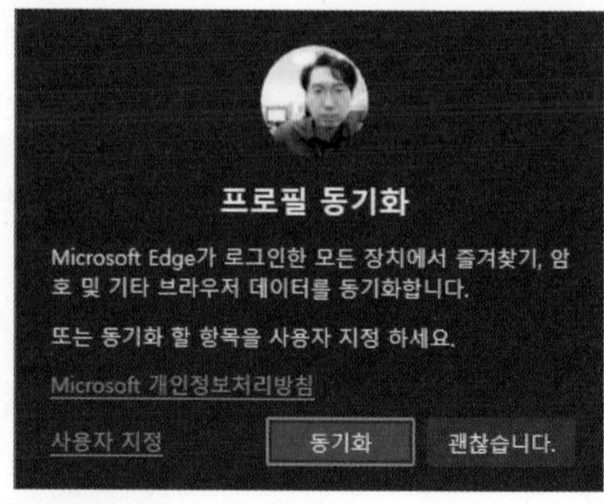

5. Microsoft Edge에 액세스 계정이 추가된 것을 확인할 수 있습니다.

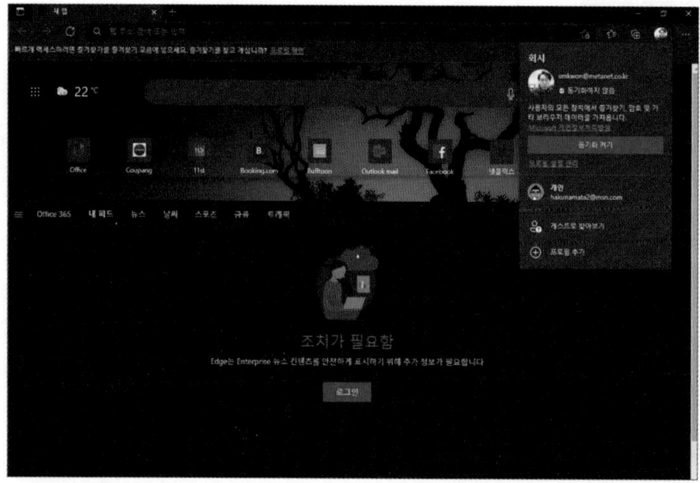

다른 브라우저 데이터 가져오기

이전 사용하던 웹 브라우저 데이터를 가져오지 않았거나, 가져온 데이터를 변경하려는 경우에 언제든지 다른 브라우저의 데이터를 가져올 수 있습니다.

1. Microsoft Edge의 […]를 클릭하면 나타나는 메뉴에서 [설정]을 선택합니다.

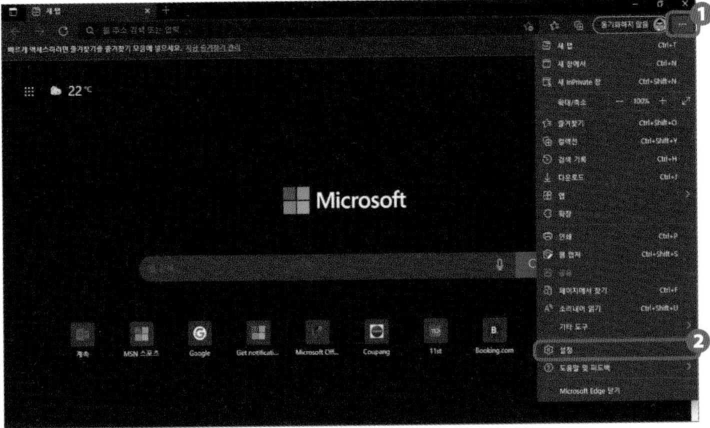

2. [설정] 화면에서 [프로필] 〉 [브라우저 데이터 가져오기]를 클릭하고, [브라우저 데이터 가져오기] 화면에서 [가져올 항목 선택]을 클릭합니다.

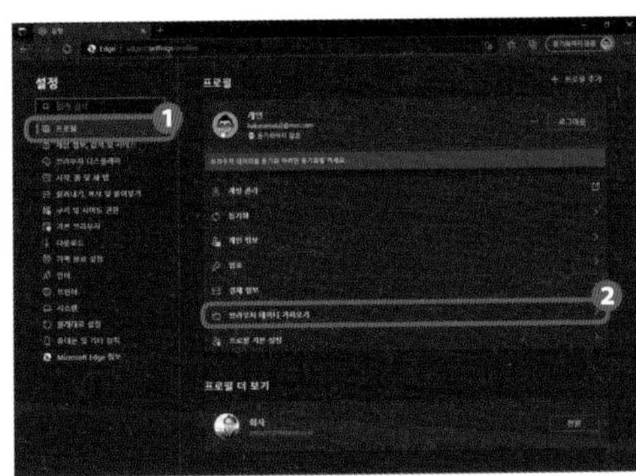

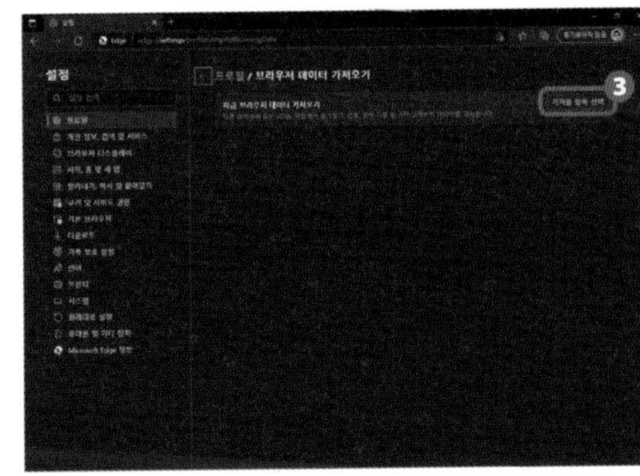

3. [브라우저 데이터 가져오기] 항목을 선택합니다. 가져올 항목 중에 [즐겨찾기 또는 책갈피, 암호, 개인 정보, 결제 정보, 검색 기록, 설정, 열린 탭 및 확장]을 선택한 후 [가져오기]를 클릭합니다. 데이터 가져오기가 완료되면 '모두 완료' 메시지 창을 확인한 후 [완료]를 클릭합니다.

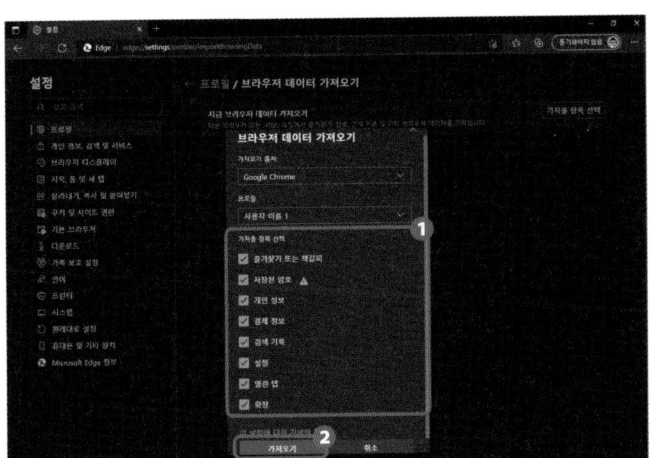

사이트 고정 추가하기

Microsoft Edge에서 시작하거나 새 탭을 열면 사이트를 목록을 나타나게 하여 자주 사용하는 웹 사이트로 빠르게 이동할 수 있습니다.

1. Microsoft Edge 기본 웹 페이지 화면에서 [사이트 추가](+)를 클릭합니다. 추가할 웹 사이트의 [이름], [URL]을 입력한 후 [추가]를 클릭합니다.

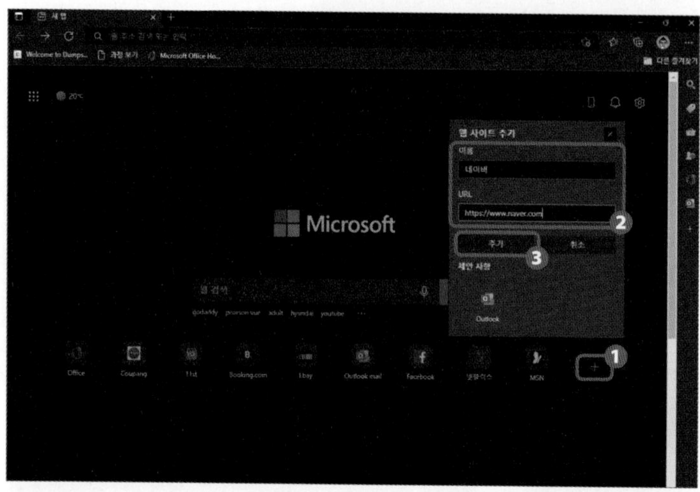

2. Microsoft Edge 기본 페이지의 빠른 링크에 추가됩니다. 추가된 사이트를 클릭하면 바로 이동이 가능하게 됩니다.

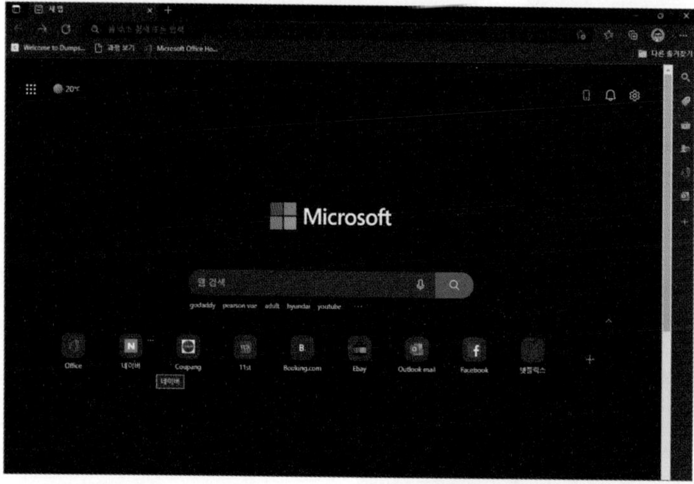

개인 정보 설정 조정하기

Microsoft Edge에서는 검색하는 사이트의 방문자 추적 방식을 비롯한 개인 정보 설정을 쉽게 조정할 수 있어 안전한 인터넷 사용이 가능합니다.

1. 주소 표시줄의 [사이트 정보 보기]( )를 클릭하여 현재 표시되어 있는 페이지 관련 보여 주는 개인 정보를 표시합니다. [이 사이트에 대한 추적 방지]의 [추적기]를 클릭합니다(예시 사이트 : https://www.tailwindtraders.com). 접속한 사이트에 대하여 차단된 내용을 확인할 수 있습니다. [설정]을 클릭합니다.

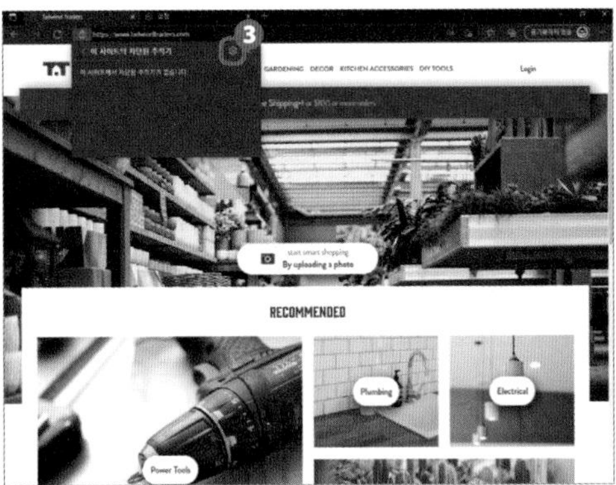

2. Microsoft Edge의 [설정] 화면에서 [개인 정보, 검색 및 서비스] 〉 [추적 방지] 수준을 클릭합니다.

✓ TIP Microsoft Edge 추적 방기 기능

사용자가 웹 사이트에 접속하면 웹 사이트에서 추적기를 사용하여 인터넷 검색 정보를 수집하게 됩니다. 이처럼 웹 사이트는 수집한 데이터를 가지고 개인에 대하여 설정된 광고와 같은 콘텐츠를 표시할 수 있게 됩니다. 이와 같이 무분별하게 웹 사이트에서 추적기를 통해 수집하는 사항에 대하여 제한할 수 있는 설정이 Microsoft Edge에서는 웹 사이트의 추적 방기 기능입니다. Microsoft Edge 추적 방지 옵션은 다음과 같이 세 가지를 제공합니다.

기본	균형 조정(권장 설정)	엄격
• 모든 사이트에서 대부분의 추적기를 허용 • 콘텐츠와 광고는 개인 설정될 수 있음 • 사이트가 접속 및 동작 정상 알려진 유해한 추적기 차단	• 방문하지 않은 사이트의 추적기를 차단 • 콘텐츠와 광고는 개인 설정되지 않음 • 사이트가 접속 및 동작 정상 알려진 유해한 추적기 차단	•모든 사이트에서 대부분의 추적기를 차단 • 콘텐츠와 광고는 개인 설정이 최소화 • 사이트의 일부가 작동하지 않을 수 있음 • 알려진 유해한 추적기 차단

번역 기능

접속한 웹 사이트에서 실시간 번역 기능을 활용할 수 있습니다.

1. 영문으로 된 웹 사이트를 액세스하면 자동적으로 번역 여부를 묻는 팝업 창이 나타납니다. [번역]을 클릭합니다.

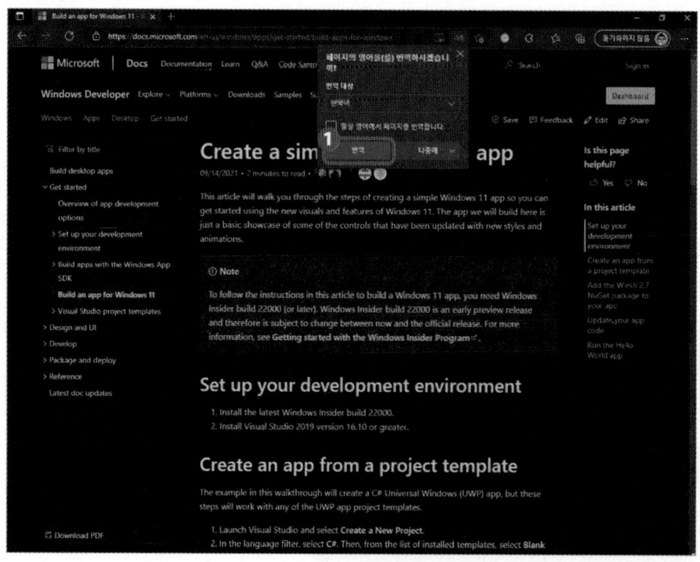

2. 접속된 웹 사이트에 선택한 언어로 바로 번역됩니다.

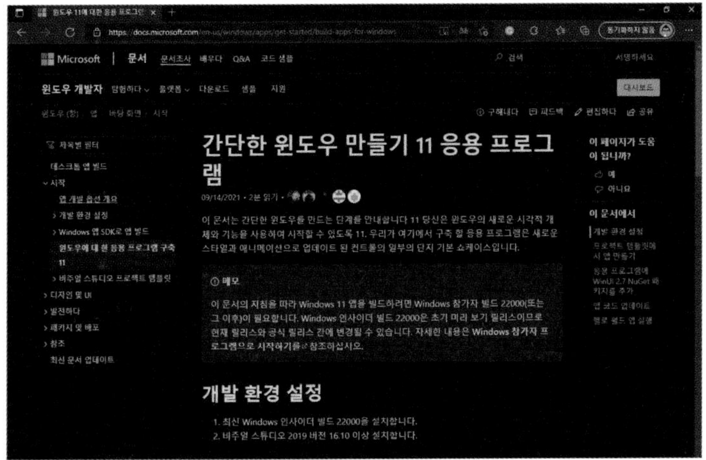

✓TIP 다운로드 위치 설정하기

Microsoft Edge의 […] > [설정]을 클릭한 후 [설정] 화면에서 [다운로드] > [위치]의 [변경]을 클릭하여 다운로드하는 파일의 위치를 변경할 수 있습니다.

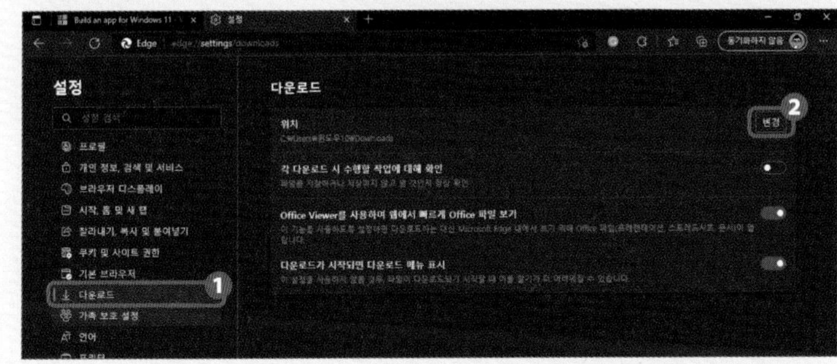

✓TIP 웹 캡처 기능

웹 캡처 기능을 사용하여 별도의 캡처 앱 없이도 웹 페이지를 캡처할 수 있고, 추가로 캡처된 내용의 편집도 가능합니다.

01. 웹 사이트에서 캡처할 수 있는 기능을 활성화하기 위해서 […] 메뉴에서 [웹 캡처]를 클릭합니다.

02. 웹 캡처 기능이 활성화되면 [캡처 영역] 또는, [전체 페이지 캡처]를 선택하여 캡처를 진행합니다.

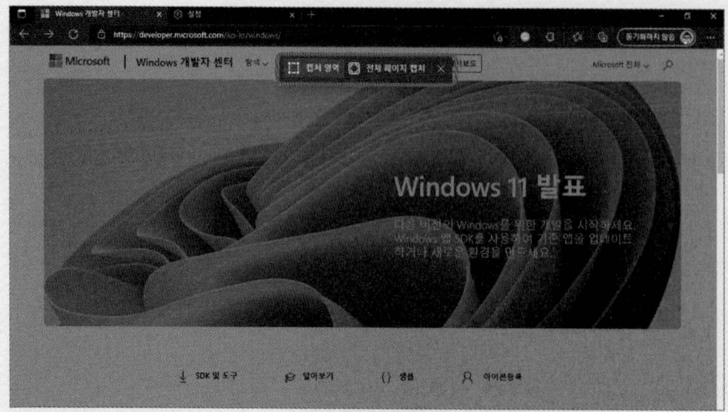

03. 다음은 영역을 지정하여 캡처 시 화면입니다. 캡처가 완료되면 [복사] 또는, [마크업 캡처]를 선택하여 실행할 수 있습니다.

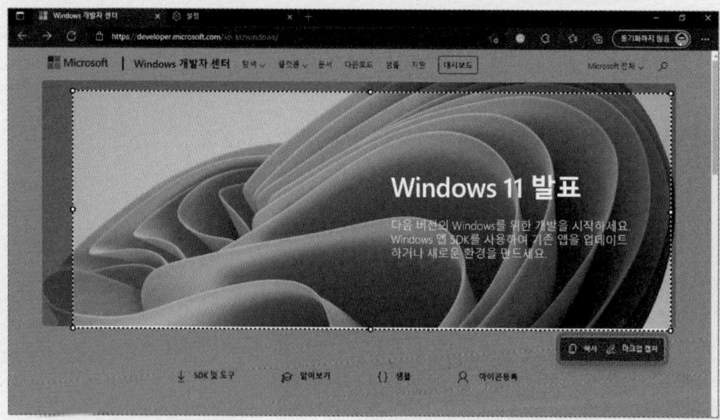

04. [마크업 캡처]를 실행하면 다음과 같이 캡처한 이미지에 그리기 기능을 사용하여 주석을 달수 있고, [저장]을 클릭하면 이미지 파일이 생성되면서 저장됩니다.

오피스 초보 직장인을 위한
엑셀+파워포인트+워드+윈도우 11

1판 1쇄 발행 2023년 1월 8일
1판 2쇄 발행 2024년 1월 3일

저　자 | 장경호, 권순만
발 행 인 | 김길수
발 행 처 | ㈜영진닷컴
주　소 | ㈜08507 서울특별시 금천구 가산디지털1로 128
STX-V타워 4층 401호
등　록 | 2007. 4. 27. 제16-4189호

ISBN | 978-89-314-6760-4

YoungJin.com Y.
영진닷컴